Hans Lüschen · Die Namen der Steine

Hans Lüschen

Die Namen der Steine

Das Mineralreich im Spiegel der Sprache

Mit einem Wörterbuch,
enthaltend über 1300 Namen von Mineralien,
Gesteinen, Edelsteinen, Fabel- und Zaubersteinen

95 Abbildungen im Text und
25 Kunstdrucktafeln, davon 4 farbig

Zweite neubearbeitete und erweiterte Auflage

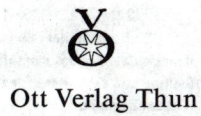

Ott Verlag Thun

2. Auflage, 6.–9. Tausend, 1979

Alle Rechte, auch die des auszugsweisen Nachdrucks, der fotomechanischen Wiedergabe,
der Übertragung in Bildstreifen und der Übersetzung vorbehalten

© 1979, Ott Verlag Thun

ISBN 3-7225-6265-1

Gedruckt in der Schweiz

Schutzumschlag: Lichtes Rotgültig (Proustit)

Farbaufnahme und Gestaltung: Jean Masset, Basel

Gesamtherstellung: Ott Verlag AG

Inhaltsverzeichnis

Vorwort 7

Erster Teil: Einführung

    I. Die Aufgabe 13
    II. Abgrenzung 21

Zweiter Teil: Geschichtliche Übersicht

    III. Älteste Namen 27
    IV. Edelsteinnamen im Mittelalter 37
    V. Metallnamen im Mittelalter 53
    VI. Alchemistische Namen 59

    VII. Zeitenwende 67
    VIII. Edelsteinnamen in der Neuzeit 73
    IX. Namen der figurierten Steine 81
    X. Bergmannssprache 93

    XI. Anfänge der wissenschaftlichen Nomenklatur 103
    XII. Werner und seine Schüler 107

    XIII. Goethe und Jean Paul 115

    XIV. Namen aus dem Bereich der Mineralchemie und Mineral-physik 125
    XV. System und Nomenklatur 133
    XVI. Namen nach Personen und Fundorten 139
    XVII. Ein grammatisches Kapitel 145
    XVIII. Anschluß an die Gegenwart 149

Dritter Teil: Wörterbuch 159

Vierter Teil: Anhang

    Literatur 353
    Personen-Register 369
    Tafel-Verzeichnis 381

Vorwort

Das Thema dieses Buches führt in verschiedenste Fachgebiete. Sprachwissenschaft einerseits, Mineralogie, Gesteinskunde, Kristallkunde andererseits müssen zwar nicht in ganzem Umfang, doch in bestimmten Ausschnitten einbezogen werden. Das Thema verlangt ebenso Behandlung letzter, die sprachliche Symbolik betreffender Fragen wie Beachtung scheinbar geringfügiger Rechtschreibprobleme. Vom Thema geführt, kommen wir jeweils an bestimmten Stellen unseres Ganges auf derart verschiedene Dinge wie Alchemie, Arzneikunde früherer Zeiten, Magie und Zauberbräuche, Bergwesen, Technik und Handel. Die Zahl der Namen ist riesig, die Vielfalt der in diesen Namen faßbaren Einwirkungen aus Vergangenheit und Gegenwart unübersehbar. Es wurde versucht, aus dieser Fülle eine angemessene Auswahl zu treffen.

Zur zweiten Auflage

Das Buch wurde in der anfänglichen Richtung erweitert. Dabei konnten zahlreiche Anregungen und Wünsche aus dem Kreise der Rezensenten und Leser, denen der Verfasser hier seinen Dank sagen möchte, berücksichtigt werden. Ergänzt wurde unter anderm die geschichtliche Übersicht vor allem in Kapitel III und XVIII. Die Neubearbeitung des Wörterbuchteils betrifft sowohl die Auswahl der Stichwörter wie die Fassung einzelner Artikel mit dem Ziel, den Beziehungsreichtum der Namenwelt möglichst vielseitig zu erfassen. Dem Verlag ist besonders zu danken für die Beifügung der oft gewünschten farbigen Abbildungen.

Man bedenkt niemals genug, daß eine Sprache eigentlich nur symbolisch, nur bildlich sei und die Gegenstände niemals unmittelbar, sondern nur im Widerscheine ausdrücke.

1810. GOETHE, Farbenlehre I 751.

Erster Teil

Einführung

I. Die Aufgabe

Name und Gegenstand sollten einander vollkommen
entsprechen.

1819. K. VON RAUMER, Vermischte Schriften S. 65.

1.

Liebhaber des Mineralreichs wie auch Wissenschaftler haben oft bedauert,
daß die Welt der Steine nicht in dem Maße Interesse zu erwecken vermag wie
etwa die Welt der Vögel, der Schmetterlinge, der Blumen, und manche haben
sich gedrängt gefühlt, für ihr sprödes Forschungsgebiet zu werben. Der kur-
sächsische Bergrat Henkel sagt in seiner berühmten Kieshistorie: «Denn des
Pflanzen- und Thierreichs itzo gar nicht, sondern nur derer Mineralien zu
erwehnen, so sind die dabey vorfallenden Ergetzungen vor die Kenner und
Liebhaber in der That so gros, so wenig Empfindung, ja so viel Unlust ein
Unwissender oder Faullenzer und Zärtling daran haben mag.»[1] Er schildert
die «Ergetzungen» beim Durchfahren der Erzgruben, beim Umwälzen der
Wacken auf den Steinrücken, die Vergnüglichkeit beim Besuch fürstlicher
Mineralienkabinette, die Freude des rechtschaffenen Naturforschers, wenn
ihm in des Vulcani Werkstätte aufklärende Experimente glücken.

Nun wird hier aber ein Buch vorgelegt, in welchem die Mineralwelt nicht
unmittelbar erscheint, sondern in sprachlicher Sicht, gespiegelt in den in
diesem Bereich gültigen oder gültig gewesenen Namen. Wenngleich der Titel
«Die Namen der Steine» darüber keinen Zweifel läßt, erscheint doch ein
ausdrücklicher Hinweis angebracht, daß der Leser kein Mineralienbuch,
keine Gesteinskunde, keine Edelsteinkunde zu erwarten hat, sondern eine
Namenkunde. Ein solche bleibt allerdings unvollkommen, wenn man nicht
bereit ist, sich tief in die Sache einzulassen. Aber bei allem notwendigen Bemühen um die Sache soll doch im Folgenden der Name Ausgangspunkt oder
Endpunkt oder Mittelpunkt bleiben, und die Aufgabe wird sein zu zeigen,
daß diese Betrachtungsweise fruchtbar ist und vielleicht gar geeignet, der
Welt der Steine neue Freunde zu werben. Die folgenden Beispiele möchten
zunächst weiter nichts als anreizen, den Blickpunkt von der Sache auf den
Namen zu verlegen.

2.

Als Ausgangspunkt geeignet ist eine Stelle aus Stifters «Nachsommer». Der
Erzähler – Heinrich genannt – berichtet da, daß er sich schnell zum zielstrebi-

[1] 1754. Pyritologia oder Kieshistorie. 2. Aufl. S. 36.

gen «Wissenschafter» entwickelte, und bemerkt, daß sein Forschen und Fragen von früh auf gleichermaßen auf Dinge wie auf Namen gerichtet war. «Ich war schon als Knabe ein großer Freund der Wirklichkeit der Dinge gewesen ...» «Ich fragte unaufhörlich um die Namen der Dinge ...» Bei den Mineralien, die er schon als Knabe erwarb, kamen ihm meist Sache und Name in engster Verbindung in die Hände: «Fast immer waren dieselben aus anderen Sammlungen gekauft oder geschenkt worden. Sie waren schon Sammlungsstücke, hatten meistens das Papierstückchen mit ihrem Namen auf sich aufgeklebt.»

In diesen Sätzen ist eine weitverbreitete Auffassung von Name, Sache und ihrem Verhältnis zueinander enthalten, eine Auffassung, die keinen Ansatz für unsere sprachliche Betrachtung bietet, obgleich die Frage nach den Namen der Dinge von Heinrich mit systematischer Gründlichkeit gestellt wird. Jeder Stein hat seinen Namen, anscheinend nur einen einzigen, eindeutig festgelegten, eben den richtigen Namen. Die Namen sind fertig da. So, wie sie sind, werden sie schulmäßig gelernt. Von den tausenderlei in der Sache und in der Sprache liegenden Schwierigkeiten, für jeden Stein oder jedes beliebige Stück Stein den «richtigen» aufzuklebenden Namen zu finden, ist nicht die Rede (und der Erzähler hatte nach der Absicht des Romans keine Ursache, davon zu reden). Bei aller Aufmerksamkeit auf Namen und Benennung ist hier die Nomenklatur etwas Problemloses. Die Frage nach Angemessenheit oder Zweckmäßigkeit oder Brauchbarkeit oder gar Schönheit eines Namens wird nicht gestellt.

3.

Um in derartige Fragen einzuführen und die sprachliche Buntheit der Namenwelt bewußt zu machen, erscheint es angebracht, zunächst einmal einige Reihen von Namen aufzustellen, und zwar jede Reihe unter einem sprachlichen Gesichtspunkt. Man lasse es sich nicht verdrießen, wenn wir mit einer grammatischen Überlegung beginnen.

Die Namen der Steine sind Substantive, Dingwörter, und als solche haben sie im Deutschen ein grammatisches Geschlecht, entweder männliches oder weibliches oder keines von beiden («neutrum»). Es heißt der Diamant, die Nagelfluh, das Rotgültig. Man könnte denken, alle müßten Neutra sein, eben weil es sich um Dinge handelt. Aber damit sind wir vom Denken früherer Zeiten weit entfernt. Man sah und beschrieb Steine nach Analogie von Lebewesen, es gab männliche und weibliche Steine. Der Stein Magnes, jetzt Magneteisenerz genannt, hat die wunderbare Kraft, Eisen anzuziehen. Ein anderer ebenso schwarz aussehender Stein hat diese Stärke nicht, ist damit nach Plinius als weiblich gekennzeichnet. Im Mittellateinischen ist er auch grammatisch durch weibliches Geschlecht vom männlichen Magnes abgehoben und heißt Magnesia, schwarze Magnesia (im älteren Deutsch Braunstein).

Dies Beispiel bleibt vereinzelt, mag aber andeuten, wie vielleicht in Urzeiten der Sprache das grammatische Geschlecht der Steinnamen sinnvoll und auf Grund eines vom heutigen verschiedenen Denkens erteilt wurde. In der jetzigen Sprache ist davon wenig mehr zu erkennen, und es können nur vordergründige Ursachen für das grammatische Geschlecht in gewissen Fällen angegeben werden.

Wir haben im Deutschen einige tausend männliche Steinnamen wie den Granit, den Syenit, den Magnetit, den Quarz, den Glimmer, und auch der Jade ist entgegen vielfachem Gebrauch männlich. Es versteht sich ferner, daß Zusammensetzungen wie Blutstein, Flußspat, Kupferglanz männlich sind. Wir finden auch rasch eine Reihe sächliche zusammen, und zwar solche, die mit -erz zusammengesetzt sind oder früher waren: das Brauneisenerz, das Rotgültig, das Gänsekötig. Wir finden nur wenige weibliche wie die Grauwacke, die Kieselgur, dazu die natürlicherweise weiblichen Zusammensetzungen wie die Zinkblüte und die Pechblende. Einige haben im Lauf der Zeit das Geschlecht gewechselt. Der Kristall war im Deutschen anfangs weiblich, ebenfalls das Platin, die Koralle war männlich. Die Aufgabe, solche Einzelheiten zu erklären, wird im wesentlichen dem dritten Teil, dem Wörterbuch, überlassen.

4.

Eine Liste der heute im Deutschen gebrauchten Steinnamen zeigt einen auffallend geringen Anteil deutscher Namen. Wir können unterscheiden Wörter heimischen Ursprungs wie Zinkblende, Gneis und Glaskopf, völlig eingedeutschte Lehnwörter wie Eisen, Rauschgelb und Tuff, Fremdwörter wie Chrysopras und Bytownit, halbfremde wie Bergkristall und Antimonblende, deutsche Namen mit fremder Endung wie Zinnwaldit und Hausmannit. Die Betrachtung der Steinnamen im Deutschen erfordert also einen Blick auf fremde Sprachen, und zwar vor allem auf die griechische, in zweiter Linie auf die lateinische. Keine der übrigen Sprachen erreicht auch nur entfernt die Bedeutung dieser beiden. Es wird im Folgenden zu zeigen sein, wie es gekommen ist, daß im Bereich der Steinnamen die fremden Sprachelemente derart gewichtig werden konnten.

5.

Im ersten Kapitel von Goethes Roman «Wilhelm Meisters Wanderjahre» steht ein Gespräch über einen Stein und seine Benennung. Wilhelm ist mit seinem Sohn Felix unterwegs im Gebirge.

«Er bemerkte eben etwas in seine Schreibtafel, als Felix, der umhergeklettert war, mit einem Stein in der Hand zu ihm kam. Wie nennt man diesen Stein, Vater? sagte der Knabe. – Ich weiß nicht, versetzte Wilhelm. – Ist das wohl Gold, was darin so glänzt? sagte jener. – Es ist keins! versetzte dieser: und ich erinnere mich, daß es die Leute Katzengold nennen. – Katzengold! sagte der Knabe lächelnd: und warum? – Wahrscheinlich, weil es falsch ist und man die Katzen auch für falsch hält. – Das will ich mir merken, sagte der Sohn, und steckte den Stein in die lederne Reisetasche.»

Im Kinde ist Interesse an der Welt der Steine rege geworden. Natürlicherweise fragt es nach den Namen. «Katzengold» erscheint merkwürdig, wird als Name beachtet, regt zum Nachdenken und weiteren Fragen und Belehren an, endlich wird der Name vom Lernenden ebenso befriedigt ins Gedächtnis aufgenommen wie der Stein in die Reisetasche gesteckt wird. Das Gespräch bleibt wegen der Unwissenheit Wilhelms an der Oberfläche. Was unter diesen Umständen über den Gegenstand festzustellen ist, wird aus dem Namen herausgelesen. Eine derartige Möglichkeit besteht nicht bei allen Namen. Zwar gibt es solche, die uns etwas sagen über den Stein, wie Katzengold, Bleiglanz, Gänsekötig, dann weniger deutliche, die nur durch Anklänge unbestimmt an Schönes oder Widriges erinnern, wie Karfunkel oder Mißpickel, endlich solche, die in dieser Beziehung stumm sind wie Smaragd, Basalt und Schörl, falls uns nicht die Etymologie (Wortdeutung) Aufschluß gibt.

Die Namen, die etwas aussagen, beziehen sich nur auf ein einziges oder auf ganz wenige Merkmale. Anderes ist weder von der Sache noch von der Sprache her möglich. Da der Gegenstand unerschöpflich ist, sind unendlich viele Aussagen, das heißt auch unendlich viele Namen dieser Art denkbar. Wenn die Namen gut sind, ist die Aussage treffend. Es wird zu untersuchen sein, in welchem Maß das der Fall ist.

Namen können demnach auch eine didaktische Funktion haben. «Katzengold» wird bei Goethe in dieser Funktion gezeigt. Das Wissen über Steine muß weitergegeben werden an das kommende Geschlecht. Die Frage ist aufgeworfen, in welchem Maß die Namengebung an dieser Aufgabe beteiligt werden kann.

6.

Nehmen wir jetzt an, Felix hätte einen Smaragd gefunden. Der Name ist vielleicht indischen Ursprungs, was er bedeutet, weiß man nicht. Er sagt also nichts über den Stein aus, sondern wirkt als fremdartige Wortgestalt, als Klang, und diesen empfindet man offenbar als passend zu der Schönheit des Steines. Es gibt eine im Klang begründete Entsprechung von Name und Gegenstand. Das Wort Smaragd genießt Achtung bis in die Dichtersprache höchsten Ranges, der Kenner und Liebhaber edler Steine nimmt es gern in den Mund, und Felix würde in dem Maß, wie er für Sprach-Klänge empfänglich ist, Freude daran haben.

Die Frage ist, ob sich über den Zusammenhang zwischen Klang und Sache Gesetzmäßigkeiten entdecken lassen und in welchem Maß diese für Steinnamen Gültigkeit haben. Zweierlei Möglichkeiten, beide in der Sprachwissenschaft mit vielem Für und Wider erörtert, sind hier in Betracht zu ziehen.

Zunächst die Lautmalerei. Sprachlaute können Töne nachbilden. Der Klang des Wortes Quarz etwa kann an das Knirschen harter Gesteinsstücke erinnern. Ob allerdings bei Formung der jetzigen Wortgestalt Lautmalerei wirklich im Spiele war, ist nicht beweisbar. Überhaupt gehören die Steine nicht eigentlich der Welt des Tönenden an, und so hat in diesem Bereich die Lautmalerei geringe Bedeutung.

Wenn bei Steinnamen Beziehung zwischen Ding und Lautung bestehen sollte, kann sie im wesentlichen nur lautsymbolischer Natur sein. Zur Verdeutlichung greifen wir einen einzigen Laut heraus, das a. Das Grimmsche Wörterbuch beginnt mit Hinweisen auf seine Symbolik: «A, der edelste, ursprünglichste aller laute, aus brust und kehle voll erschallend, den das kind zuerst und am leichtesten hervor bringen lernt, den mit recht die alphabete der meisten sprachen an ihre spitze stellen.» Hiernach wäre also der edle a-Laut geeignet, durch seinen Klang Schönes und Edles zu bezeichnen nach Jean Pauls Wort: «Alles Schöne kann nur wieder durch etwas Schönes sowohl bezeichnet werden als erweckt» (1804. Ästhetik, Vorrede). Als Beispiel könnte man Namen wie Smaragd, Granat und Jade anführen oder die Verse Stefan Georges:

> Auf einen sockel sind am saum gestellt
> Die malachit- und alabasterkrüge.[1]

Nun ist aber das a ebenfalls entscheidend beteiligt am Klang von Wörtern wie Salz, Sand, Kalk, Talk, Basalt, lauter Beispiele, in denen über die Frage der Lautsymbolik nicht leicht Einigkeit zu erzielen wäre. Ein einzelner Laut kann überhaupt nicht in jedem Falle symbolisch gedeutet werden. Auch hat kein Laut eine einzige fest bestimmte Bedeutung. Wie jedes Symbol weist der Laut nach verschiedenen Richtungen über sich selbst hinaus. Ein Laut kann auch nur im Zusammenhang mit seinen Nachbarn gedeutet werden. Das a in Alabaster und Smaragd ist ein anderes als das in Stahl, wegen der unterschiedlichen Nachbarschaft. Man kann sagen, so gewiß, wie die Tatsache der Lautsymbolik und die entsprechende Verwendung von Steinnamen in der Dichtung ist, so schwierig ist der Nachweis, daß ein einzelnes Wort, ein einzelner Name wie etwa Sand oder Salz lautsymbolischen Ursprung hat.

7.

Wie nun, wenn ein Lehrling der Steinkunde etwa Millerit fände? Er wird entzückt sein von den goldenen Nadeln und den Fund gern in die Reisetasche

---

[1] Stefan GEORGE, Gesamtausgabe der Werke, endgültige Fassung, Berlin 1927–34. Bd. II S. 27.

stecken. Der Name dagegen ist weder sprachlich noch sachlich den erstge-
nannten gleichwertig. Die Worterklärung kann nicht wie beim Katzengold
unmittelbar aus dem Namen herausgelesen werden. Miller (1801–1880) war
ein bedeutender englischer Mineraloge und Kristallograph, der unter anderem auch die Kristallform des eben genannten Minerals bestimmte. Ihm zu
Ehren nannte sein Fachgenosse, der Österreicher Haidinger, 1845 das Mineral Millerit. Daß er dabei nicht an klangliche Entsprechung von Wort und
Sache gedacht hat, darf als gewiß gelten. Auch sagt der Name nichts über den
Naturgegenstand aus, wohl aber über den Vorgang der Namengebung, über
die Umstände, aus denen heraus der Name entstanden ist.

«Millerit» ist aus einer andern Umwelt hervorgewachsen als «Katzengold». Es stammt aus der mineralogischen Fachwissenschaft und gehört somit zum Namenschatz einer Sondersprache.

Bei der Beschäftigung mit den Namen der Steine stößt man auf mehrere
derartige Fachsprachen, vor allem die der Naturwissenschaften (Mineralogie, Gesteinskunde, Kristallkunde), dann die des Stein- und Edelsteinhan-
dels, weiter die eigenartige Ausdrucksweise der Alchemie, die sich von den
eben genannten als Geheimsprache unterscheidet. Diese Fachsprachen sind
weder untereinander noch gegen die allgemeine Sprache abgeschlossen, der
Namenbestand deckt sich weitgehend und die Grenzen sind fließend.

8.

Der Millerit hieß auch Haarkies oder Schwefelnickel oder Nickelkies oder
Gelbnickelkies, Bezeichnungen, die zum Teil bis heute nicht vergessen sind,
denn alle sind in ihrer Art so richtig, wie Steinnamen sein können. Die «Synonyme» beleuchten den Gegenstand von verschiedenen Seiten, können aber
die Möglichkeiten der Benennung nicht im mindesten erschöpfen. So verblaßt die Vorstellung, es müsse für jeden Stein nur einen, eben den richtigen
Namen geben. Man hat sich im vorliegenden Fall auf einen Namen als vorrangig geeinigt. Synonyme sind für die mineralogischen Wissenschaften eine
Belastung, für die geschichtliche Betrachtung jedoch, also auch für dieses
Buch, liefern sie oft überraschende Aufschlüsse, zumal wenn man die älteren,
inzwischen vergessenen mit einbezieht.

9.

Befragt man ein modernes Mineralogiebuch über den Beryll, so wird man
belehrt: Das Mineral gehört zur Klasse der Silikate, Formel $Al_2Be_3Si_6O_{18}$. Es
kristallisiert dihexagonal-dipyramidal. Spaltbarkeit wenig deutlich. Härte
7½–8. Dichte 2,63–2,80 g/cm³. Farbe sehr verschieden. Aus weiteren Zeichen
und Zahlen sind die optischen Eigenschaften und die Art des Kristallgitters
abzulesen.

Auf die gleiche Frage kann man aus maßgebenden mittelalterlichen Steinbüchern ungefähr folgende Antwort zusammenstellen: Beryll ist ein Edelstein. Allen Edelsteinen hat Gott wunderbare Kräfte gegeben. Diese werden
ihnen mitgeteilt durch die zwischenwirkende Kraft der Fixsterne, die zu den
Edelsteinen ein ähnliches Verhältnis haben wie die Planeten zu den Metallen.
Der Beryll ist zudem einer der zwölf auserwählten Steine, die Johannes in der
Apokalypse schaute. Er hat die Farbe des Meerwassers. Ist er sechseckig,
bringt er im Sonnenlicht die Regenbogenfarben hervor, ist er rund wie ein
Apfel, kann er Kohle, Tuch oder dergleichen im Sonnenlicht entzünden. Er
ist mit der Kraft begabt, vielerlei Krankheiten, die in den Steinbüchern im
einzelnen und etwas verschieden aufgezählt werden, zu heilen. Ziemlich
einhellig wird gesagt, daß er kranken Augen gut ist. Er erneuert Liebe unter
Eheleuten und «hochwürdigt» den Träger. Wer ihn immer bei sich hat, ihn oft
in der Hand hält und oft anschaut, gerät nicht leicht in Streit, sondern bleibt
ruhig.[1]
  Diese beiden Beschreibungen liegen viele Jahrhunderte auseinander und
sind denkbar verschieden, ja sie enthalten nahezu gar keine Merkmale, die
sich decken. Somit fragt sich, ob in beiden derselbe Stein gemeint ist. Auf den
Namen bezogen heißt das: es kann Bedeutungswandel stattgefunden haben.
Damit ist ein für alle folgenden Betrachtungen wichtiger Begriff gewonnen.
Bei altüberlieferten Namen ist mit Bedeutungswandel, mindestens mit Bedeutungsverschiebung in weitem Umfang zu rechnen. Entschiedene Wandlung liegt zum Beispiel vor beim Saphir, beim Chalzedon, beim Markasit,
beim Zechstein. Im Falle Beryll wird allgemein angenommen, daß der mittelalterliche (und antike) Begriff sich mit dem modernen wenigstens teilweise
deckt.
  Unabhängig aber von dieser Tatsache hat der Name Beryll seine Bedeutung verändert, insofern er in mittelalterlichen Steinbüchern etwas ganz anderes «bedeutete» als in der heutigen Mineralogie. Was man über Steine weiß
oder zu wissen meint oder für wissenswert hält, hat sich im Laufe der Zeiten
gründlich geändert und ist stets je nach Beruf und Denkart derer, die mit
Steinen zu tun hatten, denkbar mannigfalt gewesen. Das alles ist nicht der
Name selbst und gehört doch zu ihm. Bedeutungswandel und Bedeutungs-
vielfalt dieser Art wenigstens anzudeuten ist auch eine Aufgabe der folgenden geschichtlichen Übersicht und der Belege im Wörterbuch.

10.

Die Frage der sprachlichen Bewältigung und Gestaltung eines Weltausschnitts ist aufgeworfen. Nach Wilhelm von Humboldts Auffassung ist

---

[1] Hauptsächlich nach: MEGENBERG, Das Buch der Natur S. 430 u. 436, und nach Hildegard von
Bingen IV 4.

Sprache das Umschaffen der Welt in das Eigentum des Geistes. Die Namengebung ist ein wichtiger Teil dieser geistigen Bewältigung. Durch Namengebung bemächtigt sich der Menschengeist der Dinge, und die Art der Bewältigung wirkt wieder ins Geistige zurück. Es ist für den Umgang des Menschen mit der Welt der Steine nicht einerlei, ob ein Mineral Haarkies oder Millerit, ob ein anderes Samtblende oder Přibramit heißt, und der blaue Edelstein, den man Benitoit getauft hat, ist schon durch seinen Namen im Nachteil gegen den Saphir.

Die sprachliche Bewältigung der Welt der Steine wurde in Urzeiten längst vor aller schriftlichen Aufzeichnung begonnen und wird bei der Unerschöpflichkeit und Unendlichkeit der Natur nie beendet werden. Namen werden gegeben, vergessen, wieder aufgenommen, verbessert oder verballhornt, verlieren oder gewinnen ihren Wohlklang, verlieren oder gewinnen ihren Sinn, Fremdlinge werden aufgenommen, ganz oder teilweise eingedeutscht, mißverstanden und umgedeutet, und das ganze Feld der Namen ist in unaufhörlicher Bewegung. Die so entstehenden Namen können durch Klang bezaubern oder durch Mißform abschrecken, können etwas vom Wesen des Dinges einfangen oder daran vorbeigehen, können erkennen helfen oder irreführen, ja können absichtlich verschleiern wie die alchemistischen Namen.

Der jetzige Stand der Namengebung ist nicht der endgültige. Jede Sprache, jede Sprachstufe bietet einen Lösungsversuch. Für die Darstellung erscheint deshalb auch die geschichtliche Reihenfolge angemessen.

II. Abgrenzung

Dicit enim quod in terra sunt lapides plures quam
possint nominari et quam sensus possit comprehen-
dere.
(Aristoteles) sagt nämlich, daß es auf Erden mehr
Steine gibt, als man nennen und als der Sinn erfassen
kann.

14. Jahrh. Pseudo-Aristoteles L.-Ruska S. 184.

1.

Das Wort Stein klingt vertraut, scheint keiner Erklärung zu bedürfen, und
doch umfaßt der betreffende Artikel im Grimmschen Wörterbuch nicht weniger als 73 Spalten. Auch für das Folgende sind einige Hinweise auf den
Gebrauch des Wortes Stein notwendig, womit sich eine erste Übersicht über
den Gegenstand unserer Betrachtung verbinden läßt, ferner die Einführung
einiger unentbehrlicher Fachausdrücke.

Man denkt zunächst an Steine im landläufigen Sinn: an die Steine, die der
Bauer in seinem Acker findet, an die Steine, die das Flußgeröll und die Stein-
halden im Gebirge bilden. Die allgemeine Sprache findet daran im Gegensatz zum Fachmann nicht viel Benennenswertes, es sind eben Steine schlechthin.

Dieser primitive Begriff Stein ist geschichtlich bedeutsamer, als es auf den
ersten Blick scheint. Auch in der spätlateinischen Enzyklopädie des Isidor
(um 600 n. Chr.) gibt es gewöhnliche Steine (lapides vulgares) und besondere
Steine (lapides insigniores). Diese Unterscheidung blieb – wenn auch unaus-
gesprochen – bis in die Neuzeit hinein. Für den Bereich der gewöhnlichen
Steine gab es wenige allgemeine Begriffe wie Stein, Fels, Kiesel, Sand, für die
besonderen Steine hatte schon die Antike immerhin einige hundert Namen.
Benannt wurde vor allem, was benutzt wurde, sei es als Baustein, als
Schmuckstein, als Heilmittel, als Amulett, zur Metallgewinnung. Auch die
nicht wenigen Steine, die als Naturwunder Aufmerksamkeit erregten und
benannt wurden wie Magnetstein und Asbest, erwiesen sich bald als tauglich
zu magischem oder sakralem oder praktischem Gebrauch. Erst mit der modernen Wissenschaft vom Mineralreich, die man mit Agricola beginnen lassen kann, wird der Bereich der gewöhnlichen Steine schrittweise aufgehoben,
wird grundsätzlich alles ohne Rücksicht auf etwaigen Nutzen erforscht, beschrieben, unterschieden und benannt. Der Namenbestand wird damit um
Tausende vermehrt, so daß er im Gedächtnis keines einzelnen Menschen
mehr Platz hat.

2.

Die Massen der Gebirge sind aus Stein, aus verschiedenartigstem Stein. Unterscheidung und Benennung der Arten ist Aufgabe der Mineralogie und Petrographie. Man trifft hier auf die merkwürdige Tatsache, daß diese beiden «steinkundlichen» Wissenschaften ihre Objekte nicht Steine nennen. Die Mineralogie hat es mit Mineralien wie dem Bleiglanz, dem Quarz, dem Feldspat zu tun, die Petrographie mit Gesteinen wie dem Granit, dem Gneis, dem Schiefer. Früher, von Agricola bis zu Werner, sagte man statt Mineralien auch Fossilien. Darunter waren die heute so genannten Fossilien mitbefaßt. Statt Gesteine sagte man auch Felsarten oder Gebirgsarten.

Zahlreiche Mineralien und einige wenige Gesteine sind als Edelsteine herausgehoben worden. In der Edelsteinkunde und im Edelsteinhandel hat das Wort Stein eine ganz andere Geltung bewahrt. Hier wird von edlen und minder edlen Steinen gesprochen, von kostbaren und billigen Steinen, von Rohsteinen und geschliffenen Steinen. Eine eigene Nomenklatur hat sich herausgebildet, die in manchem von der mineralogischen abweicht. So hat die folgende Untersuchung mit drei Gruppen zu tun: Namen von Mineralien, von Gesteinen, von Edelsteinen. Eine zusammenfassende Bezeichnung für diese verschiedenen Forschens- und Wissensgebiete gibt es zur Zeit nicht. Im 18. und noch zu Anfang des 19. Jahrhunderts hatte man die Begriffe Lithologie bzw. Lithographie, deutsch: Wissenschaft vom Steinreich, Steinkunde. Lithologie wie Lithographie haben aber jetzt speziellere Bedeutungen erhalten.[1]

Es ist nun notwendig, auch die Erden einzubeziehen. Das tat schon das älteste europäische Buch über Steine, das des Theophrast. So verfahren die Mineralogien und Petrographien von jeher. Erden und Steine sind nicht so entgegengesetzt, wie es zunächst scheinen könnte. Es gibt Steine, die sich mit der Hand zu Staub zerreiben lassen, Steine, die zu Erde verwittern, und es gibt Erden, die sich gewissermaßen vor unsern Augen zu Stein verfestigen. Daß wir mit Erscheinungen wie Gur und Mondmilch sogar in den Bereich des Flüssigen geraten, soll nicht verschwiegen werden.

3.

Läßt man sich weiter vom Sprachgebrauch leiten und geht allem, was Stein heißt, nach, so stößt man auf die Gallen- und Blasensteine, überhaupt die vielerlei Steine, die sich in Eingeweiden von Menschen und Tieren zumeist als krankhafte Ablagerungen finden. Ihre Erwähnung in diesem Zusammen-

[1] Lithographie: Steindruck. Lithologie: gleich Petrographie bzw. gleich Sedimentpetrographie. Siehe MURAWSKI, Geologisches Wörterbuch. 1972. S. 125.

hang erregt vielleicht Heiterkeit, doch war man nicht immer der Meinung, daß sie nur in die biologische oder medizinische Wissenschaft gehörten. Noch Linné, der große Systematiker und Ordner der drei Naturreiche, hatte in seiner Mineralogie ein Kapitel Calculus, das derartige Gebilde behandelte, und auch wir können sie hier nicht umgehen. Der Bezoarstein, aus den Eingeweiden bestimmter Tiere gewonnen und als Gegengiftstein jahrhundertelang hoch geschätzt, steht in einigen mittelalterlichen Steinbüchern unmittelbar neben dem Diamanten. So gibt es ein paar Produkte der Tier- und Pflanzenwelt, die unlösbar in die Geschichte der Steinnamen verflochten sind. Die Perle wird seit der Antike mit den Edelsteinen zusammen behandelt und gehandelt, der schwarze Gagat, der gelbe Bernstein, beide aus Gewächsen vergangener Erdperioden stammend, wurden von je als Edelsteine und Zaubersteine geführt. Eine Ausscheidung aller dieser Namen, weil sie nicht eindeutig dem Mineralreich angehören, wäre der Sache nicht gemäß.

4.

Gehören Versteinerungen zu den Steinen? Ein Beispiel genügt für eine grundsätzliche Antwort. Seeigel ist ein zoologischer Begriff. Fossile Seeigel wurden und werden massenhaft gefunden, wurden aber früher nicht als Reste von Tieren erkannt, sondern als Steine angesehen und als Steine benannt, Steine besonderer Art, Spiele der Natur. Im Volksmund hießen sie Donnersteine, Wettersteine, große Krötensteine, Grummelsteine oder ähnlich. Versteinerungen und ihre Namen sind einzubeziehen bis dahin, wo sie in die paläontologische Nomenklatur übergehen. Das Gleiche gilt von den vorgeschichtlichen Steinwerkzeugen, deren Natur noch im 17. Jahrhundert nicht allgemein richtig erkannt war.

5.

Umgekehrt ist der Verlauf der Einordnung bei der Gruppe Eis, Schnee, Hagel, Reif. Es hat erstaunlich lange gedauert, bis die Vier außer in der Wetterkunde auch in der Mineralogie behandelt, das Eis zudem als Gestein eingeordnet wurde. Einige deutsche Mundarten waren schon vorangegangen, indem sie die Schloßen «Hagelsteine» nannten.

6.

Wiederum eine ganz besondere Frage ist die Einbeziehung der Metalle. Soweit sie in der Natur gediegen vorkommen, werden sie in der Mineralogie als Mineralien aufgeführt, etwa die Goldkörner und Goldklumpen, wie sie in Kalifornien, Australien und anderswo gefunden werden. Doch gingen sie eigentlich nie unter dem Begriff Steine, vielmehr wurden die Metalle meist ausdrücklich von den Steinen getrennt und ihnen gegenübergestellt, und zwar seit Aristoteles. In dessen Meteorologie (III, 6) werden zweierlei Ausdünstungen im Erdinnern unterschieden, dampfartige und rauchartige. «Dem entsprechen zweierlei Erzeugungen in der Erde: Steiniges und Metallisches (oryktá und metalleutá).» Das Metallische umfaßt bei dieser Gegenüberstellung auch die Erze.

Für die Namenkunde ist diese Trennung bemerkenswert, kann aber nicht zur Ausscheidung der Metallnamen führen, vielmehr müssen diese schon deshalb einbezogen werden, weil sie als Bestandteil in Hunderten von Mineralnamen erscheinen. Es sei an Bleiglanz, Bleispat, Weißbleierz, Rotbleierz, Bleischweif erinnert.

Ein Metall macht Abgrenzungsschwierigkeiten: das gediegen vorkommende Quecksilber, das bei Temperaturen, wie sie zumeist in der Erdrinde herrschen, flüssig ist und erst bei −39 °C erstarrt. Es gab Mineralogen, die ihm deshalb die Anerkennung als Mineral versagten. Doch liegt kein Grund vor, gerade diesen denkwürdigen und beziehungsreichen Namen auszulassen.

7.

Auszuscheiden sind die Namen der Ziegelsteine, Backsteine, Schamottsteine, überhaupt der Kunststeine und synthetischen Steine jeder Art, doch nicht ohne Hinweis auf gewisse Grenzerscheinungen. Salmiak zum Beispiel wurde früher in Menge als künstliches Produkt aus Kamelmist gewonnen und wird jetzt in Fabriken hergestellt. Natürlicher Salmiak ist dagegen selten. So haften manche Namen in weit größerem Umfang an künstlichen als an natürlichen Substanzen, und in der Überlieferung ist oft nicht zu entscheiden, ob Chemikalien oder Mineralien, ob «factitive» oder «gegrabene» Substanzen gemeint sind.

8.

Der Weltausschnitt, dessen Erschließung durch Namen gezeigt werden soll, ist damit skizziert. Er hat fließende Grenzen, denn die Naturbereiche gehen ineinander über, und der ordnende Menschengeist kann die Grenzen verschieden ziehen. Der Begriff «Stein» umfaßt nicht alle Einzelheiten und nicht alle Grenzerscheinungen, aber die Hauptmasse dieses Weltausschnitts und reicht in älteste Zeit zurück. So empfahl er sich bei der Suche nach einem kurzen Buchtitel und wurde als Überschrift für alles Folgende gewählt.

Zweiter Teil

Geschichtliche Übersicht

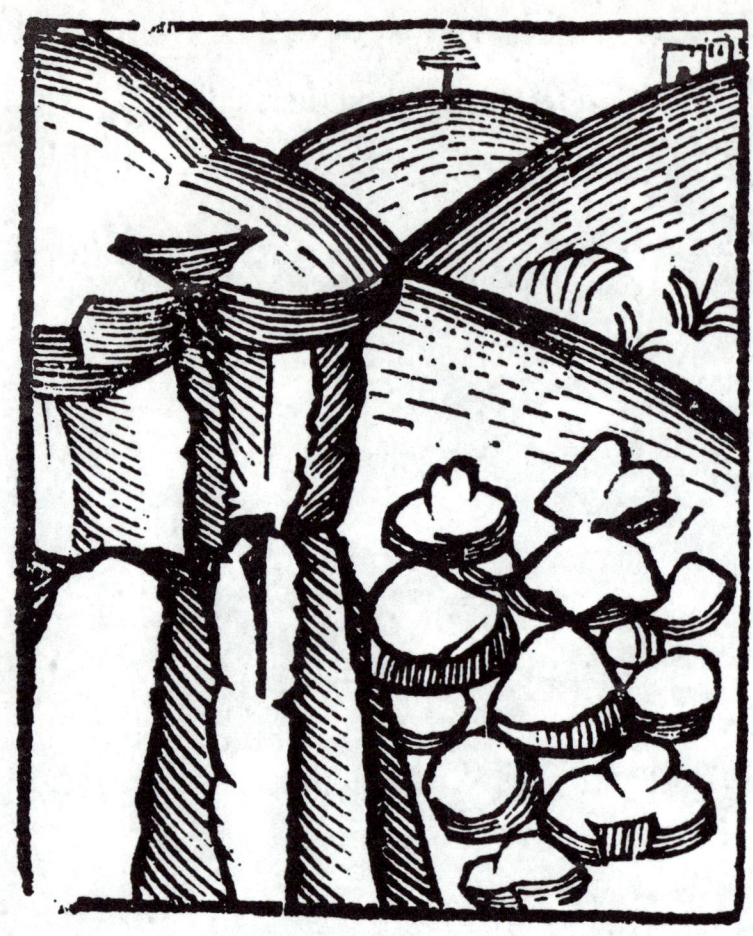

Landschaft mit Steinen und Felsen. Aus dem Hortus Sanitatis von 1509. 3:2.

III. Älteste Namen

Bei altherkömmlichen Namen wirst Du fühlen, wie jedem Dinge sein Name angehört.

1819. K. VON RAUMER, Vermischte Schriften S. 66.

1.

Gerade die Geschichte der ältesten Namen ist erst durch eine verhältnismäßig junge Wissenschaft aufgehellt worden. Mit Hilfe der vergleichenden Sprachwissenschaft ist es möglich, auch über Perioden unserer Sprache, die weit vor aller schriftlichen Aufzeichnung liegen, mehr oder minder gesicherte Forschungsergebnisse vorzulegen. Man kann also über das Althochdeutsche hinaus bis ins Urgermanische oder Gemeingermanische und weiter bis zu der allen indogermanischen Völkern gemeinsamen Ursprache vordringen, die bis in die jüngere Steinzeit zurückreicht.

Durch Sprachvergleichung kann man frühere Wortformen erschließen und sich vom Wortbestand früherer Zeiten eine gewisse Vorstellung machen. Es erscheint bedeutsam, daß der Name Salz den bestbegründeten Anspruch hat, zum Bestand der indogermanischen Ursprache zu gehören. Auch beim Gold sprechen gute Gründe für hohes Alter. Es ist mit Gelb und Glühen urverwandt, und als älteste Wortform läßt sich etwa gholtom rekonstruieren. Man hat sogar vermutet, daß das Gold das älteste vom Menschen in Benutzung genommene Metall ist. Ein zweiter noch für vorgermanische Zeiten zu erschließender Metallname ist erhalten im althochdeutschen êr, im neuhochdeutschen Adjektiv ehern, im lateinischen aes und dem altindischen áyas. Er bezeichnete wohl ursprünglich das Kupfer oder Kupfererz, dann auch die Bronze.

Weitere Namen können als gemeingermanisch nachgewiesen werden: die Metallnamen Blei, Stahl und Zinn; die von andern Völkern entlehnten Metallnamen Silber, Eisen, Kupfer; die Namen Stein, Flint, Kies, Sand; Grieß (Grus) in der Bedeutung Sandkorn; Erde, Lehm, Ton, Letten; Schwefel. Einige davon können mit einer gewissen Wahrscheinlichkeit oder mit schwachen Beweisen schon der indogermanischen Grundsprache zugewiesen werden. Schnee, Eis, Hagel, Reif sind gemeingermanisch, Schnee hat darüber hinaus zahlreiche, Eis einige indogermanische Verwandte.

Die Namenreihe wird größer sein und weiter zurückreichen, als sprachwissenschaftlich bewiesen werden kann. Es ist zum Beispiel anzunehmen, daß es im Indogermanischen ein besonderes Wort für das Material der steinernen Waffen und Geräte gab.

2.

Man darf nicht vergessen, daß die erschlossenen urgermanischen und noch mehr die urindogermanischen Wortformen Rekonstruktionen sind, daß wir sie nicht im Zusammenhang der lebendigen Sprache kennenlernen, daß sie ohne Atmosphäre in einem leeren Raum stehen. Wir wollen uns deshalb nicht bemühen, aus ihnen mehr herauszupressen, als sie hergeben können, und werfen lieber einen Blick auf ihre Stellung in der neueren Sprache.

Sie fallen sämtlich auf durch Kürze – diese ist oft das Ergebnis einer langen Abschleifung – und durch klar gegeneinander abgesetzte Wortgestalten: Salz, Gold, Silber, Blei, Flint, Kies, Erde, Lehm. Diese Eigenschaften teilen sie vor allem mit vielen erst später auftauchenden Namen der Bergmannssprache: Gneis, Quarz, Spat, Blende, Glanz. Noch Wissenschaftler des 19. Jahrhunderts wie Haidinger (1845) rechneten diese zu den besten aller Namen. In der Tat heben sie sich durch Kürze vorteilhaft ab von Namen wie Antimonsilberblende oder Chloritoid, durch klar gegeneinander abgesetzte Wortgestalt von Namen wie Adamin, Almandin und Alabandin, wie Berzelianit und Berzeliit.

3.

Wenngleich unsere Kenntnis des vorgeschichtlichen Wortschatzes nicht annähernd vollständig sein kann, so darf doch angenommen werden, daß die Zahl der Namen für Steine, Erden und Metalle gering war. Diese wenigen bezeichneten Urgegebenheiten des Lebens, wurden von der Sprache durch Jahrtausende beibehalten und großenteils auch in übertragenem, uneigentlichem Sinn benutzt, zur Bezeichnung ganz anderer, auch geistiger oder seelischer Wirklichkeiten.

Wir sprechen bildlich vom Stein, den einer auf den andern wirft, vom Stein des Anstoßes, vom Stein, der uns vom Herzen fällt.

Wir sprechen von gesalzenen Witzen, und Mathesius sagt (1562) in seinen Predigten vor Bergleuten: Gott hat sein Wort mannigfach an das Salz geheftet. Er bittet Gott um das Salz der Weisheit.

Wir sprechen nicht nur vom goldenen Licht, auch von goldenem Lachen. In einem Gedicht von Trakl heißt es: Verflossen ist das Gold der Tage.

Ein unabsehbar weites Gebiet ist sichtbar geworden, und es entsteht die Frage, in welchem Maß es berücksichtigt werden kann und soll. Der uneigentliche Gebrauch der Steinnamen ist so bedeutsam, daß er nicht übergangen werden kann, andererseits so verbreitet in allen Schichten der Sprache und der gesamten Dichtung, daß auf eine auch nur einigermaßen gründliche Behandlung verzichtet werden muß. Es bleibt nur der Ausweg, daß die folgende Übersicht wie das Wörterbuch sich im allgemeinen auf den eigentli-

IRREVOCABILIS.

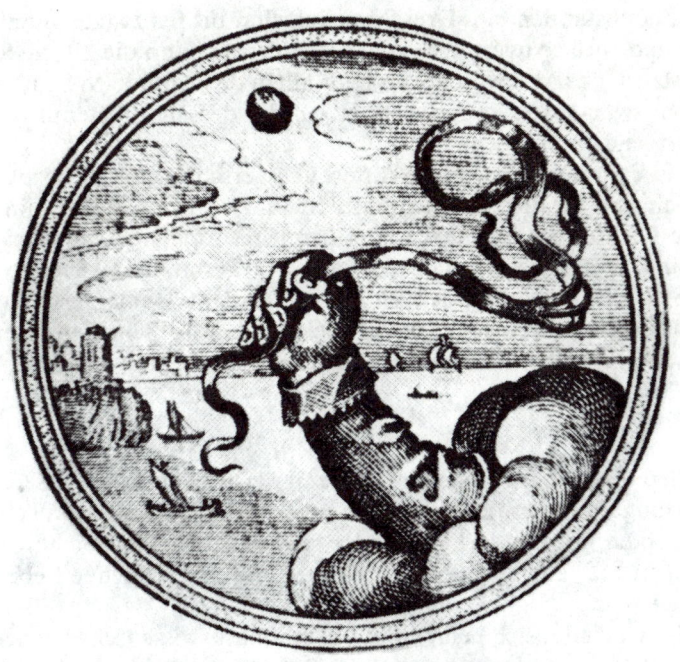

Geschleuderter Stein als Emblem des nicht zurückrufbaren Wortes.
(Emblematik von Zincgref, Heidelberg 1619.)

chen Gebrauch beschränkt, daß aber der uneigentliche im Auge behalten und auf besonders hervorragende Beispiele hingewiesen wird.

4.

Hiernach nehmen wir den Faden der geschichtlichen Darstellung wieder auf und kommen zu dem Zeitraum, wo die ältesten Namen erstmals schriftlich überliefert sind, ihre Schemenhaftigkeit verlieren und im Zusammenhang der Sprache und des Lebens faßbar werden.

Die indogermanischen Sprachen haben allerdings nicht die frühesten Zeugnisse aufzuweisen. Es gibt ägyptische Hieroglyphentexte, sumerischakkadische Keilschrifttexte, die wesentlich weiter zurückreichen und schon einen ansehnlichen Mineralnamenschatz enthalten. So ist zum Beispiel das ägyptische ntr, unser Natron, mehr als ein Jahrtausend früher belegt als alle indogermanischen Aufzeichnungen. Es dürfte unter unsern sämtlichen Mineralnamen der älteste schriftlich bezeugte sein.

Bei den indogermanischen Völkern setzt die literarische Überlieferung in großen Zeitabständen ein. Drei Sprachen sind bis ins zweite vorchristliche Jahrtausend zurückzuverfolgen: das Hethitische, dann die älteste Stufe des Griechischen, das Mykenische, und vor allem das Altindische mit dem Rigveda, der zwar später aufgezeichnet wurde, dessen Entstehung aber ins 2. Jahrtausend zurückreicht.

Auf diese Sprachen wird im Wörterbuch verschiedentlich Bezug genommen, doch sind für die Geschichte der Stein- und Metallnamen im Abendland die Dichtungen Homers weit lehrreicher, obgleich sie Jahrhunderte jünger sind. Das früheste zusammenhängende germanische Schriftwerk, die gotische Bibelübersetzung des Wulfila, folgt dem Homer erst nach rund einem weiteren Jahrtausend, das früheste deutsche Schriftwerk erst nach einem weiteren halben Jahrtausend, in der Regierungszeit Karls des Großen.

5.

Die beiden dem Homer zugeschriebenen griechischen Epen, die ältere Ilias und die jüngere Odyssee, sind nach heutiger Meinung etwa im achten und frühen siebten Jahrhundert entstanden und somit die ältesten europäischen Dichtungen. Sie geben ein unerhört reiches Bild menschlichen Lebens in der Frühzeit.

Bei Homer findet sich keine Spur unserer naturwissenschaftlichen Denkweise, Begriffe wie Mineralreich und ähnliche sind innerhalb dieser Welt nicht anwendbar. Dichterische Schau bestimmt Auswahl und Einordnung der Dinge. Es wird erzählt von Helden und Göttern, die unbelebte Natur ist einbezogen, und wo es die Erzählung verlangt, erscheinen die Namen von Steinen, Erden, Metallen, zumeist herausgehoben durch ein formelhaft begleitendes Beiwort. Die drei Begriffe Steine, Erden, Metalle, in dieser Weise zusammengereiht, sind aber ebenso wie der Begriff Mineralreich nachhomerische Denkkategorien. Homer hat Namen für die einzelnen Metalle, aber nicht den zusammenfassenden Begriff Metall. Er hat mehrere sinnverwandte Wörter für Fels und Stein, doch findet sich keinerlei Ansatz zur Unterscheidung verschiedener Steinarten durch besondere Namen. Auch Marmor (mármaros) ist bei Homer noch nicht Name einer Steinart, sondern hat die Bedeutung Stein, schimmernder Stein, Felsstück. Homer hat für Erde eine lange Namenreihe, hat verschiedene Wortformen für Sand und Staub, hat die Namen Salz und Schwefel, hat aber kein Wort, das unserm Begriff Mineral auch nur einigermaßen entspräche.

Was von der Verwendung der Steine erzählt wird, erinnert an urtümliche Zustände. Die märchenhaften Unholde der Odyssee werfen mit männerbelastenden Feldsteinen, der Kyklop hat ein Gehege aus eingegrabenen Steinen gebaut und wälzt einen gewaltigen Türstein vor seine Wohnhöhle. Auch die Helden der Ilias schleudern im Kampf gelegentlich einen Stein, einen schwarzen, rauhen, spitzigen. Zum Häuserbau und als Sitz hat man glattbehauene Steine.

In der Reihe der Metalle verdient die hundertfach genannte Bronze den ersten Platz, insofern sie den kämpfenden Helden am unentbehrlichsten ist. Das griechische Wort (chalkós) wird in Übersetzungen meist mit Erz wiedergegeben: das blinkende Erz oder das funkelnde Erz, das mannhafte, das unverwüstliche, das kalte, das scharfe, das grausame Erz. Wenn aber vom roten Erz gesprochen wird, so ist ohne Zweifel Kupfer gemeint. Homer und überhaupt das Griechische hat für Kupfer und Bronze nur das eine Wort chalkós. Dieselbe Doppelbedeutung hat das lateinische aes. Bronze wurde offenbar als ein durch Zusatz von Zinn umgefärbtes und gehärtetes, aber nicht wesentlich verwandeltes Kupfer angesehen[1]. Weiter gekannt und genutzt ist das Eisen (síderos), das graue, das mühsambearbeitete, und das geschmeidige Zinn (kassíteros). Silber (árgyros) und kostbares Gold (chrysós) sind reichlich im Schatz der Herrscher, man trinkt aus goldenen Bechern und salbt sich aus goldener Flasche, Wagen und Rüstung der Fürsten sind mit Gold und Silber verziert. Für Frauen hat man goldene Halsketten, mit Elektron durchreiht, wobei offen bleibt, ob Elektron Hellgold oder Bernstein bedeutet. Nur beiläufig erwähnt wird das Blei (mólibos).

Salz (háls) und Schwefel (théeion) waren schon früh Handelsgüter. Im Homer erscheinen die beiden nicht als Ware, sondern sie sind der Götterwelt zugeordnet, zu Heil oder Unheil des Menschen. Schrecklich sind der Geruch und die Flamme des brennenden Schwefels, wenn Zeus den Blitz schleudert. Der Schwefel, mit dem man das Haus des Odysseus nach dem Freiermord reinigt, wird Heiler von Übeln genannt. Das Salz, das Patroklos auf das Fleisch an den Bratspießen streut, heißt das göttliche. Ganz fern soll es Menschen geben, die das Meer nicht kennen und kein Salz in die Speisen tun. Salz und Meer gehören zusammen. Durch Veränderung des grammatischen Geschlechts vom Maskulinum zum Femininum erhält «Salz» die Bedeutung «Meer» im Sinne von Salzflut. Es heißt zum Beispiel «Gestade des unfruchtbaren Salzes», und die Seefahrer schlagen das graue Salz, das göttliche Salz mit den Riemen.

6.

Griechenland hat in der Geschichte der Namen eine gar nicht zu überschätzende Bedeutung. Auch unsere Wissenschaft vom Mineralreich hat ihren Ursprung in Griechenland, und zwar in den Systemen der Naturphilosophen

[1] Lippmann, Alchemie I S. 143 u. 555.

ungefähr zweihundert Jahre nach Homer. Empedokles stellt die lange nach-
wirkende Lehre von den vier Elementen Erde, Wasser, Luft und Feuer auf. In
Platons Dialog Timaios wird – noch folgenreicher für das Weltbild der folgenden Jahrhunderte – die stoffliche Welt, ihr Bau und ihre Mechanik, im Zusammenhang eines beseelten Alls dargestellt.

Aristoteles und seine Schüler beginnen die Gegenstände der stofflichen
Welt zu ordnen nach den Begriffen Steinarten, Erdarten, Metalle, sie beginnen die Unterschiede in Bezug auf Schmelzbarkeit, Biegsamkeit, Dehnbar-
keit, Spaltbarkeit, Brennbarkeit, in Bezug auf Farbe, Glanz und Härte zu
erfassen.

Die hierbei auftretenden auf das Mineralreich bezüglichen Namen wurden teils aus der griechischen Sprache heraus geschaffen, zum Beispiel Pyrit,
Amiant, Hämatit, Marmor, teils aber wurden sie entlehnt, besonders aus
orientalischen Sprachen, waren dann jedoch bei ihrem ersten Auftreten
schon völlig ins Griechische eingeschmolzen und wurden ohne Zweifel nicht
mehr als Fremdwörter empfunden. Beispiele sind Beryll, Saphir, Chrysos
(Gold). Die griechische Nomenklatur ist sprachlich einheitlich in einem Maß,
wie sich das in keiner der späteren Kultursprachen wiederholt.

Gleich das erste Gegenbeispiel sind die Römer. Mit der Übernahme griechischer Kultur durch Rom kamen ganze Reihen griechischer Namen für
Edelsteine, Bausteine, medizinische Mineralien, Malerfarben und anderes
ins Lateinische, und zwar nahezu unverändert. Oft wurde nicht einmal die
griechische Endung -os durch lateinisches -us ersetzt. Bei Plinius steht zwar
topazus und smaragdus, aber auch apsyctos, cyanos, tecolithos. Die lateinische Nomenklatur des Mineralreichs wurde zweisprachig, das Lateinische
dadurch im Mittelalter zum Übermittler des griechischen Wortschatzes.

Am Ende der Antike, zu Beginn der Völkerwanderung liegt ein umfangrei-
ches Material zum Thema Namen der Steine vor. Hunderte von Steinen,
Erden, Metallen, Erzen, Edelsteinen sind griechisch-lateinisch benannt, sogar etymologisch gedeutet in der Art, wie die Antike es verstand. Ein reiches
Wissen und phantastisches Wähnen über diese Gegenstände, zusammenge-
strömt aus den Ländern ums Mittelmeer und aus dem Orient, liegt gesammelt vor in griechischen oder lateinischen Enzyklopädien, Welt- und Reisebeschreibungen, Steinbüchern, Heilmittellehren, Zauberbüchern.

7.

Bei den germanischen Völkern steht kein dem Homer vergleichbares Werk
am Anfang. Die frühesten schriftlich bezeugten Mineralnamen sind spärlich
und über weite Zeiträume verstreut. Das weitaus ältestüberlieferte Wort ist
zudem nicht von Germanen selbst, sondern von römischen Schriftstellern des
ersten Jahrhunderts mitgeteilt. Es lautet glaesum. Das ist unser Wort für Glas,

es bedeutete aber damals Bernstein. Während später die lateinische Sprache ganze Ströme fremder Namen nach dem Norden vermittelte, hielten die Römer hier, wo es sich um das damals kostbarste Handelsgut des Nordens handelte, den «barbarischen» Namen für überliefernswert.

Die frühesten eigenen Dokumente der Germanen sind Runeninschriften auf Steinen, Waffen und Geräten. Sie ergeben für unser Gebiet sehr wenig. Auf einem zu Kragehul auf Fünen im Moor gefundenen eschenen Lanzenschaft, etwa aus dem fünften Jahrhundert, steht das Wort hagala, Hagel. Es erscheint hier nicht als mineralogischer Begriff, sondern als Zauberwort. Am Ende der Inschrift ist «hagala wiju», «Hagel weihe ich» zu lesen. Der Runenkundige hat an den Speer, so deutet man, die Kraft gebannt, Hagel, das heißt Verderben zu bringen.[1]

Im vierten Jahrhundert entstand die Übersetzung der Bibel aus dem Griechischen ins Gotische durch Bischof Wulfila. Hier wird zum ersten Mal die Auseinandersetzung einer germanischen Sprache mit der Antike für uns faßbar, ein Vorgang, der sich in den folgenden Jahrhunderten bis in die Neuzeit hinein fortsetzt.

Erhalten sind hauptsächlich Stücke aus den Evangelien und den Paulusbriefen. Bei deren Übersetzung war der ererbte Wortbestand des Gotischen für den Bereich der Steine, Erden und Metalle nahezu ausreichend. Die schon mehrfach erwähnte Reihe ältester Namen kann aus Wulfilas Bibel in einer Form zusammengestellt werden, die dem frühesten Germanisch noch nahe ist: stains (Stein), hallus (Fels), airtha (Erde), thaho (Ton), snaiws (Schnee), salt (Salz), swibls (Schwefel), gulths (Gold), silubr (Silber), aiz (Erz, Kupfer), eisarn (Eisen).[2]

Auch das in den Gleichnissen Jesu so bedeutsame Wort für Perle war schon im Gotischen (und andern germanischen Sprachen) vorhanden, und zwar als Lehnwort: marikreitus, das ist griechisch-lateinisches margarita, umgebildet durch Anlehnung an marei Meer, und dekliniert nach gotischen Sprachgesetzen.

Die Apokalypse und das Alte Testament liegen (bis auf wenige Bruchstücke) nicht in gotischer Übersetzung vor. Es fehlen also die Bücher, die reich sind an Edelsteinnamen. Es fragt sich, wie Wulfila diese behandelt hätte. Wahrscheinlich hätte er die meisten als Fremdwörter übernehmen müssen.

Die Aneignung des fremden Wortschatzes wurde von den westlichen germanischen Sprachen umfassender als vom Gotischen fortgeführt. Hauptquelle war hier aber nicht das Griechische, sondern das Lateinische.

[1] W. KRAUSE, Die Runeninschriften im älteren Futhark. 1966. I S. 64ff.
[2] Aussprache: th wie englisch th; ai vor r (airtha) wie e, sonst (stains usw.) wie ai; ei (eisarn usw.) wie langes i; Betonung wie in allen germanischen Sprachen auf der ersten bzw. der Stammsilbe (márikreitus).

8.

Unter den frühesten deutschen Schriftwerken sind die wenigen zufällig erhaltenen Reste heidnischer Dichtung wie das alte Hildebrandslied ohne Zweifel die kostbarsten Stücke. Für die Geschichte der Stein-, Erd- und Metallnamen aber sind sie ebenso unergiebig wie die frühesten geistlichen Dichtungen. Wir sind auf ganz andere, an sich wenig ansprechende Quellen angewiesen: auf die althochdeutschen Glossen. Sie eröffnen in der Geschichte der deutschen Steinnamen einen neuen Abschnitt, der etwa die Regierungszeit der Karolinger und Ottonen, sprachlich die althochdeutsche Periode umfaßt. Diese lateinisch-deutschen Glossen wurden zusammengestellt, um der Erlernung der lateinischen Sprache und somit der damals leidenschaftlich betriebenen Aneignung des christlich-antiken Erbes zu dienen, sind aber für uns jetzt kostbare Dokumente des althochdeutschen Wortschatzes.

Das früheste Glossenwerk, Abrogans[1] genannt nach dem ersten glossierten lateinischen Wort und in mehreren etwas variierenden Abschriften aus den frühen Regierungsjahren Karls des Großen überliefert, ist zugleich das älteste erhaltene deutsche Schriftdenkmal überhaupt. Zugrunde liegt ein spätlateinisches für rhetorische Zwecke zusammengestelltes Lexikon mit Erklärungen seltener und poetischer Wörter. Es enthält nur wenige Stein- und Metallnamen, aber auch für diese wenigen fehlten offenbar deutsche Entsprechungen. Der Glossator hatte keine leichte Aufgabe und fand oft eigenartige und schwer zu deutende Lösungen.

Für electrum, den Namen der Gold-Silber-Legierung Hellgold, setzt der Glossator weralttiurida (weralt Welt, tiuri teuer, tiurida Kostbarkeit). Das gewaltige Wort kann etwa mit Welt-Pracht oder All-Glorie umschrieben werden und wird nur begreiflich, wenn man die antike Hochschätzung des Elektrums mit seinem hellen Glanz bedenkt und zugleich die Neigung des Mittelalters, bedeutsame Naturerscheinungen christlich-allegorisch zu deuten. Die antike Etymologie leitet Elektrum von griechisch Elektor (strahlende Sonne) ab. Die Sonne ist Christus, und Papst Gregor der Große (590–604) lehrt: das Elektrum ist Sinnbild seiner Mittlerschaft, indem das Gold seine Gott-Natur, das Silber seine Mensch-Natur bezeichnet. Das Gold seiner Gott-Natur erhöht den Glanz der Mensch-Natur. Umgekehrt das Silber der Mensch-Natur mildert das blitzende Gold der Gott-Natur und macht es für unsern Blick erträglich;[2] Der Glossator war vermutlich mit solchen Gedanken vertraut.

---

[1] STEINMEYER, Glossen I S. 1–271.
[2] Gregorius Magnus, Moralia XXVIII 1, 5. Ähnliche Stelle: Homiliae in Ezechielem I 2, 14. – Migne, Patrologia Latina Bd. 76 Sp. 449 u. 801.

In jedem Fall ist weralttiurida eine eigenartige und eigenwillige Namen-
schöpfung und charakteristisch für die Sprache des Abrogans und nur hier,
nachher aber nicht wieder belegt. Man glaubt hier die Möglichkeit zu erkennen, daß der auf das Mineralreich bezügliche deutsche Wortschatz trotz der
Macht des fremden Vorbildes weitgehend aus der eigenen Sprache und dem
eigenen Leben bereichert wurde.

Diese Möglichkeit wurde aber nur in geringem Maß Wirklichkeit. Das
zeigt ein Glossenwerk aus dem elften Jahrhundert, das Summarium Heinrici[1]. Dies ist eine lateinisch geschriebene systematisch angeordnete Enzyklopädie, zumeist in engem Anschluß an die Etymologien des Isidor. Sie war
weitverbreitet und liegt vor in vielen Abschriften zumeist aus dem 12. und
13. Jahrhundert, in zwei Fassungen, ergänzt durch alphabetische Nachträge.
In den Text sind hinter die lateinischen Stichwörter deutsche Glossen gesetzt,
wenn solche zur Hand waren. Es steht da zum Beispiel: «Cuprum kupher a
Cypro insula ubi repertum est.» Durch diese Glossen und infolge seiner systematischen Anordnung bietet das Summarium eine bequeme, wenn auch
nicht vollständige Übersicht über den damaligen deutschen Wortschatz.

Es zeigt sich, daß die oben für das Urgermanische erschlossenen Namen
vollständig im Summarium vorliegen. Hinzugekommen aber sind vor allem
lateinische Lehnwörter und Lehnübersetzungen. Bemerkenswert sind zum
Beispiel die Namen der neuen Baumateiralien chalh (calc) und gips, marmelstein und duchistein (Tuff); dann mergil (zum Düngen benutzt), pumiz
(Bimsstein, zum Pergamentglätten), crida (Kreide, zu mannigfachem, auch
medizinischem Gebrauch); alun (verwendet in der Färberei und Heilkunst);
queksilber, messinc, gismelzi (Hellgold); gimma (Edelstein) und kristalla
(Bergkristall). Der Zuwachs ist erheblich und vielseitig, verglichen mit dem
Urgermanischen, aber gering im Vergleich mit dem lateinischen Text. Ganze
Seiten mit lateinischen Stein- und Edelsteinnamen sind ohne Glossen geblie-
ben, weil deutsche Entsprechungen nicht zur Hand waren.

Offensichtlich ist die Mehrheit der Fremdlinge, Worte wie Kalk, Alaun,
Messing und andere, nicht auf literarischem Weg, sondern durch Berührung
der Volkssprache mit dem Lateinischen oder Vulgärlateinischen im Bereich
des praktischen Lebens ins Deutsche gelangt. Dagegen hat die mehrhundert-
jährige gelehrte Beschäftigung mit dem Lateinischen die althochdeutsche
Sprache, was das Mineralreich angeht, nur wenig bereichert. Fremde Stein-
und Mineralnamen werden erklärt, um deutschsprechende Schüler mit ihnen
vertraut zu machen, aber nicht, um ihre Übernahme ins Deutsche zu bewir-
ken. Das gilt auch für den durch seine deutschen Schriften berühmten Notker, der um das Jahr 1000 als Lehrer an der Klosterschule St. Gallen wirkte,

[1] STEINMEYER III S. 58–350 bringt nur die glossierten Stichworte. Mineralreich besonders S. 119–
121. 192. 211–212. – In der Ausgabe von Hildebrandt auch der vollständige lateinische Text.

wenn er Namen wie Heliotrop, Elektrum und Pyrop auf althochdeutsch erklärt. So stehen Scharen fremder Namen, besonders Edelsteinnamen, gewissermaßen vor der Tür, aber nur ganz wenige erhalten Einlaß ins Althochdeutsche.

9.

Die systematische Anordnung des Summarium legt einen Vergleich der drei
Naturreiche in Bezug auf den Wortschatz nahe. Die erste Fassung hat für das
Tierreich und das Pflanzenreich je mehrere hundert deutsche Glossen eingesetzt. Das Mineralreich ist im Vergleich dazu dürftig vertreten. Selbst wenn
man die späteren Ergänzungen mit durchsucht, hat man Mühe, etwa vierzig
Namen zusammenzubringen. So bestätigt sich die eingangs (Kap. I) erwähnte Beobachtung: der Mensch wendet seine Wißbegier, Neugier, Liebe
weit eher und weit stärker den Tieren und Pflanzen zu als den Steinen. Damals war zudem die sprachliche Bewältigung der christlich-kirchlichen Welt
viel dringlicher als die Einbürgerung neuer Steinnamen.

Im Mittelhochdeutschen entfaltet sich dann – immer noch in enger Anlehnung an die Antike – ein reicheres und farbigeres Bild der Mineralwelt mit
einem erheblich erweiterten Namenschatz.

IV. Edelsteinnamen im Mittelalter

> Ingens est herbis virtus data, maxima gemmis. –
> Ungeheure Kraft ist den Kräutern gegeben, die
> größte den Edelsteinen.
>
> 11. Jahrh. MARBOD, Prolog.

1.

Die Frage, was ein Edelstein ist, wurde zu verschiedenen Zeiten verschieden beantwortet. Eine genaue Grenzziehung ist schon deshalb unmöglich, weil die Mode mit im Spiel ist. Jegliche Definition des Begriffs hat also nur bedingten Wert. Die Richtung weisen kann aber schon das Wort Edelstein, mittelhochdeutsch edel gesteine, das heißt adeliges, edles, herrliches, deshalb auch kostbares Gestein, seit dem 14. Jahrhundert auch in einem Wort geschrieben: edelstein

Einen anderen Hinweis gibt das lateinische lapis pretiosus, indem es den Wert (pretium) im Sinne von Kaufpreis betont.

Ein Blick auf die wichtigsten heute gebrauchten Edelsteinnamen zeigt, daß es nur wenige von heimischem Ursprung oder völlig deutschem Klang gibt: Mondstein, Katzenauge, Tigerauge, Rauchquarz, Rosenquarz und wenige andere. Die meisten Namen, darunter gerade die der edelsten, kostbarsten, seltensten Steine, haben Fremdwortcharakter, zum Beispiel Diamant und Smaragd, Saphir und Rubin, Beryll und Topas, Amethyst und Chrysopras, Karneol und Opal, Granat und Malachit. Es fällt ferner auf, daß die deutschen Namen sämtlich jünger sind, die genannten fremdsprachigen aber hohes Alter aufweisen. Sie sind schon im Mittelalter teils aus dem Lateinischen, teils aus dem Griechischen durch Vermittlung des Lateinischen ins Deutsche gelangt und haben trotz zeitweiliger Eindeutschungsbestrebungen ihren fremden Klang am Ende behauptet. Die Fremdsprachigkeit der Namen wurde offenbar als passend zur Seltenheit und Kostbarkeit der Steine empfunden.

2.

Die griechischen Namen, die im Deutschen mit so fremdartigem Prunk auftreten wie etwa Chrysopras und Amethyst, waren nicht erst im Deutschen Fremdwörter, sie waren es schon für die Römer, von denen sie ins Lateinische übernommen wurden. Man gab ihnen deshalb oft Worterklärungen bei, die sich mit den Namen weiter durch die Jahrhunderte vererbten, etwa daß Onyx griechisch Fingernagel heiße oder daß Haimatitis von griechisch haima Blut den Namen habe. Derartige antike Etymologien sind für uns von unterschiedlichem Wert. Wenn Isidor, dem Plinius folgend, Malachit mit Malve in Verbindung bringt und Achat mit einem Fluß Achates in Sizilien, so sind das einleuchtende oder doch annehmbare Deutungen. Daß aber der Amethyst von seiner rauschhindernden Kraft den Namen haben solle, erschien schon dem Plinius unsinnig. Daß der Onyx, weil er Glänzendweißes beigemischt enthalte, nach dem menschlichen Fingernagel (griechisch onyx) benannt sei,, steht bei Isidor (XVI 8,3), überzeugt aber nicht. Die Etymologie der griechischen Namenwelt ist dadurch schwierig, daß sich oft hinter völlig griechisch klingenden Wörtern orientalische Fremdwörter verbergen, die der griechischen Lautung angepaßt oder volksetymologisch umgedeutet wurden.

3.

Die Geschichte der fremden Edelsteinnamen in Deutschland beginnt mit dem Bekanntwerden der Bibel bei den germanischen Völkern.

Im Alten Testament werden sechzehn Edelsteine genannt. Auf die hebräischen Namen brauchen wir nicht näher einzugehen, da sie in der abendländischen Namengeschichte kaum Spuren hinterlassen haben. Es sei mit dem Hinweis genug, daß zwei von ihnen etymologische Entsprechungen im Griechischen haben: Sappir (sappheiros) und Jaschpe (iaspis). Die Frage, was für Steine mit den hebräischen Namen gemeint waren, ist nur teilweise und mit Vorbehalt zu beantworten. Schon die alten Übersetzer waren oft unsicher, zum Beispiel beim anscheinend doch eindeutigen Jaschpe, der in der Septuaginta Onychion, in der Vulgata Beryllus heißt, und beim Schoham, der mit Beryll, aber auch mit Onyx, Smaragd, Sarder und Sardonyx wiedergegeben wurde. So weichen denn auch die bei deutschen Übersetzern von Luther bis zu Buber angewendeten Namen erheblich voneinander ab.[1]

Weit stärker als hebräische Namenformen haben alttestamentliche mit diesen Namen verbundene Vorstellungen im Mittelalter gewirkt. Urtümlichstes findet sich im Buch Hesekiel (28, 12ff.) an einer durch spätere Einschübe erweiterten, schwer deutbaren Stelle, wo Gott durch den Mund des Propheten zum König der üppigen Handelsstadt Tyrus spricht. Die Stelle lautet in Bubers Übersetzung, welche den Sinn vielleicht besser als Luther deutlich macht:

«Ein Absiegel des Urmaßes du,/ voller Weisheit, ganz schön,/ in Eden warst du, dem Gottesgarten./ Deine Schirmung alles Edelgestein,/ Spinell,

---

[1] Liste der hebräischen Namen mit den alten Übersetzer-Varianten in HAUCKS Realencyklopädie f. prot. Theol. u. Kirche Bd. V S. 157 (Leipzig 1898). – Ausführliches über Edelsteine in der Bibel mit ähnlicher Übersicht und Literaturhinweisen im Reallexikon für Antike und Christentum von KLAUSER Bd. IV Sp. 505–552 (Stuttgart 1959).

Das Vierte\ Von den edel steinen.

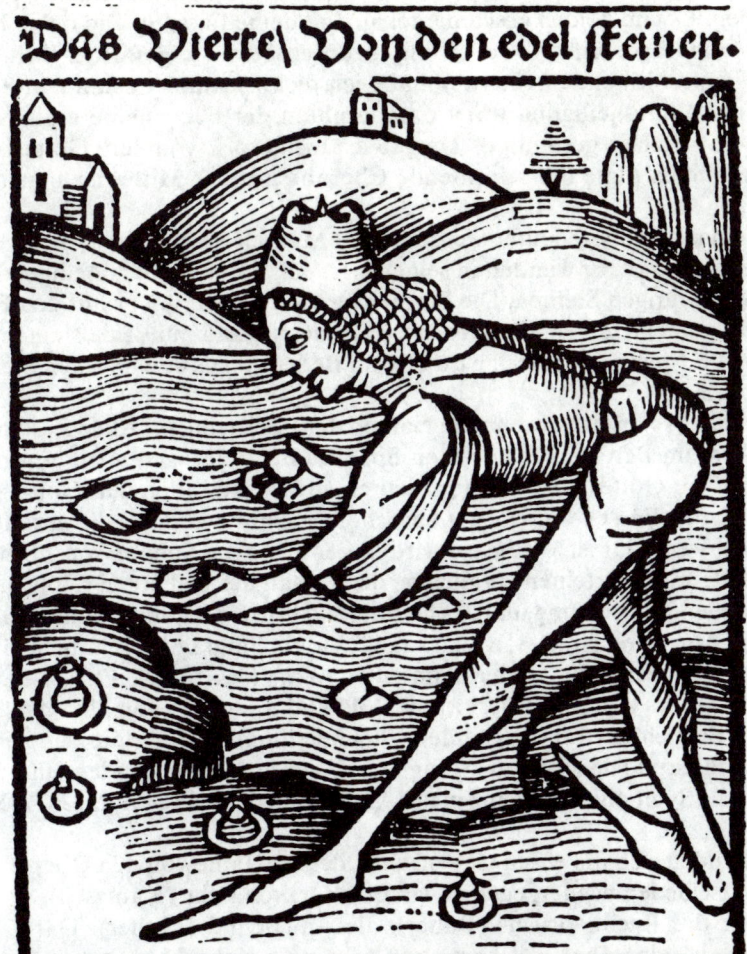

Edelstein-Findung und Edelsteine, in Ringen gefaßt. – 1509. Hortus Sanitatis, Teil des Titelblattes. 3:2.

Chrysolith und Onyx,/ Chalzedon, Karneol und Nephrit,/ Saphir, Türkis und Beryll,/ und golden geschmiedet an dir/ deine Fassung und deine Höhlung:/ am Tage deiner Erschaffung/ wurden auch sie gestiftet./ Mit dem gereckten schirmenden Cherub/ habe ich dich zusammengetan,/ auf dem Berg der Gottesheiligung warst du,/ inmitten der Feuersteine ergingst du dich./ .../ du hast gesündigt./ Da gab ich dich preis/ von dem Gottesberge hinweg,/ dich tilgte der schirmende Cherub/ aus der Mitte der Feuersteine.» [1]

Demnach kann gedeutet werden: Der Mensch ist seinem Urmaß nach sternenverwandt. Er wandelt in seiner Sternenheimat auf dem heiligen Berg zwischen feurigen Steinen. Die Sternenverwandtschaft hat er mit den Edelsteinen gemein, er ist deshalb im Paradieszustand mit Edelsteinen geschmückt. Nach seinem Fall wird er vom Berg und aus den feurigen Steinen verstoßen.

Zu alldem stimmt es, wenn die Namen der Edelsteine im Alten Testament vor allem im Bereich der höchsten Sphären herangezogen werden, wo die Herrlichkeit Gottes im Bilde angedeutet wird: «vnd sahen den Gott Israel. Vnter seinen Füssen war es/ wie ein schöner Saphir/ vnd wie die gestalt des Himels/ wens klar ist.» [2] Ebenso wird in der irdischen Sphäre, was höchsten Wert hat, mit Edelsteinen verglichen, die Gestalt des Geliebten (Hoh. 5, 10), der Zauber der Dichtung und des Gesanges: «Wie ein Rubin in feinem Golde leucht/ Also zieret ein Gesang das mahl. Wie ein Smaragd in schönem Golde stehet/ Also zieren die Lieder beim guten wein» (Jes. Sir. 32, 7).

Wohl gibt es weltlichen Besitz von Gold und Kostbarkeiten aller Art, aber erst im Bereich des Tempels finden Edelmetall und Edelgestein den gebührenden Platz und den ihrer ursprünglichen Würde entsprechenden Sinn. Sehr zart ist die Symbolik der Steine in der Amtstracht des Priesters Aaron (2. Mos. 28, 17).

Es handelt sich um einen Gegenstand, dessen Name von den Übersetzern sehr verschieden wiedergegeben wird: als Orakeltasche (Kautzsch), als Gewappen des Rechtsspruchs (Buber), als Amtsschild (Luther). Darin sind zwölf Steine eingefügt, welche die zwölf Stämme symbolisieren. Der Priester trägt im Tempel das Schild auf seinem Herzen, so sind in den Edelsteinen die Stämme bei der heiligen Handlung gegenwärtig.

Angesichts dieser farbig-kostbaren Pracht ist die Tatsache hochbedeutsam, daß im Neuen Testament – wenn man von der Apokalypse absieht – nicht ein einziger Edelsteinname vorkommt, auch nicht in Gleichnissen. Christus und

---

[1] Bücher der Kündung. Verdeutscht von M. BUBER gemeinsam mit Fr. ROSENZWEIG. Köln und Olten 1958. S. 517.
[2] 2. Mos. 24, 10. LUTHERS Übersetzung. Zitiert wird hier wie im Folgenden der endgültige, nicht «redivierte» Text der Ausgaben von 1545/46.

seine Jünger waren arm und trugen keinen kostbaren Schmuck. Von liturgischen Gewändern und Geräten, die in der späteren Kirche etwa seit dem vierten Jahrhundert reich mit Gold und Gestein verziert wurden, war damals noch nicht die Rede. Der heidnisch-magische Gebrauch von Zaubersteinen war schon im Alten Testament und noch entschiedener im Neuen überwunden. Statt der Edelsteine wird nun aber ein anderes wundersames Gebilde bedeutsam: die Perle. Im Alten Testament kommt sie noch nicht vor. Wo das Wort in unsern Übertragungen steht, ist vermutlich falsch übersetzt. Die Perle ist erst infolge der Alexanderzüge im Mittelmeergebiet bekannt geworden. Sie wird damals wie heute oft unter den Edelsteinen mit aufgezählt, aber auch als etwas Andersartiges und Eizigartiges herausgehoben. Jesus vergleicht das Himmelreich mit der Perle (Matth. 13, 45).

Eine Sonderstellung im Neuen Testament hat die Offenbarung Johannis. Jahrhundertelang wurde um ihre Aufnahme in den Kanon der Heiligen Schriften gestritten. Das Buch handelt von den letzten Dingen und spricht darüber aus christlicher Schau in ungeheuren Bildern. Diese erinnern in ihrer Art an alttestamentliche Gesichte, und besonders zwei Stellen, in denen Edelsteinnamen vorkommen, sind im Alten Testament vorgezeichnet: das Bild der thronenden Majestät (Off. 4, 2) und das Bild der Gottesstadt (Off. 21).

Dies Bild geht zurück auf die im jüdischen Volk lebendige Vorstellung vom gold- und edelsteingeschmückten Gotteshaus. In der babylonischen Gefangenschaft wird diese Vorstellung erweitert und die Hoffnung festgehalten, daß Jerusalem, die Heilige Stadt, einst in kostbarem Gestein wiedererstehen soll (Jes. 54, 11; Tob. 13,19). Hier ist schon die Steigerung und Vergeistigung des Bildes in der Apokalypse vorbereitet. Im siebenten und letzten Gesicht der Offenbarung wird nach unerhörten Schrecknissen und Untergängen ein neuer Himmel und eine neue Erde geschaut. Das Göttliche senkt sich vom Himmel auf die Erde nieder, ungetrübt sichtbar im Bilde des himmlischen Jerusalem. Dies zu vergegenwärtigen dienen die Namen von zwölf edlen Steinen, neben denen die Perle wiederum als etwas Besonderes herausgehoben erscheint. Die Stadt ist lauteres Gold wie durchscheinend Glas, die zwölf Tore sind je von einer Perle, die Grundsteine der Mauer mit zwölferlei Edelgestein geschmückt. Durch die Apokalypse, und nur durch diese, sind Edelsteinnamen eindrucksvoll im Neuen Testament vertreten.

Die Art, wie in der Bibel mit Edelsteinen und mit Edelsteinnamen umgegangen wird, ist der mittelalterlichen Art unverkennbar verwandt. Zweifellos liegt starker fremder Einfluß vor, aber kaum hätte dieser ohne entsprechende Bereitschaft auf der andern Seite derartige Macht gewinnen können. Vor allem die beiden Zwölferreihen, die des Alten und des Neuen Testaments, haben das Denken und Dichten in den folgenden Jahrhunderten immer aufs neue bewegt.

Die Kenntnis der fremden Namen war in Deutschland zunächst auf wenige Geistliche beschränkt. Bücher waren Vermittler. Schon damit war die Gruppen der Edelsteinnamen charakteristisch unterschieden von denjenigen Wörtern, die sich auf den Steinbau und andere «Kulturtechniken» bezogen, welche die Deutschen von den Römern lernten. Diese Wörter wurden rasch völlig eingedeutscht: Kalk, Gips, Kreide, Marmelstein, Ocker, Mergel, Bimsstein. Wir sind im Bereich des praktischen Lebens, es handelt sich um handgreifliche Dinge, Wort und Sache wurden zugleich übernommen, und der Bezug zwischen beiden war eindeutig.

Bei den Edelsteinnamen der Bibel war der Zusammenhang zwischen Name und Sache loser, und so konnten die Namen bis zu einem gewissen Grade aus sich heraus ihr eigenes Leben entfalten. Eine große Aufgabe war die allegorische Auslegung der zwölf apokalyptischen Steine, wobei es genügte, wenn man eine ungefähre Vorstellung von ihrer Farbe hatte. Diese Auslegung, schon in der christlichen Antike begonnen und im Norden fortgesetzt, wurde Thema lateinischer Abhandlungen und Hymnen und später auch deutscher Lehrgedichte. Jeder der zwölf Steine symbolisiert eines der Fundamente, auf denen die Gottesstadt errichtet ist. In Bedas Auslegung (Sp. 202) heißt es: «Im Jaspis also wird auf das Grünen des Glaubens hingedeutet ... Im Chalzedon wird die Flamme der inneren Liebe dargestellt ... Im Beryll das vollkommene Wirken der Künder. Im Topas wird ihre glühende Schau gezeigt ... Es sind also die einzelnen Edelsteine den einzelnen Fundamenten zugeordnet, weil zwar alle vollkommen sind, durch welche die Stadt unseres Gottes auf seinem heiligen Berg geziert und begründet wird, sie leuchten aber durch das Licht der geistlichen Gnade.»

Seit dem zwölften Jahrhundert wird in deutscher Sprache auf ganz ähnliche Art allegorisiert. In einem Gedicht über das himmlische Jerusalem heißt es:

> Der XII. stain der ist ave sus
> gehaizen Ametistus:
> der ist rôt sô daz pluot
> unte lohet sô daz fiur tuot.
> der bezaichent dî martirâre,
> dî gotes arnepoten wâren.[1]

Auch weiterhin haben die Deuter bis zu Paul Claudel[2] die zwölf Steine nicht als zufällig, sondern als sinnvoll ausgewählt angesehen. Wer diese Auffassung teilt, wird vielleicht zuerst nicht gerne hören, daß die Reihe einen durchgreifenden Bedeutungswandel durchgemacht hat. Nur drei Namen bezeichnen jetzt noch im wesentlichen dieselben Steine wie zur Entstehungs-

---

[1] WAAG S. 64. ave: aber; sus: so; arne-, ârant: Auftrag, Botschaft; pote: Bote.
[2] Die Mystik der Edelsteine. In: CLAUDEL, Vom Sichtbaren und Unsichtbaren. Prestel-Verlag, München 1962.

zeit der Apokalypse: in der Schreibung der Vulgata Amethystus, Smaragdus, Beryllus. Sardius und Sardonyx haben eine Bedeutungsverschiebung erfahren. Der antike Sarder konnte zwar auch braun sein wie der unsrige, hatte aber Rot als Hauptfarbe entsprechend unserm Karneol. Der Hyacinthus der Apokalypse ist unser Saphir, der Sapphirus der Apokalypse unser Lapislazuli, der Calcedonius hat mit unserm Chalzedon nichts zu tun, ist vielmehr ein hochroter Stein und konnte deshalb die christliche Liebesglut symbolisieren. Was der Jaspis, der Chrysolithus, der Chrysoprasus des Altertums für Steine waren, ist nicht sicher auszumachen, jedenfalls decken sich die Namen nicht mit den unsrigen. Beim Topazius ist die Frage bis heute umstritten geblieben.

Diese Übersicht hat ein bemerkenswertes Ergebnis. Würde man die heutige Bedeutung der Namen zugrunde legen, so würde in der Reihe das rein leuchtende Rot fehlen. In der antiken Reihe sind zwei rote Steine: der Sarder und vor allem der Chalzedon. Es erscheint undenkbar, daß diese Farbe, die nach Goethe höchste Steigerung und Krönung der gesamten Farbwelt ist, in der Reihe gefehlt hat. Es wird also gerade derjenige Ausleger, dem jeder der zwölf Namen gewichtig erscheint, den Bedeutungswandel berücksichtigen.

Es entspricht der gesamten Entfaltung des Lebens und Dichtens im staufischen Zeitalter, wenn nunmehr eine der theologischen ähnliche Edelsteinallegorik in den Bereich der hohen Minne eingeführt wird. In Gottfrieds Tristan (16929 ff.) ist in der Minnegrotte der Estrich aus grünem Marmor, das Bett aus Bergkristall. Der Marmor, grün wie Gras, bedeutet die Beständigkeit hoher Minne, der Bergkristall deren Reinheit.

> Daz bette inmitten inne
> der cristallinen minne,
> daz was vil rehte ir namen benant.
> er haete ir reht vil rehte erkant,
> der ir die cristallen sneit
> zir legere und zir gelegenheit:
> diu minne sol ouch cristallin,
> durchsihtic und durchluter sin.

Mit diesem Beispiel haben wir zeitlich schon etwas vorausgegriffen. Für das Folgende müssen wir uns wieder um etwa ein Jahrhundert zurückversetzen.

4.

Im 11. Jahrhundert erweiterte sich die Edelsteinkenntnis im Abendland. Mittellateinische Lapidarien entstanden auf Grund spätantiker Quellen. Hier ging es zunächst nicht um allegorische Auslegung der Namen, sondern um Belehrung über die magischen Kräfte (virtutes) der Steine. Daß der Smaragd mit seinem Grün schwache Augen stärkt, daß rote Steine mit dem Blut zu tun haben, der Karneol es stillt und der Almandin seinen Fluß erregt, daß der Chrysolith die Melancholie scheucht, der Chrysopras Stetigkeit im Guten verleiht, daß der Onyx vielerlei Unheil wirkt, aber durch den Sarder in Schach gehalten wird, daß der Karfunkel die Kräfte aller Steine in sich vereinigt, so oder ähnlich liest man zunächst in lateinischen Lapidarien, dann aber auch in deutschen Steinbüchern, gereimten wie ungereimten.

Magische Kraft ist so sehr das Kennzeichen und Wesen der Edelsteine, daß in ihre Reihe nicht nur die durchsichtigen und prachtvollen, zu allen Zeiten bewunderten Steine aufgenommen wurden, sondern auch einige unansehnliche Gebilde, denen man geheimnisvolle Kräfte zuschrieb, und die deshalb als Amulett oder sonstiges Heil- oder Zaubermittel hochgeschätzt waren: der Magnes oder Magnet, der unverbrennliche und, wie man glaubte, unauslöschliche Asbest, merkwürdige Naturgebilde wie der Aetites und viele andere. Diese wurden in alten Lapidarien in der Reihe der Edelsteine mit aufgeführt und besprochen, und es ist nicht immer ersichtlich, in welchem Maß man sich des Unterschiedes bewußt war. Oft wird ausdrücklich zwischen Stein (lapis) und Edelstein (gemma, lapis pretiosus) unterschieden. Hier kann dieser Gesichtspunkt einstweilen zurückgestellt werden.

Wie ernst und fromm man bei Anwendung der Steine zu Werke ging, zeigt ein Beispiel aus dem Lapidarium, das der Mystikerin Hildegard von Bingen zugeschrieben wird. «Wenn jemand von der Fallsucht erschöpft niederfällt, wenn er so der Länge nach daliegt, gib ihm einen Smaragd in den Mund, und sein Geist belebt sich. Und nachdem er aufgestanden ist und den Stein aus dem Mund genommen hat, blicke er ihn aufmerksam an und spreche: Wie der Geist des Herrn den Erdkreis erfüllt hat, so erfülle seine Gnade das Haus meines Leibes, daß es nie wieder erschüttert werden kann. – Und so tue er die neun folgenden Tage in der Frühe, und er wird geheilt werden» (12. Jahrh. Hildegard von Bingen IV 1).

So wurde ohne Bruch Spätantik-Heidnisches mit Christlichem verschmolzen. Wo man eine ausdrückliche Rechtfertigung für nötig hielt, lautete die einfache Wendung: Gott hat den Steinen wunderbare Kräfte eingepflanzt. Der große Scholastiker Albertus Magnus kommt mit seinen ausführlichen Untersuchungen im wesentlichen auch nicht darüber hinaus. Er stellt zunächst die unbezweifelbare Tatsache der wunderbaren Kräfte edler Steine fest. Beweis ist die einhellige Überlieferung. Demnach steht fest, daß Steine die Kraft haben können, Geschwüre zu heilen, die Herzen der Menschen zu versöhnen, den Sieg zu bringen. Neu aber ist erstens, daß Albert diese Fähigkeiten durch Vernunftschlüsse in der Art scholastischen Denkens aus der Natur der Dinge heraus zu begründen und Einwände zu widerlegen bemüht ist, und zweitens, daß er bestrebt ist, die Überlieferung durch eigene Beobachtungen zu bestätigen. Er will einen Karfunkel gesehen haben, der im Finstern aus sich selbst leuchtete, er will gesehen haben, wie ein Saphir ins kranke Auge geführt wurde und Flecken beseitigte.

Der Glaube an die wunderbaren Tugenden edler Steine blieb durch das ganze Mittelalter fest begründet und konnte durch vereinzelte Spötter nicht erschüttert werden. Der Stricker (um 1250) war solch ein Ungläubiger. Er meint, ein farbiges Glas tut den Augen ebenso gut wie ein edler Stein, ist aber viel billiger, und was man von den Tugenden der Steine erzählt, ist gelogen. Alle Kräfte der Steine in der Kaiserkrone verhinderten nicht, daß König Philipp erschlagen wurde und Kaiser Otto IV. unter Gespött entete, und wenn es einen Stein gibt, der Hälmchen hebt, was hat man davon? Wer Steine unter Anpreisung ihrer wunderbaren Tugenden gegen unmäßigen Preis verkauft, den sollte man aufhängen. – Mit solchen Einwänden konnte man damals noch nicht durchdringen. In Volmars Gedicht (1–22) lautete die Antwort: Wer die edlen Steine schmäht und sagt, gefärbtes Glas sei ebenso gut, den sollte man totschlagen.

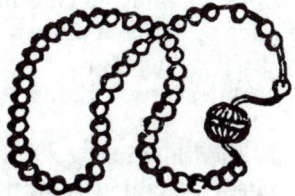

Chalzedon-Kette. Macht sieghaft und mildert Fieber. (Zierstück aus: Megenberg, Naturbuch. Frankfurt 1540.)

5.

Das Latein des Mittelalters war eine lebendige Sprache. So konnten aus ihr auch neue Namen gebildet werden. Der Beitrag des Mittellateinischen ist da weit größer als der des alten und klassischen Latein: Citrinus, der Zitronenfarbige; Corneolus, wohl zu deuten als der Kornelkirschenfarbige, später Karneol genannt und als der Fleischfarbene verstanden; Rubin, aus mittellateinisch rubeus, der Rote; der Granatus heißt nach der Blütenfarbe und Fruchtfarbe des Granatbaumes. Man sieht, in welchem Maße die Steine auch im Mittelalter nach der Farbe beurteilt wurden. Dabei konnte nicht ausbleiben, daß ganz verschiedene Mineralien den gleichen Namen erhielten, und umgekehrt. Besonders unter den roten Steinen war der Unterschied von der heutigen Benennung groß.

Jede lebendige Sprache wandelt sich. Im Mittellateinischen wurden die Edelsteinnamen in diesen Wandel natürlicherweise hineingezogen, besonders solche, die nicht in der Vulgata festgelegt waren. Ein extremes Beispiel ist

der in der Bibel nicht erwähnte Opalus. Mittellateinische Formen sind optallius, ophthalmius, ophthalmus, ostolanus, oltamos, also Formen, in denen die
ursprüngliche Wortgestalt kaum mehr erkennbar ist. Im Deutschen setzte
sich die Umgestaltung fort: ostolan (Megenberg), optallîes oder optalles (Parzival), octalamus (Jüng. Titurel), und das St. Florianer Steinbuch (Vers 755)
zählt auf:

> Ostaltinus oder obtalius oder olchanius,
> ain haimleicher stain, daz mercht alsus.

Die Humanisten verachteten alle derartigen Abweichungen vom klassischen Latein und sahen sie als Entartungen an. Sie wurden der Eigenart des
Mittellateinischen nicht gerecht. Die damaligen Umformungen der Namen
beruhen zweifellos nicht nur auf Mißverstehen oder Nachlässigkeit. Wenn
man die verschiedenen Formen nebeneinander sieht, entsteht vielmehr der
Anschein, als wenn man gerade dem Klang nachgegangen sei, ihn ausgekostet und versucht habe herauszuhören, was er von der magischen Kraft des
Steines verrate. In Formen wie optallius möchte man ein Etymologisieren,
einen Anklang an optare oder optimus erkennen, und noch deutlicher in
ophthalmus die Beziehung auf das Auge (griechisch ophthalmós). Die späte
Antike schrieb ihm höchst wunderbare Wirkung auf das Auge zu, worüber
Megenberg so berichtet:

«Von dem Ostolan. Ostola oder optalius ist ain stain, des varb die maister
niht sagent, dar umb, daz man in iht leiht vind. wan wer in tregt, den siht nie-
mant, aber er siht selber wol, und dar umb habent in die diep gar liep.» [1]

6.

Bei dem engen Nebeneinander der lateinischen und der deutschen Sprache
waren die mittelalterlichen Umformungen der Edelsteinnamen höchst mannigfaltig. Es fällt zunächst auf, wie selten Übersetzungen waren, vor allem im
Bereich derjenigen Steine, die als lapides pretiosi herausgehoben waren.
Neben Heliotrop zum Beispiel gab es das deutsche Sunnenwendel. Die Übersetzung Orphanus-Waise betrifft einen in jeder Beziehung außergewöhnlichen einzelnen Stein. Man könnte meinen, Chrysolith und Rubin wären
leicht zu übersetzen gewesen, doch ist nicht bekannt, daß es geschah. Auffällig anders verhielt sich eine Gruppe der schon erwähnten lapides, der Steine
schlechthin, von der noch zu sprechen sein wird.

So selten Übersetzungen vorkamen, so häufig waren Annäherungen ans
Deutsche. Es entstanden Formen wie Jachant für Hyacinthus, Crisolte für
Chrysolithus, Karfunkel für Carbunculus. Die Fremdwörter waren auf dem
Wege, Lehnwörter zu werden, die Edelstein-Nomenklatur war in durchgrei-

---

[1] 1350. MEGENBERG S. 454. iht: hier gleich nicht; wan: denn; diep: Diebe.

fender Wandlung begriffen. Aber Renaissance und Humanismus wirkten der Eindeutschung wieder entgegen.

Das originellste Beispiel für diesen Vorgang ist der Beryll. Aus beryllus wurde mittelhochdeutsch berille, barille, brille. Damit war die Eindeutschung vollkommen. Brille hießen aber auch die Linsen, die man zur Verbesserung schwacher Augen zu schleifen gelernt hatte und für die man ursprünglich Berylle, «Brille» (allerdings auch Bergkristalle) verwendete. Der edle Stein, bisher Schmuck an Monstranzen und andern heiligen Gegenständen, Zauberstein, der den erleuchteten Augen Zukünftiges zeigt, war in den Bereich der reinen Nützlichkeit geraten. Hier konnte er seine eingedeutschte, aber auch verbürgerlichte Form Brille beibehalten. Der Name blieb, auch als man Glas für die Linsen verwendete. Aber der edle Stein wurde wieder herausgehoben, indem die Humanisten ihm den fremdklingenden Namen Beryllus, Beryll zurückgaben.

7.

Das Wort carbunculus, kleine Kohle, ist der einzige nennenswerte Beitrag der Römer zum Bestand unserer Edelsteinnamen, doch nicht ganz original, sondern eine Übersetzung des griechischen anthrax.

Für den Klang des Namens im Deutschen wurde bedeutsam die Umbildung von carbunculus zu mittelhochdeutschem karfunkel, karfunkelstein, die erstmalig aus der Zeit um 1170. im Rolandslied (V. 1588) belegt ist. Das wunderbare Schwert Mulagir wird beschrieben:

> Vonem houbte dô schein
> ein edel karvunchel:
> des tages was er tunchel,
> er lûchte alle die naht,
> sam der sunne umbe mittin tach.

Indem man das Wort an funkeln und Funke anlehnte, gab man ihm ein ganz neues Gesicht. Wollte man die Eindeutschung vollkommen machen, konnte man noch den ersten Wortteil in «klar» umwandeln, wie es einmal im Jüngeren Titurel (Str. 3014) geschah:

> sin art, di clar, git luter lieht in tunkel,
> darumbe man im gebnde ist etwa den namen klarifunkel.

Das ist ein ähnliches, teils etymologisierendes, teils spielerisches Umgehen mit dem Namen, wie es am Beispiel des Opals gezeigt wurde. «Etwa», das heißt hier und da nennt man den Stein Klarifunkel. Im Bereich des Grals aber läßt der Dichter ihm die Form Karfunkel. Hier ist daran zu erinnern, daß auch gewisse brandig rote Geschwüre Karbunkel heißen und auch damals schon hießen. Es ergab sich jetzt die Möglichkeit, die beiden Prachterscheinungen zu unterscheiden und den Edelsteinnamen von einem fatalen Anklang zu befreien. Die Sprache hat von dieser Möglichkeit nicht so schnell Gebrauch gemacht, wie man vermuten könnte. Noch lange hieß der Edelstein oft Karbunkel, andererseits das Geschwür oft Karfunkel. Erst in der Dichtung der Klassik und Romantik ist die heute übliche Scheidung durchgeführt.

Im Mittelalter steigt der Karfunkel zur höchsten Würde auf. Er vereinigt die Kräfte aller andern edlen Steine und hat noch einige ganz besondere dazu. Seine Fähigkeit, im Dunkeln wie glühende Kohle zu leuchten, ist ebenso wunderbar wie die Tatsache, daß er unter dem Horn des Einhorns wächst, und im Jüngeren Titurel (um 1270) ist das Gewölbe des Graltempels mit Karfunkeln gestirnt, und der Turmknopf ist «ein lieht karfunkel», der verspätete Templeisen heimweist. Der Karfunkel ist Symbol des göttlichen Lichtes geworden. Die in der mittelalterlichen Dichtung gewonnene Bedeutung hat er in mannigfacher Abwandlung bis in die jüngste Zeit behalten.

Das aufgeklärte 18. Jahrhundert hat den Karfunkel aus der Naturwissenschaft ausgeschieden, weil es einen solchen Stein nicht gebe. Gleichwohl bleibt die Frage zu beantworten, welcherart Steine man denn im Mittelalter für Karfunkel hielt, was für ein Stein es also gewesen sein mag, dessen Leuchten Albertus Magnus im Dunkeln gesehen haben will. Im Sinne des Mittelalters kann man sagen: Der Name Karfunkel ist Inbegriff der Pracht und Kraft roter Edelsteine und als solcher in die Dichtung eingegangen. In der realen Welt wird er mehr oder minder dargestellt durch jeden hochroten Stein von ungewöhnlichem Glanz, am besten wohl durch Rubine von vorzüglicher Qualität, aber auch durch einen ausgezeichneten roten Spinell ebenso viel und ebenso wenig wie durch einen entsprechenden Granat.

8.

Ein Name wie «der Waise» unterscheidet sich von allen bisher erwähnten. Die bisher angeführten Namen bezeichnen Gattungen, Arten oder Abarten, keine Individuen. Eigennamen hat der Mensch nur ganz außergewöhnlichen Steinen zugebilligt, und ein solcher war der Waise wegen seiner einzigartigen Schönheit und vor allem wegen seines Symbolwertes.

Man kann vom «Waisen» nicht sprechen, ohne von der mittelalterlichen Reichskrone zu sprechen, in der er das kostbarste Juwel war, ja ohne an das Heilige Römische Reich deutscher Nation zu denken, dessen Herrschaftszeichen er eine kurze und glanzvolle Zeit gewesen ist. So sagte Walter von der Vogelweide, als er (1198) für die Krönung des Staufers Philipp von Schwaben warb: «Philippe setze en weisen ûf», «Dem Philipp setze den Waisen auf.» Und bei der Krönung:

swer nû des rîches irre gê,
der schouwe wem der weise ob sîme nacke stê:
der stein ist aller fürsten leitesterne.

Die Reichskrone wurde hergestellt für Otto I., also im 10. Jahrhundert, und man hat glaubhaft gemacht, daß sie in ihrem Bau und der Wahl und Zahl ihrer Steine und Perlen auf die Apokalypse zurückgeht. Die Stirnplatte mit ihren zwölf Edelsteinen in drei Reihen enthält die zwölf apokalyptischen Steine und will auf das himmlische Jerusalem weisen (Off. 21, 19ff.). Die Nackenplatte soll dem Amtsschild des Hohenpriesters nach den Angaben des Alten Testaments (2. Mose 28) entsprechen. Der Träger der Krone wird somit als Nachfolger der gesalbten alttestamentlichen Könige und christlicher Weltherrscher gekennzeichnet. Ein einzig schöner und großer Stein nahm in dieser Krone den obersten und hervorragendsten Platz in der Stirnplatte ein.

Mit der Zeit trat die ursprüngliche Bedeutung zurück. Die strenge alttestamentliche Welt und die Bilder der Apokalypse waren im 13. Jahrhundert nicht mehr so unmittelbar wirksam. Dafür wurde durch die Kreuzzüge die Märchenpracht des Orients nahe gerückt. In diesem Zusammenhang wird der Leitstein der Krone erstmalig der Waise genannt in einem Gedicht vom Herzog Ernst. Es wird da erzählt: Der Herzog brachte ihn von seiner Fahrt durch ferne Wunderländer mit. Einmal trieb ihn ein reißendes Wasser auf seinem Floß durch das dunkle Innere eines Berges. Da sah er den Stein leuchten. Er konnte ihn losbrechen und schenkte ihn nach seiner Rückkehr dem Kaiser.[1]

Die Krone wird noch in Wien mit andern Reichsinsignien aufbewahrt, aber viele Steine sind verloren gegangen, darunter auch – zu unbekannter Zeit – der kostbarste: der «Waise». Er wurde durch einen dreieckigen Saphir ersetzt, der schlecht in die sichtbar gebliebene runde Fassung paßt. Mit einiger Sicherheit ist zu erschließen, daß der verlorene Stein ein Opal war.

Nach dem Wortlaut der Apokalypse freilich gehörte an diese Stelle ein heller Jaspis, der alleredelste Stein, der insbesondere Gleichnis der Herrlichkeit Gottes ist (Off. 21, 10–11). Dieser antike Jaspis nun war nicht der meist dunkelgefärbte undurchsichtige Stein, den wir so nennen, aber wir wissen weder über den antiken noch den mittelalterlichen Jaspis genug, um von da aus Schlüsse auf den «Waisen» zu ziehen. Die wichtigste Quelle ist für uns die Beschreibung des Albertus Magnus (II 2, 13) aus dem dreizehnten Jahrhundert:

«Orphanus ist ein Stein in der Krone des Römischen Kaisers und nirgends sonst gesehen worden, weswegen er auch den Namen Orphanus hat. Die Farbe ist etwa weinfarben, zeigt milde Weinfarbe. Und das ist so, wie wenn glänzendes oder schimmerndes Schneeweiß in klare rote Weinfarbe dringt

---

[1] Herzog Ernst. Hrg. von BARTSCH. Wien 1869. Vers 4456ff.

und sich darin verliert. Der Stein ist aber durchsichtig, und es heißt, daß er manchmal nachts gefunkelt hat, doch jetzt zu unserer Zeit schimmert er nicht im Dunkeln. Man sagt, daß er die königliche Ehre hütet.»

Diese Beschreibung ist im allgemeinen auf einen Opal mit vorwiegend rötlichem Farbenspiel gedeutet worden. Daß er im Dunkeln gefunkelt haben soll, darf man als Hinweis nehmen, daß eine Neigung bestand, sich den einzigartigen Leitstern in der Krone als Karfunkel vorzustellen. In späteren Fassungen des Herzog Ernst ist er zum Karfunkel geworden.

Orphanus ist griechisch Orphanos. Auch in einer byzantinischen Quelle kam ein kostbarer Stein Orphanos vor. Orphanos heißt lateinisch pupillus, der Waisenknabe. Pupilla heißt Waisenmädchen, aber auch die Pupille, das Auge. Auge heißt griechisch ophthalmos, und das ist wiederum der mittelalterliche Name des Steines, den wir Opal nennen. Ob und in welchem Maß man damals solche Beziehungen herstellte, ist strittig. Daß diese Art des Etymologisierens dem Zeitalter vertraut war, wurde im Vorhergehenden zu zeigen versucht.

9.

Einige Dichtungen des Mittelalters, besonders Wolfram von Eschenbachs Parzival und Albrecht von Scharfenbergs Jüngerer Titurel zeigen, in wie breitem Strom sich die fremden Namen in die deutsche Sprache ergossen. Sie erscheinen in der Dichtung im eigentlichen wie im übertragenen Gebrauch, im profanen und sakralen Bereich. Was in Lapidarien und Lehrgedichten nüchterner Unterricht ist, wird hier als lebendiges Bild in die Erzählung verwoben. Als Beispiel sei die einzigartige Stelle aus dem Parzival (791) herausgegriffen, wo nicht weniger als 58 Edelsteine aufgezählt werden. Etwa 60–80 Steine bringen auch die führenden mittellateinischen Lapidarien. Ein solches wird Wolfram vorgelegen haben. Er hat auch schon die neueren, erst kürzlich in Gebrauch gekommenen Namen: cornîol, turkoyse, rubîne, paleise. Die Wortformen zeigen die erwähnten Abweichungen, es steht da optallîes für Opal, bestîôn und abestô für Asbest, epistîtes für Hephästitis. Eindeutschung fremden Klanges ist hier und da zu erkennen: es heißt nicht carbunculus, sondern karfunkl, nicht chrysolitus, sondern crisolte, nicht smaragdus, sondern smârât. Meist bleibt der fremde Klang unangetastet: es heißt berillus, topazîus, jacinctus, pêanîtes und so fort.

Wenngleich die Aufzählung mit dem Karfunkel beginnt, sind doch die Namen nicht nach sachlichen, sondern nach klanglichen Gesichtspunkten zusammengefügt zu Reimpaaren, wobei die Freude am berauschend prächtigen Tönen der fremdartigen Worte bis an die Grenze des im deutschen Vers Möglichen ausgekostet wird:

> Karfunkl und silenîtes,
> balax unt gagâtromes,

> ônix unt calcidôn,
> coralîs unt bestîôn ...

Einige besonders volltönende Reime heben sich heraus:

> crisolte, rubîne,
> paleise unt sardîne.

Alle Verse aber enthalten für das deutsche Ohr denkbar seltsame zauberhafte Worte:

> jerachîtes unt eljotrôpîâ,
> panthers unt antrodrâgmâ ...
>
> absist unt alabandâ,
> crisolecter unt hîennîâ.

Jeder dieser Namen, so darf man annehmen, war für den damaligen Hörer eine Zauberformel, welche den Anruf einer magischen Kraft enthielt. Alle Heilkräfte aller Zonen waren aufgerufen.

Die 58 Steine machen das Bett des siechen Gralkönigs Anfortas kostbar. Helfen können sie aber alle zusammen nicht, weil in diesem einen unerhörten Fall die Heilung durch Gott an die Frage geknüpft ist, die Parzival stellen muß.

Die Erzählungen des Parzival und Jüngeren Titurel kreisen um das Heiligtum des Grals, unter dessen Zeichen die Edelsten zu hohem und schwerem Dienst vereinigt sind. Das Wort Gral ist altfranzösisch, die Etymologie umstritten, die Bedeutung in der mittelalterlichen französischen Dichtung und in Wolframs Vorlage aber nicht zweifelhaft: Ein Gral ist eine Schüssel zum Auftragen von Speisen. Bei Wolfram wird nicht von *einem* Gral gesprochen, sondern von *dem* Gral, und dieser ist nicht wie in der Vorlage eine Schüssel, sondern ein Stein. Der Stein heißt lapsit exillîs (469, 7). Das ist ein so seltsamer Name, daß man zunächst einen Schreibfehler annehmen und zum mindesten lapsit in lapis verbessern möchte, aber die Lesart ist durch die Handschriften gesichert. Eine ganze Literatur befaßt sich mit der Erklärung des lapsit exillîs, wobei durchweg eine teils spielerische, teils gewaltsame Umschmelzung lateinischer Wörter und Wendungen angenommen wird. Nach einer Deutung liegt etwa ein lapis lapsit ex caelis (Stein fiel vom Himmel) zugrunde. Es wird zwar ein solches Vom-Himmel-Fallen ausdrücklich nicht erzählt, doch ist der Gral Träger himmlischer Kräfte, und seinen Namen hat der sternkundige Heide Flegetanis geheimnisvollerweise im Gestirn gelesen (454, 17ff.). Nach andrer Deutung erinnert der Gral an den Leben und Heilung spendenden Stein der Weisen. Dessen aus dem Arabischen übernommene Bezeichnung lapis elixir könnte Wolfram bekannt gewesen sein.

Für diese und weitere Deutungen gibt es Gründe und Gegengründe. Es erscheint aber sinngemäß, das Entweder-Oder durch ein Sowohl-Als-Auch zu ersetzen. Wolfram betreibt eine Art Sprach-Alchemie, nimmt verschiedene Sprachelemente und setzt sie derart neu zusammen, daß die mannigfachsten Bedeutungen durchschimmern und damit das Geheimnis um den Gral zugleich angedeutet und verhüllt wird.

Der Gral kann dem Karfunkel und dem Waisen angereiht werden. Diese drei Namen vergegenwärtigen jeder in einem andern Bereich das Höchste, was ein ganzes Zeitalter von Edelsteinen gedacht und gesagt hat.

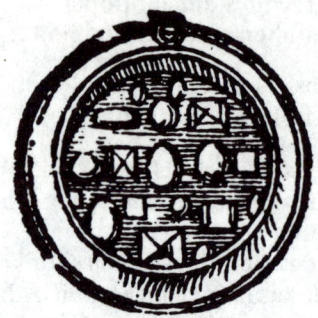

Edelsteinschmuck. (Zierstück aus: MEGENBERG, Naturbuch. Frankfurt 1540.) 8:5.

V. Metallnamen im Mittelalter

> Das ist ein metal, das das feur gewaltigen mag und
> vom man in ein instrument mag gebracht werden.
>
> Um 1525. PARACELSUS, Werke I 3 S. 49.

1.

In der alt- und mittelhochdeutschen Sprache gibt es Namen für sieben Metalle. Drei sind einheimisch: Gold, Blei, Zinn; drei völlig eingedeutschte Lehnwörter: Silber, Eisen, Kupfer; eines ist Lehnübersetzung: Quecksilber, nach dem lateinischen argentum vivum. Die Siebenzahl ist bedeutsam und war wichtig bei der Zuordnung der Metalle zu den Planeten, wie sie im Zweistromland einige Jahrtausende vor unserer Zeitrechnung begründet und aus der Spätantike vom Mittelalter übernommen wurde. Man glaubte die in den Planeten wirksamen Weltkräfte auch in den entsprechenden Metallen zu finden.

Die Zuordnung war nicht ohne Schwanken zustande gekommen. Daß das Gold zur Sonne gehört und das Silber zum Monde, leuchtete damals und leuchtet noch heute ohne weiteres ein. Auch daß das Blei zum Saturn und das Eisen zum Mars gehört, war schon in der Antike nahezu allgemein anerkannt. Erst nach einigem Schwanken wurde das Kupfer der Venus, das Zinn dem Jupiter zugewiesen, und eine besondere Bewandtnis hatte es noch lange mit dem rätselhaften Quecksilber. Da es nicht hämmerbar ist, rechnete man es nicht zu den Metallen. Die Alchemie sah es (mit dem Schwefel zusammen) als Grundstoff aller Metalle an. So erschien es zunächst nur vereinzelt in der Siebenerreihe, zum Beispiel bei dem byzantinischen Alchemisten Stephanos im 7. Jahrhundert. Meist wählte man zur Ergänzung der Reihe eine Metallegierung. Noch Megenberg (1350) hatte statt des Quecksilbers die Gold-Silber-Legierung gunderfai (Hellgold). Erst im Laufe des 14. Jahrhunderts gewann das Quecksilber seinen festen Platz unter den planetarischen Metallen.

Diese Verhältnisse spielen in die Geschichte der Namen hinein. Bis ins 18. Jahrhundert werden die planetarischen Metalle im gelehrten Bereich oft mit den entsprechenden lateinischen Planetennamen angeführt, also Gold als Sol, Silber als Luna, Eisen als Mars, Quecksilber als Merkurius. Ein letzter Ausläufer dieser Benennungsweise geht bis ins 19. Jahrhundert, wo einige Mineralogen wie Mohs und Breithaupt aus Gründen, die später darzulegen sind, das Wort Quecksilber ausschieden, statt dessen Merkur wieder einführten und Mineralnamen wie Merkurblende, Merkursilber bildeten, die sich aber bei der festen Verwurzelung des Namens Quecksilber in der deutschen Sprache nicht durchsetzen konnten.

Mit der Entdeckung neuer Metalle seit Ende des Mittelalters wurde die schöne und geschlossene, aber auch eng begrenzte Ordnung und Zuordnung gestört. Meist verstand man sich nur zögernd, die zweifellosen Neuentdekkungen anzuerkennen. Anders Paracelsus. So wie er die Welt schaut, gibt es eine unbegrenzte Fülle von kosmischen, von planetarischen Kräften, die auf die Erde wirken, die in Pflanzen, Metallen, Steinen und Wässern gegenwärtig sind und von einem Arzt, der diese Zusammenhänge erforscht und erfühlt, in den menschlichen Mikrokosmos geleitet werden können. Das Schema der sieben Planeten und sieben Metalle war ihm viel zu eng. Er stellte das Quecksilber außerhalb der Reihe, er kannte das Zink und das Wismut und sträubte sich nicht, sie anzuerkennen, er beschrieb das Kobalt schon rund zweihundert Jahre vor dessen Entdeckung durch den Schweden Brandt, er wäre nicht erstaunt gewesen über die Zahl der späteren Neuentdeckungen sowohl von Planeten wie von Metallen.

Es wird noch zu zeigen sein, wie um 1800 noch einmal Metallnamen und Planeten in Beziehung gesetzt werden, freilich in ganz anderem Sinn als im Mittelalter.

2.

Man liest in ältern Büchern zur Geschichte der Wissenschaft, das Mittelalter habe außer den sieben planetarischen Metallen noch das Arsen und das Antimon gekannt. Diese Formulierung ist irreführend, die Berichtigung aber lehrreich für die Namengeschichte. Das Beispiel zeigt, daß man nicht ohne genaue Prüfung jetzige Bedeutungen von Namen in frühere und andersdenkende Zeiten verlegen darf.

Zunächst muß man absehen von der Namenform Arsen. Diese gehört dem 19. Jahrhundert an und bezeichnet eindeutig das Element (As). Die Form Arsenik ist erst seit Paracelsus im Deutschen belegt. Die mittelalterliche Form ist Arsenicum, die ebenso wie Antimonium dem lateinischen Sprachbereich angehört, dem Kreis der Gelehrten und Alchemisten. Beide Wörter sind im Gegensatz zu den Namen der planetarischen Metalle im Mittelalter in diesem Bereich verblieben und niemals völlig eingedeutscht worden, auch die Formen Arsén und Antimon haben fremden Klang behalten.

Arsenicum bedeutete im Mittelalter nicht das Element. Dieses war für das damalige Denken überhaupt nicht vorhanden. Arsenicum hießen mehrere der Farbe nach unterschiedliche, aber ihrer Natur nach als zusammengehörig erkannte Substanzen. Am bekanntesten waren Arsenicum rubrum (unser Rauschrot), Arsenicum citrinum (unser Rauschgelb), Arsenicum album (unser weißes Arsenik, Arsenblüte). Diese drei Arten werden auch von Albertus

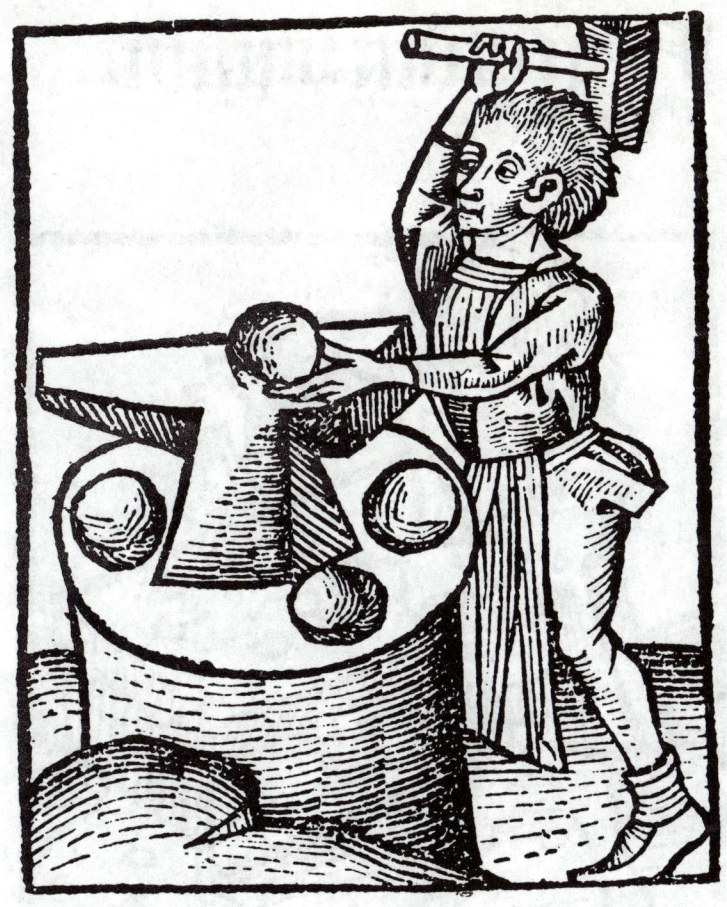

Bearbeitung des Kupfers. Aus dem Hortus Sanitatis von 1509. 3:2.

Argentum viuum.
Queckſylber.

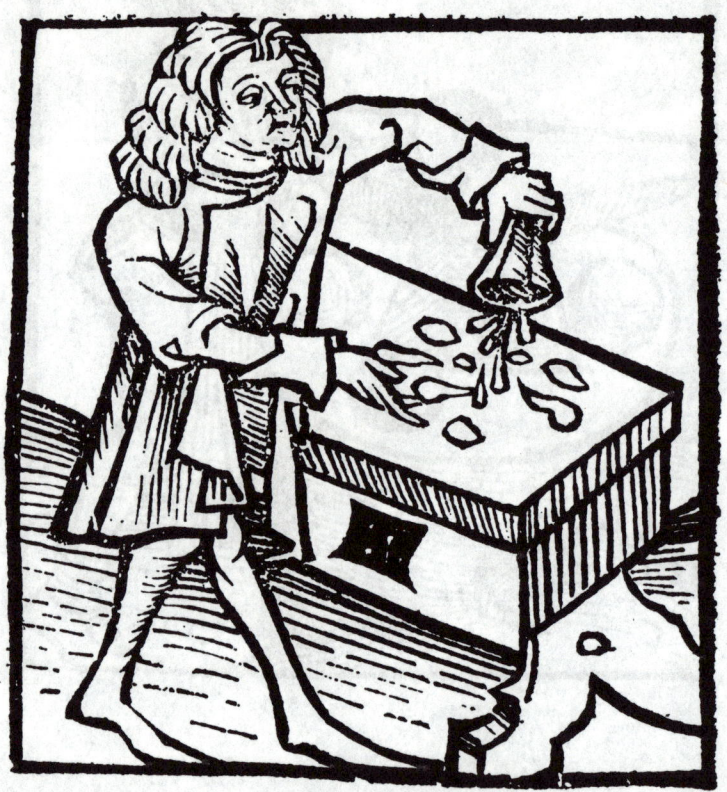

Aus dem Hortus Sanitatis von 1507. 3:2.

Magnus (II 2, 6 und V 1, 5) aufgezählt. Insoweit ist der Bedeutungswandel des Wortes und der Übergang vom Arsenicum zum Arsen klar faßbar.

　　Damit sind aber noch feinere und schwer faßbare Unterschiede der Denkweise verbunden. Was damals Arsenicum hieß, sehen wir an als chemische Verbindungen des Elements Arsen mit andern Elementen, sah das Mittelalter an als natürliche oder künstliche Zubereitungen einer und derselben ele-

Antimoniũ. Spießglaß

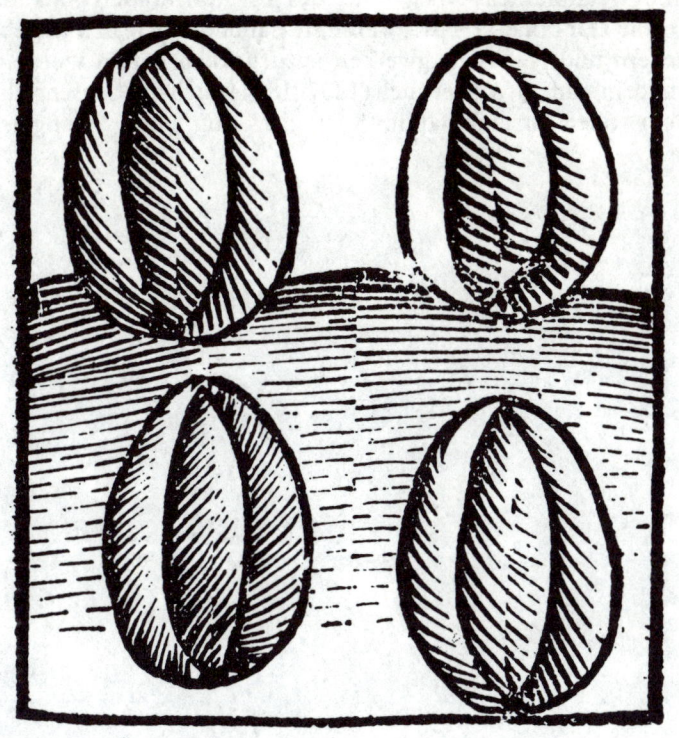

Aus dem Hortus Sanitatis von 1507.

mentaren ursprünglichen Substanz oder Kraft. Die Alchemisten kannten auf Grund arabischen Wissens weitere Zubereitungen, unter andern auch eine, die wie Silber aussieht und metallischen Charakter zeigt. Diese hieß sinngemäß Arsenicum metallinum, später, im 18. Jahrhundert, Regulus arsenici, deutsch Arsenikkönig. Regulus oder König hieß die im Tiegel gewonnene Metallausschmelzung. Der Arsenikkönig wurde immer deutlicher als das heute so genannte Sprödmetall Arsen erkannt.

Ähnliches gilt vom Antimonium. Das Wort bezeichnete nicht das Element, sondern noch bis ins 18. Jahrhundert ein Erz, das Spießglas der Bergmannssprache. Das darin enthaltene Metall ist leicht auszuschmelzen und war seit frühgeschichtlichen Zeiten in Gebrauch, wurde aber bis ins 17. Jahrhundert als eine Art Blei angesehen.

Man kann also etwa so formulieren: Das Mittelalter hatte allerdings die jetzt so genannten Metalle Arsen und Antimon in Händen, aber man kannte sie nicht und hatte deshalb keine Namen dafür. Arsenicum und Antimonium waren keine Metallnamen. Noch Ende des 18. Jahrhunderts, als man die beiden Metalle klar erkannt hatte, waren sie namenlos, wie in maßgebenden Wörterbüchern und Nachschlagwerken ausdrücklich betont wurde. Selbst Campe mußte in seinem Wörterbuch (1807–1811) noch die Umschreibungen Arsenikkönig oder Arsenikmetall, Spießglaskönig oder Spießglasmetall anwenden.

VI. Alchemistische Namen

Wenn sie den Stein der Weisen hätten,
Der Weise mangelte dem Stein.
GOETHE, Faust II 1. Akt.

1.

In der Alchemie hat sich neben der gewöhnlichen auch eine besondere und höchst seltsame Benennungsweise entwickelt, zu deren Verständnis einige Mitteilungen über die Alchemie im allgemeinen angebracht erscheinen.

Alchemisten berufen sich gern auf den mythischen Hermes Trismegistos, den dreimal größten Hermes, hinter dem sich der ägyptische Weisheitsgott Thot verbergen soll. Andere Spuren weisen auf Vorläufer im Vorderen Orient. Die Entfaltung der Alchemie geht vor sich im Bereich des hellenistischen Griechentums. Die Araber erweitern sie, durch arabische Vermittlung wird sie seit dem 12. Jahrhundert im Abendland bekannt. Seit dem 15. Jahrhundert gibt es neben dem lateinischen auch deutsches alchemistisches Schrifttum. Ausläufer reichen bis zu Goethe. Dieser wertete rückschauend seine Beschäftigung mit der Alchemie als eine ihm inokulierte Krankheit. Seit dem 19. Jahrhundert beschäftigt sich nur noch die Wissenschaftsgeschichte mit der Alchemie.

Unter Alchemie werden die verschiedensten Bestrebungen zusammengefaßt. Im Schrifttum ist eine mehr phantastisch-naturphilosophische Richtung zu unterscheiden und eine mehr nüchtern-systematische, die als Vorläufer unserer Chemie angesehen werden kann. Aber auch Praktiker wie die Hersteller von Gläsern, Farbstoffen, künstlichen Edelsteinen und sonstigen Tinkturen und Materialien wurden zu den Alchemisten gerechnet. Allgemein wurde an die Möglichkeit geglaubt, unedle Metalle in edle, etwa Blei in Gold zu verwandeln. Letztes Ziel war es, das lieblichste Ding, den Stein aller Steine, den edlen und hochteuren Stein der Weisen hervorzubringen, von dem es heißt: er ist ein Stein und doch kein Stein. Er wird auch als Pulver vorgestellt, griechisch Xerion, Streupulver, arabisch Iksir, oder mit arabischem Artikel Elixier, oder als Tinktur, als rote Tinktur, Aurum potabile, Trinkbar Gold. Der Stein ist der metallische Goldsamen, mit dem man die unedlen Metalle, ja das gesamte Meerwasser in Gold verwandeln kann. Auch wurde dem Stein – noch nicht bei den Griechen, aber schon bei den Arabern und noch mehr seit dem späten Mittelalter – Heil- und Verjüngungskraft zugeschrieben. Er ist der Antidotus, das Gegengift, die Panacea salutifera, das Allheilmittel, der irdische Heiland.

2.

Der Stein der Weisen findet sich nicht fertig in der Natur, er muß durch eine Stufenfolge alchemistischer Prozesse gewonnen werden. Am Anfang steht, sorgfältig geheim gehalten, die Substanz, von der man ausgeht, die Prima materia, der Drache, der überwunden werden muß, am Ende steht das vollkommene Meisterstück, Perfectum Magisterium. Obgleich Kunstprodukt, muß doch der Stein der Weisen hier einbezogen werden, nicht nur, weil sonst einer der merkwürdigsten aller Steinnamen ausschiede, sondern auch deshalb, weil er das Musterbeispiel der eigentümlichen alchemistischen Namengebung ist. Diese umfaßt gleichermaßen natürliche wie künstliche Substanzen. Einerseits schreibt der Alchemist seine Werke einer subtilen Kunst zu, andererseits betont er, daß das vollkommene Werk keinen Unterschied zwischen Kunst und Natur erkennen lasse: «In derselben Weise, wie die Welt geschaffen worden, ist auch Unser Stein hergestellt.»[1]

3.

Sinn und Art dieser Namenwelt wird anschaulich durch eine Stelle aus der alchemistisch überarbeiteten Fassung des mittelalterlichen Pseudo-Aristoteles. Es heißt da, daß sich zwei Philosophen, das ist zwei Naturkundige, mit Namen Reson und Josaphia begegneten. «Und sie erkannten sich sogleich, als sie sich sahen … Es sagte Reson: … Nun frage ich dich, o Josaphia, ob du den weißen Vogel gesehen hast, bisweilen fliegend und fliehend und manchmal friedlich ruhend an einem Ort. Und der ihn weidet, hat keinen Trost von ihm, und der Vogel hat kein Vertrauen zu dem, der ihn weidet … Der in seiner Natur wohnt, ist entgegengesetzt seiner Farbe. Auf diese Art erkannten sich die Naturkundigen gegenseitig, und jeder wußte um das Wesen des andern.»[2] – Hier kann und soll der Außenstehende nicht wissen, was für ein weißer Vogel das ist. Es ist ein Deckname, die angegebenen Merkmale können auf das flüchtige, wegen Giftigkeit gefürchtete Quecksilber gedeutet werden. Alchemistische Decknamen wollen zugleich Wissen aussprechen und verbergen. Besitz des Wissens bedeutet Zugehörigkeit zum Kreis der Naturkundigen. Der Stein der Weisen, Lapis Philosophorum, heißt also deshalb so, weil seine Zubereitung, seine Kenntnis, seine Handhabung Geheimnis eines Kreises Eingeweihter ist. Ähnliches besagen die Namen Arcanum, Lapis occultus, Lapis noster, Unser Stein. Vom Alchemisten werden auch sonst die von ihm zubereiteten oder zugrunde gelegten Substanzen als Unser Blei, Unser Gold, Unser Silber von den gewöhnlichen unterschieden. Das Quecksilber heißt Wasser der Philosophen, Unser Wasser, Unser weißes Öl. Ganz allgemein

---

[1] 14. Jahrh. Hortulanus. Nach RUSKA, Tabula S. 185.
[2] 14. Jahrh. PSEUDO-ARISTOTELES L. RUSKA S. 185.

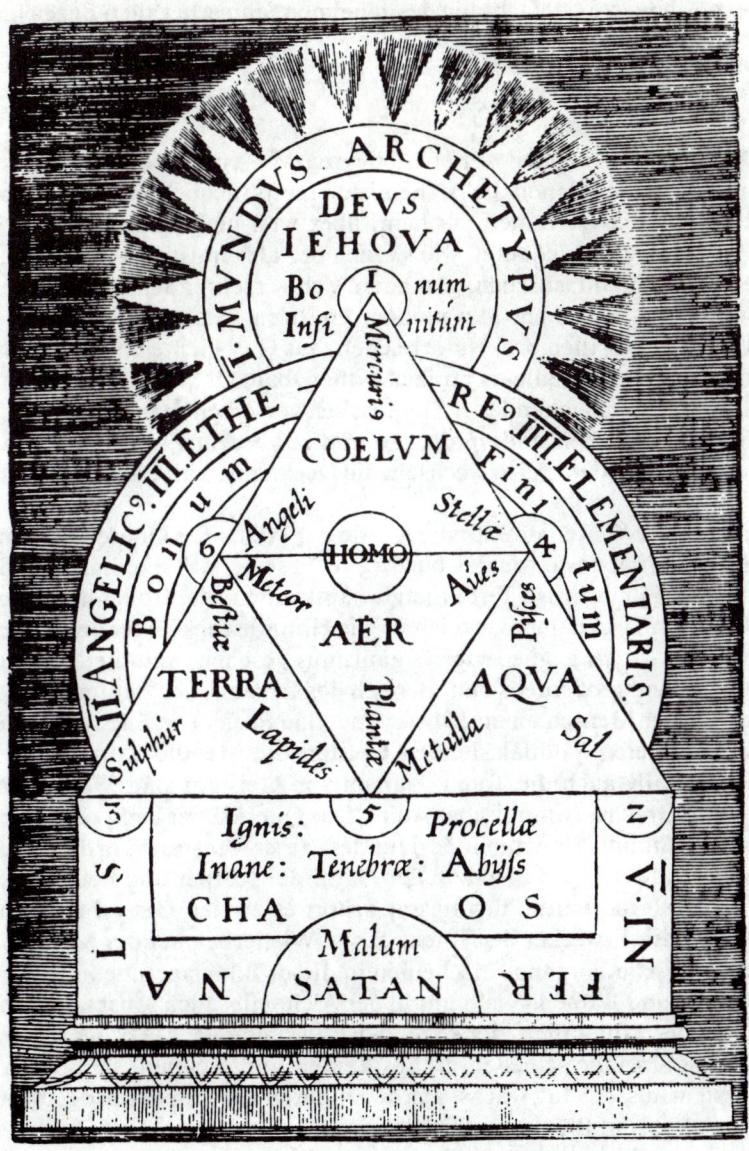

Steine (Lapides), Metalle, Schwefel (Sulphur), Salz (Sal), eingefügt in ein alchemistisches Weltschema. – Aus: Dyas Chymica Tripartita. Frankfurt 1625. 1:1.

wird vom Adepten die Beachtung des geheimen Sinnes bei allen Bezeichnungen und Anweisungen verlangt.

4.

Die Decknamen benennen nur einen begrenzten Ausschnitt der Welt, eben die Substanzen, mit denen die Alchemisten hauptsächlich umgingen. In der Bildersprache dieser Namen erscheint aber weit mehr, erscheint das Bild einer ganzen Welt angedeutet, wie sie sich der alchemistischen Spekulation darstellt, einer phantastischen, gärenden, sich verzehrenden und immer neu zeugenden, von Drachen, Skorpionen, Geistern belebten Gottnatur. Die Bilder werden aus allen drei Naturreichen, aus Geschichte und Religion genommen, sie erinnern bald an antike Mythen, bald an Märchen, bald an Bilderrätsel. Ein durchgehendes System ist schwer erkennbar, weil die Bilder zugleich verdeutlichen und verdecken und zu diesem Zweck gern gehäuft und vermischt werden. Auch wechseln die Decknamen im Lauf der Jahrhunderte.

Der Stein der Weisen umfaßt die Kräfte der Welt, alles Obere und Untere. So wird das Erhabenste wie das Niedrigste, ja selbst das Ekelhafte im Bilde herangeholt. Fimus, Mist, Terra foetida, stinkende Erde, Höllenhund finden sich ebenso im Decknamenverzeichnis wie Himmlisches Feuer und Phoenix.

Die Welt wird als gegliederter Organismus gesehen, und die Namen der Substanzen sind großenteils dem Bereich des Organischen entnommen. Das Erz hat wie der Mensch einen Körper und eine Seele. Die flüchtigen Stoffe, Arsenik, Schwefel, Salmiak, heißen Geister, die Metalle Körper, die vier unedlen Metalle auch die Toten. Namen von Geistern sind Weißer Vogel, Geflügelter Drache, Himmlischer Adler. Das Quecksilber heißt wegen seiner Giftigkeit Schaum des wütenden Hundes, geschwänzter Skorpion, giftige Schlange, als Metall hat es teil an der Natur der Körper und heißt Schweiß der Körper, durch seine Flüchtigkeit gehört es zu den Geistern und heißt Flüssiger Geist, Erwecker der Toten, das ist Wiederbeleber der Metalle.

Alchemistische Vorgänge erscheinen in dieser Bildersprache mit Vorliebe als Wachsen und Blühen. Nicht nur in der Alchemie, auch sonst sah man das Entstehen der Mineralien, der Erze, der Edelsteine nach Art des Pflanzenwachstums. Kristalle schießen an aus Samen und Keimen, sie blühen aus dem Gestein aus, das Erz wächst aus den inneren Kräften der Erde, die wertvollsten Stoffe sind Blüten und Früchte des Mineralreichs. Das Gold wächst wie aus einem Rosensamen die Rosen, sagt Paracelsus.

Solche Bilder sind der Alchemie besonders gemäß. Das Große Werk herzustellen, braucht man die Prima materia, die jungfräuliche Erde, die Samen werden ausgestreut, zum Keimen gebracht und gepflegt. Die feinsten Stoffe heißen Goldblüte (Auri flos), Blüte des Kupfers (Flos aeris), Blüte des weißen

Salzes (Albi salis flos). Antimonium, zu griechisch anthemos Blüte, verrät schon durch diesen Namen seinen Ursprung aus der Alchemie. Zur Stufe der Keimung gehört die Farbe Grün, was vielfach als Hinweis genommen wurde, daß der Ausgangsstoff etwas Grünes sein müsse: Grüner Löwe, Grüner Wald (Vitriol) oder dergleichen. Rot zeigt Reifung an: das Rote Elixier, der Rote Löwe.

Die Hervorbringung alchemistischer Produkte und des Steines der Weisen wird vor allem unter dem Bilde der Zeugung beschrieben. Die im «Brautgemach» zusammengebrachten Substanzen sind teils männlich, teils weiblich gedacht. Man muß Männliches und Weibliches in rechter Weise vereinigen, Hermes und Aphrodite oder Merkurius und Venus vermählen. Wenn Merkurius mit Venus vermählt wird, ist er männlich, wenn er mit dem männlich gedachten Schwefel vereint wird, ist er weiblich. Der Stein der Weisen hat unter den zehntausend ihm zugeschriebenen Namen eine große Reihe solcher, die ihn als männlich kennzeichnen, wie Adam, Sohn des Feuers, König der Könige, Irdischer Heiland. Aber er erscheint auch weiblich als Pandora und Regina, Königin, wie auch Goethe im Faust aus der Vermählung des Roten Leu mit der Lilie die Junge Königin entstehen läßt.

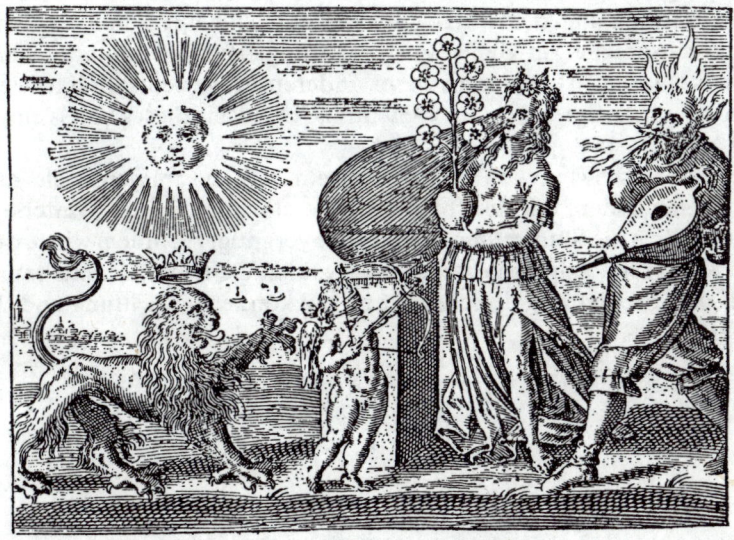

Solare männliche und lunare weibliche Welt, vereinigt durch Amor zum Großen Werk mit Hilfe von Retorte und Feuer. (1624. Stoltzenberg, Chymisches Lustgärtlein.)

Die Namen des Lapis sind Legion, namenreich sind auch alle Substanzen, mit denen die Alchemisten besonders umgingen, Quecksilber, Schwefel, Gold, Silber, Blei, Arsenicum, Antimonium, Nitrum, Salmiak, Vitriole. Und nicht nur, daß diese Substanzen viele Namen haben, derselbe Name gilt auch für viele Substanzen. Grüner Löwe (Leo viridis) kann Eisenvitriol, Kupfer, auch Antimonium und Merkurius in bestimmter Zubereitung, sogar der Stein der Weisen sein. Ferner ist zu bedenken, daß es alchemistische, eigentlich schon chemisch zu nennende Schriften gibt, die von Decknamen keinen oder nur geringen Gebrauch machen. So sind auch Kenner der Alchemie oft im Zweifel, wo sachliche Bezeichnungen, wo Decknamen, wo leerer Wortschwall vorliegt, und was in dieser Beziehung von Menschenblut und Basiliskenasche, von Kröten und Haaren, vom Harn eines unverdorbenen Knaben in alchemistischen Texten zu halten ist, bleibt oft dunkel.

Zweifellos ist es der Alchemie gelungen, Dunkel zu verbreiten, in gewissen minderwertigen Schriften so gründlich und so abstoßend, daß die ganze alchemistische Ausdrucksweise als reine Scharlatanerie in Verruf geriet. Doch ist andererseits so viel an Sinn, so viel an Naturansicht in die Decknamen gelegt, daß man sich bald in deren Sprache hineinliest und manches Dunkel sich zu lichten scheint. Es gibt auch Schriften, deren Decknamensprache den Zweck der Geheimhaltung nicht mehr erfüllt. Die wirkliche Geheimhaltung liegt dann in der Verschweigung der Ausgangssubstanzen oder bewußter Irreführung in diesem Punkt. Nimm den Stein, den du kennst, nimm den Stein, den ich dir angedeutet habe, so oder ähnlich heißt es in Rezepten. Die Decknamensprache, zur Geheimnisbewahrung erfunden und brauchbar, ist einerseits entartet zu Geheimnistuerei, andererseits verselbständigt zu einem hochgesteigerten Spiel mit dem Geheimnis. Den Reiz dieses Spiels empfand auch Goethe.

«Und so verschwendeten wir teils einzeln, teils zusammen, viele Zeit an diese Seltsamkeiten, und brachten die Abende eines langen Winters, während dessen ich die Stube hüten mußte, sehr vergnügt zu, indem wir zu dreien, meine Mutter mit eingeschlossen, uns an diesen Geheimnissen mehr ergötzten, als die Offenbarung derselben hätte tun können» (Dichtung und Wahrheit VIII).

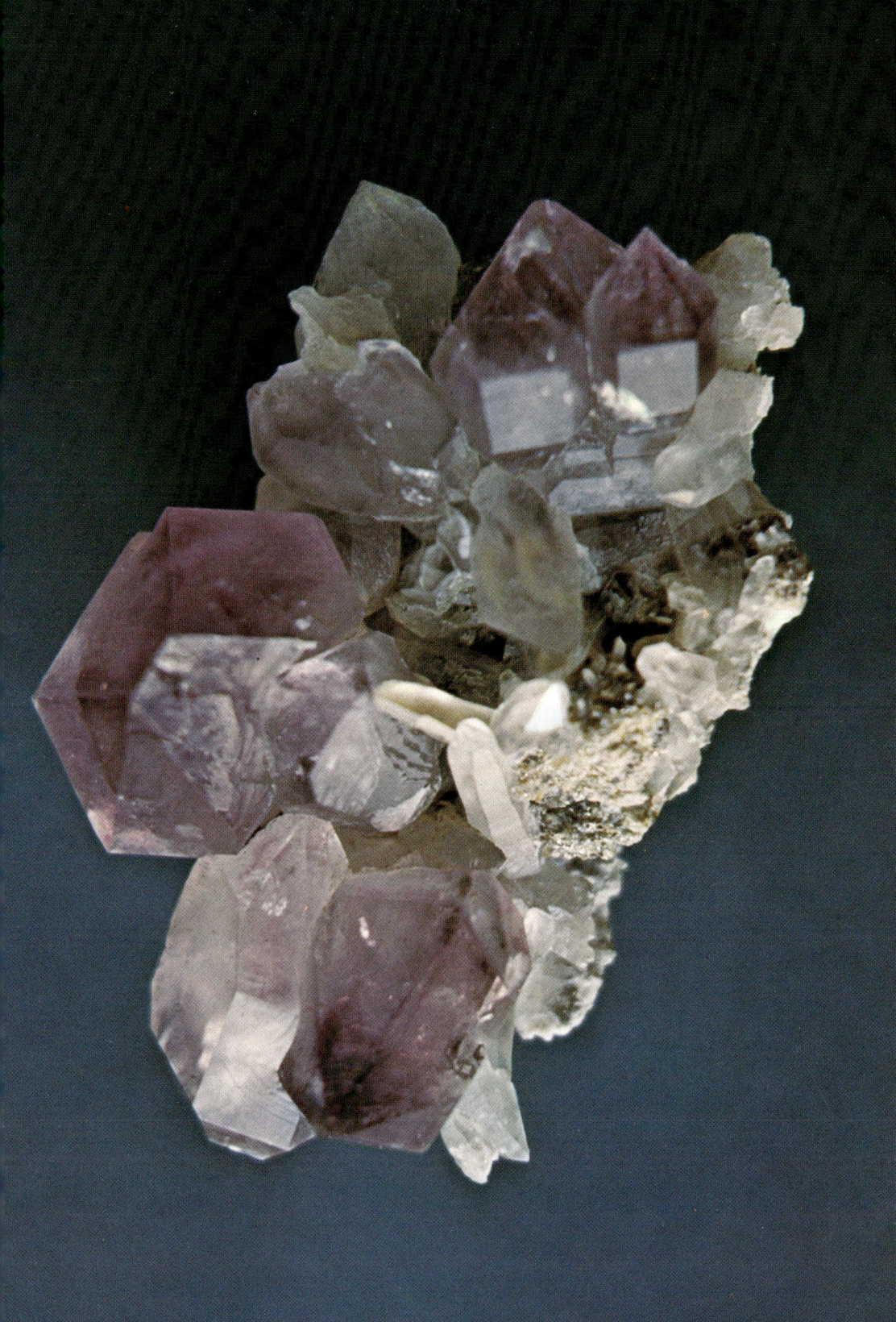

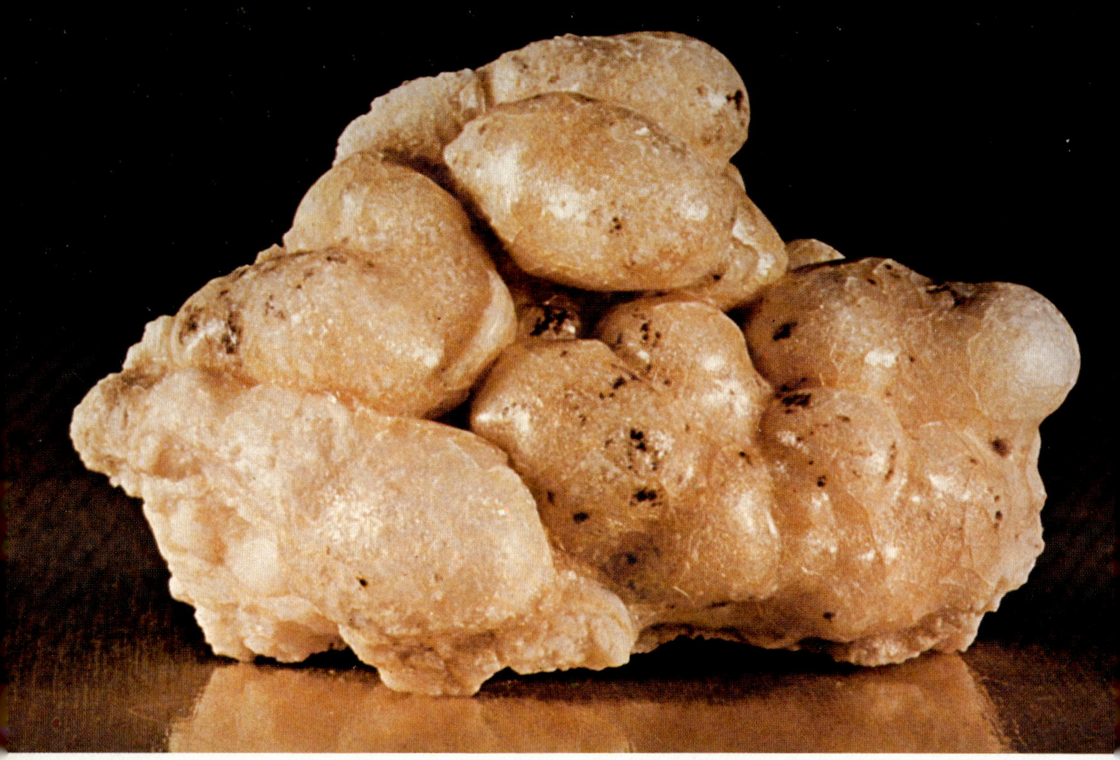

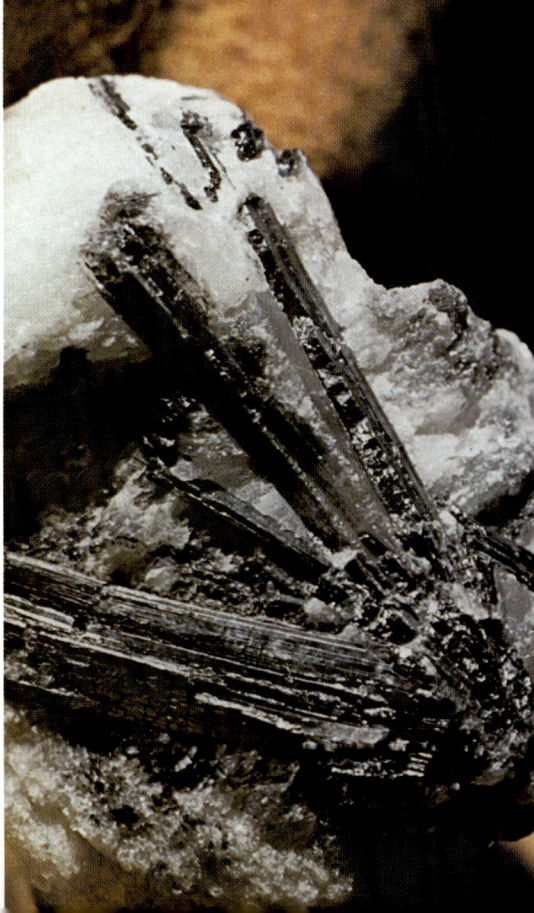

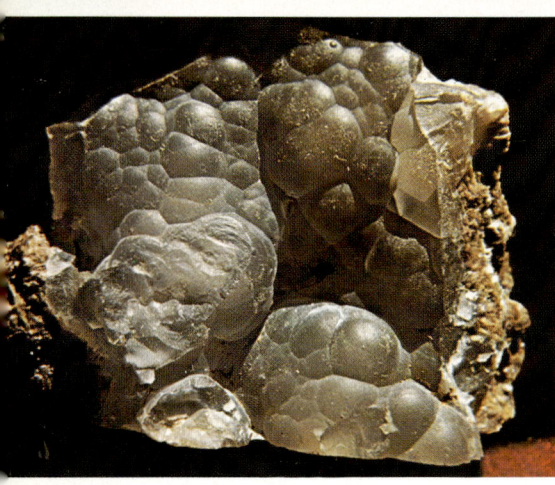

Farbtafel 2

Oben: Kieselsinter (Geyserit, → Sinter). – Grosseto,
Toskana. – Foto: M. Bringe.
Unten links: Chalzedon (6 cm). – Hüttenberg, Kärnten. –
Foto: W. Groß.
Unten rechts: Antimonit (Grauspießglanz). Kristalle auf
Kalkspat. – Grosseto, Toskana. – Foto: M. Bringe.

◁   *Farbtafel 1*

Amethyst (Länge 10 cm). – Fieschergletscher, Schweiz. –
Foto: R. Rykart.

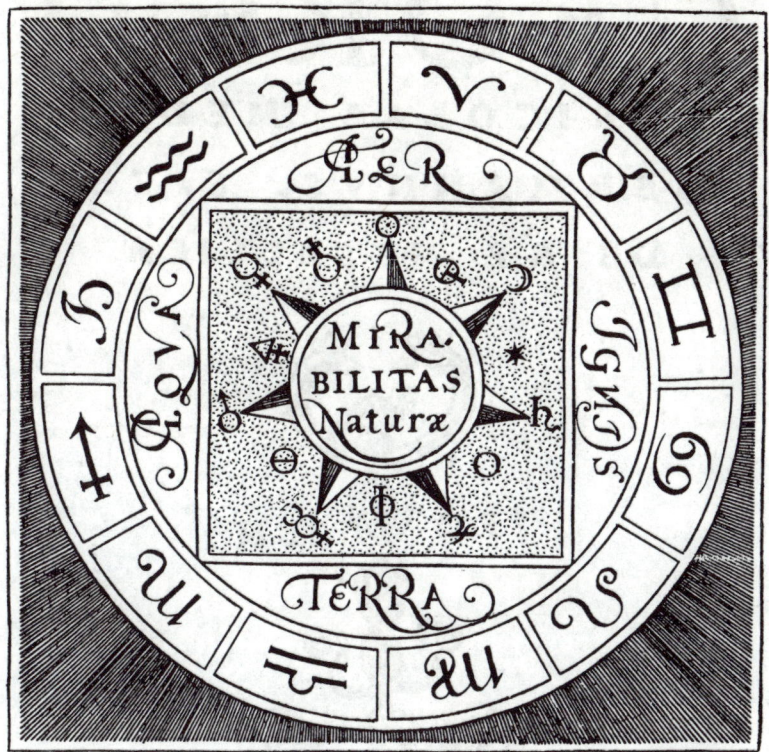

«Wunderbarkeit der Natur»: der Tierkreis; die vier Elemente; sieben Planeten bzw. Metalle, oben beginnend: Sonne (Gold), Mond (Silber), Saturn (Blei), Jupiter (Zinn), Merkur (Quecksilber), Mars (Eisen), Venus (Kupfer); sieben Mineralien; oben rechts beginnend: Vitriol, Salmiak, Alaun, Salpeter, Salz, Schwefel, Spießglas. – Aus: Dyas Chymica Tripartita. Frankfurt 1625. 1:1.

GEORGII

AGRICOLAE MEDICI
BERMANNVS, SIVE
DE RE METALLICA

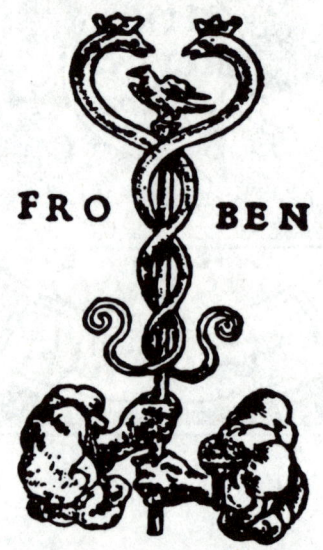

FRO BEN

Basileæ, in ædibus Frobenianis
Anno M. D. XXX.

VII. Zeitenwende

Si modo nomina vetera et incorrupta nos non laterent!
Wenn wir nur die unverdorbenen antiken Namen
kennten!

1530. AGRICOLA, Bermannus S. 12.

1.

Hier können nicht die Ereignisse geschildert werden, die um die Wende vom
Mittelalter zur Neuzeit die Welt veränderten: die Entdeckung neuer Erdteile
und die Ausweitung des Welthandels, die Bewegungen der Renaissance, des
Humanismus, der Reformation, die Fortschritte der Naturwissenschaft. Der
bloße Hinweis muß genügen, und wir wenden uns sogleich der Geschichte
der Steinnamen in diesem bewegten Zeitlater zu.

Im Humanismus entwickelte sich ein neuartiges Verhältnis zur Antike
einerseits, zur Natur andererseits. Beides hing zusammen, beides geriet aber
auch in einen gewissen Widerstreit. Die Kenntnis des Altertums wurde erweitert und vertieft. Während die Überlieferung des Mittelalters auf spätantiken
Quellen wie Damigeron und Isidor fußte, ging man jetzt auf die ursprüngli-
cheren und der Natur näheren Werke des Plinius, Dioskurides und Theophrast zurück. Der antike Namenschatz war damit ziemlich vollständig und in
originaler Form zur Hand. Agricola, der als Begründer der neueren Mineralogie gilt, arbeitet vor allem in den Büchern Bermannus (1530) und De natura
fossilium (1546) weitgehend mit dieser Nomenklatur, ebenso seine Nachfolger. Namen, die ihre klassische Form verloren hatten, erhielten sie jetzt im
Neulateinischen und Neuhochdeutschen mehr oder minder zurück. So
wurde Barille, Brille wieder Beryllus; Virites, Abeston, Krisolte wieder Pyrites, Asbestus, Chrysolithus, entsprechend im Deutschen Pyrit, Asbest, Chrysolith. Der Marmelstein wurde wieder Marmor. Verschiedene Formen blieben oft noch lange nebeneinander in Geltung.

Den Naturkundigen unter den Humanisten – es waren viele Ärzte darunter
– ging es aber nicht in erster Linie um sprachliche Dinge, sondern um Auswertung der von der Antike erworbenen oder vermeintlich erworbenen Naturerkenntnis. Wollte man dahin vordringen, so galt es, die antike Nomenklatur zu deuten, sie auf die Naturwirklichkeit anzuwenden. In dieser Richtung
war Agricola führend. Einerseits war er Bewunderer und gründlicher Kenner
des Altertums. Andrerseits hatte er auf Reisen in Deutschland und Italien,
weiter vor allem durch seine Tätigkeit als Stadtarzt und Stadtapotheker in der
Bergstadt Joachimstal Gelegenheit gefunden, sich eine umfassende Sach-

kenntnis in der Steinkunde, dem Bergwesen, der Verarbeitung und Anwendung mineralischer Naturprodukte zu erwerben. Er sah die Schwierigkeit, altes und neues Naturwissen in Übereinstimmung zu bringen. In seinem (lateinisch geschriebenen) Bermannus (S. 12–13) steht: «Aber wer kann heute Molybdäna, Pyrites, Chalcitis, Misy, Sory, Pompholyx, Spodos, Diphryges, dazu auch gewisse Metallschlacken und vieles andere uns bestimmen? Außer Stibi nämlich, Lithargyrum, Arsenicum, Cerussa und wenigem

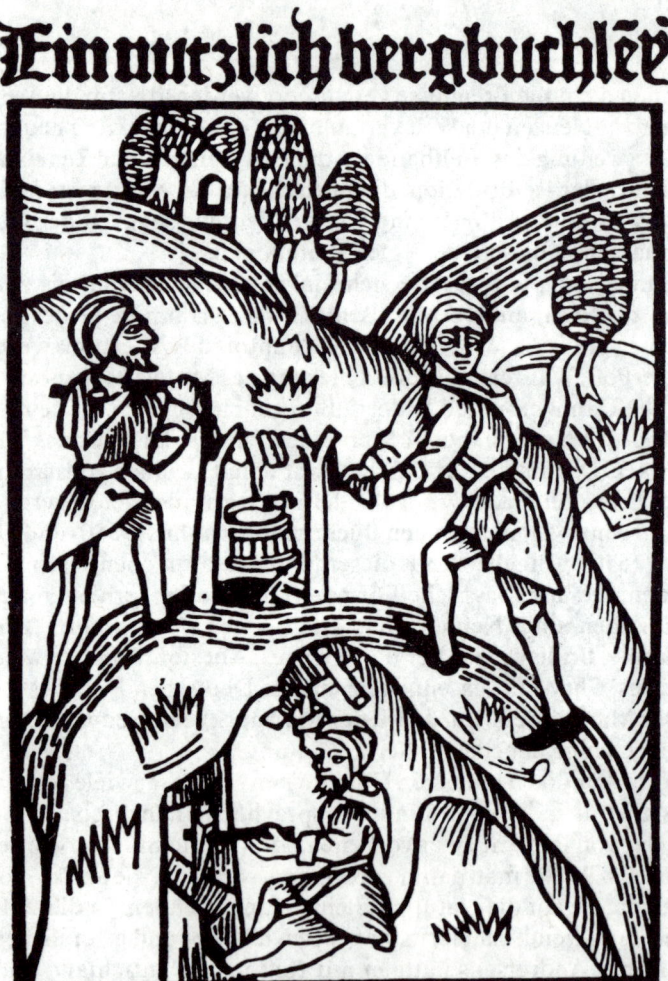

Titelblatt des Bergbüchleins. Um 1500.

sonst haben heute die Apotheken, in denen mancherart Medicamente hergestellt werden, nichts, und die Ärzte sind, wenn man die Wahrheit sagen darf,
unwissend. Wir sollen uns schämen, diese Worte so oft zu lesen, so oft im
Munde zu haben, und die Dinge, die sie bezeichnen, nicht zu kennen.»

Es erwies sich, daß die gestellte Aufgabe nur begrenzt lösbar, genauer, daß
die Deutung der antiken Nomenklatur nur auf Grund eigener Natureinsicht
möglich war, nicht umgekehrt. Die eben erst erneuerte Bewunderung der
Antike mischte sich mit einer Kritik, wie sie im Mittelalter undenkbar gewesen wäre. Agricola wies dem Plinius sachliche Irrtümer nach und kam zu dem
Schluß, daß er viele der von ihm beschriebenen Steine nie gesehen habe. In
dem Maße, wie die eigene Natureinsicht vordrang, ging der Einfluß des Plinius und der antiken Naturwissenschaft zurück. Ende des 18. Jahrhunderts
hatte man für sie nur noch geschichtliches Interesse.

2.

Schon seit langem waren im Abendland die Nationalsprachen in unaufhalt-
samem Vorschreiten gegenüber dem Lateinischen. Das Deutsche erhielt den
mächtigsten Auftrieb durch Luther. Andererseits verstärkte der Humanismus noch einmal die Stellung des Lateinischen. So blieb noch bis ins 18. Jahrhundert im Abendland ein Nebeneinander von Latein und Nationalsprache,
doch mit anderer Gewichtsverteilung als im Mittelalter. Während zu den
Zeiten des Albertus Magnus über wissenschaftliche Fragen selbstverständlich lateinisch geschrieben wurde, war die Wahl jetzt in die Entscheidung des
Einzelnen gestellt. Paracelsus wählte mit Entschiedenheit das Deutsche und
hatte nachhaltige Wirkung, die noch zu spüren ist in den nächtlichen Be-
schwörungsszenen von Goethes Faust. Auf dem Gebiet der Nomenklatur
allerdings gewann Paracelsus wegen seiner eigenwilligen Sprache nur geringen Einfluß. Agricola wählte ebenso entschieden das Lateinische, blieb dadurch in Zusammenhang mit der europäischen gelehrten Literatur, war aber
ebenfalls in seiner Wirkung auf die Namengebung eingeengt, weil er die Plinianische Nomenklatur auch auf ein Gebiet zu übertragen suchte, das durch
die deutsche Sprache bereits weitgehend erfaßt war, und zwar durch die eben
jetzt neu in den Gesichtskreis tretende Bergmannssprache, eine Sondersprache von ausgeprägter Eigenart mit reichem Namenschatz, die etwa seit
1500 in den Berg- und Probierbüchern faßbar wird. Das älteste Bergbüchlein
(um 1500) bemerkt über die Sprache: «Aber eynß sol dich nicht bekummeren
das dises buchleyn also gar mit vngehofelten worten vnd spruchen volendt
wurdt. Eß wurt doch etwaß nutzlichs darunter begriffen seyn/ welches du
mehr dan die suse der word lieben solt» (S. 6; suse: Süße). Agricola kannte
diese Bergmannssprache, sah sich auch genötigt, vielfach auf sie Bezug zu
nehmen. Er gab sogar dem Sammelband seiner Schriften von 1546 eine «In-

terpretatio», das heißt eine Übersetzung seiner bergmännischen Fachausdrücke und Mineralnamen in die deutsche Bergmannssprache bei. Aber als
Humanist um klassisches Latein bemüht, nahm er keine deutschen Wörter
unverändert in seinen Text. Wenn er schon die deutschen Bezeichnungen
Quarz, Kies, Kobalt, Wismut brauchte, wurden sie latinisiert: quarzus, kisus,
cobaltum, bismutum. Seltsame Künstlichkeiten entstehen, wenn er auf

TIT. XXIII.   PLVMBAGO.

Reich von silber.

25. Aeris & plumbi ferax.

26. Fribergia varijs & diuersis colo
ribus tincta, iridé repræsentans. Ein
glantz der mancherley von farben/sicht
wie ein schöner rägenbogen.

PLVMBAGO STERILIS.

1. PLumbago sterilis pici similis.
Bechblende.

2. Stimmi similis.   Kleine speisige
blende.

3. Flaua nitěs Scharfenbergia pro-
pe Misenam.   Licht gelbe blende.

4. Candida, nitens, Scharfenbergia.

5. Sterilis galenæ similis. Glantz
blende.

6. Sterilis venæ cupri similis. Ku-
pfferblende.

PYRITES▸

ARGENTEI COLORIS.

1. PYrites è tenuibus crustis, ar-
gento polito similis,   Ein
weisser

Seite aus KENTMANNS «Nomenclaturae Rerum fossilium». 1565. – Erste Erwähnung der Pechblende («Bechblende»). 1:1.

deutsche Namen hinweist, ohne sie zu nennen: «... astroites gemma, quam a victoria nostri appellant.» «Der Edelstein Astroites, den die Unsern nach dem Sieg benennen» (Foss. S. 179). Die meisten lateinisch schreibenden Lithologen hatten aber kein Bedenken, auf Kosten stilistischer Eleganz deutsche Namen in den Text zu fügen: «Quartum, qui rarior est, audio Schlangenstein oder grosser Krottenstein vocari.» «Den vierten, der seltener ist, höre ich Schlangenstein oder großer Krötenstein nennen» (1565. Gesner S. 161b). Noch weiter ging der Torgauer Arzt Kentmann in seinem gedruckten Sammlungskatalog: Der Text ist lateinisch, aber meist sind deutsche Benennungen und kurze Beschreibungen in fetterem Druck hinzugesetzt, und es ist reizvoll, darauf zu horchen, wie verschieden die beiden Sprachen anmuten: «Gypsum ... Hildeshemium candidissimo ebori non dissimile. Gyps wie ein Helfenbein.» «Hildeshemium glebosum, molle, sáccharo simile. Einem schönen hutzucker gleich» (S. 15bf.). So sind deutliche Anzeichen vorhanden, daß auf dem Gebiet der Lithologie die deutsche Sprache immer weniger umgangen werden konnte. Noch vor Ende des 18. Jahrhunderts hatte das Lateinische seine Stellung als Sprache der Wissenschaft im wesentlichen verloren.

3.

Die Sprache des Paracelsus wirkt wie eine ungefüge Urkraft neben dem flüssigen Humanistenlatein des Agricola. Daß Paracelsus die deutsche Sprache wählte, heißt aber nicht, daß er wie spätere Sprachreiniger bewußt deutsche Namen bevorzugt oder gar wie der Bergmann neue deutsche Namen geprägt hätte. Im Gegenteil: er bildet gelegentlich wunderliche Fremdwörter neu, braucht oft fremdsprachige Namen neben deutschen oder eingedeutschten, Plumosum neben federweiß, alumen neben alaun, und verflicht ohne Bedenken medizinische und andere Fachausdrücke in sein Deutsch, wobei die lateinischen Wörter mit ihren Flexionsendungen erscheinen. Er spricht von «sauren salibus» und den «generibus des aluminis». Die Schreibung der Fachausdrücke behandelt er lässig, hat salpeter neben sal petrae und calcedon neben cacedonier. Er ist kein Philologe.

Paracelsus ist Arzt, aber ausschließlicher und umfassender als Agricola. Er sieht den Menschen als Mikrokosmos in dem Sinn, daß alle Kräfte und Eigenschaften des Makrokosmos auch im Menschen sind. Der Arzt, will er kein Stümper sein, muß aus dieser Sicht heraus heilen. So hat er auf seinen Fahrten durch ganz Europa auch die Wirkungen der mineralischen Kräfte zu erspüren unternommen, immer mit Blick auf die Heilkunst. Er sei in die Berge gegangen, die Mutter zu sehen, aus der die Mineralien wachsen, er habe seine Mineralien durchlaufen und ihr Gemüt und Herz erfahren, er habe die Scheidekunst in seine Hände gefaßt. (I 11 S. 144).

Das Wissen vom Mineralreich ist bei Paracelsus Teil seiner «Philosophie»,

verwoben in die Gesamtschau einer von Gott wunderbarlich geordneten
Welt. Alle Körper bestehen aus drei «Dingen». Schwefel, Quecksilber, Salz,
das heißt aus Brennbarem, aus Flüchtigem, aus Veraschendem. Diese Drei-
zahl der Prinzipien hat ihren Grund in Gott, in der Trinität. Solche Gedanken
finden ihre Entsprechung in Goethes Betrachtungen über den Granit, liegen
aber außerhalb der Forschungsrichtung des Agricola. Bei diesem ist schon
die moderne Loslösung der Mineralogie von Religion, Theologie, Philosophie und ihre Entwicklung zum selbständigen, damit auch abgesonderten
Sach- und Fachgebiet zu erkennen. So steht Agricola am Anfang der heute
geltenden Wissenschaft und Nomenklatur. In der Mineralogie war Paracelsus ein abseitiger Einsamer. Seine Drei-Prinzipien-Lehre lebte nur bei den
Alchemisten eine Zeitlang weiter. In der mineralogischen Nomenklatur hat
er kaum Spuren hinterlassen.

<h2 style="text-align:center">4.</h2>

Die im Folgenden darzustellende Periode, von 1500 bis ungefähr 1750 rei-
chend, ist eine Zeit großer Fülle. Die Zahl der Namen ist um Hunderte vermehrt, teils durch den erneuten Zustrom aus der Antike, teils durch Erschließung von bisher unbekannten oder wenig bekannten Sprachbereichen des
Deutschen. Mit dem Welthandel, mit der fortschreitenden Technik ist eine
weitere Vermehrung verbunden. Daraus werden einige charakteristische
Gruppen hervorgehoben, doch ist darauf hinzuweisen, daß sich diese Gruppen leicht vermehren ließen, daß sie ineinander übergehen und daß, da sie
gleichzeitig sind, ihre Reihenfolge auch anders gewählt werden könnte.

VIII. Edelsteinnamen in der Neuzeit

Die Schriftsteller sind alle wegen dieser Steine Kennzeichen nicht einig.

1770. CRONSTEDT-BRÜNNICH S. 51.

1.

Seit der Zeitenwende sind die Edelsteinnamen in einem mehrere Jahrhunderte andauernden Übergangsstadium, dem Übergang vom Mittelalter zum Zeitalter der modernen Naturwissenschaft. Wenn der Humanismus die antiken Namensformen wieder herstellte, so bewirkte die Entwicklung der Naturwissenschaft Änderungen ganz anderer Art. Früher hatte der Glaube an die magischen Kräfte den Steinen ihren Platz in der mittelalterlichen Heilkunst und im sakralen Bereich verschafft, er hatte den Namen unirdischen Glanz verliehen. Dieser Glaube ist zwar heute keineswegs erloschen. Immer noch werden Edelsteine von vielen nicht nur als Schmuck, sondern auch wegen der erhofften glückbringenden oder schutzverleihenden Wirkungen getragen. Die Juweliere wissen um diese Tatsache und nutzen sie. In der Naturwissenschaft war dieser Glaube aber in raschem Schwinden. Was Glaube war, hieß jetzt Aberglaube. Zedlers Lexikon spricht zum Beispiel dem Amethyst die Fähigkeit, gegen Trunkenheit zu schützen, ab. «Allein diese Kräffte bestehen nur in der Einbildung. Er dienet vielmehr den Durchlauff anzuhalten und die übermengte Säure in dem Magen zu dämpffen, wie andere Alcalina auch thun» (1732. Bd. I). Das angesehene Edelsteinbuch von Brückmann lehnt die ganze Edelsteinmedizin ab. «Es wäre indessen zu wünschen, daß bey den jetzigen mehr aufgeklärten Zeiten, es gar keine Aerzte mehr gebe, welche diesen, zum Theil theuren Unrath, ihren Kranken verschrieben.» [1]

Die Edelsteine waren jetzt nicht mehr Gegenstand theologischer Spekulation wie bei Albertus Magnus, nicht mehr Gegenstand mystischer Natur- und Gottverehrung wie bei Hildegard von Bingen, sondern Objekte naturwissenschaftlicher Forschung. Doch ist die übersinnliche Betrachtungsweise nicht erloschen.

So sagt ein anthroposophisch orientiertes Edelsteinbuch, daß Rudolf Steiner «die Edelsteine als Sinnesorgane hoher geistiger Wesen gekennzeichnet hat, wodurch diesen Wesenheiten, die keinen physischen Körper haben, die Möglichkeit gegeben ist, in das irdisch-physische Geschehen hereinzuschauen ... Diese okkulte Tatsache ist den Priesterkönigen der Vorzeit, ist vielen großen Eingeweihten bekannt gewesen. Sie muß noch bekannt gewe-

[1] 1773. U.F.B. BRÜCKMANN, Abhandlung von Edelsteinen. Vorrede.

sen sein bei den Kirchenerbauern der Gotik. Sie haben die Räume der Kapellen, das Altargerät, Reliquien und Sarkophage mit Edelsteinen in schlichter Form bekleidet, damit bei der Zelebrierung des Kultus die geistige Welt hereinschauen und teilnehmen konnte am Tun der Menschen.»[1]

Solche Gedanken müssen abseitig erscheinen, wenn man sie von der seit der Zeitenwende immer mehr hervortretenden und jetzt herrschenden Naturwissenschaft aus betrachtet, der es um die mit den Sinnen oder mit Apparaten feststellbaren Qualitäten der Steine unter Ausscheidung des Übersinnlichen geht. Diese Umstellung bewirkte eine durchgreifende Veränderung des gebräuchlichen Namenbestandes und zahlreiche Bedeutungsverschiebungen innerhalb dieses Bestandes.

2.

Nur diejenigen Namen behalten Gültigkeit, denen eine Naturwirklichkeit entspricht. Die andern werden aus der Wissenschaft ausgeschieden: der Karfunkel, der aus sich selbst im Dunkeln leuchtet, Piridonius, der feuerhaltige Stein, der die Hand verbrennt, Peanites, der Stein, der hin und wieder Junge bekommt.

Die altertumsbegeisterten Humanisten erwarteten Klarheit von der Antike, eine Hoffnung, die sich als trügerisch erwies. Agricola breitet in seinem Buch über Fossilien (1546) den antiken Namenbestand aus, übernimmt ihn nicht ohne Kritik, stellt ihn gewissermaßen zur Diskussion. Was das bedeutete, mag am Beispiel der roten Edelsteine gezeigt werden. Schon im Mittelalter war die Abgrenzung zwischen Rubin, Granat, Almandin, Balagius, Karfunkel schwierig und uneinheitlich. Jetzt kam noch der Spinell dazu und der Pyrop, und dann war da wieder der Carbunculus des Plinius mit vielen Arten, kein Wunderstein, sondern Sammelbegriff für hochrote und nicht eindeutig beschriebene Edelsteine. Agricola (Foss. S. 298) suchte den ganzen Wirrwarr noch im Sinne der früheren Jahrhunderte im wesentlichen nach den Merkmalen Farbe und Glanz zu ordnen. Mehr und mehr aber erkannte man, daß die antike Nomenklatur Dunkelheit statt Licht verbreitet hatte und daß man nach «Steinarten» ordnen mußte. Man sah die Aufgabe, war aber im 18. Jahrhundert noch nicht in der Lage, sie zu lösen. Es mutet jetzt seltsam an, wenn damals noch die Hauptedelsteine, Diamant, Rubin, Saphir, Spinell, Hyazinth, Topas, Smaragd als «Kieselarten» (Cronstedt) oder als «quarzartige» (Brückmann) zusammengefaßt werden. Die Analysen in den Jahrzehnten um 1800 ermöglichten überraschend schnell eine Gliederung der Edelsteine nach «Steinarten», was zu vielen Umbenennungen führte. Rückblickend erkannten die Mineralbestimmer erst ganz die Verwirrung des Zwischenzustandes: Werner zählt elf Mineralien auf, die bis dahin unter dem

[1] 1956. Walther CLOOS, Kleine Edelsteinkunde. S. 16.

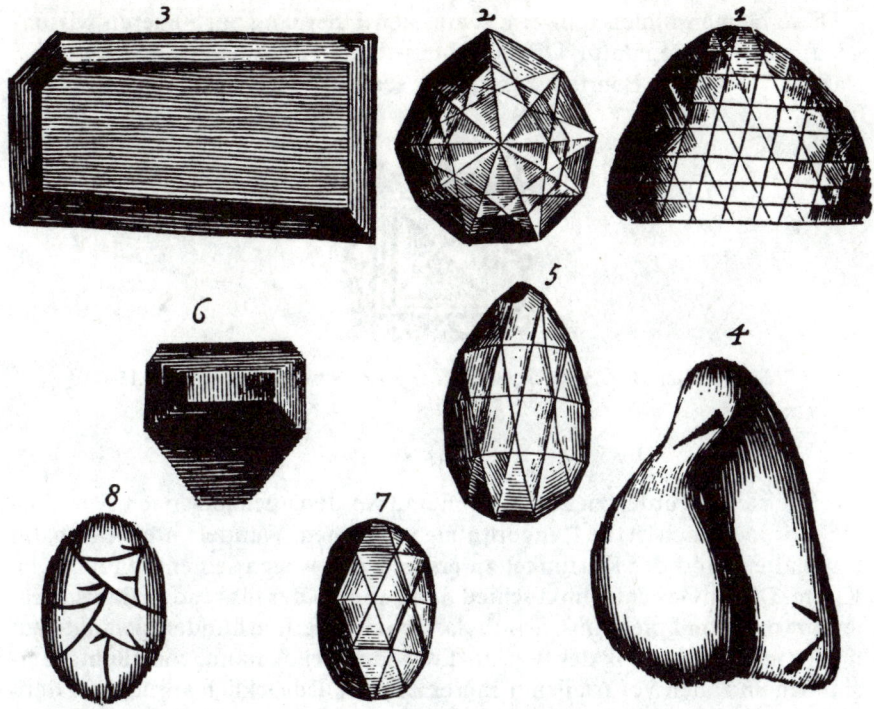

Große Diamanten indischer Herkunft. Aus: Taverniers Reisen, übersetzt von Widerhold. Genf 1681. II S. 140a. Etwas verkleinert. – 1. Diamant des Großmoguls. 2. Diamant des Großherzogs von Toskana. 3. «Große Tafel», deren weitere Geschichte unbekannt ist. 4. u. 5. Von Tavernier gekaufter Diamant, roh und geschnitten, oben ein kleiner verbliebener «Schieffer-Tuffen». 6. Ein von Tavernier gekaufter Diamant. 7. u. 8. Zwei Stücke eines gespaltenen Steines, ein sauberes Stück und eines, «wo die Schiefer überzwerch durchgangen».

Namen Chrysolith erscheinen konnten (1790. Olivin S. 72). Hauy stellt eine fast ebenso lange Reihe für den Hyazinth zusammen.

3.

Bei allen Umbenennungen und Bedeutungsverschiebungen wahrte die Gruppe der Edelsteinnamen doch in erstaunlichem Maß ihren sprachlichen Gesamtcharakter. Deutsche Namen wie Katzenauge, Sonnenstein, Weltauge wurden nur in sehr begrenztem Umfang aufgenommen, Aschentrecker und Kaneelstein erschienen in dieser Gesellschaft unerwünscht, wohingegen Namen von so fremdem Klang wie Spinell, Nephrit, Zirkon oder das singhalesische Turmalin ohne Schwierigkeiten Heimatrecht erlangten.

Diese Namen bilden teilweise schon den Übergang zur neueren wissenschaftlichen Nomenklatur. Die charakteristischen Bildungen dieses Bereichs,
Namen wie Kunzit, Benitoit, Brasilianit, setzen die Reihe weniger glücklich
fort.

Edelsteinschmuck. (Zierstück aus: MEGENBERG, Naturbuch. Frankfurt 1540.)
(Vergrößert.)

4.

Die Edelsteine wurden zu allen Zeiten und werden auch jetzt nach Wertklas-
sen geordnet, doch ist die Rangordnung vielfachem Wandel unterworfen. Im
Mittelalter stand der Karfunkel an erster Stelle wegen seiner wunderbaren
Kräfte. Dieser Gesichtspunkt schied dann aber in der führenden Edelsteinliteratur mehr und mehr aus. Schon das achtzehnte Jahrhundert gelangte zur
modernen Bestimmung des Begriffs Edelstein. Brückmann, von allem Aberglauben und allen Vorurteilen früherer Zeiten ausdrücklich abrückend, definiert: «Edelsteine werden überhaupt solche Steinarten genannt, welche wegen ihrer Durchsichtigkeit, Härte, Dauerhaftigkeit, Glätte oder Annehmung
eines schönen Glanzes durch das Schleifen, Seltenheit und wegen ihrer schönen Farben, andere Steine übertreffen. Indessen werden wir aus der Folge
sehen, daß alle diese Eigenschaften zusammengenommen, bey den wenigsten Edelsteinen angetroffen werden, und jemehr ein Stein von diesen Eigenschaften besitzt, desto vollkommener ist er zu achten.»[1] Bei solchen Grundsätzen der Bewertung mußte der Diamant an die erste Stelle rücken. Für diesen Vorgang sind zwei Tatsachen der Namengeschichte bezeichnend: Das
Aufkommen der Bezeichnung Brillant und die Hervorhebung großer und
schöner Diamanten durch Eigennamen.

Brillant ist kein Name, sondern Bezeichnung einer Schliffform, welche dem
Edelstein besondere «Brillanz» verleiht. Französisch briller (16. Jahrhundert) glänzen, brillant glänzend wird – wenn auch nicht unbezweifelt – abgeleitet von beryllus, béril. Die besondere Bedeutung des Wortes im Edelsteinhandel hängt zusammen mit einem entschiedenen Wandel der Schliffformen.
Im Mittelalter wurden Edelsteine in runden «mugeligen» Formen geschliffen, wodurch sie einen schönen, milden Glanz erhielten. Seit dem 15. Jahr-

[1] 1773. I.F.B. BRÜCKMANN, Abhandlung von Edelsteinen S. 17.

hundert wurde der Facettenschliff entwickelt, der ungeahnte Prachtwirkungen herausholt.

Der Diamant reizte besonders zur Anwendung des Facettenschliffs. Niederländische, französische, italienische Schleifer suchten die wirksamsten Formen herauszufinden, und es entstand zu deren Bezeichnung eine ganze Reihe von Fachausdrücken, zum Beispiel Rose, volle holländische Rose, Mazarinschliff, Peruzzischliff. In diese Reihe gehört das Wort Brillant. Es wurde Anfang des 18. Jahrhunderts entlehnt und ist jetzt Bezeichnung für eine genau bestimmte Schliffform, die als die dem Diamanten günstigste gilt, weil sie sein Feuer und seinen Glanz zu vollkommenster Wirkung bringt.

Dieselbe Form hat sich auch an andern Steinen bewährt. Diese dürfen aber nach den Bestimmungen des Deutschen Normenausschusses nicht Brillanten genannt werden.[1] Das entspricht auch den internationalen Abmachungen. Die Vorzugsstellung des Diamanten hat damit eine Art verbrieften Schutz erhalten.

5.

Die Sitte, ausgezeichneten Edelsteinen, besonders Diamanten, einen Eigennamen zu geben, entwickelte sich im achtzehnten Jahrhundert und ist seit dem neunzehnten Jahrhundert allgemein verbreitet. Die Ursprünge gehen ins siebzehnte Jahrhundert zurück. Von großen indischen Diamanten und ihren Besitzern erfuhr man in Europa durch die Reisebeschreibungen des französischen Kaufmanns und Juweliers Tavernier, die sehr bald auch ins Deutsche übersetzt wurden. Danach hat der Großmogul Aurangzeb in Delhi aus besonderer Gnade dem Tavernier im Jahre 1665 die Kostbarkeiten seiner Schatzkammer zeigen lassen, in einem kleinen Gemach, an einem Ende des Saales, wo der Herrscher auf seinem Thron saß und alles sehen konnte. Der Schatzmeister ließ die Kleinode bringen, in hölzernen, goldüberzogenen, mit Sammet bedeckten Schüsseln. Die Stücke wurden dreimal gezählt und von drei Schreibern verzeichnet, «dann die Indianer alles mit grosser Vorsichtigkeit und Gedult thun; und wann sie jemand eylen oder unwillig sehen/ schauen sie denselben stillschweigend an/ und spotten sein als eines Fantasten.»[2] So konnte Tavernier alles mit Fleiß und Weile besehen. Er versichert die Zuverlässigkeit aller seiner Angaben. Zuerst lieferte ihm der Schatzmeister einen großen Diamanten in die Hand, den größten und schwersten, den Tavernier je gesehen und den er in seiner Reisebeschreibung abbildete. Er durfte ihn sogar wägen und gibt 319½ Ratis gleich 280 Karat als Gewicht an. Die späteren Schicksale dieses Steines sind unbekannt, er ist möglicherweise mit dem Kohinoor, nach andern mit dem Orlow identisch. Er hatte bei Taver-

---

[1] «Die Bezeichnung ⟨Brillant⟩, ⟨Rose⟩ ohne Zusatz für sich allein, darf nur für Diamant angewendet werden.» (1963. RAL 560 A 5 S. 11.)
[2] 1681. TAVERNIER-WIDERHOLD II S. 105.

nier und zunächst in der Folgezeit keinen eigentlichen Namen. «Der erste, größte und kostbarste Stein, welcher in der ganzen Welt seyn soll, ist der Diamant, welchen der Groß-Mogol in Indien besitzt.» So heißt es noch Ende des 18. Jahrhunderts.[1] Im Laufe des 19. Jahrhunderts aber wurde aus dem Diamanten des Großmoguls der Diamant Großmogul, ein verständlicher und beispielhafter Vorgang. Großmogul als Steinname weckt die Vorstellung märchenhafter orientalischer Herrscherpracht noch zu einer Zeit, wo Macht und Märchenpracht der Mogul-Dynastie längst dahin ist. Eine Reihe ähnlicher herrscherlicher Namen schließt sich an: Akbar Schah, Pascha von Ägypten, Nizam. Die Geschichte der großen Diamanten ist im Orient unlöslich verflochten in die Geschichte der Herrscher und ihrer Reiche. Besitz eines einzigartigen Steines wird womöglich höher geschätzt als Besitz ganzer Länder, Besitzwechsel geschieht nicht nur durch Kauf, oft durch Krieg, Raub, List.

Einzigartige in europäischen Besitz gelangte indische Steine erhielten entsprechende Namen nach fürstlichen Herren. Zwei hervorragende Stücke sollen dem Herzog Karl dem Kühnen von Burgund gehört haben. Sie heißen nach späteren zeitweiligen Besitzern, der eine Großherzog von Toskana oder Florentiner, der andere Sancy. Weiter gehören Regent und Orlow in diese Reihe. Alle fanden ihren Platz unter der Kronjuwelen europäischer Potentaten. In einer Beschreibung der größten bekannt gewordenen Diamanten aus dem Jahre 1737 heißt es noch der Diamant «des Groß-Hertzogen von Florentz», aber schon «der große Diamant, welchen man den Regenten nennet», und «der schöne Sanci».[2]

Vorausgreifend seien hier einige jüngere Namen großer Diamanten angefügt als Dokumente einer veränderten Zeit. Es trifft merkwürdig zusammen, daß Indien als Diamantenland weit überflügelt wurde erst von Brasilien, dann von Südafrika, wo 1867 die ersten Funde gemacht wurden, und daß zugleich der Kreis der Personen, nach denen benannt wurde, sich merklich änderte. Buren, welche diamanthaltigen Boden besaßen, Schürfer, Wirtschaftsmagnaten traten an Stelle der Paschas und Adelsherren.

«De Beers Diamant», 440 Karat wiegend und an einen indischen Fürsten verkauft, heißt nach den beiden Brüdern de Beer, Besitzern der Farm Vooruitzigt, die sich als reiche Fundstätte erwies und auf deren Gelände jetzt die Grubenstadt Kimberley steht. De Beers konnten dem Ansturm der Diamantsucher nicht lange widerstehen und verkauften die Farm, die sie für 50 Pfund erworben hatten, für 6000 Pfund an ein Syndikat. Damit schieden de Beers aus dem Diamantengeschäft aus, aber der Name blieb. In der De Beers-Mine wurde (1888) «De Beers Diamant» gefunden. Die von Cecil Rhodes gegrün-

[1] 1785. KRÜNITZ Bd. 9 S. 215.
[2] 1737. KUNDMANN, Rariora Sp. 214/215.

dete den Weltdiamantenmarkt beherrschende Minengesellschaft heißt «De Beers Consolidated Mines, Ltd.»

Der größte aller bisher auf der Erde gefundenen Diamanten, der faustgroße 3106 Karat wiegende Cullinan, ist benannt nach einem Johannesburger Maurermeister und Bauunternehmer, dem eines Tages ein etwa dreikarätiger Diamant, aufgelesen auf einer Farm bei Pretoria weitab von allen damals bekannten Fundstätten, gezeigt wurde. Cullinan besah die Farm, beurteilte sie als vielversprechend und beschloß sie zu kaufen, stieß aber auf den hartnäckigen Widerstand des Besitzers und mußte mit der Erwerbung bis zu dessen Tode warten. Dann gründete er auf der Farm die Premiermine, die noch heute in Betrieb ist, und es zeigte sich, daß er sich über die Ergiebigkeit nicht getäuscht hatte. Daß aber schon nach zwei Jahren (1905) der Riesendiamant gefunden wurde, war ein unerhörter Glücksfall. Die Regierung von Transvaal kaufte den Stein, um ihn König Eduard VII. zu schenken. Er wurde für den Schliff in neun größere und 96 kleinere Diamanten zerlegt. Es wirkt ernüchternd zu hören, daß die größten Stücke als Cullinan I, II, III und IV numeriert wurden. Cullinan I ist im britischen Reichszepter angebracht, Cullinan II in der Königskrone, jeder an hervorragender Stelle. Die beiden Steine sind mit ihren 530,2 bzw. 317,4 Karat die größten geschliffenen Diamanten der Welt und von fehlerloser Schönheit.

6.

Kohinoor ist das berühmteste Beispiel einer andern Namengruppe, solcher, die sich auf die Einzigartigkeit, Pracht und Schönheit der Steine beziehen. Der Kohinoor, seit 1850 im englischen Kronschatz befindlich, durch Umschliff im Jahre 1852 verschönert, aber auf ein Gewicht von 109 Karat vermindert, ist wie alle ältern großen Diamanten indischer Herkunft und vielleicht identisch mit dem von Tavernier beim Großmogul gesehenen Stein. Der Name aber ist persisch. Die Taufe wird folgendermaßen erzählt:[1]

Der Herrscher des Perserreichs Nadir-Schah besiegte den Herrscher des indischen Mogulreichs Mahommed-Schah und erbeutete besonders bei der Eroberung Delhis im Jahre 1739 märchenhafte Schätze, doch fehlte der berühmte große Diamant, als dessen Besitzer Mahommed bekannt war. Nadir erfuhr durch eine Haremsfrau, daß Mahommed diesen in einem Turban trage, den er nie ablege. Beim feierlichen Abschiedsbesuch beider Herrscher trug Nadir eine von kostbaren Perlen strotzende Mütze. «Beide Herrscher wechselten die Versicherungen ewiger Freundschaft ... Wie erstaunte aber Mahommed, als Nadir-Schah, gleichsam von seinen freundschaftlichen Gefühlen fortgerissen, die höchste Bekräftigung ihres Bundes vorschlug, den Tausch der Turbane.» Mahommed konnte sich nicht weigern. Als er seinen

[1] KLUGE, Handbuch der Edelsteinkunde S. 242ff. Gekürzt.

Turban hingab, war ihm nichts anzumerken. Nadir-Schah, in seinem Zelt angekommen und voller Spannung den Turban durchsuchend, fand den Stein, den er zuerst mit dem Namen Kohinoor, Berg des Lichts, begrüßte.

In Europa wurde der Name erst seit der Überführung des Steines nach England bekannt. Von ähnlichen orientalischen Namen sind erwähnenswert Taj-e-mah, die Krone des Mondes, und Darya-i-nur, das Meer des Lichts. Ihnen möchte man den Stern des Südens anreihen. So wurde ein 1853 gefundener brasilianischer Diamant genannt. Die großartigen Bilder erscheinen dem Gegenstand angemessen und sagen der Einbildungskraft zu. Doch wurde die Stern-Metapher dadurch entwertet, daß (1869) noch ein Stern von Südafrika und dann immer weitere Sterne dazukamen. Die größten aus dem Cullinan geschnittenen, im englischen Kronschatz befindlichen Stücke werden als Großer Stern von Afrika, Stern von Afrika Nr. 2, Nr. 3, Nr. 4 geführt.[1]

Goethe sagt, Namen zu geben ist nicht so leicht, wie man denkt. Das hat sich auch hier gezeigt, wie man denn auch meist die bequemere Benennung nach Personen, die irgendwie mit dem Stein zu tun hatten, vorgezogen hat.

---

[1] Vergl. das Verzeichnis von fast zweihundert berühmten und durch Namen ausgezeichneten Diamanten in: Webster, Gems, London 1976. S. 839ff.

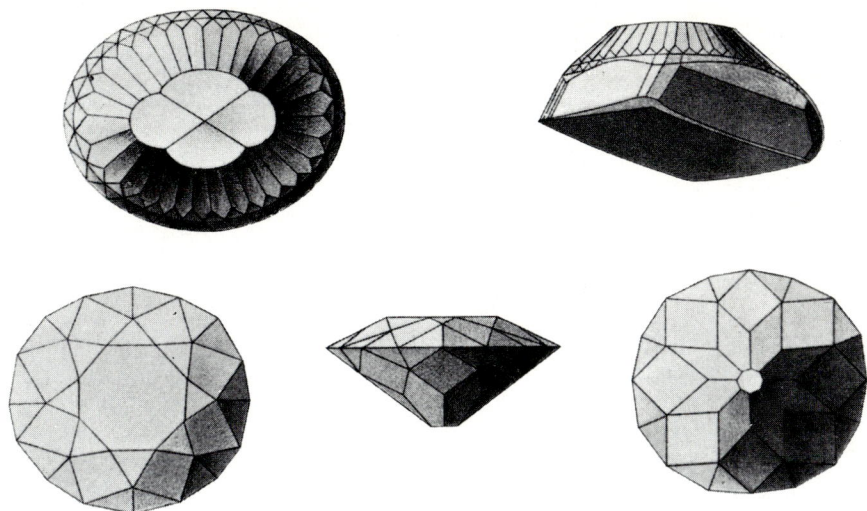

Kohinoor, oben alte Form, unten neue Form nach dem Umschliff von 1852.
(1896. BAUER, Edelsteinkunde Tafel X.) – Etwas verkleinert.

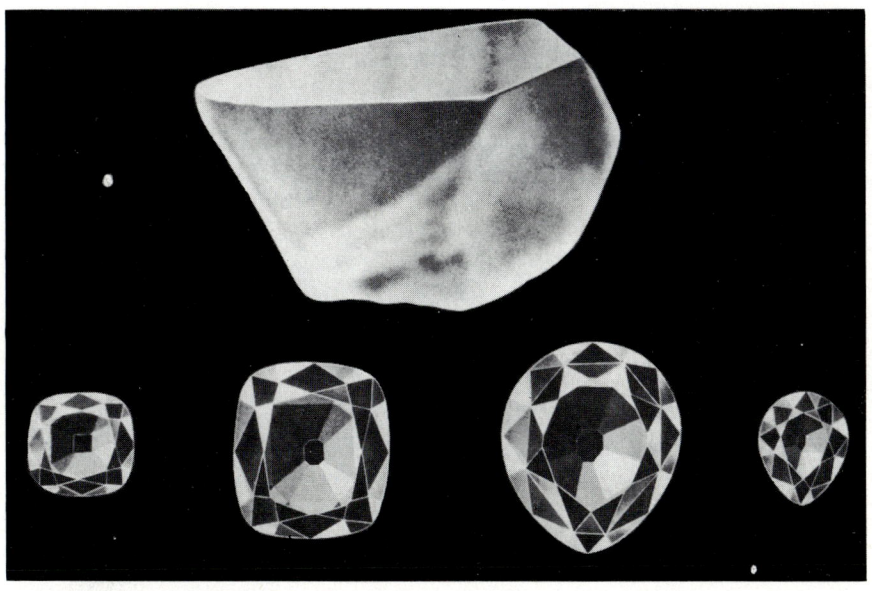

Cullinan. Rohstein und die vier grössten daraus geschnittenen Steine.
(1962. Encyclopaedia Britannia Vol. 7.) – Reichlich 2:3.

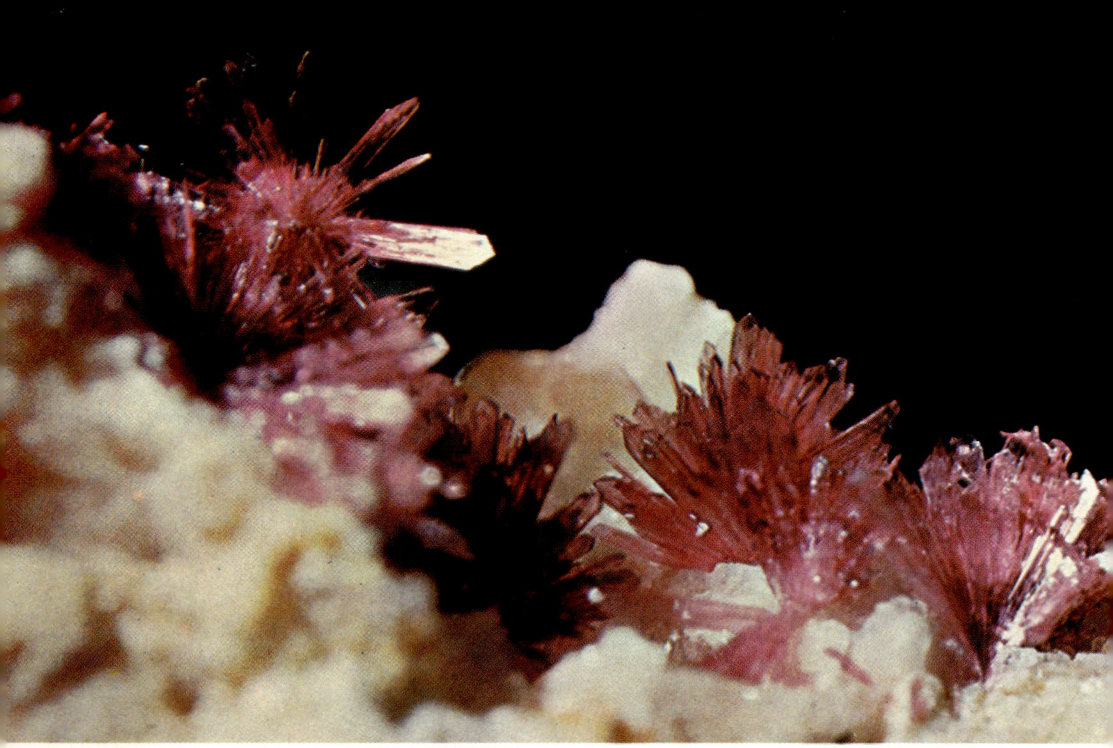

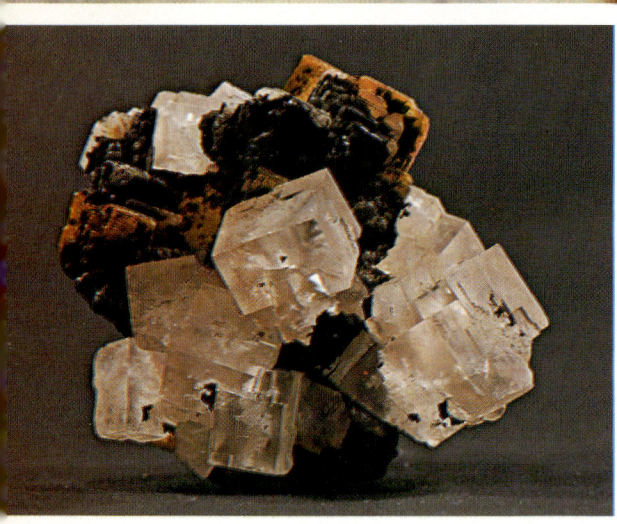

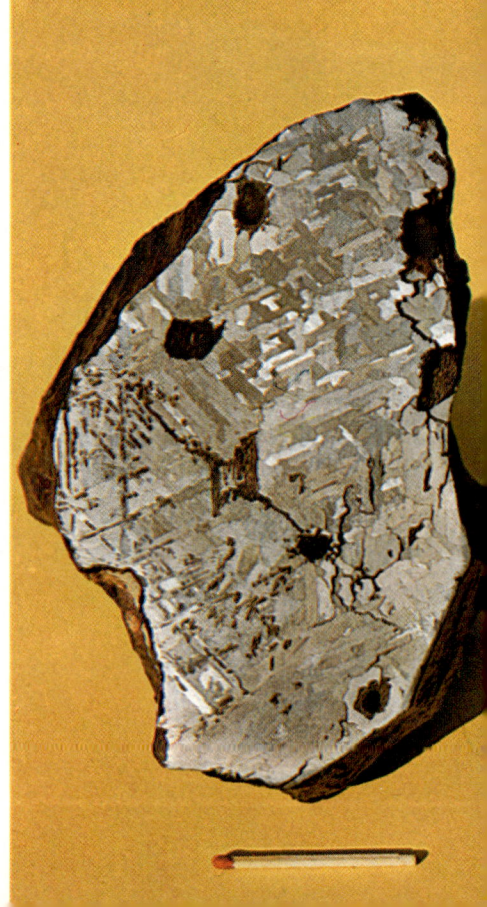

Farbtafel 3

Oben: Kobaltblüte (Eurythrin); vergr. – Wittichen. –
Foto: E. Müller.
Unten links: Flußspat (Fluorit) auf Schwerspat. – Aus der
Grube Clara, Wolfach. – Foto: E. Müller.
Unten rechts: Eisenmeteorit (→ Meteorstein) mit
Widmannstättenschen Figuren. – Odessa, Texas. –
Foto: W. Zeitschel.

IX. Namen der figurierten Steine

Die Einbildung stellet sich die Natur alsdenn vor als
einen Drechsler, der Puppen für die Kinder macht.

1751. Lesser, Lithotheologie S. 541.

1.

Dies Kapitel behandelt eine Gruppe von Namen, die dem Aussterben nahe
sind. Man wird am besten mit ihnen vertraut, wenn man die Geschichte ihrer
Überlieferung verfolgt.

Ein Teil stammt aus mittelalterlichen Lapidarien. Die dort versammelten
Namen hatten im weiteren Verlauf verschiedenartige Schicksale. Es wurde
schon gezeigt, daß viele von ihnen als Bezeichnungen kostbarer und schöner
Edelsteine bis heute weiterleben: etwa Diamant, Chrysolith, Rubin. Jetzt
aber greifen wir zurück auf die schon erwähnte Reihe von Steinen mit merkwürdiger Form und wunderbaren Kräften, die unter den Edelsteinen mitlie-
fen, obwohl sie nicht deren Schönheit, Glanz und Durchsichtigkeit haben, die
auch von den Edelsteinen (gemmae) als bloße Steine (lapides) unterschieden
wurden.

Auch aus dieser Reihe haben viele weitergelebt, aber in auffallendem Gegensatz zu den vornehmeren und schöneren Verwandten unter deutschem
Namen. Während beim Diamant, beim Chrysolith, beim Rubin nicht an
Übersetzen gedacht wurde, lebte der Bufonites als Krötenstein weiter, der
Celidonius als Schwalbenstein, der Ceraunius als Donnerstein, der Ligurius
als Luchsstein, der Drakontias als Drachenstein, sämtlich Namen, die schon
bei Megenberg (1350) als deutsche Bezeichnungen neben den lateinischen
erwähnt werden. Anzureihen ist hier noch der Siegstein, welcher schon im
Mittelhochdeutschen und unabhängig vom Lateinischen als der deutschen
Sprache zugehörig nachgewiesen werden kann, aber bei Megenberg unter
den vielen dort als siegbringend angeführten Steinen nicht besonders kenntlich ist, ferner der Aetites, deutsch Adlerstein, und der Cegolitus oder Lapis
Iudaicus, deutsch Judenstein, für die Megenberg nur die lateinischen Bezeichnungen hat. Das sprachlich einheitliche Verhalten dieser Gruppe wird
man darauf zurückführen dürfen, daß sie alle in breiteren Schichten des Volkes bekannt waren und hier die deutschen Namen statt der fremden gebraucht wurden.

Alle diese Steine sind Zaubersteine, und großenteils ist ihr Ursprung «fa-
bulos». Der Drachenstein zum Beispiel, ein kräftiges Mittel gegen Gift, muß
dem schlafenden Drachen entrissen werden. Der Luchsstein – so wird seit

Theophrast (um 300 v. Chr.) überliefert – ist verhärteter Luchsurin, den das Tier verscharrt. Die überliefernden Schriften wie Megenberg glaubten an Steine, die beim Gewitter vom Himmel fallen, und solche, die von Drachen und Kröten ausgeheckt werden.

Im sechzehnten und den folgenden Jahrhunderten wurde die Gruppe erheblich vermehrt weitergeführt. Daß einige der jetzt neu auftauchenden Namen älter waren als ihre frühesten Belege, ist anzunehmen. Es kamen hinzu, um nur einige zu nennen: Albschoß und Drudenstein; Mutterstein und Sternstein; Schlangenei, Natterzunge und Spinnenstein; Teufelskralle, Bonifatiuspfennig und Kreuzstein. Lauter Namen, die den meisten von uns nicht mehr aus dem lebendigen Sprachgebrauch bekannt sind. Wir entnehmen sie den teils lateinisch, teils deutsch geschriebenen Schriften der «Naturkündiger». Der gelehrte Charakter dieses Schrifttums oder auch die Sucht, sich gelehrt zu zeigen, war so ausgeprägt, daß man auch im Deutschen gern die lateinischen Bezeichnungen hinzusetzte. Diese fand man – das ist ein Unterschied von der vorigen Gruppe – nicht in den mittelalterlichen Lapidarien, sondern holte sie neuerdings aus dem Plinius hervor oder bildete sie neu. Man sprach zum Beispiel «von denen so genennten steinernen Schlangen-Zungen oder Glossopetris», «von denen Hysterolithis oder Hysterapetris oder Mutter- und Schaam-Steinen.»[1] Umgekehrt aber zitierten die Lateinischschreibenden gern die deutschen Namen: «Hammonis Cornu … Germanice vocatur ein Scherhorn.»[2]

Die volkskundliche Forschung und Sammlung des neunzehnten und zwanzigsten Jahrhunderts brachte aus allen Landschaften reichliches Material ans Licht, besonders auch Namen mundartlicher Prägung: aus Ostpreußen Ottertött, Marezitze, Pillerstein, aus dem Oldenburgischen Grummelstein[3], aus Schwaben Schrettelfüße, aus dem Aargau Stechehörndli, und noch im zwanzigsten Jahrhundert wurde in den oberösterreichischen Alpen der Wirfelstoan (Wirbelstein) dazu entdeckt.[4] Für diese Gruppe gibt es selbstverständlich keine wörtlichen lateinischen Entsprechungen.

2.

Seit dem sechzehnten Jahrhundert liegen nicht nur genaue Beschreibungen der Steine, sondern auch Abbildungen vor, so daß die meisten Namen einwandfrei identifiziert werden können. Es bestätigt sich, daß wir es auch von der Sache her mit einer zusammengehörigen Gruppe zu tun haben. Alle jene

[1] 1737. KUNDMANN Sp. 85 und 101.
[2] 1647. DE BOOT S. 437.
[3] STRACKERJAN, Aberglaube und Sagen aus dem Herzogtum Oldenburg. 2. Aufl. 1909. Nr. 75, 335 und 344.
[4] ABEL, Tierreste S. 70ff.

Ceraunias Sagetta

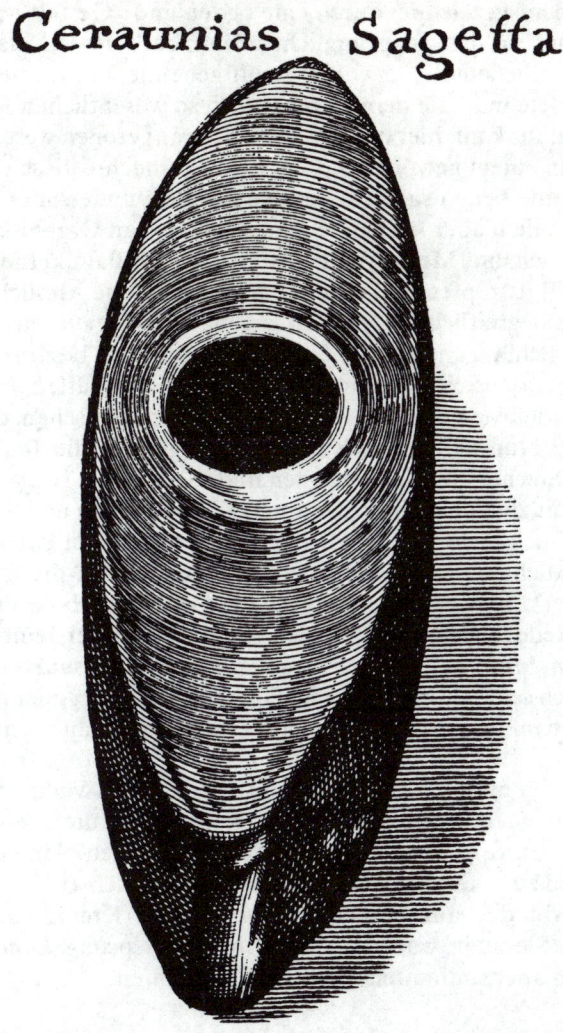

«Donner-Keil», «Donner-Axt». (1704. Valentini, Museum I.)
Etwas verkleinert.

Steine waren ausgezeichnet durch eine bedeutende Gestalt oder ein bedeutendes Zeichen, in dem ursprünglichen Sinn, daß diese Gestalt oder dieses Zeichen etwas bedeutete. Es wies hin auf geheime, auf zauberische Kräfte. Dabei beachtete man die dem Mineralreich so wesentlichen Kristallformen kaum – allenfalls kann hier der Kreuzstein herangezogen werden. Ein natürliches Loch in einem gewöhnlichen Ackerstein machte diesen zum Drudenstein und wurde bedeutsamer befunden als die wundersamsten Kristallbildungen. Vor allem aber beachtete man alles, was an Organisches erinnerte, an Pflanze, Tier und Mensch und deren Teile, an Palmkerne, Zungen und Krallen, an Blutstropfen und Geschlechtsteile. Solche Ähnlichkeiten finden sich aber aus begreiflichen Gründen in größter Menge unter den Versteinerungen. Die Schlangeneier und Grummelsteine sind bestimmte Arten von Seeigeln, die Judensteine Stacheln von Seeigeln, die Natterzungen Haifischzähne, die Krötensteine Zähne von Schmelzschuppenfischen, die Bonifatiuspfennige teils Nummuliten, teils Seelilienstielglieder, die Teufelsfinger, Ottertötte und Stechehörndli Belemniten und so fort. Eine seltsame Halbwahrheit liegt darin, daß man einigen wie den Krötensteinen und Schlangeneiern einen wenn auch nicht der Wirklichkeit entsprechenden Ursprung aus dem Tierreich andichtete. Den Versteinerungen reihen sich die frühgeschichtlichen Steinwerkzeuge an, besonders die Äxte mit Durchbohrung. Sie wurden als Donnerkeile angesehen. Abseits stehen die Adlersteine, insofern sie durchaus dem Mineralreich angehören: es sind Brauneisenkonkretionen und diesen ähnlich sehende mineralische Gebilde mit einem oder mehreren kleineren Steinen im Innern. Auch der Kreuzstein gehört ganz dem Mineralreich an.

Wir Heutigen unterscheiden wie selbstverständlich Versteinerungen, vorgeschichtliche Steinwerkzeuge und Mineralien als drei verschiedene Bereiche. Eine derartige Sonderung ist in der damaligen Namengebung nicht im mindesten zu erkennen. Die Namen beziehen sich auf das, was alle drei Gruppen verbindet: auf die bedeutsame Gestalt (Kreuzstein) oder die geheime Kraft (Siegstein) oder den wunderbaren Ursprung (Donnerstein). Alle diese Namen aber sind unterschiedslos Steinnamen.

3.

Der aufstrebenden Naturwissenschaft gaben diese Gebilde in anderer Weise zu denken. In der Sprache der Gelehrten waren es Steine eigener Art (lapides sui generis), figurierte Steine, Spiele der Natur (lusi naturae), lauter Schein- oder Zwischenlösungen, mit denen man sich zwar von der Deutung des «gemeinen Mannes» absetzte, aber an der richtigen Erkenntnis vorbeiging.

Es ist für uns erstaunlich, in welchem Ausmaß selbst Agricola das Wesen der Versteinerungen verkannte. Die Natur, sagt er, hat den Mineralien mannigfache Gestalten und Formen gegeben, und er zählt eine lange Reihe auf. Einige ähneln Gegenständen, einem Horn, einem Pfeil oder dergleichen (Foss. S. 181). Im Eislebener Schiefer habe man Bilder von Fischen und andern Tieren, ja ein Bild des Papstes mit Bart und dreifacher Krone sowie das Bild der Jungfrau mit dem Kinde gefunden (Foss. S. 371). Es ist kein Zweifel, daß Agricola die fossilen Fische als Naturspiele ansah.

Solche Gedanken weiterführend, behandelte der Schweizer Arzt Conrad Gesner in seinem Büchlein über die Figuren und Ähnlichkeiten der Steine (1565) das ganze Mineralreich nach der Ordnung, welche die zeugerische Natur selbst hineingelegt habe, indem sie Ähnlichkeiten (similitudines) und Bilder (imagines) gleichsam malend in sie hineinformte. Er geht den Zeichnungen und Zeichen auf Steinen nach, den Ähnlichkeiten ihrer Gestalt mit Gegenständen, mit Pflanzen und Tieren und deren Teilen, auch den entsprechenden Namen. Dabei treibt ihn die reine Freude an der spielenden Natur. Das unterscheidet ihn von dem gemeinen Mann. Er sucht nicht Zauber- und Heilmittel, sondern schöne Sammlungsstücke. Er rühmt sich zum Beispiel, Schieferstücke aus Eisleben zu besitzen, die nach Agricolas Beschreibung Bilder von Fischen wiedergeben. Er war durchaus nicht der einzige Sammler dieser Art.

4.

Die genannten Steine wurden vom «gemeinen Mann» als Amulett getragen oder sonstwie in verschiedenster Weise bei Zauberwerk und in der Heilkunst verwendet. Sie wurden in Apotheken geführt und von Ärzten verschrieben, einige noch bis ins neunzehnte Jahrhundert hinein, wobei Zauber und Volksmedizin nicht zu scheiden sind. An einigen Beispielen meint man zu erkennen, wie die Gedanken dabei arbeiteten. Die Form des Steines gibt den Hinweis auf die Wirkung, und zwar meist so, daß er hilft gegen den Schaden, den er verursacht. Donnerkeile (vorgeschichtliche Steinbeile) sind Geschosse des Donners und schützen deshalb, bei Gewitter auf den Tisch oder den Balken über der Brandmauer gelegt, das Haus gegen Blitz. Die spitzen Alpschosse (Belemniten), Geschosse des Alps oder der Alpe, blitzartig treffend ähnlich dem Hexenschuß, helfen gegen vielerlei «Alpdruck», auch gegen Seitenstechen. Die Wirbelsteine mit ihren weißen Spiralen (von fossilen Muscheln im Gestein herrührend) wirken, in das Tränkwasser gelegt, gegen die Drehkrankheit des Viehs. Sterne deuten auf Glück und Sieg. So machen die sternförmigen Kelchsepten auf Korallenstöcken diese zu Siegsteinen, ebenso sind bestimmte Seeigel mit ihren fünfstrahlig angeordneten Saugnäpfen und Stachelsockeln als Siegsteine kenntlich. Der Adlerstein enthält einen kleinen Stein in sich, gleicht deshalb einer Schwangeren und hilft bei Geburten.

Das sind einige durchschaubare Beispiele. Erfährt man aber, daß die Namen sich mannigfach überschneiden, daß die Bezeichnung Donnerstein nicht nur Steinbeilen, sondern auch Belemniten und bestimmten Seeigeln zukommt, daß andererseits Seeigel nicht nur unter dem Namen Donnerstein und Grummelstein, sondern auch als Schlangenei, Wetterstein, großer Krötenstein gehen, daß die «echten» Krötensteine aber Fischzähne und nicht Seeigel sind, so wird verständlich, daß die zu den einzelnen Steinen gehörenden Rezepte in einen noch schlimmeren Wirrwarr gerieten als die Steine selbst. Es ist erstaunlich, daß diese Hexen- und Zauberwelt mit ihren Schlangen, Kröten und Spinnen im Zeitalter fortschreitender Aufklärung noch derartig wuchern konnte. Der aufgeklärte Teil der gelehrten Welt fühlte sich mehr und mehr über diese Einbildungen des einfachen Volkes erhaben.

5.

Anders die Volkskunde des 19. und 20. Jahrhunderts. Ihr war die gesamte Namengruppe wertvoll als Schöpfung heimischen Volksgeistes und Volksglaubens, und es entstanden Meinungsverschiedenheiten über den antikchristlichen und den altheidnisch-volkstümlichen Anteil an dieser Namengruppe. Mit einigen Beispielen soll zu dieser Frage Stellung genommen werden.

Der Name Aetites ist aus der Zeit um Christi Geburt belegt. Von Plinius geht eine lückenlos bis in die Gegenwart reichende Traditon aus. Der deutsche Name Adlerstein ist etwa anderthalb Jahrtausende jünger. Nach allem, was wir wissen, ist er Übersetzung aus dem Lateinischen, und die ganze Fabel stammt aus der antiken Tradition. Ähnliches gilt vom Luchsstein. Der Versuch, dessen Ursprung nach dem Norden zu verlegen (Abel, Tierreste S. 83), stützt sich auf sehr anfechtbare Gründe. Im Bereich der Steinnamen kann der antike Einfluß nicht leicht überschätzt werden.

Mit Namen wie Alpschoß, Schrettelfüße, Drudenstein oder Truttelstein, Marezitze entfernen wir uns von der antiken Tradition. Sie haben keine wörtliche lateinische Entsprechung, weisen vielmehr auf den einheimischen Volksglauben als ihren Ursprung hin, auf Naturgeister wie Alben, Schratte, Druden und Mahre. Diese Vorstellungen reichen weit ins Heidentum zurück, blieben aber stellenweise bis in die Gegenwart lebendig. Namen, die aus diesem Bereich hervorgingen, weisen in der Tat auf Uraltes und Ursprüngliches, auch wenn sie erst in später Zeit entstanden sind. Daß solche heidnischen Erinnerungen sich bis heute erhalten haben, ist staunenswert.

Ebenso erstaunlich ist der geringe Anteil des Christlichen an unserer Namengruppe. Da sind die Bonifatiuspfennige – von Bonifatius verfluchtes und in Stein verwandeltes Geld –, der Stephanstein, ein grauer Chalzedon, dessen rote Punkte die Blutstropfen des gesteinigten Stephanus darstellen, der Kreuzstein, den die Pilger von St. Jago in Spanien mitbringen, und vor allem sind des Teufels Hörner, Krallen, Finger und Zehen vielfach in der Steinwelt sichtbar.

Der Breslauer Arzt und Naturgelehrte Kundmann erzählt: Er sah eines Tages einen großen Mühlstein, in dem Tausende von Jakobsmuscheln steckten, zum Verkauf stehen. Er bat den Eigentümer, er solle ihm für ein Trinkgeld ein kleines Stück aus dem Steinbruch für seine Sammlung bringen. Der Mann wurde über diesen Wunsch empfindlich und bot den ganzen Mühlstein für das halbe Geld an. Früher sei dergleichen nicht in seinem Bruch gefunden worden, nun aber habe der Teufel seine Krallen hineingeschlagen, die Müller wollten die Steine nicht mehr kaufen, weil Stücke herausfielen, und man werde den Bruch verlassen müssen (1737. Rariora Sp. 53). Deutlicher kann man die Geburt solcher Namen nicht erzählt bekommen. Das gleiche hätte sich ebenso Jahrhunderte vorher begeben können.

6.

Die ganze Geistesentwicklung war dazu angetan, der gesamten Namengruppe den Lebensraum mehr und mehr zu verengen. Die wissenschaftliche Medizin schied sich vom Zauberwesen der Volksmedizin, der fabulose Ursprung der Steine wurde als Märchen belächelt. Agricola sagte ironisch: «Der Drakonites oder Drakontias soll aus dem Gehirn des Drachen entstehen, und der Saurites im Bauch der durch ein Rohr zerschnittenen grünen Eidechse gefunden werden. Wenn jener entsteht und dieser gefunden wird, so habe ich jedenfalls bei uns keinen gesehen» (1546. Foss. S. 307).

Vor allem aber wurden die vorgeschichtlichen Steinwerkzeuge und die Versteinerungen in ihrer wahren Natur erkannt. In dieser Beziehung gingen italienische Humanisten, deren Namen jetzt kaum noch genannt werden (Fracastoro, um 1500, Cesalpino, um 1600, und andere), voran, griffen aber ihrer Zeit voraus. Autoritäten wie Agricola und de Boot waren jedenfalls in dieser Richtung nicht führend. Nicolaus Steno (Niels Stensen, 1638–1686), der berühmte dänische Naturforscher, der als Verfasser der ersten geologischen Schriften gilt, stellt in seiner Beschreibung der Sektion eines Haifischschädels fest: «Daß sie (die Glossopetren) Haifischzähne sind, ist durch ihre Form nachgewiesen.»[1] Er schließt aus dem massenhaften Vorkommen von Glossopetren auf der Insel Malta, daß diese einmal vom Meer bedeckt gewesen sei. Entscheidendes zur Erkennung der Versteinerungen taten um 1700 der Engländer Woodward und der Schweizer Joh. Jakob Scheuchzer, dieser allerdings erst, nachdem er mit den Gedanken Woodwards vertraut gewor-

---

[1] Canis Carchariae Dissectum Caput, in: Nicolai Stenonis Elementorum Myologiae Specimen, Florentiæ 1667. – 1958. Garboe, A. The Earliest Geological Treatise (1667) by N. Steno, translated from Canis Carchariæ Dissectum Caput.

den war. Anfang des 18. Jahrhunderts findet man folgende Ansicht über Versteinerungen vorgetragen:

Es gibt unzählige Steine, welche mit völliger Deutlichkeit in allen Einzelheiten Tier- und Pflanzenformen erkennen lassen. Diese können nicht als Erzeugnisse des Mineralreichs gedeutet werden, etwa, wie die Aristoteliker sagen, hervorgebracht durch eine gesteinformende oder versteinernde plastische Kraft, oder nach andern durch ein bewegendes bildendes Princip, einen Archeus oder Weltgeist, der geheimnisvolle Samen in die Erde streut. Sie sind keine Spiele der Natur, denn die Natur ist kein Affe, der sich selbst nachäfft. Muschelschalen entstehen durch Muscheln und sind deren Reste, so auch alle andern Tier- und Pflanzenreste. Auf die Frage, wie denn Seetiere auf höchste Alpenberge kommen, wird vorläufig noch geantwortet: durch die Sündflut. So brachte die neue Einsicht in die Natur der Versteinerungen anfangs eine Bestätigung der biblischen Lehren. Eben das war der Grund, weswegen sich Voltaire dieser Einsicht verschloß und weiterhin die Muscheln der Kalkgebirge für Spiele der Natur ansah. Freilich, so sagt Leibniz in seiner lateinischen Schrift «Protogäa» (S. 34), die auf Päpstliches und Luther gedeuteten, im Eislebener Schiefer gefundenen Bilder, auch die Himmelfahrt Christi in der Baumannshöhle sind Spiele, aber nicht der Natur, sondern der menschlichen Einbildungskraft.

Schon vor Ende des Jahrhunderts, etwa in Walchs «Naturgeschichte der Versteinerungen» (1768–1773), war die Masse der Versteinerungen nach Tier- und Pflanzengattungen geordnet und benannt, nicht ohne Irrtümer und Lücken, doch im ganzen so, daß die meisten der figurierten Steine als Fremdlinge im Mineralreich, die eigentlich in einem andern Gebiet «zu Hause gehören», erkannt und aus der mineralogischen Nomenklatur in die paläozoische übergegangen waren. Auch die Steinbeile gehörten damals schon nicht mehr in die Mineralogie, waren vielmehr als «Waffen der alten Teutschen» anerkannt. Der Adlerstein hielt sich noch in der Mineralogie bis ins 20. Jahrhundert. Im übrigen hat die wissenschaftliche Erkenntnis der ganzen Gruppe den Boden entzogen. Was jetzt noch in entlegenen Dörfern und Tälern übrig ist, läßt sich schwer beurteilen. Die Namen sind museumsartig aufbewahrt im «Handbuch des deutschen Aberglaubens» und ähnlichen Büchern der Volkskunde.

7.

Wenn der Mensch träumerisch auf die wechselnden Wolkenformen schaut, glaubt er die wunderbarsten Gestalten zu erkennen. So ist auch der Trieb, in mineralische Gebilde Figuren hineinzusehen, natürlich und unausrottbar. Merkwürdig für uns ist nur, daß diese Betrachtungsweise früher auch in den Schriften der Naturgelehrten einen breiten Raum beanspruchte und noch

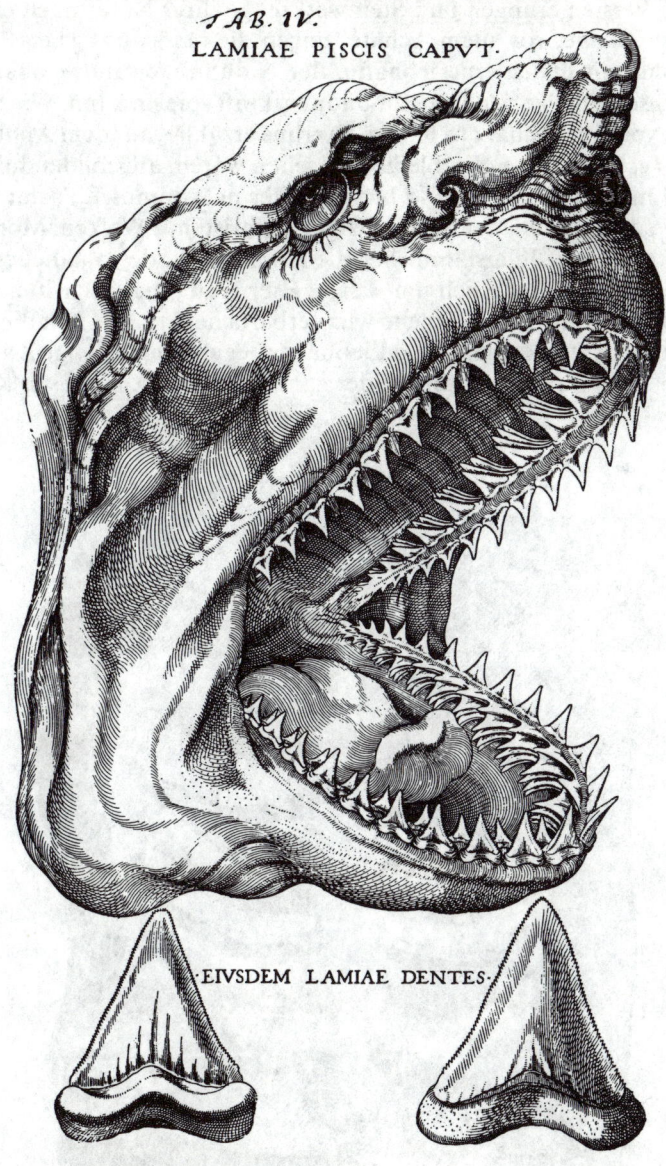

Glossopteren, als Fischzähne erkannt und in einen Fischrachen eingezeichnet.
(1667. Steno nach einem Manuskript von Mercati. Vgl. Fußnote S. 87.)

behielt, als Versteinerungen und Steinwerkzeuge ihrer Natur nach erkannt waren. Viele Steine, vor allem Achate, zeigen die merkwürdigsten Zufallszeichnungen, mit denen eine lebhafte, der Natur zugewandte, aber nicht naturwissenschaftlich orientierte Einbildungskraft spielen kann. Wie man in der Antike von dem Achat des Königs Pyrrhus erzählte, auf dem Apollo und die neun Musen mit ihren Emblemen zu sehen waren, abgebildet durch die Natur und nicht durch Kunst, so berichtet der naturkundige Pastor Lesser (1751) von einem Achat, der die Kreuzigung Christi mit Wolken, Mond und halber Sonne zeigte. Je erstaunlicher die Ähnlichkeit, desto naheliegender die Vermutung, es handle sich um Kunst. Hier lautet die Inschrift auf dem beigegebenen Kupferstich: «Solche wunderbarliche Gestalt/ Hat die Natur in ein Agat Gemalt.» Sammler und Liebhaber begehrten derartige Kabinettstücke und zeigten sie als Naturwunder ganz eigener Art. In diesen Kreisen

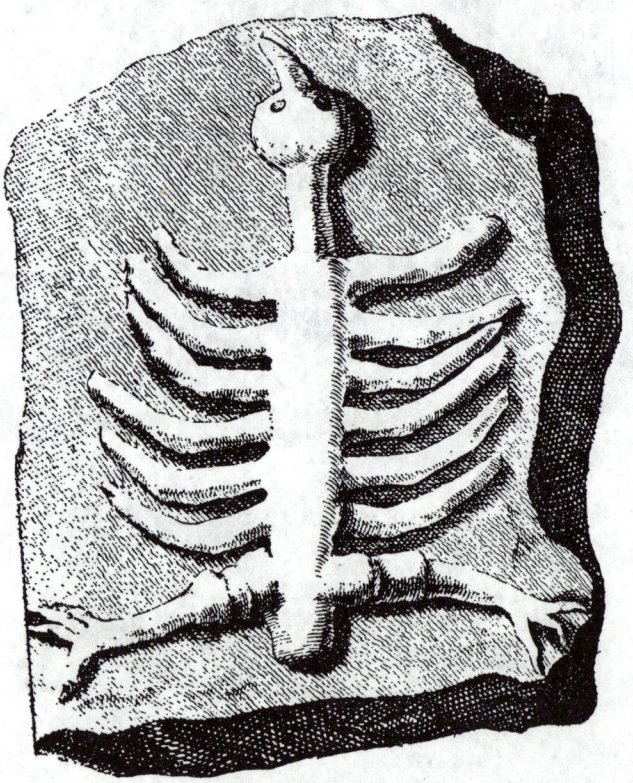

Beringersche Figur. (1726. Lithographia Wirceburgensis. Ausschnitt aus Tafel III.)

entstanden Namen, die heute noch gelten: Wolkenachat, Landschaftsachat, Festungsachat, Ruinenmarmor.

In diesen Zusammenhang gehört ein denkwürdiges Buch des Würzburger Professors und fürstbischöflichen Leibarztes Beringer. Dieser sammelte figurierte Steine. Unbekannte, vermutlich Studenten, spielten dem Leichtgläubigen einen Streich, indem sie mit vielem Witz Fälschungen herstellten und dem Professor an Stellen, wo er sammelte, zurechtlegten. Der entzückte Finder bekam die wunderlichsten Tiere und Pflanzen, Sonnen und geschweiften Sterne in die Hände, dazu Steine und Muscheln mit Schriftzeichen, die durch teilweise orthographische Richtigkeit Verlegenheit und Staunen erregten. Auf einigen war unzweifelhaft der Name Jehova in hebräischen Buchstaben zu erkennen. Beringers prächtig ausgestattete Lithographia Wirceburgensis (1726. Titel-Aufl. 1767) brachte Abbildungen solcher Stücke und deren Deutung aus theologischer Sicht in rhetorischem Latein. Als Beringer seinen Irrtum gewahr wurde, suchte er sein Werk vergeblich zu unterdrücken. Die «Beringerschen Figuren» oder «Lügensteine» sind in die Geschichte der wissenschaftlichen Irrtümer eingegangen.

Der schwedische Chemiker Cronstedt vertritt den Geist der modernen Wissenschaft, wenn er in seiner Mineralogie die Versteinerungen nur unter dem Gesichtspunkt «Mineralische Verwandlungen» und nur ihrer mineralogischen Natur nach betrachtet, und wenn er die leidige «Figuromanie» in der Wissenschaft verurteilt, weil sie von der rechten Kenntnis der Natur ablenke, ganz abgesehen von der betrüblichen Tatsache, daß man gelernt habe, der Natur nachzuhelfen und «zweydeutige Figuren» künstlich herzustellen.[1]

---

[1] 1770. CRONSTEDTS Versuch einer Mineralogie. Vermehret durch BRÜNNICH. Vorrede.

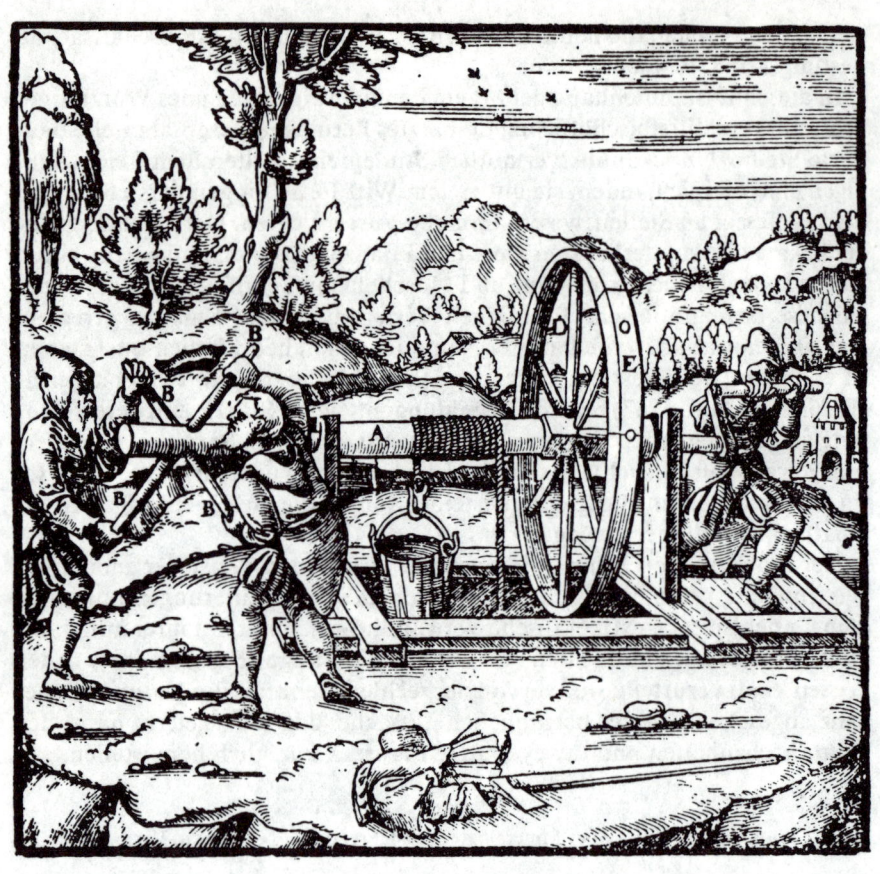

Bergmänner bei der Arbeit an der Winde. Aus: AGRICOLA, De re metallica. 1556. 4:5.

X. Bergmannssprache

Verwandle glanz, kies, blend und querz
Herr durch dein Wort in gutes erz.

1722. Bergandachten, Mariäkirch. Zitiert nach GRIMM.

1.

Weitaus das meiste Metall muß aus dem Innern der Erde geholt und aus Erzen durch Rösten, Pochen, Waschen, Schmelzen gewonnen werden. So alt wie der Metallgebrauch, so alt ist das Bergbau- und Verhüttungswesen. Die in Deutschland in diesem Bereich entwickelte Sprache wird aber erst vom 16. Jahrhundert an in größerer Breite faßbar, und zwar in einer ganzen Reihe eigenartiger Schriften.

Um 1500 erscheint das schon erwähnte erste gedruckte Bergbüchlein, das über Erzvorkommen, Bergbau und Erzgewinnung belehrt. Weitere Bearbeitungen folgen, dazu die Probierbücher, welche sich mit dem Scheiden und Bearbeiten der Metalle befassen.

Eine Quelle ganz besonderer Art ist das Buch «Sarepta oder Bergpostill», verfaßt von dem Joachimstaler Pfarrer Mathesius, einem Freund Agricolas und zeitweiligem Tischgenossen Luthers. Es ist erwachsen aus Fastenpredigten für Bergleute. Deshalb redet der Verfasser «mit deutlichen/ vernemlichen/ deutschen Bergkworten». Es ist ein Andachtsbuch mit Belehrung über Bergbau und Schmelzwesen in der Bibel, über hebräische, griechische, lateinische und deutsche Steinnamen. Vieles von dem, was bei Agricola lateinisch steht, sagt Mathesius in deutscher Sprache, mit dem Bestreben, alles ins Erbauliche zu wenden. In der Vorrede heißt es: «Ein geystlicher Bergkman bin vnd bleyb ich/ ob Gott wil/ so lang ich lebe/ vnd diene dem öbersten Bergherrn Jesu Christo/ vnd schürffe/ sincke/ haw Ertz/ röste/ schmeltze vnd treybe in Gottes Bergkwerck vnnd hütten.»

Ein Vorläufer der neueren Mineralogie und ein bis ins neunzehnte Jahrhundert hoch geachtetes Buch, auch unterhaltend geschrieben, ist die Pyritologia oder Kieshistorie des sächsischen Bergrats Henkel, erstmalig erschienen 1725.[1] Der Verfasser ist mit dem Berg- und Schmelzwesen vertraut, und was die Namen betrifft, so ist sein Bestreben, «aus der greulichen Finsternis und Verwirrung, worinnen die Bücher von Mineralien öfters liegen, nur zu einigen Licht durchzubrechen» (S. 80). Er zeigt einen umfangreichen Ausschnitt

---

[1] Alle folgenden Zitate nach der 2. Aufl. von 1754.

aus der Bergmannssprache kurz vor dem Zeitalter einschneidender Umge-
staltungen durch die wissenschaftliche Nomenklatur.

2.

Im Berg- und Hüttenwesen trifft man auf die umfassendste Steinnamen-
gruppe deutscher Prägung. Die Namen sind ganz überwiegend entweder
heimischen Ursprungs oder eingedeutschte Lehnwörter, denn, mit Henkel zu
reden, vornehmster Erfinder der Bergsprache ist der gemeine Mann, der die
lateinischen Brocken nicht recht «nachkauen» kann. So steht diese Sprache
mit ihrem Glanz und Kies, mit Glaserz und Rotgültig, mit Blende und Kobold, mit Quarz und Mißpickel, mit Röschgewächs und Gänsekötig in auffäl-
ligem Gegensatz zu der in lateinischen Schriften seit Agricola gepflegten
Sprache, die sich weiterhin wie zu Zeiten des Humanismus mit einer auf Plinius und die Antike zurückgehenden Nomenklatur abmüht. Henkel äußert
sich geringschätzig über das, was «der allgemeine Berg- und Hüttenkirchen-
lehrer G. Agricola vorgesungen hat» (S. 367), und spottet über die durch diese
gelehrte Tradition Gebildeten oder Verbildeten und ihr Versagen vor der
Naturwirklichkeit.

«Wenn man nun, mein lieber Leser, alles dieses, und noch ein mehrers, von
Pyrite Marcasita, Pyrimacho und Pyropo, Griechisch, Ebräisch, Sclawonisch
und Runisch, ein langes und breites herschneiden und vorlegen kan, ist man
nun nicht ein treflicher Kerl, ein hocherleuchteter Naturlehrer? Ja! es ist
wahr, daß die guten Bergleute, wenn sie dieses hören, erstaunen und verstum-
men müssen: Aber wie klingts hingegen, wenn man zu ihnen in die Grube
kömmt? Da haben die Lateinischen und Griechischen Schnitte ein Ende. Da
siehet der gelehrte Herr Blende vor Glanz, Kiesel vor Kies, Mißpickel vor
Silbererz, Kupferblumen vor Golderz an; da fragt man nur nach Guren; da
will man sehen und hören, wie und woraus das Erz wächset, und kennet doch
das Erz nicht, so gar überklug ist man in Gedanken, und albern in der Sache»
(S. 122).

3.

Beispiele können in konzentrischen Kreisen geordnet werden, so daß die
gesuchten Erze im Mittelpunkt stehen und die übrigen Gruppen in entfernte-
ren Ringen. Dabei zeigt sich, wie sehr die Namen nicht aus wissenschaftlicher, sondern aus bergmännischer Sicht gegeben sind.

Einzigartig ist in der gesamten Welt der Steine der Glanz vieler Erze, der
eigenartige Metallglanz, der verbunden ist mit Undurchsichtigkeit. Das häufigste Bleierz (PbS), massenhaft vorkommend, leicht zu verhütten auf Blei
und mit stetem Silbergehalt, hieß Glanz schlechthin. Zwischen dem übrigen
Gestein fiel es dem Bergmann lebhaft als glücklicher Fund in die Augen.

«Hingegen komme man nur in des Saturni Werkstätte, ich meyne, in unterirdische Gänge und Klüfte recht hinein, so wird man mit vielem Vergnügen das
Erz als in glänzenden Zinnbuden aufgebaut, und die Klüfte, als von Edelgesteinen funkelnden Grotten ausgesetzt finden» (Henkel S. 36).

Ein gesuchtes Silbererz war das Rotgüldenerz oder Rotgültig oder Rotgil-
tig. Der Name ist nicht so eindeutig wie Glanz. Wir können an zwei ältere
Erklärungsversuche anknüpfen. Agricola übersetzt in seiner Interpretatio
(1546) sein Argentum rude rubrum mit «Rot gold ertz». Der Name sei zuerst
nur dem tatsächlich goldhaltigen Erz, wie es sich in den Karpaten finde, beigelegt worden, dann auch dem bloß silberhaltigen. Die Wörter güldig, guldig,
güldisch wurden in der Tat im Sinne von goldhaltig gebraucht: güldischer
Kies, güldischer Sand, güldisches Silbererz.

Anders Adelung in seinem Wörterbuch (1775. Bd. II). Er vermutet, daß
«gülden» in Namen wie Rotgülden und Weißgülden ursprünglich nicht goldhaltig, sondern «so viel als gültig oder reichhaltig» bedeute. Zweifellos wurde
güldig (oder gültig) auch in diesem Sinne gebraucht. Die Grundbedeutung
von Rotgülden wäre dann nicht «goldhaltiges», sondern «reichhaltiges» Erz.

Wie dem auch sei: bei diesem Erz treffen hoher Wert und prächtige Erscheinung zusammen, und beides kann unmittelbar aus dem Namen heraus-

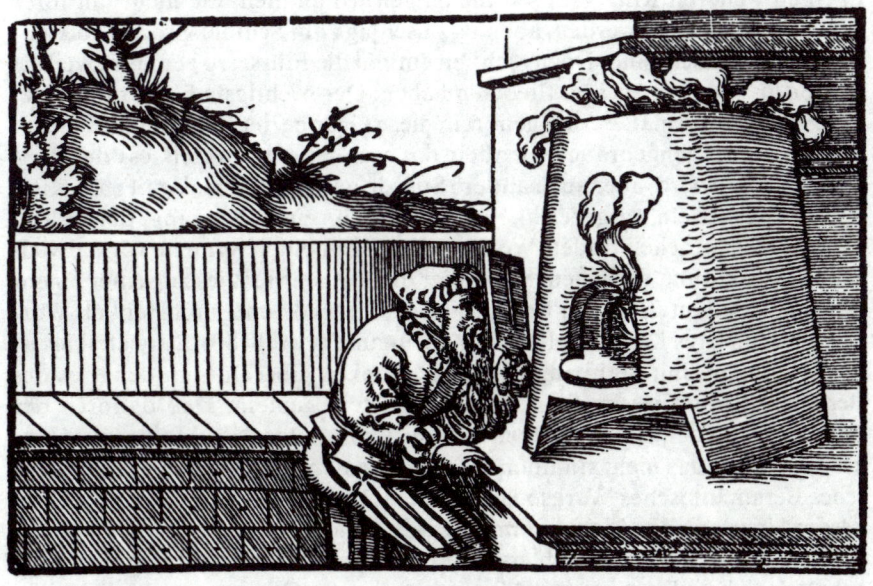

Erzprobierer am Probierofen.
Aus: AGRICOLA, De re metallica. 1556. In der Ausgabe von 1621 auch als Titelholz-
schnitt verwendet. – 4:5.

gehört werden. Henkel nennt es das großprahlende Rotgüldenerz (S. 83), ein
Ausdruck, der ebenso auf den hohen Metallgehalt wie die schöne Farbe wie
auf den entsprechenden Namen bezogen werden kann. In Kentmanns Kata-
log klingen die Namen und kurzen Beschreibungen ebenso herrlich, wie sich
ohne Zweifel die Stücke selbst in der Schublade seines Schrankes darboten:
«Schön Robinroth/ durchsichtig roth gulden ertz.» – «Klein spitzig vnd
durchsichtig roth gulden ertz/ in einem schwartzen kobelt.» – «Blutroth/
sibeneckicht roth gulden ertz» (1565. Kentmann S. 61 b f).

Weiter aber werden in dieser Gruppe die verschiedensten Register gezogen. Da sind die rein sachlichen Namen von Erzen: Zinnstein, Eisenstein,
Kupfererz. Dann die ebenso sachlich bezeichneten Farbmaterialien: Berggrün, Bergblau, Rötelstein. Dann die nach der auffälligen Form benannten:
Glaskopf, Spießglas. Ferner noch nicht befriedigend zu deutende Namen wie
Kuhriem und Zwitter. Das Gänsekötig, das spätere zünftige Wissenschaftler
als unschicklich anzumerken nicht versäumten, darf in dieser Reihe als
äußerster Gegenpol etwa zum Rotgülden nicht fehlen.

4.

In einen weiteren Ring gehören diejenigen Mineralien, die nicht um ihrer
selbst willen gesucht werden, aber als Zuschlag zum Schmelzprozeß notwendig oder erwünscht sind. Dazu rechnen einmal die Flüsse, so genannt, weil sie
schwerflüssige Erze leichter fließen machen. Der wichtigste Fluß ist der jetzt
so genannte Flußspat. Ferner gehört in diese Gruppe der Kies, das heißt nach
damaligem Sprachgebrauch vor allem das, was heute Schwefelkies oder Pyrit
(FeS) genannt wird, aber auch andere Sulfide gehörten damals mit zum Kies.

Das Wort ist ein ausgezeichnetes Beispiel für einen Vorgang, der sich in
allen Sondersprachen findet: Wörtern der allgemeinen Sprache wird abweichende Bedeutung verliehen. So ist hier die Frage, wie Kies zu seiner eigentümlichen Bedeutung in der Bergsprache kommen konnte, mit Henkels Worten: «was unseres Kieses Geburts- und Zuname sey» (S. 80). Schwefelkies ist
so hart, daß er, mit Stahl angeschlagen, Funken gibt. Das hat der Kies des
Bergmanns mit Kies im Sinne von Kieselstein gemein. Daß dadurch der
Bergmann auf den Namen gekommen sei, vermutete schon Mathesius. Henkel sagt, wenn das nicht stimmen sollte, «so lassen wirs doch als ein alt deutsches Bergmännisches Wort so lange gelten, bis der rechte Geburtsbrief von
dessen Ursprung ans Licht kommen wird» (S. 86).

Für den Laien befremdlich erscheint nun, daß der Kies mit seinem Eisengehalt doch kein Eisenerz war. Man nutzte ihn zur Gewinnung von Schwefel
(deshalb «Schwefelkies») und Vitriol. Auch heute ist er kein Eisenerz, man
setzte ihn aber zweckmäßigerweise dem «Mittelgut», das heißt gewissen stark

mit Gestein durchsetzten Blei-, Kupfer- und Silbererzen hinzu, um aus ihnen in mühsamem Verfahren doch noch Metall zu gewinnen.

So war der Kies für den Schmelzer deutlich vom Glanz als dem guten Erz unterschieden, nützlich und verdrießlich zugleich. Vielleicht ist der rechte Geburtsbrief damit zutage gekommen. Es handelte sich eben nicht um Erze, sondern um Steine, um Kies, und besonders die von Henkel erwähnten Kieskugeln und Kieskörner mochten an Fluß- und Geröllkies erinnern.

5.

Am eindeutigsten bekundet sich die Sicht des Bergmanns in den Namen einer dritten Gruppe, den Namen der Übeltäter, die oft schwer zu erkennen und auszuscheiden sind, beim Schmelzprozeß hindern, das Metall verderben oder nichts hergeben. Sie werden mit Scheltnamen belegt: Blende, Kobold und Kupfernickel, Wolfram und Mißpickel, Katzensilber und Katzengold.

«Blende, ist eine glintzernde Berg-Art, schwartz und auch gelb, so kein Metall führet, und offt den Bergmann blendet und betrügt» (1733. Zedler Bd. 4). Damit ist die jetzt so genannte Zinkblende (ZnS) gemeint. Diese ist jetzt ein wichtiges Zinkerz. Das war aber nicht der Fall, als der Name gegeben wurde. Erst im 18. Jahrhundert lernte man Blende für die Zinkherstellung zu nutzen. Bis dahin war sie für den Bergmann ein Blender, der durch halbmetallisches Aussehen und hohes Gewicht Gehalt an verwertbarem Metall vortäuschte.

6.

Die Arbeit unter Tage ist gefahrvoll und unheimlich. Dort unten wirken die Berggeister, die Kobolde, von denen selbst ein so wissenschaftlicher Geist wie Agricola sagt, daß ihr Dasein durch Erfahrung bestätigt sei. Es gibt gutmütige, die da ihren Spaß treiben, indem sie zum Beispiel zur Unzeit an der Fördermaschine drehen, aber auch bösartige wie jener, der einst in einer Silbergrube zwölf Bergmänner tötete. Der Glaube an Bergkobolde war so verbreitet, daß noch Goethe vor dem Besuch einer Grube in Schneeberg scherzen konnte: «Da werde ich denn also die Kobolde in ihrem eigensten Hause sehen» (1786. Werke XX S. 142).

Seit Mathesius (1562) wird nun der Mineralname Kobold oder Kobalt oder Kobelt mit dem Kobold genannten Berggeist in Verbindung gebracht. Diese Deutung galt in der Folgezeit allgemein, und bis heute ist keine bessere Erklärung gefunden worden. Kobalt war demnach ein Scheltname für Täuschendes, Giftiges, für silberig aussehende Berg-Unarten, die doch kein Silber enthielten, für den Scherbenkobalt, der als Hüttenrauch in den Schornstein ging und sich als giftiges Arsenik absetzte.

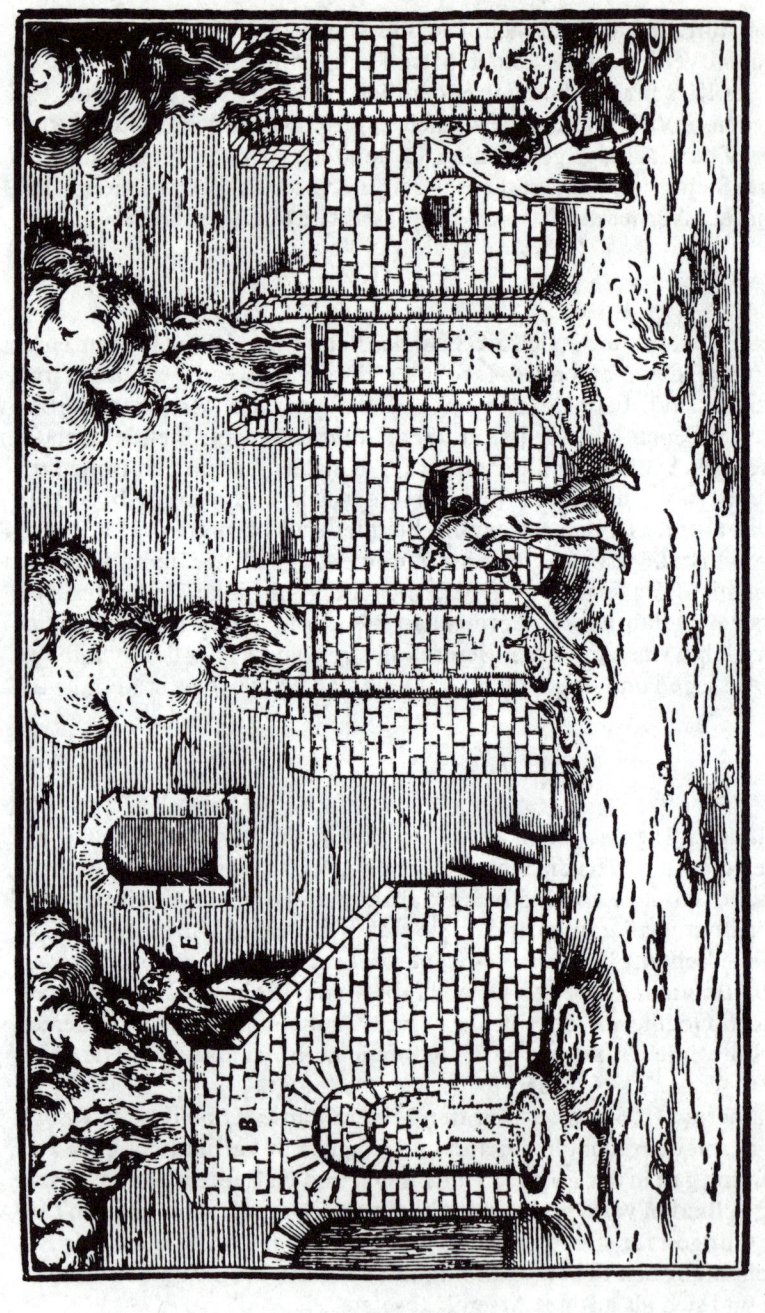

Schmelzer bei der Arbeit. Aus: LÖNEYSS, Bericht vom Bergkwerck. Zellerfeld 1617. – 4:5.

«Kobald, ist eine gifftige rauberische Unart von Berg-Ertzten, welche die guten Ertzte verkürtzt, oder wild und kalt macht, von welcher viele glauben, daß sie das Silber raube, und da und dort zum Theil verzehre, daher sie auch den Nahmen von den Bergleuten mag bekommen haben.»[1]

Der Scherbenkobalt ließ sich als Fliegengift gebrauchen. Für andre schwarze oder silberige Kobolde hatte man keine Verwendung, bis man im 16. Jahrhundert entdeckte, daß man daraus Material zum Blaufärben in der Glas- und Töpferindustrie herstellen konnte. Seitdem wurden Blaufarbenkobolde gehandelt. Die erzielte Farbe heißt jetzt Kobaltblau. Da man die Zusammensetzung nicht kannte, hielt man oft irrtümlich das Wismut für die Ursache der Blaufärbung, weil Wismut oft mit Kobolden zusammen gefunden wird. Hiernach ist die anschauliche Schilderung bei Mathesius verständlich:

«Denn nach dem Quecksilber vnd rotgültigem Ertzt/ ist cobalt vnd wismat rauch das gifftigst metal/ damit man auch fliegen/ grillen/ meuß/ vihe/ vögel vnd leut sterben kan. So frist Cobalt vnd kißwasser den heuern hende vnd füsse auff/ vnd der staub vnnd rauch vom Cobalt sterbet viel Bergkleut vnnd Ertzscheider/ ... Es hab aber nun der Teuffel oder seine Hellraunen oder Drutten/ dem Cobelt/ oder der kobelt/ den zeuberin den namen geben/ so ist cobelt ein gifftig vnd schedlich metal/ es halte silber oder nicht.»[2]

Die übrigen oben erwähnten Übeltäter seien hier nur kurz genannt: Wolfram, der Wolfsruß, der schwarze Zinnfresser, der beim Schmelzen das Zinn mit in die Schlacke reißt; Kupfernickel, der boshafte Nickel, der Kupfergehalt vortäuscht, nichts liefert, ungeschmolzen bleibt und die an ihn gewandte Mühe zuschanden macht; der giftige Mißpickel, Träger eines bisher nicht gedeuteten Namens, aber durch diesen unmißverständlich als widerwärtig gekennzeichnet.

Im Vergleich zu diesen ausgesprochenen Schimpfnamen klingen Katzensilber und Katzengold doch noch milder. Zwar werten auch diese ab, doch nicht so scharf verurteilend, wie denn nach Agricola zwar Unerfahrene, aber nicht Bergleute durch den Glanz getäuscht werden. Katzensilber und Katzengold sind dem Bergmann nicht verdrießlich.

7.

In einen äußersten Ring gehört das, was weder verwertbares Erz noch Täuscher oder Kobold noch nützlicher Zuschlag ist, die übrige riesige Masse des tauben Gesteins, des leeren Gebirges. Auch dieser Bereich ist dem Bergmann

---

[1] 1727. J. HÜBNER, Curieuses und Reales Natur-Kunst-Berg-Gewerck- und HandlungsLexicon.
[2] 1562. MATHESIUS S. 154b. Zeuberin frühneuhochdeutsch statt Zauberinnen.

nicht gleichgültig. Aber die hier auftretenden Bergarten werden nicht um ihrer selbst willen betrachtet, wie das beim Wissenschaftler der Fall ist, sondern daraufhin, ob sie Wegweiser zum Erz sind und welchen Widerstand sie dem Werkzeug entgegenstellen.

Im Bergwesen hat sich eine Festigkeitsskala entwickelt, die sich aber nicht mit der Härteskala der Mineralogen deckt. Körniger Quarz zum Beispiel ist hart, aber für den Häuer unter Umständen nicht so fest wie ein zwar weicheres, aber fester zusammenhaltendes Hornblendegestein sein kann.

Aus dem Festigkeitsgrad ergibt sich die zu leistende Häuerarbeit. Leicht und einfach ist das Wegfüllen von «rolligen» Gebirgsmassen wie Dammerde, Sand und Geröll mit Schaufel und Kratze. «Milde» Massen wie Letten, mulmige Erze, faules Gestein können mit Keilhaue und Letthaue «gewonnen» werden. Das «gebreche» Gestein, zu dem die meisten Spate und Erze gehören, erfordert Einsatz von Schlägel und Eisen. Die «festen» Gesteine, zum Beispiel die meisten mit Quarz gemengten Bergarten und Erze werden seit Anfang des 17. Jahrhunderts gesprengt. Beim «höchstfesten» Gestein wie dem reinen Quarz oder Hornstein oder Knauer ist man auf das seit Urzeiten bekannte mühsame Feuersetzen angewiesen.[1]

Diese Verhältnisse spiegeln sich mehr oder minder deutlich in den Gesteinsnamen der Bergmannssprache. Wacke und Knauer bedeuten Fels, großer Stein. Quarz geht vielleicht auf ein slawisches Wort mit der Bedeutung «hart» zurück. Zechstein ist vermutlich Zäh-Stein. Gneis ist mit altdeutschem ganeist Funke in Verbindung gebracht worden, wäre demnach funkengebendes, also hartes Gestein. Hornstein konnte im Bergbau jedes hornartig feste Gestein bezeichnen, das mit Schlägel und Eisen schwer zu gewinnen ist. Spat hieß jedes gut spaltbare Gestein (insbesondere allerdings der spaltbare Gips, das Marienglas). Alle diese Namen erlangten zwar im Laufe der Zeit größere Bestimmtheit, aber landschaftlich außerordentlich verschieden. Um in den heute gültigen Namenbestand aufgenommen zu werden, mußten sie Zusätze erhalten wie etwa Feldspat, Flußspat, Kalkspat, Grauwacke, oder sie mußten neu bestimmt werden, wie das zum Beispiel durch Werner beim Gneis geschah. Sonst wurden sie ausgeschieden wie der Knauer.

Dieser Knauer sei hier noch einmal besonders herausgestellt. Das Wort dürfte ein unanfechtbares Beispiel für Lautsymbolik sein. Der Klang entspricht dem Wesen der Sache, die folgendermaßen beschrieben wird: «Knauer, im Bergbaue, ein jedes festes, schwer zu gewinnendes, taubes Gestein, besonders ein Schiefer-Gestein dieser Art; ein fest zusammen gewimmertes Gestein, oder eine Berg-Feste, darauf, Festigkeit halber, kein Berg-Eisen verfangen will, welche die Spitzen von dem Eisen beißt, oder ohne Rit-

---

[1] WERNER, Von den verschiedenen Graden der Festigkeit des Gesteins, als dem Hauptgrunde der Hauptverschiedenheiten der Häuerarbeiten. In: Bergm. Journal 1. Jahrg. 1. Bd. 1788.

zen abstumpft; welches daher mit Holze, d.i. mit Feuersetzen, gewonnen werden muß. Es bäumt sich ein Knauer auf, sagt der Bergmann, wenn er im Arbeiten auf ein solches Gestein geräth» (1787. Krünitz Bd. 41).

Die gesamte Gruppe der bergmännischen Namen hat eine gewisse Verwandtschaft mit der Gruppe der Zaubersteine: das entschiedene Übergewicht der deutschen Sprache, das Hineinspielen abergläubischer Vorstellungen sind gemeinsame Merkmale. Doch war das Schicksal der beiden Gruppen gegensätzlich. Während die Zaubersteine untergingen, blieben die bergmännischen Namen großenteils erhalten, weil die seit Mitte des 18. Jahrhunderts immer deutlicher sichtbar werdende wissenschaftliche Nomenklatur an sie anknüpfen konnte. Wie dabei der alte Namenbestand von der wissenschaftlichen Fachsprache teilweise übernommen, teilweise ausgeschieden, teilweise weiter ausgebildet wurde, ist im Folgenden zu zeigen.

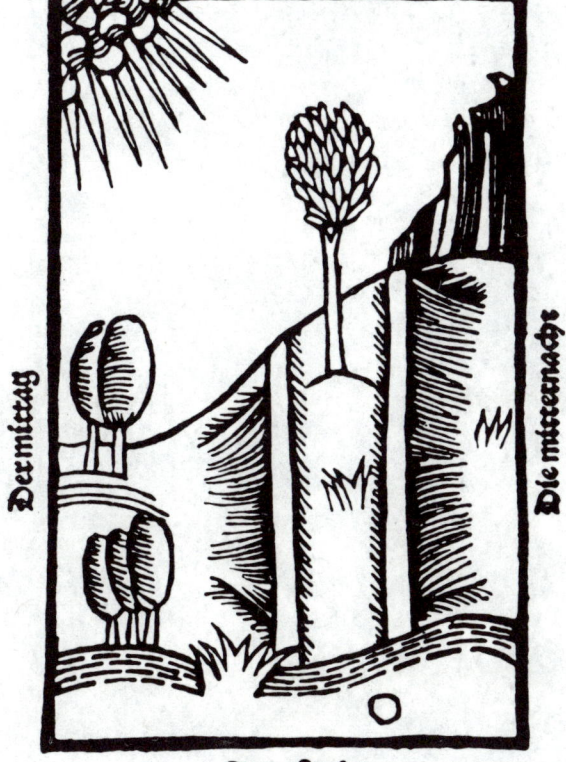

Berg mit zwei Gängen. (Um 1500. Bergbüchlein S. 23.)

Anhangsweise sei bemerkt, daß damit nur eine der Linien, die von der alten Bergmannssprache zur modernen Sprache weisen, angedeutet wurde, und zwar nur diejenige, die zu unsern Mineral- und Gesteinsnamen führt. Eine andere nicht weniger bemerkenswerte Linie weist auf die Nomenklatur der geologischen Schichten. Zechstein zum Beispiel war ursprünglich Name einer Gebirgsart, bezeichnet aber heute nicht mehr ein «saxum», sondern ein «stratum». Viele der alten Bergmannsnamen für Gebirgsarten enthalten Angaben über die Lage der Schichten und können deshalb insbesondere als Vorläufer der heutigen stratigraphischen Nomenklatur angesehen werden: das Rote Liegende, das Weiße Liegende, das Tote Liegende; das Hangende vom Oberflöz; Oberrauchstein, Unterrauchstein; das Dach, die Mittelberge, die Kammschale, die Mittelschiefer. Die hiermit angedeutete Linie zu verfolgen ist nicht Aufgabe dieses Buches.

XI. Anfänge der wissenschaftlichen Nomenklatur

> Die Chemie, die in den neuern Zeiten so eifrig geübt
> wird, öffnet dem Liebhaber hier im unterirdischen
> Reich der Natur eine mannigfaltige zweite Schöp-
> fung.
>
> 1784. HERDER, Ideen, Zweites Buch I.

1.

In dem Maße, wie die moderne Naturwissenschaft sich entfaltet, fortschreitet
und sich spezialisiert, entwickelt sie in jedem ihrer Zweige eigene Terminolo-
gien und Nomenklaturen. Es wurde in den vorigen Kapiteln gezeigt, daß
Namen wie etwa Karfunkel, Drachenstein, Siegstein, Kobold nicht aus moderner naturwissenschaftlicher Sicht hervorgegangen sein können. Agricolas
kritische Übernahme der antiken Namen kann als Vorstufe und Bereitstel-
lung von Material angesehen werden. Auf den bedeutsamen Versuch einer
schon im modernen Sinn wissenschaftlichen Nomenklatur des Mineralreichs
trifft man in dem Werk des großen schwedischen Naturforschers Linné, betitelt Systema naturae, erstmalig 1735 erschienen. Es behandelt in den letzten
Bänden das Mineralreich, und zwar nach denselben Grundsätzen wie das
Tier- und Pflanzenreich. Es gliedert die Mineralien nach Klassen, Ordnungen, Geschlechtern und Arten. Jeder Stein, das heißt jedes Mineral, jedes
Gestein, jede Versteinerung erhält zwei lateinische Namen, deren erster das
Geschlecht, deren zweiter die Art angibt. Durch Zusatz eines dritten lassen
sich weitere Abwandlungen einer Art bezeichnen. Ein Beispiel: Gips und
Alabaster sind nächstverwandt, sind chemisch dasselbe. Alabaster ist feinkri-
stalliner Gips. Linné ordnet sie einander zu, indem er sie Gypsum usuale und
Gypsum alabastrum nennt. Wohl gab es auch schon vorher und zwar seit
Agricola Mineralsysteme mehr als genug, auch gab es Ansätze zu einer lateinischen «binären Nomenklatur», aber Linné hat diese als erster systematisch
in allen drei Naturreichen durchgeführt.

Auffällig ist nun, daß Linné in der Zoologie und Botanik Bahnbrecher war,
in der Mineralogie nicht. In der Zoologie und Botanik mußte zwar sein System verbessert, mußte sein Namenbestand erweitert und teilweise ersetzt
werden, aber die Benennungsweise mit ihrer durchgehenden Systematik ist
noch heute als die anerkannt wissenschaftliche unentbehrlich. In der Mineralogie dagegen wurde die Weiterführung der Linnéschen Nomenklatur nach
rund hundert Jahren aufgegeben. Die mineralogische Nomenklatur ging
andere Wege.

Einer der Gründe dafür ist, daß die damalige Kenntnis der Mineralwelt für Linnés Werk keine genügende Unterlage bot. Viele Zuordnungen waren schon bei Erscheinen seines Buches strittig und wurden bald gänzlich verworfen. Der Heutige fragt sich, ob er richtig gelesen hat, wenn er in der Gattung Borax derartig Verschiedenes zusammenfindet wie Borax Tincal (Borax), Borax Granatus (Granat), Borax electricus (Turmalin) und Borax Basaltes (Basalt).

2.

Um den Weganfang zu finden, muß man sich der Erweiterung der Mineralkenntnis zuwenden, wie sie annähernd zu Lebzeiten Linnés erfolgte. Schweden sind auch daran hervorragend beteiligt. Beispielhaft ist die Entdeckung des Metalls Kobalt. Paracelsus hatte es schon beschrieben, aber die moderne Naturwissenschaft weiß vom ihm erst seit den Untersuchungen des schwedischen Chemikers Brandt (1735). Dieser analysierte wismuthaltige Kobolde oder Kobalte, fand, daß die daraus gewonnene Metallausschmelzung, in der damaligen Fachsprache der Kobaltkönig, außer dem bekannten Wismut noch ein weiteres, bisher unbekanntes Metall enthalte, und behauptete, daß nicht Wismut, sondern dieses Kobaltmetall die Blaufärbung des Glases hervorbringe.

Die in diesem Zusammenhang auftretenden Fachbezeichnungen Kobaltkönig, Kobaltmetall, ferner Kobaltspeise waren keine Metallnamen. Indem man aber statt Kobaltkönig oder Kobaltmetall einfach Kobalt zu sagen sich gewöhnte, wurde Kobalt Metallname. Er wurde nicht eigentlich gegeben, sondern er ergab sich wie selbstverständlich und bürgerte sich zunächst in der Mineralogie ein, erst später in der allgemeinen Sprache. Adelung rechnete noch in seinem Wörterbuch von 1775 das «Kobaltmetall» wie das Spießglas- und Arsenikmetall zu den Halbmetallen ohne Namen.

Ganz ähnlich ist der Vorgang beim Nickel. Der schwedische Chemiker Cronstedt stellte (1751) aus dem Kupfernickel einen König her, kurz gesagt einen Nickelkönig. Er fand darin ein neues Metall, das Nickelmetall, das Nickel. Der Name ergab sich aus der Fachsprache der Erzprobierer, an die sich die Mineralchemiker anschlossen. Darin liegt ein Unterschied zur späteren Zeit, wo jeder Wissenschaftler die von ihm entdeckten Mineralkörper nach eigenem Ermessen und eigener Willkür benannte.

Der Sinn des Wortes Kobalt hatte sich jetzt geändert. Der Gedanke an das Berggespenst verblaßte schnell. Es galt festzustellen, in welchen Mineralien das neue Metall vorhanden war. Dabei zeigte sich, daß es bisher sogenannte Kobolde ohne Kobaltgehalt gab wie den Scherbenkobalt. Dieser hatte seinen Namen auf Grund seiner arsenikalischen Natur. Er blieb ihm bis heute, kann aber heute nicht mehr als sachrichtig gelten, sondern ist jetzt ein Denkmal früherer Naturauffassung.

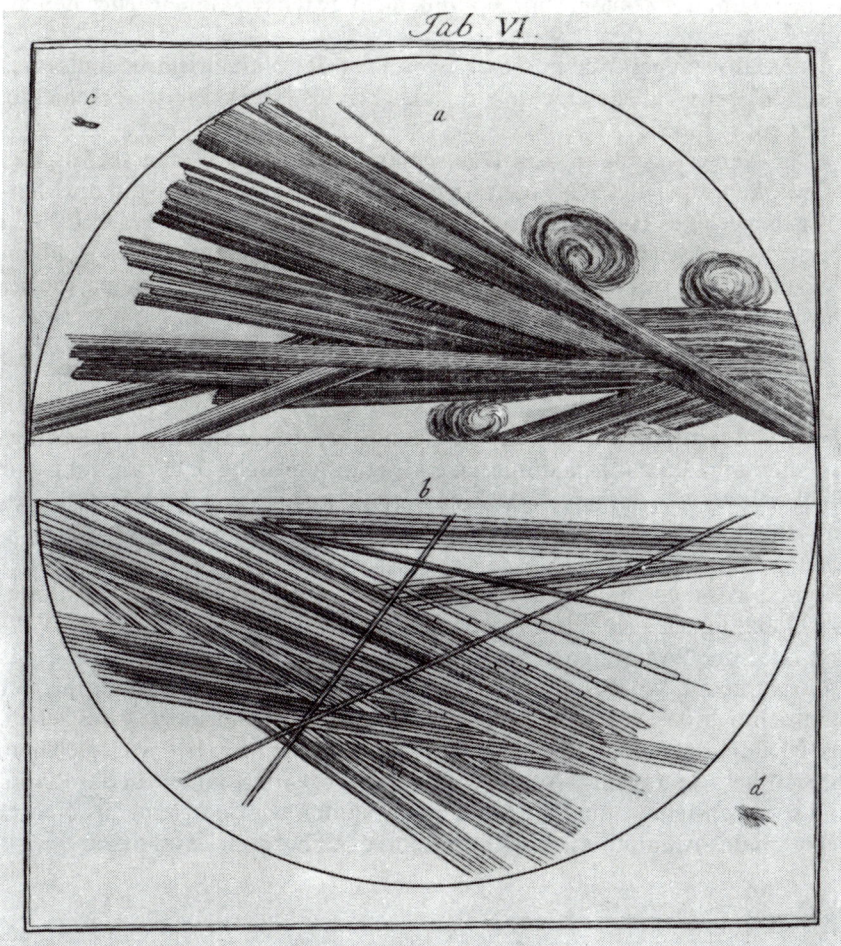

«Siebenbürgischer Amiant» und «Cyprischer Amiant» in mikroskopischer Vergrößerung.
c und d: «natürliche Theilchen». Original zart illuminiert. – (1775. LEDERMÜLLER, Asbest,
Tab. VI.) 2:3.

Andere Kobolde aber enthielten Kobalt wie die Kobaltblüte oder der nunmehr neubenannte Kobaltglanz. Dieser hieß früher Kobalt oder Kobold auf
Grund der Schwierigkeiten, die er dem Bergmann bereitete, heißt jetzt nach
der neuen Nomenklatur Kobaltglanz auf Grund seines Kobaltgehaltes. So
gingen damals aus rasch aufeinander folgenden wissenschaftlichen Einsichten ständig neue Namen und neue Bedeutungen alter Namen hervor, die
großenteils heute noch gelten, jedoch im Gegensatz zur wissenschaftlichen

Nomenklatur der Zoologie und Botanik nicht durch ein einheitliches Benennungssystem ausgerichtet waren.

Jedenfalls spiegelt sich in dieser Wandlung der Namen ein bedeutsames Stück Wissenschaftsgeschichte und ein kleines Stück Geistesgeschichte. Cronstedt sagt dazu:

«Der Name Kobolt wird in Deutschland, besonders in den sächsischen Bergwerken, auch den Schwaden Arsenik, und dessen Wirkung auf die Menschen, beygeleget. Hieraus hat man die Anleitung genommen, dadurch einen vermeynten bösen Geist anzuzeigen, der sich in Gruben aufhalten soll, allein die Zeit befreyet uns wohl von dergleichen und andern Einbildungen, die die Unwissenheit erzeuget.»[1]

3.

Die geschilderte Austreibung der Geister hatte eine eigentümliche, allerdings nur sehr allmählich sich durchsetzende grammatische Umwandlung zur Folge. Die Namen der neuentdeckten Metalle wurden von ihren Stammwörtern durch das grammatische Geschlecht unterschieden. Den Geistern erteilte die Sprache männliches Geschlecht, den Metallen sächliches. In der Bergmannssprache hieß es der Kobold, in der Wissenschaft das Kobaltmetall, Cobaltum, das Kobalt. Es hieß ursprünglich der Kupfernickel, der Wolfram oder der Wolfert, später das Nickelmetall, Niccolum, das Nickel; das Wolframmetall, Wolframium, das Wolfram. Ursache der Umänderung war offensichtlich das lateinische Neutrum «metallum», ferner das Bestreben, alle Metallnamen den altbekannten planetarischen Metallen anzugleichen, die sämtlich Neutra sind. Auch die Platina wurde umgeändert in das Platin, und spätere Metall-, überhaupt Element-Namen wurden gleich als Neutra geboren: das Aluminium, das Chromium, das Thorium, das Silizium.

[1] 1770. Cronstedts Versuch einer Mineralogie. Vermehret durch Brünnich. S. 259f.

XII. Werner und seine Schüler

> Mit WERNER beginnt eine neue Zeit für die Stein-
> kunde.
>
> 1819. K. VON RAUMER, Vermischte Schriften S. 63.

1.

Abraham Gottlob Werner (1749–1817) war wie Agricola, wie Henkel aus
Sachsen gebürtig, und zwar aus der Lausitz. Der Anteil Sachsens an der Entwicklung des Bergwesens und der Steinkunde ist so gewichtig, daß ein sächsischer Fachmann um 1850 sich zu dem Ausspruch versteigen konnte: «Die
Wissenschaft ist international, die Mineralogie aber ist sächsisch.» [1]

Werner lehrte als Professor an der Bergakademie in Freiberg Geognosie,
Oryktognosie (das heißt Mineralogie) und Bergwesen. Er war ein vorzüglicher Lehrer und bildete eine ganze Schule von Mineralogen heran. Unter
seinen Hörern waren Fachleute wie der Mineraloge und Kristallograph
Mohs, aber auch der Naturforscher Alexander von Humboldt, der Philosoph
Baader, der Dichter Novalis. Freiberg hatte Weltruf, vor allem durch Werner,
man lernte Deutsch um seinetwillen, und in Freiberg studierten Angehörige
der verschiedensten Nationen wie zum Beispiel die spanischen Brüder de
Elhuyar, deren einer die Bergakademie in Mexiko gründete.

Werner wirkte durch das lebendige Wort. Er hat kein zusammenhängendes
Werk über seine Lehre herausgegeben, sondern nur kleinere Einzeluntersu-
chungen drucken lassen. Eine Schrift, die in der Folgezeit große Wirkung tat,
ist das Werk des Fünfundzwanzigjährigen, betitelt: Von den äußerlichen
Kennzeichen der Foßilien. Es leitet an zur Unterscheidung der Mineralien
ohne chemische Analyse und Winkelmessung auf Grund klar abgegrenzter,
mit den fünf Sinnen festzustellender Kennzeichen. Die Schrift enthält in
bewundernswerter Vollständigkeit die Gesichtspunkte, welche dabei zu beachten sind: Farbe, Glanz und Durchsichtigkeit innen und außen, die Form
der Kristalle, die Form der Bruchstücke, Härte, Festigkeit oder Zerreiblich-
keit, das Abfärben, die Starrheit oder Biegsamkeit, das Anhängen an der
Zunge, Kälte oder Wärme beim Anfassen, Geschmack, Geruch und Klang.
Ja sogar das spezifische Gewicht soll ohne Apparate – die der Forscher nicht
immer zur Hand haben kann – bestimmt werden.

«Hier müssen wir uns unsrer Gliedmaßen bedienen, und indem wir das

---

[1] H. B. GEINITZ, Museumsdirektor in Dresden. Nach: W. FISCHER, Mineralogie in Sachsen von
Agricola bis Werner. Dresden 1939. S. VII.

Foßile, an dem wir dieses Kennzeichen aufsuchen wollen, mit der Hand in die Höhe heben, so muß uns unser Gefühl sagen, wie stark die mit seinem Umfange, – welchen wir nach unserem Augenmaaß beurteilen, – verhältnismäßige Schwere desselben sey» (S. 274 f.).

In einem Zeitalter, das in steigendem Maß Apparate an Stelle der menschlichen Sinne einsetzte, das in den Laboratorien immer feinere Zerlegungsmethoden ausbildete, in diesem Zeitalter übte Werner Unterscheiden ohne Zerlegen und strebte danach, in einer manchmal an die Antike gemahnenden Weise den forschenden Menschen ganz auf sich selbst zu stellen, darin Goethe ähnlich, der Brillen, Fernrohre und Mikroskope als irgendwie dem Menschen nicht gemäß empfand. Freilich waren die Leistungen der Apparate zu offensichtlich, als daß man sie hätte übergehen können, und auch Werner handhabte das Lötrohr und war über die Mineralchemie seiner Zeit genau unterrichtet. Aber die Sinne lieferten ihm die lebendige Anschauung des Gegenstandes.

So galt er denn auch nicht etwa als rückständig, vielmehr wurde sein Name gerade in der Fachwelt mit Anerkennung, ja Verehrung genannt. Seine Schüler hatten ein sicheres Unterscheidungsvermögen. Seine Mineralbeschreibungen wie die des Chrysoliths wurden als Meisterwerke anerkannt, weil sie eine klare Abgrenzung bewirkten, seine Neueinteilungen und Neubenennungen wurden in der Fachwelt lebhaft besprochen, Aufnahme eines Namens in sein System galt als Anerkennung der Selbständigkeit des Minerals. Für diese Einordnung ins System waren allerdings nicht die äußeren Kennzeichen entscheidend, sondern die Mischungsverhältnisse, wie sie die Mineralchemie feststellte.

2.

Werners Nomenklatur der Gebirgsarten kann hier übergangen werden. Genauer aber muß seine für die Namengeschichte höchst bedeutsame Mineraliennomenklatur betrachtet werden. Diese erscheint in der Folge seiner von Jahr zu Jahr immer wieder verbesserten Systeme. Da Werner keines derselben veröffentlicht hat, müssen wir sie aus den Schriften seiner Schüler kennenlernen. Sie weichen erheblich voneinander ab, denn die Wissenschaft vom Mineralreich war damals in so raschem Fortschreiten und Werner darüber so umfassend unterrichtet, daß jede Fixierung schon in Kürze überholt war und Werner noch für die Vorlesungen in seinem Todesjahr Ergänzungen einfügte.

Im Jahre 1817 umfaßt das System 317 Gattungen, und zwar nur Mineralien, nicht mehr Versteinerungen, Gesteine und tierische Eingeweidesteine, die noch von vielen Mineralogien des 18. Jahrhunderts mitgeschleppt wurden. Basalt, Obsidian und einige andere sind beibehalten, weil sie noch nicht

XII.
Stükke für die Biegsamkeit.

270 Grünlichschwarzer Glimmer in einzelnen Blättchen elastisch biegsam — mit gemein biegsamen Wasserblei — in Quarze; vom Altenberger Stokwerke.
71 Wenig elastisch biegsamer Amianth; aus Italien.

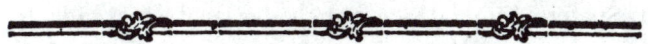

XIII.
Stükke für das Anhängen an der Zunge.

72 Blätricher Gips, welcher nicht an der Zunge hängt; aus Thüringen.
73 Verhärteter sandiger Thon, welcher wenig an der Zunge hängt; aus Thüringen.
74 Kreide mit Versteinerung, welcher ziemlich stark an der Zunge hängt; von der dänischen Insel Seeland.

XIV. Stükke

Seite aus: WERNER, Verzeichnis des Mineralien-Kabinets Papst von Ohain
Bd. II 1792.

als Gesteine erkannt sind. Die Gattungen sind geordnet nach Klassen, Geschlechtern und Sippschaften, oft weiter aufgeteilt in Arten.

In diesen Systemen erscheint keine systematische Nomenklatur, wie es die Linnés war. Werners Hauptbemühen galt der Ausbildung einer in der Wissenschaft brauchbaren «triviellen» Nomenklatur. Für jedes Mineral setzte er nur einen Namen ein, nirgends fügte er Synonyme hinzu. Durch sprachlich wie sachlich sorgfältige Auswahl verschaffte er seinem Namenwerk damals nahezu Allgemeingültigkeit.

Bei Durchmusterung der Namenreihe bemerkt man zunächst den weitgehenden Anschluß an die griechisch-lateinische Tradition, wie sie durch den von Werner hochgeschätzten Agricola neues Ansehen bekommen hatte. Die aus dieser Tradition übernommenen Namen gehören den andern europäischen Sprachen ebenso wie der deutschen an. Werner gibt einige in einer Schreibung, die an vorhumanistische Formen erinnert und dem deutschen Sprachgefühl entgegenkommt: Krisolit, Krisopras, Krisoberil, Kalzedon, Schmaragd. Spätere Mineralogen haben das achselzuckend als Schrulle angesehen.

Meist wird die Tatsache übersehen, daß diese alten Namen in den Systemen um 1800 nicht dasselbe bedeuten wie in der Antike und im Mittelalter. Viele Edelsteinnamen zum Beispiel haben in den letzten Jahrhunderten einen charakteristischen Bedeutungswandel durchgemacht. Der Beryll der Antike, der Granat des Mittelalters sind Edelsteine, der Beril und der Granat Werners sind Mineralien. Eine Bedeutungserweiterung ist vor sich gegangen, die Werner wiederum veranlaßte zu einer Aufteilung der beiden Gattungen in edlen Beril und gemeinen Beril, in edlen Granat und gemeinen Granat. Selbst zu Zeiten Agricolas wäre man nicht darauf verfallen, die Massen von nicht schleifwürdigem Material, die jetzt zum Mineral Beryll oder Granat gerechnet werden, mit Edelsteinnamen zu benennen.

Man war um 1800 in ganz anderem Maß als zu den Zeiten Agricolas darüber im klaren, wie wenig man über die Bedeutung der antiken Namen im Altertum wußte. Um so mehr glaubte man sich berechtigt, alte Namen hervorzuholen und zu verwenden, wenn man nur die mindeste Beziehung zur Gegenwart herstellen konnte. Ein extremes Beispiel ist der von Werner entdeckte und benannte Chlorit. Er hat mit dem Chlorites des Plinius, der sich im Magen der Bachstelze finden soll, nur die grüne Farbe gemein.

3.

Das Eigentümlichste an Werners Nomenklatur ist die Weiterentwicklung der deutschen Bergmannssprache. Auch hier ist zu würdigen, daß jeder Name neu abgegrenzt ist, ehe er seinen Platz im System angewiesen bekommen hat. Die Reihe der unverändert Aufgenommenen ist lang: Quarz, Hornstein,

Feuerstein, Glimmer, Schörl, Fraueneis und viele weitere. Bei den Erzen dagegen wurden Umformungen verschiedenen Grades vorgenommen. Wir greifen die Bezeichnungen nach der Farbe heraus, wie sie zum Beispiel bei den Blei- und Eisenerzen gebräuchlich waren. Wenn da in der Bergmannssprache von rotem oder gelbem oder schwarzem Eisenstein die Rede war, so waren das keine eigentlichen Namen, sondern mehr beschreibende Zusätze. Die Mineralogen vor Werner bemühten sich, mit einer immer reicher werdenden Farbskala, mit blauem, grauem, schwarzbraunem, violettglänzendem, pfauenschweifigem Eisenstein oder Eisenerz zu einer sachgemäßen Einteilung zu gelangen. Werner wählte auf Grund besserer Sachkenntnis aus und formte die Bezeichnungen ein wenig um. Aus «roter Eisenstein» wurde Rot-Eisenstein, aus «brauner Eisenstein» Braun-Eisenstein. Im letzten System fehlt bei allen derartigen Bezeichnungen der Bindestrich. In jedem Fall war jetzt der beschreibende Zusatz Bestandteil eines Namens geworden. Der sprachlich so winzig erscheinende Schritt spiegelt die wissenschaftliche Durchdringung des Materials.

So ging es auch sonst nicht um ein völliges Neuschaffen, sondern um Zusammensetzen neuer Wörter aus vorhandenen Bestandteilen, wie es die deutsche Sprache im Gegensatz zum Beispiel zur französischen ohne Schwierigkeiten erlaubt. Dabei kam Werner auch zu Gebilden wie Schwarzbraunsteinerz, Quecksilber-Lebererz, Weiß-Spießglaserz, Grau-Spießglaserz und Spießglasocker, also drei- oder viergliedrigen Wörtern, die als Wortgestalten nicht den Vergleich aushalten können mit den durchweg unzusammengesetzten und charakteristisch gegeneinander abgesetzten kurzen alten Namen wie Salz, Kies, Blende, Glanz. Werner selbst forderte, Mineralnamen müßten kurz sein. Doch ist von der deutschen Sprache her kaum ein anderer Weg zur Bewältigung der gestellten Aufgabe denkbar als der, den Werner hier beschritt.

Werner, seine Schüler und nächsten Nachfolger haben einen umfangreichen Bestand an deutschen Namen vor dem Untergang bewahrt, indem sie ihn in die Wissenschaft aufnahmen. Hierbei ist nun zu bedenken, daß die moderne Naturwissenschaft auf dem Zusammenwirken vieler Völker beruht. An der Entwicklung der Steinkunde sind Skandinavier, Deutsche, Franzosen und Angelsachsen besonders beteiligt. Die gesamte wissenschaftliche Welt war in engster Berührung, eine alle verbindende Sprache wäre erwünscht gewesen, aber das Lateinische hatte gerade diese Vermittlerstellung aufgegeben. So war wenigstens eine in allen Sprachen gleich verständliche Nomenklatur damals wie heute natürlichster, immer wieder ausgesprochener Wunsch. Der Aufnahme in eine international gültige Nomenklatur mußte aber der reiche deutsche Namenbestand Hindernisse entgegenstellen, wenn auch nicht so große, wie man zunächst meinen möchte und wie immer wieder gerade von Deutschen betont wurde. Schwedische Chemiker brachten Kobalt und Nickel, die spanischen Brüder de Elhuyar Wolfram zu allgemeiner Gültigkeit. Weitere deutsche Wörter wurden teils unverändert, teils wenig verändert in viele Sprachen aufgenommen und gehören noch jetzt zu deren Bestand. Einige Beispiele sind: englisches feldspar oder felspar, hornblende, kupfernickel, nickel, quartz, gneiss, grauwacke, französisches blende, hornblende, kupfernickel, pechblende, quartz, gneiss, italienisches feldispato, blenda, orneblenda, quarzo. Dazu kommen noch die Lehnübersetzungen wie englisches tabular spar für Tafelspat und viele andere. Diese Tatsachen waren den späteren deutschen Mineralogen bekannt, konnten aber nicht verhindern, daß man die deutsche Namengruppe zurückzudrängen suchte.

4.

Es muß zuletzt noch gezeigt werden, wie Werner verfuhr, wenn er weder an die griechisch-lateinische noch an die deutsche Überlieferung anknüpfen konnte oder wollte, wenn er also für gänzlich neuentdeckte Gegenstände selbst Namen schaffen mußte. In solchen Fällen folgte er einer schon damals angedeuteten Richtung, wenn er neue Namen mit griechischem, gelegentlich auch mit lateinischem Sprachmaterial bildete. Hiermit war ein Weg gefunden, den immer mehr anschwellenden Namenbedarf zu decken. Die Art und Weise, wie dabei verfahren wurde und bis zur Gegenwart verfahren wird, hat Werner wesentlich mitbestimmt. Er benannte, wie zu vermuten ist, die meisten neuen Mineralien nach sinnlichen Kennzeichen: den Zianit nach der zyanenartigen, den Cölestin nach der himmelblauen, den Leuzit nach der weißen, den Olivin nach der olivgrünen Farbe. Für sich steht Apatit, der Täuschende, so benannt, weil er sich der genauen Bestimmung lange entzog und die Mineralogen, auch Werner, mehrfach irreführte. Eine andere Gruppe bilden die nach dem Fundort benannten: Vesuvian, Arragon, und endlich die nach Personen benannten: Prehnit, Witherit, Vivianit. Über diese letzten Gruppen erhob sich alsbald lebhafter Streit in der Fachwelt. Wir müssen darauf später zurückkommen.

Werners Namen zeigen, wie die antiken Sprachen auf die verschiedenste Art in die Nomenklatur hineinwirken:

1. Antike Namen werden in ununterbrochener Tradition, wenn auch nicht ohne Bedeutungswandel, weitergeführt: Topas, Beril.

2. Vakanten antiken Namen wird eine neue Bedeutung gegeben: Chlorit, Augit.

3. Aus griechischem Sprachmaterial werden neue Namen gebildet: Leuzit, Apatit.

4. Ebenso aus lateinischem Sprachmaterial: Cölestin, Olivin.

5. Moderne Wörter werden oberflächlich latinisiert: Egeran, oder gräzisiert: Prehnit.

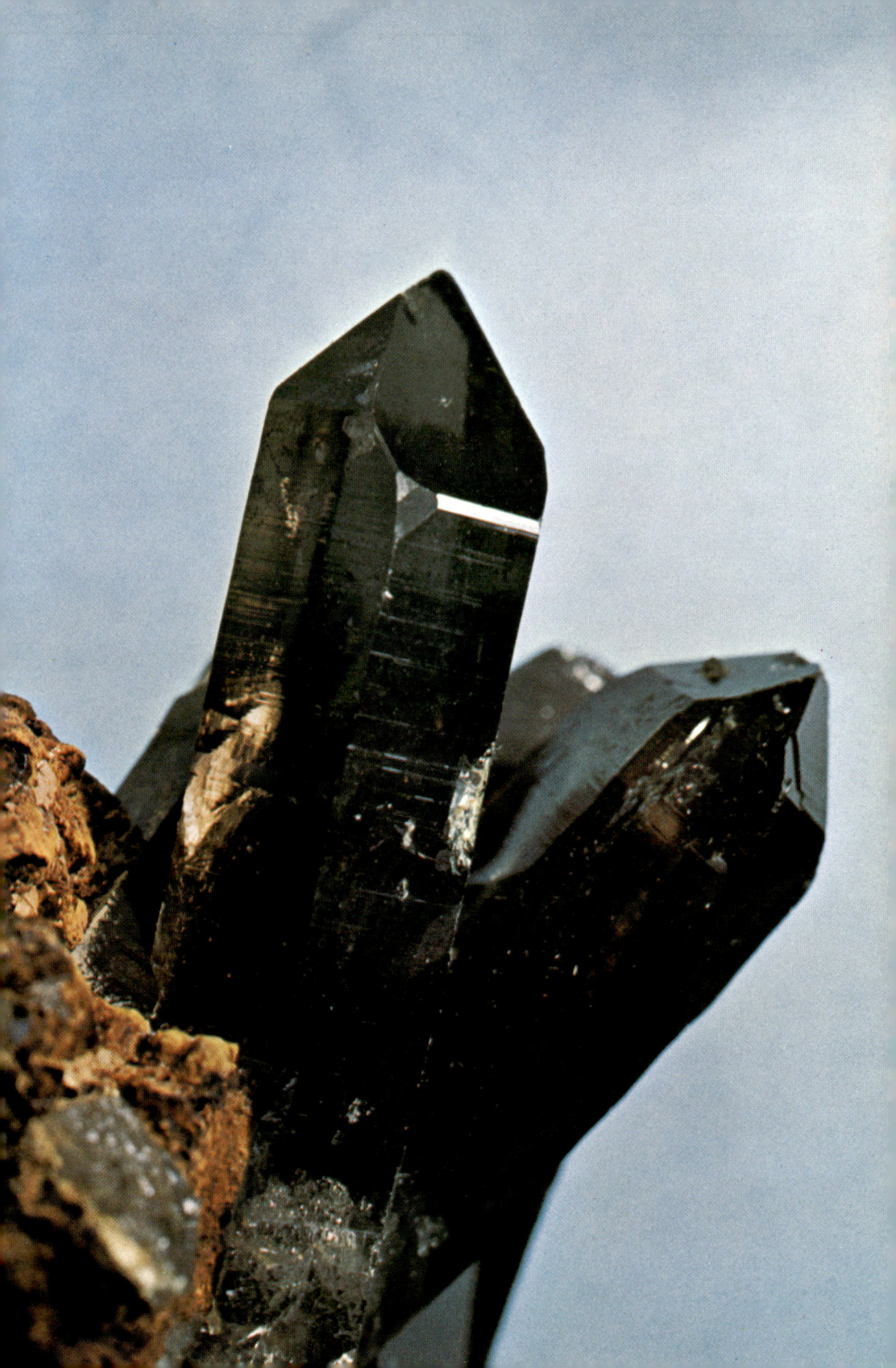

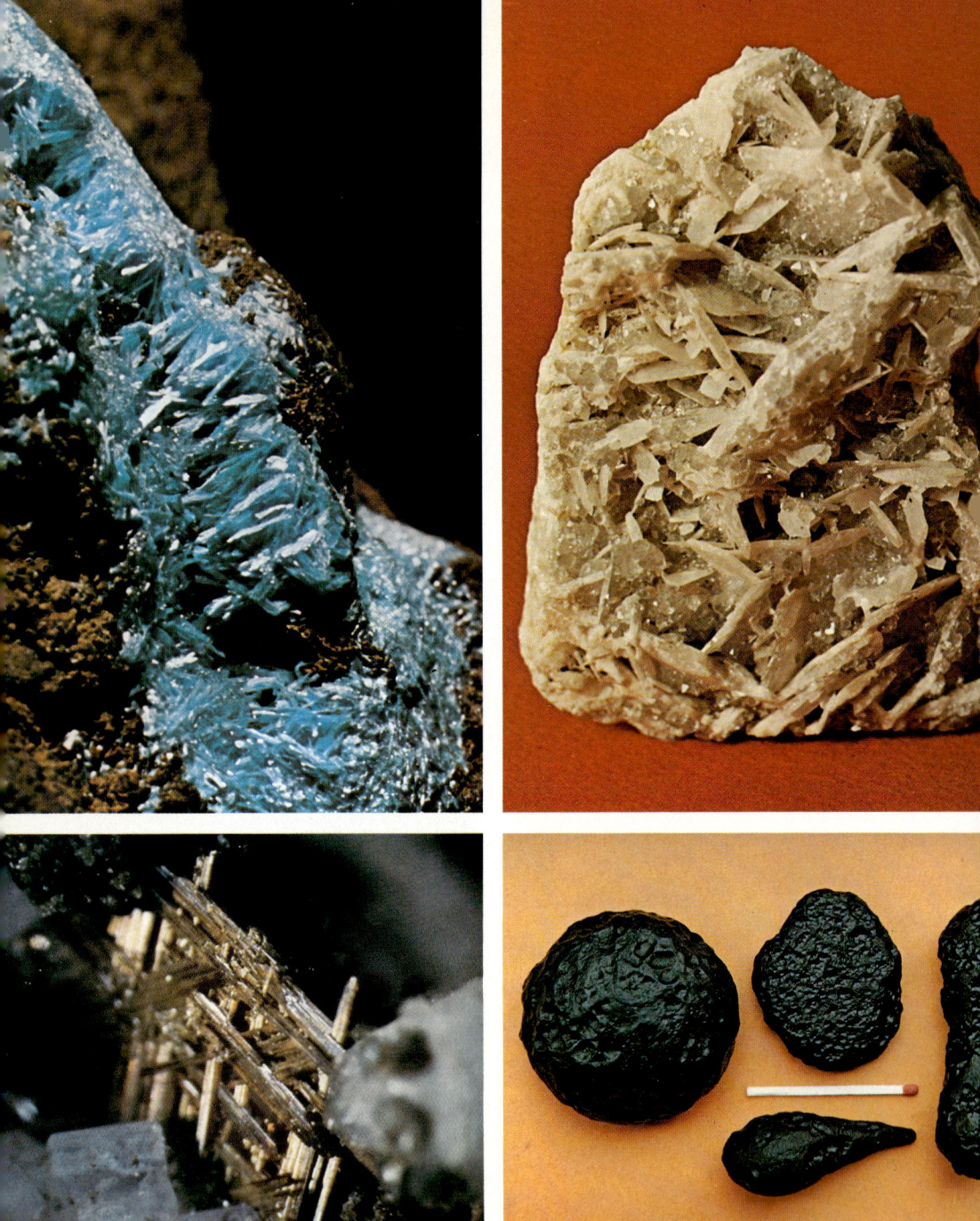

Farbtafel 5   Oben links: Aurichalcit (Messingblüte). – Grosseto, Toskana. – Foto: M. Bringe.
Oben rechts: Schwerspat (Baryt). – Neubulach. – Foto: W. Bechtle.
Unten links: Sagenit; stark vergrößert. – Rauriser Tal. – Foto: R. Hochleitner.
Unten rechts: Tektite aus Thailand. Foto: W. Zeitschel.

◁ *Farbtafel 4*   Morion (dunkler Rauchquarz). – Grimselgebiet, Schweiz. – Foto: R. Rykart.

In allen diesen Punkten ist Werners Namengebung beispielhaft für die Folgezeit.

5.

Bei unserm Gang durch die Geschichte der Namen sind wir auf eine Veränderung gestoßen, die bis an die Wurzeln des sprachlichen Geschehens reicht. Es mehren sich die Namen, die nicht wie bisher entstehen oder sich ergeben, sondern die gegeben werden. Wir sehen bestimmte einzelne Persönlichkeiten in der Rolle des Namengebers. Bisher wurde in dieser Rolle gezeigt der Grieche, der Bergmann, der gemeine Mann, lauter Gesamtheiten, in denen die Namen eines Tages da waren, faßbar wurden, ohne daß irgendwo und irgendwann ein bestimmter Erfinder hervorgetreten wäre. Die Namen wuchsen aus einer Sprachgemeinschaft hervor. Selbst Dichter wie Wolfram von Eschenbach oder richtungweisende Wissenschaftler wie Agricola waren nicht Namengeber.

Jetzt ändert sich dies. Nicht mehr unpersönliche Gemeinschaften, sondern einzelne Forscher, Entdecker, Systematiker müssen Namen geben oder umformen, werden also vor eine sprachliche Aufgabe gestellt, einerlei, ob sie dazu berufen sind oder nicht, und die Ergebnisse sind entsprechend verschiedenartig und verschiedenwertig. Werner hat diese Aufgabe in großem Umfang, behutsam, mit Kenntnis der Sache wie der Sprache, mit Verantwortung beiden gegenüber vollführt. Dazu gehört auch, daß er die Probleme der Namengebung durchdachte. Acht Leitsätze waren das Ergebnis. Sie seien hier nach der Darstellung seines Schülers Emmerling aufgezählt.[1] – Der Forderung der Kürze sind wir schon begegnet. – Weiter forderte Werner, Namen sollten unterscheidend sein, also nicht, wie etwa der Begriff Spat, auf mehrere Gattungen anwendbar. – Namen müßten sachrichtig und sprachrichtig sein. Rauchtopas ist sachfalsch, weil das Mineral kein Topas, sondern ein Quarz ist. «Goldberil» ist sprachlich zu beanstanden, weil aus Bestandteilen zweier verschiedener Sprachen gebildet. – Namen sollten bezeichnend sein, das heißt etwas vom Wesen der Sache enthalten. Dieser Punkt wurde besonders ausführlich erörtert und auch von Werner zugegeben, daß zum Beispiel Personennamen wie Prehnit und Vivianit nur im Notfall aufzunehmen seien. – Namen sollten festgesetzt sein, das heißt nicht so schwankend im Gebrauch, wie es etwa der Begriff Chrysolith war, bevor Werner ihn festlegte. – Namen sollten einzig sein, das heißt es sollte möglichst keine Synonyme geben, wie denn Werner für jede Gattung nur einen einzigen Namen in sein System setzte. – Namen sollten endlich ausgezeichnet sein, das heißt jeder Name sollte sich unverwechselbar vom andern unterscheiden. Es wurde bereits früher (in Kap. III 2) darauf hingewiesen, wie die neuere Nomenklatur mit

---

[1] 1799. EMMERLING, Lehrbuch der Mineralogie I 1 S. 38ff.

Namen wie Almandin, Alabandin, Adamin und unzähligen andern gegen diese Forderung verstößt.

Mit diesen acht Leitsätzen (Emmerling nennt sie Regeln) gab Werner fruchtbare Anstöße für die lebhafte Erörterung von Nomenklaturfragen, wie sie etwa bis zur Jahrhundertmitte andauerte. Die Leitsätze waren, von Einzelheiten abgesehen, so vernünftig, daß man sie gern gelten ließ und vielfach zitierte. Wie weit man sich in der Praxis von ihnen entfernte, wird noch zu zeigen sein. Konnte doch Werner selbst seinen eigenen Forderungen nicht immer voll genügen.

6.

Das Andenken an Werner ist in Novalis' Romanfragmenten in einzigartiger Weise bewahrt. Werners Methode der Unterscheidung, sein Systematisieren, seine Tätigkeit als Geologe werden von den Lehrlingen zu Sais geschildert, wenn sie von ihrem Lehrer berichten: «Oft hat er uns erzählt, wie ihm als Kind der Trieb die Sinne zu üben, zu beschäftigen und zu erfüllen, keine Ruhe ließ.» «Er sammelte sich Steine, Blumen, Käfer aller Art, und legte sie auf mannigfache Weise sich in Reihen.» Es «sah wie in Bänken und in bunten Schichten der Erde Bau vollführt war». Im Roman Heinrich von Ofterdingen entspricht ihm die Gestalt des alten Mannes in fremder Tracht, den sie den Schatzgräber nennen, und dieser wiederum erzählt von seinem Lehrer: «Mit tiefen Einsichten war er begabt, und doch kindlich und demütig in seinem Tun ... Alle Bergleute verehrten ihren Vater in ihm ... Er war seiner Geburt nach Lausitzer und hieß Werner.»

Der Lehrer wie der Alte sind weit ab von den Bestrebungen der Naturwissenschaft, «mit scharfen Messerschnitten» den Bau der Natur zu erforschen. «Wie seltsam, daß gerade die heiligsten und reizendsten Erscheinungen der Natur in den Händen so toter Menschen sind, als die Scheidekünstler zu sein pflegen.» Der Lehrer, die Lehrlinge, der Alte ahnen das Naturgeheimnis und das Wunder der Steinwelt, wie es Novalis ahnte und als Dichter anzudeuten suchte. Ein Knabe ist vom Lehrer ausgesandt worden, ein Kind noch, und kehrt nach einiger Zeit zurück. «In unsere Mitte trat er bald und brachte, mit unaussprechlicher Seligkeit im Antlitz, ein unscheinbares Steinchen von seltsamer Gestalt. Der Lehrer nahm es in die Hand, und küßte ihn lange, dann sah er uns mit nassen Augen an und legte dieses Steinchen auf einen leeren Platz, der mitten unter andern Steinen lag, gerade wo wie Strahlen viele Reihen sich berührten ... Uns war, als hätten wir im Vorübergehen eine helle Ahndung dieser wunderbaren Welt in unsern Seelen gehabt.»

So legt Novalis in seine dichterischen Gestalten seine eigene Ahnung von alledem hinein, was in der Wissenschaft übergangen wird. Es vermehrt Werners Ruhm, daß er das Urbild für solche dichterische Umformung sein konnte.

XIII. Goethe und Jean Paul

> Steine sind stumme Lehrer, sie machen den Beobach-
> ter stumm, und das Beste, was man von ihnen lernt, ist
> nicht mitzuteilen.
>
> GOETHE, Maximen und Reflexionen 719.

1.

Unter den deutschen Dichtern der klassischen Zeit sind vier, die sich tiefer in die Welt der Steine eingelassen haben: Lessing, Goethe, Jean Paul, Novalis.

Lessing befaßt sich mit Edelsteinen und Kameen in den «Briefen antiquarischen Inhalts» (1768/1769). Er schreibt als klassischer Philologe mit Sachinteresse und leidenschaftlichem Interesse am Wort. «Ich bekenne Ihnen meine Schwäche: mir ist es selten genug, daß ich ein Ding kenne, und weiß, wie dieses Ding heißt; ich möchte sehr oft auch gern wissen, warum dieses Ding so und nicht anders heißt. Kurz, ich bin einer von den entschlossensten Wortgrüblern.» Auf die Beispiele im Wörterbuch – unter den Stichwörtern Achat, Gemmahuja, Plasma, Sardonyx, Waise – sei hingewiesen. Was Lessing da zu sagen hat, ist wegen seines antiquarischen Charakters heute vergessen. Unvergessen aber ist das Kleinod der Ringparabel im Nathan (III 5), das den Sinn des Dramas erhellen soll und für das nicht zufällig der Opal mit seinen hundert schönen Farben den Namen hergegeben hat.

Novalis überfliegt alle Einzelforschung und alles Einzelwissen. Sein Geist sucht ahnend das innerste Weben der Natur und die Verwandtschaft aller Dinge zu erfassen. In den «Fragmenten» heißt es: «Der Stein ist nur in diesem Weltsystem Stein und von Pflanze und Tier verschieden.» «Wenn Gott Mensch werden konnte, kann er auch Stein, Pflanze, Tier und Element werden, und vielleicht gibt es auf diese Art eine fortwährende Erlösung der Natur.» «Die Holzkohle und der Diamant sind Ein Stoff – und doch wie verschieden – Sollte es nicht mit Mann und Weib derselbe Fall seyn. Wir sind Thonerde – und die Frauen sind Weltaugen und Sapphyre die ebenfalls aus Thonerde bestehn.»

2.

In Goethe erscheint die geistige Welt des alten Europa noch einmal zusammengefaßt. Das läßt sich auch für unser Gebiet zeigen. Das überlieferte Wissen und Wähnen vom Mineralreich wird von Goethe in weitem Umfang aufgenommen, wenn irgend möglich durch eigene Erfahrung geprüft und einer

Weltschau eingefügt, wobei sich dichterisches Gestalten und wissenschaftliches Forschen in einzigartiger Weise durchdringen.

Goethe erzählt, wie er fast noch im Knabenalter im Auftrag seines Vaters zu einem Juwelier in Hanau reisen mußte und dort ein kostbares Werk, einen für den Kaiser bestimmten Strauß mit zahlreichen farbigen Edelsteinen entstehen sah. «Er suchte mir die Kenntnis dieser Steine beizubringen, machte mich auf ihre Eigenschaften, ihren Wert aufmerksam, so daß ich sein ganzes Bukett zuletzt auswendig wußte, und es ebensogut wie er einem Kunden hätte anpreisend vordemonstrieren können» (Dichtung und Wahrheit IV).

Hier werden keine Namen genannt. Edelsteinnamen gehäuft und zu einem dichterischen Prachtgeschmeide zusammengestellt finden wir im «Märchen». Dieses soll nach Absicht des Erzählers als Gebilde der Einbildungskraft gelesen werden, die auf uns selbst wie eine Musik spielt. In dieser Musik haben die altüberlieferten Edelsteinnamen eine nicht zu überhörende Stimme:

«Unter diesen Gesprächen sahen sie von ferne den majestätischen Bogen der Brücke, der von einem Ufer zum andern hinüber reichte, im Glanz der Sonne auf das wunderbarste schimmern. Beide erstaunten, denn sie hatten dieses Gebäude noch nie so herrlich gesehen. Wie! rief der Prinz; war sie nicht schon schön genug, als sie vor unsern Augen wie von Jaspis und Prasem gebaut dastand? Muß man nicht fürchten sie zu betreten, da sie aus Smaragd, Chrysopras und Chrysolith mit der anmutigsten Mannigfaltigkeit zusammengesetzt erscheint? Beide wußten nicht die Veränderung, die mit der Schlange vorgegangen war: denn die Schlange war es, die sich jeden Mittag über den Fluß hinüber bäumte und in Gestalt einer kühnen Brücke dastand. Die Wanderer betraten sie mit Ehrfurcht und gingen schweigend hinüber.»

Solche Gedanken setzen nicht nur die früh erworbene Kenntnis der Edelsteine, ihrer Namen und ihrer unterschiedlichen Kostbarkeit voraus, es ist darüber hinaus der Naturforscher Goethe noch in besonderer Weise beteiligt. Das Lob der grünfarbigen Edelsteinbrücke hängt ohne Zweifel mit Goethes Farbenlehre zusammen, und zwar mit den Gedanken über die «sinnlich-sittliche Wirkung» der Farbe. Das Auge findet in dem gleichgewichtig aus Gelb und Blau gemischten Grün eine «reale Befriedigung»[1]. Wie schon Antike und Mittelalter das alles übertreffende Grün des Smaragds als überaus wohltuend pries, so sagt auch Goethe in einem Divan-Gedicht:

> Soll ich von Smaragden reden,
> Die dein Finger niedlich zeigt? ...
> Also sag ich, daß die Farbe
> Grün und augerquicklich sei.

[1] Farbenlehre 6. Abt. 802.

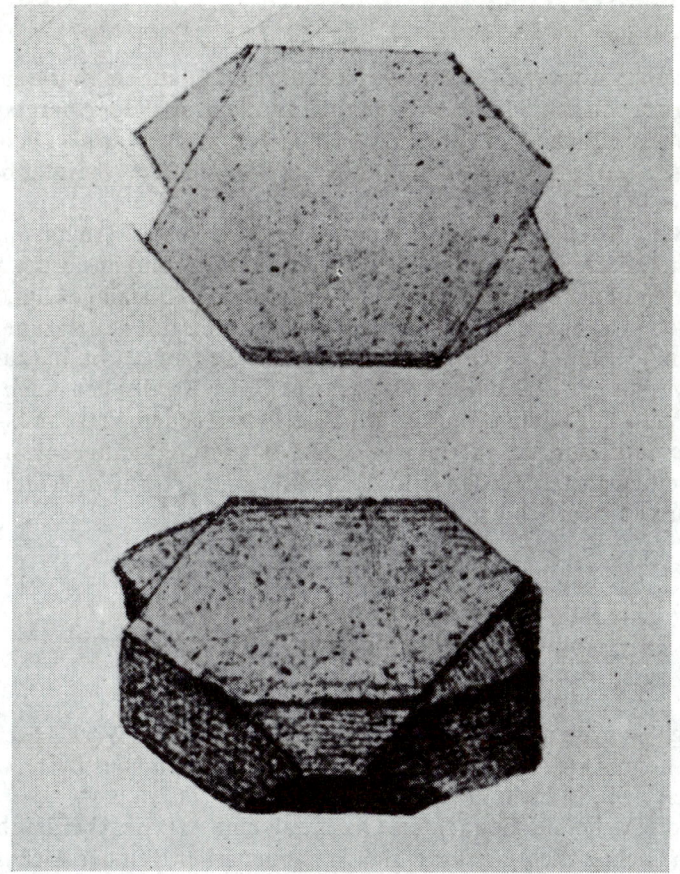

Feldspatkristalle («Karlsbader Zwillinge»), vermutlich von GOETHE gezeichnet.
Weimar. Goethe-National-Museum.

In den «Wahlverwandtschaften» (1. Teil, 6. Kap.) steht, daß der Smaragd
«durch seine herrliche Farbe dem Gesicht wohltut, ja sogar einige Heilkraft
in diesem edlen Sinne ausübt». Eine über diese natürliche Wirkung hinausge-
hende heilende oder magische Wirkung im Sinne der alten Steinbücher hat
Goethe nicht anerkannt, wenngleich er begreiflich fand, daß man früher auf
Grund des «unaussprechlichen Behagens» an der schönen Farbe edler Steine
zu diesem Glauben kam.[1]

[1] Farbenlehre 6. Abt. 759.

3.

Von seinem Naturwissen aus mußte Goethe den Glauben an die magische Wirkung der edlen Steine als Aberglauben ansehen, aber der Aberglaube gab ihm unübertreffliche Symbole an die Hand für das, was er als Dichter und Weiser zu sagen hatte. So etwa mag man sein Wort deuten, Aberglaube sei die Poesie des Lebens.

Der Bergkristall kommt im «Faust» zweimal vor als Träger magischer Kräfte, im ersten Teil (880) im Sinne des Volksaberglaubens. Eine Alte hat dem Bürgermädchen den zukünftigen Liebsten im Kristall gezeigt. Solches Kristallsehen ist uns seit dem späten Mittelalter mitsamt den dazugehörigen Bräuchen überliefert, es wird bis in die neueste Zeit ausgeübt. Im durch und durch symbolischen zweiten Teil erscheint das Kristallsehen noch einmal (10435), nun mit neuem Sinn erfüllt. Die betreffenden Verse müssen hier zitiert werden, ohne daß auf das weitläufige Bedeutungsgefüge, dessen Glied sie sind, eingegangen werden kann.[1] Es wird da gesagt, daß die «Geister» im Felsgebirg erfinderisch wirken.

> Mit leisem Finger geistiger Gewalten
> Erbauen sie durchsichtige Gestalten;
> Dann im Kristall und seiner ewigen Schweignis
> Erblicken sie der Oberwelt Ereignis.

Die ewige Schweignis des Kristalls erinnert an Goethes Wort: «Steine sind stumme Lehrer, sie machen den Beobachter stumm, und das Beste, was man von ihnen lernt, ist nicht mitzuteilen».

Auch die Alchemie[2] betrachtete Goethe als eine Art von Aberglauben, was aber den Dichter nicht hinderte, sich am «poetischen Teil der Alchymie» zu erfreuen. Viele vergebliche Mühe hatte er darauf verwendet, das absichtliche Dunkel alchemistischer Schriften zu durchdringen. Der sprachliche Gewinn dieser Bemühungen war die gründliche Beherrschung der magokabbalistischen Nomenklatur, die er dann im Faust verwendete, um eine fragwürdige und überwundene Art, mit dem Naturgeheimnis umzugehen, sinnbildlich darzustellen.

> Da ward ein Roter Leu, ein kühner Freier,
> Im lauen Bad der Lilie vermählt
> Und beide dann mit offnem Flammenfeuer
> Aus einem Brautgemach ins andere gequält.

[1] Vergl. W. Emrich, Die Symbolik von Faust II. Frankfurt 1957.
[2] Goethe, Dichtung und Wahrheit 8. Buch. – Farbenlehre 2. Bd. Kapitel «Alchymisten». – Faust 1034ff.

Erschien darauf mit bunten Farben
Die Junge Königin im Glas,
Hier war die Arzenei, die Patienten starben,
Und niemand fragte, wer genas!

4.

Zu der Frage der figurierten Steine nahm schon der junge Goethe entschieden Stellung, als er auf dem Baschberg im Unterelsaß die ganze Höhe aus Muscheln zusammengehäuft fand. Es verdroß ihn, daß Voltaire, um die Sündflutsage zu entkräften, «alle versteinten Muscheln leugnete und solche nur für Naturspiele gelten ließ» (Dichtung und Wahrheit XI).

Goethe hat die Figuromanie des vorausgegangenen Zeitalters nicht mitgemacht, aber auch diese Form, die Natur zu lesen, als eine dem Menschen eingeborene Sehart verstanden. In den «Wanderjahren» (I 4) hat er den ursprünglichen Sinn derartiger Zeichendeutung in einer auch dem heutigen Menschen einleuchtenden Sicht dargestellt, und zwar nicht am Beispiel einer Versteinerung, sondern eines Minerals, des Kreuzsteines. Es wird von dessen Auffindung erzählt. Er habe die zweitoberste Platte eines verfallenden Altars gebildet. Nach Ansicht Montans, des Fachmannes, muß er von Sankt Jakob in Compostell gekommen sein. Von der daran auftretenden Kreuzform wird gesagt: «Man freut sich mit Recht, wenn die leblose Natur ein Gleichnis dessen, was wir lieben und verehren, hervorbringt. Sie erscheint uns in Gestalt einer Sibylle, die ein Zeugnis dessen, was von Ewigkeit her beschlossen ist und erst in der Zeit wirklich werden soll, zum voraus niederlegt. Hierauf als auf eine wundervolle heilige Schicht hatten die Priester ihren Altar gegründet.»

5.

Goethe kannte das Werk Agricolas und die antike Namenwelt, er wurde als Leiter des Ilmenauer Bergwerks mit der deutschen Bergmannssprache vertraut, er wurde selbst Steinsammler und leidenschaftlicher Erforscher der Erdgeschichte. Er nahm lebhaftesten Anteil an den Fortschritten der Naturwissenschaft, er erlebte das Zeitalter mit, in dem die wissenschaftliche Nomenklatur entstand. In seinen Notizen und Skizzen zur Geologie und Lithologie erscheinen die Bezeichnungen der neuen Nomenklatur oft schon kurz nach ihrem Aufkommen: Adular, Augit, Itakolumit, Zyanit, Dolomit, Wavellit und viele andre. Er hat auch zur Frage der Namengebung Stellung genommen, und es wird noch in späteren Kapiteln zu zeigen sein, wie er gegen die entstehende Nomenklatur entschiedene Bedenken geäußert hat. Weil nun Goethe wie kaum einer vorher und nachher zugleich die Wissenschaft kannte und unbestrittener Meister der Sprache war, könnte man denken, er

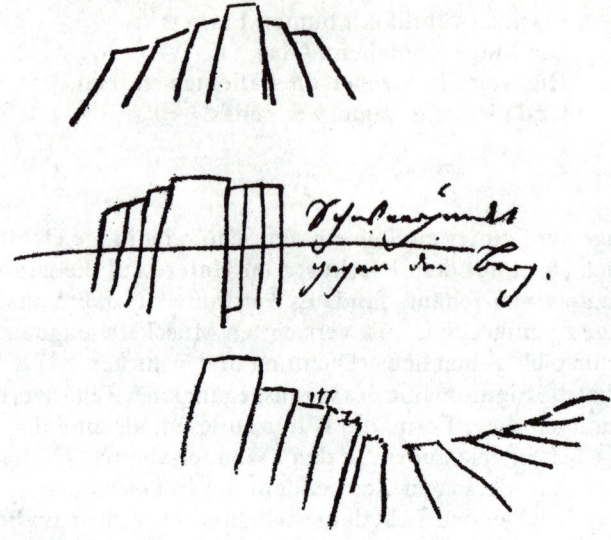

Bergschichten. Skizziert von Goethe.
Weimar. Goethe-National-Museum.

sei zum größten Namenschöpfer in dieser entscheidenden Epoche vorbestimmt gewesen. Daß er nicht einen einzigen Mineralnamen geprägt hat, bedarf einer Erklärung.

Die naturwissenschaftliche Forschung war vor allem groß im Zerlegen und Unterscheiden, und gerade in der Lebenszeit Goethes wurden die Methoden der Mineralphysik und Mineralchemie erstaunlich verbessert. An diesem Teil der Forschung war Goethe zuinnerst nicht beteiligt. Wohl war ihm der Kristall höchstes Wunder, und er wurde nicht müde, sich in die Gestalten etwa der Feldspatzwillinge hineinzudenken, doch er betrieb keine Winkelmessung und keine mathematische Kristallographie. «Hier aber stehe ich an der Grenze, welche Gott und Natur meiner Individualität bezeichnen wollen. Ich bin auf Wort, Sprache und Bild im eigentlichsten Sinn angewiesen und völlig unfähig, durch Zeichen und Zahlen, mit welchen sich höchst begabte Geister leicht verständigen, auf irgend eine Weise zu operieren.»[1]

Gegenüber der Mineralchemie war seine Stellung ähnlich zwiespältig wie beim Fernrohr und Mikroskop. Er hat selbst kein Lötrohr gehandhabt, aber seine Unkenntnis beklagt, als er in Eger sah, wie rasch der schwedische Chemiker Berzelius damit Mineralbestimmungen durchführte.

[1] 1826. Brief an C. F. Naumann nach Übersendung von dessen «Grundriss der Kristallographie». Werke XX S. 738.

6.

Goethes Größe zeigt sich nicht nur darin, daß er die Wissenschaft seiner Zeit großenteils mit umfaßte, sondern mehr noch darin, daß er mit seiner Sehweise außerhalb dieser Wissenschaft stand. Das läßt sich an den Namen zeigen, allerdings nicht, indem man den Namenbestand in Goethes Schriften untersucht. Dieser deckt sich mit dem der Mineralogie und Petrographie jener Zeit. Die damals vorhandenen Namen reichten für Goethe aus, er gebraucht sogar weniger als irgendeiner der führenden Lithologen. Sein Forschen und Schauen ist nicht darauf gerichtet, neue Arten zu entdecken und zu benennen, sondern die wenigen hervorzuheben, die durch ihren Symbolwert ausgezeichnet sind. Es erscheint angebracht, dies wenigstens an einem Beispiel zu zeigen. Keines ist dazu geeigneter als der Granit.

Wenn Goethe das Wort Granit gebraucht, so ist damit nur scheinbar und nur im gröbsten dasselbe bezeichnet wie im allgemeinen Wortgebrauch. Im Bereich der Steinnamen wird sich kaum ein besseres Beispiel für die Tatsache finden lassen, wie verschieden, wie unermeßlich abgestuft die Vorstellungen sein können, die mit dem gleichen Wort in derselben Sprachgemeinschaft verbunden sind.

Ein Symbol ist nach Goethe einerseits genau die Sache, andrerseits mehr als die Sache, weil vielseitig darüber hinausweisend. «Das ist die wahre Symbolik, wo das Besondere das Allgemeinere repräsentiert, nicht als Traum und Schatten, sondern als lebendig-augenblickliche Offenbarung des Unerforschlichen» (Maximen 314). Was Goethe über den Granit schreibt, unterscheidet sich von den wissenschaftlichen Beschreibungen vor allem durch Hindeutungen auf diese Symbolik.

Schon die jedem Schüler bekannte Feststellung, daß der Granit die drei Bestandteile Feldspat, Quarz und Glimmer hat, erscheint bei Goethe in Zusammenhang mit seiner Weltschau. Naturgebilde ebenso wie menschliche Schöpfungen, Pflanzen oder Tiere ebenso wie Städte oder Dichtungen können nicht erklärt werden, wenn man sie aus Teilen zusammengesetzt denkt. Man darf nicht von den Teilen, sondern muß vom Ganzen ausgehen.

«Wenn wir diese Teile genau betrachten, so kömmt uns vor, als ob sie nicht, wie man es sonst von Teilen denken muß, vor dem Ganzen gewesen seien, sie scheinen nicht zusammengesetzt oder aneinander gebracht, sondern zugleich mit ihrem Ganzen, das sie ausmachen, entstanden.» An andern Stellen ist die Rede vom vollkommenen Ineinandersein der drei Teile, von der trinitarischen Einheit. Damit ist eine Symbolik angedeutet, die Goethe nicht geradeswegs ausgesprochen hat, zu der aber ein Ausspruch Herders überliefert ist: «Goethe fand in der Organisation des Granits die göttliche Dreieinigkeit, die nur durch ein Mysterium erklärt werden könne.»

So symbolisiert der Granit das Tiefste, Ursprünglichste, die älteste Schicht unseres Daseins in Natur und Kunst. «Die ungeheuren Massen dieses Steines flößten Gedanken zu ungeheuren Werken den Ägyptiern ein.» Es ist hochbedeutend, daß das Tiefste, Beharrlichste, Dauerhafteste zugleich das Höchste ist. «Jeder Weg in unbekannte Gebirge bestätigte die alte Erfahrung, daß das Höchste und das Tiefste Granit sei.»

Alle natürlichen Dinge stehen in einem genauen Zusammenhang. Selbst die jüngste Schöpfung, das erschütterliche Menschenherz, hat Zusammenhang mit dem unerschütterlichsten Sohne der Natur. Dieser Zusammenhang wird empfunden auf dem erhabenen Granitgipfel des einsamen Gebirges. Das unerschütterlich Dauernde symbolisiert die Wahrheit: «So einsam, sage ich zu mir selber, indem ich diesen ganz nackten Gipfel hinabsehe und kaum in der Ferne am Fuße ein geringwachsendes Moos erblicke, so einsam, sage ich, wird es dem Menschen zu Mute, der nur den ältesten, ersten, tiefsten Gefühlen der Wahrheit seine Seele eröffnen will.» «Das Wahre, mit dem Göttlichen identisch, läßt sich niemals von uns direkt erkennen, wir schauen es nur im Abglanz, im Beispiel, Symbol.» [1]

Das ist nur eine Auswahl aus der Fülle der Gedanken um den Granit. Zur Vervollständigung müßte auch sein Gegenspieler einbezogen werden. Ein Hinweis auf ihn muß hier genügen:

> Basalt, der schwarze Teufels-Mohr,
> Aus tiefster Hölle bricht hervor,
> Zerspaltet Fels, Gestein und Erden,
> Omega muß zum Alpha werden. [2]

7.

In keiner großen Dichtung unserer klassischen Zeit haben Steinnamen eine solche Bedeutung wie in Jean Pauls «Flegeljahren». – Ein Erblasser, der durch Anspielungen zum Dichter selbst in Beziehung gesetzt ist, vermacht mit einer Fülle schnurriger Klauseln sein Vermögen einem Jüngling Gottwalt, kurz Walt genannt. Dieser ist das Traumbild des dichterischen Menschen, der Zwilingsbruder Vult sein dunkles Gegenbild. Eine Testamentsbestimmung verlangt, daß ein Historiker Walts Geschichte schreibt und für jedes Kapitel eine Nummer aus dem Kunst- und Naturalienkabinett des Erblassers erhält. Dieser Historiker ist der Erzähler des Romans, also wiederum der Dichter. Die Kapitel sind durch ihre Überschriften – etwa die Hälfte sind Steinnamen – als dichterische Kabinettstücke gekennzeichnet, die das menschliche Leben mit all seinen Merkwürdigkeiten umfassen.

---

[1] Die Zitate über den Granit: Werke XX S. 321–327 und S. 911.
[2] Näheres W. EMRICH, Die Symbolik von Faust II. 2. Aufl. 1957. – K. HILDEBRANDT, Goethes Naturerkenntnis. 1947. Dort S. 296 auch das Herder-Zitat. – Basalt-Zitat: Zahme Xenien VI.

Die Beziehung zwischen Überschrift und Kapitelinhalt zu finden ist oft schwer. Es scheint, als wenn der Dichter Vergnügen daran fand, nur ihm selbst verständliche Anspielungen einzuflechten. Dann sind aber auch durchsichtigere Beispiele da, wo schon der (niemals fehlende) Zusatz in der Überschrift die Richtung weist: Koboldblüte. Das Notariatsexamen. – Smaragdfluß. Musik der Musik. – Schillerspat. Das Leben. – Der Steinname gibt das Thema an, das in einer an Musik gemahnenden Weise ausgeführt und variiert wird. Jedes derartige Kapitel ist eine kleine Prosadichtung für sich, in welcher – ganz anders als bei Goethes Symbolik – die Schönheit, Kraft oder schnurrige Eigenart der vom Dichter gewählten Namen unmittelbar sprachlich ins hellste Licht gerückt wird. Auch wenn die Namen nur in den Überschriften erscheinen, sind sie doch aus dem Kunstwerk nicht wegzudenken.

«Strahlglimmer ... Selige, heilige Tage, welche auf die Versöhnungsstunde der Menschen folgen!»

«Chrysopras ... Um ihn flogen, gingen, standen Träume aus tiefen Jahrhunderten.»

«Edler Granat ... Der frische Tag ... Die Frische des Lebens und Morgens sprengte brennenden Morgentau über alle Felder der Zukunft.» «Sein Herz brannte sanft in seinem Himmel, wie die Sonne in ihrem, und ging selig auf und selig unter.»

Kupfernickel, Name des boshaften Nickels, der den Bergmann lange getäuscht hat über seinen wahren Gehalt, ist Überschrift eines Kapitels, das sich auf Vult bezieht, den Schelm, der Menschenverachtung in Lustigkeit kleidet und in wechselnder Maskierung sich zugleich darstellt und versteckt.

«Saustein ... Vor Vult hatte sich die Lebensseite in die Nachtseite gekehrt, darum mußte er im Schatten kalt sein, und, wie andere Gewächse, Gift-Lüfte ausatmen.»

8.

Jean Pauls Wissensfülle ist staunenswert, auch auf dem Gebiet der Steinkunde, und belastet oft den Leser, den Dichter aber nicht. Wissensfülle setzt sich bei ihm um in Sprachfülle. Seine Bildersprache hat das Besondere, daß auch das Entlegenste und Seltsamste herangezogen wird. Wer sonst als Jean Paul hätte den Salpeter so sach- und fachgemäß dichterisch verwerten mögen, wer mit den Fachausdrücken für Marmorsorten so leicht spielen können!

In einem Kapitel seiner Ästhetik unterscheidet Jean Paul drei Arten des Vergleiches. Der Witz findet Ähnlichkeit unter größere Ungleichheit versteckt, der Scharfsinn Unähnlichkeit unter größere Gleichheit verborgen, «der Tiefsinn findet trotz allem Scheine gänzliche Gleichheit». Nach Aufhebung aller Verschiedenheiten verliert er sich ins höchste Sein (IX § 43).

Witzig in diesem Sinn ist ohne Zweifel der Vergleich von Hausfranzösin und Mißpickel. «Ich muß es nachholen, daß es unter allen Übeln für Erziehung und für Kinder, wogegen das verschriene Buchstabieren und Wichsen golden ist, kein giftigeres, keinen ungesundern Mißpickel und keinen mehr zehrenden pädagogischen Bandwurm gibt als eine – Hausfranzösin» (Die unsichtbare Loge I, 3).

Beispiel eines scharfsinnigen Vergleichs im Sinne von Jean Paul ist seine Unterscheidung des Bilder-Witzes und des Reflexion-Witzes. Jener soll den Engländern und Deutschen, dieser den Franzosen eigentümlich sein. «Was sind die französischen bleichen Perlen vom dritten Wasser gegen die englischen Juwelen vom ersten Feuer» (Ästhetik IX § 50).

Als tiefsinnig darf der Vergleich des Menschenherzens mit dem Weltauge gelten, dem merkwürdigen Opal, der die Fähigkeit hat, durch rasche Wasseraufnahme durchsichtig zu werden. «Sein Herz wurde wie im Wasser das sogenannte Weltauge, anfangs glänzend, dann wechselt' es die Farben, dann wurd' es Nebel und endlich transparent» (Kampaner Tal, 501. Station).

9.

In Nachfolge Jean Pauls nennt Stifter eine Sammlung seiner Erzählungen «Bunte Steine». Die Überschriften: Granit, Kalkstein, Turmalin, Bergkristall, Katzensilber, Bergmilch beziehen sich auf Menschen und ihre Schicksale, meist unter Einbeziehung der Landschaft. Hofmannsthal urteilt, Stifter müsse in einzigartiger Weise an die Natur gebunden sein, daß er Namen von Steinen so verwenden könne, ohne Ziererei. «Mit diesen einfachsten Naturgebilden scheint das innerste Geschick seines Wesens etwas zu tun zu haben» (1916. Österreich im Spiegel seiner Dichtung).

XIV. Namen aus dem Bereich der Mineralchemie und Mineralphysik

1.

Wenngleich Werners Schüler einen überall gerühmten sichern Blick gewannen, so war doch die Hilfe der Chemie immer weniger zu entbehren. Ja, man kann sagen, daß selbst in der Wernerschen Schule mehr und mehr die Vorstellung vordrang, mit den Merkmalen der chemischen Zusammensetzung sei das eigentliche Wesen eines Minerals erfaßt. Auf diesem Gebiet war zum Beispiel Martin Heinrich Klaproth (1743–1817) erfolgreich. Er arbeitete sich aus der Apothekerlaufbahn hinauf zu einem Chemiker von Weltruf und lehrte an der neugegründeten Berliner Universität. Er gehört zu den bedeutendsten Entdeckern auf dem Gebiet der Mineralchemie. Sein wichtigster Beitrag für die wissenschaftliche Nomenklatur ist die Benennung einiger neuentdeckter Elemente.

2.

Eine dieser Entdeckungen gelang Klaproth bei Untersuchung von Edelsteinen aus Ceylon, die durch hohes spezifisches Gewicht aufgefallen waren. In dem Bericht Klaproths spürt man durch die schleppenden Schachtelsätze mit den ungeschickt eingefügten Vorbehalten und Einschränkungen doch trotz allem das Selbstbewußtsein nicht nur des Entdeckers, sondern auch des Namengebers:

«Aus diesen Erfahrungen von den Eigenschaften und Verhältnissen der Erde aus dem Zirkon halte ich mich nun berechtigt, selbige für eine bisher ungekannte, selbständige, einfache Erde zu halten; und lege ich selbiger, bis dahin, daß man sie vielleicht in mehrern Steinarten antreffen, und noch anderweitige Eigenschaften, welche eine angemessenere Benennung veranlassen möchten, an ihr kennen lernen wird, den Namen Zirkonerde (Terra circonia) bei.»[1]

Den Namen Zirkon fand Klaproth schon vor. Die von ihm untersuchten Edelsteine aus Ceylon hießen Hyazinth, wenn sie gelbrot, Jargon, wenn sie farblos waren und wie geringe Diamanten glänzten. Französischem Jargon

---

[1] 1795. KLAPROTH, Beiträge zur chemischen Kenntnis der Mineralkörper I S. 217.

entspricht italienisches gergo, gergone, das in dem unter deutschen Juwelieren gebräuchlichen Ausdruck Cerkonier wiederzuerkennen ist, und von da ist es nicht mehr weit zu Formen wie Circon oder Zyrcon. Der Gebrauch aller dieser Namen war überaus schwankend, bis Werner (1783) die schweren glänzenden Edelsteine aus Ceylon als eigene Gattung in sein System nahm unter dem Namen Zirkon, dem er damit allgemeine Gültigkeit verschaffte.

<h2 style="text-align:center">3.</h2>

Noch weit bedeutsamer ist der von Klaproth gegebene Name Uran geworden. Das Uran wurde in der Pechblende gefunden. Dies unansehnliche Mineral, Träger unheimlichster und gefährlichster Kräfte, trat in die Geschichte ein mit einem Scherz, nämlich in der Form Bechblende (1565), also mit der weichen Aussprache des P, wie sie in der sächsischen Mundart gebräuchlich ist. Vielen Druckern war Bechblende unverständlich, sie lasen bald Blechblende, bald Brechblende.

Der Name Pechblende bezeichnet das Mineral als pechähnliche Abart der bekannteren Blende, das heißt als einen Blender, der Metallgehalt vortäuscht. Im 18. Jahrhundert wurde die Blende als Zinkerz erkannt. So mag zu erklären sein, daß die frühen Mineralogen auch bei der ähnlichen Pechblende auf Zinkgehalt rieten. Andre vermuteten Wolfram, noch andre Eisen. Klaproth bewies, daß alle Vermutungen falsch waren und die Pechblende «zu keinem der bis jetzt bekannten Mineralkörper gehöre, sondern daß sie aus einer eigenthümlichen, selbständigen metallischen Substanz bestehe».[1] Man nimmt an, daß Klaproth noch nicht das reine Metall, sondern Urandioxid in Händen hatte. Doch ist das für die Namengeschichte ohne Bedeutung. Klaproth hielt jedenfalls eine Umbenennung der Pechblende, deren Name nunmehr sinnlos geworden war, für angebracht.

«Ich habe dazu den Namen: Uranerz (Uranium) erwählt; zu einigem Andenken, daß die chemische Auffindung dieses neuen Metallkörpers in die Epoche der astronomischen Entdeckung des Planeten Uranus gefallen sei.» Der Planet Uranus war 1781 von Herschel entdeckt und wie die alten Planeten nach einem antiken Gott benannt worden. Uranos, Name des Ahnherrn aller Götter, war noch verfügbar.

Man könnte denken, daß Klaproth mit seiner Benennung die antikmittelalterliche Zuordnung der Metalle zu Planeten habe ergänzen wollen. Er leitet auch seinen Bericht mit einem Hinweis auf jene Zuordnung ein, aber nur, um sie als überholt zu kennzeichnen.

«Da nun aber die Anzahl jener sieben ältern Metalle schon längst von der Zahl der später entdeckten übertroffen wird, ohne daß die Entdeckung neuer

---

[1] 1797. Dieses und das folgende Zitat: KLAPROTH II S. 215.

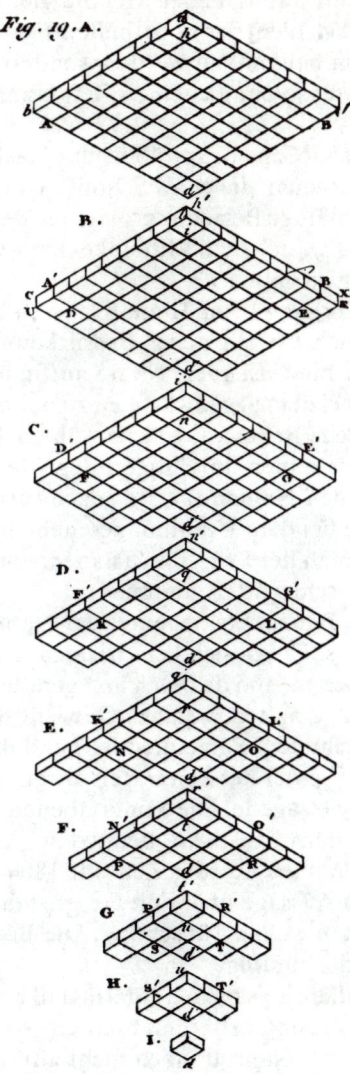

Lage kleinster Teile in einem Kalkspatkristall. Erklärung der Kristallgestalt durch «Decreszenz». A' ist auf A gelegt zu denken usw. – (1804. Haüy-Karsten Taf. III.) 7:9

Wandelsterne mit der Auffindung neuer Metalle gleichen Schritt gehalten hat, so haben letztere freilich nicht der Ehre theilhaftig werden können, gleich den ältern, nach Planeten benannt zu werden, sondern sie müssen sich mit zufällig erhaltenen, meistens vom gemeinen Bergmanne ihnen beigelegten Namen begnügen.»[1]

Demnach darf man schließen: Klaproth suchte nach andern Namen als den bergmännischen deutschen, die er als Schöpfungen des gemeinen Mannes gering achtete. Die zufällige Beziehung zwischen dem Planeten und dem Mineral nahm er als Anlaß, auch dem Mineral einen gewichtigen und Ansehen verleihenden Namen zu geben.

Ganz ähnlich ist der Vorgang beim Titan. Klaproth begründet (1795) folgendermaßen: «Wenn sich für ein neues Fossil kein, auf eigenthümliche Eigenschaften desselben hinweisender, Name auffinden lassen will; als in welchem Falle ich mich bei dem gegenwärtigen zu befinden gestehe; so halte ich es für besser, eine solche Benennung auszuwählen, die an sich gar nichts sagt, und folglich auch zu keinen unrichtigen Begriffen Anlaß geben kann. Diesem zufolge will ich den Namen für die gegenwärtige metallische Substanz, gleichergestalt wie bei dem Uranium geschehen, aus der Mythologie, und zwar von den Ursöhnen der Erde, den Titanen, entlehnen und benenne also dieses neue Metallgeschlecht: Titanium.»[2]

Also nach Absicht des Benenners bedeutet der Name Titanium in bezug auf das Mineral gar nichts. Es bot sich kein bezeichnender Name, er suchte deshalb einen nichtssagenden, und da fielen ihm gerade die Titanen ein. Nun muß man sich gegenwärtig halten, welches Gewicht der Name Titanen in Goethes kurz zuvor gedichtetem Parzenlied hat, und daß damals Hölderlin lebte. Für die deutschen Dichter der Zeit waren die griechischen Götter- und Heroennamen unerhört vielsagend. Die Mineralbenenner folgten der klassizistischen Mode. Was andern Ernst war, benutzten sie zur Dekoration. Die mythologischen Mineralnamen aus der Zeit um 1800 versprechen Gehalt, scheinen eine gewichtige Aussage über den Gegenstand machen zu wollen, aber das ist in den meisten Fällen Täuschung. Die Beziehung zum Gegenstand ist mehr oder minder zufällig.

Diese Tatsache kann allerdings nicht hindern, daß ein Name wie Uran die Gedanken weiter in Bewegung setzt, unabhängig von den Absichten des Benenners. Wir wissen, was Klaproth noch nicht ahnte: daß aus dem Uran Kräfte entfesselt werden können, die das Leben auf der Erde zu vernichten imstande sind. Das Uran ist auf dem Umweg über den Planeten benannt nach dem Gott, der seine Kinder nicht zum Licht kommen ließ, bis man ihn durch Entmannung gebändigt hatte. Klaproth meinte, einen Namen mit nur

---

[1] 1797. KLAPROTH II S. 197/198.
[2] 1795. KLAPROTH I S. 244.

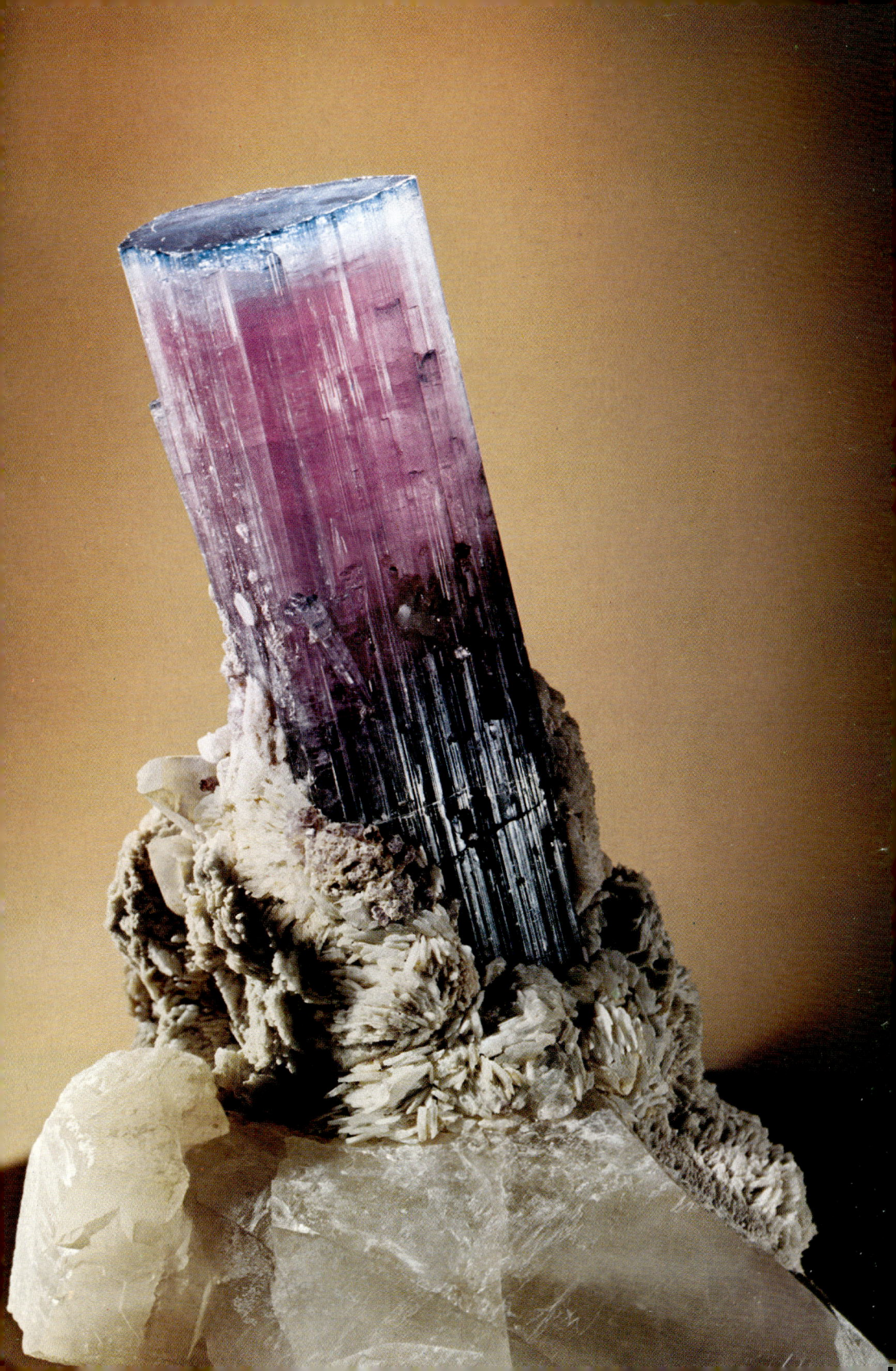

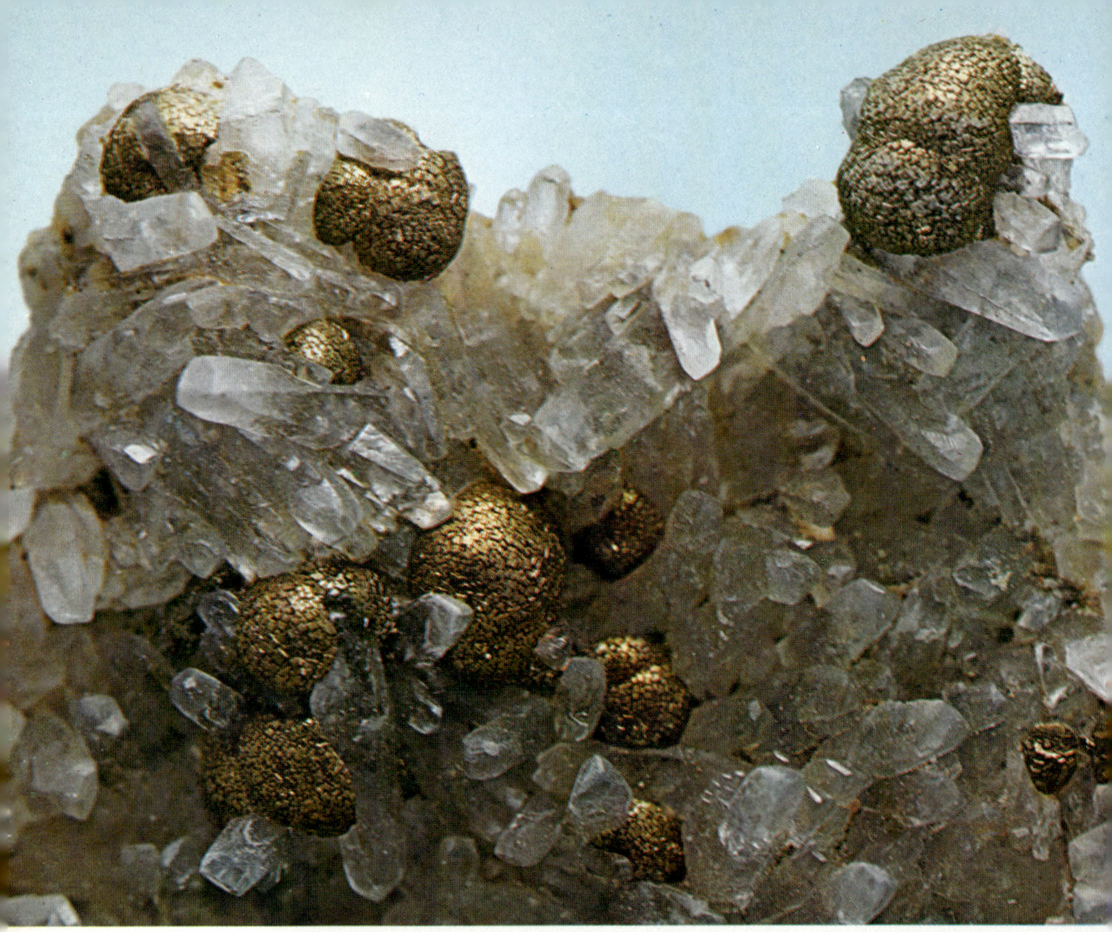

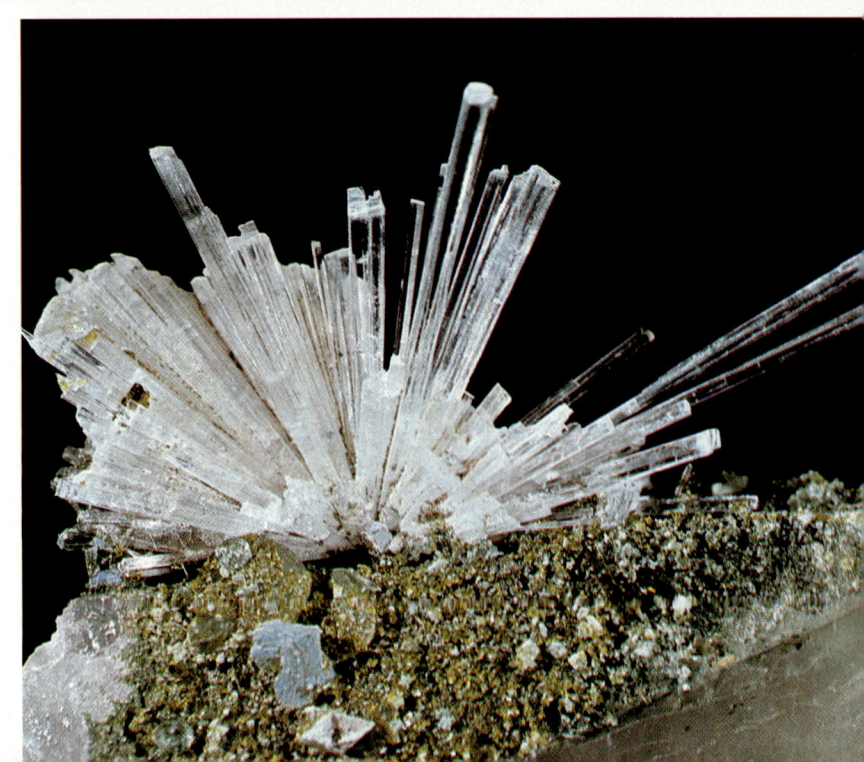

zufälligen Beziehungen gefunden zu haben, und gab einen hochbedeutsamen.

4.

Mit seinen mythologischen Namen steht Klaproth nicht allein. Es entsprach dem herrschenden Stil, daß er zahlreiche Nachfolge fand, und weiter, daß die Romantik den anschließenden Einzug der nordischen Götter in die Mineralogie bewirkte. Nach antiken Göttern und Heroen sind noch benannt die Elemente Cerium (Ceres, Planet, 1801 entdeckt), Palladium (Pallas, Planet, 1802 entdeckt), Selenium (Mondgöttin Selene), Tellurium (Erdgöttin Tellus), Tantal und Niob (nach dem Titanen Tantalus und seiner Tochter Niobe). Die nordischen Forscher bevorzugten nordische Götter wie Thor, Ägir, Vanadis, davon abgeleitet Thorium, Ägirin und Vanadium. Mit Ausnahme des Ägirins sind alle aufgezählten Beispiele Namen von Elementen. Sie dienen alle auch zur Bezeichnung von Mineralien, entweder in Formen wie Titanit, Thorit, Vanadinit, oder in Zusammensetzungen wie Selensilber oder Palladiumgold. Die meisten dieser Namen sind ohne jede Beziehung zu dem, was sie bezeichnen. Berzelius, erfolgreicher Entdecker neuer Mineralkörper, nannte ein vermeintlich neues Metall Thorium, das sich dann aber als das schon bekannte Yttrium erwies. Er hielt nun den Namen Thorium bereit für die nächste Entdeckung, einerlei, wie diese aussehen mochte. So kam das jetzige Thorium zu seinem Namen.

Um so mehr verdienen die wenigen nicht zufälligen mythologischen Namen Beachtung. Das Tantal wurde 1802 von dem Schweden Ekeberg entdeckt. Er fand, daß das Oxid des neuen Metalls die für ein Metalloxid merkwürdige Unfähigkeit zeigte, in einen Überfluß von Säure gebracht, etwas davon unter Salzbildung an sich zu reißen. So benannte Ekeberg das neue Element Tantal nach Tantalus, der nach der griechischen Sage in der Unterwelt im Überfluß steht, ohne etwas davon erreichen zu können. Wenn er in dieser Weise dem Titanoxid den Wunsch der Salzbildung und Tantalusqualen beilegte, so war das zweifellos nicht Mythologie im Sinne der früheren Jahrhunderte, sondern mythologisierendes Spiel, ein reizvolles Spiel, das im Gedächtnis haftet und an die didaktischen Möglichkeiten bei Namengebung erinnert.

5.

Die Mode der mythologischen Namen dauerte wenige Jahrzehnte. Die später nachfolgenden politischen Element-Namen wie Gallium (1875), Germanium (1886), Polonium (1898) seien hier nur kurz erwähnt. Wichtiger ist, daß aus der Mineralchemie in steigendem Maß Namen ohne romantische Verkleidung hervorgingen. Die Mineralchemiker sprachen in der Nomenklatur auch ihre eigene Sprache, indem sie Namen aus dem Verhalten ihrer Objekte im Labor und den Ergebnissen ihrer Analysen entwickelten. Anhydrit, der Wasserlose im Vergleich zu Gips, wurde schon von Klaproth so genannt. Euxenit heißt der Gastfreundliche, weil er viele seltene Bestandteile beherbergt. Skolezit ist der sich vor dem Lötrohr wie ein Wurm (skolex) Krümmende, Nephelin, der Wolkige, heißt nach dem Trübwerden der Kristalle durch Säure. Noch origineller sind einige Namen, die an die damaligen Schwierigkeiten der Mineralbestimmung erinnern. Sie gleichen in einer Weise den Scheltnamen der Bergmannssprache, andrerseits den mythologischen Namen, insofern sie «Mineralkörper» als boshafte und listige Wesen hinstellen, welche die ehrlichen Bemühungen der Bestimmer zu hintertreiben suchen. Aber die Verunglimpfung erfolgt ohne Zuhilfenahme des Mythos. Apatit, der Trügling, hat die besten Mineralogen, auch Werner, lange über seine wahre Natur getäuscht. Mimetesit, der Nachahmer, ein Bleiarsenat, »mimt« ein zum Verwechseln ähnliches Bleiphosphat. Phenakit, der Betrüger, sieht aus wie Bergkristall, ist aber keiner. Weiter gehören in diese Reihe Paragonit, der Verführer, Automolit, der Überläufer, Lanthan, das sich verbergende Element, und Dolerit, das trügerische Gestein. Sämtliche hier erwähnten Namen sind mit griechischem Sprachmaterial gebildet.

Diese Benennungen beziehen sich auf die verschiedensten Merkmale, wie sie gerade bei Analysen hervortraten. Außerdem gewann die Chemie einen wachsenden Einfluß auf die Anordnung der Mineralien im System. Das zeigte sich schon bei Cronstedt, der sich erkühnte, den Marmor zum Kalk zu stellen, wegen der chemischen Verwandtschaft. Selbst Werners System richtete sich nach den «Mischungsverhältnissen». Berzelius neigte dazu, die Mineralogie geradezu als Teilgebiet der Chemie anzusehen. Er brachte im Jahre 1814 sein rein chemisches Mineralsystem heraus, das in seinen Grundzügen bis heute Gültigkeit behielt. So sind in dem Mineralsystem von Strunz, das der Autor ein kristallchemisches nennt, weil das Prinzip der Strukturtypen in der systematischen Gliederung berücksichtigt ist, die Abteilungen weitgehend mit den bekannten chemischen Begriffen benannt, die sich nur durch einige sprachliche Abänderungen von denen des Berzelius unterscheiden: Elemente, Sulfide, Sulfate, Karbonate, Silikate usw.[1]

6.

Im 18. Jahrhundert entwickelte sich die Kristallographie als besondere Wissenschaft zu hoher Vollkommenheit, und sie erwies sich bald als eine dem Mineralogen willkommene Hilfe zur Unterscheidung von Mineralien. Der französische Mineraloge Hauy (1743–1822) zum Beispiel behauptete aus mathematischen Gründen, Beryll und Smaragd sein das gleiche Mineral.

[1] 1978. KLOCKMANN-STRUNZ, Lehrbuch der Mineralogie S. 384ff.

Nachfolgende chemische Analysen bestätigten diese Behauptung. Ebenso schloß Hauy aus der bloßen Beobachtung der Kristallform, daß der «glasige Strahlstein» kein Strahlstein sei, sondern ein anderes Mineral, das also einen besonderen Namen haben müsse. Er fand an ihm in gewissen kristallographischen Beziehungen eine «Zugabe» gegenüber dem Strahlstein und nannte ihn deshalb in eigenwilligem Griechisch Epidot, «qui a reçu un accroissement», der einen Zuwachs erhalten hat.

Alle von Hauy geschaffenen Namen sind aus griechischen Sprachelementen zusammengesetzt. Die meisten beziehen sich auf kristallographische Gegebenheiten: Anatas, der eine emporgestreckte Gestalt hat, Mesotyp, der einen Typ in der Mitte zwischen zwei ähnlichen Mineralien darstellt, Pleonast, der einen Überfluß an Flächen hat, Sphen, der Keilförmige, Axinit, der Beilförmige, Diopsid, der einen doppelten Anblick gewährt.

Hauy hat auch Namen nach andern Merkmalen gegeben, hatte aber eine Abneigung gegen Fundortnamen und beanstandete deshalb zum Beispiel Werners Vesuvian. Bedeutende Fundstätten liegen in Sibirien. Vesuvian vom Vesuv erschien ihm Pleonasmus, Vesuvian aus Sibirien widersprüchlich.[1] Er nannte ihn Idokras, der eine gemischte Gestalt hat. Die Mineralienbücher führen bis heute beide Namen an.

Das ist ein Beispiel für einen damals immer mehr sich ausbreitenden Mißstand. Zu den noch nicht ausgestorbenen volkstümlichen trivialen Bezeichnungen kamen fortgesetzt neue wissenschaftliche hinzu, für fast jedes Mineral, jedes Gestein nicht einer, sondern mehrere, je nach der Nomenklatur der einzelnen Forscher. Da ein jeglicher Name nur ein einzelnes Merkmal des unendlichen Naturgegenstandes erfaßt, sind unendlich viele Namen begründbar, alle aber auch in ihrer Gültigkeit begrenzt und also anfechtbar. Einwände, wie sie Hauy gegen Vesuvian anführte, wurden alsbald auch gegen seine Namen erhoben: daß Idokras höchst unbestimmt sei, daß man die Namen Axinit und Sphen genau so gut vertauschen könne, beide also nicht bezeichnend seien, daß es zahlreiche Pleonast-Kristalle gebe, die den Überfluß an Flächen, nach dem sie benannt sind, gar nicht zeigen.

Solcherart wurde etwa bis zur Jahrhundertmitte über Namen diskutiert und argumentiert. Keine ernsthafte Mineralogie oder Petrographie kam damals ohne mehr oder minder ausführliche Synonymenverzeichnisse aus.

7.

Ein Name wie Epidot ist nicht erklärbar ohne mathematische Kristallographie. Beim Orthoklas ist weniger Mathematik nötig. Beide Namen aber konnten nicht gegeben werden ohne eine schon weit ausgebildete Mineralphysik.

[1] 1804. HAUY-KARSTEN, Lehrbuch der Mineralogie I S. 241.

Alle Feldspatarten haben zwei Hauptspaltungsebenen. Diese stehen beim Kalifeldspat senkrecht aufeinander, bei den übrigen Arten weichen sie wenige Grade davon ab. Der Kalifeldspat wurde deshalb (von Breithaupt 1823) Orthoklas (griechisch: der Rechtwinklig-Spaltbare) genannt, alle übrigen sind Plagioklase (Schiefwinklig-Spaltbare). Das ist leicht zu denken, aber schwer zur Anschauung zu bringen, weil der Unterschied so gering ist, daß er mit dem bloßen Auge nicht einwandfrei wahrgenommen werden kann. Auch Werner würde hier versagen müssen. Winkelmessung mit Hilfe von Apparaten im Labor ist unerläßlich geworden. Das namengebende Phänomen wird also nur von einem verschwindend kleinen Kreis von Fachleuten festgestellt. Die Mehrheit der Schüler, der Studierenden, der Mineralienfreunde und Sammler weiß davon nur durch Lesen in der Literatur.

Die neuen wissenschaftlichen Namen sind großenteils im Laboratorium geboren. Sie gehören einer hochentwickelten und deshalb notwendigerweise abgesonderten Wissenschaft an. Ihre Erklärung ist erschwert durch eine doppelte Abseitigkeit: durch ihren Fremdwortcharakter und durch die Unzugänglichkeit der namengebenden Phänomene.

XV. System und Nomenklatur

> Auf die systematische Nomenklatur gründet sich das
> Bestehen und der Fortgang der Wissenschaft, die
> ohne sie in Verwirrung untergeht.
> 1822. Mohs I S. 14.

1.

Der Mineraloge und Kristallograph Mohs (1773–1839) ist in der Fachwelt auch heute noch bekannt durch die nach ihm benannte Härteskala. In der Geschichte der Nomenklatur verdient er genannt zu werden wegen seines Versuchs, der Mineralogie doch noch eine systematische Nomenklatur zu verschaffen. Es war nicht der letzte, aber der eigenartigste, mit Entschiedenheit vorgetragene und am meisten beachtete Versuch dieser Art.

Ebenso denkwürdig wie diese Entschiedenheit ist Mohs' Entschluß, nicht eine lateinische, sondern eine deutsche systematische Nomenklatur zu versuchen, und zwar in der Weise, daß die Ordnung, das Geschlecht und die Spezies in jeder Benennung erscheinen. Als Bezeichnungen für Ordnungen verwendet Mohs zum Beispiel Blende, Kies, Erz, Spat. Er setzt für diese Begriffe genaue Grenzen. Der Name des Geschlechts wird durch einen Zusatz gebildet, der mit dem Ordnungsnamen verknüpft wird: Triphan-Spat, Kuphon-Spat, Feld-Spat, Rubin-Blende, Granat-Blende, Glanz-Blende. Die Spezies endlich wird durch ein Beiwort bezeichnet, und zwar ein solches, das sich auf das Kristallsystem und die Verhältnisse der Teilbarkeit bezieht. So gehören zum Geschlecht Rubin-Blende die Peritome Rubin-Blende, unser Zinnober, und die Rhomboedrische Rubin-Blende, unser Rotgültig. Noch nie war der Kristallographie ein solcher Vorrang im System wie in der Namengebung eingeräumt worden. Mohs ging so weit, «bloße formlose Massen» ohne Anzeichen von irgendwelcher Kristallisation nicht mehr als Gegenstände der mineralogischen Wissenschaft anzusehen. Die sogenannten amorphen Mineralien nannte er die Krüppel, solche mit zerstörter Kristallform die Toten im Mineralreich (I S. 27). Die Einbeziehung der Minralchemie lehnte er als unangebrachte Vermischung mit andern Wissenschaften ab.

Mohs geriet damit in schärfsten Gegensatz nicht nur zu Chemikern wie Berzelius, sondern zur gesamten Tradition der Mineralogie, welche stets auch nichtkristalline Naturprodukte einbezogen hatte. Dagegen findet sich eine gewisse Parallele zu der modernen Definition, nach der der kristalline Zustand zum Wesen des Minerals gehört. Materie im Gelzustand wie der Opal z. T., oder fossile Harze wie der Bernstein sind keine Mineralien, sondern unterkühlte Flüssigkeiten bzw. Gemenge. Sie werden nicht als Gegenstand der mineralogischen Wissenschaft angesehen, sondern nur «traditionsgemäß» mitgeführt.[1]

2.

Die folgerichtige botanische und zoologische Nomenklatur wurde von Mineralogen wie Mohs mit einem gewissen Neid betrachtet. Bei ihrem Bestreben, Ähnliches zu schaffen, suchten sie nach Parallelen zwischen den Gebilden der drei Naturreiche und betonten diese Parallelen über Gebühr. Aber das Mineralreich ist vom Tier- und Pflanzenreich grundverschieden. Begriffe wie Verwandtschaft, Geschlecht, Familie haben nur im Tier- und Pflanzenreich ihre eigentliche Bedeutung. Tier- und Pflanzenfamilien sind durch gemeinsame Abstammung verbunden. Im Mineralreich gibt es nichts dem Stammbaum Entsprechendes, die Begriffe Familie, Geschlecht usw. haben hier nur übertragene Bedeutung. Wenn man von der Feldspatfamilie spricht, weil sich bei allen Arten ähnliche Mischungsverhältnisse und entsprechend ähnliche Kristallformen und Gittertypen finden, so sind das Ähnlichkeiten ganz andrer Art als die Verwandtschaft des Menschen mit dem Affen oder des Löwenzahns mit der Kornblume.

Da nun im Mineralreich die verschiedenartigsten Ähnlichkeiten auftreten und sich mannigfach durchkreuzen, macht die Aufstellung eines allgemein anerkannten Systems größte Schwierigkeiten. Insofern fehlte auch bei Mohs die Voraussetzung für eine allgemeingültige systematische Nomenklatur. Das Hauptinteresse der Mineralogen blieb weiterhin der spezifischen Nomenklatur zugewendet, nun aber mit einer nicht zu erwartenden Wendung.

Haidinger (1795–1871), in der Fachwelt noch bekannt durch die Haidingersche Lupe, erklärte es als «dringendes und wahres Bedürfnis» der Wissenschaft, für jede Spezies einen Namen zu haben, der weder auf ein System noch auf ein Systemfragment weist. Spezifische Namen dürfen deshalb nicht zusammengesetzt sein. «Quecksilber ist kein spezifischer, sondern ein systematischer Name, daher das Metall längst Merkur für seinen spezifischen Namen erhalten.» «Der zusammengesetzte Name Kalkspath bezieht sich seiner Form nach auf eine höhere Klassifikationsstufe Spath mit einer näheren Bestimmung.» «Arsenikblüthe ist eine nähere Bestimmung einer Ordnung oder eines Geschlechtes von Blüthen, in einem Systemfragmente, welches mit dieser Blüthe endigt.»[2] So machte sich denn Haidinger daran, alle zusammengesetzten Namen auszumerzen und durch einfache, teils schon von andern geschaffene, teils aber auch von ihm selbst neu gebildete, zu ersetzen.

---

[1] 1967. KLOCKMANN-STRUNZ. S. 1/2 und 373.
[2] 1845. HAIDINGER, Handbuch der bestimmenden Mineralogie S. 464ff.

Classis V.

MINERALIA SALINA.

Salinische Mineralien.

(𝕲𝖊𝖘ä𝖚𝖊𝖗𝖙𝖊 𝕸𝖎𝖓𝖊𝖗𝖆𝖑𝖎𝖊𝖓. 𝕳𝖆𝖑𝖔𝖎𝖉𝖊.)

— · ——

Ordo XV.

HYDROCHALCITAE.*)

𝕳𝖞𝖉𝖗𝖔𝖈𝖍𝖆𝖑𝖈𝖎𝖙𝖊.

(*Wasserhaltige salinische Erze. Leichtere Metallhaloide.*
Halochalcite.)

I. HYDROCHALCITAE PHYLLOIDEI.

𝕻𝖍𝖞𝖑𝖑𝖔𝖎𝖉𝖎𝖘𝖈𝖍𝖊 s. glimmerartige 𝕳𝖞𝖉𝖗𝖔𝖈𝖍𝖆𝖑𝖈𝖎𝖙𝖊.

(*Phyllochalcitae s. Chalcophyllitae. Phyllochalcite. Chalkophyllite.*)

(Pond. sp. = 2,5 — 3,6.)

1. Uranites. (𝖀𝖗𝖆𝖓𝖎𝖙 s. 𝖀𝖗𝖆𝖓𝖌𝖑𝖎𝖒𝖒𝖊𝖗.)

Uranglimmer; W. Uranitspath. Uranphyllit; Br. Pyramidaler Euchlormalachit (olim Euchlorglimmer); M. Grünes Uranerz. Torbernit. Urane phosphaté ex parte; H.

Spec. 1. Uranites cyprifer.
Kupferhaltiger Uranit.
Chalkolith; Berzelius. Kupferuranit; Naum.

Spec. 2. Uranites calcifer.
Kalkhaltiger Uranit.
Uranit; Berzelius. Kalkuranit; Naum.

---

*) Aera salina sive metallorum oxyda acidifera *Chalcitas* appellaverim. Quorum quum duo ordines sint, alterum eorum, qui aliquam aquae copiam immixtam continent, alterum maxima ex parte aqua carentium ac majori pondere specifico insignitorum, Chalcitas prioris ordinis *Hydrochalcitas*, secundi ordinis *Barochalcitas* nominare licebit.

Aus einem lateinisch-deutschen Mineralsystem mit binärer Nomenklatur und Hinzufügung von Synonymen. (1847. GLOCKER, Synopsis S. 219.)

Der Angriff mußte vor allem eine Gruppe treffen: die aus der deutschen Bergmannssprache von Werner, seinen Schülern und seinen Nachfolgern entwickelten Namen, da diese durchweg und notwendigerweise zusammengesetzt waren. Haidinger taufte zum Beispiel um: Werners Magneteisenstein in Magnetit, sein Rotkupfererz in Cuprit, seinen Haarkies in Millerit, sein Sprödglaserz in Stephanit, Hausmanns Kobaltkies in Linneit, Breithaupts Rotzinkerz in Zinkit. Gegen Fundort- und Personennamen hatte er keinerlei Bedenken.

Mohs wie Haidinger wußten, wie schädlich in der Wissenschaft die fortgesetzten Umbenennungen waren. Trotzdem haben beide ganze Reihen von Namen neu hervorgebracht, der eine, weil er eine rein systematische, der andere, weil er eine rein spezifische Nomenklatur erstrebte. Mohs' Namen waren zu eigenwillig, um anerkannt zu werden, während die Haidingers der Zeit mehr entgegenkamen und von der Wissenschaft großenteils aufgenommen wurden.

3.

Zur Ausmerzung aus der Wissenschaft werden nach Haidinger nur deutsche, nicht fremdsprachliche zusammengesetzte Namen verurteilt. «Pharmakolith, Giftstein, … ist ein zusammengesetztes Wort, aber griechisch, und gilt im Deutschen für einfach, für einen spezifischen Namen, und wurde als das Bedürfnis befriedigend allgemein angenommen.» «Da man durch fremde Sprachen die Zusammengesetztheit der Wörter versteckt, so schöpfen wir gern und zweckmäßig aus den gelehrten todten Sprachen» (S. 465 f.). Wir fragen, vor wem wird die Zusammengesetztheit versteckt? Doch nicht vor eben den Wissenschaftlern, die diese Namen geben, sie aus den Elementen zusammensetzen. Schon mit geringem Sprachwissen werden auch fremdsprachliche Wörter wie Chrysoberyll, Hydrargillit, Pyrrhosiderit als zusammengesetzt empfunden, ebenso Namen wie Orthoklas und Plagioklas, deren Wert gerade darin besteht, daß sie mit aller erwünschten Deutlichkeit aufeinander bezogen sind und auf ein Systemfragment deuten. Wenn Haidinger und mit ihm die mineralogische Nomenklatur in der Folgezeit deutsche zusammengesetzte Namen ablehnt und nicht mehr neu bildet, den Bestand der deutlich zusammengesetzten Fremdwörter aber beibehält und ständig erweitert, so liegt es nahe, bei solcher Inkonsequenz andere als die angegebenen Gründe zu vermuten.

Im neunzehnten Jahrhundert ist zeitweilig ein Bestreben zu erkennen, die deutschen Namen beiseite zu drängen oder sie nur noch in Klammern zu führen. Sämtliche Mineralnamen müßten zur Aufnahme in alle Sprachen geeignet sein, das ist dabei die häufigste Begründung. «Da aber vor der Hand die Erfüllung dieses Wunsches noch fern liegt, so sind auch viele rein teutsche Namen beibehalten worden.» So entschuldigt sich eine Mineralogie aus der

Jahrhundertmitte (1850. Naumann S. 202). So berechtigt der Wunsch nach internationaler Gültigkeit wissenschaftlicher Begriffe ist – hier war zweifellos auch Unausgesprochenes mit im Spiele. Seit dem Verzicht auf eine systematische Nomenklatur wurde unwillkürlich der wissenschaftliche Charakter der Namengebung mehr in deren Fremdsprachigkeit empfunden. Hydrozinkit, Pyrargyrit, Proustit, Millerit klingen wissenschaftlicher als Zinkblüte, Rotgültig, Haarkies. Erheiternd muten die Versuche an, «unschickliche» Namen wie Gänsekötig auszumerzen. Chenocoprolit, im Englischen an Stelle der Lehnübersetzung Goosedung Ore üblich, bewahrt den Humor, reserviert ihn aber für die wenigen, denen die seltenen griechischen Vokabeln chén (Gans) und kópros (Kot) geläufig sind. Ganomatit (zu griechisch gánoma Glanz) beseitigt alles Unschickliche und allen Witz. Es konnte sich im Deutschen durchsetzen, wenn auch erfreulicherweise Gänsekötig nicht ganz verdrängen. In den heutigen Mineralienbüchern sind allerdings meist sämtliche Bezeichnungen gestrichen, da die Substanz ein Mineralgemenge und kein definiertes Mineral ist.

4.

Haidingers Forderung einfacher Namen bezieht sich nur auf die Mineralogie. In der Petrographie dagegen ergeben sich zusammengesetzte Bezeichnungen natürlicherweise aus der Sache. Die aus mehreren Mineralien zusammengesetzten Gesteine schwanken in ihren Haupt- wie Nebengemengteilen erheblich und gehen auch mannigfach eines ins andere über. Das Gleiche gilt von den Strukturen. Granitstruktur geht zum Beispiel in Porphyrstruktur über. Diese Verhältnisse lassen sich durch zusammengesetzte Namen ausdrücken: Biotitgranit, Muskovitgranit, Hornblendebiotitgranit; Quarzsyenit, Eläolithsyenit, Leuzitsyenit; Granitporphyr, Eläolithsyenitporphyr, Leuzitsyenitporphyr. Der Uneingeweihte wird vor derartigen Wortungeheuern, zumal wenn sie wie üblich ohne Bindestrich geschrieben sind, verständnislos stehen, während der mit den Teilbegriffen Vertraute sie als belehrenden Vortrag liest. Ähnlich durchsichtig sind dem Fachmann die auf den Chemismus der Gemengteile hinweisenden Zusammensetzungen wie Alkaligranit oder Natrontrachyt. Die unbequeme Länge mancher Namen führte zu Verkürzungen oder Verstümmelungen, und es entstanden Gebilde wie Granophyr (Granit-Porphyr), Plagiophyr, Orthophyr. Alle diese Namen sind nicht spezifisch im Sinne Haidingers, die Zusammengesetztheit ist nicht versteckt durch die Fremdsprachigkeit und soll es nicht sein. Auch die verkürzten enthalten eine gewisse Zuordnung und Einordnung, einen Hinweis auf ein Systemfragment.

XVI. Namen nach Personen und Fundorten

> Jeder Mineraloge führt seine Bekannten in die Mineralogie ein, wodurch die dümmsten und verwickeltsten Namen entstehen.
> BERZELIUS.

1.

Wir haben bisher zwei Namengruppen ausgespart, die von ihrem Entstehen an umstritten waren, auch später weitgehend abgelehnt wurden, gleichwohl aber unaufhaltsam wucherten und sich seit etwa Mitte des 19. Jahrhunderts in der Nomenklatur über die Maßen breitmachten. Es sind die auf Personen und Fundorte bezüglichen Namen. Sie werden gebildet mit Hilfe griechischer oder lateinischer Nachsilben, und zwar die meisten mit verkürztem griechischem -ites: Prehnit, Wernerit, Millerit, Hausmannit, Annabergit, Zinnwaldit, nach Analogie von Malachit, Pyrit und andern. Weit geringer ist die Zahl der mit verkürztem lateinischem -inus gebildeten: Hauyn, Davyn, Iserin, nach Analogie von Citrinus. Nur wenige sind mit verkürztem lateinischem -ianus zusammengesetzt: Vesuvian, Nosean. Solche Namen verstoßen gegen den schon in der Wernerschen Schule anerkannten Grundsatz: «In einer zusammengesetzten Benennung dürfen die Wörter, woraus sie gebildet wird, nur aus *einer* Sprache genommen werden.»[1] Es handelt sich hier allerdings bei den fremden Bestandteilen nicht um Wörter, sondern um Silben. Auch ist zuzugeben, daß das Unzusammengehörige in unterschiedlichem Grad empfunden wird, in Prehnit ohne Zweifel weniger als in Freieslebenit oder Annabergit, wo der vertraute Klang des Deutschen seltsam gekoppelt ist mit einem fremden Element. Solche Wörter sind sprachliche Bastarde.

Werner hat entgegen seinem Grundsatz einige wenige derartige Namen gegeben: Vivianit und Lievrit, Prehnit nach dem holländischen Oberst Prehn, der das Mineral aus dem Kapland nach Deutschland brachte, Witherit nach dem Entdecker und ersten Analysator Withering in Birmingham, und, ohne angehängtes -it, Scheel für das Metall Wolfram nach dem schwedischen Chemiker Scheele. Werner mußte sich alsbald gegen den Angriff verteidigen, Namen wie Prehnit seien unbezeichnend und aus der Lithologie auszuschließen. Er wollte sie denn auch nur in Ausnahmefällen zulassen, und nur dann, wenn eine Beziehung zwischen Mineral und Person bestehe. Ohne Zweifel aus diesem Grunde lehnte er den Namen Wernerit ab. Nicht verges-

---

[1] 1799. EMMERLING, Lehrbuch der Mineralogie I 1 S. 50.

sen wurde in der Wernerschen Schule die Forderung, daß der Name der Person durch Kürze und Klang geschickt sein müsse zur Aufnahme in die mineralogische Nomenklatur. Man meinte dann nicht grundsätzlich darauf verzichten zu sollen, in dieser Weise das Andenken an verdiente Personen und denkwürdige Ereignisse der Wissenschaftsgeschichte festzuhalten.[1]

2.

Während Werner die Benennung Wernerit ablehnte, hat Goethe sich für die Benennung Goethit, welche durch den naturkundigen Pfarrer Achenbach an der Siegener Bergbauschule aufgebracht wurde, höflich bedankt. Er scheint mit einer sehr lockeren Beziehung zwischen Sache und Person zufrieden zu sein: «Mir war es genug, daß bei einem so schönen Naturprodukt man auch nur einen Augenblick an mich gedacht hatte.» Was er in Wirklichkeit von dieser ganzen Namengruppe meinte, geht aus einem Brief hervor, den er bei Gelegenheit einer Sendung von Andalusit und Prehnit schrieb: «Und so könnt' ich zu den übrigen auch manche Bemerkung machen, will aber nur soviel hinzufügen, daß ich mich in diesem Fall wie in mehreren über die disparate Nomenklatur betrübt habe, *betrübt,* im eigentlichen Sinne, weil dies der Wissenschaft, die auf dem Anschaun ruht, vom unglaublichsten Schaden ist, wenn nahverwandte Gegenstände mit himmelweit entfernten, aus fremden Sprachen entlehnten disparaten Klängen und Tönen benannt werden. Dem Unheil war nicht auszuweichen, ich weiß es; bloß dadurch wird es in etwas gemildert, daß man weiß, es sei ein Unheil.»[2]

Es ist ein vernichtendes Urteil über die gesamte wissenschaftliche Nomenklatur, wenn ihr vorgeworfen wird, sie verbreite Trübe statt Klarheit, sie benenne Naturgegenstände mit disparaten Klängen und Tönen. Goethe empfindet zutiefst die Abweichungen vom Urbild angemessener Namengebung. Es ist wohl kein Zufall, daß dies Urteil bei Begegnung mit einem Personen- und einem Fundortnamen ausgesprochen wurde. Nicht nur Prehnit, auch Andalusit wurde von Anfang an als wenig passend empfunden.

3.

Ein entschiedener Feind der Personennamen wurde der große schwedische Chemiker Berzelius, obgleich er eigene Sünden nicht ganz leugnen konnte. «Jeder Mineralog führt seine Bekannten in die Mineralogie ein, wodurch die dümmsten und verwickeltsten Namen entstehen.» Er lehnte die Benennung Berzelit für eine Selenverbindung ab und hielt eine Ehrung seiner Landsleute Scheele und Gadolin durch Mineralnamen wie Scheelit und Gadolinerde für

[1] 1790. WERNER, Prehnit. Bergm. Journal III 1.
[2] GOETHE, Werke XX S. 528 und 546.

abwegig. Die Unsterblichkeit Scheeles habe keine derartige Stütze nötig. «So lange das Andenken der Männer, deren Namen wir leihen, noch frisch ist, liegt stets etwas Lächerliches in den Zusammensetzungen, denen chemische Benennungen oft unterworfen werden müssen, z. B. in scheelsaure Gadolinerde.»[1]

Mit ähnlicher Schärfe hat sich etwas später Breithaupt ausgesprochen. «Allein eine wissenschaftliche Nomenklatur zu einer leeren Komplimenten-Macherei herabzuwürdigen, kann in meinen Augen nur Zurückweisung verdienen, und mit Namen, als Heulandit, Cordierit, Johannit, Willemit etc. hat die Wissenschaft sicher nichts gewonnen. Solche Gevatterschaften gehören in das Gespräch, während dessen man Thee brauet. Auch haben wir schon zweierlei Humboldtite und einen Humboldtilit, sowie dreierlei Wernerite.»[2] Aber auch Breithaupt konnte der Ehrung durch einen Breithauptit nicht entgehen.

4.

Trotz aller Ablehnung nahm das Unwesen stetig zu. Ein extremer Fall ist der Mißbrauch mit den Namen Berzelin, Berzelit, Berzeliit und Berzelianit. Höchst verwickelt ist die Geschichte des Smithsonits, des Lievrits, des Goethits. Es kommt zu komischen Begegnungen, wenn zwei wechselseitige Komplimente aufeinanderstoßen, wenn also zum Beispiel der Direktor des anhaltischen Berg- und Hüttenwesens K. J. Zincken ein von ihm entdecktes Mineral dem Professor G. Rose zu Ehren Rosenit nennt, Professor Rose aber die Ehre dem Entdecker zukommen läßt und Zinckenit zur Anerkennung bringt. Verlegenheit entsteht überhaupt dadurch, daß der Entdecker eines Minerals das Recht der Namengebung hat, es aber aus Bescheidenheit nicht nach sich selbst benennen darf. Das muß ein andrer tun, der ihm ein Kompliment machen will. Ein spätes Beispiel ist das Nickelerz von Neukaledonien, das der Entdecker nach dem Fundort Numeait nannte, das dann (1875) nach ihm Garnierit benannt wurde und seitdem mit zwei Synonymen in den Mineralogien auftritt. Derartige Doppelbenennung gibt es bei Gesteinsnamen nicht. In der Petrographie wurde Vermeidung von Personennamen Tradition.

5.

Mit den Personennamen sind Klänge aus den verschiedensten Sprachen in die Nomenklatur eingezogen. Wollastonit heißt nach einem englischen Forscher, Hauyn und Proustit nach französischen Naturwissenschaftlern, Uwa-

---

[1] SÖDERBAUM, Berzelius' Werden und Wachsen. 1899. S. 202. – BERZELIUS, Lehrbuch der Chemie. Dresden 1823/24. Bd. II S. 172.
[2] 1836. BREITHAUPT, Handbuch der Mineralogie I S. 425 f.

rowit nach einem russischen Minister, Gersdorffit nach einem österreichischen Hofrat, der mit dem Bergwesen zu tun hatte, Willemit nach dem niederländischen König Willem I. Nahezu jeder in den letzten zwei Jahrhunderten hervorgetretene Mineraloge hat seine Ehrung durch einen Mineralnamen erhalten, desgleichen viele sonstige Naturforscher und Bergbeamte, aber auch Minister, Erzherzöge, regierende Fürsten, deren Beziehungen zu den Wissenschaften vom Mineralreich oft schwer festzustellen sind. Die Beziehung zwischen Sache und Person darf denkbar lose sein und kann auch ganz fehlen.

In diesem Punkt sind die Fundortnamen ohne Zweifel anders zu beurteilen, wie sie denn auch zwar kritisiert, aber nicht verhöhnt wurden. Sie beziehen sich weit unmittelbarer auf die Sache. Es gibt Stellen auf der Erde, wo die Bildung bestimmter Mineralien, Gesteine, Edelsteine, Kristalle, bestimmter Mineralgesellschaften durch die Natur besonders begünstigt wird. Jeder, der über die unterscheidende und beschreibende Wissenschaft hinaus nach Entstehen, Vergehen und Verwandlung im Mineralreich fragt, hat Ursache, diese Verhältnisse zu beachten, die denn auch sehr begreiflicherweise in die Nomenklatur hineinspielen.

Leopold von Buch (1774–1853), den man den größten Geologen seiner Zeit genannt hat und den man seinem wissenschaftlichen Rang nach mit Werner verglich, berichtet anschauliche Beispiele zur Frage der Fundortnamen. Er reiste durch die Auvergne und war über alles Erwarten beeindruckt von der Pracht der Landschaft mit dem beherrschenden Puy de Dôme: «Die Kegel steigen über die fortlaufende Bergreihe herauf, wie in Rom die Menge der Kuppeln über die Stadt, und wie dort die Peterskuppel um sich her alle anderen vernichtet, so drückt hier der Puy de Dôme alle Kegel tief unter seine Höhe herab. Wir haben den Koloß seit unserm ersten Eintritt in Auvergne nicht wieder aus den Augen verloren.»[1] Als Leopold von Buch nun fand, daß dieser Berg insgesamt aus einem noch nicht benannten Gestein bestand, lag es nahe, den Gesteinsamen aus dem Bergnamen abzuleiten. Das konnte nach bereits eingebürgertem Verfahren mit Hilfe der Silbe -it leicht bewerkstelligt werden: «Es ist eine eigene Gebirgsart; denn sie ist in ihrem Innern durchaus vom Granit verschieden, mit welchem wir sie doch nur allein vergleichen könnten. Lassen Sie sie uns dann auch als eine für sich bestehende Gebirgsart betrachten, und erlauben Sie mir, daß ich sie Ihnen Domit nennen darf, bis man sie mit einem schicklicheren Namen belegt haben wird.»[2] Ob der letzte Satz einen sprachlichen Vorbehalt und eine abschätzige Wertung derartiger Namen enthält, muß dahingestellt bleiben. Jedenfalls gehört Leopold von

[1] L. v. BUCH, Mineralogische Briefe aus Auvergne an Herrn Geh. Ober-Bergrath Karsten. Schriften I S. 469. Aus dem Jahre 1802.
[2] Ebenda S. 478.

Buch zu den Naturwissenschaftlern, welche die Sprachkultur der Goethezeit in ihren Schriften spüren lassen, weit mehr als etwa Werner oder Klaproth.

Ganz anders als beim Domit liegt die Sache beim Tremolit. Leopold von Buch berichtet: Das schöne und von Sammlern begehrte Mineral wurde hoch oben auf schwer zugänglichen Felsen der Alpen von Campo Longo, dem Gotthardpaß gegenüber, wahrscheinlich von einem Bauern entdeckt. Dieser wollte die Fundstätte für sich allein ausbeuten. Deshalb gab der Berner Mineralienhändler, der die Stücke auf den Markt brachte, zur Irreführung das nahe Val Tremola als Fundort an, wo es gar keinen Tremolit gibt.[1]

Sachlich so überzeugende Beispiele wie Domit sind nicht häufig, sachlich so vorbeitreffende wie Tremolit sind selten. Die Masse der Fundortnamen liegt zwischen den Extremen, viele beziehen sich auf unbedeutende, gleichgültige, zufällig erste Fundorte. Fundortnamen empfehlen sich wie die Personennamen durch die Leichtigkeit, mit der sie hergestellt werden können.

Verglichen mit den Personennamen ist die Reihe der Fundortnamen womöglich sprachlich noch uneinheitlicher, um nicht zu sagen wilder geworden. In diesem Bereich ist am wenigsten davon zu merken, daß im 19. Jahrhundert zeitweise das Ideal einer ganz aus griechisch-lateinischem Sprachmaterial aufgebauten Nomenklatur bemerkbar ist. Nur die Silbe -it und einige Irrläufer wie Dazit (nach dem römischen Dacia) oder Variszit (nach Variscia, dem Vogtland) erinnern noch daran. Im allgemeinen liegt hier die Einbruchstelle für fremdeste Sprachklänge. Neben deutschem Saualpit und Annabergit erscheint tschechisches Příbramit, madjarisches Felsöbanyit, englisches Bytownit, indianisches Itakolumit und Itabirit.

Beide Gruppen, Personen- wie Fundortnamen, bringen neuartige Schwierigkeiten mit sich, für den Mineraliensammler und Namenforscher, wenn er die massenhaften Umtaufen von Orten infolge der beiden Weltkriege gewahr wird, für den Drucker, falls er die fremde Schreibweise getreu wiedergeben soll, für den Fachmann und Liebhaber, wenn er sich um angemessene Aussprache bemüht. Wie spricht der Deutsche zum Beispiel Hauyn aus? Bei deutscher Aussprache entsteht ein höchst lächerlicher Anklang, der die beabsichtigte Ehrung ins Gegenteil verkehrt. Soll die französische Aussprache auch bei uns gelten? Hauy lautet französisch a-ü-í. Der Aussprache-Duden schreibt deshalb für das Mineral a-ü-íhn vor. Es zeigt sich: wenn die fremde Lautung ausländischer Eigennamen grundsätzlich im Deutschen berücksichtigt werden soll, wird die korrekte Aussprache der Mineralnamen ein schwieriges Studium für sich. Die Wörterbücher geben bislang nur über einen winzigen Teil der fachsprachlichen Namen Auskunft.

---

[1] L. v. BUCH, Über das Vorkommen des Tremolits im Norden. Schriften II S. 69. Aus dem Jahre 1809.

Die Frage, ob ein Name zur Einführung in die internationale Nomenklatur sprachlich geeignet ist, wird nicht mehr gestellt. Einer jeden Sprache werden die unverdaulichsten Brocken zugemutet. Damit haben sich die Namengeber von jeder sprachlichen Rücksicht frei gemacht, und der fortgesetzt große Namenbedarf kann ohne sprachgestaltende Bemühung gedeckt werden.

XVII. Ein grammatisches Kapitel

Namen zu geben ist nicht so leicht wie man denkt.
1807. GOETHE, Werke XX S. 545.

1.

Jean Paul hat in seiner «Vorschule der Ästhetik» (XV § 84) eine satirische Betrachtung über das sprachsündenlüsterne Sünden-Babel in wissenschaftlichen Werken jener Zeit, über das «Einschwärzen» fremder Wörter durch Ärzte, Naturlehrer, Scheidekünstler, Philosophen. «Besonders aus Griechenland werden ... die meisten Sprach-Miettruppen angeworben und einberufen ... Ja für jede neue Ansicht wird nicht etwan ein neues deutsches Wort gewählt, oder ein altes griechisches, sondern eine neue griechische Zusammensetzung wird geleimt.»

Die Zahl dieser künstlichen, nach Jean Paul geleimten Wörter hat im Laufe des 19. Jahrhunderts ständig zugenommen und ist auch jetzt noch im Wachsen. Es fragt sich, in welchem Maß wir sie von den nicht geleimten, in der lebendigen griechischen Sprache gewachsenen Gebilden unterscheiden können. Zwar Bastarde wie Hausmannit und Annabergit sind ohne weiteres kenntlich. Aber klingt ein Name wie Rhodonit mit dem Geburtsjahr 1817 oder wie Tridymit mit dem Geburtsjahr 1868 nicht ebenso echt altgriechisch wie Malachit? Bei Namendeutungen wird deshalb auch oft zwischen echten und künstlichen Wortbildungen kein Unterschied gemacht, indem beide als griechisch erklärt werden. Die geschichtliche Betrachtung kann sich damit nicht zufriedengeben.

2.

Wir greifen als Beispiel eine Frage der Wortbildung heraus und gehen aus von einem Gesetz der altgriechischen Wortbildung. Der griechische Steinname haimatites ist eine Ableitung von haima Blut, mittels des Suffixes -ites. Dieses wird aber nicht an den Nominativ haima gehängt, sondern an den Stamm haimat-, der im Genitiv haimat-os zu erkennen ist. Viele neue griechische Mineralnamen sind dieser Regel zuwider gebildet. Rhodonit ist fehlerhaft vom Nominativ rhodon Rose abgeleitet. Es müßte Rhodoit heißen. Krokoit, von krokos Safran, ist sprachrichtig. Man sieht, daß die Anforderungen an Wohlklang und Sprachrichtigkeit in Widerstreit geraten. Es gibt zahllose Fälle, wo sprachrichtige Wörter übel klingen und fehlerhafte sich durch guten Klang auszeichnen. Vom Standpunkt der deutschen Sprache ist Rhodonit besser als Rhodoit. Diabas, Gestein aus zwei basischen Bestandteilen, müßte richtiger, aber klanglich ungleich schlechter Di-bas heißen. Überall, wo Gefühl für Klang lebendig war, hat man sich bewußt oder unbewußt über die Regeln der grammatischen Richtigkeit hinweggesetzt. Daß die Form Diabas dann eine ganz andere, auch sachgemäße und heute allgemein angenommene Deutung des Namens veranlaßte, kann in diesem Zusammenhang unberücksichtigt bleiben.

3.

Hauy fand, daß die griechische Sprache – besonders auch im Verlgeich mit der französischen – sich durch Leichtigkeit der Wortzusammensetzung empfiehlt. Sein Verfahren war insofern noch besonders einfach, als er meist Wortstämme ohne Endsilben zusammenstellte, nur mit Hinzufügen eines e am Schluß, das im Französischen stumm ist, aber als Aussprachezeichen notwendig. Es bleibt im Deutschen fort. Epi-dot(e), Zu-gab, der eine Zugabe erhalten hat, Eu-klas(e), Gutbrech, der sich gut spalten läßt, Di-pyr(e), Zwei-feuer, der im Feuer des Lötrohrs phosphoresziert und schmilzt – so haben seine Namen außerordentlich verschiedene Gestalt, und sie heben sich ab von der immer mehr anschwellenden Masse der Namen auf -it und -lith.

Der Amerikaner Dana hat das scharf getadelt. Es fehle in Hauys Namengebung jegliches System, er habe vergessen, daß die in der Natur gefundene Gesetzeseinheit auch ein Charakteristikum der Wissenschaftssprache sein müsse. Unter System aber versteht Dana auch die unterschiedslose Durchführung der Endsilbe -it als der mineralogischen Endung schlechthin. Er taufte deshalb um: Vesuvian in Vesuvianit, Sassolin in Sassolit, Hauyn in Hauynit und gar Uranin in Uraninit![1]

Es zeigt sich in der Nomenklatur eine uniformierende, gleichmachende Tendenz, und dem entgegenstehend eine andere, welche gerade in der Verschiedenheit der Klänge einen Wert sieht. Es ist vielleicht kein Zufall, daß diese Richtung von zwei Franzosen so entschieden vertreten wurde: von Hauy und Beudant. Beudant empfand die Massenhaftigkeit der Namen auf -it und -lith als langweilige Monotonie (monotonie fastidieuse).[2]

4.

Ernst Jünger erzählt, daß er schon als Kind großes Vergnügen an fremdartigen Tier- und Pflanzennamen und den seltsamen Aufschriften der Kästen und Gefäße in der Apotheke hatte. «Es klingt vielleicht seltsam, und doch möchte ich mich dafür verbürgen, daß unter den unzähligen Nomenklatoren

---

[1] 1868. Dana, Mineralogy S. XXXI.
[2] FRANCKE S. 28.

der beschreibenden Naturwissenschaften so mancher unbekannte Dichter verborgen ist. Schon die Kürze der Kunstform, die hier vorgeschrieben ist, fordert zu höchster Anschaulichkeit des Ausdruckes heraus, denn um eine neue Art zu benennen, steht ihrem Paten nichts weiter zur Verfügung als ein Substantiv nebst einem einzigen Adjektiv.» Als geglückte Beispiele führt er wissenschaftliche Namen von Insekten an, und zwar solche, die eine treffende Aussage enthalten. Eine Mistkäferart habe man Scarabaeus Sisyphus genannt, womit die Weise, wie das Tier unermüdlich seine Kugeln rolle, vorzüglich gekennzeichnet sei.[1]

Der Vergleich mit den lateinisch-griechischen Mineralnamen ergibt, daß hier die vorgeschriebene «Kunstform» noch enger begrenzt ist, nur in einem einzigen Substantiv besteht. Es wurde gezeigt, in welchem Maß sich die charakteristischen Merkmale der unmittelbaren Beobachtung entziehen, ferner in welchem Maß die Nomenklatoren auf treffende Aussagen überhaupt verzichteten. Es ist also nicht leicht, eine Reihe von Namen mit treffender Aussage zu finden, die außerdem noch das verborgene Dichtertum des Nomenklators nicht durch Mißklänge in Frage stellen. Ohne Zweifel spricht hier das Gefühl mit. Vielleicht aber wird, wenn man sich einmal auf die fremde Sprache eingestellt hat, die folgende Reihe auf allgemeine Anerkennung als geglückt rechnen können: Orthoklas, der Rechtwinkligspaltbare, Plagioklas, der Schiefwinkligspaltbare, Mikrolin, der mit geringer Neigung, Rhodonit, der Rosenartige, Grossular, der Stachelbeerfarbene, Anatas, der emporgestreckte Kristalle bildet, Trachyt, Rauhstein, Diabas, Zwei-Basen-Stein, Axinit, der Beilförmige, Desmin, der Bündelförmige.

[1] E. JÜNGER, Blätter und Steine. Hamburg 1942. S. 23f.

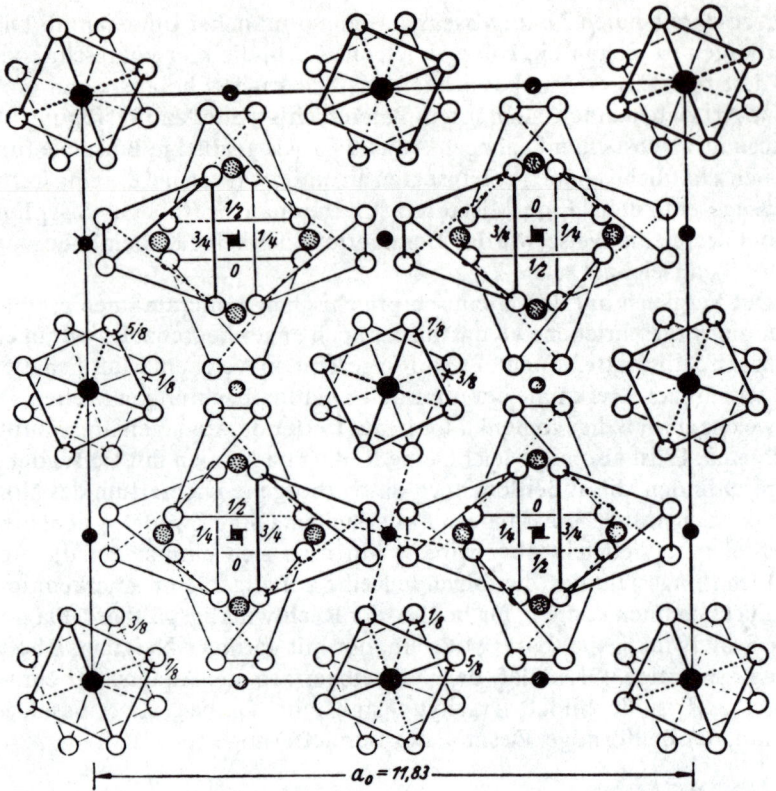

Granat, Projektion auf eine Würfelfläche. Die den Tetraedern beigefügten Zahlen
bedeuten die Höhenlage der Tetraederzentren bzw. Si-Ionen.

⊛ = Ca, das um ½ höher als Si liegt   ○ = Sauerstoff
● = Al in ¼ und ¾   ◤ = linke vierzählige Schraubenachse
● = 2 Ca, wovon jedes um ¼ höher   ◣ = rechte vierzählige Schraubenachse
  als Si liegt
● = Al in 0 und ½

Granat-Gitter-Projektion. (1970. Strunz, Mineralogische Tabellen, S. 73.)

XVIII. Anschluß an die Gegenwart

Und ob ihr tausend Worte habt:
Das Wort, das Wort ist tot.

1950. WOLFSKEHL, Sang aus dem Exil S. XVI.

1.

Auf dem Gang durch die Geschichte der Steinnamen sind wir – von einigen Vorgriffen abgesehen – bis etwa zum Jahre 1850 gelangt. Das zurückliegende Jahrhundert war unerhört ereignisreich. Das folgende ist wissenschaftlich womöglich noch bedeutsamer, doch sind die Auswirkungen auf die Nomenklatur gänzlich anderer Art.

Die im neunzehnten Jahrhundert anfangs noch so lebhafte, ja leidenschaftliche Erörterung der Nomenklatur-Grundsätze ist überflüssig geworden und verstummt nahezu, weil sich eine Gewohnheit herausgebildet hat. Die ununterbrochen notwendige Produktion neuer Namen bewegt sich bis in die Gegenwart hinein größtenteils in ausgefahrenen Gleisen. Stichproben aus modernen Fachbüchern können die Art des Zuwachses andeuten.

Die Gruppe der deutschen Namen wird mit unterschiedlicher Liebe behandelt. Ein Bestreben, sie grundsätzlich auszumerzen, ist nicht mehr erkennbar. Der Bestand wird aber auch nicht vermehrt. Es würde wohl auch kein rein deutscher Name mehr internationale Geltung erlangen, wie das noch zu Zeiten Werners vielfach der Fall war, es sei denn, daß er sich durch die Endsilbe -it Einlaß verschafft wie etwa der Fundortname Hühnerkobelit oder der Personenname Langbeinit. Gleiches gilt für alle andern Sprachen.

In der Gesteinskunde fällt vor allem die Menge der neuen Namen nach Fundorten auf, während in der Mineralogie die Namen nach Personen, die gerade im Bereich der Wissenschaft selbst so entschieden kritisiert und verspottet wurden, das Übergewicht haben. Die im englischen Sprachbereich führende Mineralogie von Dana gibt in Zweifelsfällen grundsätzlich den Namen nach Personen den Vorzug.

Daß bei den Hunderten von Neubildungen auch viele ähnlichklingende und verwechselbare Wörter entstanden sind, wird man begreiflich, wenn auch nicht erfreulich finden. Es gibt jetzt Smithit und Smythit, Zirkelit und Zirklerit, es gibt außer Haidingers Patrinit jetzt noch Patereat, Patronit und Paternoit. Daubréeit und Daubréelith sind zwei ganz verschiedene Mineralien, beide 1876 nach dem französischen Mineralogen Daubrée benannt. Die Reihen ließen sich leicht um Dutzende vermehren.

Ansehnlich vermehrt ist die Reihe der hybriden, der auffällig zwitterhaften

Wörter: Freudenbergit, Stiepelmannit, Wegscheiderit, Vandendriesscheit. Eine sonst sehr logische kleine Schrift über Nomenklatur sagt, daß diese Gebilde «nicht als nomina hybrida zu gelten brauchen, wenngleich sie in Wahrheit zum größten Teile solche sind».[1]

Der Anteil des Deutschen am Gesamtbestand der Namen ist geringer geworden in dem Maß, wie immer weitere Völker an der Forschung beteiligt sind. Eingelassen durch die Endsilbe -it fluten jetzt vor allem mehr als bisher slawische, aber auch chinesische, japanische und andere Wörter in die international gültige Nomenklatur. Oft findet sich da der Deutschsprechende (und wohl nicht nur dieser) schon beim Lesen und mehr noch beim Aussprechen in Verlegenheit: Gorceixit, Vésigniéit, Mboziit, Mckelveyit, Shemtschushnikowit, Swjagintzewit, Chuntschshaoit. Die Fremdheit solcher Namen wird in der Fachliteratur manchmal durch vereinfachende Rechtschreibung gemildert.

Nach alldem kommen nicht nur Liebhaber der Mineralogie, sondern auch führende Naturwissenschaftler zu dem Urteil, daß die Mineralnamen zum Teil schauderhaft sind.[2] Von den in diesem Abschnitt genannten sind auch nur wenige charakteristische Beispiele in das Wörterbuch aufgenommen worden.

Die moderne Massenhaftigkeit hat ihre eigenen Wirkungen. Mit der Massenhaftigkeit der Personennamen ist jeglicher Gedanke an eine damit verbundene Ehrung ausgelöscht. Die Massenhaftigkeit der Fundortnamen macht unkenntlich, ob es sich um den seltenen Fall eines charakteristischen Fundorts handelt wie zum Beispiel beim Kimberlit oder um einen der unzähligen zufällig ersten oder sonstwie mehr oder minder unbedeutenden Fundorte. Auch diese Art Namengebung ist sinnentleert, Namen sind gleichgültige Zeichen geworden, nicht mehr Sprachgestaltung im Sinne Huboldts, sondern nur noch Verständigungsmittel. Die Verständigung aber – das ist eine Leistung des 19. Jahrhunderts – ist dadurch erleichtert worden, daß seit etwa 1850 die heillosen Mehrfachbenennungen fast aller Mineralien auf ein erträgliches Maß beschränkt worden sind. Immerhin sind trwtz dieser Sichtung und trotz ständiger Ausscheidungen von Veraltetem noch über dreitausend Mineralnamen geblieben. Die Zahl der Gesteinsnamen ist um einiges geringer.

Es ist verständlich, daß bei solcher Namenmasse das Bemühen um die sprachliche Gestaltung der Nomenklatur erlahmte. Die Astronomie hat vor einem ähnlichen Massenandrang neu entdeckter Weltkörper kapituliert und ist weitgehend von Benennung zu Numerierung übergegangen.

Das Ideal älterer Nomenklatoren, die Mineralnamen einheitlich aus grie-

---

[1] 1890. FRANCKE, Über die mineralogische Nomenclatur. S. 46.
[2] 1948. KLOCKMANN-RAMDOHR S. 306. – 1967. KLOCKMANN-STRUNZ S. 373.

chisch-lateinischem bzw. aus neulateinischem Sprachmaterial zu formen, ist
bei den neueren Fundort- und Personennamen völlig vergessen, aber bei den
immerhin auch ziemlich zahlreichen Namen, die auf den Chemismus ganz
oder teilweise Bezug nehmen, noch deutlich sichtbar, so daß uns diese trotz
ihrer Fremdsprachigkeit vertrauter anmuten. Hier wird natürlicherweise
reichlich Gebrauch gemacht von Wortzusammensetzungen, und es entstehen
Gebilde, die den überlangen Gesteinsnamen nicht nachstehen: Hydrocerus-
sit, Ferrimolybdit, Chloromanganokalit, Barium-Alumopharmakosiderit.
Oft enthält nur das Vorderglied eines Namens einen chemischen Hinweis:
Cuprosklodowskit, Thorosteenstrupin, Zinkrockbridgeit. Erheblich kürzen
kann man, wenn man die Namen aus den Zeichen der Elemente oder ihren
Anfangsbuchstaben zusammensetzt. Cafetit enthält unter anderm auch Ca,
Fe, Ti. Bafertisit gibt die Zusammensetzung aus Ba, Fe(r), Ti, Si an. Man kann
allerdings ohne besonderen Hinweis nicht wissen, daß sie so gemeint sind,
ebensowenig wie beim Al-van-it, Be-ars-it, Fe-mo-lith.

Ein Vergleich dieser «chemischen» Mineralnamen mit den entsprechenden Fachbezeichnungen der Chemie liegt nahe. Die mineralogische Nomenklatur ist spezifisch, die chemische systematisch; die mineralogische bezieht
sich gelegentlich auf den Chemismus, die chemische grundsätzlich; die mineralogische begnügt sich oft mit Hinweis auf einen oder einige Bestandteile,
die chemische erstrebt Vollständigkeit und will außerdem noch Mengenver-
hältnisse und Struktur durch den Namen erkennbar machen. So sind die
beiden Nomenklaturen grundverschieden. Die Substanz $K_4Mn\,Cl_6$ zum
Beispiel, in der Mineralogie Chloromanganokalit genannt, heißt in der Chemie Kaliumhexachloromanganat (II).

Eine systematische Nomenklatur in der Art der chemischen wäre für die
Mineralogie schon deshalb ungeeignet, weil sich die Bezeichnungen der Chemie auf reine Substanzen beziehen, während es chemisch reine Mineralien
nicht gibt. Was zum Beispiel in der Chemie Zinksulfid (ZnS) heißt, enthält,
wenn es als natürliches Mineral unter dem Namen Zinkblende auftritt, auch
Eisen in wechselnder Menge, fast immer Kadmium und weitere Metalle.
Diese schwankenden, mit dem Namen nicht erfaßbaren Verhältnisse sind für
das Mineral charakteristisch und bedingen für das «natürliche Zinksulfid»
einen von der chemischen Fachsprache unterschiedenen Namen. So in unzähligen Fällen. Eine für das Mineralreich geeignete systematische Benennungsweise wurde bisher nicht gefunden. Mineralogie und Gesteinskunde
halten mit triftigen Gründen an ihrer spezifischen Nomenklatur fest.

2.

Die Namen der Steine sind im Zeitalter der Naturwissenschaft unter andere
Bedingungen geraten als die Namen der Tiere und Pflanzen. In der Biologie

gibt es zwei getrennte Nomenklaturen, einmal die systematische, vollständige, wissenschaftliche, lateinische, dann die wenigstens in einigen Zweigen
reich ausgebildete volkstümliche deutsche. Beide geraten nicht in Widerstreit, weder in der Wissenschaft noch im Leben, selbst in hochwissenschaftli-
chen Büchern kann man von Amsel und Buchfink, Fischadler und afrikani-
schem Nashorn sprechen, im Bedarfsfall sind die wissenschaftlichen Namen
Turdus merula nigra, Fringilla coelebs nobilis usw. zur Hand. Übernahmen
von einem in den andern Bereich sind damit nicht ausgeschlossen.

In der Mineralogie ist eine solche Scheidung nur angedeutet, indem in
einigen Gruppen fremdsprachliche und deutsche Namen nebeneinander
vorhanden sind. Das bedeutet aber keine Scheidung in wissenschaftliche und
«trivielle» Nomenklatur. Einerseits sind die von der Wissenschaft benutzten
Namen großenteils ausgewählte Trivialnamen, andrerseits gibt es für den
Gebrauch in Schule und Leben in unzähligen Fällen keine andern als die in
der Wissenschaft geprägten. Die wissenschaftlichen Steinnamen stehen nicht
so abseits da wie die wissenschaftlichen Tier- und Pflanzennamen, sie haben
eine Doppelstellung, indem sie zugleich der allgemeinen Sprache angehören.
Das führt natürlicherweise zu Auseinandersetzungen mit den Nationalsprachen.

Hierfür zunächst ein Beispiel aus der Rechtschreibung. Das lateinische c
wurde im allgemeinen wie k gesprochen, seit etwa dem sechsten Jahrhundert
in gewissen Fällen wie z. Seitdem hat das c in lateinischen Wörtern verschiedenen Lautwert. Einerseits heißt es Cantus, Cantate, Cadenz, andrerseits
Cirkus, Cäsur. Die deutsche Rechtschreibung bemüht sich, die dadurch entstandene Verwirrung zu beseitigen, indem sie statt des zweideutigen c entweder k oder z setzt: Kantus, Kantate, Kadenz, Zirkus, Zäsur. Entsprechend
wird Karfunkel, Karneol, Kalzit geschrieben, andrerseits Zitrin, Zyanit, Zölestin. Das ist vom Standpunkt des Deutschen eine höchst vernünftige, die
Rechtschreibung vereinfachende Maßregel. Die Fachwissenschaft bezieht –
wenn auch nicht einheitlich – eine Sonderstellung. Die Dudenredaktion ver-
teidigt die Ansprüche der deutschen Rechtschreibung, hat sich aber veranlaßt gesehen, in einigen – nicht sehr zahlreichen – Fällen beide Standpunkte
zu vermerken: «Kalzit, fachsprachlich nur Calcit.»

Wenn dieser Fall nur die Rechtschreibung betrifft, so der folgende auch
den Klang. Das griechische k wurde im Laufe der Sprachentwicklung ebenso
behandelt wie das lateinische c, wurde also in vielen Fällen wie z gesprochen.
Zum griechischen kyanos blau gehört die Ableitung Zyane, gehört der Wer-
nersche Mineralname Zianit. Vom griechischen kyma Woge bildete Hauy
Cymo-phan(e), wogendes Licht. In Deutschland ist im 19. Jahrhundert im
Gefolge der innigeren Berührung mit dem Griechentum ein Bestreben zu
erkennen, bei Fremdwörtern den lateinischen Sprachfirnis abzustreifen und
den griechischen Klang und die griechische Schreibung herzustellen, nicht

Zianit zu sagen, sondern Kyanit, nicht Cimolit, sondern Kimolit, nicht Cerargyrit, sondern Kerargyrit, nicht Cassiterit zu schreiben, sondern Kassiterit, nicht Cadmium, sondern Kadmium.

In diesen Zusammenhang gehört die Umbildung von Hauys Cymophan in Kymophan durch Stefan George gelegentlich der Übersetzung eines Régnier-Gedichtes:

> Ich tötete an seinem tisch den meister,
> Als kymophan er schnitzte und gagat.

3.

Spannungen ganz anderer Art gibt es zwischen Naturwissenschaft und Edelsteinhandel. Hier hat sich eine Nomenklatur entwickelt, die zwar aus Handelsverhältnissen hervorgegangen ist, aber am Ende sich durch Unklarheit gerade für den Handel selbst als nachteilig erwies. So haben sich alle Organisationen, die mit Edelsteinen zu tun haben, Händler, Schleifer, Juweliere, Goldschmiede, auf internationaler Basis zusammengefunden zur Bereinigung der Nomenklatur. Als Korrektiv bot sich die Ausrichtung auf die wissenschaftliche mineralogische Nomenklatur. Für Deutschland haben diese Bestrebungen ihren Niederschlag gefunden in einem kleinen Heft des Deutschen Normenausschusses (RAL 560 A 5). Die darin enthaltenen Bestimmungen sind rechtsgültig. Es wird gefordert: «Die im Handel zu verwendenden Benennungen von Edelsteinen, Schmucksteinen und Perlen müssen mit den wissenschaftlichen Benennungen der entsprechenden Mineralien übereinstimmen.» Doch finden sich charakteristische Abweichungen von der wissenschaftlichen Nomenklatur, die Licht werfen auf das Verhältnis des Menschen zu Namen.

Im Juwelenhandel ist seit je ein Bestreben zu erkennen, die minderen Steine durch entsprechende Benennung hochzuloben und dadurch dem weniger zahlkräftigen Käufer besitzenswert erscheinen zu lassen. Ein anschauliches Beispiel ist die Art, wie der Zitrin in die Nähe des Topases gerückt wird. Zitrin ist gelber kristalliner Quarz. Durch Brennen von Amethyst gewinnt man gelblichbraune und rötlichbraune «Zitrine». Alle diese Steine erscheinen im Handel oft als Topase, indem sie je nach Farbton Namen tragen wie Goldtopas, Palmyratopas, Madeiratopas usw. Alle aber erreichen nicht den wirklichen Topas an Härte und Kostbarkeit. Darüber wird der nicht genau Unterrichtete durch die Namen hinweggetäuscht. Diese Fehlbenennungen werden vom erwähnten Normenausschuß im Widerspruch zu seinen grundlegenden Bestimmungen nicht ausdrücklich abgelehnt, sondern anmerkungsweise als im Handel vorhanden erwähnt. Besonders «Goldtopas» ist auch wohl so eingebürgert und beliebt, daß man sich vor der Umbenennung (etwa in «Goldzitrin») scheut. Ähnlich liegen die Verhältnisse im Englischen.

In mancher Beziehung anders liegt die Sache beim Jade. Was seit dem 16./ 17. Jahrhundert Jade oder Nephrit hieß, diente in der früheren Heilkunst als Mittel gegen Nierenleiden. Beide Namen, der eine spanischer Herkunft, der andere neulateinisch-griechisch, beziehen sich auf diese Verwendung, die nunmehr dem lebendigen Bewußtsein seit langem entschwunden ist. Beide Namen wirken nur noch als Klang, vor allem Jade hat sich als außerordentlich ansprechend erwiesen.

Die Mineralogie hat den Jade oder Nephrit unter drei der Zusammensetzung nach verschiedene Mineralien aufgeteilt und diese Nephrit, Jadeit, Chloromelanit genannt. Der Name Jade ist seitdem in der Mineralogie entbehrlich, ja unklar und irreführend. Es versteht sich, daß die Edelsteinkunde diese Tatsachen einbezieht, doch außerhalb der Minerologie drängt vieles zu einer abweichenden Nomenklatur, sowohl von der Sache wie von der Sprache her.

Sachlich gesehen, sind alle drei Mineralien trotz chemischer Verschiedenheit außerordentlich ähnlich und insgesamt ausgezeichnet durch eine alles übertreffende Zähigkeit. Wertbestimmend ist vornehmlich die Farbe, und diese geht nur teilweise mit der mineralogischen Einteilung parallel. Die gesuchteste Farbe ist ein intensives Grün, aber auch Weiß und Elfenbeinfarbe sind geschätzt, und beides findet sich sowohl beim Nephrit wie beim Jadeit. Die Unterscheidung der Mineralien nach ihrem Chemismus ist in diesem Falle für den Edelsteinhandel von geringerer Wichtigkeit.

Sprachlich gesehen, wird man urteilen dürfen, daß die fachsprachlichen Bezeichnungen Jadeit und Chloromelanit nicht als erwünschte Bereicherungen der allgemeinen deutschen Sprache angesehen werden können, daß aber die Ausscheidung eines Wortes wie Jade ein sprachlicher Verlust wäre. Rein dem Namen nach mag man einer verehrten Frau wohl einen Jade schenken oder auch eine Nephritkette, aber nicht einen Jadeit oder gar ein Chloromelanitgeschmeide. Edelsteinliebhaber und Händler, ferner Kunstwissenschaftler und Sammler, die mit den chinesischen Kostbarkeiten aus Nephrit und Jadeit zu tun haben, sie alle verzichten nicht auf das Wort Jade. Nach den Bestimmungen des Normenausschusses ist für alle drei Arten, für Nephrit, Jadeit, Chloromelanit die Handelsbezeichnung Jade zulässig. Damit wird auf die exakt unterscheidende Bezeichnung im Sinne der Mineralogie verzichtet. Daß die kostbarste und seltene Qualität von smaragdähnlicher Farbe Jadeit ist, kann aus dem Handelsnamen Imperial Jade nicht herausgelesen werden.

Weit weniger erfreulich ist nun, daß der Handel, unbekümmert um geschichtlichen Hergang, um Normen-Ausschüsse und um mineralogische Nomenklatur, den werbenden Klang des Namens Jade als Aushängeschild benutzt für allerlei ganz andere, auch weniger wertvolle Steine. Mexikanischer Jade ist grüner oder grün gefärbter Kalkstein, indischer Jade grüner Avanturin-Quarz oder gar Anvanturin-Glas. Amerikanischer Jade ist Vesuvian, Korea-Jade Serpentin, Transvaal-Jade ein schwarzpunktierter grüner Granatfels, der dem Nephrit täuschend gleicht. So ist einige Sachkenntnis und Namenkenntnis erforderlich, um in dem irreführenden Wirrwarr den «echten» Jade herauszufinden.

Ähnlich wie mit dem Topas und dem Jade ist es mit andern Namen von gutem Klang und großer Werbekraft gegangen, mit dem Diamanten, dem Rubin, dem Smaragd. Es erscheint dem Mineralogen, dem Edelsteinkenner, ja jedem, der etwas von der Einzigartigkeit des Diamanten begriffen hat, unleidlich, wenn dieser Name so mißbräuchlich verwendet wird, wie es vielfach im Handel geschieht: Sächsische Diamanten sind Topase, Matura- oder Matara-Diamanten Zirkone, Marmaroscher Diamanten, böhmische, arabische, Schaumburger Diamanten, Alençon- und Herkimer-Diamanten sind Bergkristalle. Die Masse unangebrachter, veralteter, irreführender, fehlerhafter, mindestens überflüssiger Handelsnamen ist unübersehbar. Die wiederholten Klagen in der Fachliteratur sind als berechtigt anerkannt, der Normenausschuß sucht den Mißbrauch – mit den erwähnten Einschränkungen – zu bekämpfen. Ein großer Teil der Fehlbenennungen (englisch «misnomers»), auch die Gesamtheit der soeben angeführten Beispiele wird durch die Bestimmung erfaßt: «Die Benennung eines Edelsteins muß die Möglichkeit ausschließen, daß der Stein auf Grund dieser Benennung in eine andere mineralogische Kategorie eingereiht werden könnte.»

Das ist aber nur die eine Seite der Sache. Das Beispiel Jade sollte zeigen, daß der Handel auch gute Gründe haben kann, von der wissenschaftlichen Nomenklatur abzuweichen. Nicht nur, daß für die verschiedenen Qualitäten und Sorten einer Steinart zusätzliche Handelsbezeichnungen erforderlich sind, ein Abweichen liegt auch dann nahe, wenn sprachlich unerfreuliche oder gar anerkannt schauderhafte Wörter, wie sie die Mineralogie vielfach anbietet, in den Bereich des Handels übernommen werden sollen.

4.

Die wissenschaftliche Nomenklatur hat, mit Agricola anhebend und seit dem 18. Jahrhundert deutlicher sich entfaltend, nunmehr eine unbestrittene Vormachtstellung eingenommen. Es wäre aber allen Vorstellungen, die wir von sprachlicher Entwicklung haben, durchaus zuwider, wenn damit jegliche andere Art Namengebung für das Mineralreich ausgelöscht wäre. Im Bereich der Stein- und Bildhauer, der Juweliere und Goldschmiede, der Sammler und Liebhaber finden sich deutliche Spuren einer von der wissenschaftlichen abweichenden eigenständigen Nomenklatur, Abweichungen gänzlich anderer Art als die soeben besprochenen.

Als Grenzfall kann Eisenrose angesehen werden, insofern der Name zwar in der Mineralogie erscheint, doch mehr am Rand, während er dem Sammler und dem Schweizer Strahler hochbedeutsam ist. Venushaare und Liebespfeile haben im Bereich der Edelsteinliebhaber und nur hier volles Bürgerrecht, können in diesem Bereich aber auch nicht durch die wissenschaftlichen Umschreibungen wie «Bergkristall mit Einschlüssen von Rutil» usw. ersetzt werden. Hier tauchen auch Namen auf wie Himmelstein (statt Benitoit), Wasserstein (statt Enhydros), Sonnendruse, Schneckenachat.

In neuester Zeit sind Apachentränen (Obsidian-Knollen) und Fernsehstein (Ulexit) dazugekommen, deutliche Anzeichen, daß die sprachlichen Kräfte des «gemeinen Mannes», von Gelehrtenhochmut oft verachtet, sich auch jetzt noch betätigen. So unverkennbar modern beide Namen sind, gleichen sie doch den volkstümlichen Bezeichnungen früherer Jahrhunderte, indem sie an auffällige, von jedermann ohne Apparate aufzufassende, sinnliche Merkmale anknüpfen und in drastischen Bildern reden. Sie setzen die Reihe der wenigen deutschen Edelsteinnamen fort, die Reihe Katzenauge, Weltauge, Mondstein, Sonnenstein. Fernsehstein, nach dem englischen television stone, beweist außerdem, wie leicht solche Namen, wenn sie ansprechen, durch Übersetzung internationale Gültigkeit bekommen.

Wäre die wissenschaftliche Nomenklatur in ihrem Gesamtcharakter so geblieben, wie Werner sie gestaltete, dann wäre ein Name wie Fernsehstein in der Wissenschaft möglich, ebenso möglich wie Fettstein, Stinkstein, Spargelstein, Bergbutter, Namen, die Werner nicht nur beiläufig erwähnte, sondern als Gattungsbezeichnungen in sein System aufnahm. Es kennzeichnet die inzwischen erfolgte Entwicklung der wissenschaftlichen Nomenklatur, daß die Aufnahme derartiger Namen undiskutabel geworden ist. Sie dürfen höchstens als *sogenannte* Apachentränen und *sogenannter* Fernsehstein, zum mindesten aber in Anführungszeichen erscheinen.

5.

Die moderne Nomenklatur hängt in gewisser Weise mit der Art, wie Formeln gebraucht werden, zusammen. Werners Mineralbeschreibungen enthalten keine Formeln und nur wenige Zahlenwerte. Das Wort ist noch durchaus herrschend. Sogar das spezifische Gewicht und die Härte werden nicht durch Zahlen, sondern durch Beschreibung verdeutlicht. Vom «grünen Bleierz» wird gesagt, es sei «schwer, und zwar mehr als Kupferkies, weniger als schwerer Spat» (1774). Der Prehnit «ist hart, doch in keinem hohen Grade» (1790).

Mehr und mehr dringt dann die Formel neben dem Wort und statt des Wortes vor. Kristallformen, Härte, Dichte, chemische Zusammensetzung, optisches Verhalten, neuerdings auch das Raumgitter werden durch Zeichen und Zahlen erfaßt. Die Formel wird so geläufig, daß sie an Stelle des Namens in die Beschreibung eingesetzt werden kann: «Millerit geht bei 396°C in γ-Ni S über» (1970. STRUNZ S. 123).

Wesentlich ausgedehnt wurde dann der Gebrauch der Formel im Zuge derjenigen Entdeckungen des 20. Jahrhunderts, welche die Einsicht in den Aufbau der Materie in ungeahntem Maß erweiterten. Im Kristall, auch in winzigsten Kristallbruchstücken und Kristallansätzen, auch in den feinsten Körnchen des Tons und jeder festen Materie (mit Ausnahme der wenigen amorphen Substanzen) sind die atomaren Bauteile in Raumgittern geordnet. Die zum Teil sehr komplizierten Gitterstrukturen sind durch Formeln erfaßbar geworden. Die Frage Keplers, weshalb die Schneesternchen niemals fünf- oder siebenstrahlig ausfallen, ist beantwortet. Die moderne Mineralogie rühmt sich, den Kristallbau zu verstehen.

Die Untersuchungen erfolgen mit Hilfe von Röntgenstrahlen. Den Anstoß zur Ausbildung der Verfahren gab die (1912 bekannt gewordene) Idee des Physikers Max von Laue, Kristalle als Beugungsgitter für Röntgenstrahlen zu verwenden.

Die Wirkung dieser Einsichten auf die Namengebung soll an einigen Beispielen gezeigt werden.

Im 19. Jahrhundert bemühte man sich, die verschiedenen Arten des Brauneisens, die schuppigen, strahligen, erdigen, knolligen, glaskopfartigen Ausbildungsformen sorgfältig zu unterscheiden und mit besonderen Namen zu belegen. Für die neue Sicht ist wichtiger als diese Einteilung und diese Namenreihe die Feststellung, daß es im wesentlichen nur zwei raumgittermäßig verschiedene Eisenhydroxide gibt, für die man aus der bisherigen Namenreihe die Bezeichnungen Goethit (oder Nadeleisenerz) und Lepidokrokit (oder Rubinglimmer) beibehielt, die aber wissenschaftlich exakter als α-FeOOH und γ-FeOOH unterschieden werden. Eine dritte Art, der äußerst seltene Akaganéit, oder β-FeOOH, wäre ohne Elektronenmikroskopie und röntgenographische Methoden wohl niemals entdeckt worden.

Die Buchstaben des griechischen Alphabets, α, β usw., werden verwendet, um verschiedene Modifikationen eines Minerals zu kennzeichnen. Es gibt den rhombischen α-Schwefel und den monoklinen β- und γ-Schwefel; β-Lomonossowit; α-Ti-Haematit und γ-Ti-Haematit. In diesen Zusammenhang gehört auch die Bezeichnungsweise, die man (seit 1947) für die Erscheinung der Polytypie eingeführt hat. Zeichen und Zahl stehen hier am Wortende als unerläßlicher Bestandteil des Namens: Graphit-2H, Graphit-3R. Polytypie besteht darin, daß sich bei einigen Mineralien Varianten finden, die bei gleicher Struktur der «Schichten» verschiedene «Stapelungsmöglichkeiten» aufweisen. So entstehen beim Wurtzit Strukturvarianten in solcher Zahl, daß schon deshalb die Erfassung durch Namen abwegig und die durch Formeln allein zweckmäßig erscheint. Nach alledem drängt sich die Frage auf, ob der geschilderte Vorgang noch weiter fortschreitet und ob es zukünftig in der Wissenschaft zu einem noch radikaleren Ersatz von Namen durch Zeichen, Zahlen, Formeln kommen wird.

6.

Eine abschließende Betrachtung der wissenschaftlichen Nomenklatur kann an die Anfangskapitel dieses Buches anknüpfen. Es handelt sich um den Wortschatz einer Fachsprache. Deshalb ist zunächst zu fragen, wie die Wissenschaft selbst ihre Nomenklatur beurteilt. Da seit langem in der Fachliteratur keine ernsthaften Einwände mehr erhoben wurden, darf angenommen werden, daß die Nomenklatur im wesentlichen den jetzigen Anforderungen genügt. Wer am neuzeitlichen Wissen über das Mineralreich teilnehmen will, sei es als Forscher, als Lehrer oder als Liebhaber, ist auf den Gebrauch dieser Nomenklatur angewiesen und wird sie als etwas Problemloses hinnehmen. Sie ist als Verständigungsmittel unentbehrlich.

Anders sind die Gedanken desjenigen, der im Sinne Humboldts Namen als sprachliche Gestaltung eines Weltausschnitts auffaßt. Die Gesamtheit der Namen wird gesehen als geschichtliches Zeugnis immer erneuter Versuche, die unendliche Natur sprachlich zu bewältigen. Ein Gang durch die Geschichte zeigt, daß fruchtbare Perioden mit unfruchtbaren abwechseln. Der jetzige Stand zeigt einerseits einen großen Reichtum, ein kostbares sprachliches Erbe ganzer Jahrtausende aus Orient und Okzident bis in die Gegenwart erhalten und vermehrt, andrerseits, um noch einmal mit Goethes Worten zu reden, die «betrübende», immer noch anschwellende Masse der «disparaten Klänge». Es ist kein Zufall, daß die neuen Namen der wissenschaftlichen Nomenklatur im Gegensatz zu allen früheren Gruppen kaum je in der Dichtung verwendet worden sind. Man muß sich wie Goethe damit abfinden, daß diesem Unheil nach der gesamten Entwicklung der Dinge nicht auszuweichen war, wie denn auch Goethe selbst keinen Ausweg gezeigt hat.

Dritter Teil

Wörterbuch

Vorbemerkungen

1. Das Wörterbuch enthält einerseits Material und Belege, andrerseits Ergänzungen zum ersten und zweiten Teil. Vollständigkeit konnte nicht angestrebt werden, doch eine gewisse Breite und Mannigfaltigkeit durch Berücksichtigung verschiedenster Namengruppen und Zeitalter.

2. Die Angaben, die in der Fachliteratur über das erste Auftreten eines Namens in der Wissenschaft oder über das Datum einer Namenserfindung gemacht werden, differieren in vielen Fällen um einige Jahre. Das braucht nicht auf Versehen zu beruhen. Leopold von Buch zum Beispiel führte den Namen Gabbro in die Wissenschaft ein, und zwar zunächst 1809 mündlich in einem Vortrag. Dieser Vortrag erschien 1810 im Druck. Auf Erörterung derartiger Differenzen mußte im Wörterbuch verzichtet werden. Ähnliches gilt von den auch nicht sehr seltenen Differenzen über Autorschaft bei einem Namen.

3. Ältere und abweichende Schreibungen eines Namens konnten in vielen, aber nicht in allen Fällen berücksichtigt werden. Es wird also im Wörterbuch «Anglesit (Beudant)» geschrieben, obgleich Beudants Schreibung Anglésite war. Es sei darauf hingewiesen, daß die Hauptmasse der modernen Kunstwörter im Französischen (wie im Englischen) auf stummes e endigt, das im Deutschen fortfällt. Auch die Schreibungen Werners wurden nicht vollständig berücksichtigt. Das Wörterbuch schreibt «Uranocker (Werner)», ohne hinzuzufügen, daß in Werners Letztem System «Uran-Okker» steht. So in vielen Fällen. Vollständigkeit in dieser Beziehung würde das Wörterbuch unnötig belastet haben.

4. Die Quellen sind abgekürzt angegeben. Vollständige Titel im Literaturverzeichnis. Auffindung mit Hilfe des Personen-Registers.

5. Zitiert wird buchstabengetreu nach den angegebenen Quellen. Man liest also zum Beispiel Wolfram von Eschenbach in Form eines kritischen Textes, Paracelsus in normalisierter Rechtschreibung, Mathesius in der verwilderten Rechtschreibung des sechzehnten Jahrhunderts, Goethe in der gegenwärtigen Rechtschreibung. Einheitlich zu verfahren erschien teils unnötig, teils unmöglich nach dem Stand der erreichbaren Ausgaben. Ganz offensichtliche Druckfehler wurden berichtigt, die Sigel alter Drucke wie üblich aufgelöst.

6. Übersetzte Zitate ausdrücklich als solche kenntlich zu machen erschien nur selten nötig. Oft kennzeichnet schon der Stil genügend. In Zweifelsfällen ist die Ursprache aus der Literaturangabe zu ersehen. Wenn kein Übersetzer genannt ist, wurde die betreffende Stelle von mir übertragen.

7. Die eingesetzten Formeln wollen nur der Erklärung der Namen oder der Verständigung über den Gegenstand dienen. Angabe komplizierter und umstrittener Formeln wurde möglichst vermieden.

A

Abeston abestô (Parz. 791) → Asbest.

absist (Parz. 791), latein. apsyctos (griech. ἄψυκτος nicht abkühlbar). Einer der aus dem Altertum übernommenen und durchs Mittelalter weiter überlieferten Fabelsteine. «Apsyctos hält, wenn durch Feuer erhitzt, sieben Tage die Wärme, ist schwarz und schwer, mit roten Adern. Er soll gegen Frost helfen» (Plin. 37, 148). – «Absyntus ist ain swarzer stain durchmischet mit snêweizen aederlein. der hât die art, wenn er erhitzt von dem feur, sô behelt er die hitz siben tag» (1350. Megenberg S. 435).

Daß Erfahrungen mit Braunkohle zugrundeliegen, wurde vermutet. Lehrreicher für die Art, wie es zu solchen Fabeln und Namen kam, ist vielleicht der Hinweis auf das Gegenstück des Absist: «Gelasius ... mag nümmer erwermt werden von dem feur, er beleibt allzeit kalt» (1350. Megenberg S. 447f.). – Gelasius, griech.-latein. chalazias, heißt Hagelstein. → Chabasit.

absyntus → absist.

Achat 1. Angeblich benannt nach dem ersten Fundort, dem Fluß Achates in Sizilien (Theophr. 31, Plin. 37, 139), der nicht eindeutig zu bestimmen ist. Griech. ἀχάτης, lat. und mittellat. achates, mittelhochdeutsch achat(es).

Daneben schon althochd. agat, agatstein, Formen, die bis ins 18. Jahrhundert gebräuchlich blieben, aber vom Standpunkt des klassischen Philologen als Entstellungen angesehen wurden. Lessing schreibt: «Hier möchte ich erst eine orthographische Kleinigkeit fragen. Warum schreibt Hr. Klotz beständig Agat? Der Stein und der Fluß, von welchem der Stein den Namen hat, haben im Griechischen ein χ; und nur die Franzosen müssen, wegen ihrer schischenden Aussprache des ch, dieses χ in ein g verwandeln. Aber warum wir?» (1768. Briefe antiquarischen Inhalts 26).

2. Eine Bedeutungsverschiebung ist seit der Antike vor sich gegangen. Heute versteht man in der Wissenschaft unter Achat gebänderte Quarze von ganz bestimmter Entstehungsweise. Gebänderte Edelsteine werden aber bei Plinius (37, 91) und Isidor (XVI 8, 3) unter Onyx beschrieben. Achat dagegen scheint im Altertum gebräuchlich gewesen zu sein für buntgefärbte, gestreifte, gefleckte, geäderte Gesteine, vor allem auch solche mit baumoder sonstwie bildartiger Zeichnung ohne Rücksicht auf die Zusammensetzung. Plinius (37, 140) rühmt indische Achate: man sieht auf ihnen die Formen von Flüssen, Wäldern, Tieren. Berühmt war ein Ringstein des Königs Pyrrhus. «Er soll einen Achat gehabt haben, auf dem die neun Musen und Apollo die Zither haltend zu sehen waren, indem nicht durch Kunst, sondern lediglich durch die Natur die Flecken so verteilt waren, daß den einzelnen Musen sogar ihre Embleme zugeteilt waren» (Plin. 37, 5). Diese Beschreibung geht durch die ganze Edelsteinliteratur des Mittelalters und der Neuzeit.

3. In den Beschreibungen des Mittelalters meint man deutlicher unsere gebänderten Quarze zu erkennen, doch bleibt für den Achat nicht Bänderung, sondern bildartige Zeichnung das auszeichnende Merkmal. Die Bänderung ist dagegen für den Onyx charakteristisch. Vom Achat sagt Megenberg: «Man spricht auch, daz der stain gar schoenes angeporns gemaels hab zwischen seinen straimeln» (1350. S. 432). Noch im 18. Jahrhundert werden Achat und Onyx so gegenübergestellt: «Onyx ... Ist unter den Kieselarten die härteste, und bestehet aus gleichlaufenden geraden oder krummen Adern.» «Agath. Achates. So nennet man Kiesel von vermischten hohen Farben» (1770. Cronstedt-Brünnich S. 69 und 72). – «Figurierte» Achate → Kap. IX 7.

4. Seit dem 18. Jahrhundert wird das Vorkommen des Achats in Form von «Achatkugeln» oder «Achatnieren» mit merkbarem naturwissenschaftlichem Interesse beobachtet und beschrieben. «Wenn wir dergleichen Achatnieren genau betrachten, so sehen wir deutlich, daß ihre verschiedenen gefärbten Schichten und Lagen, durch eine Praecipitation oder Fällung, der in einer Feuchtigkeit zuvor aufgelösten Achattheile, entstanden sind» (1773. Brückmann, Edelsteine S. 221). – Damit ist man auf dem Wege zur heutigen Auffassung, wonach «Achatmandeln» als Blasenauskleidung oder -ausfüllung in vulkanischen Gesteinen entstehen, indem sich verschiedene Quarzvarietäten (Chalzedon, Opal-

masse, Quarz) in meist sphärisch gelagerten Schichten absondern.

5. Je nach Farbe und Form der Bänderung und Zeichnung werden (von Edelsteinliebhabern mehr als von Wissenschaftlern) zahlreiche Abarten unterschieden. Eine Aufzählung aus dem Jahre 1847 enthält, ohne zwischen gebänderten und ungebänderten Arten zu unterscheiden, die zumeist auch heute noch gültigen Namen: Bandachat, Korallenachat, Wolkenachat, → Festungsachat, → Trümmerachat, Landschaftsachat, → Baumachat, → Moosachat, Sternachat, Augenachat, → Punktachat, Röhrenachat, Jaspachat (Glocker S. 131). Auch → Onyx und → Sardonyx sind Achat-Arten.

Das Verzeichnis beweist, daß die antike Überlieferung auch heute noch nicht ausgestorben ist. Der Moosachat beispielsweise stammt nicht aus Achatmandeln und ist ein Achat im Sinne der Antike, der Festungsachat dagegen zeigt mit schönster Deutlichkeit den Bau der Achatmandel. → Agstein. → Tafel 2.

Achroit → Turmalin.

adamas → Diamant 1.

Adamin (Friedel 1866): Zinkarsenat, benannt nach dem französischen Mineralogen Gilbert Joseph Adam (1795–1881), der das Mineral zur Untersuchung gab.

Adlerstein Das Wort ist seit dem 16. Jahrhundert belegt, muß aber in Zusammenhang mit der antiken Überlieferung betrachtet werden. – Griech. ἀετίτης, von ἀετός Adler. – Lateinisch aetites. – Plinius (36, 149–151) unterscheidet vier Arten, lauter Steine, die in einer Schale oder Hülle einen von dieser unterschiedenen Kern umschließen, eine Tonmasse oder einen Stein oder Sand und kleines Geröll. «Es ist aber dieser Stein schwanger mit einem anderen, der, wenn du ihn schüttelst, klappert wie in einem Krug» (Plin. 10, 12). Er hilft deshalb Schwangeren, und Adler tragen ihn in ihr Nest, immer ein Paar, einen männlichen und einen weiblichen Stein, weil sie ohne diese keine Jungen hervorbringen können.

«Unter die ganz besonderen Steine zählt auch der Ethites./ Jupiters Vogel holt ihn von äußersten Küsten der Erde,/ Wächter soll er

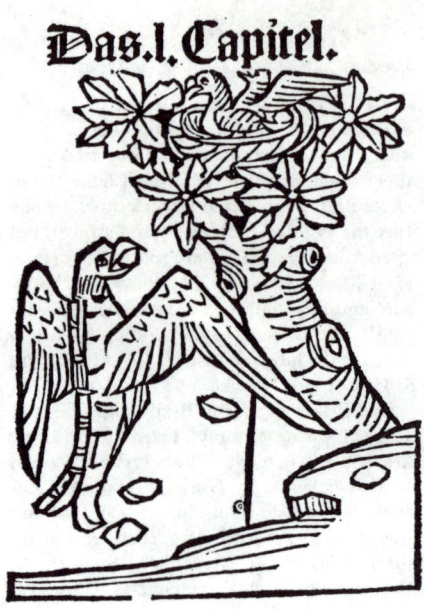

Adlersteine werden ins Nest getragen. (1509. Hortus.)

4:5.

ihm sein des Nestes und künftiger Schützer,/ Soll ihm die Macht verleihn von den Jungen zu wehren das Unheil./ In sich enthält dieser Stein einen kleinen nach Art einer Schwangern./ Wirksam wird er geglaubt deshalb als Hilfe für Schwangre,/ Fehlgeburt zu vermeiden und schmerzhafte Wehen zu lindern,/ Aufgehängt muß er sein am linken Arm nach dem Brauche/ ... Rötlichbraun ist die Farbe des Steines, so wird uns berichtet,/ Und an des Ozeans fernen Gestaden wird er gefunden,/ Oder in Nestern des Adlers, und auch im Lande der Perser,/ Pollux und Kastor, die Zwillinge, haben den Stein schon getragen» (Um 1075. Marbod 25).

«Aber, wo ihrer nun unzehlig viel liegen, wie ich gesehen in Schlesien ..., so glaube schwerlich, daß diese Steine alle von denen Adlern seyn dahin geleget, sondern von einer à parten Materie daselbst in warmen Sande generiret worden» (1743. Minerophilus S. 14).

Das lateinische Aetites, noch bei Goethe neben Adlerstein verwendet, ist jetzt außer Gebrauch. Adlerstein bzw. Klapperstein hielt sich in der Mineralogie als Bezeichnung für

Brauneisenkonkretionen bis ins 20. Jahrhundert. → Kap. IX.

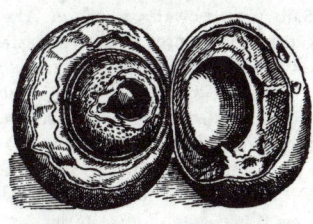

C A P. CXC VII.
Genera, & ubi naſcatur Aetites.

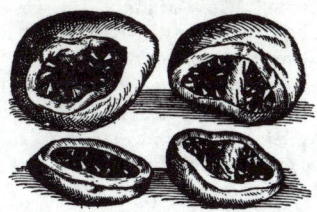

Adlersteine. 1647. De Boot. 4:7.

Adular   Meist weiße, stark durchscheinende Abart des Orthoklases aus alpinen Mineralklüften, gekennzeichnet durch besonderen Kristallhabitus, klassischer Fundort der St. Gotthard. Der Name adularischer Feldspat, Adular(ia), gegeben vom Mailänder Barnabiter-Pater und Mineralogen Pini (1783), wurde vielfach als unangemessen empfunden, weil man dabei an die jetzt Adula genannte Berggruppe dachte. Zugrunde lag aber der damals noch unvergessene antike Begriff (Adulas bei Strabon und andern), der östlich und westlich weiter reichte und auch das Gotthard-Gebiet mit umfaßte.

Am St. Gotthard fand auch Goethe auf seiner Schweizerreise den Stein. Er packte davon «fast mehr, als billig ist», auf. «Wie soll man sich aber enthalten, wenn man zwischen mehreren Zentnern von Adularien mitten inne sitzt» (1797. XX S. 176).

Aerolith   → Meteorstein.

aerugo   → Berggrün 2.

aes   → Kupfer.

Aetites   → Adlerstein.

Agalmatolith   → Bildstein.

Agaricus mineralis   → Mondmilch.

Ägirin   Silikat der Augit-Gruppe, benannt (1835) von Esmark, dem norwegischen Pfarrer und Mineralogen, nach Ägir, dem nordischen Meergott. – Akmit (Berzelius 1821) ist eine Abart, benannt nach den spitzen Endigungen der Kristalle. ἀκμή Spitze. – Heutiger Wortgebrauch ohne Bezug auf die ursprüngliche Bedeutung: Akmit im Dünnschliff braun, Ägirin grün durchscheinend (1978. Klockmann-Strunz S. 722).

Agstein, althochd. agistein, mittelhochd. agestein, aitstein o.ä., neuhochd. Agstein, Augstein, Ackstein o.ä., wird vom latein. achates, agates abgeleitet.

Das Wort bezeichnete auffällig verschiedene Steine. Einmal war es hochdeutscher Name für Bernstein. Daß der Bernstein «hälmel an sich zeucht» (Megenberg), führte zur Verwechslung mit dem Magneten, die sich schon in althochdeutschen Glossen findet («magnes, agistein»). Leichtes Gewicht und Brennbarkeit hat der Bernstein mit dem Ga-

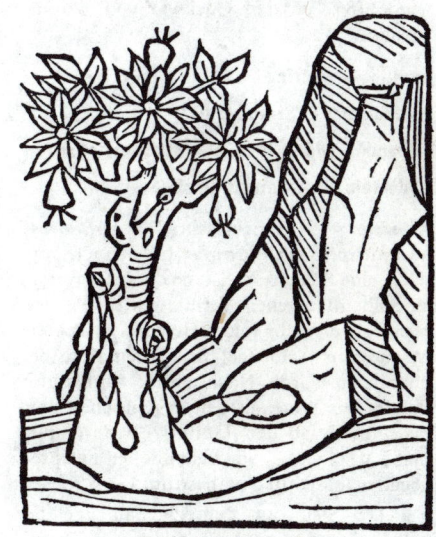

«Augsteyn» in der Bedeutung Bernstein.
(1507. Hortus.) 7:8.

gat gemein, der wie eine schwarze Abart des Bernsteins erscheinen konnte. «Gagates haizet ain aitstain oder prennstain. den vint man in dem land Lycia pei Preuzen und in Britannia, und ist zwairlai: swarz und liehtvar» (1350. Megenberg S. 447). – Die Verwechslungsmöglichkeit wurde noch dadurch vermehrt, daß im Mittelalter und später seltener auch der arabische Ausdruck für Bernstein gebraucht wurde in Formen wie karabe und kacabre, die mehr oder minder ähnlich wie gagates klangen. Albertus Magnus erklärt deshalb (II 2, 9) beide für dasselbe. – Glasartig wie der Bernstein und schwarz wie der Gagat ist auch der Obsidian, der bis um 1800 schwarzer Aidstein, schwarzer Agtstein hieß.

aitstain → Agstein.

Akbar Schah Indischer Diamant von 71,7 Karat, benannt nach dem ersten Besitzer, dem Großmogul Akbar. In den Stein waren zwei Inschriften eingraviert, eine mit dem Namen Akbars, eine mit dem Namen seines Enkels Schah Jehan, dazu die Jahreszahlen (auf unsere Zeitrechnung umgerechnet) 1650 und 1661. Der Stein ging verloren, tauchte in der Türkei wieder auf, wurde umgeschliffen, wobei die Inschriften verloren gingen, und wurde 1867 an den Gaekwar von Baroda verkauft.

Akmit → Ägirin.

Aktinolith → Strahlstein.

alabandâ (Parz. 791) → Almandin.

Alabandin → Manganblende.

Alabaster 1. Griechisches ἀλάβαστος, ἀλάβαστρος, ἀλάβαστρον bezeichnete nur selten eine Steinart, meist die daraus gefertigten Salbenfläschchen. Vermutet wird, daß der Name als ἀ-λαβή «ohne Henkel» zu deuten ist und vom Salbengefäß auf den Rohstoff übertragen wurde. Nach andrer Auffassung stammt das Wort aus dem Ägyptischen und bedeutet Gefäß der (Göttin) Ebaste (Lippmann III S. 13). – Im Lateinischen entsprechend alabaster und alabastrum.

2. Der Stein, aus dem die Salbengefäße hergestellt wurden, hieß griech. ἀλάβαστρίτης (Theophr. 6. Diosk. V 135), lat. alaba-

strites (Plin. 36, 59–61). «Das Salbengefäß alabastrum ist nach dem besonderen Stein benannt, der alabastrites heißt, der Salben unverdorben bewahrt» (Isid. XX 7, 2). Nicht wie heute das reine Weiß, sondern die Fähigkeit, Salben zu bewahren, ist im Altertum meistgerühmte Eigenschaft des Alabastrites.

Dioskurides und Plinius haben als Synonym für Alabastrites noch Onyx, eine Bezeichnung, die nur angemessen erscheint für farbig gestreifte Gesteine. Ägyptischer Alabastrites wird von Plinius (37, 143) als weiß mit bunten Farben besetzt (candore interstincto variis coloribus) geschildert. In der heutigen Bezeichnung Onyx-Marmor für gestreifte zartfarbige alabasterartige Kalkarten hat sich diese Benennungsweise erhalten.

3. Seit dem Mittelalter ist die Form Alabaster (mittellat. alabastrum) herrschend geworden. Mittelhochdeutsches alabaster kann bedeuten den Stein, das daraus gefertigte Gefäß und den darin aufbewahrten Balsam. – Ältere neuhochdeutsche Nebenformen sind Alabaster, Alabast.

«Der Alabaster ... ein feiner Gypsstein, der nur eine matte Politur annimmt, und gemeiniglich weiß, oft aber auch gelb, grün, grau, roth oder bunt ist. Da einige Arten dieses Steines von einer sehr schönen weißen Farbe sind, so bedienet man sich desselben im gemeinen Leben, ein blendendes Weiß auszudrücken. Hände, so weiß, wie ein Alabaster» (1774. Adelung I).

4. Alabaster ist feinkörniger durchscheinender weißer Gips. In der Antike und vielfach noch im heutigen Sprachgebrauch rechnen auch ähnlich aussehende Kalk- oder Aragonit-Steine dazu, zum Beispiel der oben genannte Onyx des Plinius und der heute so genannte orientalische oder ägyptische Alabaster. Umgekehrt werden Alabasterfiguren gelegentlich gerne als Marmorfiguren angeboten. Marmor di Castellina zum Beispiel ist Alabaster, also Gips, und nicht Kalkstein.

Alaun 1. Eines der wenigen ursprünglich lateinischen Wörter in unserm Namenbestande. (Die Griechen hatten statt dessen στυπτηρία). Latein. alumen (Plin. 35, 183), mittelhochd. alûn, neuhochd. Alaun. Das Wort wird als verwandt angesehen mit der indogermanischen Bezeichnung für Bier oder Met (altpreußisch alu, litauisch alùs, angelsächsisch ealu, neuengl. ale usw.), und der Alaun hätte demnach den Namen von seinem eigentümlichen Geschmack. «Vnd diß ist der beste alun der weyß/scharpff ist vnd klar / vnd ein versaltzen geschmack hat» (1507. Hortus S. 25a). – «Der Alaun hat einen anfangs süßlichen ·hernach herben zusammenziehenden Geschmack» (1802. Bourguet I S. 23).

2. In welchem Maß sich der moderne Begriff mit dem antiken deckt, ist strittig. Jetzt ist Alaun im engeren Sinn Kalialaun, ein Doppelsalz aus Aluminiumsulfat und Kaliumsulfat $KAl(SO_4)_2.12 H_2O$ (nicht zu verwechseln mit → Alaunstein). Daß alumen (und $\sigma\tau\upsilon\pi\tau\eta\rho\iota\alpha$) im Altertum den Kalialaun mit umfaßte, wird zumeist angenommen.

Im weiteren Sinn heißen jetzt Alaun die entsprechend zusammengesetzten Doppelsulfate wie Eisenalaun oder → Halotrichit, Magnesiaalaun oder Pickeringit, → Bosjemanit und viele andere.

Alaunstein Das seit alters in der Färberei, Gerberei und Heilkunst verwendete Mineral findet sich in der Natur als Ausblühung auf Lava und verschiedenen alaunhaltigen Gesteinen. Als «Alaunerze» wurden insbesondere aufgezählt: Alaunsteine, Alaunschiefer, Alaunerde. Berühmt wurden seit ihrer Entdeckung im 15. Jahrhundert die Alaunsteine von Tolfa unweit Rom, ein Mineral, das alle Bestandteile des → Alauns enthält und noch jetzt auf Alaun verarbeitet wird. Noch im 19. Jahrhundert galt Römischer Alaun als der beste überhaupt. «Alaunstein» entwickelte sich im 18. Jahrhundert zum Mineralnamen und wurde als solcher von Werner 1789 in sein System übernommen. – Synonym: Alunit $KAl_3(OH)_6(SO_4)_2$ (Cordier 1820).

Albfuß → Drudenstein.

Albit (Gahn u. Berzelius 1815): fast reiner Natronfeldspat aus der Gruppe der → Plagioklase, benannt nach der meist weißen Farbe (lat. albus weiß). Diese kommt aber auch an andern Feldspatarten vor. Bessere Unterscheidungsmöglichkeiten bietet der Habitus der Kristalle. Eine Varietät ist der Periklin (Breit-

haupt 1823). «Von $\pi\epsilon\rho\iota\kappa\lambda\iota\nu\eta\varsigma$ sich ringsum neigend, in Beziehung auf die Lage der Endflächen der Prismen» (1864. Kobell S. 451).

Albschoß → Belemnit 3 und Kap. IX.

Alexandrit ist eine seltene und kostbare Varietät des Chrysoberylls. Er wurde 1830 in den Smaragdgruben am Tokowajafluß im Ural entdeckt, wie es heißt, am Tage der Großjährigkeitserklärung des späteren Zaren Alexanders II., nach dem er auch von Nordenskiöld (1842) benannt wurde. Der Ural blieb lange Zeit die einzige Fundstätte. Der Alexandrit ist bei Tageslicht grün oder blaugrün, bei künstlichem Licht rot oder blaurot. Rot und Grün waren die hauptsächlichsten russischen Militärfarben. So war alles dazu angetan, ihn als russischen Nationalstein erscheinen zu lassen.

Alkali 1. Der Begriff bezeichnete ursprünglich nur künstliche Produkte, ist aber mit der Geschichte der Mineralnamen eng verflochten. – Arabisch alqali, von qualâ im Tiegel kochen oder rösten; alkali oder sal alkali das aus Pflanzenasche im Tiegel ausgezogene Laugensalz. Benutzt von Alchemisten, Färbern, Seifensiedern und Glasmachern. Seit dem 13. Jh. im Mittellateinischen, seit dem 16. Jh. auch im Deutschen belegt. Je nach den verwendeten Pflanzen wurden später zwei Arten Sal alkali unterschieden: Pottasche und Soda.

2. Pottasche, auch Kesselasche genannt, wurde gewonnen durch Auslaugen von Holz-, hauptsächlich Eichenasche, und nachheriges Eindampfen in Kesseln. Pott niederdeutsch für Topf, Kessel. – Name zuerst in den Niederlanden (potasch 1598), von da in andere Sprachen: englisch potash, französ. potasse, ital. potassa usw.

3. Soda wurde aus verschiedenen Salzpflanzen, besonders an der Westküste Spaniens gewonnen. Die alkalihaltigen Pflanzen hießen ebenfalls Alkali, Kali oder Soda. Noch heute gelten in der Botanik Linnés Salzkräuternamen Salsola kali und Salsola soda. Salsola kali ist auch an unsrer Nordseeküste häufig. Aus arab. suwwâd, dem Namen einer Salzpflanze? oder aus arab. sudae Kopfweh, weil als Kopfwehmittel gebraucht? – Mittellateinisch, spanisch, portugiesisch soda, spa-

nisch auch sosa, französ. soude. Im 17. Jh. ins Deutsche.

Pottasche und Soda wurden als Alkalien zusammengefaßt und als «Gegensäure» verstanden. Den Unterschied zwischen beiden durchschaute man erst allmählich im 18. Jahrh. → Nitrum.

4: Soda (Na₂CO₃ . 10 H₂O) findet sich auch als natürliches Mineral, zum Beispiel in den Natronseen Unterägyptens, massenhaft im Owens Lake in Kalifornien, als Bodenausblühung in Ungarn usw.

Soda ging im Altertum, Mittelalter und noch bei Agricola zusammen mit andern Salzen einschließlich Pottasche unter dem Namen → Nitrum. Seit dem 16. Jh. arabische Formen: Natron oder mit arabischem Artikel Anatron. «Anatrum, Anatron, Natron, Natrum Aegyptiacum, Frantzösisch, Soude blanche, Teutsch, weisse Sude, ist ein Saltz, welches in Egypten aus dem Nil-Wasser gezogen und crystallisiret wird. Es möchte auch wohl der Alten ihr Nitrum und Salpeter seyn. Es ist sehr rar und selten anzutreffen» (1732. Zedler Bd. 2).

Natürliches Mineralalkali (Werner). Jetzt am gebräuchlichsten Soda (Karsten, Hausmann u.a.). Vgl. → Trona.

Allanit Die Fundstücke, welche den Namen veranlaßten, wurden mit andern Mineralien von Giesecke in Grönland gesammelt und nach Kopenhagen geschickt auf einem Schiff, das die Engländer kaperten. Die Ladung wurde in Schottland verkauft. Der Mineraloge Allan brachte die Mineralien an sich, erkannte ihre Herkunft aus Grönland daran, daß Kryolith in der Sendung war, und schickte Proben eines Minerals zur Untersuchung an Thomson, das dieser dann (1810) Allanit nannte. – Cer-Epidot, Synonym → Orthit.

Almandin 1. Der Name hatte früher erheblich abweichende Gestalt. Bei Plinius (37, 92) heißt er Alabandicus. Er wird angeführt als eine der vielen Arten des Carbunculus, gehört also zu den roten Edelsteinen. Er sei nach der Stadt Alabanda in Kleinasien benannt, wo er bearbeitet werde. Fundstellen werden nicht weit davon entfernt angegeben.

Mittelalterliche Formen sind alabandina,

alabandra, alabanda u.ä. Albertus Magnus hat alamandina, also fast die heute gültige Form.

2. Der Name bezeichnet heute den Eisentongranat, von dem aber nicht bekannt ist, daß er in der Gegend von Alabanda vorkommt. Die Festlegung im jetzigen Sinn erfolgte durch Karsten: «Bei Herausgabe meiner Tabellen (1800) habe ich, durch Herrn Klaproth's Analyse bewogen, und durch die Verschiedenheit in den äußeren Merkmahlen unterstützt, den orientalischen Granat ganz von dem blutrothen böhmischen getrennt; diesem, da er täglich im gemeinen Leben vorkommt, den Namen Granat gelassen, und jenem den vakanten Namen Almandin gegeben» (1804. Anm. zu Hauy-Karsten II S. 635).

Alpfescht, Alphenstein, Alpschoß → Belemnit 3 und Kap. IX.

alumen → Alaun.

Aluminium Das Wort ist aus lat. alumen entwickelt, weil man bei Entdeckung des neuen Metalls vom alumen, dem Alaun, ausging. Aus Alaunlösung gewann man eine eigenartige neue Erde (Al₂O₃), die man terra aluminis, terra aluminaris, deutsch Alaunerde oder Tonerde nannte. Deren weitere Zerlegung mißlang zunächst. Davy versuchte es auf elektrolytischem Weg (1808–10). Damals wurde schon der Name des gesuchten Metalls entwickelt. Davy wollte es Alumium nennen, änderte dann in Aluminum, doch zog man schließlich die Form Aluminium vor, wegen der Angleichung an die Reihe anderer Elemente wie Magnesium, Selenium, Lithium usw.

Hergestellt wurde reines Aluminium zuerst von Wöhler 1827.

Alumogel → Bauxit.

Alunit → Alaunstein.

Alunogen → Haarsalz.

Amalgam Das Wort, schon von Alchemisten des 13. Jahrhunderts gebraucht, wird sehr verschieden gedeutet, meist aus μίγμα, μεῖγμα, Mischung, mit arabischem Artikel und verändertem Vokal Almagma, oder aus ἅμα, zusammen und γάμος, Heirat, oder aus μάλαγμα, erweichendes Pflaster, weicher Körper, mit arabischem Artikel, oder auch unmittelbar aus dem Arabischen (vergl. Oxf. Dict.). Jetzt Bezeichnung für Quecksilberlegierungen. «Amalgama, ist eine Vermischung des Metalls mit dem Quecksilber, um selbiges zu einem Klumpen zu bringen» (1743. Minerophilus S. 22). – «Die Operation, ein anderes Metall mit Quecksilber zu einem Amalgama zu verbinden, heißt die Amalgamation, Amalgamirung, Verquickung» (1802. Bourguet I S. 38).

In der Mineralogie ist Amalgam Name für die seltene Verbindung von Quecksilber und Silber. Natürliches Amalgam (Werner).

Amazonenstein 1. Die Geschichte des Namens beginnt in Südamerika. Alexander von Humboldt berichtet darüber in der Beschreibung seiner «Reise in die Aequinoctial-Gegenden» in den Jahren 1799–1804 (1860. III S. 392ff.). – Humboldt fand bei den Indianern am Rio Negro «einige der grünen Steine, die unter dem Namen Amazonensteine bekannt sind». Sie hatten gewöhnlich zylindrische Form, waren der Länge nach durchbohrt und mit Inschriften und Bildern bedeckt. Man schätzte sie hoch und trug sie als Amulett gegen Krankheiten und Schlangenbiß am Hals. – Ihre Fundstätte lag nicht am Rio Negro, sie kamen nach den Angaben der Eingeborenen aus dem Lande der Weiber ohne Männer, der Weiber, die allein leben. Nachrichten über indianische Amazonen waren schon zahlreich nach Europa gekommen. Humboldt hielt danach die Sage für weit verbreitet unter den Indianern und war geneigt, einen realen Kern anzunehmen. Er kam zu dem Ergebnis, daß der Amazonenstein nicht nach dem Amazonenstrom heißt, sondern beide nach dem sagenhaften Amazonenland der Indianer.

2. Allerdings nur der Name, nicht der jetzt so genannte Stein hat mit jener Gegend zu tun. Humboldt erkannte schon, daß bei der Übertragung des Namens nach Europa ein Bedeutungswechsel erfolgt war. Er schreibt: «Das Mineral, das ich aus der Hand der Indianer habe, ist zum Saussurit zu stellen, zum eigentlichen Nephrit.» Es handelte sich also um Steine, deren genaue Erkennung und Abgrenzung damals noch Schwierigkeiten bereitete. So waren leicht Verwechslungen möglich, und in Europa verstand man seit Ende des 18. Jahrhunderts unter Amazonenstein nicht Nephrit oder dergleichen, sondern eindeutig einen durch Spuren von Kupfer grün gefärbten Feldspat. – Heutiger Gebrauch: Amazomit (seit ca. 1850) = grüne Varietät von Mikroklin. → Tafel 2.

«Grüner Feldspath. Amazonenstein. Der Bürger Devarenne entdeckte im Jahre 1785 einen Gang, der aus diesem Feldspath bestand, an der russischen Gränze, in dem Theile des uralischen Gebirges, der der Festung Troiska (Dreieinigkeit) am nächsten liegt. Die dortigen Mineralogen nennen dies Fossil Krim-Spath, d.h. grünen Spath. In Sibirien kommt er von ähnlicher Art vor» (1804. Hauy-Karsten II S. 695).

Amblygonit (Breithaupt 1818): Lithiumhaltiges Phosphat von komplizierter Zusammensetzung. «Man hielt das Mineral früher für Skapolith; um nun zu erinnern, daß sein Spaltungswinkel größer als 90° wie beim Skapolith, gab Breithaupt den Namen von ἀμβλυγώνιος, schiefwinklich» (1864. Kobell S. 420). –

Amethyst Griechisches ἀμέθυστος wird seit dem Altertum gedeutet als der Unberauschte (μεθύω bin trunken), und weil selbst unberauscht, kann der Stein gegen Trunkenheit schützen. Diese Kraft wird ihm mit mehr oder minder Glauben durch alle Jahrhunderte zugeschrieben.

«Ein Amethyst ist der Stein; ich Bakchos bin Trinker: Entweder / bringt er mir Nüchternheit bei, oder das Trinken lernt er» (Anthologia Graeca IX 748. Übers. u. herg. von Beckby 1958).

«Die Lügenhaftigkeit der Magier verheißt, daß sie (die Amethyste) der Trunkenheit widerstehen und danach heißen» (Plin. 37, 124).

«Der stain hât die kraft, daz er der trunkenhait widerstêt und macht den menschen wächig und vertreibt die poesen gedänk und pringt guot vernunft» (1350. Megenberg S. 432).

Aufklärerische Zweifel siehe Kap. VIII 1.

Schon Plinius (37, 121) weiß von Versuchen, den Namen mit der Farbe des Steins in

Verbindung zu bringen. In dieser Richtung liegt die wohl am meisten einleuchtende Deutung: der Amethyst heißt nach der Farbe des stark verdünnten Rotweins, der nicht mehr trunken machen kann. Damals lag es dann nahe, vom Namen auf die rauschhindernde magische Wirkung zu schließen. – Daß der griechische Name volksetymologische Umdeutung eines orientalischen Wortes sei, wurde mehrfach vermutet und auch bestritten.

Der moderne und der antike Begriff decken sich im wesentlichen. Amethyst ist violett gefärbter Quarz. → Farbtafel 1.

Amiant → Asbest.

Ammites → Rogenstein.

ammoniacum → Salmiak.

Ammonshorn Fossile scheibenförmig-spiralige Gehäuse von Tintenfischen, weit verbreitet und im Volksmund mannigfach benannt: Scherhorn, Ziehorn, Drachenstein, Sonnenstein, Sonne, Mond. Als Zauberstein hochgeschätzt.

Aus der neulateinischen Literatur bürgerte sich die Bezeichnung Ammonshorn (Hammonis cornu) ein. «Dem Ammonshorn, einem der heiligsten Steine Äthiopiens, von goldener Farbe und geformt wie ein Widderhorn, wird Erregung weissagender Träume zugeschrieben» (Plin. 37, 167). – Der Sonnengott Ammon-Re wurde im alten Ägypten in Widdergestalt verehrt.

Mit der Bezeichnung Ammonites gingen die Ammonshörner in die paläontologische Nomenklatur ein.

Amphibol → Hornblende.

Amsterdamer → Orlow.

Analcim (Hauy 1801): ἄναλκις schwach, kraftlos, und zwar in bezug auf die elektrische Erregbarkeit. – Silikat, früher zu den Zeolithen gerechnet, jetzt als verwandt mit dem Leucit angesehen.

Anatas (Hauy 1801): fast nur in kleinen Kristallen bekannt, die gewöhnlich spitzpyramidal entwickelt sind. ἀνάτασις Steigung, Emporstreckung – Anatas ist eine der beiden tetragonalen Modifikationen des Titandioxids.

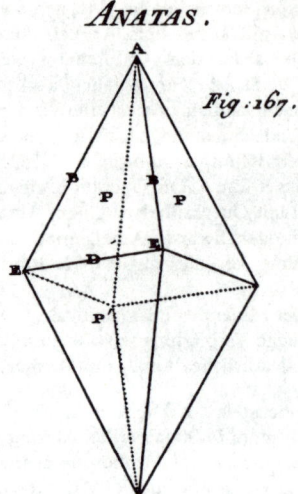

Anatas-Kristall. (1806. Hauy-Karsten Taf. LVII.)
1:1.

Anatron → Nitrum 7.

Andalusit Al_2OSiO_4 (eine der beiden rhombischen Modifikationen), benannt von Delamétherie (1798) nach der Landschaft Andalusien. Dieser Fundort erschien so wenig charakteristisch, daß sich alsbald Kritik regte. Für Goethe war der Name ein betrübendes Beispiel «disparater» und für die Wissenschaft schädlicher Nomenklatur (Werke XX S. 546). – «Der Nahme dieses Körpers verdiente wohl gegen einen passenderen vertauscht zu werden» (1813. Hausmann S. 507). – Eine Abart des Andalusits ist der Chiastolith. → Kreuzstein.

Andesin (Abich 1841): Kalk-Natron-Feldspat, zur Gruppe der Plagioklase gehörend. Benannt nach seinem Vorkommen als wesentlicher Gemengteil im → Andesit.

Andesit (L. von Buch 1836): vulkanisches Gestein ähnlich dem Porphyrit. Benannt nach den Vorkommen in den Anden. Ein Hauptgemengteil ist Kalk-Natron-Feldspat (→ Andesin). Das entsprechende Tiefengestein ist der Diorit.

Andradit (Dana): Kalkeisengranat, benannt nach dem portugiesischen Mineralogen d'Andrada, der zur wissenschaftlichen Unterscheidung der Granatarten beigetragen hat.

Androdamas → antrodrâgmâ.

Anglesit (Beudant 1832): benannt nach Fundorten auf der Insel Anglesey (Wales).

Anglesit ist Bleisulfat, $PbSO_4$. Darauf bezogen sich die jetzt veralteten Namen: Vitriol de Plomb (Monnet 1779), Natürl. Bleivitriol (Karsten 1791), Vitriolbleierz (Werner 1817). «Vitriole ... Mit diesem Namen bezeichnete man ehemahls insbesondre jede Auflösung eines Metalles in Schwefelsäure» (1805. Bourget VI S. 29).

Der in Zellerfeld gefundene Anglesit wurde zunächst für eine Abart des Weißbleierzes gehalten und Bleiglas (Lasius 1789) genannt. Auch nach Richtigstellung wurde Bleiglas noch hin und wieder als Synonym erwähnt (vgl. Hausmann. 1813. S. 1116).

Anhydrit Die Geschichte des Namens begann mit einer Fehlanalyse, wie sie damals nicht selten vorkamen: Der Entdecker Abbé Poda nannte (1794) das Mineral Muriacit auf Grund des Irrtums, daß Salzsäure (acidum muriaticum) darin enthalten sei. Weitere Analysen ergaben aber, daß es schwefelsaurer Kalk ist, vom Gips nur durch Fehlen des Wassers unterschieden. Bei Hauy (1801) chaux sulfatée anhydre, danach Anhydrit, zu ἄνυδρος wasserlos (Klaproth 1807).

Werner behielt Muriacit bis zuletzt bei und nannte nur eine blaue Art Anhydrit (1803).

Annabergit → Nickelblüte.

Anorthit (Rose 1823): fast reiner Kalkfeldspat, zur Gruppe der → Plagioklase gehörend. ἀν-ορϑός schräg, nicht rechtwinklig, mit Bezug auf den Spaltungswinkel. Der Name besagt also Ähnliches wie Plagioklas.

Anorthoklas → Feldspat 4 u. 5.

Anthophyllit (Schumacher 1801): Magnesium-Eisensilikat, benannt nach der nelkenbraunen Farbe. Neulateinisch Anthophyllum Gewürznelke.

Anthrazit (Hauy 1797), Kohlenblende (Werner): diejenige fossile Kohle, welche höchste Anreicherung an Kohlenstoff bei größtem Verlust an flüchtigen Bestandteilen aufweist.

Der Name Anthrazit geht auf lateinisch anthracitis, dieses auf griechisch ἄνϑραξ zurück. ἄνϑραξ in ursprünglicher Bedeutung ist Kohle, und zwar Holzkohle, dann in übertragener Bedeutung die rote, mit glühender Kohle vergleichbare Edelstein, der später Karfunkel hieß.

Die Angaben des Plinius über anthracitis (37, 99) werden als entstellte Beschreibung von Braunkohle angesehen. Soweit ersichtlich, kannte das Altertum weder unsern Anthrazit noch unsere Steinkohle, nur Braunkohle. Der moderne und der antike Begriff Anthrazit decken sich also nur ungefähr.

Antigorit → Serpentin 2.

Antimon 1. Der Name Antimon tauchte erst im Mittelalter auf, aber die Geschichte seines Vorläufers Stibium beginnt schon im alten Ägypten. Die dort zum Schminken, besonders zum Schwarzfärben der Augenbrauen und Wimpern benutzte Salbe hieß stem. Seit Beginn des neuen Reichs verstand man darunter auch Antimonerz (Grauspießglanz, Schwefelantimon). Dieses war auch bei Griechen und Römern als augenverschönerndes, augenvergrößerndes und augenheilendes Mittel in Gebrauch und hieß griech. στίμμι, στίβι, lat. stimmi, stibi (Plin. 33, 101), stibium.

2. Bald nach 1050 tauchte die Bezeichnung Antimonium anstelle von Stibium auf: «Antimonium ist warm und trocken im vierten Grade. Es ist gut für die Augen, wenn es mit Salben gemischt wird, weil es die Augennerven stärkt und jegliche Fäulnis und Schaden heilt» (Constantinus Africanus, De gradibus. Rose S. 419). – Das Wort Antimonium wurde lange aus dem Arabischen (Ithmid, Athmid) nicht ohne Künstlichkeit erklärt. Näher liegt die Herleitung aus einem spätgriechischen ἀνϑεμώνιον Blüte, Ausgeblühtes, im Sinne alchemistischer Vorstellungen (Lippmann I S. 642ff.). In der Alchemie wurde Antimonium besonders deshalb wichtig, weil es bei der Reinigung des Goldes gebraucht wurde.

«Der antimonium reiniget alein das golt, die andern metallen verzert er gar, das silber verleurt sein gewicht groß. darauf ist nun zu wissen, der mensch ist zu gleicher weis wie das

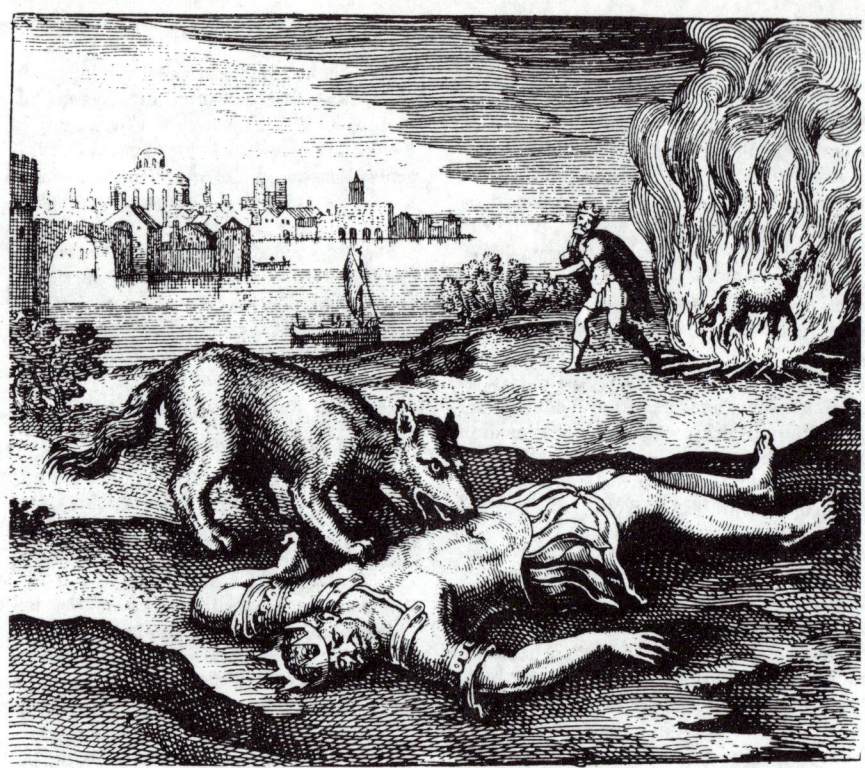

König (Gold) vom Wolf (Antimon) gefressen, aus dem Feuer gereinigt hervorgehend.
(1617. Michael Maier, Atalanta fugiens.)

golt und wird dem golt vergleicht in allem seinem wesen und kreften, darumb reiniget er den menschen und alein das golt zu irer beider gesuntheit und höchstem grad» (1536. Paracelsus I 10 S. 362). Damit werden alchemistische Namen wie Wolf der Metalle, Dreiköpfiger Höllenhund (Cerberus infernalis triceps), Bad des Königs verständlich.

3. Nicht nur das Erz, auch das reine Metall war seit vorgeschichtlichen Zeiten bekannt, da es leicht auszuschmelzen ist, wurde aber im Altertum und Mittelalter für eine Art Blei gehalten. «Stibi ... wird gebrannt, indem es auf Kohlen gelegt und bis zum Glühen angeblasen wird. Wenn man es nämlich weiter brennt, wird es Blei» (Diosk. V 84).

4. Seit Ausgang des Mittelalters wurde das aus dem Antimonium, deutsch Spießglas,

ausgeschmolzene Metall schrittweise deutlicher vom Blei unterschieden. Es gab aber – erstaunlicherweise bis etwa 1800 – keinen besonderen Namen dafür. Es war eben Spießglas-Metall, hieß weiter Antimonium oder Spießglas, oder mit einem Ausdruck der Alchemisten und Erzprobierer Regulus Antimonii, oft einfach Regulus, oder deutsch Spießglas- → König, Spießglanzkönig.

«Antimonium. Spiesglaß ... Der meister Serapio ... spricht das/diß sy ein ader der erden: vnd gleichet dem bley / vnd ist diß die vnderscheid vnder dem bley vnd antimonio. wann das bly lasset sich nit zerstossen: sunder antimonium stosset man zu puluer. Item bley schmyltzt in dem fewer antimonium verbrent in dem fewer» (1507. Hortus S. 24a).

«Das Spiesglas in seiner metallischen Gestalt, erreget bey den Menschen ein Brechen» (1770. Cronstedt-Brünnich S. 243).

«Spiesglas, Spiesglaskönig … Verdient nach allen Rücksichten als ein eigenes Geschlecht seine Stelle unter den metallischen Körpern. Der Spiesglaskönig ist in seiner vollkommenen Reinigkeit weiß, und glänzend wie Silber; in seinem innern Gewebe, ist er blätterich und strahlicht, übrigens aber so spröde, daß man ihn leicht zu Pulver zerreiben kann» (1778. Gmelin III S. 86).

5. Im Jahre 1748 entdeckte man das Spießglas-Metall auch rein als natürliches Mineral. Es hieß zunächst Regulus Antimonii nativus, gediegen Spießglas (Werner), gediegen Spießglanz (Hausmann 1813). Antimonium war dann bis zur Jahrhundertmitte allgemein Name des Metalls geworden, zugleich hatte sich die abgekürzte Form Antimon durchgesetzt. Das bisher Antimonium genannte Erz wurde umbenannt. → Grauspießglanz.

6. In dem Zeichen Sb lebt das lateinische Stibium weiter, das letztes Endes auf das älteste Ägypten zurückweist.

Antimonblende (Jameson 1820, «Antimony Blende»).

Sb$_2$S$_2$O. Nadelförmige Kristalle mit Diamantglanz. Meist kirschrot. Die Synonyme enthalten sämtlich einen Hinweis auf die Farbe. – Rotspießglaserz (Werner 1789), Rotspießglanzerz (Klaproth 1802) in Analogie zu Grauspießglaserz. – Kermes (Beudant 1832), später durchweg in der Form Kermesit übernommen. – Die Kermes genannte Schildlaus diente seit dem Altertum zum Rotfärben. Aus pers. türk. arab. quirmiz. Aus derselben Wurzel stammt Karmesin, Karmin. – Pyrostibit (Glocker 1847), von πῦρ Feuer und στίβι Antimon.

Bevorzugt gebraucht bis ins 20. Jahrhundert Antimonblende, neuerdings Kermesit.

Antimonblüte ist Antimonoxid (und zwar dessen rhombische Modifikation). Die dem Mineral gegebenen Namen beziehen sich in sehr verschiedener Weise auf den Antimongehalt. Antimonblüte (v. Leonhard 1821) berücksichtigt die Entstehung durch Verwitterung auf Antimonerzen. – Weißspießglaserz (Werner) und Spießglanzweiß sind in Parallele zu Grauspießglanz gebildet. Beide sind

nicht mehr gebräuchlich. – Das Synonym Valentinit (Haidinger 1845) erinnert an Basilius Valentinus, den angeblichen mittelalterlichen Verfasser eines berühmten alchemistischen Werkes über das Antimon, betitelt Triumphwagen Antimonii, herausgegeben 1604 von Johann Thölde.

Antimonglanz → Grauspießglanz.

Antimonit → Grauspießglanz. → Farbtafel 2.

Antimonnickelglanz, -kies → Gersdorffit und Ullmannit.

Antimonocker (v. Leonhard 1821), Spießglasocker (Werner). Gelbe oder gelbliche, meist erdige Verwitterungsprodukte auf Grauspießglanz und andern antimonhaltigen Erzen. – Teils wasserhaltiges Antimonoxid, Stibiconit (Brush 1862, in Abänderung von Stibiconise, Beudant 1832): zu στίβι Antimon und κόνις Staub. – Teils wasserfreies Antimonoxid, Cervantit (Dana 1850), nach dem Fundort Cervantes in Spanien.

Antimonsilber (v. Leonhard 1821) oder Silberantimon (Breithaupt 1823) ist eine Verbindung der beiden Metalle mit anscheinend wechselndem Silbergehalt. Deshalb von Beudant (1832) Discrase genannt, von δυσκρᾶσις, besser δυσκρασία, schlechte Mischung; daraus Diskrasit (Fröbel), heute in der richtigeren Schreibung Dyskrasit gebräuchlich. Als dessen Formel wird jetzt Ag$_3$Sb angegeben. Die Abweichungen entstehen durch Beimengung anders zusammengesetzter Ag-Sb-Mineralien.

Antimonsilberblende → Rotgültig.

Antozonit → Stinkspat, nach dessen Gehalt an freiem Fluor (Antozon).

antrodrâgmâ (Parz. 791). Lateinisches androdamas, aus dem Griechischen, bedeutet Männerbezwinger (Pindar N3, 38: φόβος ἀνδροδάμας männerbezwingende Furcht). «Die Magier glauben, daß er seinen Namen deshalb hat, weil er Ungestüm und Zorn der Menschen bezwingt» (Plin. 37, 144). – «Andromanda, oder androdragma … der stain hât die kraft, daz er gar hitzigen zorn benimt und benimt auch die unkäusch» (1350. Megenberg S. 436). – Die in der Überlieferung ziemlich einheitlich angegebenen Merkmale (Würfel-form, Silberglanz, große Härte) genügen nicht für eine eindeutige Bestimmung des Minerals.

Apachentränen → Kap. XVIII 4.

Apatit Von Werner (1786) benannt: «Trüg-ling», von ἀπατάω täusche, betrüge. «Der Apatit führt seinen Nahmen mit vollem Rechte, denn zu wiederholten Malen sind Mineralogen und Chemiker durch ihn ge-täuscht worden. Vormals hielt man ihn fälsch-lich für Kalkspath; als man ihn schon kannte, sprach man dennoch eine Abänderung irrig für Beryll an; ... so wie man den smalteblauen Apatit von Drammen bald für Lazulith, bald für Kupferlasur ausgab» (1813. Hausmann S. 871).

«Obwohl Werner wegen dieser Verhältnisse den Namen Apatit wählte, so wurde er doch selbst von zwei seiner Varietäten getäuscht, die er als Spargelstein und Phosphorit für eigene Species nahm, und dasselbe begegnete Karsten mit einer blauen Abart, die er Moro-xit nannte. Klaproth, Vauquelin und Fuchs machten diesen Irrungen ein Ende und lösten die Räthsel durch die chemische Analyse» (1853. Kobell S. 100).

Apatit ist ein fluorhaltiges Calciumpho-sphat. Er ist in jeder Farbe zufällig gefärbt. Spargelstein (Werner) ist ölgrün oder gelb-grün, – → auch Phosphorit.

Aphrit → Schaumkalk.

Aplit Etwa seit 1800 aufgekommene Be-zeichnung für glimmerarme und sehr feinkör-nige, dadurch unzusammengesetzt ausse-hende gangartige Granite. ἁπλόος einfach. Sprachrichtiger wäre also Haplit. – Später erweitert auf andere magmatische Gesteine gleicher Ausbildung und Entstehung: Granit-aplit, Gabbroaplit u. a.

Aplom Von Hauy (1801) als besondere Spe-zies vom Granat abgetrennt. «Hauy benannte ihn von ἁπλῶς, einfach, wegen der einfachen Krystallform, nämlich des durch die Streifung angedeuteten Würfels und der Combination mit dem Rhombendodekaeder» (1864. Kobell S. 436). – Demnach müßte eigentlich Haplom geschrieben werden. Das auslautende m ist aus dem Griechischen nicht zu begründen. –

In der neueren Mineralogie ist Aplom Be-zeichnung für Kalk-Eisen-Granat-Varietäten, → Andradit.

Apophyllit (Hauy 1805). Wasserhaltiges Ca-K-Silikat. Durch seine «Schichtgittereigen-schaften» mit Mineralien wie Talk und Glim-mer verwandt. ἀπό ab, φύλλον Blatt, ἀπο-φυλλίζειν entblättern, bezüglich auf die «dreifache Tendenz des Minerals abzublät-tern: durch Reiben, durch Hitze und durch Salpetersäure.»

Synonym: Ichthyophthalm (d'Andrada 1800), zu griech. ἰχθύs Fisch, ὀφθαλμός Auge, deutsch Fischaugenstein (Werner 1808), wegen des Perlmutterglanzes und eigentümlichen Lichtscheins auf der Basis der Kristalle.

apsyctos → absist.

Aquamarin Aqua marina heißt Meerwasser, im Lateinischen und Italienischen gleichlau-tend. Seit der Renaissance in Europa für die meerfarbene, d. h. seegrüne bis blaue Abart des Berylls.

Arachneolithus → Spinnenstein.

Aragonit Ein Mineral, dessen Bestimmung Schwierigkeiten machte, die man sich heute kaum mehr vorstellen kann. Es wurde von Werner nach dem Vorkommen in Aragonien anfangs Arragonischer Apatit genannt, bis Klaproth (1788) feststellte, daß es sich um kohlensauren Kalk (CaCO₃) handelte. Nun-mehr von Werner Arragonischer Kalkspat, später Arragon genannt. Arragonit (Estner 1797). Hauy kritisierte den Namen als fehler-haft wegen der schon damals festgestellten Verbreitung des Minerals auch in Frankreich und Deutschland.

Hauy fand (1801) die kristallographische Verschiedenheit von Kalkspat (Kalzit) und Aragonit. Daß eine und dieselbe Substanz in zwei Modifikationen kristallisiere, erschien damals denkunmöglich, war nach Hauy der gesunden Vernunft zuwider. So machten sich die Chemiker Frankreichs und Deutsch-lands daran, die chemische Verschiedenheit beider Substanzen doch noch zu erweisen, am Ende mit negativem Ergebnis. Man mußte umlernen und anerkennen, daß es «Dimorphie» gibt. – Mittlerweile ist an zahlreichen Mineralien Dimorphie bzw. Polymorphie festgestellt. Vom SiO_2 sind mindestens acht Modifikationen bekannt. → auch Eisenblüte.

Arbre d'or   → Autunit.

Argentit   → Glaserz.

argentum   → Silber.

argentum vivum   → Quecksilber.

Arktizit   → Wernerit.

Armalcolit   → Mondmineralien.

arrhenicum   → Arsen.

Arsen 1. Das Wort ist entstanden aus griech. ἀρσενικόν, ἀρρενικόν (Theophr. 40, Diosk. V 104), latein. arsenicum, arrhenicum (Plin. 34, 178). Es wird als asiatisches Lehnwort erklärt: aus syrischem zarnig, zarnîkâ, dies aus altpersischem zaranya goldfarben. Es bezeichnete im Altertum das gelbe Schwefelarsen (As_2S_3). Das höchst auffällige Gelb dieses Minerals veranlaßte auch den lateinischen Namen auripigmentum, das heißt Gold-Pigment, Goldfarbe (Plin. 35, 30).

Eine andere Erklärung leitet das Wort Arsen ab aus griech. ἄρσην männlich, stark, wegen der Giftwirkung. Mag das richtig oder falsch sein, jedenfalls haben die Alchemisten, die viel mit Arsenverbindungen umgingen, bei ihren Spekulationen oft Arsenik als das Männliche verstanden.

Die Bedeutung von arsenicum verschob sich dann. Das Wort bezeichnete im Mittellateinischen und weiterhin im Neulateinischen «Arsenikalien», künstliche wie natürliche Arsen-Verbindungen. → darüber Kap. V 2.

2. Bei Paracelsus hat Arsenicum große medizinische Bedeutung: «Von dem arsenico zu schreiben und seinen tugenden, sollent ir wissen, das all tugent, so er hat, alein von dem ist, darumb, das ein gift ist, und alle sein tugent hat er von wegen der giftikeit. aus der ursach sollen ir nun wissen, das sein tugent in der gestalt zu erkennen seind, das gift ander gift uberwint.» Seine Terminologie ist noch ganz die des Mittelalters, nur ins Deutsche übersetzt. «Nun wissent weiter von den geschlechten der arsenik, wie vil ir seind ... weiß

ist der edlist in der arznei, gelb erger, rot gar nichts wert.» Was in den «praeparationibus» der Alchemisten aus dem Arsenicum gemacht wird, hat minderen medizinischen Wert (um 1525. I 2 S. 166–168).

3. Die Gewinnung des reinen Metalls, des Regulus arsenicalis, des Arsenikkönigs, beschäftigte die mittelalterlichen Alchemisten wie die späteren Chemiker, war aber weit schwieriger als die Gewinnung des Spießglaskönigs. «Der Arsenikkönig wird durchs Scheidewasser aufgelöst, und ist übrigens, weil er schwerlich rein zu erhalten, sondern allezeit mit andern Metallen vereiniget ist, durch allerley Auflösungsmittel wenig untersucht» (1770. Cronstedt-Brünnich S. 248). Es gab auch bis um 1800 keinen Namen, der das in den verschiedenen Arsenikalien enthaltene Metall im besonderen bezeichnet hätte.

Das ist um so merkwürdiger, als das Arsen rein in der Natur vorkommt und unter Bergleuten bekannt war unter dem Namen Fliegenstein, in der schaligen Ausbildung unter dem Namen Scherbenkobalt oder Näpfchenkobalt. Man benutzte nämlich die Scherben als Näpfchen, füllte sie mit Wasser und stellte sie als Fliegengift hin. Henkel schlug vor, auf dies Mineral den Namen Arsenik anzuwenden, und Werner nannte es dann gediegen Arsenik. Damit war Arsenik deutlich zum Metallnamen geworden.

«Es wird auch von einigen Kobold und Schirbenkobold genennet, zumal von Bergleuten, die alle dasjenige Kobold heisen, was giftig ist, oder was sie nur nicht kennen; wäre aber behutsamer und deutlicher geredet, wenn man es ein pures schwarzes Gifterz, einen gegrabenen Fliegenstein, ja einen gegrabenen schwarzen Arsenic heisen wolte» (1754. Henkel S. 548).

4. Die abgekürzte Form Arsen (statt Arsenik), auch in Zusammensetzungen wie Arsenkies (statt Arsenikkies) bürgerte sich seit etwa 1850 mehr und mehr ein.

Arsenblende   → Auripigment und Realgar.

Arsenblüte (20. Jh.), gekürzt aus Arsenikblüte (Karsten 1800). Arsentrioxid, As_2O_3 ein Verwitterungsprodukt, als weißer mehliger oder haarförmiger Überzug auf Arsenerzen. «Der Name bezeichnet sowol den Gehalt als das blütenähnliche Ansehen des Fossils. Man könte auch das Endwort auf die Art der Entstehung, d. i. auf das Ausblühen desselben beziehen» (1817. Hoffm.-Breithaupt IV a S. 228).

Als künstliches Erzeugnis unter dem Namen weißes Arsenik seit langem bekannt; «und besonders in dieser Bedeutung hat der Name Arsenik an und für sich etwas schauderhaftes, und scheint gemacht zu seyn, um an große Verbrechen oder an traurige Vergreifungen zu erinnern» (1810. Hauy-Karsten IV S. 295).

Arsenit (Haidinger 1845). – Das jetzt meistgebrauchte Synonym: Arsenolith (Dana 1854).

Arsenikalkies → Löllingit.

Arsenit → Arsenblüte.

Arsenkies → Mißpickel.

Arsennickelkies, -glanz → Gersdorffit.

Arsenolith → Arsenblüte.

Arsenopyrit → Mißpickel.

Arsensilberblende → Rotgültig.

Asbest und Amiant.

1. Griechisches a-sbestos (ἄ-σβεστος) heißt unauslöschlich. Bei Dioskurides (V 115) bezeichnete es den ungelöschten Kalk. Es erscheint verständlich, wenn man hier den Ausdruck unauslöschlich anwendete. Dagegen sind die heute Asbest genannten faserigen Mineralien nicht unauslöschlich, sondern unverbrennlich. Dieser dem eigentlichen Wortsinn widersprechende Wortgebrauch kam schon im Altertum auf.

2. Plinius weiß in diesem Fall nicht besonders gut Bescheid. Er erwähnt (37, 146) ganz kurz einen Edelstein asbestos und beschreibt (19, 19) ausführlicher eine asbestinon genannte vermeintliche Pflanzenfaser. «Herausgefunden ist auch schon ein durch Feuer nicht zerstörbares Leinen. Sie nennen es ‹lebendiges›, und wir sahen daraus hergestellte Mundtücher, geglüht auf dem Herd bei Gastmählern, nachdem der Schmutz herausgebrannt war, reiner glänzen als es durch Wasser möglich gewesen wäre. Totenumhüllungen daraus für Könige trennen die Leichenasche von der übrigen Asche. Es wächst in Wüsten und sonnverbrannten Gegenden Indiens, wo kein Regen fällt, zwischen gräßlichen Schlangen, und gewöhnt sich in der Glut zu leben, ist selten zu finden, schwer zu weben wegen der Kürze; die Farbe, an sich rot, wird hell durch Feuer. Wenn gefunden, ist es dem Wert feinster Perlen gleich. Genannt wird es von den Griechen ἀσβέστινον auf Grund seiner Eigenart.» – In einigen alten Plinius-Handschriften steht nicht asbestinon, sondern auestionon, das man als verderbtes ἀκαύστινον (unverbrennlich) gedeutet hat. Sollte das die richtige Lesart sein, wäre «Asbest» also durch fehlerhafte Überlieferung zu seiner jetzigen Geltung gelangt (Diels, nach Goltz S. 171).

3. In den «Etymologien» Isidors ist Asbestos dem Wortsinn entsprechend der Unauslöschliche, aber nicht der ungelöschte Kalk des Dioskurides, sondern der Wunderstein, der er nun das ganze Mittelalter hindurch bleibt unter dem Namen Abeston, Bestion oder ähnlich (vom lat. Akkusativ asbestum). – «Asbestos, eisenfarbener Stein aus Arkadien, benannt nach dem Feuer, weil er einmal entzündet nie erlischt» (Isid. XVI 4,4). – «Abeston – mir ist kunt –/ wann das die gimme wirt entzunt,/ so mag sie fort in keiner stund/ verleschen wint noch wages art» (um 1350. Heinr. v. Mügeln, Der Dom 28. wage: Woge; gimme: Gemme, Edelstein).

4. Im Humanismus wurde die Form Asbest wieder hergestellt. Die Sage vom Unauslöschlichen wirkte nach in der Bezeichnung ewiges Licht für Asbest-Dochte. Im übrigen ist Asbest der Unverbrennliche geworden.

5. Dem lateinischen Asbest entspricht der griechische Amiant. Amiant (λίθος ἀμίαντος) wird bei Dioskurides (V 138) als dem faserigen Alaun (στυπτηρία σχιστῇ) ähnlich beschrieben. Man mache aus ihm Gewebe, die im Feuer rein gebrannt würden. Dies berichten auch Plinius (36, 139) und Isidor (XVI 4, 19). Sie fügen hinzu: er widersteht jeglicher Giftmischerei, besonders der Magier. Diese Überlieferung geht durchs Mittelalter, doch wird der Amiant weit seltener genannt als der Abeston. Er heißt bei Heinrich von Mügeln amaritan, bei Megenberg amantes. Aus der Ähnlichkeit mit dem Alaun ist eine solche mit

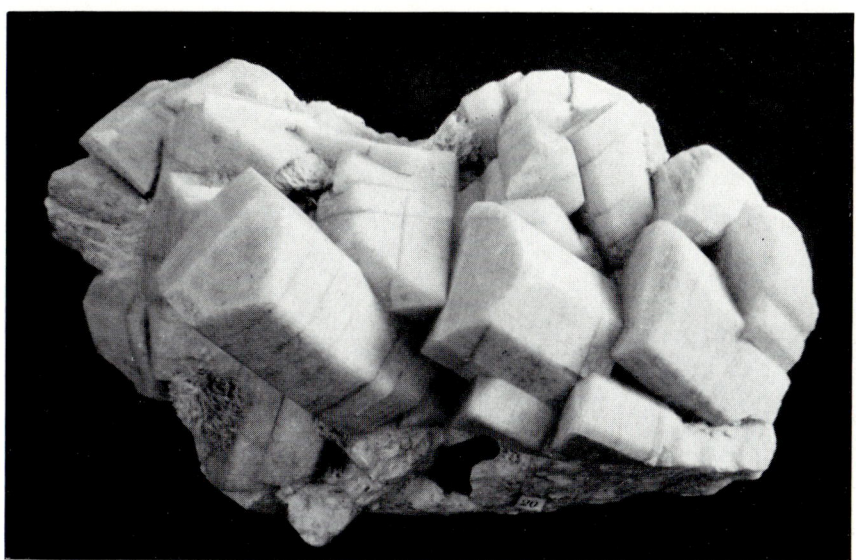

Amazonenstein, Kristallgruppe. – Pikes Peak, Colorado

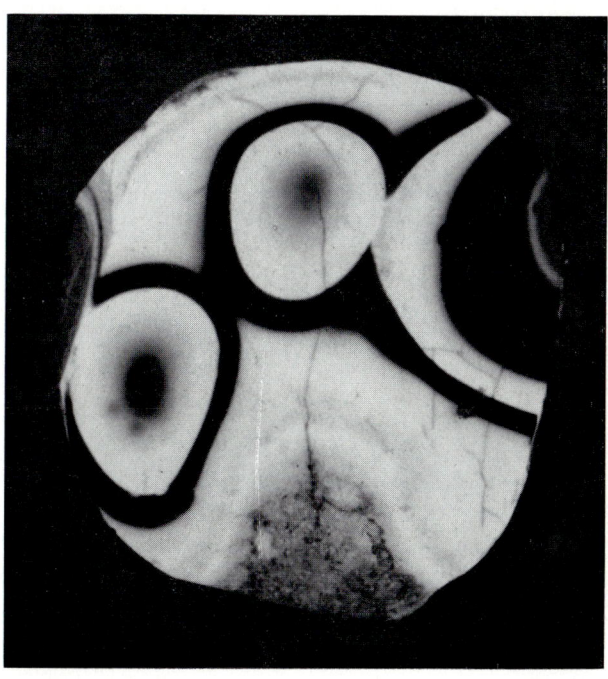

Augenachat

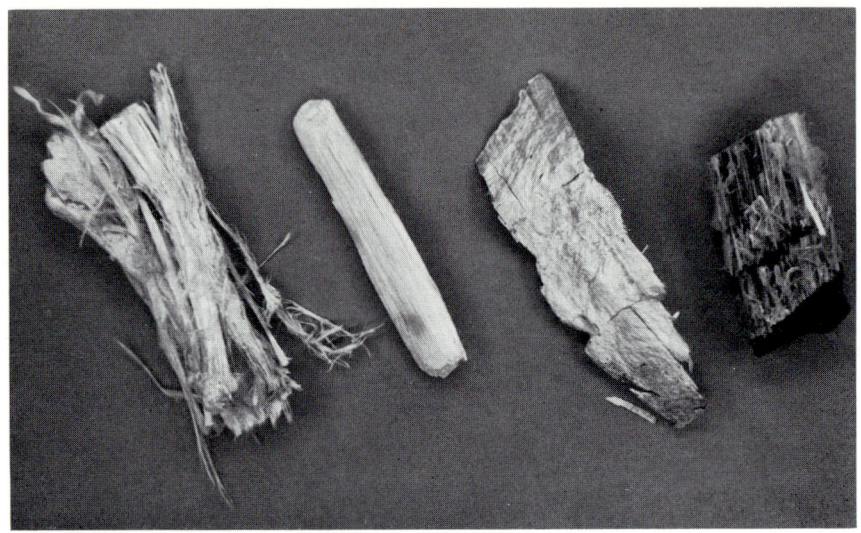

1. Bergflachs (Bergwolle). – 2. Bergholz. – 3. Bergleder. – 4. Serpentin in Übergang zu Asbest

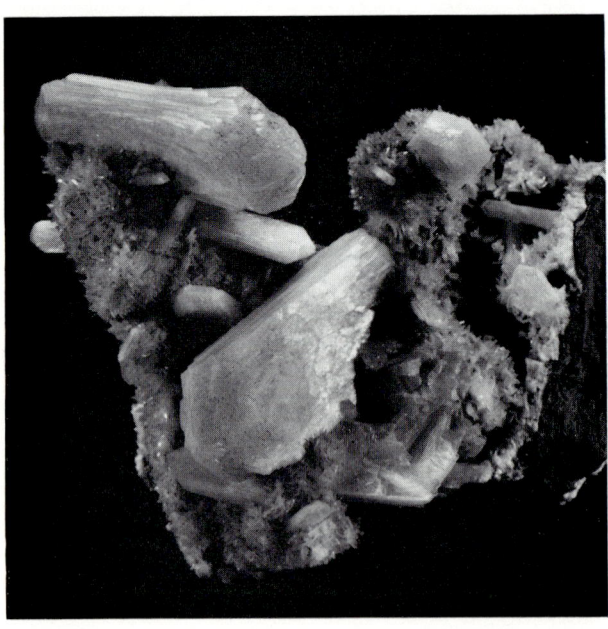

Desmin-Kristalle
auf Heulandit.
– Teigarhorn, Island

«ainer weizen kreiden» geworden. «Der stain widerstêt vergiftigen dingen und der zaubraer werken» (1350. Megenberg S. 434).

ἀμίαντος heißt rein, unbefleckt, unbefleckbar, «vielleicht weil er unverbrennlich und im Feuer zu reinigen ist» (1853. Kobell S. 92).

Die Unbefleckbarkeit durch Gift mag aus dem Namen hergeleitet sein.

Im Neulateinischen und Neuhochdeutschen wurde Amiant fast zum Synonym für Asbest. Falls unterschieden wurde, blieb Asbest der umfassendere Begriff, Amiant bezeichnete und bezeichnet auch heute noch besonders feine biegsame seidenglänzende Arten.

6. Neben den griechisch-lateinischen eine große Reihe volkstümlich-deutscher Bezeichnungen. Belege für die meisten seit dem 16. Jahrhundert:

Bergflachs, Bergwolle (biegsame Fasern).

Bergholz (weniger biegsam).

Bergfleisch, Bergkork (wirrfaserig).

Bergleder (faserige Schichten).

→ Federweiß (bis zum 18. Jahrhundert auch Bezeichnung für Feder-Alaun).

Papierstein. 1727 wurden von einem Buch über den Asbest mehrere Exemplare auf Amiantpapier gedruckt (Hausmann. 1813. S. 739). – «Man verfertigt auch aus dem Asbeste Papier, bloß, um dessen Feuerbeständigkeit zu zeigen, und um auf diese besondere Steinart einigen Werth zu setzen» (1770. Cronstedt-Brünnich S. 123).

Salamanderhaar. Bezieht sich auf den schon aus dem Altertum überlieferten Glauben, daß der Feuersalamander im Feuer lebe und es löschen könne. Vgl. Faust I 1273: Salamander als Elementargeist des Feuers. – «Die Teutschen nennen solchen Stein Feder weiß oder Erd-Flachs / und erzehlen gleichsam Mährleinweise / es wachse solches auß denen Haarn des Salamanders weil es nicht vom Feuer verzehret werde» (1698. Berg-Buch I S. 75).

«Amiantus: Federwis / pliant / salamanderhar» (1546. Interpretatio). «Amianthus, Amiantus, Amianthus lapis, Asbestus, Asbeston, oder Asbestes lapis; griechisch ᾽Ασβεστὸς; Frantzösisch Amiantc; Teutsch Amianth, Stein- oder Erd-Flachs, Feder-Weiß, Schiefer-Weiß, Steindacht, Katzen-Sil-

ber, das ewige Licht. Es ist ein fasichter, schieferichter Stein, oder ein mineralisches Wesen, und eine Gattung Kalck, welches sich gleichsam wie Federn von einander reissen lässet, und dem Feder-Alaun dermassen ähnlich siehet, daß es ihrer viele für einerley gehalten und mit einander vermenget haben, dahero es auch noch von einigen Alumen plumosum oder Federweiß genennet wird» (1732. Zedler Bd. 1. Dacht in der älteren Sprache statt Docht).

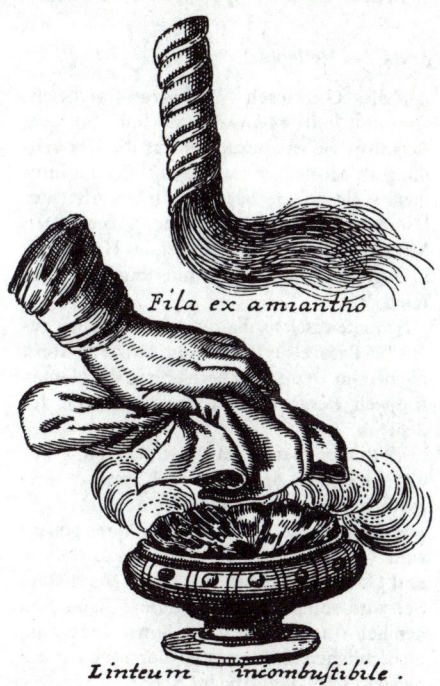

«Fäden aus Amianth». «Unverbrennliche Leinwand», über Feuer gehalten. (1704. Valentini I S. 49.) 3:4.

7. Asbest ist nicht Name einer Mineralart, sondern einer Ausbildungsart, die sich bei verschiedenen Mineralien findet, vor allem bei Amphibolen (Strahlstein, Anthophyllit) und beim Serpentin. Das wurde im Laufe des 19. Jahrhunderts im einzelnen festgestellt und veranlaßte Änderungen in der Nomenklatur.

Amiant ist heute Bezeichnung für Strahlsteinasbest. Weniger gebräuchliches Syno-

nym: Byssolith (Saussure, Voyage dans les
Alpes, 1796), von βύσσος feiner Flachs, feines
Gewebe, und λίθος Stein. Serpentinasbest,
besonders solcher von reiner Farbe und mit
Seidenglanz, heißt auch Chrysotil (Kobell)
oder Chrysotilasbest, von χρυσός Gold und
τίλος Faser. – Bergflachs, Bergholz, Bergkork, Bergleder gehören teilweise zum Amphibol, teilweise zum Serpentin. Diese Namen werden wohl noch gebraucht, haben aber
wegen ihres rein beschreibenden Charakters
an Bedeutung für die Wissenschaft verloren. –
→ Tafel 3.

Asem   → Hellgold 2.

Asphalt Griechisch ἄσφαλτος; vielleicht
verwandt mit σφάλλειν zu Fall bringen,
ἀσφαλής sicher, bezüglich auf die Verwendung als Mörtel. Plinius (35, 178ff.) hat bitumen. – Besonders begehrt war im Altertum
bitumen Judaicum (Judenpech) vom Toten
Meer. Verwendung als Mörtel, als Heilmittel,
in Ägypten zur Einbalsamierung von Mu-
mien.

Spätlateinisch asphaltus. Im Deutschen zuerst bei Paracelsus (asphaltum I 6 S. 82). Meist
blieben im Deutschen herrschend die Namen
Erdpech, Bergpech, daneben Judenpech, Judenleim.

«Bitumen, Bergwachs / Judenleim / bey
den Griechen Asphalton geheissen / vermuthlich vom Asphaltischen See im Jüdischen Land / so nun das todte Meer genant
wird / in der Gegend / da weyland Sodom
und Gomorrha gestanden. Dann aus diesem
See wird sothane zähe Materie / Asphalton
nemlich / herauß gefischet. Sonst giebts zum
menschlichen Gebrauch in diesem See gantz
nichts» (1698. Berg-Buch I S. 65).

Auch in der Mineralogie wurden bis ins
19. Jahrhundert hinein die deutschen Namen
bevorzugt. Dagegen die Verwendung als Stra-
ßenbaumaterial ging von je unter dem Namen
Asphalt. 1838 wurde erstmalig in Deutschland
eine Straße, der Jungfernstieg in Hamburg,
nach Pariser Muster «asphaltiert».

Asphalt besteht hauptsächlich aus Kohlenstoff, Wasserstoff und Sauerstoff. Entstehung
aus Erdölrückständen durch Sauerstoffauf-
nahme (Verharzung) wird angenommen. Eine
Fundstelle für natürlichen Asphalt noch jetzt

am und im Wasser des Toten Meeres. Der
heute verwendete Asphalt ist meist ein Kunstprodukt. → auch Bitumen.

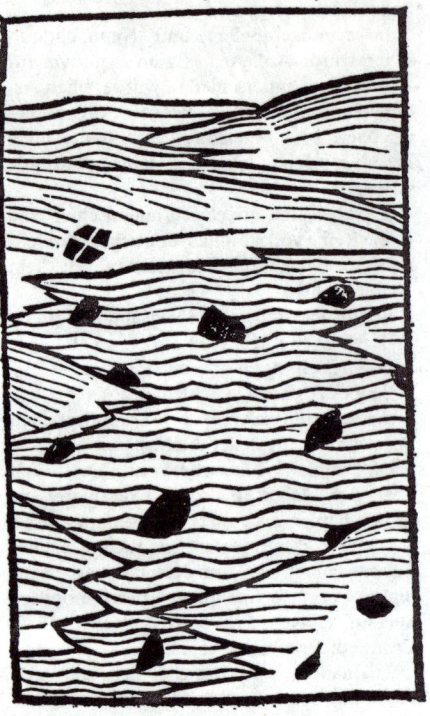

Judenleim. (1507. Hortus.) 9:10.

Asteria, Astolos, Astrion u.ä. → Sternstein 2.

Atacamit (Blumenbach 1799): benannt
nach dem ersten Fundort, der Wüste Atacama
in Nord-Chile. – Cu, Cl, OH. – Von den späteren Synonymen hat sich nur Salzkupfererz
(Werner) bis ins 20. Jh. gehalten.

Atramentstein Nicht mehr gebräuchliche
Bezeichnung für vitriolhaltige Gemenge. Lateinisch atramentum schwarze Farbe. → auch
Vitriol 3. «Der Bergmann nimmt es mit diesem Nahmen nicht sehr genau» (1813. Hausmann S. 1061).

Augit Benannt von Werner (1792). Wiederaufnahme eines bei Plinius (37, 147) erwähnten augitis (von griech. αὐγή Glanz).

Augit im weiteren Sinn: gleichbedeutend mit Pyroxen. Mineralgruppe, verschiedene Silikate umfassend, Enstatit, Diopsid, Augit im engeren Sinn und andere. – Augit im engeren Sinn: gemeiner Augit, $CaMgSi_2O_6$, mit Al, Fe, Ti u. a.

Der Glanz ist nur für einige Arten charakteristisch. Über Augit in vulkanischem Gestein von der Insel Palma sagt L. v. Buch: «Das Gestein ist wieder dem Basalt sehr ähnlich, graulichschwarz, wenig schimmernd und schwer, mit vielen sehr kleinen Augit-Krystallen, welche durch die Verwitterung gar scharf und glänzend über die Oberfläche hervortreten, und welche bis zu so kleinen Punkten herabfallen, daß man ihnen wohl größtentheils das Schimmernde der Masse zuschreiben muß» (1820 L. v. Buch III S. 9).

Augitit → Fels 3.

Aurichalcit 1. Das Wort nimmt einen antiken Namen wieder auf: griech. ὀρείχαλκος, latein. orichalcum oder aurichalcum. Bedeutung: in späterer Zeit (etwa seit Christi Geburt) unzweifelhaft Messing; in älterer Zeit nach einigen Bronze, nach andern von jeher Messing. → Farbtafel 5.

2. Die Etymologie kann zur Entscheidung dieser Frage nicht Entscheidendes beitragen: (Zu ὄρος Berg, also Berg-Erz, Berg-Kupfer? Zu ὀρεύς Maultier, weil aus zwei Metallen entstanden wie das Maultier aus Pferd und Esel?)

3. Dem Oreichalkos wird hoher Wert beigelegt, man rückte ihn in die Nähe des Goldes. Die Römer machten deshalb aus orichalcum – in falscher Etymologie und mit neuer Sinngebung aurichalcum, Goldkupfer.

Bei Plato ist der Oreichalkos in die Atlantissage verwoben. Es heißt, die Insel bot alles dar, was zum Leben gehört. «Zunächst alles, was durch den Bergbau an Gediegenem oder Schmelzbarem gefördert wird, auch die Gattung, welche jetzt nur so heißt, damals aber mehr als Name war: der Oreichalkos, welcher vielerorts auf der Insel gegraben und unter den damals Lebenden nächst dem Golde am höchsten geschätzt ward» (Kritias 114e).

4. Ende des 18. Jahrhunderts wurde zunächst in Sibirien am Altai, dann auch in andern Ländern, zum Beispiel zu Laurion in Griechenland, ein Karbonat entdeckt, das Kupfer und Zink enthält, die beiden Metalle aus denen das Messing hergestellt wird. So erklärt sich der Mineralname Aurichalcit (Böttger 1839), ferner der deutsche Ausdruck Messingblüte. Dieser kennzeichnet die Zusammensetzung eindeutiger als Aurichalcit und darüber hinaus das Vorkommen als Verwitterungsprodukt in zartgrünen bis himmelblauen Blättchen, Krusten und Nädelchen in rosettenförmiger Anordnung.

Auripigment Aus lat. auripigmentum (Plin. 33, 79 u. ö.) «Goldfarbe». Name des gelben Schwefelarsens (As_2S_3), das als Malerfarbe hochgeschätzt wurde. Auch vermutete man vielfach Goldgehalt, sei es auf Grund des Namens oder auf Grund der Farbe. Plinius erzählt, Kaiser Caligula habe, nach Gold gierig, eine große Menge Auripigment ausschmelzen lassen mit so geringem Erfolg, daß niemand den Versuch wiederholt habe.

Synonyme: Im Lateinischen ist noch das aus dem Griechischen übernommene arrhenicum (Plin. 34, 178) oder arsenicum (Isid. XIX 17, 12) belegt; mittel- und neulateinisch: arsenicum citrinum oder flavum (→ Kap. V 2). – Operment (1546. Interpretatio), aus franz. orpiment, lat. auripigmentum. – Gelbes Rauschgelb (Werner 1789); → Rauschgelb, gelbe Arsenblende (19. Jh.). Heute ist in der Mineralogie nur «Auripigment» gebräuchlich.

aurum → Gold 1.

Automolit → Zinkspinell.

Autunit (Brooke und Miller 1852): ein Uranglimmer, zeisiggrün, durch Ausbleichen gelb, benannt nach einem seit 1800 bekannten Vorkommen bei der französischen Stadt Autun. Berzelius, der das Mineral analysierte, nannte es Uranit (1823), bei den Bauern der Gegend hieß es Arbre d'or, Goldbaum, wegen des Auftretens in verzweigten Gesteinsklüften (Kirchheimer S. 140).

Avanturin oder Aventurin. Der Name, seit dem 17. Jahrhundert belegt, soll herrühren von einem künstlichen Material, das man in

AXINIT.   *Fig. 106.*   *Fig. 107.*

Fig. 105.

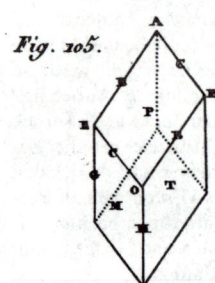
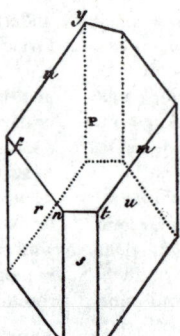
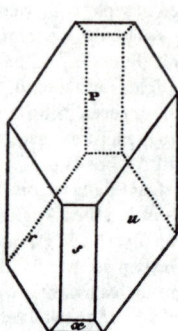

Axinit-Kristalle sind geneigt, «eine Gestalt anzunehmen, die unten an der Facette S (Fig. 106) einem geschärften Beile gleicht».
(1806. Hauy-Karsten III S. 35 u. Taf. LI.)
(Knapp Originalgröße.)

Murano bei Venedig erfand, indem man Kupferspäne «a ventura», aufs Geratewohl, in geschmolzenes Glas streute. Von da soll der Name übertragen worden sein auf das Mineral: Quarz mit eingelagerten Blättchen oder Schüppchen anderer Mineralien, die einen farbigen Schiller hervorbringen. Chromglimmer färbt grün, Eisenglanz rot.

Avanturin-Feldspat → Sonnenstein.

Axinit (Hauy 1799): Griech. ἀξίνη Beil. War von Werner Thumerstein genannt worden nach dem Fundort Thum in Sachsen. «Da der Thumerstein in mancherlei Rücksicht vielfältigen Anstoß gefunden, und die Franzosen uns jetzt ein besseres in allen lebenden Sprachen brauchbares Gattungswort dafür geliefert haben; so finde ich kein Bedenken dieses aufzunehmen. Er heisse also mit Hauy Axinit, weil in der That seine Krystalle besonders durch die eigenthümliche Art des Zusammenhangs einem geschärften Beile ähnlich sehen» (1800. Karsten S. 70). – Axinit ist borhaltiges Kalk-Tonerde-Silikat. Der Borgehalt wurde auch von den bedeutendsten Mineralchemikern wie Klaproth und Vauquelin übersehen und erst 1818 entdeckt.

Azurit Basisches Kupferkarbonat von schöner lasurblauer Farbe. Wichtiges Kupfererz, aber auch als Malerfarbe schon seit der Antike sehr geschätzt. Es hieß im Altertum, soweit aus den Beschreibungen ersichtlich, teils ἀρμένιον (Diosk. V 90), latein. Armenium, Armenischer Stein (Plin. 35, 30 u. 47), teils ging es zusammen mit andern natürlichen und künstlichen Pigmenten einfach unter der Bezeichnung «der Blaue» oder «das Blau», griechisch κύανος (Theophr. 39 u. 55, Diosk. V 91), lateinisch cyanos (Plin. 37, 119) oder caeruleum (Plin. 33, 161). Die Abgrenzung gegen den Lasurstein war unscharf und Verwechslung häufig. Vielleicht war das «skythische Blau» des Theophrast und Plinius nicht unser Azurit, sondern Lasurstein. Vgl. hierzu → Lasurstein 3.

In der Bergmannssprache: Bergblau, Kupferblau. – Die beiden jetzt in der Fachsprache geläufigen Synonyme beziehen sich ebenfalls auf die lasur- bzw. azurblaue Farbe: Kupferlasur (Werner), Azurit (Beudant 1824).

B

Balasrubin Um 1200 n. Chr. tauchte ein neuer Edelsteinname auf: mittellateinisch balascius, balasius, balascus (so bei Marco Polo), ital. balascio, franz. balais, mittelhochdeutsch balas, balax, paleis oder ähnlich. Er wurde vom Karfunkel bzw. vom Rubin unterschieden als Stein minderer Schönheit und minderer Kraft. «Der dritt ist der poest an varb und

an kreften, der haizt balastus» (1350. Megenberg S. 437). Das Wort wird abgeleitet von
persisch Badakschan, dem Namen einer Ge-
birgslandschaft im nördlichen Afghanistan.

Soweit sich bei der mittelalterlichen Verwirrung gerade unter den roten Steinen etwas
Bestimmtes sagen läßt, war der Balas unser
roter Spinell, der zum Unterschied vom Rubin u. a. oft milchige Trübung zeigt. Dazu
stimmt auch der Name: Badakschan ist alte
Fundstätte schöner Spinelle.

balax   (Parz. 791) → Balasrubin.

Ballas   → Bort.

Bariumuranit   → Uranocircit.

Baryt   → Schwerspat.

Basalt   Der Name wird jetzt zurückgeführt
auf die Landschaft Basan in Ostpalästina,
danach basanites. Einige Plinius-Handschriften und alte Drucke haben (36, 58) basaltes. In
dieser Form durch Agricola (1546. Foss.
S. 310) in alle neueren Sprachen.

Meist wird angenommen, daß der antike
und moderne Begriff sich nicht decken. Nach
Plinius hat der Stein die Farbe und Härte des
Eisens. Diesen «basaltes» des Plinius glaubte
Agricola wiederzuerkennen in den schwarzen, eckigen, harten Säulen des Schloßberges
von Stolpen in Sachsen. Seitdem hat Basalt(es)
die heutige Bedeutung. (Dunkles, scheinbar gleichartiges vulkanisches Gestein mit
charakteristischer Absonderung in Säulen
oder Kugeln.)

«Basaltes ist ein harter Eisenfarbiger,
schwartz-grauer Marmor, welcher unterschiedene Kanten hat, und von der Stärcke und
Länge, als zugehauene Balcken-Stücken, damit man dieselben auf denen Gassen an
Häusern, insonderheit an Ecken als Weich-
pfäle zu setzen pfleget» (1743. Minerophilus
S. 69).

Basalt bei Goethe → Kap. XIII 6.

«Was den Begriff ‹Basalt› so schwierig
macht, ist die Tatsache, daß das Mikroskop
die durch ihre einheitlich schwarze Farbe,
Feinkörnigkeit, hohes spez. Gewicht zunächst
so geschlossen erscheinende Gruppe als
außerordentlich vielgestaltig erwiesen hat,
und daß auch die geologische Stellung eine

Aufteilung verlangt. Das schließt aber keineswegs aus, daß man ‹Basalt› zunächst einmal
als Feldbezeichnung und ‹Dachbegriff› beibehält. Dieser Entschluß wird dadurch erleichtert, daß die sicher korrekteren Spezial-
namen sich oft erst nach Analyse und sehr
sorgfältiger mikroskopischer Untersuchung
ergeben» (1972. Bruhns-Ramdohr S. 93).
Hauptgemengteile: Plagioklas und Augit.
Das entsprechende Tiefengestein ist der →
Gabbro.

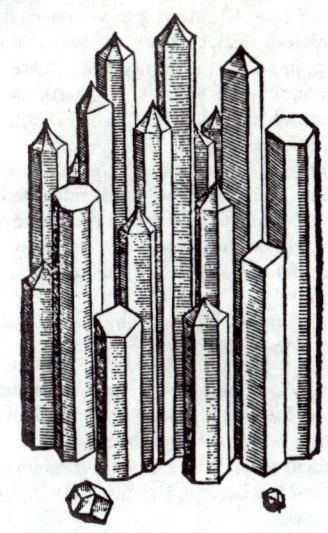

Basalt. (1565. Gesner S. 21 a.) 2 : 3.

basanites   → Basalt.

Basanomelan   → Eisenrose.

Basler Taufstein   → Kreuzstein 2.

Bastit   → Schillerspat.

batrachites   → Krötenstein.

Bauernpfennig   → Pfennigstein.

Baumachat oder Baumstein: die Namen
entsprechen dem griech. ἀχάτης δενδρήεις
(Orph. Lith. 236), zu δένδρον Baum, lat.
dendrachates (Plin. 37, 139). Achat ist dabei
nicht in modernem, sondern in antikem Sinn
zu verstehen als Bezeichnung für Steine jeder
Art mit bildartiger Zeichnung. Der Dendrachat hatte baum- oder strauchartige Zeich-

nung. Agricola (1546. Foss. S. 303) und andere Humanisten machten erneut auf den Dendrachat aufmerksam, und bald entstand die Verdeutschung Bäumelstein, die neuerdings in der Form Baumstein wieder aufgenommen wurde.

«Bäumel-Steine haben den Nahmen von ihrer Figur, welche sich darauf sehen lässet, und daher entstehet, wenn eine zarte Guhr, welche auf denen Klüfften sich verliehret, und vertrocknet, endlich eine solche Bäumel-ähnliche, oder Kräuter-Figur verursachet, als in Schiefern, Kalck- Marmor- und Schmer-steinen, ja auch in andern wilden Sand- und Bruchsteinen, auf Spaat und Quertz, da das Rothgülden und Glaß-Ertz Bäumel formiret» (1743. Minerophilus S. 71).

Heute ist Baumachat (Baumstein) eingeengt auf Chalzedon bzw. Achat mit «Dendriten» aus braunem, auch rotem Eisenoxid oder schwarzem Manganoxid, das in wässeriger Lösung in feinste Spalten drang und sich dort absetzte.

Synonym: → Mokkastein. – Übergänge zum → Moosachat.

Bauxit (Dufrénoy 1847): benannt nach dem Fundort Les Beaux oder Baux unweit Arles. Anfangs zu den Mineralien, jetzt zu den Gesteinen gerechnet. Enthält vor allem Aluminium-Mineralien: Diaspor, Hydrargillit, Alumogel.

Beintürkis → Odontolith.

Belemnit Walzige, kegelförmig oder pfeilartig spitz zulaufende Versteinerungen, Skelettteile von ausgestorbenen Tintenfischarten. Überaus häufig in der Jura- und Kreideformation Deutschlands. Sehr verschiedenartig gedeutet und entsprechend benannt.

1. Plinius (37, 170) nennt unter den Edelsteinen die «Steinfinger vom Berge Ida», Idaei dactyli, aus Kreta. Sie «stellen in Eisenfarbe den menschlichen Daumen dar». Sie wurden meist als Belemniten gedeutet, von andern als Steinausfüllungen vorzeitlicher Bohrmuschellöcher (Abel, Tierreste S. 83). Sei es, daß der Ausdruck sachlich nicht eindeutig oder sprachlich nicht brauchbar erschien: man nannte die Gebilde neulateinisch nicht mit dem Ausdruck des Plinius, sondern Belemni-

tes, zu griech. τὸ βέλεμνον, τὸ βαλλόμενον, das Geschleuderte, der Blitz.

2. Gleichfalls aus dem gelehrten Bereich dürfte der Name Luchsstein kommen, als Übersetzung von Lyncurium, → Lynkurer. Daß Ärzte den Belemniten als Lyncurium, als Luchsstein ansahen und als solchen in der Heilkunst verwendeten, stellte bereits Agricola fest. Er nahm diese Gleichsetzung mit Einschränkung schon für die Antike an. Der Lynkurer der Griechen sei zwar im allgemeinen Bernstein gewesen. «Wenn aber je ein Grieche Lyncurium gesehen hat, der kein Bernstein war, hat er, meine ich, diese Belemniten gesehen» (1546. Foss. S. 266).

«Belemnites, Lapis Lyncis, Luchs-Stein … Er wird in Apothecken geführt, und Lapis Lyncurius genennet, sonderlich, wenn er durchsichtig und gelblicht, wie Bernstein ist» (1743. Minerophilus S. 72f.).

«Von den Heilskräften, welche einige ältere Aerzte den Belemniten angedichtet haben, und von ihrem vorgeblichen Ursprung aus verdicktem Katzen- oder Luchsharn oder durch feurige Lufterscheinungen will ich meine Leser nicht unterhalten» (1785. Gmelin IV S. 123).

3. Der gebräuchlichste deutsche Name, seit dem 16. Jahrhundert belegt, ist offensichtlich Alpschoß gewesen. Agricolas Beschreibung enthält die Deutung: Pfeil eines Alps. «Der Belemnites zeigt die Gestalt eines Pfeiles. Deshalb benennen ihn die Sachsen mit einem aus Alp (ephialtes) und Geschoß (sagitta) zusammengesetzten Wort und sie sagen, im Trank helfe er gegen derartigen Druck und Nachtspuk und wirke gegen Behexungen» (1546. Foss. S. 266). Griechisches ephialtes ist lateinisches incubus, deutsches Alp oder Mahr. → hierzu auch Kap. IX.

Andere Wortformen: Alpfescht, Alphenstein (Albenstein), Schoßstein. – Zur Rechtschreibung ist zu bemerken, daß Alp, Alb und Elf ursprünglich dasselbe Wort sind.

4. Allgemein verbreitet in Deutschland war die Deutung des Belemniten als Geschoß des Donners. Näheres → Donnerstein.

5. Aus Ostpreußen ist die Bezeichnung Marezitze überliefert, gedeutet entweder als Mohrenzitze (es gibt auch schwarze Belemniten!) oder als Zitze von Mahren, von Druden.

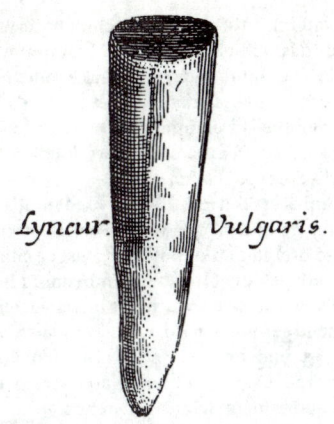

Lyncur. Vulgaris.

Lyncur(ius) vulgaris. (1704. Valentin I S. 53.) 5:7.

Damit ergibt sich ein Blick auf ursprüngliche Vorstellungen des Volksglaubens. In Ostpreußen wurde die Roggenmuhme mit ihren langen schwarzen Zitzen als Kinderschreck hingestellt. Dem entspricht es, wenn in Berlin und Umgegend Belemniten als «Schrecksteine» von stillenden Müttern als Amulett getragen und abgeschabtes Pulver den Säuglingen eingegeben wurde, damit ihnen etwaiger Schreck nicht schade. Schrecksteine wurden in Apotheken in Berlin und Umgebung noch im 19. Jahrhundert für 5 Pfennig das Stück verkauft (Abel, Tierreste S. 86 und 94). – Weitere ostpreußische Bezeichnung: Ottertött (Otterzitze), Pillerstein.

6. Fingerstein (überall in Deutschland), Teufelsfinger (Unterelsaß), Teufelszehe (Oberpfalz), Stechehörndli (Aargau). Schrettelfüße, (Schwaben), Füße eines Schratts, vielleicht Verwechslung mit Versteinerung von Muscheln (Abel S. 91).

7. Die Reihe Rappenkegel, Rappenstein, Rabenstein scheint sich ursprünglich nicht auf den Raben, sondern den Rappen zu beziehen. Man gebrauchte in Schwaben noch im 19. Jahrhundert gepulverten Rappenkegel als Heilmittel bei Augenkrankheiten von Pferden.

8. Wenn die Mineralogien des 18. Jahrhunderts den Belemniten noch brachten, dann im allgemeinen nicht als Stein, sondern als Versteinerung. Die genaue Bestimmung machte besondere Schwierigkeiten: «Eben so wenig halte ich g) Von versteinerten Würmern, den eintzigen Belemnithen ausgenommen, wo man doch aber auch den Wurm nicht selbst, sondern nur seine Wohnung versteinert findet» (1769. Lehmann S. 101). – Der Name Belemnites wurde in die paläozoische Nomenklatur übernommen.

Benitoit Benannt nach dem Fundort San Benito County in Kalifornien, wo das Mineral 1907 entdeckt wurde. Seltenes barium- und titanhaltiges Silikat von blauer Farbe, als Schmuckstein verwendet. Auch Himmelstein genannt.

Bergblau → Azurit.

Bergbutter bezeichnet verschiedene erdige, talgige, «butterige» Mineralien von unterschiedlicher Zusammensetzung, teils zum Ton gehörend, teils Ausblühungen von Sulfaten, z. B. von Bittersalz und Eisenalaun.

«In Deutschland streichen die Arbeiter in den Sandsteinbrüchen am Kiffhäuser, statt der Butter, einen sehr feinen Thon, den sie Steinbutter nennen, auf ihr Brod. Derselbe gilt bei ihnen für sehr sättigend und leicht verdaulich.» «Diese Steinbutter ist nicht zu verwechseln mit der Bergbutter, einer salzigen Substanz, die aus der Zersetzung des Alaunschiefers entsteht.» (1860. A. v. Humboldt IV S. 176).

Die Gewohnheit des Erdeessens (Geophagie) findet sich auch sonst. Humboldt berichtet (IV S. 167ff): die im Orinoko-Gebiet lebenden Otomaken beschaffen sich für die nahrungsarme Jahreszeit sehr feinen, sehr fetten «Letten», den sie zu Kugeln formen und in ihren Hütten pyramidenförmig aufschichten. In der Notzeit essen sie davon Monate hindurch täglich dreiviertel Pfund, ohne daß ihre Gesundheit leidet. Ähnliches findet man in Tropengegenden mehrfach, in Europa nur vereinzelt. So häufig hier Mineralien als Medizin dienen, so selten nimmt man sie als Speise. Das Bergbutteressen und das Einbacken von → Mondmilch oder Bergmehl in Brot sind Ausnahmen. Zwar sind im Deutschen nicht ganz wenige Mineralien nach Eßbarem benannt: Buttermilcherz und Bergfleisch, Erbsenstein und Spargelstein, Bohnerz und Linsenerz, Speckstein, Wurststein und Puddingstein, die Namen beziehen sich aber nur auf äußere Ähnlichkeiten mit Eßbarem und besagen nicht, daß diese Steine jemals gegessen wurden.

Bergflachs → Asbest.

Bergfleisch → Asbest.

Berggrün 1. Seit dem 16. Jh. belegt. Auch Steingrün, Schiefergrün genannt. Lebhaft grüne erdige kupferhaltige Mineralien, die man, sofern sie nicht auf Kupfer verarbeitet wurden, zu Malerfarben verwendete. «Die Kupffer Ertz seindt für andern Metallischen Ertzen allen wol zu erkennen/ als die die schönsten Ertzfarben an sich haben / also daß viel mehr Maler farben darauß kommen / als auß den andern Metallischen Ertzen» (1580. Ercker S. 91a). Auch künstliche Produkte liefen unter dem Namen Berggrün mit.

2. Kupfergrün, ebenfalls seit dem 16. Jh. belegt, wurde von Berggrün unterschieden als Bezeichnung für Grünspan, neulateinisch aerugo (Plin. 34, 110ff). Später wurde Kupfergrün Synonym von Berggrün.

3. «Berg-Grün, Berg-Stein, Stein-Grün, Schieffer-Grün, ... Es ist eine kostbare Waare ... Sie wird zur Mahlerey und zur Graßgrünen Farbe gebrauchet» (1733. Zedler Bd. 3).

4. Nach den Analysen, die Ende des 18. und Anfang des 19. Jahrhunderts durchgeführt wurden, umfaßte Berggrün bzw. Kupfergrün im wesentlichen zwei verschiedene Mineralien, ein Silikat und ein Karbonat, nach heutiger Nomenklatur Chrysokoll und Malachit, und zwar deren erdige Formen. Damit verlor der Name Berggrün seine Gültigkeit in der Mineralogie. Kupfergrün wurde von Werner noch beibehalten zur Bezeichnung des Silikats.

Berggur → Mondmilch.

Bergholz → Asbest.

Bergkristall Griech. κρύσταλλος heißt Eis, bezeichnet aber auch alles Eisartige, eben auch den wasserhellen und durchsichtigen kristallisierten Quarz, den jetzt so genannten Bergkristall, das Berg-Eis.
Lateinisch und mittellateinisch durchweg crystallus. Die Vulgata hat in Apoc. 21, 11

crystallum. Auf dessen Mehrzahl crystalla wird das althochdeutsche Femininum cristalla (11. Jahrhundert) zurückgeführt. Mittelhochdeutsches kristalle, kristal ist teils Maskulinum, teils Femininum. Die fremde Betonung ist im Deutschen (unterschiedlich vom Englischen) geblieben.

Plinius erzählt (37, 23–26): «Jedenfalls wird er nur gefunden, wo Winterschnee strengste Kälte bringt, und ohne Zweifel ist er eine Art Eis, wonach die Griechen ihn benannt haben ... Es steht fest, daß er nicht in wasserreicher Gegend gefunden wird, wenn sie auch noch so kalt ist und die Flüsse bis auf den Grund zufrieren. Demnach muß er aus Niederschlägen und reinem Schnee entstehen.»

Diese Deutung konnte nicht unwidersprochen bleiben. «Von der cristallen. Cristallus der stain wirt auz eis, wan daz verhertt in vil jâren. iedoch widerspricht daz Solînus und spricht, daz man die cristallen vinde in vil landen, dâ nümmer kain frost noch kain eis hin köm» (1350. Megenberg S. 441). Man kann vielleicht sagen, wo man naturwissenschaftlich zu denken und zu beobachten anfing, konnte die antike Deutung nicht standhalten. Wenn man sie jedoch als Gleichnis für die Eigenart des Steines ansieht, wird man darin Wesentliches ausgesagt finden.

Jahrhundertelang bezeichnete das Wort Kristall den heute so genannten Bergkristall, und zwar bis zur Entwicklung der Kristallkunde als Wissenschaft im siebzehnten und achtzehnten Jahrhundert. In noch durchweg lateinisch verfaßten Schriften wurde die auffällig ebenflächige Begrenzung des crystallus mit fortschreitender Einsicht behandelt. Bahnbrechend war der Däne Steno. Er beschrieb am Beispiel des Bergkristalls («crystallus») das Wachstum flächig begrenzter Mineralkörper und legte das Gesetz der Winkelkonstanz bei wechselnder Größe und Gestalt der Flächen dar (1669). Auch andere ebenflächig begrenzte Mineralien wurden einbezogen, wobei sich der Begriff crystallus verschob. Kalkspat mit doppelter Strahlenbrechung zum Beispiel wurde von Erasmus Bartholinus Crystallus Islandicus genannt (1669).

Je mehr sich die Bedeutung in dieser Richtung verlagerte, desto notwendiger mußte der bisherige crystallus unterschieden werden, als crystallus vulgaris, quartzum crystallisatum, crystallus montanus, deutsch Bergkristall. Bei Goethe ist der neue Sprachgebrauch von Kristall einerseits, Bergkristall andrerseits durchgeführt:

«Der Quarz kann lang in Gängen gepreßt, in Felsen zusammengefaßt, in Gebirgen verteilt sein, und dann, wenn er frei wird, wenn seine inneren Teile und innere Natur sich nach ihren eigenen ewigen Gesetzen zusammenfinden können, dann entsteht der Kristall, und wir können sagen, im Bergkristall zeigt sich der Quarz vollendet» (1789. Werke XX S. 516).

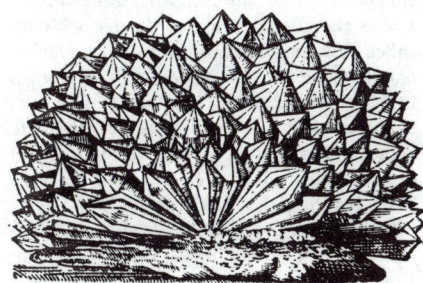

CАР. LXXIII.

De Cryſtallo, & Pſeudoadamante.

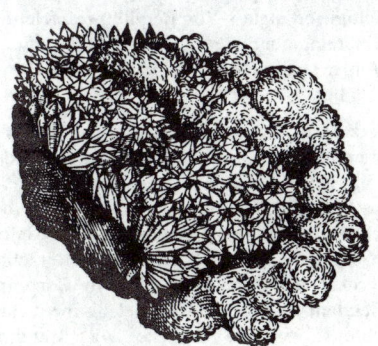

«Crystallus», Bergkristall. (1647. De Boot S. 217.)
3:4.

Bergleder → Asbest.

Bergmehl → Mondmilch.

Bergmilch → Mondmilch.

Bergpech → Asphalt.

Bergsalz → Salz.

Bergtalg Bezeichnung für verschiedene talgige Substanzen, teils vitriolhaltige, teils erdwachsartige. Heute nicht mehr gebräuchlich.

«Bergtalg / ist eine Bergart / wie Katzen-Silber / gläntzt fein / und ist fett / wie Seiffe» (1698. Berg-Buch, Anhang S. 5).

«Manches was unter den Nahmen Bergtalg, Bergunschlitt, Bergbutter vorkömmt, ist ein unreiner, verwitterter Zinkvitriol, der auf der Lagerstätte schmierig zu seyn und an der Luft zu erhärten pflegt» (1813. Hausmann S. 1121).

Bergwachs → Erdwachs.

Bergzieger → Mondmilch.

Beringersche Figuren → Kap. IX 7.

Bernstein 1. Man wird geneigt sein, zuerst nach den im Norden entstandenen Namen zu fragen. Der Bernstein, fossiles Baumharz aus Nadelhölzern der frühen Tertiärzeit, wurde und wird noch hauptsächlich im Ostseegebiet gefunden. Er wurde schon früh als Schmuck, Amulett, Arznei, Räucherwerk verwendet und gelangte bereits seit etwa 1600 v. Chr. auf verschiedenen Handelswegen ins Mittelmeergebiet.

Ältester im Germanischen überlieferter Name: glaesum (Tacitus, Germania 45. Plin. 37, 42). Das ist unser Wort Glas, welches also einen Bedeutungswandel durchgemacht hat. Tacitus sagt von den Suionen (im südlichen Schweden?): «Aber auch das Meer durchstöbern sie, und sie allein sammeln den Bernstein (sucinum), den sie selbst glaesum nennen, an seichten Stellen und am Gestade selbst.» Plinius' Angaben beziehen sich auf die Nordsee: «Gewiß ist, daß er (der Bernstein) entsteht auf den Inseln des nördlichen Ozeans und von den Germanen glaesum genannt wird, auch von den Unsern deswegen eine der Inseln Glaesaria genannt wurde.»

2. Im niederdeutschen Gebiet ist dann seit dem 13. Jahrhundert bernsteen, Bernstein belegt, das heißt Brennstein, brennbarer Stein. Bernen statt brennen ist niederdeutsch ebenso wie die Formen Bornstein oder Börnstein, die noch bis ins 18. Jahrhundert in

Gebrauch waren. Ältere hochdeutsche Bezeichnung: → Agstein.

«Es ist aber der Agetstein oder Börnstein nichts anders als ein Safft der Bäume / der in das nechst angelegene Meer gefallen erhartet und zusammen laufft / kan auch als eine Kertze angezündet werden / und giebet von seiner eigenen Fettigkeit der Flammen / so da wol riechet die Nahrung» (1698. Berg-Buch I S. 67).

3. Lateinisches sucinum wird von einigen zu sucus Saft gestellt, von andern für ein aus dem Norden entlehntes Wort gehalten und mit litauisch sakai, sakas Harz in Verbindung gebracht.

4. Die Römer übernahmen dann zu ihrem sucinum noch das griechische ἤλεκτρον, ἤλεκτρος, lateinisch electrum (Plin. 37, 39 u.ö.), das aber auch die Metallegierung Hellgold bezeichnet. Das Wort kommt dreimal in Homers Odyssee vor (4, 73; 15, 460; 18, 296), und an keiner Stelle ist ganz sicher zu entscheiden, ob Bernstein oder Hellgold gemeint ist. Da dies die weitaus frühesten Erwähnungen im abendländischen Kulturbereich sind, bleibt auch unentschieden, welche Bedeutung die ursprüngliche ist und also bei der Erklärung des Wortes zugrunde gelegt werden muß. Man hat zu erweisen versucht, daß das Maskulinum ὁ ἤλεκτρος Hellgold bedeutete, das Neutrum τὸ ἤλεκτρον Bernstein, das Femininum ἡ ἤλεκτρος Bernsteinverzierung. (Lippmann, Alchemie I S. 531). «Der Name wird entweder, wenn Bernstein die älteste Bedeutung ist, von ἔλκειν abgeleitet, ἔλκητρον, ἔλκτρον, gleichsam der Zieher, der Zugstein, von seiner elektrischen Anziehungskraft so benannt; oder wenn die Metallmischung zuerst so hieß, von ἠλέκτωρ» (1914. Pape, Griechisch-Deutsches Handwörterbuch). Elektor ist die strahlende Sonne. Die Elektrizität hat ihren Namen vom griechischen Elektron. → auch Lynkurer.

Beryll Edelsteinname indischer Herkunft. Sanskrit vaidūrya, Prakrit veruliyam, griechisch βήρυλλος, lateinisch beryllus, berullus; mittelhochdeutsch berille, barille, brille; neuhochdeutsch Beryll.

Daß sich unser Beryll mit dem antiken teilweise deckt, kann aus den Quellen herausgelesen werden. Plinius (37, 76–79) sagt, daß man die Berylle in sechseckiger Form schleift. Manche glaubten, daß sie schon eckig entständen. Die Inder hätten besondere Freude an langen Beryllen. Man mache lieber zylindrische Schmuckstücke als Ringsteine daraus. Am meisten geschätzt seien diejenigen, welche dem Grün des reinen Meeres gleichen. – Diese Beschreibung paßt auf langgestreckte hexanogale Kristalle unserer Beryll-Varietät Aquamarin. Plinius gibt aber auch weitere am Beryll vorkommende Farbtöne an.

Beryll in Mittelalter und Neuzeit: → Kap. I 9 u. IV 6. – Beryllvarietäten: → Aquamarin, Goldberyll, → Heliodor, → Morganit. Der → Smaragd wurde von Hauy als zum Beryll gehörig erkannt. – Vgl. auch → Chrysoberyll.

Beryllium 1798 fand Vauquelin im Beryll eine neue «Erde», die ein bisher unbekanntes Metall enthalten mußte und die er nach dem süßen Geschmack einiger ihrer Salze glucine nannte, Süßerde, zu γλυκύς süß. Klaproth bestätigte die Entdeckung durch Untersuchung eines sibirischen Berylls, beanstandete aber den Namen, da er mit gleichem Recht der Yttererde zukomme. Er schlug «Beryll-Erde, Beryllina» vor (1802. III S. 218).

Später wurden die beiden synonymen Element-Namen eingeführt: Glucinium, im Französischen und Englischen noch heute unvergessen, und Beryllium, das allgemeine Geltung erlangte. – Von Beryllium abgeleitete Mineralnamen: Beryllonit und Beryllit. – Wöhler stellte (1828) als erster reines Beryllium her.

Berzelianit, Berzeliit und ähnliche: Beispiel einer Namenreihe, bei der die Werners Forderung, Namen müßten «ausgezeichnet» sein, das heißt Verwechslung ausschließen, unbeachtet blieb. Eine Aufstellung aus dem Jahre 1890 (Francke S. 41) zählt auf: Berzeline (Necker 1831), so viel wie Hauyn. Berzeline (Beudant 1832), so viel wie Selenkupfer. Berzelite (Levy 1837), so viel wie Mendipit (Oxychlorid des Bleis). Berzeliit (Kühn 1840) und Berzelit (Haidinger 1845): Kalzium-Magnesium-Arsenat. Berzelianite (Dana 1850) ist gleich Beudants Berzeline. Geblieben sind aus dieser Reihe immerhin noch Berzelianit und Berzeliit.

bestiôn (Parz. 791), auch Eneide 8364 und 8370. Soviel wie abestôn. → Asbest.

Bezoar Das Wort stammt aus dem Persischen (pâd-zähr Gegengift) und kam durch die lateinischen Übersetzungen arabischer Steinbücher in manchmal kaum erkennbaren Umformungen nach Europa. Der arabische Artikel (el oder al) blieb dabei oft mit dem Wort verbunden.

Das sogenannte Steinbuch des Aristoteles, vermutlich verfaßt von einem sprachenkundigen Syrer, hatte wohl schon in nicht erhaltenen Original des 9. Jahrhunderts ein Kapitel über den Bezoar. Aus den erhaltenen Fassungen ist nicht ersichtlich, daß es sich um einen Stein aus dem Tierreich handelt. «Und seine Fundgrube ist im Land Elzim und Indien und in östlichen Gegenden im Lande Corasem, das in Persien liegt. Und die Perser nannten diesen Stein Elbascher, und das ist Stein gegen Gift» (14. Jh. Pseudo-Aristoteles L. Ruska S. 194). – «Wer aber rasch das Heilmittel anwendet, bevor das Gift sich ausbreitet und der Schmerz dazukommt, wer also ein Gewicht von 12 Gerstenkörnern Bāzuhr pulverisiert, was er mit der Feile davon abgeschabt hat, und es dem eingibt, der Gift genommen hat, den rettet der Stein, mit Gottes Willen, und treibt das Gift durch Schwitzen aus den Adern seines Körpers heraus» (14. Jh. Pseudo-Aristoteles P. Ruska S. 148).

«Lapis bazar ist ein persischer Name ... Und sein Fundort ist in den Ländern Zic und man sagt, daß er in der Galle des Basilisken gefunden wird» (Arist. Secr. secr. Rose S. 405).

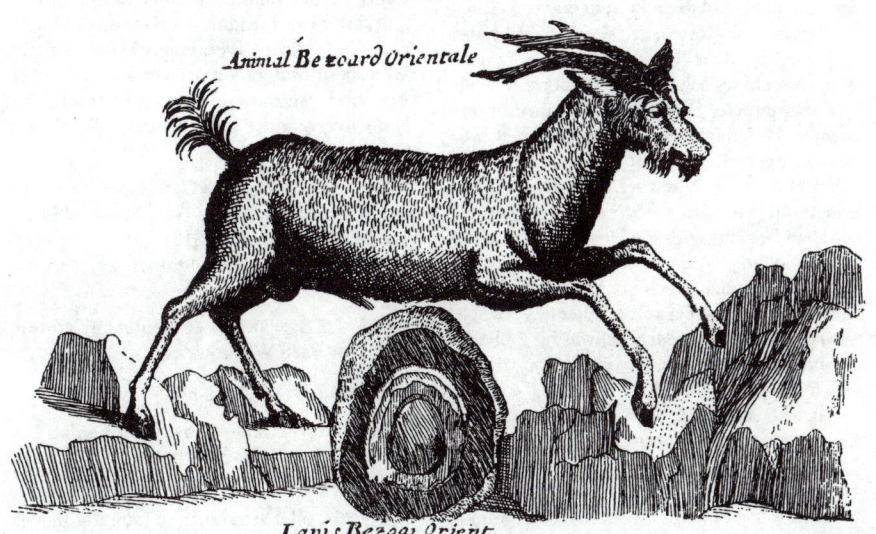

Bezoar-Tier und Bezoar-Stein. (1704. Valentini I S. 444.)

«Bezaar / oder der stein der do von dem gifft erledigt heißt in arabisch hagerbezaar» (1509. Hortus IV 24).

Im allgemeinen wurde jedenfalls in der Neuzeit unter dem Bezoar ein Stein tierischer Herkunft verstanden. Er wurde deshalb im 18. Jahrhundert nur noch selten in Mineralogien angeführt. «Bezoarstein, Bezaar, Bezarahat. Badezaar, Calculus Bezoar Linn. Man findet ihn in dem vierten Magen verschiedener wiederkäuender Thiere, vornämlich aus dem Ziegengeschlechte, die in Persien, Afrika und in den mittägigen Theilen von Amerika zu Hause sind» (1785. Gmelin IV S. 181). Noch im 18. Jahrhundert als Arzneimittel hochgeschätzt. Zahlreiche Arten, je nach dem Tier, dem nan den Stein entnahm. → auch Stinkstein.

Biegsamer Stein → Itakolumit.

Bildstein Klaproth fand, daß unter dem Namen Speckstein zwei verschiedene Mineralien gingen. Der von ihm untersuchte Bayreuther Speckstein enthielt neben «Kieselerde» (SiO₂) noch «Bittersalzerde» (MgO), der von ihm untersuchte chinesische Speckstein neben «Kieselerde» noch «Alaunerde» (Al₂O₃). Er trennte also dies Mineral vom Speckstein (Talk) ab unter dem Namen «Bildstein (Agalmatolithus)», zu ἄγαλμα Bild und λίθος Stein. Der Name lag nahe, zumal Klaproth chinesische Schnitzbilder zur Analyse verwendete. Die beiden von ihm untersuchten Mineralien sind ähnlich, können wegen geringer Härte leicht bearbeitet und als «Bildstein» verwendet werden. Die Unterscheidung geht also vor allem den Mineralogen an. Klaproth sagte: «Obgleich bereits mehrere Beispiele die Nothwendigkeit dargethan haben, daß, bei systematischen Classificirungen der Mineralkörper, die Fackel der Chemie vorleuchte, so deucht mir doch der gegenwärtige Fall einer der augenscheinlichsten Beweise davon zu sein» (1797. Klaproth II S. 189f.).

Pagodit (Napione 1798). «Benutzung: in China zu verschiedenartigen Gefäßen, zu Pagoden und anderen Schnitzwerken» (1813. Hausmann S. 441).

Neuere Mineralogien führen den Agalmatolith als Abart des → Pyrophyllits. Pagodit und Bildstein sind wenig mehr gebräuchlich.

Bimsstein Lateinisches pumex wird als verwandt mit spuma Schaum angesehen. Auf den Akkusativ pumicem geht althochdeutsches bumiz zurück, daraus mittelhochdeutsch bümez, neuhochdeutsch Bims. Wort und Sache kamen mit der kirchlich-lateinischen Bildung nach Deutschland: Bims, Bimsstein wurde gebraucht zum Glätten des Pergaments.

Mit Bimsstein wird keine bestimmte Gesteinsart bezeichnet, sondern schaumig-faserig aufgeblähtes Gefüge, wie es bei verschiedenenartigen vulkanischen Gesteinen infolge Gasentwicklung beim Erstarren vorkommt. «Bimstein ist zwar kein Fossil, sondern nur eine Form; denn ohne Sprödigkeit, schwimmende Leichtigkeit und Mangel an Zusammenhang durch grosse leere Räume würde man sich keinen Bimstein denken können. ... Diesem Bimstein ist es noch wesentlich, dass seine leeren Räume nie rund, sondern stets unregelmässig länglich sind, und das solide Feste dazwischen in dünnen Fasern zerrissen» (1822. L. v. Buch III S. 32f.).

Binnit (Des Cloizeaux 1855): Ein → Fahlerz, benannt nach dem Binnental (Binnatal) im Wallis, einer berühmten Mineralfundstätte, wo der Binnit mit einer Reihe seltener Sulfide wie → Jordanit, → Rathit, → Skleroklas und andern vergesellschaftet auftritt. Weil diese Mineralien schwer zu unterscheiden sind, kam es anfangs zu erheblicher Namenverwirrung (vgl. Kobell, Geschichte S. 599).

Biotit (Hausmann 1847): K-Mg-Fe-Glimmer, benannt nach dem französischen Physiker Biot, der zuerst (1816) auf die optische Verschiedenheit der Glimmer aufmerksam machte.

Bismit (Dana 1868): zu neulat. Bismutum. Bi₂O₃. → auch Wismutocker.

Bismutin → Wismutglanz.

Bismutit (Breithaupt 1841): zu neulat. Bismutum. Ein Wismutkarbonat. Wismutspat z.T.

Bittersalz, oder Epsomit: Erstmalig in Verdampfungsrückständen einer Quelle in Epsom in England gefunden. Bericht darüber (lateinisch) von Grew 1695. Zusammensetzung (wasserhaltiges Magnesiumsulfat) anfangs noch nicht erkannt. Verwendung als Arznei (laxierende Wirkung). Demnach die Namen: Sal catharticum amarum, Sal anglicum catharticum, Sal Ebsomiense oder ähnlich. Epsomsalz, Bittersalz. Natürliches Bittersalz (Werner). Epsomit (Beudant 1824).

Bitterspat → Dolomit.

Bitumen Aus dem Lateinischen übernommen. Das Wort geht zurück auf eine zu erschließende indogermanische Grundform guetu «Harz», wozu u. a. gehören sanskr. jatu Lack, Gummi, angelsächsisch cwidu Baumharz, althochdeutsch quiti, kuti Leim, neuhochdeutsch Kitt; bitū-men ist oskisch-umbrisch, lateinisch hätte vetūmen (aus zu erschließendem gvetūmen) entstehen müssen. Die auch jetzt noch zu lesende Deutung als pix tumens, wallendes Pech, ist sprachwissenschaftlich nicht haltbar.

Bitumen umfaßte im Lateinischen (Plin. 7, 65; 35, 178–182) natürliche pech- und teerartige Substanzen wie → Asphalt und → Erdwachs, auch Erdöl wurde bitumen liquidum, flüssiges Bitumen genannt. Agricola (Foss. Buch IV) behandelte Bitumen im Anschluß an Plinius, rechnete aber auch Kohle, Gagat u. a. dazu. Brennbarkeit war das gemeinsame Merkmal, wodurch wieder Beziehungen zum Schwefel und Bernstein hergestellt wurden. Die heutige Abgrenzung, nicht überall einheitlich, ist im ganzen der des Plinius ähnlich.

Bituminös, mit Bitumen getränkt. Bituminöser Kalkstein, bituminöser Schiefer usw. → auch Stinkstein.

Anhangsweise sei auf die wichtigsten Namen für flüssige Kohlenwasserstoffe (Erdöl, Bitumen liquidum bei Plinius und Agricola) hingewiesen. Naphtha, Bezeichnung für leicht bewegliche, flüchtige Kohlenwasserstoffe, geht zurück auf assyrisches naptu Erdöl. Von Agricola aus Plinius wieder aufgenommen. Im 16. Jahrhundert ins Deutsche. – Teer ist ein allen seeanwohnenden Germanen gemeinsames Wort, altnordisch tjara, englisch tar, mittelniederdeutsch ter(e) usw. Es bezeichnete ursprünglich aus Holz gewonnenes, beim Schiffsbau notweniges Öl. Das Wort breitete sich im 16. Jahrhundert auch im

Hochdeutschen aus, vielfach als Synonym von Petroleum. In der Interpretatio (1546) steht: «Bitumen liquidum: Flissend bergwachs/ ader ther/ ader petroleum.» Erdteer jetzt Bezeichnung für dickflüssige Erdöle. – Petroleum seit Ausgang des Mittelalters in Gebrauch. Zusammengesetzt aus griech. πέτρος Fels und lat. oleum Öl. Betonung in einigen Gegenden Petroléum, in andern Petróleum; auch Petrolium, Petrol, Peteröl, Steinöl, Erdöl. «Petroleum grece et latine. Der meister Cassius felix in dem capitel petroleo beschribt vns vnd spricht das diß sy eyn öle das kumpt vsser den felschen. vnd diß findet man an den zweyfeltigen bergen vnd switzet durch die steyn vnd das selbige öle ist swartz vnd so man es siedet so wirt es wyß» (1485. Hortus Cap. 332. zweyfeltigen: gespaltenen). → Dirschenöl.

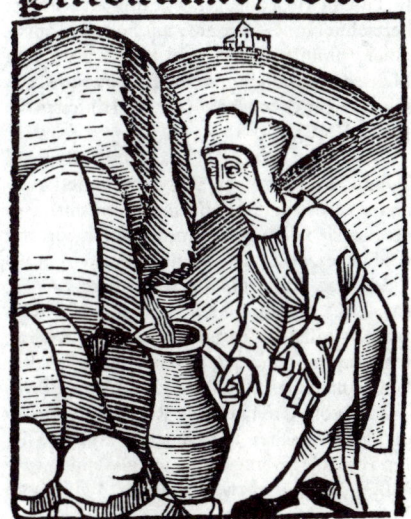

Aus dem Hortus Sanitatis von 1507. 3:4.

Blättererz In Siebenbürgen gebräuchlicher, von Karsten in die Wissenschaft eingeführter Name für ein Golderz (Au, Pb, Te, S). – Blättertellur (Hausmann). – Nagiakererz (Werner 1789) nach dem Fundort Nagyág in Siebenbürgen, der jetzt rumänisch Sacaramb heißt. –

Nagyagit (Haidinger 1845), jetzt in der Fachsprache bevorzugt.

«Der in Wien übliche Gattungs-Name Blättererz ist in mancher Hinsicht vorzüglicher als das geographische Wort: Nagyakkererz. (1800. Karsten S. 79).

Blatterstein → Variolit.

Blätterzeolith → Heulandit.

Blaubleierz → Grünbleierz.

Blaueisenerde → Vivianit.

Blaueisenstein → Krokydolith.

Blauspat → Lazulith.

Blei 1. Althochdeutsch blîo, blî; im Alemannischen und Bayrischen plîo, plî. Mittelhochdeutsch blî. Gemeingermanisches Wort, urverwandt mit «blau». Litauisches blývas heißt veilchenblau. Blei ist demnach das blaue Metall («blaue Bohnen»), wie Gold das gelbe. Im Lateinischen dagegen wurde es als schwarz bezeichnet im Gegensatz zum helleren Zinn. «Blei (plumbum) ist kalt und würde den Menschen schädigen, wenn er es irgendwie in seinen Körper brächte» (12. Jh. Hildegard v. Bingen IX 3).

«Plumbum haizt plei … ez ist niht allain ain stumm an im selber, ez verstummet auch ander gesmeid, dar zuo man ez mischt … ez gesellet sich dem gold nümmer noch wirt mit gold gepezzert und sein smak oder sein dunst nidert daz golt». (1350. Megenberg S. 481. gesmeid: Metall; smak: Geschmack, Geruch). – «Bley … Ist ein schlechtes, weiches, schweres, unreines, und daher nicht sonderlich glänzendes Metall» (1733. Zedler Bd. 4).

2. Sowohl Griechen wie Römer hatten von den germanischen abweichende Namen, deren Etymologie ungeklärt ist: μόλυβδος (μόλιβος, βόλιμος) bzw. plumbum. Vgl. hierzu Zinn 3, → Molybdän.

3. Schon in der Antike wurde das Blei dem Planeten Saturn zugeordnet und, besonders im Kreise der Alchemisten, Saturn genannt. – «Saturn ist groß, dem Auge fern und klein;/ Ihn als Metall verehren wir nicht sehr:/ An Wert gering, doch im Gewichte schwer» (Goethe, Faust II 4962).

4. Die Alchemisten erstrebten Umwandlung unedler Metalle in edle. Die «Transmutation» von Blei in Gold konnte dabei als Meisterstück gelten, weil Blei in der Ordnung der damals bekannten Metalle den untersten Rang hatte. In Rulands Lexicon Alchemiae (1612) wird die unedele Natur des Bleies erklärt unter Heranziehung der Theorie, daß Quecksilber und Schwefel Grundstoff aller Metalle sind: «Kurz: Quecksilber, schlecht, grob, schlechten Geschmacks und stinkend, von schwacher Kraft, gleichsam als empfangende Mutter (menstruosa mater) von dem aussätzigen oder fahlen Gemahl Schwefel begattet: und geboren wird jener saturnische kalte Sohn, der Blei heißt.»

Die Veredlung galt als durchführbar, weil im Blei schon Gold ist, zwar nicht dem Augenschein, aber der Möglichkeit nach. «Es ist Gold, in welches eine Schwäche eingedrungen ist in den Gruben, die es verändert hat, so wie eine Schwäche in einen ungeborenen Knaben im Mutterleib eindringt. Und es ist der Bruder des Goldes in Allem» (13. Jh. Alaune S. 75).

Bleiantimonglanz → Zinckenit.

Bleiarsenglanz → Skleroklas.

Bleiglanz Früher in der Bergmannssprache meist Glanz genannt, ohne weiteren Zusatz, auch glantzig Bleierz. Belegt seit dem 16. Jahrhundert. Gesuchtes Bleierz (Schwefelblei, PbS), durch steten Silbergehalt auch eines der wichtigsten Silbererze.

«Glantz/ welches die Lateiner Galenam nennen/ ist ein glauch oder glun metal/ bricht gern auff silbergengen/ helt offt bley vnd silber» (1562. Mathesius S. 143a. glauch: glänzend; glun: leuchtend, feurig).

«Glantz, ist eine gläntzigte Berg-Art, daher sie auch den Nahmen hat: bricht würfflicht und blättricht, wie der Spath, hält bißweilen viel Bley, aber wenig Silber» (1743. Minerophilus S. 261).

Bleiglanz (Werner). Um 1850 kam daneben Galenit auf. Damit wurde galena, die lateinische (und neulateinische) Bezeichnung für Bleierze (Plin. 33, 95), wieder aufgenommen. → auch Bleischweif.

Bleiglas → Anglesit.

Bleihornerz Hornblei (Karsten 1800). Nach der Farbe und dem Bleigehalt benannt.

Kerasin (Beudant 1832). Beispiel einer sprachlich angefochtenen Wortbildung. Von griech. κέρας Horn. Das s des Nominativs müßte ersetzt werden durch das t des Stammes, das im Genitiv κέρατος erscheint. Auch die Endung sei zu beanstanden. κεράτινος bedeute hörnern, aus Horn gemacht, was gar nicht gesagt werden solle. Es müsse Keratit heißen (1890. Francke S. 25).

Die Namen Phosgenspat (Breithaupt 1823) und Phosgenit (Breithaupt) beziehen sich auf die Zusammensetzung: $Pb_2Cl_2CO_3$. Das Mineral enthält (außer Blei) auch die Bestandteile des Phosgen genannten Gases ($COCl_2$). Dieses Gas erhielt seinen Namen, als Davy (1812) seine Entstehung aus Chlor und Kohlenoxid im Sonnenlicht beobachtete. Es ist lichtgeboren. φῶς Licht, γένος Geburt.

Jetzt in der Fachsprache Phosgenit vorherrschend.

Bleischwärze → Weißbleierz.

Bleischweif Mathesius gab folgende Sach- und Worterklärung: «Bleyschweiff oder plumbago ist ein gelblicht metal/ voller schwebels/ darumb es von bley vnd schweffel den namen haben sol/ oder das es des gangs schweyff ist/ Diß helt offt Bley vnd Silber/ drumb bawen Berckleute gerne auff gengen die ein schönen bleyschweyff füren» (S. 143a).

Diese Beschreibung aus dem Jahre 1562 wurde in der Folgezeit mehr oder minder wörtlich weitergegeben von Löhneyß und anderen bis zu Zedler.

Heute bezeichnet man mit Bleischweif an Bewegungsflächen ausgewalzten Bleiglanz.

Bleispat → Weißbleierz.

Bleivitriol → Anglesit.

Bleiweiß → Weißbleierz.

Blende 1. Seit dem 16. Jahrhundert belegt. Deutung des Namens → Kap. X 5.

In Wirklichkeit ist Blende Zinksulfid, stets etwas Eisen führend. In dem Augenblick, wo die Blende als Zinkerz erkannt wurde (durch den schwedischen Chemiker Brandt, 1735), hatte der Name seinen ursprünglichen Sinn verloren, blieb aber noch in Gebrauch, selbst bei Werner. Zinkblende (Hausmann 1819). Sphalerit (Glocker 1847) ist gedacht als Über-

setzung des alten Namens ins Griechische: σφαλερός betrügerisch.

2. Zinkblende wurde dann Muster einer neuen Namenreihe, in welcher Blende einen veränderten, allerdings nicht scharf zu definierenden Sinn hat. Samtblende, Arsenblende, Merkurblende, Antimonblende, Feuerblende sind schwer unter einen Begriff zu bringen und haben mit der Zinkblende nur das halbmetallische Aussehen und geringe Härte gemein. Dadurch sind sie von den Glanzen mit ihrem auffällig metallischen Aussehen unterschieden, ebenso von den Kiesen, die auch entschieden metallischen Glanz haben und außerdem größere Härte als die Blenden.

Blutjaspis → Heliotrop.

Blutstein → Hämatit.

Bohnerz Auch Linsenerz. Bohnen- oder linsenförmige Konkretionen von Brauneisen, ausgeschieden aus eisenschüssigem Tonschlamm. Der Name wurde aus der Bergmannssprache allgemein in die Mineralogie übernommen. «Eisen-Bohnerz» (1807. Klaproth IV S. 128).

Bol oder Bolus: mittel- und neulateinisch Bolus; zu griech. βῶλος Erdscholle, Klumpen. Ist Sammelbegriff geworden für verschiedene feinstkörnige Tonmineralien-Gemenge, die vor allem → Montmorillonit, dazu Eisenoxidhydrat und weitere oft schwer feststellbare Beimengungen enthalten. Somit zahlreiche Varietäten, auf deren genaue Abgrenzung in der Mineralogie wenig Gewicht gelegt wird, u.a.: → Siegelerde, → Walkererde, → Cimolit, → Sächsische Wundererde. Auch die Malerfarben Terra di Siena und die «türkische» Umbra (aus Cypern) sind Bole. Die «kölnische» Umbra dagegen ist Braunkohle, der Bolus Armenus des 16/18. Jh. im wesentlichen unser Rötel.

Bologneser Spat → Schwerspat.

Bologneserstein → Schwerspat.

Bombe → Lapilli.

Bonifatiuspfennig → Pfennigstein.

Bor, ein nichtmetallisches Element, heißt nach dem Borax, von dem man bei der Entdeckung ausging. «Boracium (Boron), Borium, Bore, nennen Gay-Lussac und Thénard das von ihnen 1808 entdeckte brennbare Radical der Boraxsäure, worauf Davy nach einigen galvanischen Versuchen schon früher geschlossen hatte» (1824. Ersch-Gruber I Bd. 12).

Borax 1. Natriumtetraborat, $Na_2B_4O_7$. $10\ H_2O$. Wurde seit alters aus Boraxseen im westlichen Tibet gewonnen, schon im frühen Mittelalter nach Europa gebracht und als Flußmittel verwendet bei Metall- und Emaillearbeiten.

«Venedig, eine grosse Stadt auf dem Adriatischen Meer/ von hier bekömmt man den besten Borrax, welcher deßhalb den Zunahmen Borrax Veneta bekommen/ er wird zwar hier nicht gefunden/ sondern die Venetianer bekommen dessen mineram aus Persien/ laugen und kochen aber in Venedig dieses bekandte Saltz daraus» (1727. Brückmann, Magnalia I S. 49).

2. Das Wort ist persischer Herkunft (būräh) und über das Arabische (būrak, bauraq) in das Mittellateinische (borax) und von da in die neueren Sprachen übernommen. Deutsch früher auch Borras, Borres.

Schon im Arabischen und mehr noch in den abendländischen Sprachen äußerst vieldeutig: Salpeter, Soda, Pottasche, Lötmittel (→ Chrysokoll), auch Borax im heutigen Sinn. Im Verlauf des 17. Jahrhunderts auf die jetzige Bedeutung festgelegt. – Borax im Sinne von → Krötenstein gehört jedoch etymologisch nicht hierher.

3. Synonym: Tinkal. Ebenfalls asiatischer Herkunft (sanskr. ṭaṅkana), zu annähernd gleicher Verbreitung gelangt und vielfach bevorzugt, wohl deshalb, weil es eindeutiger war, entweder in der Form Tinkal oder Tinkar. – «Als ⟨Tinkal⟩ wird das Wort heute noch in Lexika allenthalben als Synonym zu Borax angeführt, jedoch wird es nie benutzt» (1972. Goltz S. 282). Gelegentlich noch auf alten Sammlungsetiketten zu finden.

Borazit Benannt von Werner (1789) nach dem Gehalt an Borsäure. Chlorhaltiges borsaures Magnesium.

Bornit → Buntkupferkies.

Bort Aus dem Altfranzösischen für Bastard. Nicht schleifbare Diamanten, Abfälle, koksartige Massen u. a. laufen im technischen Sprachgebrauch unter Bort, mineralogisch versteht man darunter vor allem radialstrahligkugelige Massen (Bortkugeln, auch Ballas). Die koksartigen Aggregate werden auch Carbonados genannt (1932. Bauer-Schloßmacher S. 308).

Bosjemanit (Dana 1868) Mn-haltiger Magnesiaalaun, benannt nach der Fundstätte am Bosjemanfluß, das ist Buschmannfluß, im Kapland.

Boulangerit Blei-Antimon-Sulfid, benannt von Thaulow (1837) nach dem französischen Ingénieur en chef des mines Boulanger, der 1835 einen Aufsatz «Sur un sulfure double d'antimoine et de plomb» («Über ein Doppel-Sulfid des Antimons und Bleis») veröffentlichte.

Bournonit $PbCuSbS_3$. Benannt nach dem französischen Mineralogen Graf von Bournon (1751–1825) von Jameson (1805). Bournon selbst nannte das von ihm entdeckte Mineral (1813) Endellione, nach dem Fundort Endellion in Cornwall. – Veraltet sind Schwarzspießglaserz (Werner) und Spießglanzbleierz (Karsten). – In der Bergmannssprache Rädelerz, wegen der häufigen Zwillings- und Viellingskristalle, die an Zahnräder erinnern.

Bouteillenstein → Moldavit.

Brasilianit Entdeckt im Jahre 1944 in Brasilien (Minas Geraes) und zunächst für Chrysoberyll gehalten. Eines der wenigen Phosphate, die als Schmuckstein Verwendung finden.

Braunbleierz → Grünbleierz.

Brauneisenerz fiel in der Bergmannssprache unter den allgemeinen Begriff → Eisenstein, ununterschieden von andern Eisenerzen. Auch in den Beschreibungen älterer Mineralogen ist Brauneisen nicht klar abgehoben, bei Cronstedt zum Beispiel nicht vom Roteisen: «Schwarzbraunes Blutsteinerz. Haematites nigrescens. Schwarzer Glaskopf. Giebt wenns gerieben wird, ein rothes oder braunes Pulver, vom Magneten wird es nicht gezogen und ist ganz hart» (1770. Cronstedt-Brünnich S. 218).

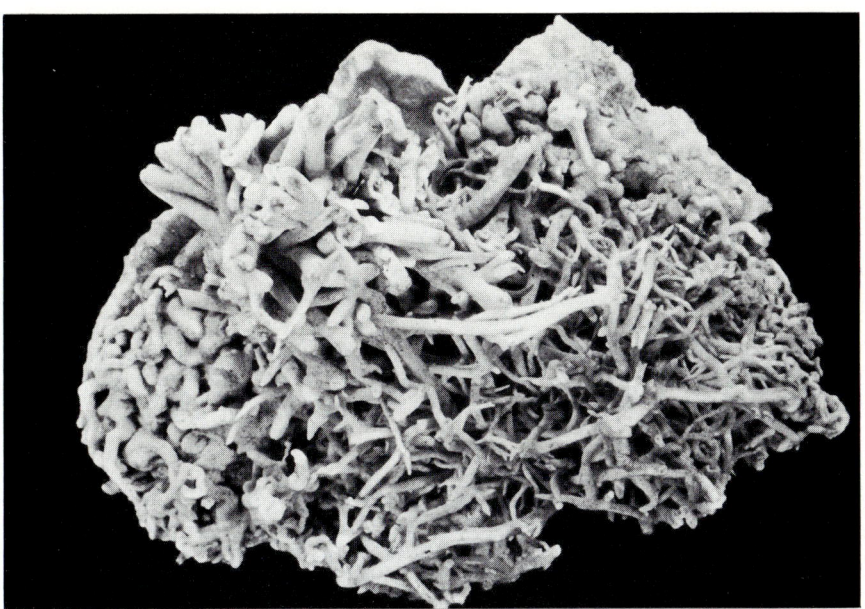

Eisenblüte. – Eisenerz, Steiermark

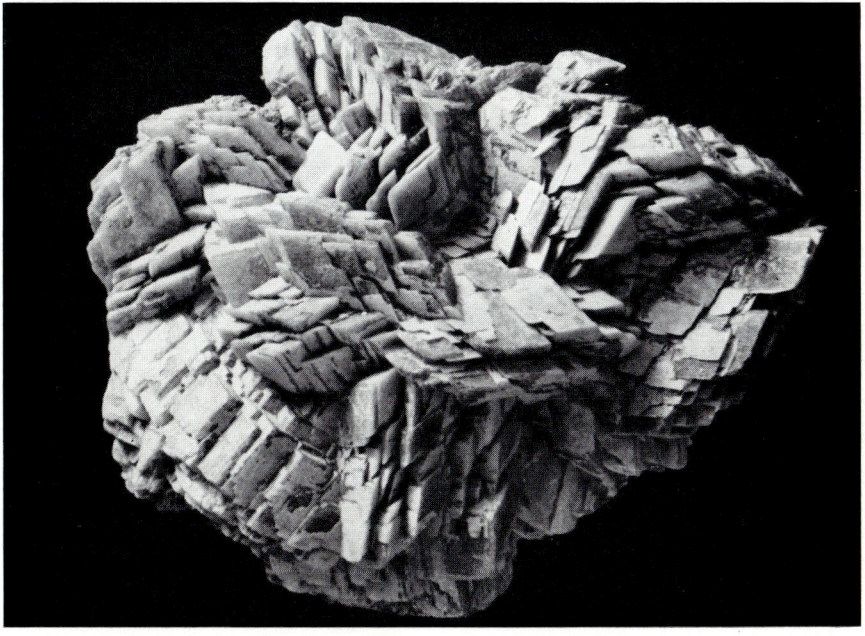

Eisenspat (Spateisenstein). – Fichtelgebirge

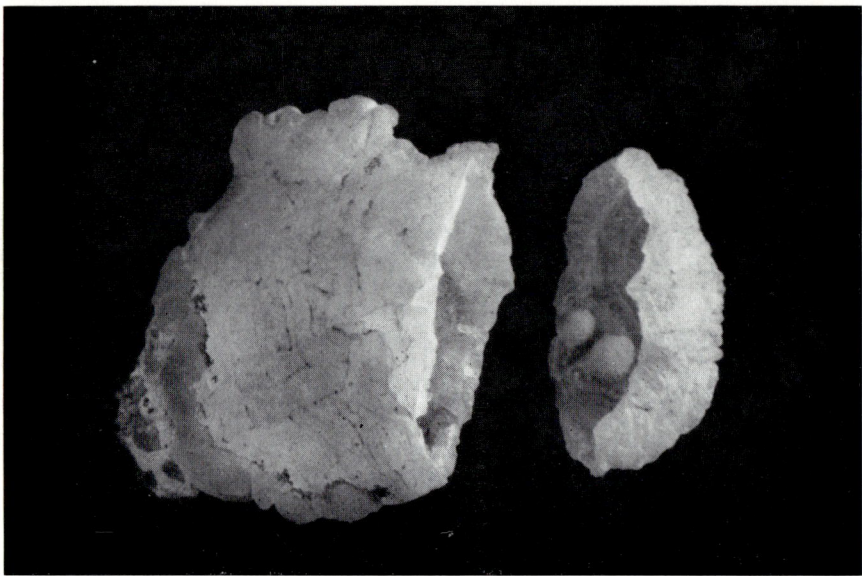

Enhydros (Wasserstein), aufgebrochen

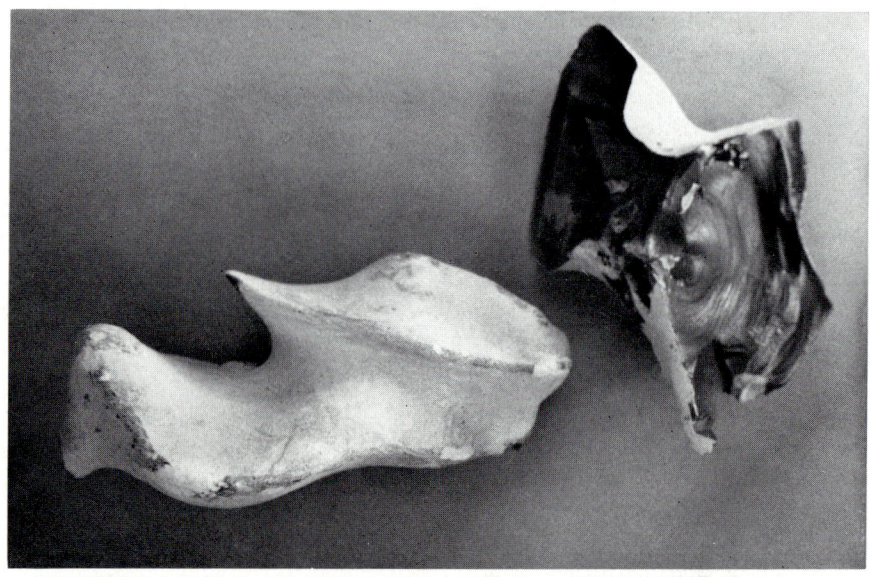

Feuersteinknollen aus Kreide. Eine davon aufgeschlagen

Grundlegend war die Trennung von Brauneisenstein und Roteisenstein durch Werner
(siehe Kap. XII 3). – Brauneisenerz (Breithaupt 1823). – Brauneisen ist Eisenhydroxid
(FeOOH mit schwankendem Wassergehalt).

Die weitere Entwicklung verlief eigenartig.
Zunächst wurden (durch v. Kobell 1824) die
deutlich kristallinen Varietäten unter dem
Namen → Goethit abgetrennt, so daß nur
noch die mikro- und kryptokristallinen Varietäten Brauneisen (oder → Limonit) hießen.

Diese Zweiteilung ist jetzt auf Grund rönt-
genographischer Befunde von einer andern
durchkreuzt. Danach sind zu unterscheiden:
α-FeOOH, Nadeleisenerz oder Goethit, in
Nadeln und Fasern kristallisierend, und γ-
FeOOH, Rubinglimmer oder Lepidokrokit,
in Schüppchen kristallisierend.

Beide Modifikationen decken sich nicht mit
den bisher so genannten Arten; beide kommen oft zusammen vor. Die Hauptmasse der
nicht deutlich kristallinen Varietäten ist Goethit, Lepidokrokit ist viel seltener. Die Unterscheidung der Beiden ist aber, besonders im
Bereich der ungemein verbreiteten, zudem
mit andern Substanzen vermengten mikro-
und kryptokristallinen Massen, so schwierig,
daß diese weiterhin unter dem Namen Brauneisen (Limonit) gehen, obgleich dieser Begriff jetzt folgerichtig auf die seltenen gelför-
mig entstandenen Eisenhydroxide mit unbe-
stimmtem Wassergehalt zu beschränken wäre.

Die mannigfaltigen Erscheinungsformen
des Eisenhydroxids bleiben zumeist in bis-
heriger Weise benannt. → Adlerstein, Bohnerz, Glaskopf, Goethit, Ocker, Raseneisen-
erz, Stilpnosiderit.

Braunit → Mangan-Oxide 5.

Braunmanganerz → Mangan-Oxide 7.

Braunspat teils Ankerit, teils → Dolomit.

Braunstein → Magnet und Mangan-Oxide.

Breccie 1. Althochdeutsch brecha Bruch,
daraus italienisch breccia Schotter, dann Gestein aus scharfkantigen Trümmern, zunächst
vor allem für italienische Marmorarten gebräuchlich: Marmo giallo brecciato, Breccia
di Seravezza, Breccia rosata usw. Im Deutschen auch Brekzie oder Bresche geschrieben.
Die Aussprache ist aber Bretsche.

2. Im 18. Jahrhundert in die eben sich
entwickelnde Gesteinskunde eingeführt.
Cronstedt nennt Breccia «Zusammengeleimte
Felssteine, Saxa conglutinata, aus größern
oder abgebrochenen Stücken bloßer Bergarten» (1770. Cronstedt-Brünnich S. 275).

3. Heute versteht man unter Breccie allgemein ein Gestein, das aus eckigen Trümmern
zusammengesetzt ist, unabhängig von der
Entstehung (sedimentär, tektonisch → Mylo-
nit, vulkanisch: z.B. Schlotbreccie usw. →
auch Konglomerat.

Breithauptit (Haidinger). «... Antimonnik-
kel, den Herr Fröbel als Breithauptin auf-
führt, eine Benennung, die gegen meine Ansicht in der Nomenclatur ist» (1840. Breithaupt in Pogg. Ann. Bd. 51 S. 510). Vgl. Kap.
XVI 3.

Breunnerit → Mesitinspat.

Brillant → Kap. VIII 4.

Brontias → Donnerstein.

Bronzit (Karsten 1807): benannt nach der
Bronzefarbe. Silikat, zur Pyroxen-Gruppe gehörig. (Mg, Fe)$_2$[Si$_2$O$_6$].

Brookit (Levy 1825): rhombische Modifikation des Titandioxids, benannt nach dem
englischen Mineralogen H.J. Brooke.

Brucit (Beudant 1824): Magnesiumhydr-
oxid, benannt nach dem amerikanischen
Mineralogen A. Bruce, der das Mineral als
erster beschrieb (1814).

Büchsenstein → Feuerstein.

Bufonites → Krötenstein.

Buntbleierz → Grünbleierz.

Buntkupfererz (Werner 1796) oder Buntkupferkies (Breithaupt 1849): Kupfer-Eisen-
sulfid, wichtiges Kupfererz, benannt nach
seiner Eigenschaft, schnell bunt anzulaufen.
Synonym: Bornit (Haidinger 1845), nach dem
österreichischen Mineralogen I. v. Born.

Buttermilcherz Buttermilchsilber. Im Harz
Bergmannsbezeichnung für ein silberhaltiges
Mineral ähnlich dem Gänsekötigerz. «Weiß-
fließend gediegen Silber/ dem Quecksilber
gleich/ ist zu Anfang der hiesigen Bergwercke

aus dem Gang und Drusen geflossen/ daß mans mit Händen zusammen geraffet/ und sobald es ins Feuer kommen/ von Stunde an fein worden. Es soll einer Butter-Milch gleich gewesen seyn/ sobald es aber eine weile in der Lufft gewesen/ ist es hart worden/ gleich einem Sand oder Gries/ und ist die weisse Farbe auch in Braun verändert worden» (1727. Brückmann, Magnalia I S. 107. «hiesig»: auf Andreasberg bezüglich). – «Herr Klaproth, der dieses Erz zerlegt hat, hat ihm den schicklicheren Namen erdiges Hornerz beygelegt» (1799. Estner III 1 S. 364).

Byssolith → Asbest 7.

Bytownit Name ursprünglich (von Thomson 1836) nach dem Fundort Bytown (jetzt Ottawa) in Kanada gegeben für ein vermeintliches Mineral, das sich aber als ein (auch Feldspat enthaltendes) Gemenge erwies. Dann (von Tschermak) übertragen auf einen Feldspat aus der → Plagioklas-Gruppe, auf das Zwischenglied zwischen Labrador und Anorthit.

C

Cacoxenit → Kakoxen.

cadmia → Galmei.

caeruleum → Azurit.

calcidôn (Parz. 791) → Chalzedon.

Calcit → Kalk.

Calcium → Kalk.

callaina → Türkis.

calx → Kalk.

Camayeu, Camahuia und ähnl. → Gemmahuja.

Cancrinit (G. Rose 1839): Silikat von komplizierter Zusammensetzung, benannt nach dem wissenschaftlich interessierten russischen Finanzminister Cancrin.

Carbonados → Bort.

carbunculus → Karfunkel.

Carnallit Wasserhaltiges Doppelsalz von Chlorkalium und Chlormagnesium. Benannt von H. Rose (1856) nach dem Berghauptmann R. von Carnall (1804–1874) in Breslau. Früher oft irrtümlich Karnallit geschrieben.

Cassiterit → Zinnstein.

cassiterum → Zinn 2.

cegôlitus (Parz. 791) → Judenstein.

celidôn, gelidon (Parz. 791). Lateinisch chelidonia, chelidonius. «Schwalbenfarbiger» Stein (Plin. 37, 155). χελιδών Schwalbe. «Es sind zwei Arten, schwarz und rot. Aus dem Bauche der Schwalbe werden sie gezogen. Klein sind sie» (Anf. 13. Jahrh. Arnold 16). «Hab sagen hören, es gibt einen Stein,/ Den trägt die Schwalbe in ihrem Bauch,/ Den haben die großen Ärzt im Brauch,/ Heißt Chelidonius ...» (1911. Hofmannsthal, Jedermann. Dramen III S. 41).

Cer Cerit, Cerium. Cer, eine der «seltenen Erden», wurde in einem schwedischen Mineral, das bis dahin sehr verschieden beurteilt und benannt wurde, ungefähr gleichzeitig von Klaproth und den beiden Schweden Berzelius und Hisinger entdeckt. Damit hängt eine Differenz über die Benennung zusammen. Berzelius taufte das neue Metall (1804) nach dem 1801 entdeckten Planeten Ceres. Er wählte für das Metall die Form Cerium, für das Mineral Cerit. Klaproth schloß sich dem an unter Verzicht auf seine vorläufige Benennung (Ochroit), schlug aber, da man bei Cerium und Cerit an cera Wachs denke und nicht an Ceres, die Benennungen Cererium und Cererit vor (1807. Klaproth IV S. 144). Man versteht, daß die Wissenschaft seinem Vorschlag nicht folgte.

cerâuns (Parz. 791). Lateinisch ceraunia, Donnerstein, zu griechisch κεραυνός Blitz, weil der Stein nur dicht bei Blitzeinschlägen gefunden werde (Isid. XVI 13, 5). Plinius (37, 132–135) beschreibt mehrere sehr verschiedene ceraunia genannte Steine, so daß die Bestimmung schwierig ist. Zwei Arten sollen Beilen ähnlich sehen. Darin kann man die vorgeschichtlichen Steinwerkzeuge erkennen, welche auch später noch lange als Donnerkeile angesehen wurden. → Donnerstein.

Mittelalterliche Abänderungen des Namens: ceraurum (Albert), cîrîon, syrion o. ä.

(Volmar), coranticas oder corauium (Hortus). «… vnd man sagt das er etwan fallet von den wolcken mit dem donder» (1509. Hortus IV 32).

Cerit, Cerium → Cer.

cerussa → Weißbleierz.

Cerussit → Weißbleierz.

Cervantit → Antimonocker.

Ceylanit → Pleonast.

Chabasit geht zurück auf griechisches χα-λάζιος, latein. chalazius, chalazias. Dies bedeutet Hagelstein, zu griech. χάλαζα Hagel, χαλάζιον Gerstenkorn (mediz.). «Chalazias hat Farbe und Gestalt des Hagels, ist diamanthart, so daß sie sagen, er behalte auch im Feuer seine Kälte» (Plin. 37, 189). – «Chalaxiae, Schlosen-Steine, sind nicht anders als Kiesel-Steine, die weiß und durchsichtig, meistentheils rund, oder länglicht, weil sie wie Schlosen aussehen» (1743. Minerophilus S. 137).
Das Wort kommt auch vor in dem griechischen Lehrgedicht Lithika aus dem 4. Jahrhundert n. Chr., und zwar im Vokativ: χα-λάζιε. «Weiter erwog ich im Sinn auch dich, göttlicher Chalazios, zu erproben und fand deine vorzügliche Kraft. Beides kannst du, kühlst hitzige Krankheit und hilfst mir, wenn ich vom Skorpion gestochen bin» (Lithika 758–761). – Im 18. Jahrhundert kam die falsche Lesung χαβάζιε in Umlauf. Berichtigung durch die Lithika-Ausgabe von Tyrwhitt 1781 (Oxf. Dict.).
Die Mineralogen übertrugen die Bezeichnung auf ein Mineral der Zeolithgruppe, das in Gestalt kleiner weißer Kristalle gefunden wurde. Sie behielten die falsche Lesart bei: Chabazie (Bosc d'Antic 1780), Chabasie (Hauy 1801), Chabasin (Karsten), Schabasit (Werner). Dieser hatte das Mineral früher Würfelzeolith genannt.

chalazias → absist und Chabasit.

Chalkanthit → Vitriol 5.

Chalko- in Zusammensetzungen: Gr. chalkos (χαλκός) bedeutet Kupfer, aber auch Bronze, später auch Eisen. Wortzusammensetzungen wie chalcanthum (Vitriol) und chalcitis, die schon aus der Antike stammen, sind deshalb oft nicht eindeutig. In modernen Zusammensetzungen wie Chalkanthit und vielen andern wird das Wort nur im Sinn von Kupfer verwendet.

Chalkolith → Torbernit.

Chalkopyrit → Kupferkies.

Chalkosin → Kupferglanz.

Chalzedon 1. Unser Chalzedon ist gleichnamig mit der griechischen Stadt Chalkedon oder Kalchedon am Eingang des Bosporus. Ein Zusammenhang zwischen dem Stein und der Stadt ist aber nicht zu ermitteln. Die ursprüngliche Überlieferung bezieht sich auch gar nicht auf Kalchedon, sondern auf Karchedon (Karthago). Plinius (37, 92ff.) hat einen carchedonischen Carbunculus, der wie alle Carbunculus-Arten feurigrot ist. Die carchedonischen Carbunculi, so heißt es aber, hätten etwas Schwärzliches im Aussehen (nigrioris aspectus esse). Im Schein des Feuers oder der Sonne funkelten sie außerordentlich. Das könnte auf unsern Granat zutreffen. Nordafrikanische Granat-Fundstätten sind allerdings nicht bekannt.
Dieser Stein ging in die Überlieferung ein, wobei aber die Namen Calchedon und Carchedon verwechselt wurden. Die Vulgata hat die Lesarten calcedonius und carcedonius. Die Schreibung mit l wurde im Mittelalter die herrschende. Dieser Chalzedon, auch der in der Offenbarung Johannis (22, 19) genannte, war also feurigrot. Er hat gar keine Ähnlichkeit mit unserm Chalzedon.
2. Der Bedeutungswandel ist in der literarischen Überlieferung des Mittelalters zu verfolgen. In den von Buch zu Buch weitergegebenen Beschreibungen trat das feurige Rot zurück oder es ging in unklaren Farbbezeichnungen unter; das Schwärzliche wurde zur Blässe, die zu betonen nie vergessen wurde. Er wird bleich genannt (pallidus, Arnoldus Saxo), von stumpfer Blässe schimmernd (hebeti pallore refulgens, Marbod).
Mit Albertus Magnus beginnt eine Reihe von Beschreibungen, die gar nicht mehr auf den antiken Carbunculus Carchedonius passen, wohl aber auf unsern Chalzedon bezogen werden können oder bezogen werden müssen.

Es ist denkbar, daß Albert bei seinem langen Wanderleben irgendwo die neue Festlegung des inzwischen undeutlich gewordenen Begriffs kennengelernt hätte.

«Und der Calcidonius folgt dem Beryll mit seiner fast durchsichtigen, schlammigen und schmutzigen (lutea et faeculenta) Substanz, wie das Blei das Silber nachahmt.» «Calcidonius aber ist ein bleicher, dunkelfarbiger, etwas trüber Stein (pallidus fuscus aliquantulum obscurus)» (Albertus I 2, 1 und II 2, 3).

«In die schneweissen vnnd durchsichtigen chalcedonich/ schneidet man der von Adel wappen» (1562. Mathesius S. 267b).

«Chalcedon, Chalcedonier ... Zuweilen zeigt er sich als ein Tropfstein, oder so knotig, wie ein Glaskopf, oder mit einer Oberfläche, die wie Wellen aufgeworfen ist, oder er bekleidet auch die Oberfläche anderer Steine ... Er hat nur einen geringen Grad der Durchsichtigkeit, wie Milch, die man mit Wasser verdünnt hat, oder wie wenn man durch einen Nebel sieht; er spielt auch immer in die weisse oder graue Farbe» (1777. Gmelin I S. 561).

3. Chalcedon ist jetzt der umfassende Begriff für mikrokristalline feinstfaserige Quarze. Die Färbung ist mannigfaltig je nach den färbenden Beimengungen. Einige dadurch entstehende Abarten haben eigene Namen: → Karneol, rot oder rötlich. → Sarder, braun bis fast schwarz. → Plasma, grün. → Heliotrop, dunkelgrün mit roten Flecken. → Chrysopras, apfelgrün. – Chalzedon im engeren Sinn ist alles übrige. Er zeigt meist lichte Töne. – Zum Chalzedon gehören ferner: → Enhydros, → Mückenstein, → Punktachat, → Achat i. A. → Farbtafel 2.

Chamäleonstein → Weltauge.

Chelonitis → Donnerstein.

Chenocoprolit → Gänsekötigerz.

Chiastolith → Kreuzstein 1.

Chladnit → Meteorstein.

Chloanthit (Breithaupt 1845): Nickel-Kobalt-Arsenid, kubisch kristallisierend. χλοανθής aufgrünend, das heißt oft mit Nickelblüte. → auch Weißnickelkies.

Chlor Element, grünlichgelbes Gas; entdeckt von Scheele (1774), von Davy als Element erkannt und benannt (1810) nach der Farbe: chlorine, deutsch Chlor, von χλωρός Farbe der ersten Pflanzentriebe, grünlich, gelblich, gelbgrün.

Chlor- oder Chloro- in Mineralnamen kann demnach zweierlei Bedeutung haben. Es besagt entweder, daß das Element Chlor ein Bestandteil des Minerals ist, oder daß das Mineral grünliche Farbe hat. Zur ersten Gruppe gehört zum Beispiel Chlorsilber, zur zweiten Chlorit.

Chlorargyrit → Hornsilber.

Chlorit Von griech. χλωρός grün, grünlich. Der Name stammt aus Plinius (37, 156). «Der Chloritis ist grasgrün. Er findet sich nach Angabe der Magier im Leib der Bachstelze von Geburt an, und zu gewissen Wunderwerken ihrer Art verordnen sie ihn in Eisen zu fasen.» Diese längst vakant gewordene Bezeichnung nahm Werner (1789) wieder auf für ein grünes, nur undeutlich kristallisierendes Silikat vom St. Gotthard, ohne noch zu übersehen, eine wie umfangreiche Mineralgruppe damit in Angriff genommen war. Zur «Chloritgruppe» gehören mehrere einander ähnliche Silikate von meist grüner Farbe, die der Zusammensetzung nach zwischen Glimmern und Talk stehen. Alle sind ausgezeichnet spaltbar und in biegsame Blättchen zerlegbar.

Die weitere Geschichte der Nomenklatur ist verwickelt. Durch Kobell wurde (1839) der Rhipidolith als besondere Art von Werners Chlorit abgetrennt. ῥιπίς Fächer, λίθος Stein, wegen der fächerförmigen Gruppierung der Kristalle. Gustav Rose vertauschte (1839) die Namen Chlorit und Rhipidolith, weil für den Wernerschen Chlorit die fächerförmige Gruppierung noch charakteristischer sei als für den Rhipidolith Kobells. Kobell (1864. S. 492) äußert sich dazu sehr ungehalten, hat sich aber nicht durchgesetzt.

Die Verwirrung sollte durch zwei neue eindeutige Namen behoben werden. Dana wollte (1867) durch die Bezeichnung Prochlorit, zu πρό vorher, die ursprüngliche Benennung des St. Gotthard-Chlorits durch Werner als weiterhin gültig betonen. Zum Prochlorit gehört dann der Rhipidolith Roses. – Klinochlor (Blake 1851) bezieht sich auf die monokline Form der deutlicher kristallisierenden Art, die mit Kobells Rhipidolith zusammenfällt. Doch ist bis heute die Namengebung uneinheitlich.

Ferner gehören zur Chloritgruppe: → Helminth, → Pennin u.v.a.

Chloritoid Vom Entdecker Fiedler wurde dieses Mineral Chloritspat genannt, weil es «dem Chlorit täuschend ähnlich ist, und seinen übrigen Kennzeichen nach zu den Spathen gehört» (1832. Pogg. Ann. Bd. 25). An die Stelle der jetzt veralteten Bezeichnung trat Chloritoid (1835. Breithaupt), das heißt der Chloritähnliche.

Chloritspat → Chloritoid.

Chloromelanit → Jade.

Chlorsilber → Hornsilber.

Chondrodit (Graf d'Ohsson 1817): nach dem Vorkommen in kleinen Kristallen oder Körnern oder körnigen Aggregaten. χονδρώδης graupenartig, χόνδρος Korn, Pille. – Silikat, zu einer dem Olivin nahestehenden Gruppe gehörig.

Chrom Benannt von Vauquelin nach dem griech. χρῶμα Farbe, weil alle bei den Versuchen beobachteten Verbindungen des neuen Metalls verschiedenste und auffällige Farben zeigten. → auch Rotbleierz.

Chromeisenerz, Chromeisenstein (Hausmann 1813), Chromit (Haidinger 1845) ist Chrom-Eisen-Oxid, $FeCr_2O_4$.

Chromit → Chromeisenerz.

chryselectrum → crisolecter.

Chrysoberyll ist bei Plinius (37, 76) eine goldfarbige Abart des Berylls. (χρυσός Gold). Seit dem Humanismus wird er gelegentlich im Anschluß an Plinius erwähnt. Bei Werner wird Chrysoberyll Bezeichnung für ein neues Mineral, dessen genaue Analyse allerdings noch Jahrzehnte gedauert hat. Danach ist Chrysoberyll keine Abart des Berylls, aber mit diesem verwandt: eine Verbindung von Beryllerde und Tonerde, $BeAl_2O_4$. Schönfarbige Stücke sind hochgeschätze Edelsteine. Drei Varietäten: Chrysoberyll im engeren Sinn, Chrysoberyll-Katzenauge oder → Kymophan, → Alexandrit.

Chrysokoll Griech. χρυσοκόλλα (Theophr. 26. u.ö. Diosk. V 89) heißt Goldleim (χρυσός Gold, κόλλα Leim). «Sozureden/ Goldkleister» (1698. Berg-Buch I S. 43). Lat. chrysocolla (Plin. 33, 86). Nach den antiken Beschreibungen ist Chrysokoll ein erdiges oder krustenbildendes Kupfermineral von lebhaft grüner Farbe. Es umfaßte sowohl den heute so genannten Chrysokoll (wasserhaltiges Kupfersilikat) wie auch die entsprechenden Formen des Malachits. Es entspricht somit dem, was im Deutschen früher als → Berggrün, Schiefergrün, Kupfergrün bezeichnet wurde.

Daß mit Chrysokoll oder Malachit Gold geleimt, das heißt gelötet werden kann, wurde bestritten. Dazu wird der Borax gebraucht, wie denn im 16./18. Jahrhundert Chrysokoll auch Borax genannt wurde. Neuerdings wurde nachgewiesen, daß man mit Malachit Gold löten kann. Man will auch etruskische und griechische Goldarbeiten gefunden haben, welche die Kunst, Gold auf Gold mit «Chrysokoll» zu löten, voraussetzen (Caley S. 105/106).

Seit etwa 1800 wurde durch chemische Analysen die Unterscheidung von Kupfersilikat und Kupferkarbonat durchgeführt. Werner nannte das Kupfersilikat Kupfergrün (1789), ein Name, der in den deutschen Mineralienbüchern zunächst herrschend blieb, daneben Kieselkupfer, Kupferkiesel. Kieselmalachit (Hausmann). Erst nach der Jahrhundertmitte drang der (von Beudant, Haidinger u.a.) wieder aufgenommene antike Name an die erste Stelle.

Chrysolith Lateinisch chrysolithus (Plin. 37, 126 und 172). Griechisches χρυσόλιθος erst aus weit späterer Zeit belegt. – Mittelalterliche Namensformen sehr mannigfaltig: krisolit, crisolte, krisalit, crisoleite u.ä. Seit dem Humanismus wieder Annäherung an die antike Form.

Chrysolith heißt Goldstein (χρυσός Gold, λίθος Stein), und der antike Chrysolith war gelb oder golden. Plinius beschreibt ihn als durchscheinend und goldglänzend (aureo fulgore tralucens). Um welchen Stein es sich handelt, ist unsicher. Durchscheinend und goldglänzend können sein → Topas, gelber Korund, Zitrin, Chrysoberyll, Beryll und andere.

Der heutige Chrysolith ist grün in verschiedenen Tönungen, auch gelbgrün, einer der wenigen Edelsteine, die nur in einer Farbe auftreten. Es hat also ein Bedeutungswandel stattgefunden, und zwar hat sich dieser unmerklich im Bereich der literarischen Überlieferung vollzogen. «Er ist dem Gold ähnlich mit einem Anklang an Meerfarbe» (Isid. XVI 15, 2). – «Chrysolitus ist ein Stein, der in seiner Farbe einen zarten grünen Schimmer hat, in dem er vor dem Blick der Sonne glänzt wie ein goldener Stern» (nach 1250. Albertus II 2, 3). – «Chrysolitus ist ainer der zwelf stain und ist mervar, alsô daz er tunkelgrüen ist und guldein funken dar ein gemischt hât und funkengleizt sam ain fewer» (1350. Megenberg S. 442). – So wurde das Gold nicht vergessen, doch mischte sich das Grün immer entschiedener ein.

Die Angaben über die magischen Kräfte sind sehr verschiedenartig, und die Entwicklung geht nicht gleichlaufend mit dem Übergang vom gelben zum grünen Stein. Megenberg schreibt wie seine Vorgänger fast wörtlich nach dem spätantiken Damigeron: «Wer den stain in golt tregt, den sichert er vor nahtvorhten. ist auch daz der stain durchport ist und daz vensterl durchfüllt mit eselshâr, sô schäuht er die poesen gaist und verjagt si. man schol in tragen an der tenken (linken) seiten» (S. 442).

Daneben läuft noch eine andere Überlieferung. Damigeron hat noch ein Kapitel «Anderer Chrysolith». Die Angaben über diesen finden sich zum Teil ebenfalls Jahrhunderte später wieder, und zwar im althochdeutschen Prüler Steinbuch, wo es heißt: «Crisolitus ist gôt. vnte ist lihtfare. sver in treit. der wirdet geminnet vone friunten ioch vôn vianten.» «Chrysolith ist gut und ist lichtfarb. Wer ihn trägt, der wird geliebt von Freunden und Feinden.» Das ist aber nur eine vereinzelte Spur jenes «andern Chrysoliths», dieser Teil der Überlieferung scheint sonst untergegangen zu sein. Es kommen aber auch neue Wendungen hinzu. Arnoldus Saxo (13. Jahrh.) sagt vom «Crisolitus»: «Und er vertreibt Melancholie und Torheit und fördert Weisheit.» Das geht in die Überlieferung ein, und noch der Dichter Henri de Régnier fußt darauf: «Et j'ai mis à mon doigt, sachant son

privilège,/ La chrysolithe qui guérit de la folie» (Œuvres V S. 144. Paris 1925). «Und tat an meine hand sein vorrecht kennend/ Den chrysolith der von dem wahnsinn heilt» (Stefan George XVI S. 54).

Nach alledem ist die Frage, was für ein Stein denn unter dem Chrysolith verstanden wurde, für die früheren Jahrhunderte nicht klar zu beantworten. Daß der Humanist Agricola sich wieder unmittelbar an die antiken Quellen anschloß, hat die Verwirrung eher noch gesteigert. Seine Schilderung des goldenen oder gelben Chrysoliths (Foss. S. 300) wurde teils auf Topas, teils auf gelben Flußspat gedeutet, und in der Interpretatio von 1546 ist Chrysoberyllus «Ein Chrysolithos», Chrysolithus ist «Ein iacint», Hyacinthus aber ist «Ein Aethiopischer/ Meisnischer/ ader Behemischer amethyst.»

Was Chrysolith bedeutet, mußte Ende des 18. Jahrhunderts neu festgelegt werden. Werner gab 1790 (Bergm. Journal 3, 2) eine Beschreibung unseres Chrysoliths heraus, die Klaproth als Meisterwerk anerkannte. Doch hielt dieser nun eine «chemische Zergliederung» für notwendig, um ihm seine Stelle im System zuweisen zu können. Er fand die wesentlichen Bestandteile und stellte fest, daß Chrysolith und Olivin zusammengehörten (→ Olivin).

Gegenwärtig ist Chrysolith stark durch das aus dem Französischen kommende → Peridot an die Seite gedrängt.

Chrysopras Über den antiken und mittelalterlichen Chrysopras ist keine Klarheit zu gewinnen. Bei Plinius wird er an zwei Stellen beschrieben, einmal als Abart des Berylls (37, 77) und weiterhin im Anschluß an den Prasius (37, 113). Beide Chrysoprase sollen grün sein mit Neigung zur Goldfarbe. Das besagt auch der Name: Gold-Lauch-Stein (χρυσός Gold, πράσον Lauch). Im Mittelalter wurde daraus ein grüner Stein mit goldenen Tropfen. Das ist nicht der heutige Chrysopras. Der Name erlitt damals mancherlei Umformungen: chrysopassus, chrysoptasion, chrysotapsus usw. Der Humanismus stellte die antike Form wieder her.

Der jetzt so genannte Chrysopras ist ein Chalzedon, der durch geringe Beimengungen

eines Nickelsilikats prachtvoll apfelgrün gefärbt ist. Die bedeutendste, jetzt nahezu er-
schöpfte Fundstätte lag in Schlesien bei Fran-
kenstein. Sie lieferte schon im 14. Jahrhundert
Platten für die Auskleidung der berühmten
Kapelle des heiligen Wenzel in Prag. Man
weiß jedoch nicht, unter welchem Namen der
Stein ging. Die Fundstätte wurde dann vergessen und 1740 durch einen preußischen Offi-
zier wiederentdeckt. Wenn man die lauchsaft-
farbenen, bald ganz grünen, bald zum Gelben
neigenden Chalzedone Chrysopras nannte,
vermeinte man die antike Tradition fortzuset-
zen (1757. Lehmann, Histoire du Chrysoprase).

Chrysotil → Asbest 7 u. Serpentin 2.

Cimolit Eine → Bol-Art. Von Klaproth untersucht und benannt (1795) nach der Kykla-
deninsel Kimolos (Argentiera), von der sein
Material stammte, im Anschluß an die antiken Bezeichnungen **κιμολία** (Theophr. 62,
Diosk. V 156), creta Cimolia (Plin. 35, 195).
Nach den Beschreibungen des Dioskurides
und Plinius kann angenommen werden, daß
die kimolische Erde des Altertums im wesentlichen der Cimolit der heutigen Mineralogie
war.

Cinnabarit → Zinnober.

Cipollin, Cipollino Im 18. Jahrhundert aus
dem Italienischen entlehnt. Abgeleitet von
ital. cipolla Zwiebel. Bezeichnet Marmor,
durchzogen von Glimmerlagen in Formen,
die an Zwiebeln denken lassen. Goethe erwähnt den «griechischen Cipollinmarmor»,
aus welchem der Tempel des Jupiter Serapis
in Pozzuoli erbaut war (XX S. 210).

Citrin → Zitrin.

Clausthalit → Selen-Mineralien 3.

Cobaltin, Cobaltit → Kobaltglanz.

Coelestin → Zölestin.

Coesit Monokline, pseudohexagonale Modifikation des Quarzes, zunächst in Amerika
synthetisch hergestellt, und zwar (nach der
Beschreibung von L. Coes jr. 1953) durch
fünfzehnstündige Einwirkung von 35000 at
Druck bei 750°C.

Die Benennung Coesit (R. B. Sosmann
1954) wurde vorgeschlagen, falls die Substanz
als natürliches Mineral gefunden werden
sollte, andernfalls die chemische Bezeichnung
Silica C.

Erste Beobachtung des natürlichen Mine-
rals 1960 in einem Meteorkrater in Arizona,
wo die Stoßwelle des Aufschlags den hohen
Druck und die Hitze erzeugt haben wird.
Später auch in andern Meteorkratern, zum
Beispiel im Nördlinger Ries in Bayern.

Columbit Columbium → Niob.

Comptonit → Thomsonit.

Conterfey u. ä. → gunderfai.

coralis (Parz. 791) → Koralle.

Cordierit (Hauy 1813): Tonerde-Magne-
sium-Silikat. Von Werner zunächst wegen der
schwärzlichblauen, etwas ins Violette gehenden Farbe Iolith genannt (ἴον Veilchen). Ein
ganz neuartiges Farbphänomen beobachtete
der französische Mineraloge Cordier: bei
durchfallendem Licht zeigte sich in Richtung
der Achse ein intensives Blau, senkrecht dazu
ein Bräunlichgelb. Cordier nannte das Mineral danach (1809) Dichroit, der Doppelfarbige
(δίς doppelt, χρώς Farbe). Es entging ihm
noch, daß am Dichroit in einer dritten Richtung noch eine dritte Farbe, ein Blaugrau
beobachtet werden kann.

Durchscheinende Steine, die das Licht in
zwei oder drei Richtungen verschieden durch-
lassen, sind inzwischen zahlreich gefunden
worden. Die Erscheinung, Pleochroismus genannt, hängt mit dem Kristallbau zusammen.

Gebräuchlichste Bezeichnung im Deutschen Cordierit; Dichroit wird oft, Iolith
seltener als Synonym mit angeführt. → auch
Luchssaphir.

cornîol (Parz. 791) → Karneol.

cos → Probierstein.

coticula → Probierstein.

Covellin → Kupferindig.

crapaudine → Krötenstein.

creta → Kreide.

crisolecter, chrisoliter (Parz. 791). Lateinisch chryselectrum (χρυσός Gold, ἤλεκτρον, -os Bernstein bzw. (Hellgold). Bei Plinius zweimal erwähnt, einmal (37, 51) als eine Art Bernstein, «Goldbernstein», ein andres Mal (37, 127) als eine Art Chrysolith, der sich der Farbe des Elektrums nähert. Beide Arten sehen morgens am schönsten aus. «Crysolectrus ist ain stain, der ist goltvar und ist des morgens ze mettenzeit froeleicherr varb dann ander zeit» (1350. Megenberg S. 441).

crisolte (Parz. 791) → Chrysolith.

crisoprassîs (Parz. 791) → Chrysopras.

Cristobalit Tetragonale (scheinbar kubische) Modifikation des Quarzes, benannt nach dem Berge San Cristobal bei Pachuca in Mexiko (1887. vom Rath).

crystallus → Bergkristall.

Cullinan → Kap. VIII 5.

Cuprit → Rotkupfererz.

cuprum → Kupfer.

Cyanotrichit → Kupfersammeterz.

cyanos, cyanus → Kyanit, → Azurit, → Lasurstein 3.

Cymophan → Kymophan.

Cyprium aes, cyprum → Kupfer.

D

Dacit → Dazit.

Danburit (Shepard 1839): benannt nach dem Fundort Danbury in Connecticut. Zur Feldspatgruppe gehörig.

Darcy Vargas Diamant, Rohgewicht 460 Karat, aber von geringer Durchsichtigkeit. Gefunden 1939 in Minas Geraes in Brasilien und benannt zu Ehren der Gattin des Präsidenten Vargas.

Darya-i-nur → Kap. VIII 6.

Datolith Ein Borosilikat, um 1805 entdeckt und benannt von J. Esmark. «Von δατέομαι, theilen, vertheilen und λίθος, wegen der körnigen Absonderung der derben Varietäten» (1853. Kobell S. 53).

Dazit (G. Stache 1863, vom Autor Dacit geschrieben): Ergußgestein, das dem Granodiorit entspricht. Wurde als charakteristisch für Siebenbürgen angesehen und deshalb nach der Landschaft, der späteren römischen Provinz Dazien (Dacia) benannt, die auch das jetzige Siebenbürgen umfaßte.

Demantoid (Nordenskiöld) bedeutet «der Diamantähnliche». Kalkeisengranat, grün durch geringen Chromgehalt, auffällig durch starken diamantähnlichen Glanz. In den sechziger Jahren des 19. Jahrhundets im Ural entdeckt.

Demantspat → Korund.

Dendrachat → Baumachat.

Dendriten → Baumachat.

Descloizit (Damour 1854): Vanadium-Erz, benannt nach dem französischen Mineralogen Des Cloizeaux, der die Kristallform bestimmte.

Desmin Benannt von Breithaupt (1818) nach der meist bündelförmigen oder garbenförmigen Gruppierung der Kristalle: δεσμή Bündel zu den Zeolithen gehörig. Strahlzeolith bei Werner. Synonym → Stilbit. → Taf. 3.

Diabas Magmatisches Gestein, Hauptgemengteile Augit und Feldspat (Plagioklas), benannt von Brongniart (1807). Hätte sprachrichtiger Dibase lauten müssen, da es Gestein mit zwei Basen bedeuten sollte (Oxford Dict.). – Diabas wurde dann mit διάβασις Übergang, Hindurchschreiten in Verbindung gebracht und auf das geologische Auftreten (Durchbrechen zahlreicher Schichten) bezogen. Im deutschen Sprachgebrauch versteht man heute unter Diabas Gang- und Ergußgesteine, die dem Basalt entsprechen, jedoch gewisse nachträgliche Veränderungen erlitten haben (z. B. teilweise Umwandlung von Augit in Hornblende usw.).

dîadochîs (Parz. 791). Griechisch διάδοχος, latein. diadochos (Plin. 37, 157). Das Wort bedeutet Stellvertreter. Bekannt ist, daß die Nachfolger des großen Alexander Diadochen genannt wurden. Die Deutung des Steinnamens bereitet Schwierigkeiten. Es scheint, als wenn Damigeron einen Sinn damit verbunden hätte, wenn er sagt, der Stein sei von oben her (desursum) und höchst heilig.

«Der Stein Diadochos ist dem Beryll ähnlich. Er ist äußerst nützlich für Weissagung aus Wasser und Heranführung von Schatten wie kein andrer Stein. Auch zeigt er achtsam die Bilder der Dämonen. An einen Leichnam sollst du ihn nicht bringen, denn Totes ist ihm zuwider. Es ist nämlich dieser Stein von oben her und heilig, und geheiligt durch ständige Weihe» (Damigeron 5).

«Dyadochos ist ain stain, wer den in wazzer wirft, sô pringt er mangerlai poeser gaist pild, alsô daz si antwurt gebent dem, der si frâgt; und legt man in auf ains tôten leichnam, sô verleust er sein kraft und erschrickt scheinpaerleichen von dem tôde. der stain geleicht ainem berillen» (1350. Megenberg S. 444).

Diadochit → Eisensinter.

Diallag Benannt von Hauy (1801). διάλλαγμα das Vertauschte, der Unterschied. Das soll sich auf die Spaltbarkeit beziehen: zwei Ebenen von auffällig ungleicher Spaltbarkeit. – Abart des Diopsids.

Diamant 1. Das Wort geht zurück auf griech. ἀδάμας der Unbezwingliche, lat. adamas. – Im Mittelalter entwickeln sich drei Gruppen von Namensformen:

a) Mittellat. meist adamas, mittelhochdeutsch adamas, daneben adamant vom lateinischen Akkusativ adamantem. «Adamas ist ain edel stein» (Megenberg S. 432).

b) Mittellat. diamantes, franz. diamant, mittelhochd. dîamant, dîemant. «Ein stein heizet dîamant,/ der ist niht vil liuten bekant» (Volmar 289f.). – «Den dîemant den edelen stein/ gap mir der schoensten ritter ein» (Walther v. d. Vogelweide).

c) Luthers Demant wird auf eine altfranzösische Nebenform demande zurückgeführt, kann aber auch aus dîemant hervorgegangen sein (wie Demut aus diemuot).

Adamant kommt im Neuhochdeutschen außer Gebrauch, Diamant und Demant streiten um den Vorrang. Diamant setzt sich in der allgemeinen Sprache im 18. Jahrhundert durch, Demant bleibt der Dichtersprache vorbehalten.

2. Adamas nannte man im Griechischen ursprünglich das härteste Metall, den Stahl. Früheste Erwähnung bei Hesiod (Schild des Herakles V. 136): «Auf das mächtige Haupt setzte er den Helm, den gutgearbeiteten, kunstvollen aus Adamas.» Adamas hießen dann auch die härtesten Steine. Ob allerdings das Altertum den allerhärtesten, unsern Diamanten, überhaupt kannte, ist wiederholt bezweifelt worden (Caley S. 147f.). Adamas, der Unbezwingliche, wäre dann das nächsthärteste Mineral gewesen, unser Korund. Aber die Nachrichten des Altertums erklären sich zwangloser, wenn man annimmt, daß unter den von Plinius angegebenen sechs Arten des Adamas auch unser Diamant gewesen sei.

«Den größten Wert nicht nur unter den Edelsteinen, sondern unter menschlichem Besitz überhaupt hat der Diamant, lange nur Königen, und zwar wenigen bekannt … Diamanten erkennt man auf dem Amboß, indem sie den Schlag derart zurückweisen, daß der Hammer beiderseits zerspringt und selbst Ambosse bersten. So ist die Härte ungeheuer, dazu besiegt seine Art das Feuer, er ist nicht erwärmbar. So hat er auch den Namen – griechisch: unbezwingbare Kraft – bekommen … Diese unbesiegbare Kraft, Verächterin zweier heftigster Naturgewalten, des Eisens und des Feuers, wird durch Bocksblut gebrochen. Aber nur, wenn es frisch und warm ist, wird sie mürbe, und weiter durch anhaltende Schläge: dann selbst bleiben nur vorzügliche Hämmer und Ambosse heil» (Plin. 37, 55–59).

Tatsächlich ist der Diamant unvorstellbar härter als die besten Hämmer und Ambosse. Seine Schleifhärte soll etwa 90mal größer sein als die des nächsthärtesten Minerals, des Korunds. Trotzdem zerspringt der Diamant in der Regel bei der von Plinius geschilderten Behandlung infolge seiner guten Spaltbarkeit in Richtung der Oktaederflächen (→ Goyaz).

3. Ein Beispiel für das Weiterleben der antiken Tradition im Mittelalter: «Adamas aber wie oben erwähnt ist der härteste Stein, wenig dunkler als Bergkristall, aber hellglänzend gefärbt, so hart, daß er weder durch Feuer noch Eisen weich wird oder aufgelöst. Aber er wird aufgelöst und weich durch Blut und Fleisch des Bockes, besonders wenn der Bock etwas vorher Wein und Petersilie getrun-

ken oder Berg-Siler gefressen hat, weil solches Bocksblut auch den an Blasenstein Erkrankten hilft zum Brechen des Steins in der Blase» (nach 1250. Albertus II 2, 1). Einiges zur Erläuterung dieser vom modernen Standpunkt unsinnigen Zusammenstellung: Bocksblut wurde noch im 19. Jahrhundert in Apotheken als Arznei geführt (Schade II 1319). Wein sollte die Kraft des Blutes erhöhen. Petersilie war Mittel u. a. gegen Steinbildung im Körper. Siler-Blätter halfen gegen Kopfschmerz (Plin. 16, 77; 24, 73). Alles in allem eine Ballung steinbrechender und lösender Naturkräfte.

Im arabisch-lateinischen Zweig der Überlieferung erscheint die Härte des Diamanten als wunderbar wirkende Kraft. Deren Überwindung geschieht hier nicht durch Bocksblut, sondern durch Blei. In der arabischen Fassung des Pseudo-Aristoteles steht: «Wenn die Steine der Erde mit dem Diamanten in Berührung kommen, so brechen sie in Stücke.» «Wer einen Stein in seiner Blase oder Harnröhre hat, nimmt ein Körnchen von diesem Stein; das Körnchen wird an einem Eisen befestigt und bis zum Stein eingeführt; dann durchbohrt es ihn, mit Gottes Willen.» «Es hat kein einziger Stein über ihn Macht außer dem Blei.» «Es zerstört und zerbricht den Diamant und verwandelt ihn in Pulver.» (14 Jh. Pseudo-Aristoteles P. Ruska S. 129, 141, 149).

Es lag jenem Zeitalter noch völlig fern, die Wirkung von Bocksblut oder Blei auf den Diamanten durch Versuche zu überprüfen. Das Überlieferte wurde mehr oder minder getreu weitergegeben. Volmar kannte beide Rezepte und empfahl ihre Kombination: «Man sol nemen bockes bluot,/ sô ez alsô warm sî, und zerlâzen ein blî/ und stôz dar in den dîamant: sô wirt er linde sâ zehant» (um 1250. Volmar 308ff).

4. Erwähnenswert ist noch, daß im Mittelalter auch der Magnet vielfach adamas hieß, wodurch Unklarheit entstand, da der Name magnes daneben seine Gültigkeit behielt. Von wunderbaren magnetischen Eigenschaften des Diamanten berichtet schon Plinius (37, 61): Der Diamant hindere den Magneten am Wirken, ja entreiße ihm das angezogene Eisen. Was daraus im Mittelalter geworden

ist, kann man etwa bei Megenberg sehen. Adamas ist «zwairlai», hat zwei Arten (lai heißt Art, Art und Weise). Die eine Art ist unser Diamant. «Der andern lai adamas ist verr unwerdiger und niderr wan der êrsten lai, ... und ist tunkel an der varb sam ain eisen und ist groezer wan der êrsten lai. dér adamas lât sich prechen ân pockspluot. er hât die art, daz er daz eisen an sich zeuht sam der stain magnes tuot, aber der adamas nimt dem magneten daz eisen, wenn er gegenwärtig ist» (S. 433. ân: ohne). Adamas als Bezeichnung für Magnet ist im Neuhochdeutschen nicht mehr erhalten, im Französischen aber bedeutet aimant (aus lat. adamantem) noch heute den Magneten. – Da der Diamant durch Reiben positiv elektrisch wird, ist nicht ganz ausgeschlossen, daß dieser Bezeichnungsweise letzten Endes eine beobachtete Naturwirklichkeit zugrunde liegt.

5. Diamant ist kristallisierter Kohlenstoff. Das wurde im 18. Jahrhundert schrittweise nachgewiesen. Man zeigte, daß sich der Diamant in der Hitze des Brennspiegels oder des Schmelzofens «verflüchtigte», daß die Verflüchtigung bei Luftabschluß ausblieb, endlich, daß bei der Verflüchtigung Kohlensäure entstand. Daß ein so einzigartiges Gebilde chemisch dasselbe sein sollte wie gewöhnlicher Kohlenstoff oder Graphit, erschien zunächst selbst in Kreisen der Wissenschaft unglaubhaft. «Lavoisier hält den Diamanten für den reinsten Kohlenstoff, eine Meynung, die den höchsten Grad der Wahrscheinlichkeit für sich hat, die sich aber doch nur erst dann als ausgemachte Wahrheit annehmen lassen wird, wenn unwidersprechliche Versuche bewiesen haben werden, daß sich bey seinem Verbrennen nichts weiter als kohlensaures Gas bildet» (1802. Bourguet I S. 390).
→ Kap. VIII 4–6.

Diamant der Kaiserin Eugenie Brillant von 51 Karat. Im Besitz der Kaiserin Katharina II. von Rußland, von dieser ihrem Günstling Potemkin geschenkt. Von dessen Nachkommen kaufte Napoleon III. den Stein als Hochzeitsgeschenk für die Kaiserin Eugenie. Diese verkaufte ihn nach ihrer Entthronung an den Gaekwar von Baroda.

Diamantspat → Korund.

Diaspor (Hauy 1801): Aluminium-Hydroxid. Griech. διασπείρειν zerstreuen. Vgl. «Diaspora». Vor dem Lötrohr in kleine Teilchen zerstäubend. Diese Eigenschaft wird von den heutigen Mineralienbüchern nicht vermerkt, «doch beobachtete Berzelius an einer Varietät, dass solche sehr heftig decrepitirte und in kleine, weisse glänzende Schuppen zerfiel» (1850. Naumann S. 278).

Dichroit → Cordierit.

Digenit (Breithaupt. 1844). Der Name (διγενής) bezeichnet das Mineral als zwiefachen Ursprungs: als Verbindung von Kupferglanz (Cu_2S) und Kupferindig (CuS). Digenit ist eines von mehreren Kupferglanz-Mineralien mit Überschuß an Schwefel $Cu_9\,S_5$. → Kupferglanz.

Diopsid Ca-Mg-Silikat. – Der Name (Hauy 1806) bezieht sich auf die Kristallform. δίς doppelt, ὄψις Anblick, ιδ-, εἶδος Gestalt. «Vom Namen Diopsid könnte man meinen, daß er auf die Durchsichtigkeit Bezug habe, (δίοψις, das Durchsehen), das ist aber nicht so, sondern Hauy hat ihn gegeben, weil die Kerngestalt eine doppelte Ansicht gewährt. So passt der Name auf eine Menge von Mineralien» (1853. Kobell S. 60).

Dioptas Ein Kupfersilikat, das schöne grüne Kristalle bildet. Die ersten Funde aus der Kirgisensteppe wurden für Smaragd gehalten, woran noch die von Werner (1803) gewählte Bezeichnung Kupfersmaragd erinnert. Hauy gab (1801) den Namen Dioptas, zu griech. διοπτεία Hindurchsicht, was er folgendermaßen verstanden wissen wollte: «Wenn man einen dodekaedrischen Dioptas gegen das Licht hält, so nimmt man im Innern sehr deutlich reflektirende Stellen wahr, die mit Flächen parallel gehen, welche, so viel sich sehen läßt, mit den Endkanten parallel laufen; so daß man also die Durchgänge der Blätter schon im voraus an diesen zurückstrahlenden Stellen erkennen kann, wodurch der Krystall, um mich so auszudrücken, queer durchschnitten wird. Dies drückt der Name Dioptas aus» (1806. Hauy-Karsten III S. 174).

Diorit Benennung durch Hauy 1822. «Name, nach διορίζω (distinguo, definio),

darauf Beziehung habend, daß die beiden Gemengtheile, welche das Gestein wesentlich zusammensezzen, durch Gefüge und Farbe sich so auffallend verschieden zeigen» (1823. v. Leonhard I S. 104). – Diorit ist ein Tiefengestein, die beiden Gemengteile sind einerseits Plagioklas, andrerseits Hornblende und andre dunkle Mineralien.

Diphyes → Mutterstein.

Dirschenöl Auch Türschenöl, volkstümliche Bezeichnung für ein Steinöl, das in der Gegend von Seefeld in Tirol aus dem dortigen Seefelder Ölschiefer (bituminöser Dolomitmergel) gewonnen wurde. Der Sage nach hat sich dieser Ölschiefer aus dem Blut des in dieser Gegend erschlagenen Riesen Thyrsus gebildet.

Diskrasit → Antimonsilber.

Disthen → Kyanit.

Dolerit Grobkörnige Basaltvarietät. «Von Hauy nach dem griechischen δολερός genannt wegen seiner trügerischen Ähnlichkeit mit Grünstein, namentlich mit Diorit» (1866. Zirkel II S. 273).

Dolomit Doppelsalz aus Kalziumkarbonat und Magnesiumkarbonat, entdeckt und erstmalig beschrieben (1791) von Dolomieu, dem bei seinen Alpenreisen Kalksteine auffielen, die mit Säuren wenig oder fast gar nicht aufbrausten. Erste mangelhafte Analyse durch Saussure den Jüngeren, der auch vorschlug, das Mineral nach dem Entdecker zu benennen (L. v. Buch III S. 55 und 82). – Dolomie (Saussure d. Ä.). – Dolomite (Kirwan 1794). Gleichzeitig Name des Gesteins Dolomit; danach sind die Dolomiten benannt worden.

Varietäten: Braunspat (Werner) ist gelb oder braun durch Eisen- oder Mangangehalt, gleichzeitig aber auch Synonym für Ankerit. – Die um 1800 aufgekommenen Synonyme Bitterspat, Bitterkalk, Rautenspat sind außer Gebrauch.

Domit (L. v. Buch 1802): Vulkanisches Gestein, benannt nach dem Puy de Dôme in Frankreich. Vgl. Kap. XVI 5. Jetzt zu den Trachyten gerechnet.

Donnerstein 1. Der Name entspricht

griech.-latein. Ceraunia, → ceráuns (Parz. 791). Man könnte das Wort für eine Lehnübersetzung halten. Es sprechen aber Gründe dafür, daß der Vorstellungskreis um den Donnerstein sich weitgehend unabhängig von der antiken Überlieferung ausgebildet hat. Mit dem Namen ist ein Weiterleben volkstümlich-heidnischen Zauberwesens bis fast in die Gegenwart verbunden.

2. Bemerkenswert ist zunächst die große Zahl der Entsprechungen in andern germanischen Sprachen (engl. thunderstone, thunderbolt, dän. tordensteen u.a.) und die große Zahl der deutschen Synonyme. Sie beziehen sich auf drei verschiedene Gegenstände, auf vorgeschichtliche Steinwerkzeuge, auf → Belemniten und auf bestimmte Arten versteinerter Seeigel. Danach lassen sich Namengruppen aufstellen, doch nur ungefähr, indem die Bezeichnungen vielfach durcheinandergehen. Donnerkeil. Strahlkeil, Donneraxt, auch wohl Schlegel und Strahlhammer beziehen sich ursprünglich zweifellos auf die vorgeschichtlichen Steinäxte. Sie wurden als Geschosse des Donners, des Donnergottes angesehen und wegen ihrer Zauberkraft hoch geschätzt. Wenn man sie richtig verwendet, kann man mit ihnen den Todesstrahl auf den Gegner lenken, andererseits sich und das Haus gegen Blitz schützen. Die Einsicht, daß insbesondere die sauber durchbohrten Stücke keine natürlichen Gebilde seien, wurde von de Boot noch sehr zurückhaltend vertreten, setzte sich aber in der Wissenschaft des 18. Jahrhunderts durch.

3. Die Namen Strahlpfeil, Strahlstein, Pfeilstein erscheinen ebenso treffend für die vorgeschichtlichen Äxte wie für die → Belemniten, die anscheinend allgemein und überall als Geschosse des Gewitters angesehen wurden. «Und gewöhnlich wird auch in manchen Gegenden Deutschlands dieser strahlige Belemnites nach dem Blitzstrahl (a fulmine) benannt» (1565. Gesner S. 67a).

4. Die dritte Art Donnersteine oder Grummelsteine endlich sind bestimmte versteinerte Seeigelarten, für die wiederum eine Reihe alt- und neulateinischer Synonyme angeführt werden (Brontias, Chelonitis, Ombrias) (1647. De Boot S. 485f.). Da nun diese Art auch → Krötenstein, großer Krötenstein oder Wetterstein genannt wird, da ferner der Belemnit nicht nur Donnerstein, sondern auch noch Luchsstein heißt, was wieder auf den antiken Lynkurer zurückführt, so gewahrt man ein Bedeutungsknäuel, auf dessen völlige Entwirrung hier verzichtet werden kann.

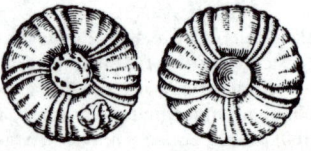

«Chelonitis, Brontias, seu Ombrias, … gros krottenstein … donnerstein, vel Wetterstein.» – (1647. De Boot S. 486, nach Gesner.) 5:7.

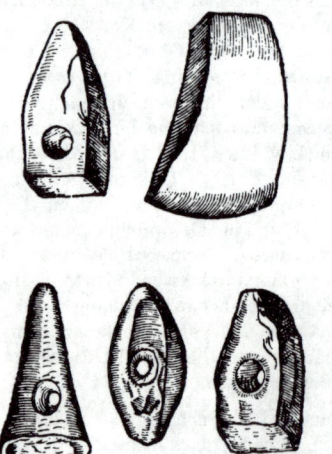

«Ceraunia … Straalhamer, Donnerstein … gros krottenstein.» – (1647. De Boot S. 483, nach Gesner.) 3:4.

5. «Ceraunus haizet donrstain. der ist gelvar und velt ze stunden mit dem himelplatzen. man spricht auch, an welher stat der stain sei, dâ schad kain donr noch kain himelplatzen niht. der stain ist dick gar scharpf an ainer seiten» (1350. Megenberg S. 441. himelplatzen: Gewitter. dick: oft).

«Ceraunia: Der glatte donnerstein/ ader der glatt wetterstein/ ader der glatte gros krottenstein.» «Belemnites: Alpschos.» «Brontia: Donnerstein/ wetterstein/ Gros krottenstein.» «Ombria: Wetterstein/ donner-

stein/ gros krottenstein» (1546. Interpretatio).
– «Albschoß, Donner-Stein, Schoß-Stein,
Luchs-Stein, lateinisch Belemnites ...» (1732.
Zedler Bd. 1).

«De Ceraunia ... weil aber alle diese Steine
einem Hammer oder Keil oder Beil oder Pflug
oder sonstigen Werkzeugen, die Öffnungen
für einen einzufügenden Griff besitzen, der
Form nach sehr ähnlich sind, hat man gemeint, daß sie nicht Geschosse des Blitzes
sind, sondern eiserne Werkzeuge, die durch
die Länge der Zeit in Stein verwandelt sind.
Ich würde mich dieser Meinung anschließen,
wenn nicht viele glaubwürdige Männer Widerspruch erheben würden, die versichern,
daß sie nach dem Einschlagen des Blitzes in
Häuser oder Bäume solche Steine am Ort des
Einschlags gefunden haben ... So beharrlich
ist die Meinung, daß es Pfeile des Blitzes seien,
daß wer diese Volksmeinung widerlegen will,
für unverständig gehalten wird» (1647. De
Boot S. 482).

Doppelspat heißt durchsichtiger Kalkspat
mit doppelter Strahlenbrechung. Das Phänomen wurde erstmalig an Fundstücken aus
Island beobachtet und erforscht von Erasmus
Bartholinus, Professor an der Universität Kopenhagen. In seiner lateinischen Beschreibung (1669) gab er den Namen Crystallus
Islandicus Disdiaclasticus. δίς doppelt, δια-
κλάω zerbreche. Deutsch doppeltbrechender
Kristall, Doppelspat.

«Doppelspat, Doppelstein, isländischer
Kristall ... Er ist ganz durchsichtig, und ver-
doppelt durch eine gedoppelte Brechung der
Lichtstralen, die von der besondern Lage
seiner Theilchen abhängt, Buchstaben und
andere Gegenstände, die man dadurch ansieht» (1777. Gmelin I S. 428/9).

Drachenstein entspricht dem griechisch-lateinischen Draconitis, Dracontites oder Dra-
contias.

1. Eine durch Jahrhunderte verfolgbare
Überlieferung geht auf Plinius (37, 158) zurück. Der Stein entsteht danach aus dem Hirn
des Drachen, muß aber dem lebenden Tier,
und zwar im Schlaf, entrissen werden, weil
sonst der Drache die Edelsteinwerdung verhindert.

«Dracontides haizet ain drachenstain. den
nimt man auz ains drachen hirn, und zeuht
man in niht auz ains lebendigen drachen hirn,
sô ist er niht edel. die küenen man sleichent
über die drachen dâ si ligent und slahent in
daz hirn enzwai, und die weil sie zabelnt, sô
ziehent si die stain her auz» (1350. Megenberg
S. 444. in: ihn, ihnen).

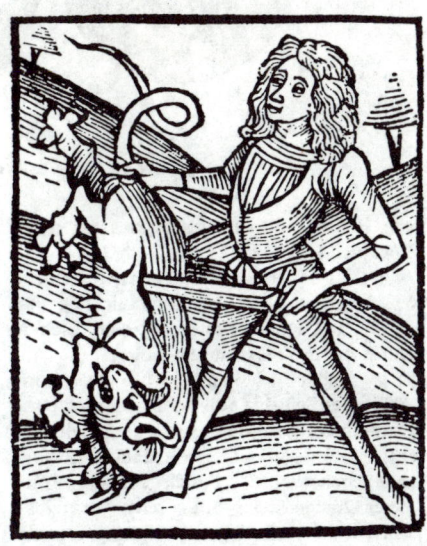

Gewinnung des Drachensteins. (1509. Hortus.) 7:8.

Es ist bezeichnend für den Fabelcharakter
des Steines, daß sein Ursprung unbestimmt in
den Orient verlegt (Isid. XVI 14, 7) und daß
sein Aussehen nicht beschrieben wurde. So
konnte im Mittelalter der Drachenstein auch
gelegentlich für einen Karfunkel gehalten
werden, und vielleicht ist der Karfunkel unter
dem Horn des Einhorns (Parz. 482) ein Ab-
kömmling des Steines im Kopf des Drachen
(Ziolkowski S. 309).

Seit dem 15. Jahrhundert suchte man den
Stein in der Naturwirklichkeit aufzufinden,
und der italienische Philosoph Marsilius Fici-
nus glaubte ihn in gewissen kopfgroßen, in der
Tat gehirnähnlich aussehenden fossilen
Mäanderkorallen zu erkennen, die er für
indischen Ursprungs hielt (1647. de Boot
S. 298). Agricola war, soweit ersichtlich, der

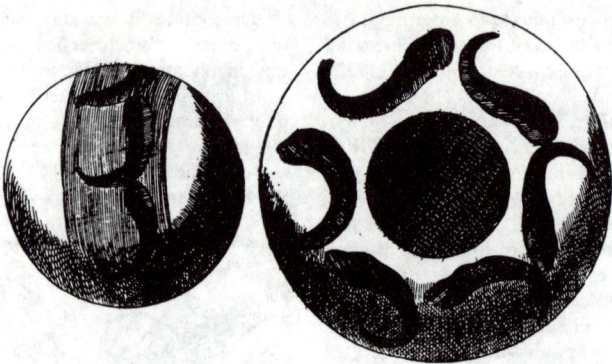

Luzerner Drachenstein. (1714. Valentini II Taf. IX.) 1:2.

erste, der den Bericht des Plinius für reine
Fabel hielt (vgl. Kap. IX 6).

2. Damit war aber der Drachenstein keineswegs beseitigt, weil er unabhängig von der
antiken Überlieferung und von orientalischen
Einflüssen im Volksglauben lebte.

Fast unglaublich klingt es, was noch um
1700 in der Schweiz von dem Luzerner Drachenstein auf Grund urkundlicher Nachrichten geglaubt und selbst von dem Naturforscher Scheuchzer für möglich gehalten wurde.
Dieser Drachenstein war ein schweres kugeli-
ges Gebilde mit fleckiger Zeichnung, erprobt
als Heilmittel gegen Gift und Pest. Ein Bauer
sollte ihn gefunden haben in einer Blutlache,
die von einem vorüberfliegenden Drachen
gespritzt war (1714. Valentini II S. 44ff.).
Vermutlich handelte es sich um ein Felsstück
mit Versteinerungen. Solche gehirnartig aussehenden Gebilde können immer noch mit
Plinius in Verbindung gebracht werden. Abweichend davon wurden in Niedersachsen
Ammonshörner als Drachensteine angesehen:

«Man hält insgemein davor/ daß dieser
Drachenstein sonderbahre Krafft bey Hexe-
rey habe/ sonderlich wann die Kühe ihre
Milch nicht geben/ oder von Hexen durch
Satans Betrug ausgemolcken werden: Alsdann wird in den Melckpot dieser Stein ge-
legt/ und darauf die vorige Milch bey der Kuh
verhofft/ wie sie dann sich wieder einfindet»
(1688. Reiskius, Dissertatio de Cornu Hammonis. Zitiert nach Abel, Tierreste S. 72).

Zur Erklärung kann darauf hingewiesen
werden, daß die spiralig gewundenen Ammonshörner auch sonst als zusammengerin-
gelte Schlangen, als Schlangensteine angesehen wurden. So waren sie Gegenzauber gegen
Schlangen- und Drachenbehexung (Abel
S. 74f.).

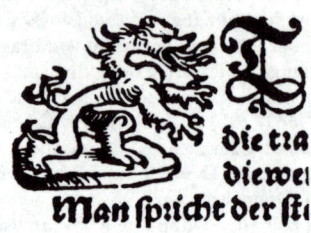

«Trachenstein». Zierstück und Initiale.
(1540. Megenberg.)

Draconites, Drakontias u.ä. → Drachenstein.

Dravit → Turmalin.

Dresden Zu unterscheiden sind: 1. Die
Dresdener im Grünen Gewölbe verwahrten
hervorragend schönen indischen Diamanten
aus dem Besitz Augusts des Starken, der
«Weiße sächsische Brillant» (knapp 50 Karat)
und der wegen seiner Farbe hochberühmte
«Grüne Brillant von Dresden» (41 Karat). – 2.
Der «Diamant des Herrn Dresden» («English
Dresden»), gefunden 1857 in Brasilien, ge-
schliffen 76,5 Karat wiegend, benannt nach

dem ersten Käufer, einem Engländer namens
E. Dresden.

Drudenstein Trudenstein, Trutenstein,
Truttelstein: Zu mittelhochd. trut, trute,
männlicher und weiblicher Alp (durch kurzes
u unterschieden von trût, trûte, Geliebter,
Geliebte). – Synonyme: Schrattensteine, Alb-
füße u. a. – Weit verbreitete Bezeichnung für
Zaubersteine mit einem von der Natur gebildeten Loch, benutzt als Gegenzauber gegen
alles, was Druden verüben, Alpdrücken u. a.
(1848–1855. Panzer, Beitrag zur deutschen
Mythologie I S. 428. II S. 164. – Bächtold-
Stäubli Bd. VIII S. 1174).

Bei Gesner (1565) wird ein Silex pertusus
(durchlöcherter Kieselstein) abgebildet, der
dem Drudenstein entspricht. «Abergläu-
bische Weibsleute (mulierculae) suchen derartige Steine an Wildwassern und Flüssen, in
törichtem Glauben, daß Kühe, die Blut mit
Milch geben, geheilt würden, wenn ihre Zitzen zum Melken durch die Löcher gesteckt
würden» (1565. Gesner S. 31a).

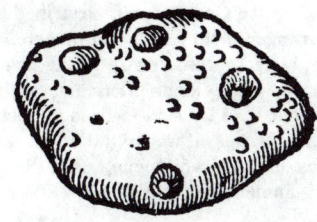

«Silex pertusus». (1565. Gesner S. 31a. Vergrößerter
Ausschnitt.)

Von alledem abweichend bildete Brück-
mann fossile Austern mit stark gezackten
Schalenrändern, die wie eine Reihe scharfer
Zähne aussehen, als «Trutensteine» ab (1737.
De Lapidibus figuratis quibusdam rarioribus.
Taf. V und S. 13).

Druse Auch Drüse: In der Bergmannssprache löcheriges Gestein, Höhlungen, in
deren Gemülme sich noch Erz findet. «Dru-
sen/ Sind durch die Witterung oder durch das
Erd-Feuer zermülmete und verbrannte Ertze/
gleich als wenn sie von Bienen außgesogen
wären» (1680. Junghans).

Hohlräume, deren Wände mit Kristallen
ausgekleidet sind: Amethystdruse usw.,

«Spatdrüse» (Jean Paul, Flegeljahre). «Was
sind Drusen, mit ihren mit Kristallen überzo-
genen Wänden, anders, als in gewissen Ge-
genden eines Ganges nicht ganz vollendete
Ausfüllungen desselben, und folglich noch
Überbleibsel von dem ehemaligen leeren
Gangraume?» (1791. Werner, Entstehung der
Gänge S. 67).

Möglicherweise ist Drüse als Bezeichnung
menschlich-tierischer Organe dasselbe Wort.
Dies läßt sich bis ins Althochdeutsche zurück-
verfolgen: druos, Mehrzahl druosi: Drüse,
Beule. Es gibt Drusen, die lebhaft an Beulen
erinnern.

Dufrenoysit → Skleroklas.

Dunit Tiefengestein, Olivinfels mit Chrom-
eisen als charakteristischem Gemengteil.
«Dies eigenthümliche (1859) von v. Hochstetter auf Neuseeland aufgefundene und benannte Gestein setzt, in engster Verbindung
mit Serpentin stehend, die mächtige Berg-
masse des 4000 Fuß hohen Dun Mountain
südöstlich von Nelson zusammen, die einer
grossartigen Serpentingangmasse angehört»
(1866. Zirkel II S. 330). – Engl. dun, vermutlich keltischen Ursprungs, bedeutet grau-
braun, schwarzbraun, dunkel. Hochstetter
(Neu-Seeland S. 330) gibt rostbraun als Farbe
des verwitterten Gesteins und des Berges an.

Dyskrasit → Antimonsilber.

E

Eckernpfennig → Pfennigstein.

Edelsteine → besonders Kap. II, IV, VIII,
XVIII 3.

Das Griechische hat kein besonderes Wort
für Edelstein. Am nächsten kommt diesem
Begriff σφραγίς Siegel, Siegelring, Siegelstein.

Gemma ist das lateinische Wort für Edelstein, für den unbearbeiteten wie für den
geschnittenen, die Kamee. Das Wort bedeutet
ursprünglich die Knospe, das Auge, vor allem
am Weinstock. Edelsteine sind Blüten des
Mineralreichs, Hauptblickpunkte in
Schmuckgebilden, vergleichbar den «Augen»
im Pfauenschweif (Ovid, Metam. I 723). Nach

Plinius (37,1) ist Eigenart der Gemmen höchste Naturherrlichkeit auf kleinstem Raum.

Egeran Von Werner (1817) benannte strahlige Abart des Vesuvians, besonders schön ausgebildet zu Haslau bei Eger.

«In dieses Gestein ist der Egeran oft kaum merklich eingesprengt, er nimmt sodann überhand, bis er zuletzt derb erscheint, unmittelbar ins Kristallisierte übergeht und die Eigenschaft, sich konzentrisch zu kristallisieren, offenbart» (Goethe 1821). «Haslaus Gründe, Felsenteile,/ Vielbesucht und vielgenannt,/ Seit der Forscher tätige Weile/ Uns den Egeran genannt./ Was wir auch beginnen mochten,/ War das Eine nur getan,/ Wie wir klopften, wie wir pochten,/ Immer war's der Egeran» (Goethe. Beide Stellen: Werke XX S. 528ff.).

ehern Zu althochd. êr, lat. aes, → Kupfer.

Eis 1. Das Wort gehört (ebenso wie Schnee) schon der indogermanischen Ursprache an. Althochdeutsch, mittelhochdeutsch, niederdeutsch îs. In den andern germanischen Sprachen ähnlichlautend wie im Deutschen. Verwandte in einigen indogermanischen Sprachen Asiens.

2. Die Einreihung als Mineral bzw. als Gestein muß in Zusammenhang mit der Einreihung des Wassers betrachtet werden. Wasser (einschließlich Eis, Schnee, Hagel) war im Altertum und Mittelalter kein Mineral, sondern eines der vier Elemente. Empedokles als erster lehrte, daß aus den vier Elementen Wasser, Erde, Luft, Feuer, aus deren Mischung und Entmischung alles in der Welt hervorgehe. Wasser gehörte also in eine ganz andere Rangordnung als die einzelnen Steine, Erze, Metalle. Diese Ansicht wirkte länger nach als man gemeinhin annimmt. Noch 1777 sagt Joh. Friedr. Gmelin, ein anerkannter Mineraloge, in seiner Bearbeitung des Linnéschen Mineralsystems: «Vielleicht waren die alten griechischen Weisen, Empedokles, Aristoteles und Zeno auf dem rechten Wege, wenn sie Luft, Wasser, Feuer und Erde für die einfache Wesen erklärten, aus denen die Natur alle andere Körper zusammensetzt» (I S. 5). Er behandelt in der Einleitung ganz

allgemein das Wasser «als mächtiges Werkzeug der Natur» und als wesentlich beteiligt an der Bildung der Mineralien, aber im speziellen Teil gibt es kein Mineral Wasser oder Eis oder Schnee. Auch in Werners Systemen einschließlich des letzten von 1817 werden Wasser, Eis und Schnee nicht aufgeführt.

Anders in Hausmanns Mineralogie von 1813. Hier ist das Wasser als Element entthront und eingereiht als Mineral in die zweite Klasse: Inkombustibilien, zweite Ordnung: Oxydoide. Seine Arten und Unterarten werden wie die übrigen Mineralien beschrieben: zum «Weichwasser» gehört der Schnee und das Eis. Dieses findet sich tafelförmig (Eisschollen), stalaktitisch (Eiszapfen), rindenförmig (Glatteis), sphäroidisch (Hagel).

Aus der bloßen Tatsache solcher Einordnung ist ein Bedeutungswandel der Namen Wasser, Eis, Schnee abzulesen. In diesem Bedeutungswandel spiegelt sich eine Wandlung der Ansichten vom Mineralreich.

3. «Das Eis ist nicht nur eine sehr wichtige Mineralspecies, sondern es liefert auch eines der wichtigsten Gesteine; ein Gestein, dessen Ablagerungen nicht selten von jüngeren Bildungen bedeckt werden. Am Aetna liegt ein Lavastrom über einem Gletscher, und die vulcanische Insel Deception-Island ... besteht grossentheils aus abwechselnden Schichten von Eis und vulcanischen Auswürflingen» (1850. Naumann, Geognosie I S. 418).

Eisen Die Kunst der Eisengewinnung und Stahlbereitung wurde seit etwa 2000 v. Chr. im östlichen Kleinasien und in den Ländern am oberen Euphrat entwickelt.

Beim Vordringen des Eisens nach Westen haben sich die indogermanischen Illyrier hervorgetan, denen man auch die nach dem Fundort Hallstatt benannte Eisenkultur zuschreibt. Kelten und Germanen waren ihnen benachbart, und beide entlehnten das Wort für Eisen von den Illyriern. Es lautet althochdeutsch îsarn, isin oder ähnlich; altnordisch îsarn, später jarn; englisch iron; altirisch íarn. Es wird als urverwandt mit lateinisch ira Zorn angesehen und wäre demnach das zornige, kräftige Metall gegenüber der milderen Bronze.

Das Wort für Stahl bildete das Germanische aus der eigenen Sprache: althochd. stahel, altnordisch stål, engl. steel usw. Die ursprüngliche Bedeutung ergibt sich aus der Urverwandtschaft mit altindisch stákati («widersteht») und awestisch staxta- («fest»).

Das griechische und das lateinische Wort für Eisen ($\sigma\iota\delta\eta\rho o\varsigma$, ferrum) sind bisher nicht befriedigend erklärt.

Eisen: Erstmalig in Wulfilas gotischer Bibelübersetzung. Von einem gefesselten Besessenen heißt es: «Jah tho ana fotum eisarna gabrak». «Und er zerbrach die Eisen an den Füßen» (Mark. 5, 4).

«Ferrum haizt eisen. daz ist kalter nâtûr und ist hert, vest und sneidend, alsô daz ez alleu andreu dinch zämt mit seiner vestikait und wirt doch verzert von im selber und wirt auch leihticleicher belaidigt wan kain ander gesmeid und belaidigt auch ander dinch, daz im zuo geselleet ist, mit rost und mit andern dingen … Stahel kümt von eisen und wirt hert von vil smitslegen und widerprechen, alsô daz er kraft gewint über daz eisen» (1350. Megenberg S. 479. wan: als; gesmeid: Metall).

«De ferro et chalybe … seind zwen metallen, eisen und stahel; eisen ist das weibli, stahel das menli, und ist do ein verfügung, gleich wie do silber und golt mit ein ander wechst, ist weib und menli auch bei ein ander. also mögent sie nun von ein ander geschiden werden, das weibli in sein art, das menli auch, und das weibli zu gebrauchen dohin es sol, das menli der gleichen auch» (um 1525. Paracelsus I 3 S. 57).

Die Namengruppe Eisen/Stahl umfaßt in weitestem Umfang Kunstprodukte, nur in geringem Umfang natürliche Substanzen, nämlich das Meteoreisen und das erst im Laufe des 19. Jahrhunderts sicher festgestellte äußerst seltene terrestrische Eisen. Zahlreich sind aber die von der Gruppe abgeleiteten Mineralnamen, schon in der Bergmannssprache → Eisenstein, → Stahlerz und andere, in der wissenschaftlichen Nomenklatur Namen wie → Siderit, Ferrimolybdit, Ferroselit.

Siehe auch Meteorstein.

Eisenblau → Vivianit.

Eisenblüte enthält kein Eisen, sondern ist Aragonit in merkwürdig korallenartigen Stalaktiten, die sich auf Eisenspatlagern bilden.

«Eisen-Blumen, oder Blüth ist ein Schneeweiser mineralischer Sinter-Stein, so bißweilen auf Eisenstein, auch vor sich selbst in die Höhe schiesset, und entweder wie Corallen-Zincken, gestreiffte Corallen, oder in andern Figuren anzusehen ist» (1743. Minerophilus S. 171f.). → Tafel 4.

Eisenglanz Was jetzt Eisenglanz heißt (kristalline Abart des Roteisenerzes, mit Metallglanz, Eisenoxid, Fe_2O_3), ging früher (bis zu Werner) unter dem allgemeinen Begriff → Eisenstein oder auch unter dem Begriff → Hämatit. In älteren Beschreibungen ist aber der heute so genannte Eisenglanz oft erkennbar, auch der Name schon – allerdings ohne allgemein gültige Abgrenzung – verwendet oder vorgebildet.

In einer «Specification Der Fichtelbergschen Ertze» werden aufgezählt unter andern: «Spiegligter glatter glänzender rohter Eisenstein. – Violettglänzender Eisenstein. – Eisenmann/ Eisenglantz oder Eisenglimmer» (1727. Brückmann, Magnalia I S. 84).

«Zu Saalfeld in Thüringen, auf der Insel Elva, und andern Orten, wird ein reichhaltiger glänzender Eisen-Stein gebrochen, welcher mit vielen Farben angelaufen ist, und Glanzstein genannt wird» (1785. Krünitz Bd. 10 S. 561).

Spiegelerz. Neulateinisch Minera ferri specularis, zu lat. speculum Spiegel. Specularit auch heute gelegentlich als Synonym.

Werner hat in seinem System (seit 1789) Eisenglanz und Roteisenstein als getrennte Gattungen.

Eisenglimmer ist nicht eindeutig, sondern bezeichnete erstens eine schuppige Abart des Roteisens ähnlich dem Eisenrahm und zweitens eisenreiche Glimmer (Abarten des Biotits). Jetzt nicht mehr gebräuchlich. → Tafel 7.

Eisenkies → Pyrit.

Eisennickelkies → Pentlandit.

Eisenpecherz → Stilpnosiderit u. Eisensinter.

Eisenrahm bedeutet Eisenruß, Eisenschmutz. Althochdeutsches und mittelhochdeutsches râm ist in der Bedeutung Schmutz, Ruß mundartlich vielerorts erhalten, auch in dem Metallnamen → Wolfram; außerdeutsch in angelsächsisch rômig rußig. Außergermanische Verwandte: altindisch rāmá- schwarz, rāmî Nacht. Eisenrahm ist eine stark abfärbende, fettig anzufühlende Abart des Roteisens. Heute nicht mehr gebräuchlich.

«Eisenram. Findet sich gemeiniglich beym eisenfarbigen Eisenglimmer, und beschmutzet die Hände» (1770. Cronstedt-Brünnich S. 219).

Eisenrose Name für rosettenförmige Ausbildung zweier eisenhaltiger Mineralien. Zu unterscheiden: 1. Abart des Titaneisens, besonders vom St. Gotthard. Basanomelan (v. Kobell 1838), «βάσανos, der Probierstein, und μέλαs, schwarz, um anzudeuten, daß das Mineral schwarzen Strich giebt. Eisenrose» (1864. Kobell S. 668). – 2. Abart des Hämatits, mit rotem Strich. «Die manchmal faustgroßen Prachtstücke, die von Zeit zu Zeit gefunden wurden, gehören zum Kostbarsten, was die Alpen geliefert haben» (1975. Parker-Bambauer S. 204).

Eisensinter Sammelname für verschiedene wasserhaltige Eisenverbindungen. Eisensinter (Werner). Eisenpecherz (Karsten). Einige Arten: Arseneisensinter (Naumann) oder Pittizit (Hausmann 1813), von πίττα Pech, πιττίζειν dem Pech ähneln. – Phosphoreisensinter (Naumann) oder Diadochit (Breithaupt 1837), von διάδοχοs Stellevertreter, weil Phosphorsäure an Stelle der Arseniksäure getreten ist. – Das Gänsekötigerz ist ein dem Pittizit nahestehendes Mineral.

Eisenspat oder Spateisenstein ist Eisen, FeCO₃. Er fiel in der Bergmannssprache mit unter den allgemeinen Begriff → Eisenstein. Er stach durch die helle, gelblichweiße, an der Luft isabellengelb werdende Farbe von den übrigen Eisensteinen ab. Deshalb weißer Eisenstein, weißes Eisenerz genannt.

«Im Deutschen wird er auch weißes Stahlerz genannt, weil das daraus geschmolzene Eisen mit leichter Mühe in einen guten Stahl verwandelt werden kann. Man findet diese merkwürdige und schätzbare Art des Eisensteins, vornehmlich im Fürstenthume Nassau Siegen, und in der östreichischen Provinz Steyermark. Aus dem in letzterer Provinz

brechenden weißen Stahlsteine, welcher daselbst Flinz oder Pflinz genannt wird, wird der berühmte steyermärkische Stahl verfertigt» (1785. Krünitz Bd. 10 S. 558).

Spateisenstein (Werner), Eisenspat (Hausmann). – Die wichtigsten der neugebildeten Fremdwörter gehen aus von σίδηροs Eisen. Siderose (Beudant 1832) drang nur im Französischen durch, Siderit (Haidinger 1845) wurde allgemein anerkanntes Synonym, im Deutschen neben Eisenspat und Spateisenstein. Mißlich war, daß früher mehrere andere Mineralien Siderit hießen (vgl. Glocker, Synopsis S. 241 Anm.). Heute wird Siderit auch noch gebraucht als Bezeichnung für Eisenmeteorit und im Edelsteinhandel gänzlich unangebracht für blauen Quarz. – → Tafel 4.

Eisenstein war im Deutschen bis etwa um 1800 in der allgemeinen Sprache der Ausdruck für Eisenerz jeder Art. Erste Erwähnung schon im 9. Jahrhundert bei Otfrid (4, 70): «Zi nuzze grebit man ouh thar er inti kuphar,/ ioh bi thia meina isine steina.» «Zum Gebrauch gräbt man auch dort (im Frankenlande) Erz und Kupfer, und, fürwahr, Eisensteine.» Eine genauere Unterscheidung der Arten war in der allgemeinen Sprache meist nicht erforderlich. Doch versteht sich, daß im Kreise der Fachleute, der Bergmänner, Schmelzer, Erzprobierer, Händler usw. verschiedene Arten und Formen beachtet und sprachlich erfaßt wurden.

«Der Eysenstein der ist braun/ vnd zeucht sich seine farb dahin/ daß er in gemeyn fast einem verrosten Eysen gleich siehet/ Der beste vnd gar reiche Eysenstein aber/ der frisch ist/ deß farb ist blawlecht/ vnd vergleicht sich einem gedignen Eysen/ Etliche Eysenstein seind Magnetisch/ die durch jre Natur das Eysen sichtiglich zu sich ziehen/ welches/ wie auch hernach berichtet wirdt/ auß jhrer beyder verborgner hitz herkommet … Der Stahelstein aber/ der ist dem Eysenstein an seiner farb gar vndgleich/ vnd sihet etlicher gleich wie ein gelblichter spadt/» (1580. Ercker S. 124a).

«Der Eisenstein ist sehr fest und widersteht der Verwitterung gar sehr … In Lappland, wo so viele und so mächtige Eisensteinlager vorkommen, fallen sie durch dieses Stehenbleiben noch mehr auf, und man glaubt ganze Berge von Eisen zu sehen» (1810. L. v. Buch II S. 78). – Aufteilung des Eisensteins durch Werner → Kap. XII 3.

Eisensteinmark → Sächsische Wundererde.

Ekanit Seltenes radioaktives Kalzium-Thorium-Silikat, zuerst gefunden in Ceylon und benannt nach dem Gemmologen F.L.D. Ekanayake in Colombo, der im Jahre 1953 mit geübtem Auge zwei geschliffene, im Edelsteinhandel angebotene Steine als neues Mineral erkannte.

Eklogit Schönfarbiges Gestein, körniges Gemenge aus Granat, Smaragdit und andern Mineralien. «Name, von ἐκλογή (Auswahl) abgeleitet, dem Gestein durch Haüy beigelegt, in Beziehung auf die wesentlichen Gemengtheile, welche, da ihr gegenseitiges Verbundenseyn nicht gewöhnlich ist, einander besonders gewählt zu haben scheinen, um diese eigenthümliche Felsart zu bilden» (1823. v. Leonhard I S. 137).

Eläolith Derbe Abart des Nephelins, von Klaproth (1810) benannt nach dem starken Fettglanz. ἔλαιον Öl. Fettstein (Werner).

Elektrum → Hellgold.

Elementstein Heute nicht mehr gebräuchliche Bezeichnung, nach Beschreibungen des 18. Jahrhunderts gebraucht von «teutschen Jubelierern» für besonders gute, halbdurchsichtige oder durchsichtige Katzenaugen, die dem Opal nahekommen.

eljotrôpîâ (Parz. 791) → Heliotrop.

emathîtes (Parz. 791) → Hämatit.

Enargit (Breithaupt 1850): Kupfererz (Cu, As, S), benannt nach der deutlich erkennbaren Spaltbarkeit. ἐναργής deutlich, sichtbar.

Endellione → Bournonit.

Enhydros Griech. ἔνυδρος heißt «im Wasser» oder «voll Wasser», «mit Wasser drin». Als Steinname im Lateinischen bei Isidor (XVI 13, 9). Plinius (37, 190) hat enhygros (ὑγρός naß). Die Beschreibung des Plinius ist nüchtern: «Beim Schütteln wallt drinnen Flüssigkeit wie in Eiern.» Isidor, einige hundert Jahre später, übertreibt: «Enhydros heißt

nach dem Wasser; er sprudelt nämlich Wasser hervor, so daß man in ihm eingeschlossen einen Springquell vermuten könnte.»

Die Schilderungen des Mittelalters sind vollends wunderbar: «Elidros oder enidros ist ain stain, der geleicht ainer cristallen und tropft ân underlâz fäuht tropfen sam ob er switz, und die tropfen sint den fibrigen läuten guot. er wirt auch niht minder von dem tropfen, er beleibt hert und ganz ümmer mêr» (1350. Megenberg S. 446).

«Man macht in Italien Ringe daraus, die durch das Tragen am Finger zuweilen ihr Wasser ausschwitzen» (1777. Gmelin I S. 538).

Enhydros oder Wasserstein ist auch heute noch gebräuchlich als Bezeichnung für flache ovale Chalzedon-Knollen, die innen hohl und teilweise mit Wasser gefüllt sind, das aber nach Lösung aus dem Gebirge leicht austrocknet. Früherer Fundort bei Vicenza in Oberitalien (nußgroße Stücke), heute vor allem aus Uruguay (bis handgroße Stücke). → Tafel 5.

enhygros → Enhydros.

enîdrus (Parz. 791) → Enhydros.

Enstatit ἐνστάτης Widersacher. Bezieht sich auf die Schwerschmelzbarkeit. Magnesiumsilikat mit etwas Fe, 1855 in Mähren, dann in den Vogesen erstmalig von Kenngott aufgefunden und von diesem benannt. – Varietät Chladnit → Meteorstein.

Entrochus → Räderstein.

Epidot Von Hauy (1801) als besonderes Mineral erkannt auf Grund der vom Strahlstein (Actinote) bzw. Amphibol abweichenden Kristallform. Die genaue Zusammensetzung wurde erst später festgestellt (Silikat von Al, Fe, Ca).

«So heißt Epidot – Zugabe, und diese bezieht sich darauf, daß die Basis des Prisma's nach der Stellung, welche Hauy den Krystallen gegeben hat, ein Rhomboid ist und also gegen die ähnliche des Amphibols, einen Rhombus, mit einer Zugabe erscheint, da zwei Seiten gegen die übrigen daran verlängert sind. Man stellt aber schon lange die Prismen des Epidots ganz anders, so daß sie kein Rhomboid zur Basis haben, sondern auch einen Rhombus. Damit fällt natürlich die Zugabe, auf welche sich der Name bezieht, weg und so bewahrt er nur noch eine historische Erinnerung an die Betrachtungsweise des französischen Krystallographen» (1853. Kobell S. 59).

Synonym: Pistazit (Werner 1803), nach der pistaziengrünen Farbe. Pistazien sind die eßbaren Samen der gleichnamigen im Mittelmeergebiet vorkommenden Bäume und Sträucher.

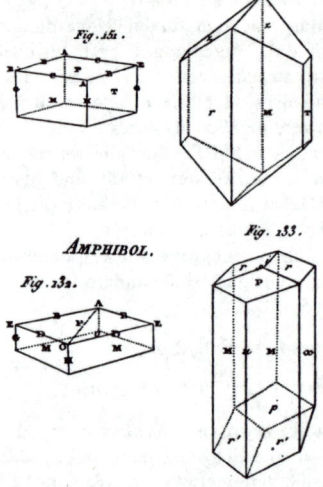

Epidot und Amphibol. «Kerngestalt» und Kristall.
(1806. Hauy-Karsten Taf. LIV/LV.)
Oberes Bild 1:2, unteres Bild 5:8.

Epsomit → Bittersalz.

Erbsenstein Etwa erbsengroße Kügelchen von Aragonit, gebildet um einen Kristallisationskern, und durch Aragonitmasse zusammengekittet. Besonders schön ausgebildet in Karlsbad. Goethe schildert die Entstehung: «Die bisher vorgeführten Sinterarten haben sich an festen Punkten und Flecken, an Wänden und Gewölben erzeugt. Wir finden nun eine nicht weniger interessante Art, die aus dem Kalksinter besteht, der sich um einen frei schwimmenden und immerfort bewegten Punkt angesetzt, woraus größere oder kleinere erbsenförmige Körper entstanden, die sich nach und nach zu ganzen Massen verbunden und die sogenannten Erbsensteine gebildet» (Werke XX S. 234). → auch Rogenstein.

Erde Der umfassende und für die Betrachtung des Mineralreichs unentbehrliche Begriff hat im Lauf der Geschichte ungemein verschiedene Bedeutungsschattierungen bekommen.

1. Das Wort Erde ist gemeingermanisch: gotisch airtha; althochd. erda, ero; engl. earth; dän. schwed. jord usw. Urverwandtschaft mit griech. ἔραζε («zur Erde») deutet auf noch höheres Alter. Die Versuche, weitere indogermanische Urverwandte nachzuweisen, haben bisher nicht überzeugt. So konnte auch die ursprüngliche Bedeutung nicht ermittelt werden.

2. Das Griechische hatte eine Reihe von Synonymen, deren keines mit dem germanischen Wort verwandt ist. γῆ oder γαῖα war das allgemeingültigste. Etymologie ungeklärt. Davon abgeleitet → Geode.

3. Latein. terra ist vermutlich urverwandt mit griech. τέρσομαι werde trocken und hätte dann zahlreiche indogermanische Verwandte, die sämtlich auf die Urbedeutung «das Trokkene» weisen. Man denkt an das Alte Testament, wo die Scheidung des Trockenen vom Feuchten ein Teil des Schöpfungsaktes ist.

4. Die uralte, auf der ganzen Erde verbreitete Vorstellung vom Muttertum der Erde bleibt noch bis in die Anfänge der neueren Mineralogie lebendig.

«Erdboden, ist die schwangere Mutter aller Metallen und Mineralien, in diesem Reiche» (1743. Minerophilus S. 185).

5. Seit Empedokles, Platon und Aristoteles erhielt «Erde» eine neuartige Bedeutung durch die Lehre von den vier Elementen Erde, Wasser, Luft und Feuer. Aus der Mischung und Entmischung dieser vier Grundstoffe wurde die Mannigfaltigkeit der Einzeldinge erklärt.

Diese Theorie behielt mit einigen Abwandlungen rund zwei Jahrtausende Gültigkeit. Im 13. Jahrhundert lehrt Albertus Magnus (I, 1) in Fortsetzung der antiken Tradition: Die Materie der Steine ist Erde und Wasser. Wenn nämlich die oberen Elemente in ihnen vorherrschten, würden sie ohne Zweifel auf dem Wasser schwimmen. Das Element Erde bewirkt, daß Steine untersinken, es sei denn, daß sie porös sind und durch die Luft in den Poren getragen werden wie der Bimsstein oder der

Stein, der vom Vulkan ausgeworfen wird. Gepulvert sinken auch diese unter. Eis sinkt nicht unter, weil es aus reinem Wasser besteht. – Vgl. hierzu → Wasserblei.

Die antike Lehre verblaßte in dem Maß, wie die chemische Kenntnis der Mineralkörper im 17. und 18. Jahrhundert vorschritt. Henkel erklärte in seiner Kieshistorie (1754. S. 59f.) solche Scheidungen als pure «Hirngespenster».

6. Sehr alt sind auch einige Benennungen einzelner Erdarten: → Lehm, → Letten, → Ton. Viele weitere kamen im Laufe der Zeit dazu. Seit Agricola faßte die Mineralogie meist die Erden als besondere Gruppe zusammen und geriet dann bei der Ordnung in Verlegenheit, weil die Arten sich mengen und ineinander übergehen, so daß «auch die alleraccurateste Eintheilung doch tausend Anomalien und Ausnahmen unterworffen seyn wird» (1769. Lehmann S. 23). Ebenda wird folgende Einteilung versucht: 1. Ton, 2. Mergel, 3. Mondmilch, 4. Tripel, 5. Bolus, 6. Seifenerde, 7. Kreide, 8. Steinmark, 9. Bunte Kreide, 10. Umbra, 11. Ocker, 12. Garten-Erde. – Soweit diese Namen heute noch Gültigkeit haben, werden sie nicht mehr als Gruppe zusammengefaßt, sondern je nach der chemischen Beschaffenheit bei den entsprechenden Mineralgruppen behandelt. Die «Gartenerde» aber gehört in das Gebiet der Bodenkunde, deren Nomenklatur in diesem Buch nicht einbezogen wird.

7. Eine Sonderbedeutung bekam «Erde» in der Fachsprache der Mineralogen und Chemiker seit dem 18. Jahrhundert. Bei Mineralanalysen stieß man auf Substanzen, die man zunächst nicht weiter zerlegen konnte und die sich von Metallen oder Salzen oder Säuren usw. unterschieden. Man nannte sie Erden. Daß es sich dabei um Metallverbindungen handelte, die noch weiter zerlegbar seien, wurde immer entschieden vermutet.

«Erde ... Unter Erde verstehet man eine unverbrennliche Substanz, die sich in 200 Theilen siedenden Wasser nicht auflöst. Wir kennen jetzt sieben verschiedene einfache Erden. 1. Die Kieselerde ... 2. Die Kalkerde ... 3. Die Talkerde ... 4. Die Thonerde ... 5. Die Schwererde ... 6. Die Strontianerde ... 7. Die Zirkonerde ... Diese Erden kommen in der Natur mannigfaltig mit einander verbunden vor, und bilden die zusammengesetzten Erd- und Steinarten» (1802. Bourguet I S. 441).

Als dies geschrieben wurde, waren schon weitere Erden wie die Beryllerde und die → Ytererde entdeckt, und andere kamen noch hinzu. Alle wurden der Reihe nach als Oxide bestimmter Metalle und bestimmter Elemente nachgewiesen. In Gebrauch geblieben sind besonders der Ausdruck Tonerde für die Verbindung Al_2O_3 und der Ausdruck seltene Erden.

Erdkobalt → Kobaltblüte.

Erdöl → Bitumen.

Erdpech → Asphalt.

Erdwachs oder Bergwachs: bei der Verflüchtigung des Petroleums verbliebene feste Kohlenwasserstoffe, oft wachsähnlich nach Geruch und Farbe.
Synonym: Ozokerit (Glocker 1833) aus ὄζειν riechen, κηρός Wachs.

Erratische Blöcke → Findlinge.

Erythrin → Kobaltblüte.

Erz Althochdeutsch aruz, aruzzi; mittelhochdeutsch arze, erze. – Das Wort ist nicht verwandt mit althochd. êr, neuhochd. → ehern, engl. ore, wohl aber mit altslavischem ruda (Erz, Metall) und lateinischem raudus (Erzstück als Münze). Entlehnung aus sumerischem urudu, urud (Kupfer, Metall) wird für möglich gehalten.

In der Mineralogie wurden die Erze früher den Metallen zugeordnet. Noch bei Werner (1809) gehörte das Sulfid Eisenkies, das Oxid Brauneisenstein, das Karbonat Spateisenstein ebenso wie das gediegene Eisen zur Gruppe «Eisengeschlecht», und das Eisengeschlecht gehörte wie die andern Metallgeschlechter zur Klasse «Metalle».

«Vererztzte Metalle, Ertzte, Minerae metallicae, sind Metalle, welche durch Vermischung mit andern mineralischen Körpern, ihres metallischen Glantzes, Klangs, Geschmeidigkeit und Leichtflüßigkeit beraubet worden. Die vererztzenden Materien sind theils Erden, Arsenik, Schwefel, ja ein Metall gegen das ander selbst» (1769. Lehmann S. 112).

Eukairit → Selen-Mineralien 2.

Euklas Benannt von Hauy (1792) nach der vollkommenen Spaltbarkeit der Kristalle: εὖ gut, κλάσις das Zerbrechen, der Bruch. «Der Name Euklas, den ich ihm gab, wurde mir eingegeben durch seine große Leichtigkeit in der Längsrichtung zu zerspringen, und durch die vollkommene Reinheit der natürlichen Fugen, die sich an Bruchstellen zeigen» (1822. Hauy, Minéralogie II S. 532).

Euklas ist ein Aluminium-Beryllium-Silikat. Verwendung als Schmuckstein, muß aber wegen der Spaltbarkeit mit großer Vorsicht geschliffen werden.

Eulenköpfe In der Eifel werden große fossile Armfüßer (Brachiopoden), die in Seitenansicht Ähnlichkeit mit Vogelköpfen haben, «Uhleköppe» genannt. (1939, Abel, Tierreste S. 54.)

Eulytin → Wismutblende.

Euxenit (Scheerer 1840): griech. εὔξενος gastfreundlich, weil das Mineral viele seltene Bestandteile beherbergt, Niob, Titan, Uran, Erbium, Cer u. a.

Evaporite Zusammenfassende Bezeichnung für eine Gruppe von Sedimentgesteinen, die im Wesentlichen durch chemische Abscheidung von Stoffen bei Eindampfung von Lösungen entstehen. ex aus vapor Dampf, Verdampfung. Es sind dies vor allem die Ablagerungen der Salzlagerstätten, wie Anhydrit, Gips, manche Kalke und Dolomite, vor allem in Form der → Rauhwacken, Zellendolomite usw. sowie natürlich Steinsalz, Kali-, Magnesiumsalze usw.

Excelsior Name des zweitgrößten aller bekannten Diamanten. Lateinisch excelsus erhaben, hervorragend, vorzüglich, dazu der Komparativ excelsior. Rohgewicht des Steines 995,2 Karat. Fundort Jagersfonteinmine in Südafrika. «Wegen seiner ganz ausserordentlichen Grösse hat man unserem Riesen den Namen Excelsior gegeben. Am 30. Juni 1893 wurde er von einem Kaffern gefunden, der dafür eine Belohnung von 500 Pfund Sterling nebst einem Pferd samt Sattel und Zaum erhielt» (1896. Bauer S. 289).

F

Fahlerze sind benannt nach der grauen bis eisenschwarzen Farbe. Der Name ging aus der Bergmannssprache in die Mineralogie über. Es sind Sulfide von sehr verschiedener Zusammensetzung, die aber in kristallographischen und physikalischen Merkmalen so weit übereinstimmen, daß der gemeinsame Name berechtigt erscheint.

«Fahlertzt ist ein schwartzgraues, festes Silberertzt, welches aus Silber, Kupfer, Arsenik, Schwefel und Eisen bestehet» (1769. Lehmann S. 121). – Später wurden nach der Zusammensetzung unterschieden: Antimonfahlerz, Wismutfahlerz, Antimonarsenfahlerz, Quecksilberfahlerz und andere. – Neuerdings wurden zwei Hauptglieder herausgestellt, mit denen die übrigen durch Übergänge mehr oder minder verbunden sind: 1. Antimonfahlerz, dunkles Fahlerz (Schwarzerz) oder Tetraedrit (Haidinger 1845. Bezüglich auf die Kristallform). Fast stets auch silberhaltig. 2. Arsenfahlerz, lichtes Fahlerz oder Tennantit (Phillips 1819, nach dem englischen Chemiker Smithson Tennant). → auch Weißgültigerz.

Falkenauge → Katzenauge.

Faserzeolith → Mesotyp.

Fäule → Flint 3.

Federalaun → Federweiß und Haarsalz.

Federerz → Jamesonit.

Federsalz → Haarsalz.

Federweiß Seit dem 16. Jahrhundert belegt, jetzt nicht mehr gebräuchlich. Es bedeutete zweierlei: einen haarförmig ausgebildeten Alaun (alumen plumosum, Feder-Alaun) und Asbest. Die beiden wurden oft verwechselt.

«Es ist auch ein Alaun dem zucker ehnlich/ das man inn Apotecken brauchet/ Denn das alumen plumosum, das man sonst Federweyß/ pliant oder Salamander har pfleget zu nennen/ so inn klüfftlein bricht im Etzschland/ das braucht man zu töchtlein die nicht verbrennen/ daher man es das ewige liecht nennet. Etwan hat man auß Indianisch Amiantho oder Federweyß Tischtücher gewircket/ die man im fewer gereiniget hat» (1562. Mathesius S. 173b).

Eine ältere Namenerklärung lautet: «Alumen plumeum heist sie, weil diese Art der Allaune einiger maaßen den Seiten-Federn an den Feder-Kielen ähnlich sehen» (1732. Zedler Bd. 1. Artikel Alumen).

Feldspat 1. Fiel jahrhundertelang unter den allgemeinen Begriff → Spat, welcher blättrig oder «spätig» brechendes Gestein bezeichnet. Als die Mineralogie sich um genauere Unterscheidung der Spate bemühte, kam etwa um 1750 der Name Feldspat auf.

Einige ältere Erwähnungen: «Feldspath. Spatum durum, lateribus nitidis, ad chalybem scintillans ...» (Feldspat, Harter Spat, mit glänzenden Flächen, am Stahl Funken gebend. 1750. Wallerius-Denso S. 87).

«Gemeiner Feldspat. Faeltspat (in Schweden). Spatum pyrimachum, Spatum campestre Linn. Man findt ihn allenthalben sehr häufig, nur nicht in Gängen, auch macht er nie ganze Berge aus. Er macht den größten Theil des Porphyrs und Granits aus ... Er ist offenbar keine Kalkart, das zeigt seine Härte ... allein er ist eben so wenig eine reine Kieselart ...» (1777. Gmelin I S. 437).

2. Weswegen man diesen Spat Feldspat nannte, darüber wurden von Anfang an verschiedene Vermutungen geäußert. «Sollte wohl die Benennung des Feldspaths daher entstanden seyn, weil er sich nur felder- oder fleckenweise, z. E. in dem Granit und andern Steinarten, findet; denn so viel noch bekannt ist, trift man solchen nie als ganze Gänge, Felsen oder Gebirge an. Sollte auch wohl der Name Feldspath nicht etwa von Felsenspath abstammen, weil er sich vorzüglich im Granit, Gneis, Porphyr und andern Felsen und Felsengebirgen antreffen läßt?» (1783. Brückmann, Beyträge II S. 173). – Die Deutung Felsspat wurde auch in England übernommen. Kirwan schrieb (seit 1794) felspar. Diese Schreibung hielt sich neben feldspar.

Eine andere Erklärung knüpft an die Beobachtung an, daß verwitternder Feldspat zu Ackererde wird. «Man gab diesem Steine den Namen Feldspath, d. h. Spath von den Feldern, deshalb, weil man sehr häufig Bruchstücke von ihm auf dem Felde, unter den

Trümmern von Graniten, findet; dagegen man die übrigen Steine, welche ebenfalls Spathe heißen, in den Spaltungen oder Höhlungen unter der Erde aufsuchen mußte» (1804. Hauy-Karsten II S. 699).

3. Der Feldspat bildet eine «natürliche Mineralfamilie» mit unerhört komplizierten «Verwandtschaftsverhältnissen», die im Laufe des 19. und 20. Jahrhunderts geklärt wurden. Vorher fehlten dazu noch die Voraussetzungen. Zwar wurden Adular und Labrador gleich nach ihrer Entdeckung als zugehörig erkannt, aber die Aufgliederung des «gemeinen Feldspats» war noch in den Anfängen.

4. Für die Nomenklatur wurde die Beobachtung besonders wichtig, daß alle Feldspate zwei Hauptspaltungsebenen haben, die bei einigen Arten rechtwinklig, bei andern etwas schiefwinklig zueinander stehen. Daraus ging die Einteilung in zwei Hauptgruppen, in die Orthoklase (1823) und Plagioklase (1847), durch Breithaupt hervor. ὀρϑός recht, aufrecht, geradestehend. κλάω breche, spalte. πλάγιος schief, schräg.

Der kleine Unterschied im Spaltungswinkel bedeutet Zugehörigkeit zu verschiedenen Kristallsystemen: Orthoklase sind monoklin, Plagioklase triklin.

Vom Orthoklas wurden dann noch die «beinahe Rechtwinkligen» abgetrennt: Beim Mikroklin (Breithaupt 1830) beträgt die Abweichung vom rechten Winkel weniger als 1° Grad, die Spaltungsebenen stehen nur ein ganz klein wenig aufeinander geneigt. μικρόν wenig, κλίνειν neigen. – Ähnliches gilt vom Anorthoklas (Rosenbusch 1885). Der Name drückt das Abweichen vom rechten Winkel aus: ἀνορϑος schräg, nicht rechtwinklig, und κλάω breche, spalte, aber nicht das bemerkenswert geringe Maß dieses Abweichens.

5. Orthoklas ist fast reiner Kalifeldspat und wesentlicher Gemengteil vieler Gesteine. Die von Goethe beschriebenen Karlsbader Zwillinge sind Orthoklas. Zum Orthoklas gehören ferner → Sanidin und → Adular. Der Hyalophan (Barytfeldspat) steht dem Adular nahe. – Mikroklin ist trikliner Kalifeldspat, Anorthoklas ist Natron-Kali-Feldspat. – Neuere Untersuchungen ergaben, daß sehr viele «Orthoklase» in Wahrheit Mikrokline sind.

Die Plagioklase finden sich wie die Orthoklase vor allem als wesentlicher Gemengteil vieler Gesteine. So sind sie erheblich beteiligt am Aufbau der Erdrinde, die zu mehr als 50 Prozent aus Feldspat besteht. – Die Plagioklase bilden (nach Tschermak, 1864) eine stetig ineinander übergehende Reihe; das eine Endglied ist Natronfeldspat, Albit; das andere Kalkfeldspat, Anorthit; die Zwischenglieder sind Mischkristalle der beiden. Es zeigte sich weiter, daß mit der Zunahme von Ca eine genau entsprechende Abnahme von Na, überhaupt eine Abwandlung der chemischen und physikalischen Eigenschaften verbunden ist. Das ergibt eine eigenartige Lage für die Nomenklatur. Bei den Zwischengliedern empfiehlt sich statt des Namens die Formel, das heißt die Angabe der Molekularprozente an Albit- bzw. Anorthit-Substanz (Ab bzw. An). Vier schon für diesen Bereich vorhandene Namen wurden willkürlich, aber gleichmäßig auf die Reihe der Zwischenglieder verteilt. Demnach lautet die Reihe: → Albit, An 0–10. → Oligoklas, An 10–30. → Andesin, An 30–50. → Labrador, An 50–70. → Bytownit, An 70–90. → Anorthit, An 90–100. Die Namen wurden ohne Bezug aufeinander gegeben, die Reihe ist entsprechend uneinheitlich geworden.

Fels   1. Ein dem Hochdeutschen eigentümliches Wort. Althochdeutsch felis, felisa. Altsächsisch felis, auch französisch falaise Klippe werden als Entlehnungen aus dem Hochdeutschen angesehen. Verwandt sind πέλλα Stein und altnordisch fjall, fell Berg, Fels.

Das Wort fehlt in allen übrigen germanischen Sprachen. Wulfila übersetzt in seiner gotischen Bibel das griechische πέτρα (Fels) teils mit stains, teils mit hallus.

Hallus, urverwandt mit lateinisch collis Hügel, ist noch erhalten in dem schwedischen Gesteinsnamen Hälleflinta («Fels-Kiesel»), der im 18. Jh. auch in die deutsche Fachsprache übernommen wurde.

2. In der Geographie und Geologie ist «Fels» der hier und da zu Tage tretende Felsgrund; «Felsen» im engeren Sinn nennt man ausgezeichnete Einzelfelsen oder Felsengruppen, Felsenmeere, Felsenströme. Alle sind «Ruinen», «Überbleibsel ehemaliger größerer Massen», «Trümmer einer theilweise zerstörten Gebirgswelt» (1850. Naumann, Geognosie I S. 390).

3. In den ersten Jahrzehnten des 19. Jahrh. findet sich «Fels» häufig in zusammengesetzten Wörtern wie Hornfels, Quarzfels, Augitfels, Topasfels. Das sind Ansätze zu einer

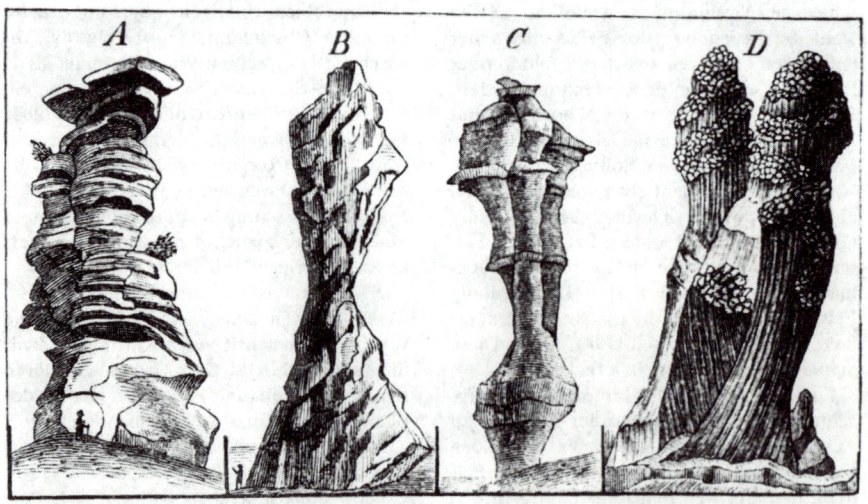

Beispiele seltsam gestalteter Felsen. (1850. Naumann, Geognosie I S. 389.)

deutschen Namengruppe, die an sich entwicklungsfähig gewesen wäre, doch schon bald kam die Zeit, wo man fremdsprachliche Bildungen wie Quarzit, Olivinit, Augitit, Hornblendit vorzog, um Gesteine nach ihrem überwiegenden oder nahezu einzigen Gemengteil zu benennen.

Felsit (Kirwan 1794): eine der frühen auffällig zwitterigen Wortbildungen, zusammengesetzt aus deutschem «Fels» und griechisch-lateinischer Endsilbe. Kirwan dachte bei «Fels» an Feldspat, er hatte sich die Deutung Feld-Spat gleich Fels-Spat zu eigen gemacht.

Felsit war zunächst in der Mineralogie Bezeichnung für «dichten Feldspat», in welchem man aber durchweg Quarzbestandteile beobachtete. So kam es zur Übernahme des Begriffs in die Petrographie. Der Felsit der Gesteinskunde ist ein dichtes Gemenge von Feldspat und Quarz. Er bildet den Felsitfels (!) und die Grundmasse des Felsitporphyrs.

Felsöbanyit (Haidinger), früher auch Felsöbanyt oder Felsöbanit geschrieben. Wasserhaltiges Tonerdesulfat, benannt nach dem Fundort Felsöbanya (jetzt rumänisch Baia Sprie) in den Karpaten.

Fernsehstein → Ulexit.

ferrum → Eisen.

Festungsachat Der Name ist hervorgegangen aus der Liebhaberei des achtzehnten Jahrhunderts für figurierte Steine. Kundmann bildet eine ganze Reihe derartiger

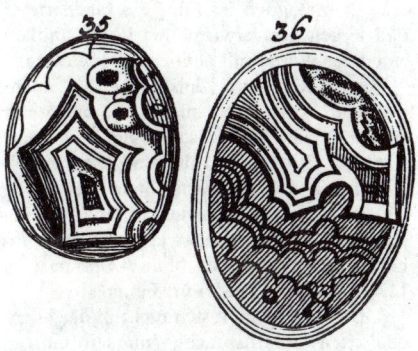

Steine, welche Festungswerke abbilden. (1737. Kundmann. Ausschnitt aus Taf. XI.)

Achate ab und beschreibt einige als «ungemein schöne Sardonyche, darauf sich entweder gantze Vestungen oder nur Stücke von Bastionen mit Circum- und Contravallations-Linien, in weiß, roth und gelber Farbe praesentiren» (Abb.). Ein anderer «ist ein fast von allen Farben unvergleichlicher gebildeter grosser Jaspis, so eine Stadt mit vielfältigen Befestigungs-Wercken darstellet» (1737. Kundmann Sp. 207 und 209). – «Festungsachat, Fortificationsachat, Festungsstein» (777. Gmelin I S. 559).

Fettstein → Eläolith.

Feuerblende (Breithaupt 1832): chemisch wie dunkles Rotgültig, aber monoklin kristallisierend (dunkles Rotgültig: hexagonal). – Synonym: Pyrostilpnit (Dana 1868). $\pi\tilde{\upsilon}\rho$ Feuer, $\sigma\tau\iota\lambda\pi\nu\acute{o}\varsigma$ glänzend.

Feueropal → Opal.

Feuerstein Das Wort wird in einem allgemeinen und einem besonderen Sinn gebraucht. Allgemein sind alle Steine Feuersteine, aus denen sich Funken schlagen lassen und mit deren Hilfe sich Feuer machen läßt. Verschiedene Arten eignen sich dazu. – Im engeren Sinn heißt Feuerstein in der heutigen Mineralogie kryptokristalliner Quarz, mit Opal gemengt und in diesen übergehend, wie er sich vor allem in Form knolliger Konkretionen besonders in der Kreide findet, muschelig und scharfkantig brechend. Er lieferte das meiste Material für die vorgeschichtlichen Steinwerkzeuge und war später offenbar vorzugsweise Feuerstein. Als gleichbedeutend ist seit dem 16. Jahrhundert → Hornstein belegt. → Tafel 5.

Das Feuermachen aus dem Stein kann als sakraler oder profaner, rein technischer Vorgang verstanden werden. Im einen Falle ist der Feuerstein geweiht, im andern nützlich. Die sakrale Auffassung ist alt, aber ragt bis in unsere Zeit. In der Bibel heißt es: «Und nach dem sie den Tempel gereiniget hatten, machten sie einen andern Altar, und namen Feurstein und schlugen Feuer auff, und opfferten wider» (2. Macc. 10, 3).

Goethe hatte mit seinem Freunde Boisserée ein Gespräch darüber, wie in der katholischen Kirsche der Brauch, am Ostermorgen aus dem

Stein Feuer zu schlagen und mit diesem Feuer die Kerzen und die ewige Lampe neu zu entzünden, weiterlebe. Bald darauf dichtete Goethe in dem Divan-Gedicht «Vermächtnis altpersischen Glaubens» die Verse: «Und nun darf der Mensch als Priester wagen/ Gottes Gleichnis aus dem Stein zu schlagen.» – Es ist anzunehmen, daß auch im heidnischen Bereich Feuerstein sakralen Klang hatte.

Weit ausgedehnter ist der profane Gebrauch. Genauere Nachrichten liegen vor über Feuersteine in Handfeuerwaffen. In den alten deutschen Büchsen mit Radschloß (seit 1515) wurde das Pulver durch Funken aus einem Stück Schwefelkies (Pyrit) entzündet. «Ferner hat Pyrites den Namen vom Feuer, weil er Feuer schläget, wie wir an den alten deutschen Büchsenschlössern sehen, daher er auch Büchsenstein genennet wird» (1754. Henkel S. 85).

Etwa um 1630 wurde der → Flint statt des Schwefelkieses eingeführt. Das Gewehr hieß danach Flinte. «Feuerstein, Flintenstein, Büchsenstein, bey einigen auch Hornstein, gemeiner Hornstein, gemeiner Kiesel. Flint in England. Flinta in Schweden … Gemeiniglich ist er rauchgrau, oder graulicht schwarz, wie Horn … Man gebraucht den Feuerstein vornämlich zum Feuerschlagen und zum Schießgewehr …» (1777. Gmelin I S. 533ff.).

«Der Nachricht zu Folge, welche Hr. Beckmann aufgetrieben hat, wissen in Frankreich, vornehmlich in Champagne und Picardie, Hirten, und andere sonst unbeschäftigte Leute, die mit einem geringen Verdienste zufrieden seyn müssen, die Feuersteine ohne viele Umstände, mit einer ganz besondern Fertigkeit zu spalten, und so zu schlagen, daß sie die gewöhnliche Form der Flintensteine erhalten» (1782. Krünitz Bd. 25 S. 285).

Findlinge «Es sind von entfernten Orten herbeygeführte Massen, Fremdlinge in der Gegend, wo sie heute liegen. Unsern Altvordern schon fielen die fremden Blöcke auf, die der Süddeutsche und Schweizer Findlinge heißt, der Italiäner Trovanti und der Geologe auch erratische Blöcke (Irrblöcke) nennt» (1839. Oken S. 637). Annette von Droste-Hülshoff beschreibt in ihrem Gedicht «Die Mergelgrube» (1841/42) eine Lagerstätte ver-

schiedenster Gesteinstrümmer. «Findlinge nennt man sie, weil von der Brust,/ Der mütterlichen, sie gerissen sind,/ In fremde Wiege, schlummernd unbewußt,/ Die fremde Hand sie legt' wie's Findelkind.» – Die wissenschaftliche Erörterung des Phänomens, an der sich auch Goethe lebhaft beteiligte (Werke XX S. 498ff.), führte zu verschiedensten Theorien. Meist wurde anfangs Transport durch gewaltige Wasserstöße angenommen. Welche Rolle das Eis und die Gletscher dabei spielten, wurde erst im Laufe des 19. Jahrhunderts allmählich erkannt.

Fingerstein   → Belemnit 6.

Fischaugenstein   → Apophyllit.

Fliegenstein   → Arsen.

Flint   1. Ein gemeingermanisches Wort für Feuerstein ist erhalten in schwedisch flinta, dänisch und englisch flint, mittelniederdeutsch vlint, vlintstên. Im Niederdeutschen später noch in Resten nachweisbar. «Flinten (Provinzial-Name in manchen Gegenden von Westphalen)» (1824. v. Leonhard III s. 709).

Die Flinte heißt nach dem Flint, der seit etwa 1630 im «Steinschloß» der Handfeuerwaffen verwendet wurde. Um diese Zeit war Flint im deutschen Sprachbereich so gut wie unbekannt. «Flinte» wird deshalb auf niederländischen oder schwedischen Einfluß zurückgeführt.

Erst neuerdings ist Flint von der Sprach- und Naturwissenschaft her wieder gebräuchlich geworden.

2. Etymologisch ist Flint ein eigenartiger Fall wegen der verwirrenden Reihe ähnlich lautender Wörter mit ähnlicher Bedeutung.

Das anscheinend entsprechende hochdeutsche Wort lautet nicht, wie nach der hochdeutschen Lautverschiebung zu vermuten wäre, flinz, sondern althochd. flins, mittelhochd. vlins (Kiesel, harter Stein, Fels). Von Rittern, die ihre Schwerter prüfen, wird gesagt: «Si hiuwen mit den swerten/ ûf den vlins herten, daz daz vûr dâ obne ûz pran» (um 1170. Rolandslied 655. vûr: Feuer).

3. Das Wort erhielt sich nicht in der hochdeutschen Schriftsprache, nur in einigen Mundarten. Beispiele: tirolisch Flins (feiner Sand), schwäbisch Flins (Schiefer). Im

Sprachgebrauch der Solnhofener Steinbrucharbeiter ist Flinz die harte, verwendbare Abart der Solnhofener Plattenkalke, im Gegensatz zur Fäule, die auf Halde geworfen wird. Aus Steiermark liegt es in der Schreibung Flinz oder Pflinz (Eisenspat) vor. In der mineralogischen und geologischen Fachsprache wird das Wort wegen seiner Vieldeutigkeit selten verwendet.

Etymologisch gehört auch das aus dem Niederdeutschen stammende «Fliese» hierher.

Flinz, flins → Eisenspat und Flint.

Florentiner Diamant, geschliffen 137, 27 Karat wiegend. Man vermutet, daß es einer der drei Diamanten ist, die Karl der Kühne von Burgund in der Schlacht bei Grandson (1476) verlor, und zwar der kostbarste und größte, den der Herzog so hoch schätzte wie eine Provinz. Ein Schweizer fand ihn in einem Kästchen zusammen mit einer ebenso kostbaren Perle und verkaufte ihn, seinen Wert nicht ahnend, für einen Gulden (nach Kluge, Edelsteinkunde S. 249). – Später im Besitz der Großherzöge von Toskana (Haus Medici). Tavernier bekam den Stein öfter gezeigt und bemerkte seine etwas gelbliche Farbe als Mangel. Durch Franz Stephan von Lothringen, Großherzog von Toskana und Nachfolger des 1737 erloschenen Hauses Medici, Gemahl der Maria Theresia, kam der Stein in Besitz des Kaiserhauses und nach Wien. Seitdem wurde er auch als der Diamant der österreichischen Krone oder der Österreicher beschrieben. Am Ende blieben die älteren Bezeichnungen Florentiner oder Großherzog von Toskana als Namen haften.

Ende 1918 wurde der Stein wahrscheinlich mit anderen habsburgischen Juwelen nach der Schweiz gebracht. Über seine weiteren Schicksale gibt es keine sicheren Nachrichten. (Abb. S. 75, Fig. 2.)

Fluor, Fluorit → Flußspat.

Flußspat Der Name ist in dieser Form verhältnismäßig jung. Bis Mitte des 18. Jahrhunderts ging das Mineral entweder unter dem allgemeinen Begriff Spat oder dem Begriff Fluß. → Farbtafel 3.

Fluß hat im Berg- und Schmelzwesen verschiedene Bedeutungen, die aber eng zusammenhängen. Fluß ist einmal der Vorgang des Fließens beim Erzschmelzen. Dann alles, was dem Erz zugesetzt wird, die «Zuschläge», welche den Fluß fördern. Sie sind je nach Erz und anhaftendem Gestein verschieden. Der später so genannte Flußspat gehört zu diesen Flüssen. – Weiter hießen Flüsse die Produkte des Schmelzflusses beim Glasmachen, die künstlichen Glasflüsse. Die mannigfaltig gefärbten durchscheinenden Kristalle des von uns so genannten Flußspats fand man solchen Glasflüssen ähnlich, es waren natürliche Flüsse. Sie erscheinen kostbaren Edelsteinen ähnlich – nur von geringerer Härte – und wurden nach diesen benannt: Smaragdfluß, Rubinfluß usw. Sie wurden als Ersatz der kostbaren Steine gehandelt. – Nur in Anmerkung mag erwähnt werden, daß verwirrenderweise bis zum 18. Jahrhundert auch die wesentlich härteren schöngefärbten Quarzkristalle öfter als Flüsse bezeichnet und entsprechend benannt wurden. Rubinfluß, Topasfluß, Smaragdfluß können also künstliches Glas, Quarz oder Flußspat sein.

Als nun um 1750 in der Mineralogie die verschiedenen Arten des Spates unterschieden wurden, ergab sich der Name Flußspat wie selbstverständlich. Er galt aber zunächst nur für die wirklich spätigen Ausbildungsformen, das Mineral als solches hieß bis weit ins 19. Jahrhundert hinein immer noch Fluß.

Belege: 1. Fluß in der Bedeutung Flußmittel: «... allerley flüsse/ so in diesen landen wachsen/ vnd offt zu wenig nutz sein/ denn das mans dem Ertz zusetze/ vnd dasselbig flüssiger damit mache.» «Weisse/ rote/ braune/ gelbe flüß/ ob sie wol hart sein/ fliessen sie gern/ vnd machen gut zyn ...» (1562. Mathesius S. 267b und 140b). – «So strengflüßig sie aber an sich sind, so leicht schmelzen sie mit Borax, mit Laugensalz, mit Harnsalz zu einem festen Glase, und bringen durch ihre Beymischung alle, selbst die strengflüßigste Erd- und Steinarten in Flus» (1778. Gmelin II S. 222).

2. Fluß in der Bedeutung natürliches Glas: «Vnser Gott schaffet auch auß grobern vnd dickern safften vnd feuchtigkeiten allerley flüsse oder natürliches glas/ wie wir die schönsten flüß haben/ so durchsichtig sein

wie ein geschmeltzet glas oder Christal/ welche auch fein abgeeckt sein/ als weren sie auff dem schneidzeug zubereitet. Vnd wie Got die edlen stein vnd gleser in morgenlendern/ vnd ein glaser vnd Maler die geschmeltzten gleser ferbet/ also brechen bey vnd vmb vns braune flöß/ die etliche Behemische Amatisten nennen. Item rote flüß vnd granatlein/ Item grüne flüß wie die schmaragden oder Malachiten/ Item gelbe flüß/ wie ein zuckerkandi oder gelber Agstein» (1562. Mathesius S. 267b). – «Ein großer Theil der gefärbten Flusarten wird in Apotheken und andern Sammlungen unter dem Namen von Edelgesteinen aufbewahrt, der Irrthum im ersten Falle ist von keiner weitern Folge, weil ohnehin vernünftige Aerzte keinen Gebrauch davon machen, und Unvernünftige damit nicht mehr schaden, als mit den ächten; sonst aber läßt sich der Betrug durch die weit geringere Härte dieser Steine leicht entdecken; diese lassen sich mit dem Messer ritzen, auf die ächten Edelsteine wirkt das Messer nicht» (1778. Gmelin II S. 224).

3. Frühe Erwähnungen des Wortes Flußspat: «Flußarten. Fluores minerales. Diese Abtheilung führet gemeiniglich den Namen, der Fluß- oder Glasspate, weil sie größtentheils die Figur und das Ansehen des Spats haben. Man findet aber doch einige ohne bestimmte Figur» (1770. Cronstedt-Brünnich S. 116). «Ist nun aber das congelirende Wasser nicht zu sehr mit fremden trocknen Kalk- und Gypserden geschwängert, … so nennt man das daraus gewordene congelatum Flußspat» (1764. Walch, Das Steinreich II S. 65f.).

Die Entwicklung im Neulateinischen ging parallel. Fluß wurde mit fluor wiedergegeben, Mehrzahl fluores. Dem deutschen Flußspat entsprach fluor spatosus. Engl. fluor-spar. Französisch fluorine (Beudant). Fluorit (Napione 1797 ist jetzt das international verbreitetste Synonym, im Deutschen gleichrangig neben Flußspat.

Für die Erforschung der Zusammensetzung (CaF_2) waren die Analysen von Scheele bahnbrechend. Er stellte (1771) im Flußspat außer «Kalk» noch eine eigene Säure fest, die in der Wissenschaft in den folgenden Jahrzehnten unter dem Namen Flußspatsäure, Flußsäure, Acidum fluoricum, acide fluorique, Fluor

acid air lebhaft besprochen wurde. Anfang des 19. Jahrhunderts erkannte man, daß die Flußsäure keinen Sauerstoff enthielt, sondern ein einfaches Gas war. Für dieses wurde dann der Name Fluor gebräuchlich, lange ehe es (im Jahre 1886) rein dargestellt wurde.

Fossil → Mineral.

Franklinit (Berthier 1819): zink- und manganhaltiges Eisenerz, benannt nach den einzigen bedeutenden Fundorten bei Franklin in New Jersey, somit auch zu Ehren von Benjamin Franklin, nach welchem der Ort heißt.

Fraueneis Unsrer Lieben Frauen Eis, seit dem 15. Jahrhundert belegt. Name für eisartig oder glasartig aussehenden, in dünnen Blättern spaltbaren Gips. Oft mit ähnlichen Glimmerarten verwechselt. Auch Glacies Mariae, Marienglas. → auch Spiegelstein.

Der Bezug auf Maria kann mancherlei Ursachen haben. Daß auffällige merkwürdige Steine mit Gott und göttlichen Wesen, mit Heiligen oder dem Teufel in Verbindung gebracht wurden, entspricht durchaus dem Denken früherer Zeiten. – Weiter mag die gelehrte lateinische Überlieferung mitgewirkt haben, indem das Fraueneis als der antike Selenites, Stein der Mondgöttin, angesehen wurde. Es sei erinnert an die Bilder alter Meister, die Maria auf der Mondsichel darstellen. – Endlich war die Beziehung zur Maria dadurch hergestellt, daß Marienglas (und Glimmerblättchen!) beim Aufputzen von Heiligenbildern verwendet wurden.

«Aus denen Blättern machen die Closter-Jungfrauen allerhand Galanterien, und legen solche gemeiniglich über ihre Bilder und Heiligthümer» (1734. Zedler Bd. 8 S. 1564).

«Aber noch wahrscheinlicher ist, daß der Beynahme daher entstanden sey, weil Marienbilder und andere so genannte heilige Waaren mit zerkleintem Spate verschönert werden. So kaufen die Nonnen zu Reichstein in Schlesien von den Bergleuten farbigen Glimmer, um damit Gotteslämmchen, agnos dei, und andere religiöse Spielwerke zu bestreuen» (1808. Krünitz Bd. 84 S. 384).

In Jean Pauls «Flegeljahren» ist ein Kapitel «Marienglas». Es wird gesprochen von den blauen Tagen, «wo es Licht stäubt und man sich ganz mit Flimmern überlegt». → Tafel 7.

Freieslebenit (Haidinger 1845): benannt nach dem Entdecker Johann Karl von Freies-leben (1774–1846), Berghauptmann, Chef des Berg- und Hüttenwesens im Königreich Sach-sen. Dieser hatte das Mineral (1817) Schilfglas-erz genannt, wegen der schilfartig krummflä-chigen, vertikal gestreiften säulenförmigen Kristalle. – «PbAg-Komplexsulfid» (Klock-mann-Strunz 1967).

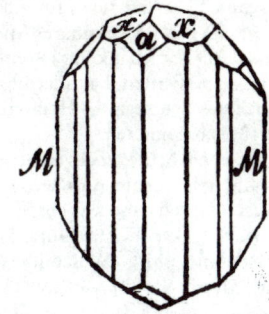

Schilfglaserz. (1850. Naumann, Mineralogie S. 436.)

Fuchsit (Schafhäutl 1843): ein grüner (chromhaltiger) Glimmer, benannt nach dem Mineralogen v. Fuchs (1774 bis 1856).

G

Gabbro Name italienischer Herkunft, nach einer Ortschaft Gabbro südöstlich Livorno. In Italien gingen unter dem Namen verschiedene Gesteine, großenteils Serpentin-Arten. Leo-pold v. Buch (1810. II S. 85ff.) führte den Begriff in die Wissenschaft ein, betonte aber, daß der von ihm definierte «Gabbro der Geognosten» nicht mehr der Gabbro der Florentiner sei. L. v. Buch leitet über zur heutigen Abgrenzung: Tiefengestein mit Hauptgemengteilen Plagioklas und Diallag.

Gadolinit (Ekeberg 1797): benannt nach dem finnischen Chemiker J. Gadolin, der das Mineral untersuchte und darin eine neue Erde fand. Diese Erde wurde von Ekeberg → Ytteerde genannt. Gadolinit ist ein Silikat, das neben Yttrium meist verschiedene seltene Erden enthält.

Gagat habe seinen Namen vom Ort und Fluß Gages in Lykien (Kleinasien), sagen Plinius (36, 141) und andere antike Autoren. Der Fundort ist aber (ähnlich wie beim Achat) nicht eindeutig bestimmt worden.

Solinus berichtet gelegentlich der Beschrei-bung Britanniens: «Auch ist hier der Gagates reichlich und sehr gut. Wenn du nach seiner Schönheit fragst: schwarzglänzend (nigro-gemmeus); wenn nach seiner Natur: durch Wasser brennt er, durch Öl erlischt er; wenn nach seiner Kraft: durch Reiben erwärmt, hält er Angefügtes fest wie der Bernstein» (22, 11).

Die englische Form Jet (aus altfranzösisch jayet, gayet) hat sich auch in Deutschland eingebürgert. Jetzige Rechtschreibung Jett.

Gagat ist sehr dichte und polierfähige Kohle.

Gahnit → Zinkspinell.

galactîdâ (Parz. 791). Griechisch γαλακ-τίτης (Diosk. V 132), von γάλα Genitiv γάλακτος Milch. Lateinisch galactites, galac-titis.

«Galactites ist ein aschenähnlicher Stein. Ihn schickt der Nil und der Achelous. Dieser gibt Milchgeschmack und Milchsaft. Und im Mund eingeschlossen verwirrt er den Geist. Um den Hals gehängt, füllt er die Brüste mit Milch. Und an den Schenkel gebunden, gibt er leichte Geburten. Und wenn er abends, mit Salz gemischt in Wasser, um den Schafstall gesprengt wird, werden die Schafe voll Milch und die Räude wird verjagt» (Anf. 13. Jahrh. Arnold 41).

Die Verwendung des Steines erinnert in vielem an die noch bis in die Gegenwart reichende Verwendung der → Mondmilch (Mehlkreide) in der Schweiz. → auch Honig-stein.

Galenit → Bleiglanz.

Galitzenstein → Vitriol 4.

Galmei geht zurück auf griechisches καδ-μεία (Diosk. V 74), lateinisches cadmea, cad-mia (Plin. 34, 100ff.). Name für Zinkerz, das zur Messingherstellung benutzt wurde. Ver-fahren und Name wurden dem Mittelalter weitergegeben, der Name in gründlicher Umgestaltung, weil er aus dem Arabischen (qlĭmiyā) ins Mittellateinische rückübersetzt wurde und nun climia, calamina, lapis calaminaris hieß, deutsch Galmei. «Man macht aus kupfer messing durch den galmei» (Paracelsus I 2 S. 173). Deutsch auch Kalmis oder Kelmis, französisch und englisch calamine. – Neuerdings wird Entstehung von calamina aus cadmia ohne den Umweg über das Arabische für möglich gehalten (Goltz S. 258).

Über die Etymologie des Wortes gibt es nur Vermutungen. Kadmeia hieß die Burg von Theben, angeblich nach dem sagenhaften Begründer, dem Phönizier Kadmos, von dem gesagt wurde, daß er die Kunst, Gold zu gewinnen und auszuschmelzen, erfunden habe (Plin. VII 197). So konnte man auf den Gedanken kommen, daß der Mineralname Kadmeia gleichfalls von Kadmos abgeleitet sei. Das geschah aber noch nicht in der Antike, auch nicht in den «Etymologien» des Isidor, sondern erst in der humanistischen Literatur (z. B. Vossius, Etymologicon, 1655).

Andere Vermutungen: nach dem Bergvorsprung Kadmos des Tmolos (Lippmann I S. 593); aus hebräisch ḳedem Osten (Kluge-Mitzka).

Ohne Zweifel gingen unter diesem Namen immer zwei verschiedene zinkhaltige Mineralien: kohlensaures Zink, $ZnCO_3$, und Kieselzinkerz, (wasserhaltiges) kieselsaures Zink, $Zn_2SiO_4.H_2O$. Beide werden großenteils an denselben Orten gefunden und können ähnlich aussehen. Noch bei Werner waren beide unter demselben Namen Galmei zusammengefaßt.

Die Unterscheidung erfolgte (1803) durch den Engländer Smithson. Er nannte das häufigere Karbonat weiterhin calamine und trennte das Silikat als silicious calamine mehr beschreibend als benennend ab. Verwirrung entstand dann dadurch, daß französische Mineralogen, auch Beudant, nicht das Karbonat, sondern das Silikat calamine nannten. Dem Karbonat gab Beudant (1832) den Namen smithsonite. Die Engländer Brooke und Miller vertauschten (1852) die beiden Namen, so daß calamine zu seiner früheren noch unvergessenen Bedeutung zurückkehrte, andrerseits smithsonite mit in den Wirrwarr geriet. Die Engländer hielten an dieser Regelung

zunächst fest, während Dana und die amerikanischen Mineralogen, auch die Franzosen und Deutschen sich Beudant anschlossen.

Im Deutschen traten Smithsonit und Calamin aber erst in der zweiten Hälfte des 19. Jahrhunderts häufiger als Synonyme auf. Die deutsche Mineralogie suchte eine eigene Nomenklatur zu entwickeln. Für das Karbonat ist «Zinkspat» bis heute als Synonym neben Smithsonit gleichrangig geblieben. Erstmalig schon 1757 (bei Justi) für ein nach der Beschreibung nicht erkennbares Mineral. Für das Silikat ist «Kieselzinkerz» (Breithaupt 1823) vorrangig geworden, hat allerdings neben sich noch das Synonym → Hemimorphit (Kenngott 1853) bekommen.

Galmei ist auch heute noch nicht ausgeschieden. «Galmei ist der technische Sammelname für carbonatische und silikatische Zinkerze aller Art: Zinkspat, Zinkblüte, Kieselzinkerz (Hemimorphit), Willemit» (1978. Klockmann-Strunz S. 572). → Tafel 15.

Ganomatit   → Gänsekötigerz.

Gänsekötigerz   «… was sprecklicht/ oder grün vnnd gelbe art ist/ die silber helt/ nennet man nach dem Genß oder Zeiß koth» (1562. Mathesius S. 89a. sprecklicht: gesprenkelt).

Abart des Arseneisensinters mit Silbergehalt. Die Angaben über seine Zusammensetzung sehr unterschiedlich. In frischem Zustand weich. Erstarrt zu grünlichgelben oder bräunlichen Krusten.

Ganomatit (Breithaupt 1832), γάνωμα Glanz. – Chenocoprolit (Dana 1837), χήν Gans, κόπρος Kot. – Vergl. Kap. XV 3.

Garnierit   Benannt von Clarke 1875 nach dem Entdecker, dem französischen Geologen Jules Garnier. In größter Menge auf Neu-Caledonien bei Numea, daher auch Numeait (Liversidge 1874) genannt. – Wasserhaltiges Nickel-Magnesium-Silikat.

Geißfüße   → Kuhtritt.

Gekrösestein   Seit dem 18. Jahrhundert belegt. «Der sogenannte Gekrösstein ist eine in darmförmig gewundenen Lagen vorkommende, dichte Anhydritabänderung von hellgrauer Farbe, welche auf den Salzlagerstätten zu Bochnia und Wielitzka in Gallizien vorkommt» (1839. Oken S. 249). – Früher als Versteinerung von Würmern angesehen (1785. Gmelin IV S. 6).

gelasius → absist.

Gelbbleierz (Werner 1789): Bleierz von meist stark gelber Farbe. – Erste erfolgreiche Analysen durch Klaproth (II S. 265ff.). Gelbbleierz ist molybdänsaures Blei, $PbMoO_4$, danach auch Bleimolybdat (Naumann) oder Molybdänbleispat genannt.

Synonym: Wulfenit (Haidinger 1845) nach dem österreichischen Freiherrn von Wulfen (1728–1805), Jesuit und Professor in Klagenfurt, nach Aufhebung des Ordens Privatmann dort. Betrieb naturwissenschaftliche Studien, erforschte besonders die Flechten, befaßte sich auch mit Mineralogie. Seine «Abhandlung vom Kärnthner Bleispath» (Wien 1785) beschreibt das Gelbbleierz.

Gelbnickelkies → Haarkies.

Gelenkquarz → Itakolumit.

Gemmahuja Das merkwürdige Wort hat die Etymologen, auch zum Beispiel Lessing, bis in die neueste Zeit beschäftigt. Es wird jetzt (→ Kluge-Mitzka, Art. Kamee) zurückgeführt auf persisches chumâhän Achat, daraus (durch arabische Vermittlung) mittellateinisches camahutus, altfranzösisches camahieu. Dieses wurde im 13. Jahrhundert entlehnt zu mittelhochd. kamahu, gamaheü oder ähnlich, und war Bezeichnung für Achate mit ausgesprochener Bänderung, wie sie für Kameenschnitt besonders geeignet sind, mit (eingeschnittenen oder erhöht herausgearbeiteten) Figuren.

«Ein stein heizet kamahû,/ von dem wil ich iu sagen nû./ der ist enmitten wîz gar/ und alumbe swarz var/ und ist vol antlütze./ der stein ist ouch vil nütze/ ...» (um 1250. Volmar 629ff.).

Paracelsus nennt solche Steine mit eingegrabenem Bild gamahi oder gamaheu. Er ist überzeugt, daß man die Kraft des Himmels zu heilen oder zu schaden wie einen Samen in den Leib der Erde, in den Stein bringen kann, und daß die alten Ägypter und Perser diese jetzt verlorengegangene Kunst gekannt haben. «Also dergleichen seind auch himlische samen, wölche durch die kunst magica ge-

pflanzt und geseet seind worden in die stein, die man nennet gamahi.» «Die selben stein aber, so noch von den alten an uns langen, seind nimermer in solchen kreften wie anfenglich; dan der himel ist iez in einer andern eigenschaft dan zu derselben zeit, darumb sie von neuem solten gemacht werden» (1536. Paracelsus I 10 S. 125f).

Das Wort lebte noch im 18. Jahrhundert in abenteuerlich fremdartigen Formen fort. «Onyx ... Camayeu der Franzosen ... Camaeus, Camahuia, Gemohuides, Gemmenhui, Gemmahuia, Gemma-huie, Gaminahuia, Gamlichen» (1777. Gmelin I S. 553).

Im 18. Jahrhundert wurde dann das Wort noch zum zweiten Mal in veränderter Form und Bedeutung entlehnt: franz. camée, deutsch Kamee ist Bezeichnung für geschnittene Steine mit erhabenem Bild (Steine mit vertieft eingeschnittenem Bild heißen Intaglien). Heute bezeichnet Gemme den geschnittenen Stein i. A., Gemmologie jedoch ist synonym zu Edelstein-Kunde.

Geode Griech. $\lambda i \theta o s\ \gamma \epsilon \acute{\omega} \delta \eta s$ erdiger Stein (Diosk. V 150), zu griech. $\gamma \tilde{\eta}$ Erde. «Den Geodes nennen sie deshalb so, weil er Erde umschließt, ist für Augenheilmittel sehr nützlich, auch für Schäden an Brüsten und Hoden» (Plin. 36. 140).

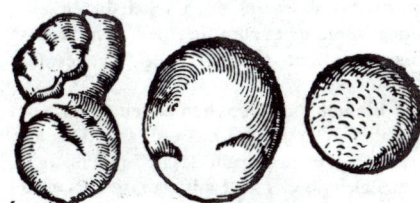

«Geodes». (1647. De Boot S. 380.)

Der Name wurde in humanistischen Schriften wieder aufgenommen als Bezeichnung für Gebilde, die mit dem Adlerstein bzw. Klapperstein vergleichbar sind, weil sie in einer Hülle einen Kern umschließen, aber dieser Kern ist fest angewachsene Erde und Klappert nicht. Es sind unechte Adlersteine. «Erdvoller Adlerstein» (1785. Gmelin IV S. 195).

Goethe beschreibt «Pseudo-Aetiten» oder «Geoden» von basaltischer Natur, die er bei

Karlsbad fand (Werke XX S. 242f. und 457).

Im gegenwärtigen Wortgebrauch ist Geode zumeist gleichbedeutend mit Mandel (Ausfüllung eines Hohlraums durch Sekretion). Der ursprüngliche Wortsinn – erdiger Stein - ist dabei völlig verblaßt.

Gersdorffit Benannt (1842) von Löwe. Dessen Material kam von Schladming in Steiermark aus einem Nickelbergwerk, das dem Hofrat v. Gersdorff gehörte.

Der einfache Name Nickelglanz (Pfaff 1818) empfiehlt sich deshalb nicht, weil er auch für Ullmannit gebraucht wurde. Diese beiden Mineralien müßten dann besser, wie auch vielfach üblich, als Arsennickelglanz oder -kies (NiAsS, Gersdorffit) und Antimonnickelglanz oder -kies (NiSbS, Ullmannit) unterschieden werden.

Gestein 1. Althochdeutsches gisteini, casteini, mittelhochdeutsches gesteine, gesteinte bedeutet Edelgestein und den daraus hergestellten Schmuck. «Lieht gesteine, rôtes golt» gehören zusammen und sind der Schatz des Ritters. In Wolframs Parzival (10) erhält Gachmuret bei seinem Auszug vier Tragschreine mit Gold. «Gesteines muose ouch vil dar în», das heißt: Edelgestein und Edelsteinschmuck mußte auch viel hinein. – Später wurde das Wort nur noch selten in diesem Sinne gebraucht, zum Beispiel von Stefan George in dem Gedicht «Die Spange» (II S. 83).

2. Im Neuhochdeutschen bedeutet Gestein vor allem Gebirgsmasse, Felsmasse. Das älteste Bergbüchlein (um 1500) braucht «gestein» gleichbedeutend mit «gepirg». Es wird gesagt, daß die Silbergänge im Hangenden und Liegenden verschiedenes Gestein oder Gebirg haben: «etzliche gemangte ader gesprengte gestein von vil farben nach vormischung der bradem mancherley natur die den stein ferben/ auch etzliche ander seltzeme gepirg» (S. 31; ader: oder; gesprengte: gesprenkelte; bradem: Brodem). – Genau entsprechendes Bild bei Jean Paul (Quintus Fixlein 7): «Jetzt schreite ich in seiner Geschichte weiter und stoße im Gestein seines Lebens auf eine so schöne Silberader, ich meine auf einen so schönen Tag ...»

3. Seit dem 16. Jahrhundert ist man im Bergbau-Schrifttum um genauere Abgrenzung des Begriffs und Einteilung der Gesteinsarten bemüht. Rößler (1700. S. 1) unterscheidet «vornehmlich zweyerley/ als ein Schiefer- und Sand-Gestein», bemerkt aber auch zum Beispiel «Kalcksteine/ an welchen theils des Schieffers/ theils des Sand-Gesteins Arth zu ersehen».

4. Einige Belege aus der neueren Gesteinskunde: «Mineralien, welche große Massen der Erdrinde zusammensetzen, heißt man Gesteine, auch Gebirgsarten. Diese Bezeichnung wird allgemein gebraucht, die Mineralien mögen bey diesem Vorkommen einfache oder gemengte seyn, so bald sich deren allgemeine Verbreitung nachweisen läßt und sie mit gleichbleibender Beschaffenheit in großen Massen auftreten» (1839. Oken S. 476).

«Gestein, natürliche Bildungen, die aus Mineralen, Bruchstücken von Mineralen oder Gesteinen, Organismenresten usw. aufgebaut werden» (1972. Murawski).

5. Jetzige Einteilung: *A. Magmatische* oder *Erstarrungs-Gesteine,* entstanden durch Erstarrung aus einem Magma, einer Schmelze (μάγμα geknetete Masse, Salbe). Die Erstarrung geschah bei *Tiefengesteinen* im Erdinnern (Beispiel Granit), bei *Ganggesteinen* in Spalten der Erdrinde (Beispiel Pegmatite), bei *vulkanischen* oder *Erguß-Gesteinen* an der Erdoberfläche (Beispiel Basalt). – *B. Sediment-* oder *Absatz-Gesteine* (lat. sedimentum Bodensatz). Entstanden durch Ausscheidung oder Ablagerung aus Wasser oder Luft (Beispiel Sandstein). *C. Metamorphe* oder *Umwandlungs-Gesteine,* entstanden aus magmatischen oder Sediment-Gesteinen durch verändernde Einflüsse wie Druck. Hitze, Durchtränkung mit Gasen oder Lösungen (Beispiel Marmor). – Statt magmatische Gesteine sagt man auch Eruptivgesteine. Da der Ausdruck nicht eindeutig ist, wird er in diesem Buch (außer in Zitaten) vermieden.

Gestellstein Der Schmelzraum der Eisenschmelzöfen heißt Gestell. Gestellsteine sind Steine, die sich für Mauerung derartiger Anlagen eignen. Insbesondere wurde quarzreicher Glimmerschiefer, ferner Topfstein (→ Talk) im 18. Jahrhundert so genannt. Das Wort ist im 19. Jahrundert außer Gebrauch gekommen.

Gieseckit (Allan 1813 auf Vorschlag von Sowerby): zu Muskovitsubstanz verwitterte Nephelinkristalle von Fundorten in Grönland. Benannt nach einem durch seinen Lebensgang höchst merkwürdigen Mineralogen, dem gebürtigen Augsburger Johann Georg Metzler (1761–1833), der zunächst Schauspieler und erfolgreicher Theaterdichter bei Schikaneder in Wien wurde und sich seitdem Karl Ludwig Giesecke nannte. Als Freimaurer gehörte er derselben Loge wie Mozart an. Um die Jahrhundertwende ging er unter Zurücklassung seiner Habe als Mineralienhändler und Naturforscher – er hatte sich nebenbei eine gründliche Mineralienkenntnis verschafft – auf Reisen und war sieben Jahre (1806–1813) auf Grönland. Hier erster Finder der Minerale → Allanit, Eudialyt, Fergusonit, Gieseckit, Sapphirin. Dann Professor der Mineralogie in Dublin. 1814 Ritter und 1818 Kommandeur des Danebrog-Ordens. Seitdem in Irland als Sir betitelt.

Giltstein   → Talk 4.

Gips   1. Griechisch γύψos (Theophr. 64ff. Diosk. V 116). Lateinisch gypsum (Plin. 36, 182f. Isid. XVI 3, 9). Außergriechischen Ursprung des Wortes wird vermutet. Alte Nachrichten weisen nach Äthiopien. Herodot (7, 69; 3, 24) erzählt, die Äthiopier im persischen Heer färbten für die Schlacht ihren Körper zur Hälfte mit Gips, zur Hälfte mit Rötel. In Äthiopien würden die Leichen mit Gips überzogen und durch Bemalung den Verstorbenen ähnlich gemacht.

2. Im Deutschen seit dem 12. Jahrhundert belegt. Die deutsche Aussprache Gips sucht man zurückzuführen auf Einfluß des Mittelgriechischen, ähnlich wie kyriake im Deutschen zu Kirche wurde. Daneben blieb durch Weiterwirken der antiken Quellen die Form Gyps, frühneuhochdeutsch gybsz, gybs oder ähnlich. Noch Mineralogen des 19. Jahrunderts schrieben vielfach Gyps.

3. Der Name bezeichnet seit der Antike sowohl das natürliche Mineral (wasserhaltiges Kalziumsulfat) wie auch das durch Brennen wasserarm gemachte, zum «Gipsen» hergerichtete Produkt. Doch war die Abgrenzung des Begriffs früher anders, besonders die Ähnlichkeiten mit dem als verwandt empfundenen Kalk spielten in die Namengeschichte hinein.

Theophrast ist über den Unterschied von Gips und Kalk nicht im klaren. Er sagt über den Gips: «Seine Natur ist eigentümlich. Er ist mehr steinartig als erdartig. Der Stein ähnelt dem Alabastrites. Er wird nicht in großen, nur in kleinen Stücken gebrochen. Seine Klebekraft und Hitze, wenn er genäßt wird, ist staunenswert. Sie brauchen ihn nämlich beim Häuserbau, indem sie ihn um den Stein gießen, und wenn sie sonst derartiges kleben wollen. Sie zerstoßen ihn, gießen Wasser darüber und rühren mit Hölzern. Mit der Hand können sie nicht wegen der Hitze.» (Beträchtliche Hitze entwickelt der Kalk, nicht der Gips!) «Sie befeuchten aber nur für den augenblicklichen Gebrauch. Wenn es auch nur kurz vorher geschieht, erstarrt er rasch und ist nicht mehr auseinanderzubringen.» (Trifft zu für Gips, nicht für Kalk!) Es ist anzunehmen, daß die Handwerker Gips- und Kalkmörtel nicht mit gleichen Namen benannten, daß also die Unklarheiten bei Theophrast auf mangelnder Sachkenntnis des Gelehrten beruhen. Noch Agricola (1546. Foss. S. 256) schreibt den Irrtum nach, daß beim Anrühren von Gips große Hitze entstehe.

In diesem Zusammenhang ist erwähnenswert, daß im Neuhochdeutschen bis ins 18. Jahrhundert der gebrannte Gips, den man als Mörtel gebrauchte, auch Sparkalk genannt wurde. («Gypsum … Vstum, quo Thuringi calcis vice vtuntur. Sparkalck.» 1565. Kentmann S. 26a).

4. Vieles, was Gips ist, ging früher unter anderm Namen, und umgekehrt. Der blätterige durchsichtige Gips hieß im Antike Lapis specularis, → Spiegelstein, deutsch Fraueneis oder Marienglas, wozu aber auch großblättriger Glimmer gehörte. Plinius rechnete den Spiegelstein nicht zum Gips, obgleich er wußte, daß man aus ihm allerbesten Gips herstellte. Albertus Magnus (II 2, 17) sah, wie Spiegelstein in Gallien mit Gips zusammen gefunden wurde, «weil er eine Art Grenzerscheinung des Gipses ist (gypsi extre-

mitas quaedam)». – Der antike Edelstein Selenites (→ Mondstein) wird seit Agricola (Foss. S. 256f.) als Lapis specularis, als Fraueneis gedeutet und demnach als dem Gips verwandt angesehen. Daß die Antike oder das Mittelalter Selenites und Gips in Verbindung gebracht hätte, ist nicht ersichtlich. – Auch der → Alabaster zählte nicht zum Gips, sondern zum Marmor, zumal er ja auch alabasterähnlich Kalkarten mit umfaßte. – Umgekehrt wurde der → Schwerspat als eine schwere Art Gips angesehen.

5. So drang die heutige mineralogische Zuordnung erst allmählich vor, um im 18. Jahrhundert völlig durchgeführt zu werden. Um die Jahrhundertmitte hat zum Beispiel Cronstedt in seiner Mineralogie Gips und Kalk klar unterschieden. Kalk braust mit sauren Geistern, Gips nicht. Gebrannter Kalk entwickelt mit Wasser Hitze, Gips nicht. Unter der Überschrift Gips werden auch angeführt Alabaster und Selenites oder Marienglas. Der Glimmer wird mit dem blätterigen Gips nicht mehr verwechselt. Fälschlich wird aber zum Gips noch der schwere Spat gerechnet. Dieser wurde 1774 von den Schweden Scheele und Gahn als nicht zugehörig erkannt. Damit hatte der Begriff Gips seine jetzige Abgrenzung.

6. «Weisz der herr denn nicht, dasz die kinder dem nassen gipse gleichen, welchem man gleich seine gestalt geben musz: weil er gar geschwind trocken und zum verarbeiten unbrauchbar wird» (1742. Lindenborn, Diogenes. Zitiert nach Grimm). → Tafel 6.

Girasol Italienisch girasole (girare drehen, sole Sonne), seit dem 16. Jahrhundert in andere Sprachen übergehend (franz., engl. girasol), ist eine Übersetzung von Heliotrop und vergleichbar der alten deutschen Übersetzung Sunnenwendel (Megenberg S. 445).

Heliotrop ist nach Plinius der Stein, der, in ein Gefäß mit Wasser gelegt, die Sonnenstrahlen blutrot zurückwirft. Girasol bezeichnete aber nicht unsern Heliotrop, sondern den Opal. Durchscheinende, rötliche Strahlen zurückwerfende Exemplare würden dem Namen am genauesten entsprechen. Später wurden alle möglichen Steine mit eigenartigem Lichtschein Girasol genannt: Mondsteine,

Katzenaugen, Saphir mit rundlichem Lichtschein, endlich auch der Feueropal. Es empfiehlt sich deshalb, den Namen wegen seiner Unbestimmtheit nicht mehr zu gebrauchen.

Glanz → Bleiglanz.

Glanzbraunstein → Mangan-Oxide 6.

Glanzerz → Glaserz.

Glanzkobalt → Kobaltglanz.

Glanzmanganerz → Manganoxide 7.

Glasachat → Obsidian.

Glaserz Alter Bergmannsname, seit 16. Jahrhundert belegt, für das sehr gesuchte Schwefelsilber (Ag_2S).

«Erstlich so werden vnder die weichflüssigen Silber Ertze gezelt diese/ Nemblich das Glaßertz als das fürnembste/ welches ist ein derb Bleyfarbes Ertz/ fast dem gedignen Silber/ an der güte zuuergleichen/ das gehet nicht viel vber den sechsten theil im Feuwer ab/ das vbrige ist gut rein Silber/ vnd das helt man ausserhalben gedignem Silber/ für das beste Silber ertz» (1580. Ercker S. 3b).

Der Name verursachte auch früher schon viel Kopfzerbrechen. «Glaserz. Silberglas … Ist geschmeidig, und siehet aus, wie Bley, in der Luft aber läuft es schwärzer an. Unverdienter Weise hat es also den Namen des Glases erhalten, welcher vielmehr dem Hornerze zukömmt, wenn sonst einiges Silbererz für glasartig anzusehen ist» (1770. Cronstedt-Brünnich S. 185/6).

«Der Bürger Monnet lehrt uns, man habe das geschwefelte Silber darum Glaserz genannt, weil es an den Stellen, wo es mit dem Messer geschnitten wird, eine Oberfläche bekommt, die der Glattheit und Ebenheit des Glases ähnlich ist» (1806. Hauy-Karsten III S. 474).

Werner behielt den bergmännischen Namen Glaserz bei, doch schon zu seinen Lebzeiten wurde vielfach Glas- in Glanz- umgeändert, obgleich für das Mineral der Glanz nicht entfernt so charakteristisch ist wie zum Beispiel für den Bleiglanz. – Glanzerz (Hausmann 1813). – Bei Mohs ergab sich der Name (Hexaedrischer) Silber-Glanz folgerichtig aus seinem System (1820). Silberglanz ist seitdem der bevorzugte Name geworden. Daneben

Argentit (Haidinger 1845), zu lat. argentum Silber.

Ein andrer alter Bergmannsname des Glaserzes ist Weichgewächs, bezüglich auf die außerordentlich Geschmeidigkeit und Schneidbarkeit ähnlich dem Blei.

Glaskopf heißen nierige, traubige, an der Oberfläche glänzendglatte Ausbildungen verschiedener Mineralien. Man hat deshalb Glaskopf als Glantzkopf oder auch – an sich sehr einleuchtend – als Glatzkopf erklären wollen. Jedoch die älteren Belege verstehen das Wort im Sinne von glasartig.

«Erstlich lieben freunde wisset jr/ das wir Deutschen mit dem wort glaß/ nicht allein die durchsichtigen cörper nennen/ die auß sandt/ kißlingsteinen/ asch vnnd saltz in Glaßhütten gemachet/ sondern das man auch etliche glatte vnd spissige metal/ vnd was schlecht vnd glat ist/ oder sein glantz vnd glaßt hat/ also nennet» (1562. Mathesius S. 265a. schlecht: schlicht).

Im 18. Jahrhundert wurde auch schon von rotem, schwarzem, gelbem Glaskopf gesprochen, doch waren das noch nicht wie heute festgelegte Namen für klar unterschiedene Mineralien. Alles gehörte zum Eisenstein. Schwarzer Glaskopf war ebenfalls Eisenstein oder vermeintlicher Eisenstein.

Heutige Nomenklatur: Roter Glaskopf (Roteisenerz), Brauner Glaskopf (Brauneisenerz), Grüner Glaskopf (Grüneisenerz), Schwarzer Glaskopf (Manganerz, Manganomelan). Der in älteren Büchern aufgeführte gelbe rechnet jetzt zum braunen Glaskopf.

Glasopal (Hausmann 1813) ist ein Opal ohne Farbenspiel, aber durchsichtig wie Glas. Synonym: Hyalit (Werner, von ihm Hialit geschrieben). ὕαλος bezeichnete durchsichtige Steine, auch Glas.

Glauberit (Brongniart 1808): Natrium-Kalzium-Sulfat, benannt nach dem Chemiker Glauber. → auch Glaubersalz.

Glaubersalz Johann Rudolph Glauber (1604–1668) war einer der hervorragendsten und modernsten Chemiker seiner Zeit. Unter anderem stellte er Natriumsulfat ($Na_2SO_4.10 H_2O$) her, das medizinische Verwendung fand

und von ihm anpreisend sal mirabile (Wundersalz) genannt wurde (1658). «Da aber die Zeit das Wunderbare in den neuen Entdeckungen nach und nach vermindert, so nennt man es jetzt nur nach des Entdeckers Namen Glaubersalz» (1799. Estner III 1 S. 55). – Glaubersalz kommt auch vielerorts als natürliches Mineral vor. Dafür als Synonym Mirabilit (Haidinger 1845).

Glauko- in Zusammensetzungen: griech. γλαυκός bezeichnet den hellen Glanz des Himmels, des Meeres, des menschlichen Auges und läßt in bezug auf die Farbe einen gewissen Spielraum. Die Wörterbücher geben Blau, Grau, Grün in verschiedenen Tönungen und Mischungen an. Ähnlich lat. glaucus.

Glaukodot (Breithaupt 1849): kobalthaltiger Arsenkies, dunkel zinnweiß, wurde benutzt zur Herstellung blauer Farbe (Smalte). δοτήρ Geber.

Glaukonit (Keferstein 1828): grünes Glimmermineral von schwankender Zusammensetzung, Aluminium-Eisen-Silikat, meist mit Kaligehalt. Grünsand. κόνις Staub, Sand.

Glaukophan (Hausmann 1845): blaugraues bis schwärzlich-blaues Mineral der Hornblendegruppe. φανός leuchtend.

Glimmer 1. Als Steinname seit dem 16. Jahrhundert belegt. Glimmern heißt schwach glühen oder glänzen. Man möchte annehmen, daß der Name dem reinen Wohlgefallen am Glanz des Minerals seine Entstehung verdankt. Daß solche Betrachtungsart damals möglich war, zeigt Agricolas Bermannus. Aber nach den meisten Belegen in der älteren Literatur entsteht eher der Eindruck, daß man den Namen im Sinne eines Blenders verstand, der nicht hält, was er durch seinen Metallglanz verspricht. «Glimmer, ist eine taube gläntzende Berg-Art, so gar kein, oder doch sehr wenig Silber hält, und ist mehr eine Blüthe anderer metallischen Ertze» (1735. Zedler Bd. 10).

2. Deutlich abwertend sind die Ausdrücke Katzensilber, Katzengold für bestimmte Glimmerarten. «Wenn der Glimmer mehr einer Blende, als dem Silber, gleichet, so wird es Katzenmetall genannt» (1788. Krünitz Bd. 19 S. 80). Ähnlich erklären auch Agricola (Bermannus) und Goethe (Anfang der Wan-

derjahre) den Namen. – Bei Stifter dagegen ist von solcher Abwertung nichts zu merken. In der Einleitung zu «Bunte Steine» ist von einer Mauer aus losen Steinen die Rede. «In diesen Steinen stecken kleine Blättchen, die wie Silber und Diamanten funkeln, und die man mit einem Messer oder mit einer Ahle herausbrechen kann. Wir Kinder hießen diese Blättchen Katzensilber und hatten eine sehr große Freude an ihnen.»

3. Im Neulateinischen, auch im Französischen, Englischen, Italienischen usw. heißt der Glimmer Mica, von lat. mica Krümchen, Bißchen, nach dem häufigen Vorkommen in kleinen Blättchen. Offensichtlich hat die Bedeutung von lat. micare funkeln, glänzen entscheidend mitgespielt.

Hierzu eine bemerkenswerte Stelle aus Agricola. Der Satz über Mica (Glimmer) und Felium Argentum (Silber der Katzen) nimmt sich allerdings in der Übersetzung noch sonderbarer aus als im Lateinischen. «ANCON: Doch leuchtet außer der blauen und grünen Farbe noch ein Drittes in diesem Stein, etwas Glänzendes Funkenartiges. BERMANNUS: Es ist wie du sagst, und das nennen die Lateiner, wie ich meine, Mica, die deutschen Bergleute teils Mica, teils Felium Argentum, aber mit den Namen ihrer Sprache. Argentum, weil es dem Silber in der Farbe derart gleicht, daß es Kinder und im Bergbau Unerfahrene täuschen kann. Felium aber entweder wegen der Ähnlichkeit, weil Katzenaugen auch nachts leuchten, oder weil man damit Leeres und Unnützes bezeichnen will. Es bringt nämlich den Schmelzern keinerlei Ergebnis, weil das Feuer es ganz aufzehrt. NAEVIUS: Die Natur scheint in den geheimsten Tiefen der Erde die wunderschönen Farben gleichsam zu genießen. Und sie ist darin, wie ich meine, nicht weniger zu bewundern, als wenn sie Blumen in mannigfaltigen Farben hervorbringt» (1546. Bermannus 2. Fassung S. 454).

Angemerkt sei noch, daß im Neulateinischen Mica Katzensilber und Ammochrysos Katzengold unterschieden werden, und daß bei Agricola und andern Katzengold so beschrieben ist, daß man dabei an ein pyrithaltiges Mineral gedacht hat. Im allgemeinen aber sind Katzensilber und Katzengold Glimmerarten.

«Der Katzenglimmer … eine im gemeinen Leben übliche Benennung des gelben und weissen Glimmers, wovon der erste auch Katzengold und der letztere Katzensilber genannt wird» (1775. Adelung Bd. II).

4. In der jetzigen Mineralogie umfaßt der Begriff Glimmer eine Reihe nahe verwandter Silikate, die je nach ihren weiteren Bestandteilen unterschieden werden als Kaliglimmer, Kalkglimmer usw. → Biotit, Fuchsit, Lepidolith, Margarit, Muskovit, Paragonit, Phlogopit, Zinnwaldit.

Glimmerschiefer Weit verbreitetes schieferiges kristallines Gestein, Hauptgemengteile Glimmer und Quarz.

Den Namen Glimmerschiefer behandelt Werner in seiner kleinen Schrift über die Gebirgsarten (1787) als schon in Gebrauch befindlich. Er grenzt Glimmerschiefer, Gneis und Granit deutlicher als bis dahin geschehen gegeneinander ab.

Die Geschichte der früheren Bezeichnungen ist undurchsichtig. Etwaige bergmännische Namen werden örtlich sehr verschieden gewesen sein. Aus Böhmen ist zum Beispiel «Pochwacke» überliefert. Vielfach erscheint der Glimmerschiefer im 18. Jahrhundert unter dem Namen → Gestellstein (Saxum fornaceum bei Linné).

«Verdient überhaupt ein Gestein den Namen einer Hauptgebirgsart der Centralkette der Alpen, so ist es zuverlässig der Glimmerschiefer. Keine der übrigen ist so ausgedehnt, so charakteristisch, so weit verbreitet, keine so reich an untergeordneten Lagern, keine so voll der sonderbarsten und prächtigsten Fossilien. Es ist ein reich verzierter Teppich, der über die ganze Oberfläche der Alpen gebreitet ist und ältere, unter ihm ruhende Gebirgsarten gegen die zerstörenden Wirkungen der Atmosphäre beschützt» (1802. L. v. Buch I S. 321. «Fossilien hier noch in der Bedeutung «Mineralien»).

Glossopetra → Schlangenzunge.

Gluckerenstein Gluckhennenstein → Taubenstein.

Gneis Der Name ist zuerst im 16. Jahrhundert im Erzgebirge nachzuweisen. Nebenformen Geneuß, Gneuß, Knaust und ähnl. Verwandtschaft mit mhd. ganeiste, altnordisch gneisti Funke wurde vermutet, Gneis wäre demnach funkengebendes, also hartes Gestein. Goethe sagt bald Gneuß, bald Gneis: «Wir sehen, daß der aufgelöste Granit als Gneuß wieder zum festen Steine wird.» – «Gneis ist der Granit, der sich nach der ersten Grundbildung aus dem Wasser niederschlug, daher seine blättrige Gestalt» (Werke XX S. 334 und 354).

«Die Benennung, abstammend aus der Bergmanns-Sprache, wurde früher mehr im Allgemeinen angewendet, theils für sämmtliche Gebirgs-Gesteine der Freiberger Gegend, theils zur Bezeichnung der, in der Nähe der Gänge zersezten, Felsarten, ohne Berücksichtigung des Verschiedenartigen ihrer Natur. Werner beschränkte den Gebrauch des Namens auf das eigenthümliche Gestein, welches denselben gegenwärtig fast in allen lebenden Sprachen trägt» (1823. v. Leonhard I S. 145).

Seit Werner versteht man unter Gneis vor allem ein Gestein, das im wesentlichen dieselben Bestandteile wie der Granit enthält (Feldspat, Quarz, Glimmer), aber durch die schieferige Textur unterschieden ist. Er gehört zu den metamorphen Gesteinen.

Göckelgut → Vitriol.

Goethit 1. Der Name wurde zunächst dem Rubinglimmer beigelegt, und zwar durch den naturkundigen Pfarrer Achenbach, Lehrer an der Siegener Bergschule. Obgleich der Name von Lenz 1806 in seine «Tabellen über das gesamte Mineralreich» aufgenommen wurde, konnte Goethe 1820 feststellen, daß er sich nicht eingebürgert hatte.

«Wohlwollende Männer auf dem Westerwald entdecken ein schönes Mineral und nennen es mir zu Lieb und Ehren Goethit; denen Herrn Cramer und Achenbach bin ich dafür noch vielen Dank schuldig, obgleich diese Benennung auch schnell aus der Oryktognosie verschwand. Es hieß auch Rubinglimmer, gegenwärtig kennt man es unter der Bezeichnung Pyrrhosiderit. Mir war es genug, daß bei einem so schönen Naturprodukt man auch nur einen Augenblick an mich gedacht hatte» (Werke XX S. 527. Mitwirkung Cramers ein Irrtum Goethes).

2. Entgegen Goethes Erwartungen ist Goethit dann in erweiterter Bedeutung gebräuchlich geworden im Anschluß an von Kobells Untersuchungen (1834). In der Folge gehörten zum Goethit die deutlich kristallinen Varietäten des → Brauneisenerzes:

der schuppenförmige Rubinglimmer (Becher 1789, «Rubinrother Eisenglimmer») oder Pyrrhosiderit (Ullmann), von πυρρός feuerrot, σιδηρος Eisen;

der Lepidokrokit (Ullmann), nierenförmige Massen von schuppenförmigem Gefüge (λεπίς Schuppe, κροκίς oder κροκύς Wolle, Flocke);

das Nadeleisenerz (Breithaupt 1823); → Tafel 8;

die Sammetblende (Glocker 1839), auch Przibramit (Glocker 1831) genannt nach dem Fundort Přzibram in Böhmen. → Tafel 8.

3. Nach neuesten röntgenographischen Befunden werden nur zwei kristalline Eisenhydroxide unterschieden: α-FeOOH (Nadeleisenerz) und γ-FeOOH (Rubinglimmer oder Lepidokrokit). Goethit wurde seinem geschichtlichen Ursprung gemäß zunächst Synonym für Rubinglimmer. So in dem Lehrbuch von Klockmann, dessen Einfluß auf den fachsprachlichen Namengebrauch nicht leicht überschätzt werden kann, in den vorletzten Auflagen. Beim Nadeleisenerz wird noch bemerkt: «Fälschlich, aber häufig, als Gœthit bezeichnet» (1948. S. 446). Die letzte Auflage von 1967 macht umgekehrt Goethit zum Synonym von Nadeleisenerz und bemerkt beim Rubinglimmer: «Goethit im ursprünglichen Sinn» (S. 535).

Gold 1. Altslav. zlato, russisch zoloto, sansk. hiranya, awest. zaranya sind gleichbedeutend und werden als urverwandt mit Gold (gotisch gulth) angesehen, Tatsachen, die nicht ohne umfangreiche sprachgeschichtliche Darlegungen verständlich zu machen wären. Es ist anzunehmen, daß das Wort schon der indogermanischen Ursprache angehörte, obgleich das Lateinische und Griechische auffälligerweise unverwandte Wörter haben (aurum bzw. χρυσός). – Weiter sind verwandt Gold, gelb und glühen, so daß die so oft bezeugte Zuordnung des Goldes zur Sonne schon im Wortursprung vorbereitet erscheint.

Das lateinische aurum ist auch indogermanischen Ursprungs. Altpreußisch ausis, litauisch áuksas. Verwandt sind latein. aurora; griechisch ἕως, ἠώς, αὔως; altindisch uṣāḥ; sämtlich mit der Bedeutung Morgenröte.

Das griechische χρυσός wird als semitisches Fremdwort angesehen und auf das akkadische ḫurāṣu zurückgeführt, das seinerseits von einer Wurzel abgeleitet wird, welche gelb sein bedeutet. So haben die Bezeichnungen für Gold in den verschiedensten Sprachen einen auffällig ähnlichen Ursprung.

2. «Das Gold wie flammendes Feuer strahlt nachts aus mann-verherrlichendem Reichtum» (Pindar Ol. I 1).

«Den schlimmsten Frevel am Leben verübte, wer zuerst Gold an die Finger tat.» – «Den nächsten Frevel beging, wer zuerst aus Gold Geld prägte» (Plin. 33, 8 u. 42).

Otfrid (4, 72) sagt von den Franken: «ioh lesent thar in lante gold in iro sante» (9. Jahrh.).

«Das Gold ist warm, hat etwas von der Natur der Sonne und ist gleichsam aus der Luft» (12. Jahrh. Hildegard v. Bingen IX 1).

«Ez scheint ze aller zeit und kain unsauberkait mag ez verzeren» (1350. Megenberg S. 474).

«Dises gold das gewirck wirt in dem sandt deß flyeß das ist das aller klerste vnd hochste gold wan seyne materie wyrt groß wol geleutert durch den flus vnd wider flus des wassers vnd durch die eygenschafft der stadt dar in das selbig golt gefunden wirt» (um 1500. Bergbüchlein S. 37).

Goethe in einer Betrachtung über die Farbe Gelb: «Das Gold in seinem ganz ungemischten Zustande gibt uns, besonders wenn der Glanz hinzukommt, einen neuen und hohen Begriff von dieser Farbe» (Werke XXI S. 233).

Goldbaum → Autunit.

Goldstein → Probierstein.

Goldtopas → Kap. XVIII 3.

Gorceixit (Hussak 1906): kompliziert zusammengesetztes Phosphat (Ba, Al, OH) aus Brasilien, benannt nach Henri Gorceix, einem gebürtigen Franzosen, der seit 1876 Professor der Geologie in Rio de Janeiro und Direktor der Minen-Schule in Ouro-Preto in Brasilien war.

Goslarit → Vitriol 5.

Goyaz Diamant, Rohgewicht angeblich etwa 600 Karat, benannt nach dem Staat Goyaz in Brasilien, wo er 1906 gefunden wurde. Der Eigentümer wollte die gerühmte Härte erproben, beachtete aber nicht, daß der Diamant leicht spaltbar ist. Er zertrümmerte den Stein durch Hammerschlag und behielt nur wenige schleifwürdige Stücke (Cavenago S. 314).

Grammatit → Tremolit.

Granat Der Name ist mittellateinisch und geht zurück auf das lateinische granum, Korn oder Kern, und wird daraufhin oft und nicht unsachgemäß gedeutet als der Körnige oder der in Körnerform Erscheinende. Doch ist wohl richtiger zur Erklärung des Namens Blüte und Frucht des Granatbaumes heranzuziehen. Die Blüte ist purpurfarben. Die Frucht heißt granatum malum, körnererfüllter Apfel. Sie platzt bei der Reife und zeigt das mit roten Kernen dicht angefüllte Innere. Der Granatapfel heißt nach der Menge seiner Körner, der Stein offensichtlich nach der Blütenfarbe und Fruchtfarbe des Granatbaumes: granatus ist der Rote, wie der Rubin.

Über die mittelalterliche Verwirrung unter den Namen der roten Steine siehe Karfunkel. Hier als Beispiel einige Stellen aus der Beschreibung des Granats durch Albertus Magnus, die auf unsern Granat bezogen werden kann, allerdings auch auf entsprechend gefärbte Spinelle.

«Granatus ... ist ein roter und durchsichtiger Stein, in der Farbe ähnlich den Balaustien. Das sind die Blüten der Granatäpfel. Er ist aber ein wenig dunkler rot als der Karfunkel, und wenn ihm Schwarz untergelegt wird bei Siegelsteinen, dann erscheint er röter. Und es findet sich in dieser Gattung eine Art, die in der Röte einen Stich ins Veilchenfarbene hat. Deswegen wird diese Art violaceum genannt. Sie ist kostbarer als alle andern Granate. Er soll das Herz froh machen und Trauer verjagen ...» (nach 1250. Albert II 2, 7).

Dazu einige spätere Belege, die sich eindeutig auf unsern Granat beziehen: «So ackert man in Behem an sehr viel orten granatlen vnd allerley durchsichtige steine auß» (1562. Mathesius S. 267b). – «Granat. Granatus. Ist eine schwere Bergart, welche sich in vieleckigte Stücke krystallisirt, und größtentheils von rother, oder röthlichbrauner Farbe ist» (1770. Cronstedt-Brünnich S. 85). – «Die herzstärkende Kräfte, welche ihm die ältern Aerzte zuschrieben, sind gänzlich erdichtet ... Hochrothe, wie Granatenblüthe, werden am meisten geachtet und sind am höchsten im Preise ... Dahin gehören die meisten böhmischen Granaten, die den morgenländischen an Härte und Feuer nichts nachgeben» (1778. Gmelin II S. 149f.).

Die entscheidenden Analysen begannen um 1800 und zogen sich mehrere Jahrzehnte hin. Danach ist Granat ein sehr kompliziert zusammengesetztes Silikat. Gewisse Komponenten sind variabel, je nach Anwesenheit verschiedener Metalle ergeben sich Varietäten, darunter auch grünfarbige. Es werden jetzt unterschieden: → Almandin, → Andradit, → Aplom, → Demantoid, → Grossular, → Hessonit, → Melanit, → Spessartin, → Uwarowit u. a.

Granit 1. Tiefengestein, weitverbreitet und in ungeheuren Massen vorkommend, mit den Hauptgemengteilen Feldspat, Quarz und Glimmer. Richtungslos-körnige Struktur wie bei den andern Tiefengesteinen. Erhebliche Unterschiede in Bezug auf Farbe, Korngröße und Nebengemengteile. Abgrenzung gegen verwandte Gesteine dadurch erschwert.

Das Gestein, welches heute Granit heißt, wurde schon im Altertum verwendet, vor allem im alten Ägypten in riesigem nie wieder überbotenem Ausmaß, zu Statuen, Tempeln, Obelisken. Die Frage, unter welchem Namen das Material in der Antike ging, ist aber nur unvollständig zu beantworten. Im Lateinischen wurden Bausteine, die unser Granit (und die verwandten Tiefengesteine) durch gefällige Färbung und Fleckung auszeichnen, zu den Marmoren gerechnet. Es gab zahlreiche Arten (vgl. Isidor XVI 5). Da diese aber nicht wie heute nach den Gemengteilen bzw. der Zusammensetzung unterschieden wurden, sondern nach Farbe und Fleckung, ist es nahezu unmöglich, unsern Granit aus diesen «Marmorarten» herauszufinden. Unzweifelhaft fällt eigentlich nur der von Plinius

beschriebene → Syenit unter unsern Begriff Granit, ohne sich mit diesem zu decken, und gerade dieser Name wurde infolge eines Irrtums einem andern Gestein zugesprochen (1788).

2. Auch im Mittellateinischen ist Granit noch eine Marmorart: granitum marmor (gekörnter Marmor) bezieht sich auf das körnige Gefüge des Gesteins. Daraus italienisch granito (16. Jh.), französisch granit (17. Jh.). Im Deutschen zuerst Granitstein und Granit als Synonyme von «Grobkörnige Wacke», wobei Wacken in ausdrücklichem Gegensatz zur Antike vom Marmor getrennt werden, denn alle Wacken schlagen Feuer, was der Marmor nicht kann. (1748. Woltersdorff, Systema minerale S. 15 u. 47.) – «Ein Saal von schwarzem Granitstein» (Wieland 1753). – «Granit. vulgo Felsstein ... Seine Hauptbestandtheile sind Feldspath, Quarz, und Glimmer» (1770. Cronstedt-Brünnich S. 274).

Angemerkt sei, daß mittelhochdeutsch grânît Scharlachfarbe und die damit getränkten Stoffe bezeichnet. Es gehört zu mittellat. grana, altfranzös. graine Scharlachtinktur und hat mit dem Gesteinsnamen nichts zu tun.

3. Das Fremdwort Granit ist im Deutschen schnell weit über den Fachbereich hinaus geläufig geworden. Wohl gab es für das in den deutschen Gebirgen so mächtig auftretende Gestein die verschiedensten Namen aus der Bergmanns- und Volkssprache, doch behielten diese nur begrenzte Geltung. Einige Beispiele: «Heidestein, auch Brockenstein (Harz); Geiß- oder Geißbergerstein, auch Gießstein (Schweiz); Sandstein (einige Gegenden des Sächsischen Erzgebirges); Grindgebirge (Sächs. Voigtland); Granez; Grenzstein; Kazzenstein» (1823. v. Leonhard I S. 43).

4. Granit bei Goethe → Kap. XIII 6.

Granulit Zu latein. granulum Körnchen. Feinkörniges metamorphes Gestein, hauptsächlich aus Feldspat und Quarzkörnern bestehend, mit eher undeutlich gneisähnlicher Textur. Oft mit kleinen Granaten u. a.

«Name, von Weiss der Felsart beigelegt, soll für die körnige Abänderung ihr Verwandtseyn mit Granit andeuten und zugleich das jüngere Alter, auf die schieferige Abänderung aber nicht weniger passend seyn, wegen der ihr stets eingemengten Körner» (1824. v. Leonhard II S. 231).

Graphit wurde benannt von Werner (1789). γράφειν schreiben. Werner knüpfte damit an eine ältere deutsche Namenreihe an. Graphit ging früher unter dem Namen Wasserblei. Es diente zur Herstellung feuerfester Tiegel («Töpferbley» 1778), vor allem aber als «Schreibblei» (1622), als «Bleystefft» (1653), als «Reißblei» (1721).

Eine Umbenennung, mindestens teilweise Umbenennung des Wasserbleis wurde notwendig, seit man erkannte, daß der Name zwei Mineralien umfaßte, in unserer Nomenklatur den Graphit, das heißt eine der drei in der Natur vorkommenden physikalisch verschiedenen Formen des Kohlenstoffs (C), und den sehr ähnlichen Molybdänglanz (MoS2). Die Trennung der beiden Mineralien erfolgte 1778 durch Scheele. Der Name Wasserblei blieb zunächst noch für den Molybdänglanz erhalten, während Graphit durch Neubenennung abgetrennt wurde. → auch Wasserblei und Molybdän.

Graubraunstein → Mangan-Oxide 1.

Graumanganerz → Mangan-Oxide 1.

Grauspießglanz Schwefelantimon, benannt nach den nadelförmigen, an den Spaltungsflächen glänzenden Kristallbüscheln. – Über die antiken und mittelalterlichen Bezeichnungen (stibi, antimonium) → Antimon. – Älteste deutsche Bezeichnung Spießglas. Seit dem 15. Jahrhundert belegt. Spießglas wurde in der Alchemie vielfach verwendet und mannigfach zubereitet. Es gab auch verschiedene Verfahren, es in Glas übergehen zu lassen. Vitrum antimonii, Antimon-Glas, wurde in der Heilkunst als Abführ- und Brechmittel verwendet (vgl. Libavius, Alchemia, 1597. S. 145). Möglicherweise entspricht der Name Spieß-Glas diesem lateinischen Vitrum antimonii. Im «Triumph Wagen Antimonii» heißt es: «Die Chaldeer habens Stibium intitulirt/ In der lateinischen Sprach hat mans biß vff den jetzigen schwebenden tag Antimonium geheissen/ Die sich aber der vnsern Deutschen Mutter Sprach allein einfeltig befliessen/ haben dieselbe Materia für ein Spießglaß

außgeruffen zu nennen/ aus denen vrsachen/ weil solche Materia spießig/ vnd ein Glaß darauß zu machen ist» (1604. Bas. Valentinus S. 63).

Synonyme: Spießglanz (weit jünger und seltener als Spießglas). – Grau-Spiesglaserz (Werner 1789). – Grauspießglanzerz (Hausmann 1813). – Prismatoidischer Antimon-Glanz (Mohs 1820). – Antimonglanz (v. Leonhard 1821). – Stibine (Beudant 1832). – Antimonit (Haidinger 1845). – Stibnit (Dana 1854). – Jetziger Sprachgebrauch: im Deutschen Antimonglanz, Antimonit etwa gleichrangig; im Französischen: Stibine; im Englischen: Stibnit. → Tafel 9.

Grauwacke Die Wacke oder der Wakken, althochdeutsch waggo, wacko, mittelhochdeutsch wacke, tirolisch wokke, entspricht latein. silex und bedeutet Kiesel, Flußkiesel, Felsblock.

Der Bergmann nannte die verschiedensten Steine Wacke. «Wacke/ ist ein festes/ rundes Gesteine/ mit einer festen Haut umgeben/ wie mit einem Harnisch» (1700. Rößler). – «So ist die sogenannte Pochwakke zu Platten in Böhmen nichts anders als Glimmerschiefer; das was man zu Kamsdorf ohnweit Saalfeld Wakke nennt, ist Thonschiefer; das, was man zu Bingen im Fuldischen dafür ausgiebt, nichts anders als Quarz u.s.w.» (1802. Emmerling I 2 S. 188).

In der Wissenschaft seit Werner ein basaltähnliches Gestein (Zersetzungsprodukt von Basalt). «Basaltwacke». «Wackenton».

In den achtziger Jahren des 18. Jahrhunderts wurde zunächst im Harz ein eigenartiges Sedimentgestein beobachtet und nach der vorherrschenden Farbe graue Wacke, Grauwacke genannt. «Ja, sogar wir Deutsche, die wir sonst in dergleichen Dingen so gewissenhaft sind, haben noch vor kurzem ... die graue Wacke des Harzes, ein jüngeres Gemisch von Quarz- und Schieferteilen, mit dem Granit verwechselt» (1784. Goethe, Werke XX S. 326). – Heute versteht man unter Grauwacke einen fein- bis grobkörnigen Sandstein, der neben Quarz- und Feldspatkörnern reichlich Gesteinsbruchstücke in Sandkorngröße enthält.

Greisen Durch heiße Gase zersetztes, meist

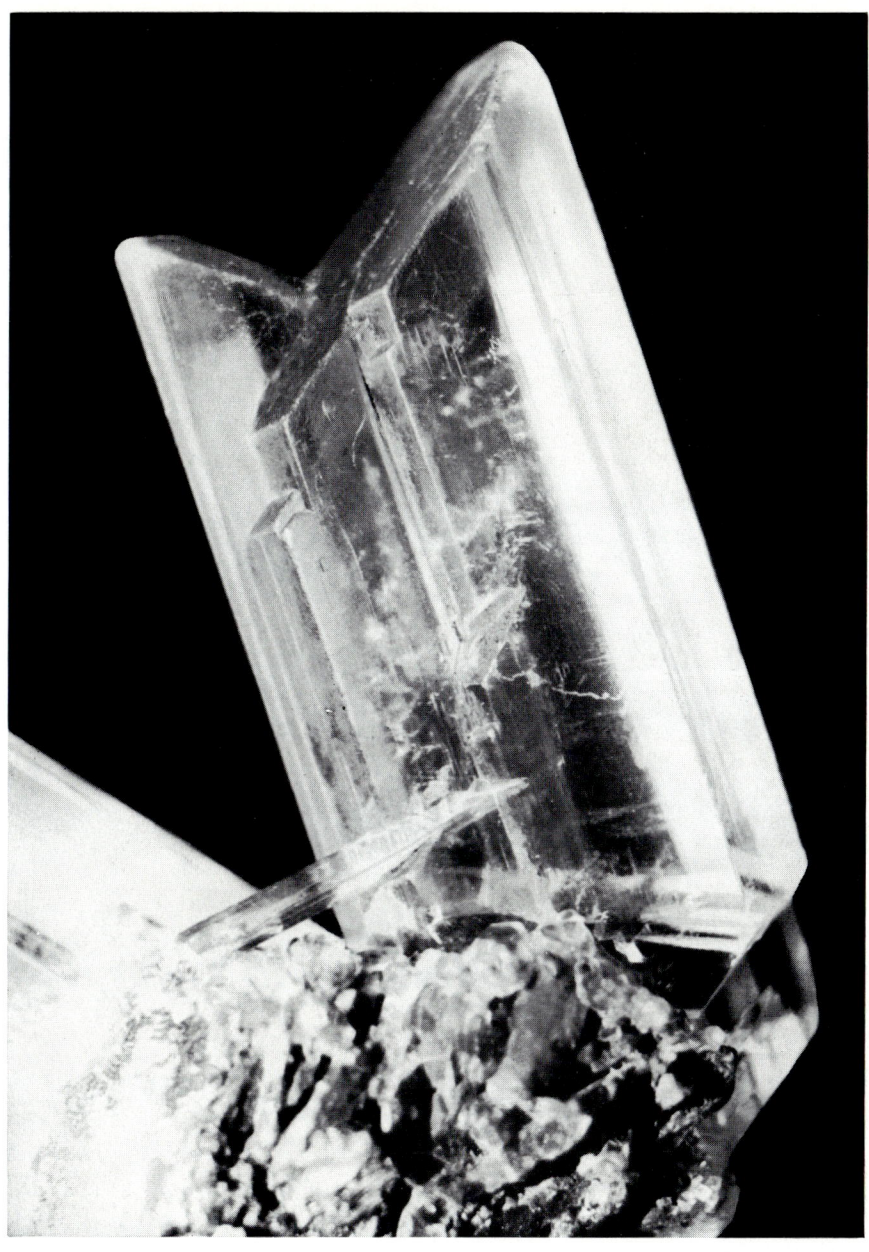

Gipskristall. – Eisleben

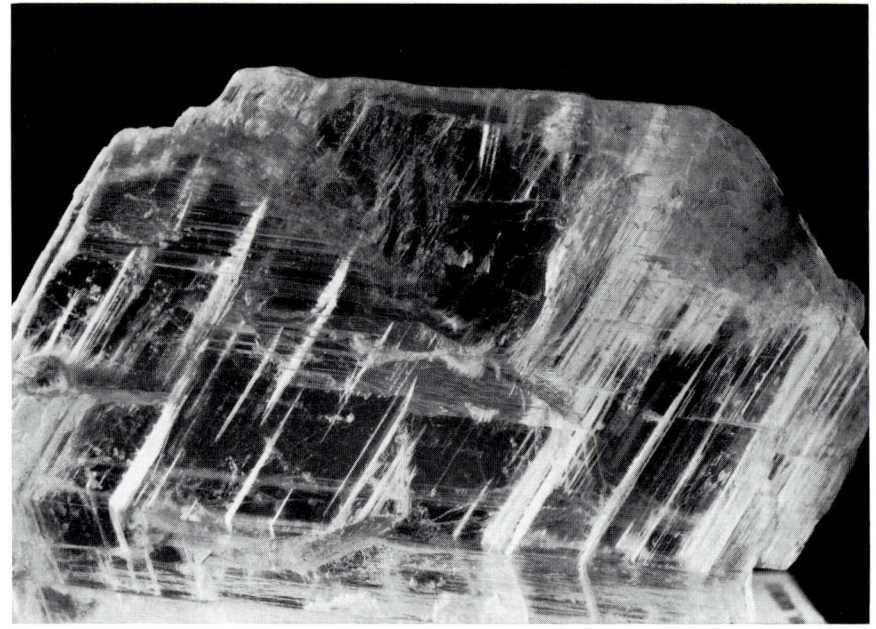

Fraueneis (Marienglas)

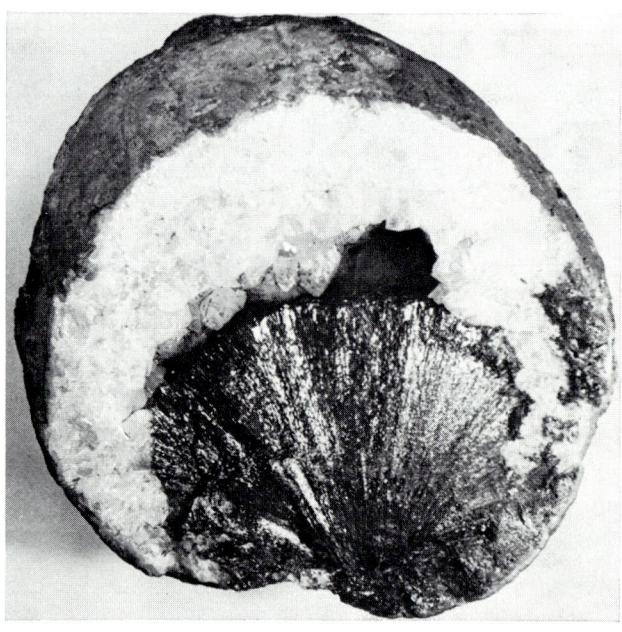

Eisenglimmer
(Roteisen)
in Quarzdruse.
Galgenberg, Oberstein.

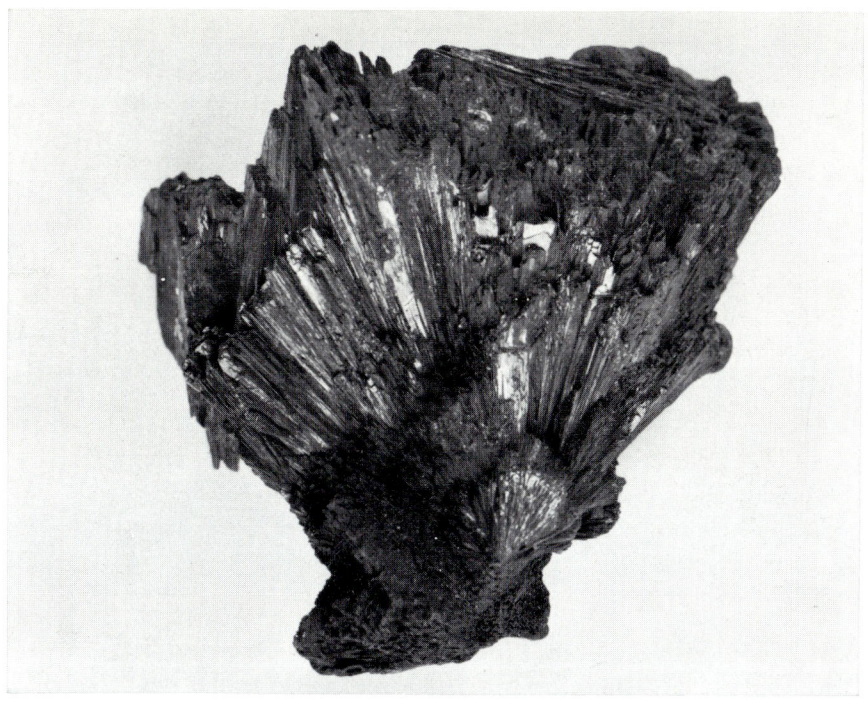

Nadeleisenerz. – Colorado, USA

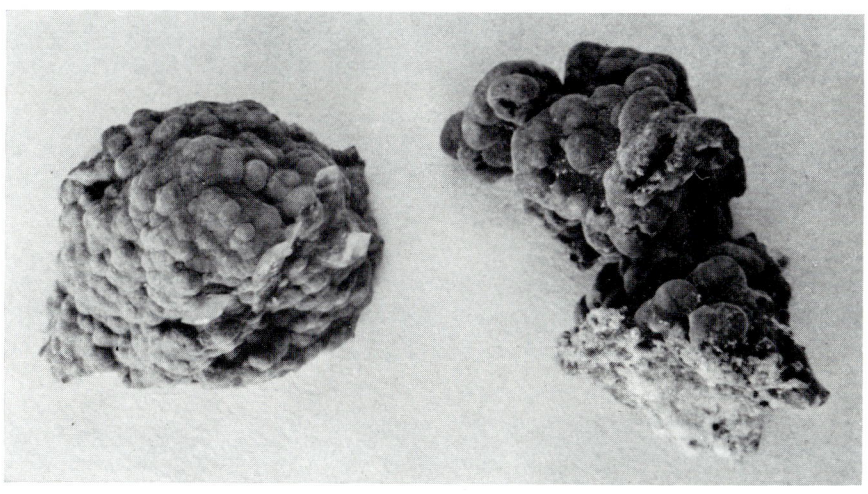

Samtblende. – Przibram, Böhmen

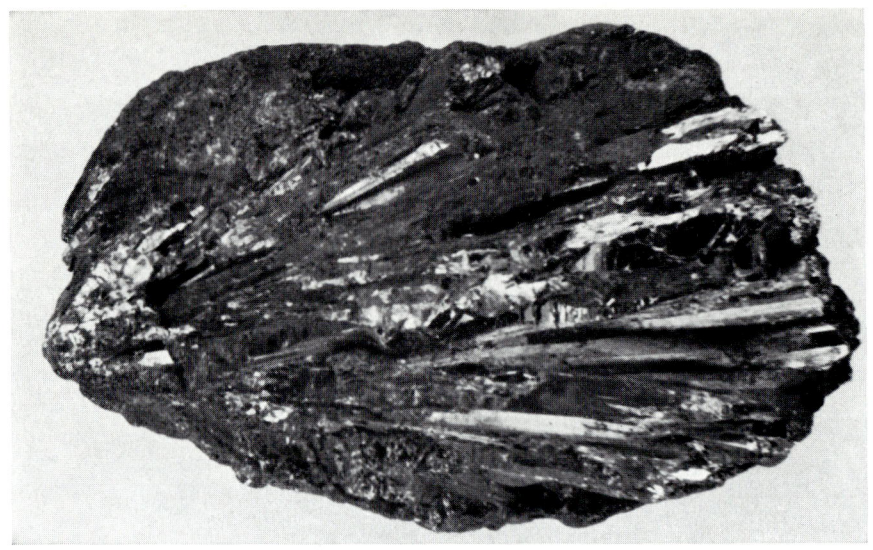

Grauspießglanz

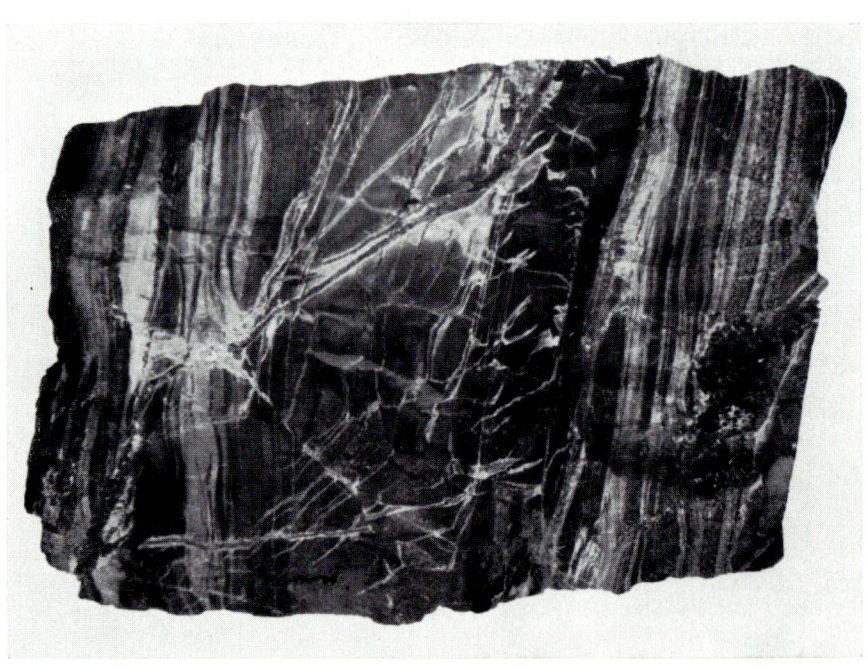

Hornstein. – St. Andreasberg, Harz

granitisches Gestein aus Quarz, Glimmer, oft Zinnstein, Topas u. a. enthaltend. «Der bergmännische Namen des Zinnerz führenden Granites, zumal jenes, der wenig oder keinen Feldspath führt und nur ein Gemenge zeigt aus Quarz, Glimmer und Zinnerz, ist Greisen, Graisen oder Greisstein» (1823. v. Leonhard I S. 59).

«Gedachtes Gestein hat man Greisen genannt, und zwar mit Glück, indem man durch die Umänderung eines Buchstabens die Verwandtschaft desselben mit dem Gneis auszudrücken gewußt» (Goethe, Werke XX S. 158 und 344).

Grießstein Althochdeutsches grioz, mittelhochdeutsches griez heißt Sand, Sandkorn, Kies. Eine althochdeutsche Bezeichnung für die Perle ist marigreoz, Meeres-Sandkorn. Grießstein heißt also Sandstein, aber mit ganz anderem Sinn im Mittelalter als in der Neuzeit. In der Heilmittellehre der Hildegard von Bingen (12. Jahrh.) schließt das Buch über Steine, das hauptsächlich Edelsteine behandelt, mit der summarischen Bemerkung: «Caeteri lapides ... ad medicamenta non multum valent, ut marmor, grieszstein, calckstein, ducksteyn, wacken, et similes». – «Die übrigen Steine ... wie Marmor, Grießstein, Kalkstein, Tuffstein, Wacken und ähnliche taugen nicht viel zu Heilmitteln» (IV 26). Nach dem Zusammenhang zu urteilen ist hier Grießstein gleich unserm Sandstein. – Später, im 18. Jahrhundert, ist Grießstein Bezeichnung des → Nephrits als eines Heilmittels gegen Nieren- und Blasensteine. «So soll der Lapis nephriticus, oder Gries-Stein, seinen Nahmen haben von der Krafft und Vermögen, mit welcher er begabt seyn soll, wider die Schmertzen des Nieren-Steins. Wenn er an dem Arme getragen werde, soll er den Stein und Gries aus den Nieren austreiben» (1751. Lesser S. 1324).

Große Tafel Indischer Diamant. → S. 75.

Großmogul → Kap. VIII 5.

Grossular Kalktongranat, benannt von Werner (1811) nach der stachelbeerähnlichen Farbe. Grossularia ist die neulateinische (botanische) Bezeichnung für Stachelbeere. Ribes grossularia heißt die Stachelbeere bei Linné.

Grünbleierz In Werners Letztem System (1817) erscheint unter der Überschrift Blei-Geschlecht u. a. die Namenreihe Blau Bleierz, Braun Bleierz, Schwarz Bleierz, Weis Bleierz, Grün Bleierz, Roth Bleierz, Gelb Bleierz. Außerdem war noch Buntbleierz oder Polychrom (Hausmann) in Gebrauch. Die auffällige Starkfarbigkeit vieler Bleierze reizte zu einer derartigen Benennungsweise, zumal diese schon in der Bergmannssprache vorgebildet war. – Die Namen Weiß-, Rot- und Gelbbleierz sind bis heute geblieben, weil sie klar bestimmte Gattungen bezeichnen. Grünbleierz erwies sich als zu unbestimmt, seit man erkannte, daß der Name zwei zum Verwechseln ähnliche Mineralien umfaßte: ein chlorhaltiges Bleiphosphat und ein chlorhaltiges Bleiarsenat. – Schon Cronstedt hatte bei seinen Versuchen das merkwürdige Kristallisieren gewisser geschmolzener und dann erkaltender «Bleispäte» beobachtet. «Eine andere Gattung, die auch eben nicht leicht vor dem Löthrohr zu reduciren war, schoß allezeit, wenn die Probe kalt wurde, in eine vielseitige Figur mit glänzenden Flächen an» (1770. Cronstedt-Brünnich S. 203). Dieses Verhalten ist dem Bleiphosphat eigen. Hausmann gab ihm daraufhin den Namen Pyromorphit (1813). πῦρ Feuer, μορφή Gestalt. – Das Arsenat wurde Mimetesit genannt, von μιμητής Nachahmer, weil es dem Pyromorphit täuschend gleichen kann. Mimétèse (Beudant 1832) entspricht, da das auslautende e stumm ist, dem griechischen Nominativ. Breithaupt hängte (1841) die charakteristische Mineralnamenendung an: Mimetesit. Haidinger bildete (1845) die sprachrichtig vom Stamm abgeleitete und weniger schwerfällige Form Mimetit, die sich im Englischen durchsetzte, aber nicht im Deutschen. – Braun- und Buntbleierz erwiesen sich als zum Pyromorphit gehörig, Schwarzbleierz ist eine Abart des Weißbleierzes, Blaubleierz ist Bleiglanz als Pseudomorphose nach Pyromorphit. So mußte Werners geschlossene Namenreihe mit fortschreitender Naturerkenntnis teils verändert, teils auseinandergerissen werden.

Grüneisenstein (Ullmann 1814), Grüneisenerz (Naumann). Grüner Glaskopf. – Synonym: Kraurit (Breithaupt 1841), κραῦρος spröde, brüchig. – Ein eisenhaltiges Phosphat.

Grünstein Ältere Bezeichnung (seit Cronstedt) für verschiedene grüne Gesteine, die dann in ihrer Besonderheit erkannt und entsprechend benannt wurden: Diorit, Diabas, Dolerit, Gabbro u. a.

«Die zu weit ausgedehnte Anwendung des Wortes Grünstein, machte eine Verbannung desselben nothwendig» (1823. v. Leonhard I S. 104).

Guano In regenlosen Gegenden aufgehäufte Vogelexkremente. Alexander von Humboldt brachte Guano aus Südamerika mit und gab ihn Klaproth zur Untersuchung. Über den Namen teilt Klaproth folgendes aus einem Briefe Humboldts mit: «Der Name: Huanu, (die Europäer verwechseln immer Hua mit Gua, und u mit o) bedeutet in der Inka-Sprache Mist, mit dem man düngt. Das Verbum düngen heißt huanunchani. Die ursprünglichen Einwohner von Peru glauben alle, daß der Guano Vogelmist sei; nur von den Spaniern bezweifeln es viele» (1807. Klaproth IV S. 299ff.).

Gummit Gemenge verschiedener Uranmineralien, von gummiartigem Aussehen.

gunderfai, Conterfey u. ä.: nicht mehr gebräuchlicher Metallname, bezeichnet nur selten natürliche Mineralien, meist künstliche Legierungen. Er enthält eine abschätzige Wertung.

Mittellateinisch contrafacere abbilden, nachmachen. Daraus altfranzösisch contrefait falsches, nachgemachtes Gold. Bei Megenberg (S. 478) «gunderfai» gleichgesetzt mit → Elektrum. Seit dem 16. Jh. besonders auch Synonym von Zink.

Gur, auch Gür, Gore, Göre, hängt zusammen mit gären und bezeichnet in der Bergmannssprache erdige, breiige, auch flüssige Massen von verschiedener Zusammensetzung. Manchmal waren sie Wegweiser zu Erzlagerstätten.

«In alten zechen vnnd verfarnem felde/ richten sich Bergkuerstendige leut nach der ghur/ so auß den strassen giert vnnd treufft/ vnd sihet wie Buttermilch/ welche offtmals von ertz hersintert/ vnd eine maute ertz gleich

verkundtschafft» (1562. Mathesius S. 52b. strasse, strosse: stufenförmiger Absatz in Stollen).

«Guhr, ist ein braun gläntzendes fettes Pulver/ wie Schmaltz anzugreiffen» (1727. Brückmann, Magnalia I S. 121).

Kieselgur (Klaproth 1810), feinerdige lokkere Masse aus Kieselpanzern von Diatomeen.

H

Haarkies ist Werners Benennung (1789) für Schwefelnickel, NiS. Das Mineral kommt nicht in derben Massen, sondern nur in nadelförmigen, haarförmigen Kristallen vor, die zu Büscheln verbunden sind. – Nickelkies (Hausmann) und Gelbnickelkies (Breithaupt) sind nicht mehr gebräuchlich. – Jetzt gültiges Synonym: Millerit (Haidinger 1845). → Kap. I 8.

Haarsalz oder Federsalz. Ältere Bezeichnung für verschiedene Salze von haarförmiger oder faseriger Ausbildung, die oft miteinander verwechselt wurden.

Es sind zu unterscheiden: a) Wasserhaltiges Tonerdesulfat. Keramohalit (Glocker 1839); κέραμος Ton, ἅλς Salz. Alunogen (Beudant 1832), «Alaunerzeuger». – b) Eisenalaun, Federalaun. Halotrichit (Glocker 1839), von ἅλς Salz, θρίχες Haare.

Haarstein «Haar- oder Nadelsteine (Haarkrystalle) werden die Bergkrystalle genannt, wenn sie fremdartige Substanzen, namentlich Rutil, Mangan, Eisenglanz, Chlorit, Amiant u. s. w. in haar- oder nadelförmigen Partien einschließen; im erstern Falle nennt man sie auch Venushaare (cheveux de Vénus), im andern Liebespfeile (flèches d'amour)» (1860. Kluge S. 374).

Venushaare, lateinisch Veneris crines, nach Plinius (37, 184) ein schwarzglänzender Stein mit Einschlüssen, die wie rotes Haar aussehen. Seit dem 16. Jahrhundert gelegentlich wieder aufgenommen und seit dem 19. Jahrhundert zum festen Bestand der Edelsteinnamen gehörend.

Hagel Gemeingermanisches Wort. Erstes Vorkommen in einer Runeninschrift etwa aus dem 5. Jahrhundert: hagala. Vergl. Kap. III 7. Althochdeutsch hagal. Die einzelnen Körner heißen frühneuhochdeutsch Hagelsteine, mundartlich auch Kiesel, Kieselsteine. Schloße ist vorwiegend mitteldeutsch. Urverwandtschaft von Hagel und κάχληξ (Steinchen, Kiesel) wird angenommen.

Seit Aristoteles Gegenstand der Meteorologie, seit dem Schweizer Cappeller (1723) auch der Kristallographie. Seit dem 19. Jahrhundert Gegenstand der Mineralogie, doch nur am Rande zusammen mit dem Eis als dessen «sphäroide» Ausbildung.

Halbedelsteine 1. Seit dem 18. Jahrhundert gebräuchlicher, heute in Fachkreisen verpönter Ausdruck für Steine minderer Härte und Schönheit im Vergleich mit den «eigentlichen» Edelsteinen.

2. Die Abgrenzung hat außerordentlich geschwankt. Goethe (Anh. VIII 1 zu Cellini) macht darauf aufmerksam, daß man zur Zeit Cellinis nach aristotelischer Lehre nur vier Edelsteine anerkannte, den vier Elementen entsprechend. «Der Rubin stellte das Feuer, der Smaragd die Erde, der Saphir das Wasser, und der Diamant die Luft vor ... Die übrigen Edelsteine kannte man wohl, doch schloß man sie entweder an die vier genannten an, oder man versagte ihnen das Recht Edelsteine zu heißen.» Den Ausdruck Halbedelsteine gebraucht Goethe aber nicht.

Adelung definiert (1775): «Der Halbedelstein, ... in der Naturgeschichte eine Benennung des Achates mit allen seinen Unterarten, des Carneoles, Chalcedons, Onyxes u.s.f. welche zwar eine schöne Politur annehmen, aber doch den Werth der eigentlichen Edelsteine nicht haben.» Ähnlich verstand man auch später unter Halbedelstein vor allem die zahlreichen schleifwürdigen Quarzarten.

Bezeichnend für den noch heute andauernden unsystematischen Gebrauch des Begriffs Halbedelstein ist der Rechtschreibeduden (1973). Bestrebt, Unbekanntes möglichst durch ein einziges Wort zu erklären, definiert er zum Beispiel Zirkon und Chrysolith als Mineral; Beryll, Turmalin, Türkis als Edelstein; Granat, Topas als Halbedelstein, ebenso alle Quarze wie Amethyst, Opal, Chry-

sopras, Achat, nur der Heliotrop ist unter die Edelsteine geraten.

3. Schon maßgebende Edelsteinbücher des 19. Jahrhunderts sprechen von «sogenannten» Halbedelsteinen (Kluge 1860. Bauer 1896). Aus dem Vorbehalt wird im 20. Jahrhundert schroffe Ablehnung des Begriffs. Stichhaltiger Grund ist nicht so sehr die schwankende Abgrenzung, sondern der abwertende Charakter des Begriffs. Es ist widersinnig, wenn schöne und seit langem hochgeschätzte Steine zu teuren Preisen gehandelt und gleichzeitig als nur halbwegs edel degradiert werden. Der Begriff «Halbedelstein» war ein sprachlicher Mißgriff, und man bemüht sich, ihn wieder abzuschaffen.

Halit → Salz.

Hälleflinta → Fels 1.

Halotrichit → Haarsalz.

Hämatit Name griechischen Ursprungs: αἱματῖτις (Theophr. 37), αἱματίτης (Diosk. V 126), zu αἷμα Blut. – Lateinisch haematites, haematitis. (Plin. 36, 144: Beschreibung des Roteisens. Plin. 37, 169: Beschreibung eines Edelsteines haematitis. Vielleicht roter Jaspis. Caley S. 138). Mittellat. auch ematites o.ä.

Neulateinisch: «Haematites: Blutstein» (1546. Interpretatio). Seit dem 16. Jahrhundert Blutstein häufig belegt und zweifellos Roteisen-Varietäten bedeutend.

Hämatit in der neueren Mineralogie Synonym für Roteisenerz, im Edelsteinhandel Bezeichnung für die dichte, dunkle, fast schwarze Abart, welche als Schmuckstein verarbeitet wird. Blutstein ist wenig mehr gebräuchlich.

Von jeher, schon im alten Ägypten und Babylonien, getragen als Schmuck oder Amulett und in der Heilkunst angewendet besonders zum Stillen von Blutungen. «Emathites ... wenn man den stain zerstoezt und in in wazzer zerlaet, sô hailt er die pluotspaicheln und verstellt auch der frawen haimleichait und den gemainen rôten fluz von dem leib» (1350. Megenberg S. 445).

«Blutstein ... Auch findet man eine Art im Hartz/ um Northhausen und zu Hatzgerode auff gewissen Bergen/ der die Form des Gehirns vorstellet/ wann der Schädel davon gesondert ist/ schön anzusehen. Ich habe mich über sothaner seiner Gestalt nie gnug verwundern können/ auch seine sonder- und wunderbare Krafft das Nasenbluten zu stillen in verschiedenen Proben bewährt befunden» (1698. Berg-Buch I S. 59).

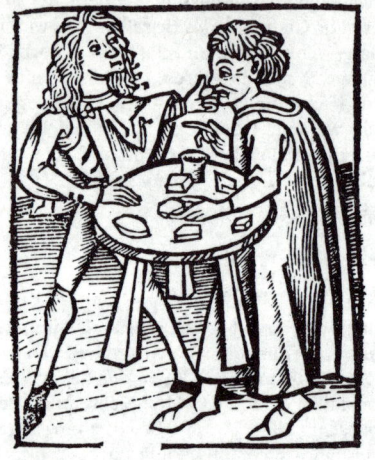

Emarites Bluotsteyn.

Stillung des Nasenblutens. (1507. Hortus.) 5:7.

Hammitis → Rogenstein.

hammoniacum → Salmiak.

Hammonis cornu → Ammonshorn.

Harmotom Einer der von Hauy (1810) benannten Zeolithe. «Von ἁρμόζω, ἁρμόττω, zusammenfügen und τέμνω, schneiden, spal-

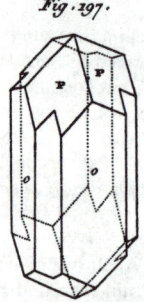

Fig. 197.

Harmotom-Kristall. (1806. Hauy-Karsten Taf. LIX.) 2:3.

ten, weil sich die Krystalle an den Zusammenfügungen der Pyramidenflächen, an den Scheitelkanten, theilen lassen» (1853. Kobell S. 55). – Einleuchtender die Ableitung von ἁρμός Fuge und τόμος Abschnitt (1890. Francke S. 69). – Kreuzstein (Werner).

Hartbraunstein → Mangan-Oxide 5.

Hartmanganerz → Mangan-Oxide 2 u. 5.

Hartspat → Korund.

Hausmannit → Mangan-Oxide 6.

Hauyn (Neergard 1807): Silikat von komplizierter Zusammensetzung, benannt nach dem französischen Mineralogen Hauy.

Hedenbergit (Berzelius 1819): Kalzium-Eisen-Silikat, benannt nach dem schwedischen Chemiker Hedenberg.

Heilerde → Siegelerde 1.

Heiligegeiststein Heiligengeistschnecke → Taubenstein.

Heliodor Gelbgrüne Abart des Berylls, Benennung auf Vorschlag von Lucas v. Cranach von der Deutschen Kolonialgesellschaft nach seiner Auffindung in Deutsch-Südwestafrika im Jahre 1910. (Koch S. 183). Heliodor, griech. ἡλίου δῶρον, Geschenk der Sonne, war im Altertum Personenname.

Heliotrop Griechisch ἡλιοτρόπιον bedeutet eine Blume und die Sonnenuhr; ἥλιος Sonne, τρέπειν drehen, richten, wenden, τρόπος Wendung.

Lateinisches heliotropium war auch Edelsteinname. «Grund des Namens, weil er, in ein Gefäß mit Wasser geworfen, den Schein der Sonne blutrot zurückwirft ... Außerhalb des Wassers empfängt er die Sonne wie ein Spiegel, entdeckt ihre Verfinsterungen und zeigt den davortretenden Mond. Hier ist außerdem ein offensichtliches Beispiel von Unverschämtheit der Magier, welche behaupten, wenn man das Kraut Heliotropium hinzutut und bestimmte Gebete spreche, werde der Träger unsichtbar» (Plin. 37, 165).

Mittelalterliche Namensformen: heliotropia, elitrôpiê, aldropi u.ä. «Eliotropios ... súnna-uuéndigêr» im Sinne von Sonnenstrahlen – Umwender (um 1000. Notker I 41). Von

Zurückwerfen der Sonnenstrahlen, Sonnenverfinsterung und Unsichtbarmachen wird im Mittelalter in mannigfacher Abwandlung berichtet. «Swer in in ein wazzer tuot,/ sô muoz diu sunne ir schîn lân/ und werdent die wolken ûf getân/ und beginnet regenen sêre» (um 1250. Volmar 448 ff.). – «Elitropius haizt sunnenwendel ... wer daz kraut nimpt daz sunnenwerbel haizt oder ringelkraut und legt ez under den stain und beswert ez mit ainem segen, der dar zuo gehoert, sô macht der stain den menschen unsihtich» (1350. Megenberg S. 445/446).

Unter Heliotrop wurde zu allen Zeiten derselbe Stein verstanden. «Heliotropium ... ist lauchfarbig, auffallend durch blutrote Adern» (Plin. 37, 165). – «Der stain ist grüen sam ain smaragt und ist besprengt mit pluotvarben tröpfleinn» (Megenberg S. 446). – «Der Heliotrop, auch Blutjaspis genannt, ist ein grüner Chalcedon mit roten Punkten. Die Grundmasse muß schön gleichmäßig und kräftig grün und undurchsichtig sein. Sie besteht aus Chalcedonmasse, manchmal auch mit etwas körniger Struktur, und eingelagerten grünen Blättchen von Chlorit oder Körnchen von Grünerde ... Die Substanz der roten Punkte ist Eisenoxyd» (1969. Schloßmacher S. 273).

Hellgold 1. Natürliche Gold-Silber-Legierung, um so heller, je höher der Silbergehalt. Jedes natürliche Gold enthält Silberspuren, das hellste mehr als ein Drittel seines Gewichts. – Schon im Altertum auch künstlich hergestellt.

2. Den Ägyptern seit Beginn des dritten Jahrtausends v. Chr. unter dem Namen Asem (Asemu, Ismu, Usem) bekannt. Das alte Ägypten war reich an Gold, arm an Silber. Asem mit seinem weißen Glanz war etwas Besonderes und Hochgeschätztes.

3. Die Griechen hatten für Hellgold und → Bernstein dasselbe Wort: ἤλεκτρος bzw. ἤλεκτρον, wodurch sich für die ältere Zeit Unterscheidungsschwierigkeiten ergeben. Reichlich kommt Hellgold vor im Fluß Paktolos bei Sardes. So heißt es in der Antigone des Sophokles (Vers 1037): «Schachert um das Elektron von Sardes, wenn ihr wollt, und das indische Gold».

Griechisches ἤλεκτρον kam dann als electrum ins Lateinische und Mittellateinische, später ins Deutsche und in die Mineralogie. Schreibung jetzt durchweg Elektrum.

4. In der Antike und im Mittelalter hatte das Wort ein ganz anderes Gewicht als in der Gegenwart. «Electrum heißt so, weil es beim Strahl der Sonne heller als Gold und Silber leuchtet; die Sonne nämlich wird von den Dichtern Elector genannt» (Isidor XVI 24, 1). Das Elektrum gehörte in die Reihe der sieben «planetarischen» Metalle, aus der es nur langsam und erst im späten Mittelalter endgültig durch das Quecksilber verdrängt wurde.

Bei Alchemisten und «Chemisten» können die verschiedensten Legierungen Elektrum heißen, doch wird in der gelehrten Literatur die antike Begriffsbestimmung nicht vergessen. Seit Anfang des 19. Jahrhunderts wird Elektrum in den meisten Mineralogien nur noch mehr oder minder beiläufig als Varietät des Goldes erwähnt.

5. Zu einer allgemein anerkannten Verdeutschung ist es trotz immer erneuter Ansätze nicht gekommen. Die älteste Übersetzung, weralttiurida, im Glossenwerk Abrogans aus dem achten Jahrhundert, hat vielleicht nie den Weg vom Buch ins Leben gefunden (vgl. Kap. III 8). Es folgen: althochdeutsch gesmelze oder gismelzi (Glossen III S. 121); dann das Lehnwort gunderfai (1350. Megenberg S. 478); dann Weißgold (1546. Interpretatio) und Bleichgold (1565. Kentman S. 58b). In Übersetzungen und sonstigen auf die Antike bezüglichen Schriften findet man außer Weißgold noch die Verdeutschungen Silbergold und Hellgold. Weißgold ist nun aber in der Metallindustrie gebräuchlich als Bezeichnung für künstliche Goldlegierungen, die anders zusammengesetzt sind als Elektrum. Für dies Buch wurde deshalb die Übertragung Hellgold gewählt.

Helminth (Volger 1854), von ἕλμινς, Genitiv ἕλμινθος Wurm, ist jetzt nicht mehr Artname, sondern Strukturname für wurmartig gewundene, geldrollenähnliche Chlorite.

Hemimorphit Synonym für Kieselzinkerz, geprägt von Kenngott (1853) und bezüglich auf eine am Kieselzinkerz ausgezeichnet hervortretende kristallographische Eigenschaft.

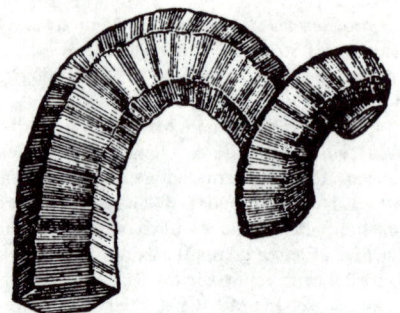

Helminth. (1868. Dana S. 501.)

Hessonit wurde von Hauy (1822) benannt und von ihm als besondere Spezies neben dem Granat geführt. Jetzt wird er allgemein zum Granat gerechnet (wesentlich Kalktongranat). Werner hatte den Namen Kaneelstein gegeben. Dazu sagt Hauy: «Nach den Grundsätzen, auf denen meine Nomenklatur fußt, habe ich geglaubt, diese Benennung nach der Farbe streichen zu müssen, um einen mineralogischen Namen an die Stelle zu setzen, und ich wählte Essonite, geringer, unterlegen, was besagt, daß dies Mineral die Merkmale der Mineralien, mit denen man versucht sein könnte es zu verwechseln, nämlich des Zirkons und Granats, in geringerem Grade besitzt» (1822. Hauy, Traité de minéralogie II S. 543). – Griech. ῆσσων geringer. Als geringer sieht Hauy die Farbe des Hessonits an, weil sein Gelbrot zum Gelb wird, wenn man ihn dicht vors Auge hält, was beim entsprechend gefärbten Zirkon (dem Hyazinth) wie dem entsprechend gefärbten Granat (Vermeil der Juweliere) nicht der Fall ist. Außerdem weist Hauy auf die Unterlegenheit des Hessonits in bezug auf das spezifische Gewicht hin.

Hauy behandelte das griechische H (spiritus asper) verschieden. Er schrieb Harmotome, aber Essonite. Die Schreibung Hessonit führte K. C. v. Leonhard 1821 ein.

Heulandit (Brooke 1822): benannt nach dem Londoner Mineralienhändler und Sekretär der geologischen Gesellschaft H. Heuland. Ein Zeolith. Blätterzeolith (Werner). → auch Stilbit.

Hiddenit Edelstein. Ursprünglich die seltene smaragdgrün gefärbte Varietät des Spo-

dumens, die erstmals 1879 in Nordkarolina gefunden und von J. L. Smith (1881) nach dem Entdecker W. E. Hidden benannt wurde. Name später ausgedehnt auch auf gelbgrüne und gelbliche Abarten des Spodumens.

hîenniâ (Parz. 791). Lateinisch hyaenia. «Der Hyänenstein wird in den Augen des Raubtiers Hyäne gefunden. Man sagt, wer ihn unter der Zunge trägt, kann Zukünftiges vorhersagen» (Isidor XVI 15, 25).

«Iena ist gar ain edel stain. den nimt man auz aines tiers augen, daz haizt auch iena» (1350. Megenberg S. 450).

hieracitis → jerachîtes.

Himbeerspat → Manganspat.

Himmelstein → Benitoit.

Hirschtränen Dem Namen, der mit Ausgang des Mittelalters aufkam, liegen höchst seltsame Vorstellungen zugrunde. Hirsche fressen Schlangen, um ihre Kräfte zu verjüngen, stürzen sich dann (wegen der vom Gift hervorgerufenen Hitze) bis an den Kopf in Wasser und stehen darin, bis sie sich giftfrei fühlen. Dabei lassen sie Tropfen fallen, die einer Nuß gleichen. Der Stein wird als Heilmittel hoch geschätzt (1509. Hortus IV 69). –

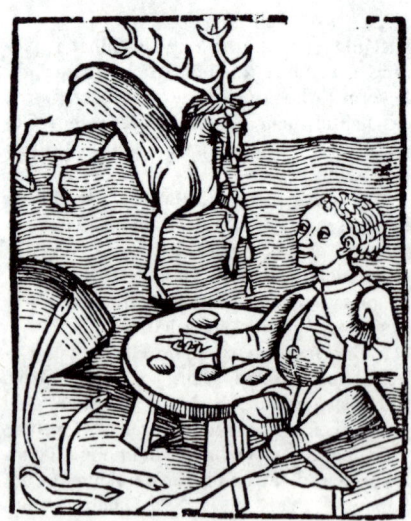

Der Stein «Kenne», aus den Augen des Hirsches kommend. (1509. Hortus.)

Der Name Hirschtränen, Hirschzähren, Lacrymae cervinae o. ä. blieb noch, auch als man im 18. Jahrhundert berichtigte: es handle sich nicht um Tränen, sondern um eine aus den Voraugenhöhlen abgesonderte, anfangs weiche, dann in den Augenwinkeln hart werdende Masse. Wenn die Steine den Tieren lästig würden, wüßten sie sie herauszustreifen. Man achte sie dem Bezoarstein an Heilkraft nahezu gleich, doch sei viel Betrug dabei (1781. Krünitz Bd. 23 S. 594f.).

Die Hirsche «verzehren Schlangen und ziehen sie durch den Luftzug ihrer Nüstern aus ihren Schlupfwinkeln» (Solinus 19, 15, nach Plin. 8, 118). – «Kenne ist ein stein der den künigen vast lieplich ist/ vnd kompt vß den augen des hirtzen in orient» (1509. Hortus IV 69). – «Er wird Hirschträne (Cerui lachryma) von den Neueren genannt, und wird dem Bezoarstein gleichgeachtet» (1565. Gesner S. 161).

Hohlspat → Chiastolith.

Holzstein ist verkieseltes Holz. Teils Jaspis, teils Chalzedon, auch Opalsubstanz.

«Herr Werner war der erste Mineralog, der dieses Fossil als einen Gegenstand der Oryktognosie betrachtete, mit dem Namen Holzstein belegte und ihm einen bestimmten Platz im Systeme anwies. Alle Schriftsteller vor ihm erwähnten seiner blos in geognostischer Rücksicht, und zählten ihn in die Klasse vegetabilischer Versteinerungen. Seine Abkunft ist unleugbar; es fällt in die Augen, daß er ein Theil eines organischen Körpers war; allein gewisse hinzugekommene mineralische Stoffe haben ihn so umgeändert und metamorphosiert, daß er den vollkommensten Karakter eines Fossils an sich trägt, und daher allerdings als Bürger des Mineralreichs aufgenommen zu werden verdient» (1799. Emmerling I 1 S. 260).

Honigstein ist seit dem 16. Jahrhundert belegt, bedeutete aber damals ein ganz anderes Mineral als jetzt. Zedler (1735. Bd. 13) sagt: «Honig-Stein … ist ein grauer Stein, welcher zu Pulver gestossen, einen Milch-weissen süssen Safft zu geben pfleget». Er wird mit dem → Galactites verglichen, sein Geschmack sei aber lieblicher, er habe als Arznei gedient, sei aber seit geraumer Zeit nicht mehr im Brauch.

Der somit vakant gewordene Name wurde von Werner (1789) aufgenommen zur Bezeichnung eines harzartigen, honiggelben bis wachsgelben Salzes aus organischen Säuren, das eingesprengt in Braunkohle und Kohle gefunden wird.

Die Geschichte der griechisch-lateinischen Synonyme ist unübersichtlicher. Dem älteren, süßen Saft absondernden Honigstein entspricht μελιτίτης (Diosk. V 133), melitinus (Plin. 36, 140), neulateinisch Melitites. Keine dieser Bezeichnungen ging auf den jüngeren Wernerschen Honigstein über. Dieser hieß vielmehr neulateinisch Mellites (Gmelin 1793), zu lat. mel Honig. Mellit (Hauy) wurde dann allgemein als Synonym in der Wissenschaft eingeführt, nachdem es sich noch hatte durchsetzen müssen gegen → Melilith.

Hope Diamant von Hope. – Im Besitz der französischen Könige befand sich ein großer blauer Diamant, den Tavernier als außerordentliche Seltenheit aus Indien mitgebracht hatte. Der Stein wurde 1792 gestohlen und nicht wieder aufgefunden. Als nun 1830 ein unvergleichlich schöner saphirblauer Diamant auf den Markt kam, vermutete man, daß es sich um ein neu geschliffenes Stück (44,5 Karat) des oben genannten Steines handelte. Benennung nach einem der folgenden Besitzer, dem Londoner Bankier Thomas Henry Hope. Jetzt in der Sammlung der Smithsonian Institution in Washington.

Hornblei → Bleihornerz.

Hornblende Der Name erscheint in der Mineralogie in der zweiten Hälfte des 18. Jahrhunderts als Bezeichnung für eine Mineralgruppe, die vom Bergmann kaum beachtet wurde und deren Analyse und Abgrenzung damals große Schwierigkeiten bereitete. Cronstedt rechnete die Hornblende zum verhärteten Eisenton und konnte außer dem Eisengehalt nichts über die Zusammensetzung aussagen (1770. Cronstedt-Brünnich S. 104). – Da das Aussehen halbmetallisch sein kann und der Eisengehalt nicht verwertbar ist, trifft der Name Blende im Sinne der Bergmannssprache zu. «Horn-» bezieht sich – ebenso wie beim Hornstein – ursprünglich auf die Festigkeit im Sinne der Bergmannssprache (Kap. X 7), wurde aber auch als passende Farbbezeichnung angesehen. «Die Hornblende ist bekanntlich unter allen Steinarten diejenige von stärkstem Zusammenhalt, ohnerachtet ihrer Weichheit» (1797. L. v. Buch I S. 78). «Sie ist von verschiedener Härte, doch immer ziemlich fest, sie läßt sich aber doch meistens mit dem Nagel schaben ... ihre Farbe ist grünlich, oder gräulicht schwarz, zuweilen wie Horn- oder Pferdehuf» (1777. Gmelin I S. 463).

Die Analysen, soweit sie in den Jahrzehnten um 1800 durchgeführt wurden, ergaben schon einen auch heute noch gültigen weiteren und engeren Wortgebrauch. Hornblende im weiteren Sinne ist eine Gruppe von Silikaten. Synonym Amphibol (Hauy). $\grave{\alpha}\mu\phi\acute{\iota}\beta o\lambda o\varsigma$ zweideutig, unbestimmt, weil die Gruppe sehr verschiedene Substanzen vereinigt.

Hornblende im engeren Sinn ist ein zu dieser Gruppe gehöriges Silikat von sehr komplizierter Zusammensetzung.

Hornblendit → Fels 3.

Hornerz → Hornsilber.

Hornfels Quarzreiche, durch Kontaktmetamorphose aus Sandsteinen, Tonschiefern u. a. entstandene Gesteine. Name seit dem 18. Jahrhundert gebräuchlich als Bezeichnung für harte und zähe Gesteine. Vgl. Hornstein.

Hornsilber Seit dem 16. Jahrhundert beschrieben, meist unter dem Namen Hornerz. Benannt nach der Ähnlichkeit mit fettgetränktem und damit durchsichtig gewordenen Horn, wie man es zu Laternen benutzte.

«Auffm Marienberg ist hornfarb silber gebrochen/ welches durchsichtig ist/ vnnd schmiltzt vber eim liecht.» «... das man newlicher zeyt auff Marienberg gehawen/ ist durchsichtig wie ein horn in einer Latern» (1562. Mathesius 40a und 88b).

Drei Gruppen von Synonymen: a. Hornerz (Werner 1789). Hornsilber (Hausmann 1813). Silberhornerz (Leonhard 1821). b. Ableitungen von $\kappa\acute{\epsilon}\rho\alpha\varsigma$ Horn, meist in Verbindung mit $\grave{\alpha}\rho\gamma\upsilon\rho o\varsigma$ Silber: Kérargyre (Beudant 1832). Kerat (Haidinger 1845). Kerargyrite (Dana 1855). Cerargyrite (Dana 1868) ist dann im Englischen allgemeingültig geworden. c. Be-

züglich auf die Zusammensetzung aus Ag und Cl: Chlorsilber (Naumann 1828). Chlorargyrit (Weisbach 1875). Beide Bezeichnungen im Deutschen vorherrschend, doch Hornsilber, Silberhornerz und Kerargyrit nicht ausgeschieden.

Hornstein Name seit dem 16. Jahrhundert oft belegt. Bedeutung schwankend.

«Ist irgend ein Nahme einer wahren Zweydeutigkeit unterworfen, so ist es das Wort Hornstein, welches der Bergmann ganz anders gebraucht, als es sonst in der Mineralogie üblich ist. Allein, selbst die Berg-Leute sind in der Bestimmung des Steines, den sie Hornstein nennen, nicht ganz einig» (1782. Krünitz Bd. 25 S. 277).

Vielfach gleichbedeutend mit Feuerstein: «Silex: Hornstein/ feurstein» (1546. Interpretatio).

Im Bergbau konnte jedes harte, schwer zu bewältigende Gestein zu dem Namen Hornstein kommen. «Was der Bildhauer auf seiner Werkstatt Marmor nennet, das muß dem Bergmann Hornstein heisen, weil es demselben mit seinem Schlägel und Eisen so schwer zu gewinnen, als schwerlich einem das Horn mit den Zähnen zu zerbeisen ist» (1754. Henkel S. 210).

Heute versteht man unter Hornstein einen unreinen dichten kryptokristallinen Quarz mit splitterigem Bruch. Häufig in Knollenform. → Tafel 9.

Humboldtilith, Humboldtin, Humboldtit Die Ehrung des großen Naturforschers Alexander von Humboldt durch Mineralnamen ist kein erfreuliches Kapitel.

Von de Rivero wurde (1821) ein verhältnismäßig seltenes Mineral, das oxalsaure Eisen, mit einem Namen bezeichnet, der in der Fachliteratur bald als Humboldtin(e), bald als Humboldtit erschien.

«Obwohl Monticelli und Covelli davon Kenntniß hatten, gaben sie doch einem Silicat vom Vesuv denselben Namen, um v. Humboldt bei seinem Besuche in Neapel 1822 eine Aufmerksamkeit zu erweisen. Sie veränderten nur zum Unterschiede die Endung. Weil aber die Italiener das H nicht gut aussprechen können, so haben sie auch ohne Bedenken Umboldtilite (Umbolbilite) geschrieben ...

Levy hat weiter den Datolith von Sonthofen Humboldtit getauft» (1853. Kobell S. 30).

Humboldtilith wird noch heute als Abart des Meliliths geführt, Humboldtin als Bezeichnung für oxalsaures Eisen ist weitgehend durch Oxalit (Breithaupt 1829) beiseite gedrängt, Humboldtit als Synonym für Datolith wurde ausgeschieden.

Hünentränen, Hunnentränen → Räderstein.

hyaenia → hîennîâ.

Hyalit → Glasopal.

Hyalophan → Feldspat 5.

Hyazinth Das Wort ist griechisch ($ὑάκιν$-$θος$), stammt aber aus vorgriechischer Sprachschicht und ist nicht näher zu deuten. Es geht in ununterbrochener Überlieferung bis in die Gegenwart, hat aber im Laufe der Zeit sehr verschiedene Steine bezeichnet.

Im Griechischen bezeichnet hyakinthos eine Blume, aber wohl nicht unsere Hyazinthe, vielleicht eine Iris-Art, und einen Edelstein, und zwar den blauen Korund, den wir heute Saphir nennen. Lateinische Schriftsteller (Solinus 30, 33, Isidor XVI 9, 3) beschreiben nämlich den Hyacinthus als Jacinthus als blau, gefärbt wie die Blume gleichen Namens und so hart, daß er nur mit Diamant bearbeitet werden könne. Auch der Hyazinth der Offenbarung Johannis ist höchstwahrscheinlich Saphir.

Im Mittelalter gewinnt der Name Hyazinth besondere Bedeutung in der arabischen Überlieferung. Das sogenannte Steinbuch des Aristoteles, auf syrischen Quellen des 9. Jahrhunderts fußend, dann arabisch, hebräisch und lateinisch bearbeitet, wirkt auf vielerlei Wegen in die Überlieferung hinein. Hier ist Hyazinth, arabisch Jakut, mittellat. iacinctus oder iacintus, deutsch iachant zusammenfassender Name für die Edelsteine, die wir jetzt edle Korunde nennen. Es werden drei Arten unterschieden: Erstens iacinctus rubeus oder granatus, roter oder granatfarbener Hyazinth, unser Rubin. Zweitens iacinctus citrinus, gelber Hyazinth, unser gelber Korund. Drittens iacinctus venetus oder saphirinus, blauer oder saphirfarbener Hyazinth, unser Saphir. Un-

sere Korunde sind in den Beschreibungen, die zu dieser Überlieferung in Beziehung stehen, eindeutig zu erkennen, weil gesagt wird, daß die Farbe des roten Hyazinths im Feuer verbessert werde, was für den gelben nicht in dem Maße gelte, und der blaue leide im Feuer Schaden. (Heute ist bekannt, daß der Rubin in sehr starkem Feuer, wie es damals wohl nicht zur Verfügung stand, auch die Farbe verliert.) Außerdem wird auf die große Härte hingewiesen.

Hierzu als Beleg der Abschnitt über den Hyazinth aus dem ältesten deutschsprachigen Steinbuch, das die Härte nicht erwähnt, im übrigen aber dem arabischen Zweig der Überlieferung entspricht.

«Jacincti der sint trieslaht. einir ist rôt. unte gruzelot. der ist och aller staine tiurost. dize ist sin natura. Ober in daz fiur geworfen werde. so man iemere zuoblaset. so er ie roter wirdet. ist ieht suarzes darane. daz prennet daz fiur ôz. unte wirt luter. Der ander slahte iechant. der haizet cytrinvs. der dolt nieth daz fiur. Der drite slath iechant dêir heizit venetus. der dolt daz fiur. furnams nieht. Der rot iochant ist guot dem daz plut wirret. Er ist guot dem der in ein wrmegez lant vert. daz ungesunt ist. ober in mittimi hât» (12. Jahrh. Prüler Steinbuch).

«Hyazinthen sind drei Arten. Einer ist rot und körnig. (Mißverstandenes granatus!) Der ist auch aller Steine kostbarster. Dies ist seine Natur: Wenn er in das Feuer geworfen wird, und man immer weiter bläst, wird er immer röter. Ist irgend Schwarzes daran, das brennt das Feuer weg. Und (er) wird klar. Die andre Art Hyazinth heißt Citrinus. Der duldet nicht das Feuer. Die dritte Art Hyazinth heißt Venetus. Der duldet das Feuer durchaus nicht. Der rote Hyazinth ist gut (einem), dem das Blut krankt. Er ist gut dem, der in ein wurmiges Land reist, das ungesund ist, wenn er ihn bei sich hat.»

Die lateinischen, auf arabischer Überlieferung beruhenden Parallelen bei Rose S. 386, S. 399ff.

Die Zusammenordnung so verschiedenfarbiger Steine nach ihrer natürlichen Verwandtschaft ist für jene Zeit, die wesentlich nach der Farbe ordnete, höchst bemerkenswert. Es blieb aber bei dem vielversprechenden Ansatz, und die ganze Gruppe verflüchtigte sich. Der rote Hyazinth wanderte als Rubin zu den andern roten Steinen in das Geschlecht der Karbunkel, der blaue wurde zum Saphir und verlor damit den Namen, den er bei den Griechen und in der Bibel gehabt hatte, und bei Megenberg (1350. S. 449) ist nur noch der gelbe Hyazinth übrig, immer noch als unser gelber Korund erkennbar: «Jacinctus haizt jâchant. der stain ist gelvar ... er ist auch gar hert und laezt sich weder gern spalten noch graben, iedoch grebt man in mit adamanten-stückeln.»

Die Beschränkung auf äußerst harte Steine (Korunde) wurde in der Folgezeit aufgegeben. Am Ende des 18. Jahrhunderts war das Ergebnis, daß Hyazinth orangefarbene, mehr oder minder ins Gelbe, Rote oder Braune schlagende Edelsteine bezeichnete, und zwar solche von sehr verschiedener Zusammensetzung. (In unserer Nomenklatur: Korunde, Topase, Zirkone, Granate u.a. Übersicht bei Hauy-Karsten II S. 538f.) Dann entdeckte Klaproth (1789) in Hyazinthen von Ceylon die «Zirkonerde». So kam es zur Einengung des Namens Hyazinth auf den gelbroten oder roten Zirkon, wie sie noch heute Gültigkeit hat. → auch Zirkon.

Hydrargillit ($\ddot{v}\delta\omega\rho$ Wasser, $\dot{\alpha}\rho\gamma\iota\lambda\lambda o s$ Ton.) → Bauxit.

Hydrophan → Weltauge.

Hydrozinkit → Zinkblüte.

Hypersthen Eisen-Magnesium-Silikat. Benannt von Hauy (1803). $\dot{v}\pi\acute{e}\rho$ über, über hinaus, $\sigma\theta\acute{e}\nu o s$ Kraft, weil das Mineral durch Härte und die Stärke seines Glanzes dem Amphibol (Hornblende) überlegen ist. Werner hatte nämlich das Mineral zur Hornblende gerechnet und nach seinem ersten Fundort (auf der Insel St. Paul an der Küste von Labrador) Labradorische Hornblende genannt. Hauy bemerkt, daß Werner auch später nicht die Benennung Hypersthen aufnahm, sondern Paulit vorzog. Jean Pauls «Labradorblende von der Insel St. Paul» (Flegeljahre IV 61) dürfte aus Werners Bezeichnung abgeleitet sein.

Hysterolithus → Mutterstein.

I J

Ichthyophthalm → Apophyllit.

Idaei dactyli → Belemnit 1.

Idokras → Vesuvian.

Ilmenit → Titan.

Ilvait → Lievrit.

Indigolith → Turmalin.

Iolith → Cordierit.

îrîs (Parz. 791), lateinisch iris, griech. $\ddot{\iota}\rho\iota s$ Regenbogen, wird im Altertum und Mittelalter übereinstimmend beschrieben als ein Kristall, das heißt nach früherem Sprachgebrauch als Bergkristall, der unter einem Dach von der Sonne beschienen Gestalt und Farben eines Regenbogens an die Wand wirft. (Z.B. Plinius 37, 136. Isidor XVI 13, 6. Marbod 47. Megenberg S. 450.) Der Stein Iris ist demnach etwas anderes als der heute so genannte Regenbogenquarz. Dieser zeigt an Rissen und Sprüngen in seinem Innern ein «irisierendes» Farbenspiel.

Irrblöcke → Findlinge.

Itabirit Eisenglimmerschiefer, zuerst in Südbrasilien beobachtet, dort auf Itakolumit aufliegend.

«Den Namen Itabirit entlehnte ich von dem, theils durch seine Golderzeugung, theils durch seine Gestalt und Höhe so merkwürdigen Berg Itabira, nicht fern von Sabarà. Er bildet einen hohen, grotesken Felsen, in der Ferne einem alten Thurme nicht unähnlich, den man von vielen Seiten, in einer Entfernung von 10 Legoas sehen kann. Seine spiegelnde, metallische Oberfläche an manchen Stellen, die durch einen hellen, weißen Glanz mehrere Meilen sichtbar, hat ihm den Alt-Indianischen Namen Itabira zugezogen: Ita Stein, bira hell, weiss (heller Stein)» (1822. v. Eschwege, Geognostisches Gemälde von Brasilien S. 30).

Itakolumit Schieferiges Gestein, Quarzkörner, durch Glimmer, Chlorit usw. verbunden. In dünnen Platten biegsam, deshalb anfangs auch elastischer Sandstein genannt. Von Karsten treffend in Gelenkquarz geändert. «Genau betrachtet ist er aber gar nicht elastisch, sondern gelenkig» (1800. Karsten S. 70). – Biegsamer Sandstein (Leonhard 1818).

«Itacolumit benannte ich diese Gebirgsart nach dem höchsten Gebirge Brasiliens, dem hohen Itacolumi bei Villa Rica, der daraus besteht. Keinen andern passendern Namen konnte ich dafür finden; denn Chloritsandstein, wie ich ihn ehemals nannte, muß verworfen werden.» – «Itacolumi ist ein Indianisches Wort, aus Ita, Stein, und Columi, Sohn, zusammengesetzt, weil neben den höchsten, steil emporgerichteten, isolirten Felsen, noch ein kleinerer, isolirter steht, der wie ein Kind in seiner Größe zu erstern zu betrachten ist» (1822. v. Eschwege, Geognostisches Gemälde von Brasilien S. 21).

Goethe war mit der Frage beschäftigt, inwieweit die Gebirgsarten der Neuen Welt mit denen der Alten übereinstimmen. «Ich gehe nun drauf aus, ob nicht auch hier wie in Brasilien der biegsame Stein sich in der Nähe findet» (Werke XX S. 668). Er glaubte ihn in einem schlesischen Sandstein ausfindig gemacht zu haben.

jachant → Hyazinth.

jacinctus (Parz. 791) → Hyazinth.

Jade (und Nephrit) Der Name tauchte auf als Bezeichnung für grüne Steine, welche die Spanier als Amulette bei den Indianern fanden und die sie als Heilmittel gegen Nierenleiden auch in Europa einführten. Spanisch ijada, yada, ist die Leisten- oder Lendengegend, pietra de ijada (1569) oder französisch jade heißt also Lendenstein. – Nephrit ist zunächst nur ein anderer Name für jade. Er bedeutet Nierenstein ($νεφρός$ Niere). Diese Bezeichnung galt besonders im Bereich der Ärzte und Apotheken. Mittel gegen Nierenkrankheiten hießen Nephritica, zu ihnen gehörte auch der Lapis nephriticus, der Nieren- oder Grießstein. – Der Glaube an die Heilkraft des Steines war seit dem 18. Jahrhundert stark im Schwinden. «Der Nierenstein oder Lapis nephriticus, dessen Arten verschieden sind, sollte gegen den Nierenstein dienlich seyn; allein er bleibt den Verdauungseingeweiden jederzeit ein unnützes und unauflösliches Gemische» (1773. Brückmann, Edelsteine, Vorrede).

Die reichen Nephrit-Vorkommen auf Neuseeland wurden in Europa erstmals durch Forsters Reise um die Welt (1772–1775) bekannt. In der von seinem Sohn und Reisegefährten herausgegebenen Reisebeschreibung heißt es, man finde auf der Südinsel von Neuseeland «den grünen Talkstein, lapis nephriticus genant». «Die Einwohner machen Meißel, Beile, zuweilen auch Pattu-Pattuhs oder Streit-Aexte daraus, und es ist eben dieselbige Stein-Art, welche bei den englischen Juwelierern, Jade heißt» (1778. Joh. Reinh. Forster's Reise um die Welt I S. 153).

Daraufhin wurde das Neuseeländer Mineral als Abänderung des Nephrits in die Mineralogie aufgenommen entweder unter dem Namen Beilstein (Werner) oder als Punammustein (Blumenbach), Punamu-Nephrit (Reuß 1802), nach Tawai-Punamu, der Südinsel von Neuseeland. – Daß auch in Europa, besonders in der Schweiz, zahlreiche vorgeschichtliche Prunkbeile aus Nephrit und Jadeit gefunden werden, beachtete man zu der Zeit, als der Name Beilstein gegeben wurde, noch wenig. – Seit etwa Mitte des 19. Jahrhunderts sind Beilstein und Punammustein nicht mehr Varietätsbezeichnungen, sondern Synonyma von Nephrit.

Es erwies sich dann, daß man mit dem Namen Jade drei verschiedene, wenn auch verwandte Mineralien umfaßt hatte. Alle drei gleichen sich vor allem durch ihre ganz ungewöhnliche Zähigkeit. Es müssen aber unterschieden werden das Kalk-Magnesia-Silikat Nephrit, Hauptfarbe Grün in verschiedenen Abstufungen, und das Natron-Tonerde-Silikat, seit 1863 (Damour) Jadeit genannt, Farbe meist lichter als beim Nephrit, Härte etwas größer, Zähigkeit etwas geringer. Drittens wird noch Chloromelanit (Damour 1865) als dunkle, fast schwarze, chemisch etwas verschiedene Abart des Jadeits abgesondert. $χλωρός$ grün, $μέλας$ schwarz. – Über den jetzigen Gebrauch dieser Namen → Kap. XVIII 3. – Der in China hochgeschätzte Stein Yü ist hauptsächlich Nephrit und Jadeit.

Jakut → Hyazinth.

Jamesonit (Haidinger 1825): wesentlich Blei-Antimonsulfid, benannt nach dem englischen Mineralogen und Geologen Jameson. –

Oft sehr feinnadelig, dann Federerz genannt. Plumosit (Haidinger 1845); lat. plumosus mit Flaum bedeckt, federig.

Jargon → Zirkon.

Jaspis Der Name stammt aus dem Orient: assyrisch ašpū, hebräisch jašpeh, griechisch ίασπις (Diosk. V 142), lateinisch iaspis, mittellat. und mittelhochdeutsch jaspis.

Der Jaspis des Altertums deckt sich nicht mit dem unsrigen. Zwar war er auch verschiedenfarbig wie der unsrige, doch so, daß Grün als Hauptfarbe, gelegentlich sogar (z. B. Isid. XVI 7, 8) als einzige Farbe aufgezählt wurde. Vor allem aber wurde er als durchscheinend beschrieben, wodurch er sich von unserm Jaspis auffällig unterscheidet. Damit hing höhere Wertschätzung zusammen.

«Ein grüner oft durchscheinender Stein ist der Jaspis» (Plin. 37, 115. Anschließend Aufzählung andersfarbiger Arten). – In der Bibel (Off. Joh. 21, 11) wird er der alleredelste Stein genannt und mit dem Eis bzw. mit dem Bergkristall verglichen (κρυσταλλίζοντι, von Luther mit «hell» übersetzt). – «Wer mit dem geglätteten frühlingfarbenen Jaspis kommt und Opfer bringt, erfreut das Herz der Götter, und sie werden ihm die dürren Felder mit Wolken tränken» (Orpheus, Lithika 267–270). – Das Nibelungenlied (Strophe 1783) erzählt: im Knauf von Siegfrieds Schwert Balmung sitzt «ein vil liehter jaspes, grüener danne ein gras.» – Man hat an Chrysopras gedacht, weiter an andere schönfarbige und durchscheinende Quarz-Arten, auch an Nephrit, doch läßt sich keine Gewißheit gewinnen. Jedenfalls ist ein Bedeutungswandel festzustellen, denn heute versteht man unter Jaspis unreinen, undurchsichtigen, auch an den Kanten nicht durchscheinenden Quarz. Je nach den Beimengungen können nahezu alle Farben auftreten. Nur wenige Arten – weit weniger als beim Achat – erhielten besondere Namen: Bandjaspis. – Silex (braun und rot gestreift oder gefleckt. Latein. silex Kiesel). – Kugel-Jaspis. – Ein grauer, künstlich blau gefärbter Jaspis von Nunkirchen heißt deutscher Lapis. – Blutjaspis ist synonym zu Heliotrop. – Jaspis ist stark verunreinigter Chalzedon.

jerachites Parz. 791, lat. hieracitis, aus griechischem ίερακίτης. ίέραξ ist ein schwer näher zu bestimmender Raubvogel. Die Wörterbücher vermuten Falke, Habicht, Sperber usw. Plinius sagt, er heißt nach dem accipiter (37, 187). Der ist ebensoschwer zu bestimmen. Es sagt uns somit wenig, wenn der Name auf die Federfarbe des Raubvogels zurückgeführt wird (37, 167). Auf der Suche nach einer überzeugenden Erklärung hat man auch hingewiesen auf den ägyptischen Mythos vom Sperber, der einen für den Menschen sehr kostbaren Stein fallen läßt (Schade II 1363). An die schöne Verwendung dieses Bildes in Hofmannsthals Erzählung «Die Frau ohne Schatten» (Kap. 1) sei erinnert.

Jett → Gagat.

Jöckelgut → Vitriol 4.

Jodargyrit → Jodsilber.

Jodsilber Das seltene Mineral (AgJ) wurde von del Rio in Mexiko entdeckt und von Vauquelin (1825) als iodure d'argent eingeführt, das heißt als Jodverbindung des Silbers. Auf den französischen Ausdruck lassen sich die in der Folgezeit auftretenden Namen zurückführen. – Jodsilber, zunächst im Deutschen allgemein gebräuchlich, zeigt die vorteilhafte Möglichkeit der Wortzusammensetzung im Deutschen. – Haidinger bekämpft eben diese zusammengesetzten deutschen Namen als nicht spezifisch und sagt Jodit (1845). – Der Amerikaner Dana geht auf franz. iodure zurück und hängt die nach seinen Grundsätzen unerläßliche Endung -it an. So entsteht Jodyrit (1854). – Jodit und Jodyrit verschweigen den Silbergehalt. Da ist Jodsilber im Vorteil. Aus dem Bestreben, die deutschen Namen möglichst durch fremde Kunstwörter zu ersetzen, entsteht Jodargyrit (Rammelsberg 1860. άργυρος Silber). Sämtliche Namen haben sich bis ins 20. Jh. nebeneinander erhalten, Jodsilber durchgängig, die übrigen wechselnd.

Johannit (Haidinger 1830): ein Uranmineral, benannt nach dem volkstümlichen Erzherzog Johann von Österreich, der besonders durch seine Rolle als Reichsverweser (1848/49) bekannt ist. An seine vielseitigen wissenschaftlichen Interessen erinnert das von ihm begründete Joanneum in Graz.

Jolith → Cordierit.

Jonker Südafrikanischer Diamant von prächtig blauweißer Farbe, Rohgewicht 726 Karat, gefunden zu Elandsfontein (Pretoria) von Jacobus Jonker, einem verarmten Schürfer. Der Schliff, ausgeführt in Neuyork, ergab 12 schöne Steine. «Jonker-Diamant Nummer Eins» wiegt knapp 143 Karat.

Jordanit Seltenes Bleiarsensulfid, zuerst gefunden im Binnatal (Wallis). Benannt von G. vom Rath: «Als ein Zeichen der Anerkennung und Dankbarkeit gegenüber Herrn Dr. Jordan in Saarbrücken, erlaube ich mir, ein Mineral nach ihm zu benennen, da er dasselbe sammelte und mir zu unbedingter Verfügung stellte» (1864. Pogg. Ann. Bd. 122 S. 373).

Jubilee Diamant, Rohgewicht 650,8 Karat, gefunden 1895 in der Jagersfontein-Grube im Oranjefreistaat. Der Schliff ergab einen großen Brillanten (245,35 Karat) und einen wesentlich kleineren Stein. Zunächst Reitz genannt nach dem Präsidenten des Freistaats, dann umgetauft in Jubilee zur Erinnerung an das sechzigjährige «diamantene» Regierungsjubiläum der Königin Viktoria von England im Jahre 1897.

Judenleim, Judenpech → Asphalt.

Judenstein, Ἰουδαικὸς λίθος (Diosk. V 137), mittel- und neulateinisch Lapis Judaicus. Heilmittel gegen Blasen- und Nierensteine. Wurde besonders aus Palästina bezo-

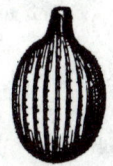

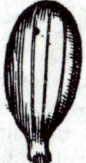

Judensteine. (1704. Valentini I S. 53.) 1:2.

gen. Judensteine sind Stacheln fossiler Seeigel (Cidaris-Arten), sie finden sich massenhaft in der Kreideformation Palästinas und kamen zur Zeit der Kreuzzüge auch in größerer Menge nach Westeuropa.

Lateinisch tecolithos (Plin. 37, 184). τήκω schmelze, löse auf, λίθος Stein, «steinauflösend». – «Der Tecolithos, einem Olivenkern ähnlich, ist unansehnlich, aber taugt für Heilmittel und siegt über die Schönheit anderer: aufgelöst und eingenommen vertreibt er Steine und behebt die Schmerzen in Nieren und Blase» (Solinus 37, 12). – In Wolframs Parzival (791) heißt der Stein cegôlitus.

K

kacabre → Agstein.

Kadmium, fachsprachlich Cadmium geschrieben. Die Entdeckung des Elements erfolgte dadurch, daß man in Zinkoxiden einen störenden Zusatz bemerkte. Der Medizinalrat Roloff beanstandete das Zinkoxid von Apotheken um Magdeburg und vermutete Arsengehalt. Herrmann, der Besitzer der Fabrik in Schöneberg, die das Material geliefert hatte, bestritt dies, vermutete ein neues Metall und versandte Proben, unter anderem auch an den Göttinger Professor Stromeyer. Dieser war schon von sich aus dem neuen Element auf der Spur und gab ihm in seinem Bericht 1818 den Namen Cadmium, von cadmia, dem lateinischen Namen für Zinkmineralien und Zinkprodukte, in deren Gesellschaft man das Cadmium gefunden hatte.

Kainit (C.F. Zincken 1865): kalihaltiges Salz. Der Name bezieht sich auf die erdgeschichtlich späte Entstehung: καινός neu.

Kakoxen (Steinmann 1825) ist bei Verhüttung von Eisenerzen nachteilig für das Eisen, ein «schlimmer Gast». κακός schlimm, ξένος Gast. – Cacoxenit (Dana). – Wasserhaltiges Eisenphosphat. Samtiger Überzug auf Eisenerzen.

«Cacoxenit» neuerdings im Handel Bezeichnung für brasilianischen Amethyst und Bergkristall mit eigenartigen büscheligen Einschlüssen von Kakoxen. Eine besonders krasse Fehlbenennung! Erstens entsteht Verwirrung, wenn Mineralien mit den Bezeichnungen ihrer Einschlüsse benannt werden. Zweitens ist der Name im Deutschen wegen seines üblen Klanges für einen Schmuckstein denkbar ungeeignet.

Kalium → Nitrum 8.

Kalk Griech. χάλιξ bedeutet kleiner Stein, Kies, Kalkstein, Kalk. – Lateinisches calx, Akkusativ calcem, wird nicht als urverwandt, sondern als Lehnwort aus dem Griechischen angesehen. Übernahme ins Deutsche muß früh erfolgt sein, als die Römer noch kalkem aussprachen, nicht kalzem.

Lat. calx bezeichnete den rohen wie den gelöschten Kalk. (Die zum Bauen verwendeten Kalksteine dagegen gehörten mit zu den Marmoren.) Der ungelöschte Kalk hieß calx viva, lebendiger Kalk. Sein Verhalten erregte Staunen. Die Beschreibung Isidors lautet in alter Übersetzung:

«Der kalck würt lebendig genant. Dann wiewol er am angriffen kalt ist/ so hat er doch ein verborgen für in im/ darumb so er mit wasser begossen würt/ so bricht als bald das verborgen füre vß. Sein natur würckt wunder/ dann mit wasser wirt er angezindt dauon doch das füre pflegt zelöschen» (1509. Hortus IV 30).

«Kalk ist warm. Daraus entsteht Creta, wenn er gebrannt wird. Deshalb ist auch Creta warm. Denn wenn der Kalk durch Feuer zu Pulver wird, nimmt er zu an Kraft und verbindet Erde und Sand durch sein Feuer. Aber wenn Mensch oder Vieh Kalk einnimmt, schwächt die Stärke seiner Wärme und macht krank» (12. Jahrh. Hildegard von Bingen IV 25).

Über die Schwierigkeit genauer Abgrenzung in früherer Zeit gilt Ähnliches wie beim Gips und bei vielen anderen Mineralien. Noch im 18. Jahrhundert entschuldigt sich Cronstedt geradezu, wenn er den Marmor zum Kalk stellt: «Ob es gleich vielen mißfällig seyn möchte, daß ich die Marmorarten Kalksteine nenne, so habe ich doch gar keine Kennzeichen, durch die ich selbige von einander unterscheiden könnte» (1770. Cronstedt-Brünnich S. 15).

Anfang des 19. Jahrhunderts wurde Kalk erkannt als kohlensaure «Kalkerde». Davy war dem darin enthaltenen Metall mit Hilfe der Elektrolyse auf der Spur und nannte es Kalzium (damals wie noch heute in der Fachsprache Calcium geschrieben). Kalk kann seitdem als kohlensaures Kalzium ($CaCO_3$) definiert werden.

Kalk kommt vor in zahlreichen Ausbildungsformen, die besondere Namen erhalten haben: Kalkstein, Kalkspat, Kalktuff, Kalksinter. – → Muschelkalk, Stinkkalk. – → Doppelspat, → Kreide, → Marmor, → Mergel, → Mondmilch usw.

Haidinger (1845. Handbuch S. 464) beanstandete, daß es keinen Namen für das Ganze gebe, und schlug dafür Kalzit vor: «Die wichtige Spezies, welche den Kalkspath und den Kalkstein begreift, hat keinen spezifischen Namen ... Laméterie, Beudant nennen das Ganze der Spezies Calcaire, das auf die französische Sprache beschränkt ist. Wir können im Deutschen den von Freiesleben den Pseudomorphosen von Kalkspath von Sangerhausen beigelegten Namen Kalzit sehr zweckmäßig auf die ganze Spezies ausdehnen, und dadurch ein wahres Bedürfnis befriedigen.» Kalzit hat die ihm hier zugedachte Rolle weitgehend übernommen, doch findet man Kalkspat oft im gleichen Sinn gebraucht.

Kalk ($CaCO_3$) kristallisiert entweder hexagonal oder rhombisch. Die Namen Kalzit, Kalkspat bezeichnen den hexagonalen Kalk, der rhombische wird seit Ende des 18. Jahrhunderts als → Aragonit unterschieden. → Tafel 10.

Kallait → Türkis.

Kalmis → Galmei.

Kalzium → Kalk.

Kamazit → Meteorstein.

Kamee → Gemmahuia.

Kankerstein → Spinnenstein.

Kaolin, Kaolinit 1. Das Wort ist chinesischer Herkunft; kao-ling (hoher Hügel) ist der Name eines Berges bei der nord-chinesischen Stadt King-tê-chên, einer alten Fundstätte der Porzellanerde. In Europa bekannt geworden durch Pater d'Entrecolles, Lettre sur la fabrication de la porcellaine à King-te-ching. 1712. (Oxf. Dict.)

Das Wort kam also annähernd gleichzeitig mit dem Beginn der europäischen Porzellanindustrie zu uns, wurde aber zunächst weder in der Industrie noch in der Mineralogie gebräuchlich, sondern nur gelegentlich erwähnt. Im 18. Jahrhundert hieß das für Porzellanherstellung geeignete Material zunächst oft in französischer Form Porcellain-Ton, deutsch Porzellanton oder Porzellanerde. Auch Werner hat Porzellanerde als Mineralnamen. Im 19. Jahrhundert wurde Kaolin neben Porzellanerde gebräuchlich.

«Porcellanerde ... sie gibt das schönste Porcellan, und ist wahrscheinlich das wahre Kaolin der Sinesen» (1785. Gmelin IV S. 361).

2. Der von Hauy gegebene Name: Feldspath décomposé, zersetzter Feldspat, bezieht sich auf die schon damals erkannte Entstehung des Kaolins durch Zersetzung verschiedener Mineralien, besonders des Feldspats. – «Wenn die Zerstörung ihre Grenzen erreicht, und der aufgelöste gemeine Feldspath in ein mehr oder weniger zusammenhängendes Pulver sich verwandelt hat, so verläßt er sein (das Kiesel-) Geschlecht und erscheint als eigenthümliche Gattung im Thongeschlechte unter dem Namen der Prozellanerde» (1824. Mohs II S. 297).

3. Kaolin ist wie alle Tonarten ein Gemenge. Die wesentlichen Gemengteile sind wasserhaltige reine Tonerdesilikate (unter andern «Kaolinit»), deren Unterscheidung bei ihrer Ähnlichkeit sehr schwierig ist. – Das → Steinmark gehört zum Teil hierher.

Kaprubin ist eine irreführende Bezeichnung für Granate (und zwar Pyrope) von besonders schönem Rot, die in Südafrika zusammen mit Diamanten gewonnen werden.

karabe → Agstein.

Karfunkel 1. Der Name ist abgeleitet von lat. carbunculus kleine Kohle, Diminutiv zu carbo Kohle. Carbunculus wiederum ist Übersetzung des griechischen ἄνθραξ Kohle. Daß dem so ist, wird in lateinischen Schriften oft bemerkt und durchs Mittelalter weiterüberliefert. «Und haizt der stain kriechisch antrax» (1350. Megenberg Seite 437).

2. Die erste Beschreibung des Antrax gibt Theophrast (18). Der Stein hat hier noch nicht die ihm später zugeschriebene Kraft, aus sich selbst zu leuchten. Er eröffnet die Reihe der nicht brennbaren Steine: «Eine andere Art Steine ist gleichsam gegenteiliger Natur: gänzlich unbrennbar, Anthrax genannt, aus dem man auch Siegelsteine schneidet, rot von Farbe, gegen die Sonne gehalten sieht er aus wie glühende Kohle. Man kann ihn äußerst wertvoll nennen. Schon ein sehr kleiner kostet vierzig Goldstücke. Er kommt aus Karthago (Karchedon) und Massalia.» Wahrscheinlich wird unser Granat gemeint sein, kaum schon unser Rubin.

3. Bei Plinius (37, 92ff.) ist carbunculus Sammelname für eine Gruppe roter Edelsteine. «Den ersten Rang (unter den feurigroten Steinen) haben die Carbunculus-Arten, die nach der Ähnlichkeit mit dem Feuer heißen, selbst aber gegen Feuer unempfindlich sind und deshalb auch acaustoe heißen» (acaustoe griech. «Unverbrennliche»). Die zahlreichen Arten werden als carbunculus Indicus, Carchedonius, Alabandicus usw. unterschieden, doch sind darin unsere roten Edelsteine nicht eindeutig wiederzuerkennen. «Nichts ist schwerer als diese Arten zu unterscheiden», sagt Plinius selber. Daß unser Rubin und unser Granat einbegriffen waren, daran ist aus verschiedenen Gründen wohl kein Zweifel.

4. Epiphanius von Salamis (um 400) und Isidor (um 600) beschreiben den Carbunculus als einen aus sich selbst im Dunkeln leuchtenden Stein. «Den Vorrang unter allen brennendroten Steinen hat der Carbunculus. Carbunculus aber heißt er, weil er feurig ist wie Kohle, deren Glanz auch durch die Nacht nicht besiegt wird. Er leuchtet nämlich im Finstern derart, daß er Flammen in die Augen blitzt. Er hat zwölf Arten, die vorzüglicheren scheinen zu strahlen und gleichsam Feuer auszugießen. Carbunculus aber heißt griechisch ἄνθραξ. Er entsteht in Libyen bei den Trogodyten» (Isid. XVI 14, 1). – Das Mittelalter nimmt diese Vorstellung begierig auf, erweitert sie und deutet sie geistig und geistlich. Es folgen hier zunächst Belege aus Lapidarien, dann aus der Dichtung.

5. In mittelalterlichen Lapidarien sind zwei

Überlieferungen erkennbar, einmal die unmittelbar aus der Spätantike weitergegebene und dann die ebenfalls auf spätantikes Erbe zurückgehende arabische Tradition, die sich auf Aristoteles zu berufen pflegt und zum Beispiel in dem Buch des Constantinus Africanus «De gradibus» zu Wort kommt. Albertus Magnus als zusammenfassender und für lange maßgeblicher Gelehrter kennt beide Stränge, und seine Behandlung des Carbunculus (I 2, 1 und II 2, 3) ist deshalb besonders lehrreich. Auch läßt sich an diesem Beispiel die Frage beantworten, welchen Stein denn das Mittelalter unter dem Carbunculus verstanden habe.

«Der Carbunculus, der griechisch Antrax und bei einigen Rubinus heißt, ist ein äußerst durchsichtiger, äußerst roter und harter Stein, der unter den andern Steinen das ist, was das Gold unter den übrigen Metallen. Er soll zudem die Kräfte aller andern Steine haben ... Seine besondere Wirkung aber ist, daß er Gift in Luft- und Dampfform vertreibt. Und wenn er wirklich gut ist, leuchtet er im Finstern wie Kohle, und solchen sah ich. Wenn er weniger gut ist, und doch echt, schimmert er im Finstern, wenn er mit reinem klarem Wasser in einem schwarzen saubern geglätteten Gefäß übergossen wird. Der aber auf keine Weise im Finstern leuchtet, der ist nicht vollkommen edel» (nach 1250. Albertus II 2, 3).

Albert unterscheidet dann drei Arten des Carbunculus: Balagius, Granatus, Rubinus. Das ist nach unsrer Benennung – mit einigem Vorbehalt – die Reihe: roter Spinell oder Balas, Granat, Rubin. Der Rubin ist derjenige, welcher eigentlich Carbunculus heißt (qui vere dicitur carbunculus) und die wunderbare Kraft des Steines in Vollkommenheit zeigt. Der Name Rubinus wird als gleichbedeutend mit Carbunculus angesehen. Wenn also heute gesagt wird, der Rubin sei der Karfunkel des Mittelalters gewesen, so kann man sich auf solche Stellen berufen. Aber die Nomenklatur war nicht einheitlich, Albertus polemisiert gegen Aristoteles, das heißt gegen den Pseudo-Aristoteles der arabisch-lateinischen Überlieferung. Nach diesem soll – für Albert unverständlicherweise – der Granat der vorzüglichste Carbunculus sein. Albert erkannte nicht, daß in der arabisch-lateini-

schen Überlieferung unter iacintus granatus oder iacintus rubeus der Rubin verstanden wurde (Belege bei Rose, bes. S. 400f. → auch Hyazinth). Wer also heute sagt, der Granat sei der Carbunculus des Mittelalters gewesen, nimmt teil am Irrtum des Albertus. Rein nach dem sprachlichen Befund kommt der Rubin der Idee des mittelalterlichen Carbunculus am nächsten. Balagius und Granatus gehören auch zum Geschlecht des Carbunculus, haben aber nicht dessen besondere Vorzüglichkeit und dessen Kräfte.

Nach diesem sprachlichen Befund ist aber eine Einschränkung von der Sache her erforderlich. Man unterschied damals die Steine wesentlich nach der Farbe. Nach Albertus Magnus hat der Rubin das stärkste Rot, der Balagius ist schwächer an Farbe, der Granat dunkler, oft mit einem Stich ins Violette. Es gingen demnach damals ohne Zweifel mindere Rubine als Balagius oder Granatus, während umgekehrt starkrote Spinelle und Granate die Idee des Carbunculus besser repräsentierten und entsprechend benannt wurden. Der berühmte Rubin des Schwarzen Prinzen im englischen Kronschatz ist ein Spinell.

6. Seit dem Humanismus bezweifelte man die Existenz eines aus sich selbst im Dunkeln leuchtenden Edelsteins, zunächst in Anbetracht der anerkannten Würde des Gegenstandes vorsichtig zurückhaltend, dann immer entschiedener. «Ob es sich so verhält oder nicht, ist bis jetzt ungewiß. Nach der Meinung aller hervorragenden Gelehrten werden Edelsteine dieser Art nicht gefunden» (1609. de Boot II 8). – «Carbunckel, Carfunckel, Carfunckel-Stein ... Es ist aber nicht zu glauben, daß ein dergleichen feuriger hell-leuchtender Stein irgendwo anzutreffen und zu finden sey; angesehen alle Nachrichten davon fabuloes sind, und nach einer Tradition schmecken» (1733. Zedler Bd. 5). – Abweichend Goethe: «Daß einige Steine im Dunkeln leuchteten, hatte man bemerkt. Man schrieb es nicht dem Sonnenlichte zu, dem sie dieses Leuchten abgewonnen hatten, sondern einer eignen, inwohnenden Kraft, und nannte sie Karfunkel» (Anhang zu Cellini VIII, 1). – Jedenfalls wurde der Carbunculus oder Karfunkel im 18. Jahrhundert aus der Steinkunde ausge-

schieden. Seine Geltung im Bereich der Dichtung wurde davon nicht berührt. Dazu im folgenden noch eine Reihe von Belegen.

7. Im Parzival wird der orientalisch-prächtige Schild des Heiden Feirefiz geschildert: «ûf dem buckelhûse stuont/ ein stein, des namn tuon ich iu kuont;/ antrax dort genennet,/ karfunkel hie bekennet» (um 1210. Parzival 741).

Zwei Stellen über das Einhorn, unter dessen Stirn der Karfunkel wächst: «die kuninginne rîche/ sante mir ouh ein tier,/ daz was edele unde hêr,/ daz den carbunkel treget/ und daz sih vor di magit leget/» (um 1170. Straßburger Alexander 5578ff.). – «ein tier heizt monîcirus:/ ... wir nâmen den karfunkelstein/ ûf des selben tieres hirnbein,/ der dâ wehset under sîme horn» (um 1210. Parzival 482).

Im niederdeutschen Versepos Reinke de vos (1498) erzählt Reinke lügenhaft von einem Ring («vyngerlyn») aus seines Vaters Besitz: «Eyn steyn, de enkonde nicht beter syn,/ De stunt buten an deme vyngerlyn,/ Eyn karbunckel, lycht vnde klar./ Des nachtes sachmen dat openbar,/ Al datmen ok yummer wolde seen./ Noch hadde meer döget de sulue steen:/ Alle kranckheyt makede he ghesunt;/ Wanmen den anrorde, ya, tor suluen stunt/ So wart wech ghenomen alle de noet,/ So vern yd nicht enwas de doet.» Die Schilderung der Wunderkräfte umfaßt noch weitere sechzehn Verse (4897–4922).

In E.T.A. Hoffmanns Erzählung «Die Bergwerke zu Falun» (1819) sagt der Bergmann Elis an seinem Hochzeits- und Todestage zu seiner Braut: «Unten in der Teufe liegt in Chlorit und Glimmer eingeschlossen der kirschrot funkelnde Almandin, auf den unsere Lebenstafel eingegraben, den mußt du von mir empfangen als Hochzeitsgabe. Er ist schöner als der herrlichste blutrote Karfunkel, und wenn wir, in treuer Liebe verbunden, hineinblicken in sein strahlendes Licht, können wir es deutlich erschauen, wie unser Inneres verwachsen ist mit dem wunderbaren Gezweige, das aus dem Herzen der Königin im Mittelpunkt der Erde emporkeimt.»

In Goethes Faust (6823ff.) beobachtet Wagner das Entstehen des Homunculus: «Schon hellen sich die Finsternisse;/ Schon in der innersten Phiole/ Erglüht es wie lebendige

Kohle,/ Ja, wie der herrlichste Karfunkel,/ Verstrahlend Blitze durch das Dunkel:/ Ein helles, weißes Licht erscheint!»

«Wie in der gruft die alte/ Lebendige ampel glüht!/ Wie ihr karfunkel sprüht/ Um schauernde basalte!» (George IV S. 119).

8. → auch Kap. IV 7.

Karnallit → Carnallit.

Karneol ist Bezeichnung für den roten oder rötlichen Chalzedon geworden. Er kann ins Gelbe und Braune hinüberspielen. Dies letztere ergibt Übergänge zum Sarder. – Der Name ist mittellateinisch. Die häufigste Form ist corneolus, daneben cornelius, corniol u. ähnl. Herleitung aus lateinischem corneus hörnern (Diminutiv corneolus) ist nicht so einleuchtend wie die aus latein. cornus Kornelkirschenbaum (Diminutiv ebenfalls corneolus), cornum Kornelkirsche. Der Fall liegt dann ähnlich wie beim Granat. Die Beschreibungen des Karneols in den Steinbüchern vergleichen die Farbe des Steines mit der des Fleisches oder des Spülwassers von Fleisch. Darauf mag es beruhen, wenn im 15. Jahrhundert sich die Formen carniol, carneolus usw. durchsetzen. Carneolus wurde als der Fleischfarbene verstanden.

Der Karneol hat als roter Stein Beziehungen zum Blut, und zwar wurde ihm blutstillende und zornmildernde Wirkung zugeschrieben. «Karneol (cornelion) ist mehr von warmer als von kalter Luft und wird im Sande gefunden. Und wenn jemandem Blut aus der Nase fließt, erwärme Wein und lege einen Karneol hinein, und so gib es ihm zu trinken, und das Blut wird aufhören zu fließen» (12. Jahrh. Hildegard von Bingen IV 23).

«Talisman in Karneol,/ Gläubgen bringt er Glück und Wohl» (Goethe, Divan-Gedicht «Segenspfänder»).

Kascholong Opal, teilweise durch Wasserverlust in Chalzedon übergegangen. Der Name ist das seltene Beispiel einer Entlehnung aus dem Mongolischen. Er ist seit dem 18. Jahrhundert im Abendland bekannt. «Durch einen schwedischen Officier, Namens Renat, der in benañnter Kalmuckey viele Jahre gewesen, ist er bekannt worden. Die Kalmucken, die diese Kieselarten in ihren

Strömen finden, schleifen aus denselben ihre Götzenbilder und ihr Hausgeräthe» (1770. Cronstedt-Brünnich S. 70). – Zwei Erklärungen des fremdartig klingenden Wortes tauchten damals auf. Nach der einen ist Cholong Stein, Cach der Strom, in dem er gefunden wird, also Stein des Cachstromes (1773. Brückmann, Edelsteine S. 196). Die andere geht zurück auf den Forschungsreisenden Pallas. «Die Gobeische Wüste in der Mongoley ist wegen solcher Steine am meisten, und besonders als das Vaterland des Kascholon (dessen Benennung sogar mongolisch ist) berühmt.» «Kä bezeichnet im Mongolischen schön oder wacker: Tscholon Stein» (1776. Pallas III S. 208). Die Deutung Schöner Stein ist jetzt allgemein angenommen.

Kassiterit → Zinnstein.

Katzenauge, Tigerauge, Falkenauge sind verwandt, alle drei sind stengelige oder faserige Quarze mit faserigen Einlagerungen, die bei richtigem Schliff einen wandernden Lichtschein hervorbringen und die Erinnerung an Tieraugen erwecken. Katzenauge ist Quarz mit eingelagerten Hornblendefasern, Falkenauge Quarz mit Krokydolith, Tigerauge dessen Verwitterungsprodukt: Quarz mit Brauneisen.

Katzenauge ist der ältere Name, er hat die Namen Tigerauge und Falkenauge veranlaßt, als die betreffenden Steine in der zweiten Hälfte des 19. Jahrhunderts in Südafrika gefunden wurden und auf den Markt kamen.

«Katzen-Augen ... sind eine Art vom Opal, und haben zu einem besondern Merckzeichen/ daß sie über den Leib einen weissen Straal zeigen/ nachdem man sie an einer gewissen Ecke gegen das Licht kehret ... Die Schlechte haben eine grau-gelbe Farb/ etliche nach dem grünen zielend/ nicht anderst als die Katzen-Augen» (1714. Valentini II S. 54, nach Rumphius).

Vom Quarz-Katzenauge ist das Chrysoberyll-Katzenauge (Kymophan) zu unterscheiden. Es gibt auch Turmalin-Katzenauge, Saphir-Katzenauge u.a. Deshalb ist im Edelsteinhandel die Bezeichnung Katzenauge für sich allein ohne Zusatz nicht mehr zulässig (1963. RAL 560 A 5 S. 11).

Katzengold, Katzensilber → Glimmer.

Katzenzinn → Zinnstein.

Kelmis → Galmei.

Keramohalit → Haarsalz.

Kerargyrit → Hornsilber.

Kerasin → Bleihornerz.

Kerat → Hornsilber.

Kermesit → Antimonblende.

Kies Das Wort in der Bedeutung Sand, Schotter ist den westgermanischen Sprachen gemeinsam. Dänen und Schweden haben es aus dem Deutschen entlehnt. In der Bergmannssprache bildete sich eine davon abweichende besondere Bedeutung heraus. → hierzu Kap. X 4.

Kies im Sinne des Bergmanns wurde als gleichbedeutend mit lateinischem → Pyrit angesehen. Der Begriff umfaßte also wie der Pyrites des Agricola verschiedene Sulfide, vor allem den Schwefelkies. In Henkels «Pyritologia oder Kieshistorie» (1725. Zitate nach d. Ausg. v. 1754) wird folgende Ansicht entwickelt: Kies hat zu seinem «Hauptgrundstück» eines Teils Eisen, andern Teils entweder Schwefel oder Arsenik (As) oder beides; «zufälligerweise» ist er auch stark kupferhaltig, ist niemals ohne Silberspur, und diese zuweilen nicht ohne alles Gold (S. 125). Danach werden der Hauptsache nach unterschieden der Schwefelkies (FeS_2), der arsenikhaltige Giftkies oder Mißpickel ($FeAsS$), gelegentlich auch schon Arsenikkies genannt, und der Kupferkies ($CuFeS_2$). Hier scheint unsere Nomenklatur einigermaßen vorgebildet, doch ist eine vollkommene Deckung mit unsern Begriffen schon deshalb unmöglich, weil man damals nicht genügend unterschied, was chemische Verbindung und was isomorphe Mischung und was Gemenge ist. Henkel sagt: «Nach der Hauptsächlichkeit ist in der Welt nicht mehr als einerley Kies ... Nach der Zufälligkeit hingegen hat man Ursache, die Kiese aus einander zu sondern» (S. 138). Wer «geübte Augen in der Erzhistorie» hat, kann das Wesen schon aus der Farbe erkennen, zum Beispiel: «Ist der Kies würklich gelbe, (und zwar inwendig am frischen Anbruch,) so stehet ihm die Gegenwart des Kupfers gewißlich gleich als an der Stirn geschrieben»

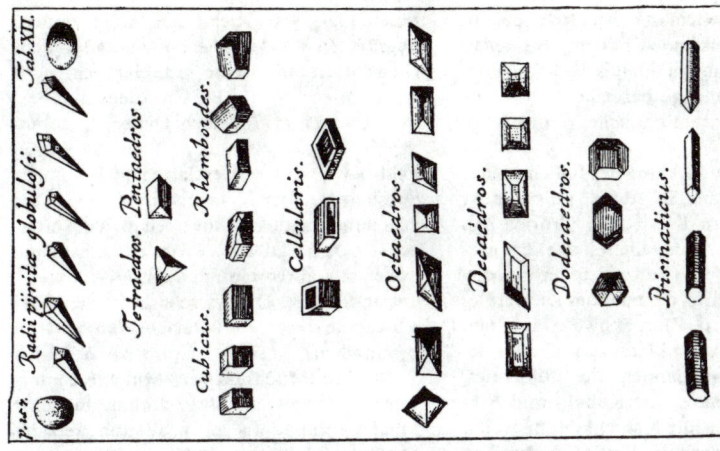

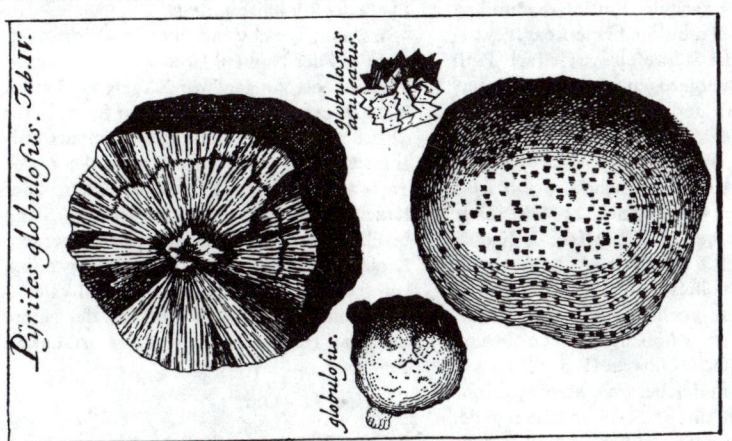

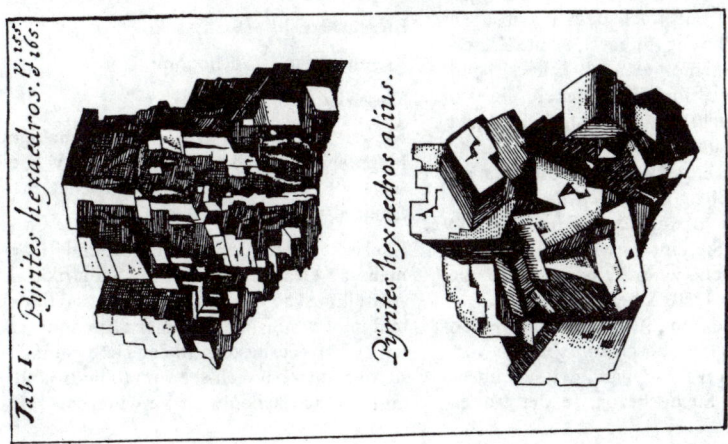

«Figuren derer Kiese». (Aus: Henkel, Pyritologia oder Kieshistorie, 1754.) 3:4.

(S. 202). Nach alledem ist beispielsweise Kupferkies unter Umständen mit unserm genau abgegrenzten Mineral identisch, kann aber auch ein Kiesgemenge bezeichnen, das eine mehr oder minder ansehnliche Menge Kupfers enthält.

Die weitere Entwicklung ist ähnlich gegangen wie beim Glanz. Es gibt jetzt nicht mehr den Kies, sondern Kiese, eine Gruppe nah verwandter Mineralien, alle mit starkem Metallglanz, von den Glanzen unterschieden durch größere Härte, die nur vom Kupferkies nicht erreicht wird. Zum Schwefelkies, zum Mißpickel oder Arsenikkies, zum Kupferkies ist noch hinzugekommen der Silberkies, Zinnkies, Magnetkies, die Kobalt- und Nikkelkiese. So ist die alte Namenbildung weiter entwickelt, aber auch der Einfluß der antiken und gelehrten Tradition bemerkbar geworden, indem statt Schwefelkies vielfach Pyrit bzw. Markasit vorgezogen wird, statt Kupferkies Chalkopyrit und so fort.

Kiesel 1. Das Wort ist Verkleinerungsform von → Kies. Althochdeutsch kisil (Otfried I 23, 47). In der allgemeinen Sprache ohne Bezug auf ein bestimmtes Mineral: Kieselsteine, Bachkiesel. «Auf Kieseln im Bache da lieg ich, wie helle!» (Goethe, Wechsel). – Kiesling ist eine nochmalige Verkleinerung, auch bereits im Althochdeutschen belegt: «Calculus kisilinc» (Glossen III S. 119).

2. Wie Kies in der Bergmannssprache eine besondere Bedeutung bekam, so Kiesel in der Fachsprache der frühen Mineralogie. Deutsch Kiesel entsprach dem lateinischen Silex als Bezeichnung für harte, dichte Kiesel- bzw. Quarzgesteine. «Kiesel (silices) sind äußerst hart, weil ihre Feuchtigkeit, die von der Materie nicht trennbar ist, weitgehend ausgetrunken und durch heftige irdische Trockenheit verhärtet ist. Und so nehmen sie den Mörtel nicht gut an, weil er von ihren engen Poren nicht eingesogen wird. Deshalb brauchen die Steinmetzen sie beim Bauen selten und sagen: jene Steine zerteilen die Mauern» (nach 1250. Albertus I 2, 4).

3. Kiesel (Silex) mußte abgegrenzt werden gegen den aus der Bergmannssprache vordringenden Begriff → Quarz, der sich ebenfalls auf harte Steine bezog. In der frühen Mineralogie war Kiesel der umfassendere Begriff. Zu ihm rechnete man außer dem Quarz noch eine Reihe «kieselartiger» oder «glasachtiger» Steine. Bei Cronstedt zum Beispiel gehören (1770) noch Diamant, Rubin, Saphir, Topas, Smaragd, Turmalin sowie Feldspat zu den «Kieselarten», also lauter Substanzen, deren chemische Analyse bei aller aufgewandten Mühe noch in den Anfängen steckte, so daß auch Cronstedt selbst seine Systematik als vorläufig ansah. «Kieselarten. Terrae Siliceae. Die Kieselerde ist die allerschwerste recht zu unterscheiden und zu beschreiben» (1770. Cronstedt-Brünnich S. 48). Mit fortschreitender Mineralkenntnis wurde «Kiesel» als Bezeichnung für eine Mineralgruppe aufgegeben, allerdings erst im Laufe des 19. Jahrhunderts.

4. Damit verschwand aber das Wort doch nicht aus der Nomenklatur. Es lebt weiter in Zusammensetzungen wie Kieselgur, Kieselmangan usw. – Von lateinischen Silex, Terra silicea, wurde der Name des Elements Silizium abgeleitet, das Berzelius 1824 aus der Terra silicea erstmalig darstellte. Quarz oder Kiesel konnte nunmehr als Kieselsäure (SiO_2) beschrieben und genau abgegrenzt werden. Kieselsaure Salze bilden die zahlreichste und verbreitetste Mineralklasse, die Silikate. – Mehr zufällig oder willkürlich ist der Name Silex im Handel an einer Jaspisart haften geblieben.

Kieselgur → Gur.

Kieselkupfer → Chrysokoll.

Kieselmalachit → Chrysokoll.

Kieselmangan → Rhodonit.

Kieselzinkerz → Galmei.

Kieserit (Reichardt 1861): Wasserhaltiges Magnesiumsulfat, benannt nach D. G. v. Kieser (1779–1826), Arzt und Naturforscher, Professor in Jena.

Kimberlit heißt das diamantführende magmatische Gestein, das sich in Südafrika als Ausfüllung von Kraterröhren («pipes») findet und im wesentlichen aus einer serpentinisierten Tuffbreccie besteht. In der Tiefe grünlichschwarz oder bläulich-schwarz (blue ground), an der Oberfläche durch Verwitterung gelblich (yellow ground). – Die in den Kraterröhren neuentdeckten zum Oranjefreistaat gehörenden Diamantfundstätten wurden 1871 von England annektiert und gehörten dann zur Kapkolonie. Nach dem damaligen Staatssekretär für Kolonien, dem Earl of Kimberley, wurde eine Diamantmine und dann die Stadt genannt, die sich im Anschluß an die reichen Diamantfunde entwickelte. Kimberlit (H. C. Lewis 1887) ist somit einer der bedeutsamsten Fundortnamen. → Tafel 10.

Klapperstein → Adlerstein.

Klei Aus dem Niederdeutschen ins Hochdeutsche übernommenes Wort. Niederländisch klei. Fetter Boden, Marschboden, Ton, Lehm. Altsächsisch klei Ton. Englisch clay Ton, Lehm. Verwandt mit kleben, althochdeutsch klîban.

In Storms Novelle «Der Schimmelreiter» heißt es: «... ihm fehlt das, was man hier, ‹Klei unter den Füßen› nennt ...» «Unablässig fuhren die Sturzkarren von dem Vorlande an die Deichlinie, um den geholten Klei dort abzustürzen.» «Haben wir an den Wasserseiten nur eine tüchtige Lage Klei, nach innen oder in der Mitte kann auch Sand genommen werden!»

Klingstein → Phonolith.

Klinochlor → Chlorit.

Klinozoisit (Weinschenk): Kristallform wie Epidot (monoklin), Zusammensetzung wie Zoisit (kein oder geringer Eisengehalt).

Knauer → Kap. X 7.

Knollenstein → Menilit.

Kobalt Ursprüngliche Bedeutung des Wortes → Kap. X 6. – Bedeutungswandel im 18. Jahrhundert → Kap. XI 2. Zur Ergänzung einige weitere Belege:

«Kobold/ 1. Eine rauberische gifftige Berg-Art/ siehet offt aus/ wie Massiv-Messing. 2. Eine Berg-Art/ grauer Farbe/ daraus die blaue Farbe gemacht wird. 3. Das Berg-Gespenste» (1698. Berg-Buch, Anhang S. 17).

Unser Metall Kobalt beschreibt anscheinend Paracelsus: «Von kobolten. Nun wird wider ein metall aus den kobolten, der selbig metall leßt sich gießen, fleußt wie der zinken, hat ein besundere schwarze farb uber blei und

eisen gar mit keim glanz oder metallischem scheinen. leßt sich slahen, hemern, doch nicht so vil, das er möchte zu etwas gebraucht werden. und sein ultima materia ist noch nicht gefunden, auch sein praeparation nicht» (I 3 S. 59). Dies Wissen ist erstaunlich und blieb zunächst ohne Folgen. Die Entdeckung des Kobalts durch Brandt (1735) ist also eigentlich eine Wiederentdeckung. – Scherbenkobalt ist gediegen Arsen.

Kobaltbeschlag → Kobaltblüte.

Kobaltblüte oder Erythrin; Wasserhaltiges arsensaures Kobalt. Bildet auf Kobalterzen als deren Zersetzungsprodukt erdige Überzüge oder kleine pfirsichblütfarbene, kirschrote oder graue Kristalle. – «... die prahlende Koboldblüthe ...» (1754. Henkel S. 390). – «Koboltbeschlag. Koboltblüthe ... Ist mehrentheils krystallisirt. Die Krystalle bestehen in halbdurchsichtigen dunkelrothen Strahlen» (1770. Cronstedt-Brünnich S. 255f.). – Roter Erdkobalt (Werner). – Erythrin (Beudant 1832), zu ἐρυθρός rot. Farbtafel 3.

Kobaltglanz ist Schwefelarsenkobalt, $CoAsS$, stets mit etwas Eisen. Fiel in der Bergmannssprache unter den allgemeinen Begriff Kobalt oder Kobolt, und zwar wegen seines Gehaltes an Arsen.

In der älteren Mineralogie Koboltglanz, Glanzkobalt oder Glanzkobolt (Wallerius, Cronstedt, Gmelin, Werner), und zwar mit Bezug auf den Gehalt an Kobalt. Kobaltglanz wird in der Folgezeit herrschend.

Das Synonym Cobaltine (Beudant 1832) erscheint im Deutschen wechselnd als Cobaltin, Kobaltin, Kobaltit.

Kobaltit → Kobaltglanz.

Kobaltkies → Kobaltnickelkies.

Kobaltnickelkies (Rammelsberg 1849): Kobalt-Nickel-Sulfid, meist mit etwas Eisen und Kupfer, in wechselnden Verhältnissen. Durch Übergänge mit den folgenden verbunden:

Linneit (Haidinger 1845), Kobaltkies (Hausmann 1813), Co_3S_4, schon von dem Schweden Brandt (1746) als «Kobalt mit Eisen und Schwefelsäure» beschrieben, benannt nach dem schwedischen Naturforscher Linné.

Polydymit (Laspeyres 1876), Nickelkies, Ni₃S₄, benannt nach den vielfach verzwillingten Kristallen. πολύδυμος vielfach, moderne Wortbildung entsprechend altgriechischem τρίδυμος (→ Tridymit).

Kohinoor → Kap. VIII 6.

Kohle Gemeingermanisches Wort. Althochdeutsch kolo, kol, mittelhochdeutsch kol. Verwandt mit alemannisch cholle glimmen und norwegisch kole Tranlampe. – Kohle bezeichnete anfangs nur die Holzkohle oder Meilerkohle, dann auch die verkohlten Pflanzenreste aus früheren Erdperioden, steinkole ist seit dem 15. Jahrhundert belegt. Später zahlreiche Namen für die verschiedenen Arten. Einige Beispiele, geordnet nach dem Entstehungszeitalter: a) → Anthrazit. – b) Steinkohle. Pechkohle. Kännelkohle, aus englisch cannel coal, in England erstmalig 1538 (canel). Nach dem Oxf. Dict. ist die bisher einzige, doch nicht überzeugende Erklärung: candle-coal, Kohle, deren Leuchten auf dem Herde Kerzenlicht ersetzte. – c) Braunkohle. Lignit (Brongniart 1807), von lat. lignum Holz. Hierher gehört auch der → Gagat. – d) → Torf ist das am wenigsten inkohlte Glied dieser Reihe.

Konglomerat Bezeichnet Gestein aus abgerundeten Trümmern. Latein. conglomeratum Zusammengerolltes, Zusammengedrängtes. Der Ausdruck ist weit jünger als → Breccie und findet sich noch nicht bei Cronstedt. Goethe gebraucht beides im heutigen Sinn.

König, lateinisch Regulus hieß bei Alchemisten, Chemikern, Erzprobierern das im Schmelztiegel gewonnene Metall oder «metallische Wesen». Metall-Könige sind also künstliche Produkte, keine natürlichen Mineralien, und gehören somit nur am Rande in ein Buch über Steinnamen.

«Eisen macht mit Zink einen geschmeidigen Silbergleichen doch harten regulum, und dieser hänget sich auch dem Magneten nicht faul an» (1754. Henkel S. 379).

«In engerer Bedeutung führen die Halbmetalle, welche keinen eigenen Namen haben, den Namen der Könige. Der Kobaltkönig, welcher auch Kobaltspeise genannt wird, dasjenige weißglänzende spröde Halbmetall,

welches nach Schmelzung des Kobaltes zurück bleibt. Der Arsenikkönig, das metallische Wesen, welches man aus Schmelzung des Arseniks mit einem brennbaren Wesen erhält. Der Spießglaskönig, ein weisses, sprödes und strengflüssiges Halbmetall, welches aus dem Spießglase erhalten wird» (1775. Adelung II).

Der Wortgebrauch ist merkwürdig. Man wird dabei zunächst denken an die Vorstellung der Alchemisten vom gesuchten Gold oder Lebenselixier als dem König der Könige, den sie im Tiegel zu finden hofften. So spricht Goethe von der jungen Königin, die im Glas des Alchemisten erscheint (Faust 1046). Außerhalb der Alchemie suchte man nach anderen Erklärungen. Hierfür zwei Beispiele aus dem 18. Jahrhundert.

«Regulus, wird bey den Chymicis gesagt von dem geschmoltzenen Antimonio, Silber und Eisen, nachdem es von seinen Schlacken und Unsauberkeit durchs Feuer gesaubert wird, und unten im Tiegel sitzen bleibet, und gläntzet fast wie Sterne, in figur einer Königs-Crone; daher solch gesaubertes Metall Regulus genennet wird» (1743. Minerophilus S. 444).

«Da die Schmelztiegel schon von den ältesten Zeiten her kegelförmig sind, folglich auch der metallische Bodensatz in denselben, wenn er erkaltet, und der Tiegel zerschlagen worden, eben diese Gestalt hat, so ist sehr wahrscheinlich, daß man diesen kegelförmigen Körper einen Conum genannt, welches Latein. Wort die Unwissenheit nachmals in König verwandelt, und von einer eben so großen Unwissenheit wieder im Latein. durch Regulus ausgedrücket worden» (1775. Adelung II).

Antimonii regulus. – – Spießglas-König.

Regulus. – – Ein Metall-König.

Krone als alchemistisches Zeichen für Metall-König. Zwei Zeilen aus: Medicinisch-Chymisch- und Alchemistisches Oraculum. Ulm 1755. Nach W. Schneider S. 27 u. 49.

Koralle Namensformen: Griechisch κου-
ράλιον (Theophr. 38), κοράλλιον (Variante
zu Diosk. V 121). – Latein. curalium, corallius
(Ovid XV 416. Plin. 32, 21ff.). Gleich oder
ähnlich im Mittellateinischen. – Mittelhochdeutsch coral, korel, coralle, coralîs (Parz.
791). Geschlecht meist männlich, selten säch-
lich. – Neuhochdeutsch neben Koralle auch
Korelle, mundartlich Kralle, Grolln und ähnlich. Übergang ins Femininum wahrscheinlich durch Einwirkung des Plurals.

Zur Etymologie: Verschiedene Deutungsversuche liegen vor. Kuralion klingt beinahe
wie kura halos (κούρα ἁλός), Mädchen oder
Puppe des Meeres. – Glaubhafter ist vielleicht
Ursprung aus einem Fremdwort, das dann
volksetymologisch umgedeutet wurde. Man
hat auf hebr. goral hingewiesen, das Los-
Steinchen bedeutet und ein Hinweis sein
könnte auf Zauberwirkungen, die man der
Koralle zuschrieb.

Gemeint ist in früheren Jahrhunderten stets
die rote Edelkoralle, die als Schmuck, Amulett und Heilmittel verwendet wurde. Jetzt
werden auch einige andere Arten verarbeitet.

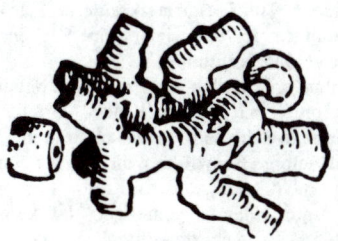

Koralle als Amulett. (1540. Megenberg.)

Daß Korallen Kalk- oder Hornskelette
meerbewohnender Polypenkolonien sind,
wurde erst spät erkannt. – Theophrast
schwankt anscheinend, ob sie dem Mineral-
oder Pflanzenreich angehören: «Kuralion,
wie ein Stein, rot von Farbe, aber gedreht wie
eine Wurzel, wächst im Meer.» – Das curalium des Plinius ist ein Strauch mit weißen, an
der Luft hart und rot werdenden Beeren, wird
aber unter Seetiere eingeordnet. – Der Coral-
lus Megenbergs ist ein Kraut, wird aber zum
Stein: «der stain ist des êrsten ain kraut in der
mer, und wenn daz kraut mit den scheffen

auzgezogen wirt oder mit der menschen witz,
sô wirt ez hert und wirt ain stain» (S. 439. des
êrsten: anfangs. scheffe: Fischnetze). – Die
Corallen des Paracelsus sind keine Pflanzen,
wohl aber mineralische Gewächse in dem
Sinn, wie der Bergmann vom Wachsen der
Erze spricht. Sie werden hervorgebracht
durch den Archeus, die verborgene Bildekraft
der Natur. Der Archeus wirft die Samen «in
körnlins weis» hinaus ins Meer, «und wachst
aus dem körnlin ein baum gleich wie aus
einem samen ... und nimpt seine art des wesens aus dem archeo des elements aquae, welches in allen früchten seinbesondergewechs hat,
etwan das silber wunderbarlich wachsen leßt,
etwa das golt in seltsam form. also spilt die
natur in irer meisterschaft und freuet sich ires
meisters und irer kraft» (I 13 S. 123). – «Koralle, ... eine steinartige ästige Masse in Gestalt eines Baumes, welche auf dem Grunde
des Meeres, auch einiger Flüsse angetroffen
wird, und von kleinen Würmern herrührt,
welche dieselbe als ihre Wohnung bauen ...
Von den rothen Korallen nennt man rosen-
rothe Lippen, in der dichterischen Schreib-
Art, Korallen-Mund, Korallen-Lippen»
(1788. Krünitz Bd. 44 S. 265/266).

Kornerupin (J. Lorenzen 1884): Seltenes,
erstmalig in Grönland gefundenes Magne-
sium-Aluminium-Silikat. Wird gelegentlich
als Edelstein für Sammler geschliffen. Benannt nach dem dänischen Geologen und
Grönlandforscher A. N. Kornerup (1857–
1881).

Korund Das Wort ist indischer Herkunft
und in verschiedenen vorderindischen Sprachen zu finden: kuruvinda (Sanskrit), kurund
(Hindi), kuruvindam (Telugu), kurundam
(Tamil). (Oxf. Dict.)

Ende des 18. Jahrhunderts kam aus verschiedenen Weltgegenden ein hartes Mineral
– nächst dem Diamant das härteste überhaupt
– nach Europa. Klaproth erhielt Proben aus
China und Ostindien zur Untersuchung. Es
wurde entweder Korund genannt, engl. co-
rundum, französisch corindon, «weil dieser
Stein von den Einwohnern zu Bombay Co-
rundum genannt wird» (1795. Estner II 1
S. 47). – Oder Demantspat, Diamantspat,
Hartspat. «Die ihr von engländischen Natur-

forschern gegebene Benennung Demantspath (Adamantine Spat) hat ihren Grund nicht allein in der ungemeinen, dem Demant ähnlichen Härte des Steins; sondern auch in dessen Anwendung, indem die chinesischen und indischen Steinschleifer sich des Pulvers dieses Steins, statt des wirklichen Demantpulvers, zum Schleifen bedienen» (1795. Klaproth I S. 47f.).

Die Analysen (vor allem durch Klaproth durchgeführt) hatten nach mühsamen Versuchen und mehrfachen Fehlschlüssen das staunenswerte Ergebnis, daß Korund kristallisierte Tonerde (Al_2O_3) ist, also eine Substanz, die man als Bestandteil von Ton, Alaun und anderen Mineralien schon länger kannte.

«Welch ein hoher Grad der Anziehungskraft und innigster chemischen Verbindung muß aber dazu gehören, und der Natur zu Gebote stehen, um einen so gemeinen Stoff, als die Thonerde, zu einem, durch Härte, Dichtheit, Glanz, Widerstand gegen die Wirkungen der Säuren, des Feuers und der Verwitterung, so sehr ausgezeichneten Naturkörper zu veredeln! Also nicht die Identität der Bestandtheile allein, sondern der besondere Zustand der chemischen Verbindung derselben, bestimmt das Wesen der daraus gebildeten Naturprodukte» (1795. Klaproth I S. 89).

Daß → Rubin und → Saphir zum Korund gehören, wurde teils auf Grund der Kristallform, teils durch chemische Analysen um 1800 ebenfalls erwiesen. Daß die Araber schon weit früher unsere «edlen Korunde» unter dem Namen Jakut zusammengefaßt hatten, war damals nicht mehr bekannt.
→ auch Schmirgel und Padparadscha.

Krähenzunge → Schlangenzunge.

Kraurit → Grüneisenstein.

Kreide 1. Aus latein. creta. Nach Plinius (35, 195–199) gab es verschiedene Arten, die zu Heilzwecken, zum Reinigen von Gewändern, zum Silberputzen usw. verwendet wurden. Die Cimolia genannte Art hieß nach der Insel Cimolus (Kimolos) unweit Kreta. Daraufhin wurde vielfach der Mineralname creta mit der Insel Kreta in Verbindung gebracht. Einleuchtender ist die Deutung (terra) creta gesiebte Erde.

Im Deutschen eine frühere Entlehnung, erhalten im mittelniederdeutschen krîte, und eine jüngere: althochd. krîda, mittelhochd. krîde, neuhochd. Kreide, daneben gelegentlich auch Kreite.

2. Die Kreide des Altertums ist anscheinend zum Teil → Walkererde (Seifenstein) gewesen. Die Versuche, den antiken und weiterhin den mittelalterlichen Begriff genauer abzugrenzen, können hier übergangen werden. – Im Neuhochdeutschen ist ein weiterer und ein engerer Gebrauch des Wortes zu unterscheiden. Im weiteren Sinn umfaßt der Begriff verschiedenste stark abfärbende Steine, Mehlkreide ist Kalk, Briançoner Kreide Talk, Rötelkreide mit Ton verunreinigtes Roteisen usw. Immer deutlicher bildete sich daneben ein engerer Wortgebrauch heraus: Kreide als Bezeichnung ausschließlich für den bekannten weißen abfärbenden Kalkstein, nach dem auch die Kreide-Formation benannt ist. Daß dieser wesentlich aus mikroskopischen Foraminiferen-Schalen besteht, ist Erkenntnis erst des 19. Jahrhunderts.

3. Kentmann besaß in seiner Sammlung «Gute schreibkreide … Steinkreide … Leichte kreide … Tunckel grüne kreide … Schwartz schreib kreide» und viele andre Farben und Arten (1565. Kentmann S. 7).

«Banca, 2. Meilen von Freystadt/ hat einen Steinbruch mit einigen Kalck- und Kreyd-Adern/ welche sehr lustig anzusehen sind/ denn selbige Kreyde ist von allerley Farbe/ ohne nicht grün/ und sind diese Farben so fein unter einander gemenget/ daß kein gemahltes Pappier diesem gleich kommet» (1727. Brückmann, Magnalia I S. 255).

«In einer weit schweiffenden Bedeutung werden alle Erden, so zu schreiben oder färben dienen, Kreiden genennet … Eigentlich aber wird durch dieses Wort die weisse Kreite verstanden, so zu schreiben und zeichnen, auch zum anstreichen und weissen derer Wände gebraucht wird» (1737. Zedler Bd. 15).

«Kreide (Creta) … So gemein sie ist, so weiß man doch sehr wenig von ihrer Entstehung; die öfters darinnen befindlichen Muscheln sind bedencklich» (1769. Lehmann S. 29).

Kreuzstein Früher Name dreier ganz verschiedener Mineralien, die alle in eigenartiger

TAFEL 10

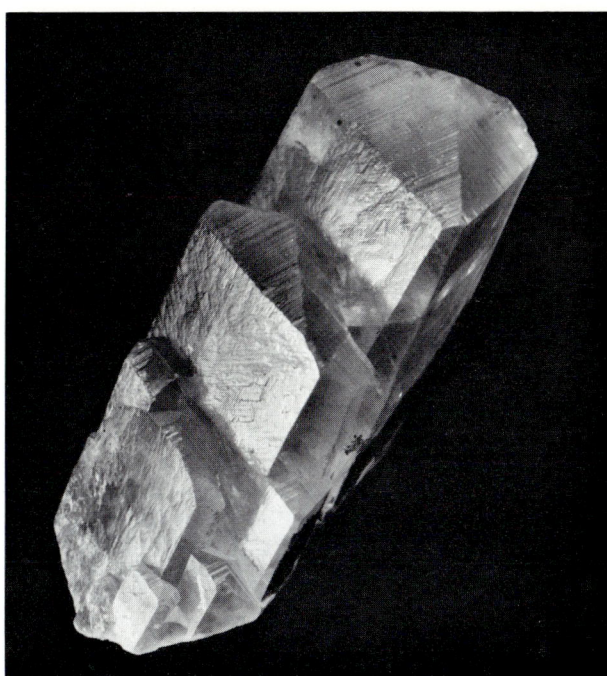

Kalkspat-Kristall. –
Egremont, Cumberland

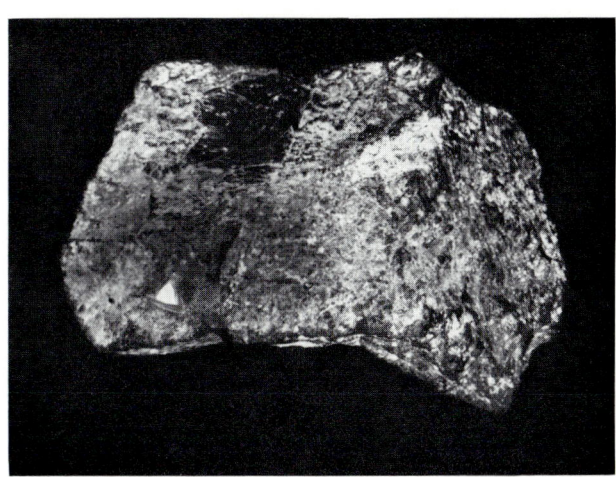

Kimberlit mit
Gesteinstrümmern
und Diamant
(Oktaeder)

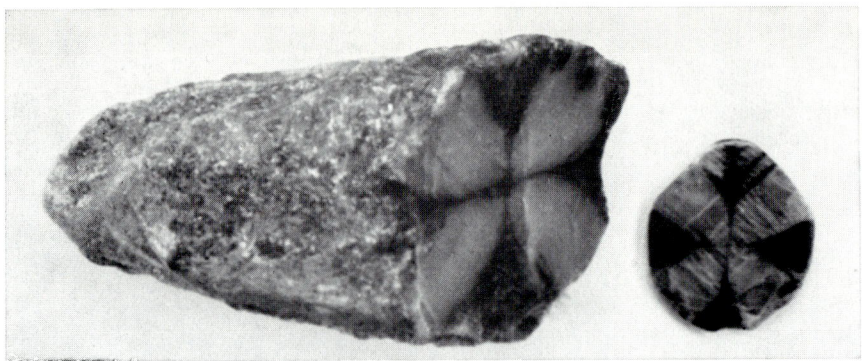

Chiastolith.
Querschnitt und
geschliffenes Stück.
– Australien

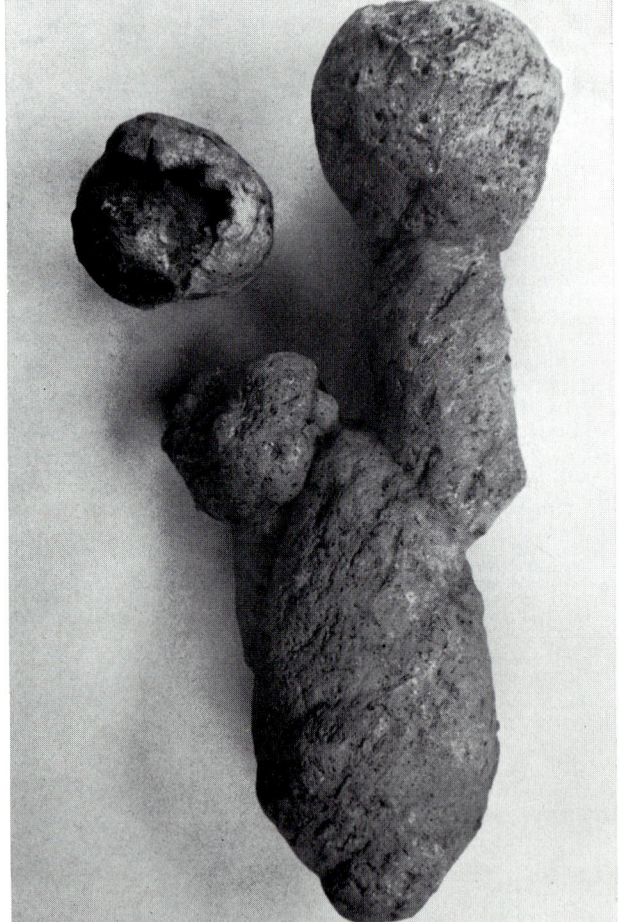

Lößkindel

Weise die Kreuzform zeigen. Ihre heutigen Namen sind Chiastolith, Staurolith, Harmotom.

1. «Lapis crucifer, Frantzösisch Pierre de la Croix, Teutsch Creutzstein, ist ein Stein von Grösse und Figur als wie ein Ochsen-Horn, obenher ungleich zart, der sich ohnschwer zerschneiden läst, von Farbe grau mit untermischten schwartzen Flecken. Wird er die Quere durch u. Scheiben Weiß zerschnidten, so findet sich auf jeder Seite die Figur eines schwartzen oder braunen Creutzes. Dieser Stein wächst zu Compostel in Spanien, zwantzig Meilen von der Kirche zu St. Jago. Wenn er auf der blossen Haut getragen wird, soll er, dem Vorgeben nach, das Blut stillen, das Fieber vertreiben, und die Milch vermehren» (1737. Zedler Bd. 16).

Das ist die genaue Beschreibung des jetzt so genannten Chiastoliths, einer Abart des Andalusits, bei der ein schwarzes Pigment derart von den Kanten her in langgestreckte Andalusitkristalle eingedrungen ist, daß der Querschnitt ein auffälliges Kreuz zeigt. → Tafel 11.

Benennung Chiastolith durch Karsten (1800). Griechisches χιαστός heißt «mit einem χ bezeichnet», «kreuzweise angeordnet». Hauy nannte das Mineral Macle. Das ist ein Fachausdruck aus der Wappenkunde und bedeutet ausgebrochene Raute. Diese Bezeichnung mochte Karsten bei seiner Übersetzung von Hauys Mineralogie nicht übernehmen. «Die Haüyschen Nomina propria der Fossilien sind in der Regel auch da beibehalten, wo die deutschen Mineralogen andere Nomina propria haben … Nur das Gattungswort Chiastolith habe ich mir für Macle zu substituiren erlaubt, weil letzteres in Makel verdeutscht, auf einen so fatalen Nebenbegriff führt, daß man darin gar kein Fossil erkennt» (1804. Hauy-Karsten I. Einleitung des Übersetzers S. XII).

Von Werner Hohlspat genannt, d.h. ein Spat, dessen (vermeintliche) Höhlungen mit einem tonigkohligen Pigment ausgefüllt sind.

2. Ein ganz anderer Kreuzstein wird von älteren Mineralogen (Cronstedt, Gmelin u.a.) unter Basalt eingeordnet, auch Schörlkristall oder Basler Taufstein genannt. «Er bestehet aus zweyen sechsseitigen Schörlkrystallen, die über einander quer hindurch gehen. Daher

gleichet er einem Kreuze, und wird deswegen von den Katholiken getragen, und lateinisch Lapis Crucifer, der kreuztragende Stein genennet» (1770. Cronstedt-Brünnich S. 90).

Der Ausdruck Basler Taufstein hat viel vergebliches Kopfzerbrechen verursacht. «Ehemals sollen dieselben von abergläubischen Katholiken zu Amuletten gebraucht worden sein, die man den Kindern nach der Taufe anzuhängen pflegte. Dies mag vielleicht der Grund seyn, warum man ihnen auch den Namen Basler Taufsteine beigelegt hat» (1799. Emmerling I 1 S. 396).

«Die sonderbare Benennung des Minerals, Basler Taufstein, hat gar keinen Bezug auf sein Vorkommen bey Basel, oder seine Verwendung daselbst, und ist, der Himmel weiß wie, wahrscheinlich aus dem früher für viele Mineralien gebrauchten Namen Basaltstein, Baselstein … entstanden» (1839. Oken S. 164).

Die Bezeichnung Staurolith (σταυρός Kreuz, λίθος Stein) war an sich für jede Art Kreuzstein passend, wurde auch anfangs ähnlich mehrdeutig wie Kreuzstein gebraucht, zum Beispiel von Lesser (1751. S. 479) als Bezeichnung für Chiastolith, von Kirwan (1794) für Harmotom. Bei Karsten (1800) und in Werners Schule erhielt Staurolith die heutige Bedeutung. Der Name bezeichnet jetzt aber nicht nur die Kreuzkristalle, sondern ist zum Mineralnamen erweitert. Staurolith ist Eisen-Aluminium-Silikat, das häufig in kreuzförmigen Zwillingen auftritt. – Die von Hauy (1801) gebildete Form Staurotide setzte sich nicht durch.

3. Werner nannte Kreuzstein einen Zeolith, der häufig Durchkreuzungszwillinge bildet. → Harmotom.

4. In einem Kapitel der «Wanderjahre» (I 4) legt Goethe dem Kreuzstein hohe Bedeutung

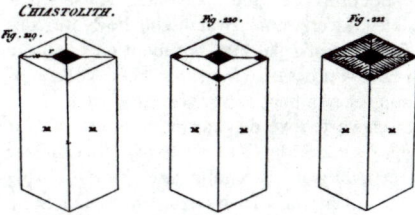

Chiastolith. (1806. Hauy-Karsten Taf. LXI.)
Knapp 1:2.

bei. (Vgl. Kap. XIII 4.) Es fragt sich, welchen Stein er gemeint hat. Harmotom kommt schon nach seinem Fundort nicht in Frage. Auch zeigen Chiastolith und Staurolith die Kreuzform eindrucksvoller als Harmotom. Beide kommen in der Gegend von Compostella vor, die bei Goethe als Fundort angegeben wird. Die Goethe-Stelle läßt – vielleicht absichtlich – beide Möglichkeiten offen.

Kristall → Bergkristall.

Krokoit → Rotbleierz.

Krokydolith Asbestartiges dunkelblaues oder blaugraues Silikat, zur Amphibolgruppe gehörend. Eingelagert in Quarz das Tigerauge bildend. Blaueisenstein (Klaproth). Krokydolith (Hausmann 1831). *κροκύς* Wollflocke, Fäserchen, *λίθος* Stein.

Krötenstein Der heilkräftige, nach Megenberg zur inneren Reinigung dienende Stein soll im Haupt der Kröte entstehen, nach andern von der Kröte ausgeworfen werden.

Andre Namen: Mittellat. borax (Albertus II 2, 2) oder botrax geht zurück auf latein. batrachites, zu griech. *βάτραχος* Frosch (Plin. 37, 149), hat also nichts zu tun mit dem Borax oder Tinkal genannten Salz. – Französisch crapaudine, zu crapaud Kröte. – «Borax ist ain krotenstain … und haizent in die walhe crapadinam» (1350. Megenberg S. 436f. die walhe: die Welschen).

Neulateinisch Bufonites, Lapis Bufonius, zu bufo Kröte. – Weiter mengen sich noch die Bezeichnungen für den ganz andern sogenannten Großen Krötenstein, → Donnerstein oder Wetterstein hinein: Chelonites, Brontias, Ombrias. Weitere Andersbenennungen, Verwechslungen und Vermengungen bleiben hier unberücksichtigt.

Boethius de Boot, Leibarzt Kaiser Rudolfs II., erkannte zwar nicht die Natur des Krötensteins, glaubte aber nicht mehr an die Fabel von dessen Ursprung: «Die Volksmeinung ist nämlich, daß er von einer alten Kröte ausgeworfen werde, während andere ihn für den Schädel der Kröte halten. Ich erinnere mich, daß ich als Knabe eine alte Kröte fing und auf ein rotes Tuch setzte, um zu dem Stein zu gelangen. Man erzählt nämlich, daß jene den Stein nur auf einem roten Tuch sitzend

hergibt. Jedoch nachdem ich die ganze Nacht durch aufgepaßt hatte, warf die Kröte nichts heraus, und von der Zeit an hielt ich es für dummes Zeug, was über diesen Krötenstein und seinen Ursprung berichtet wird» (1647. S. 301).

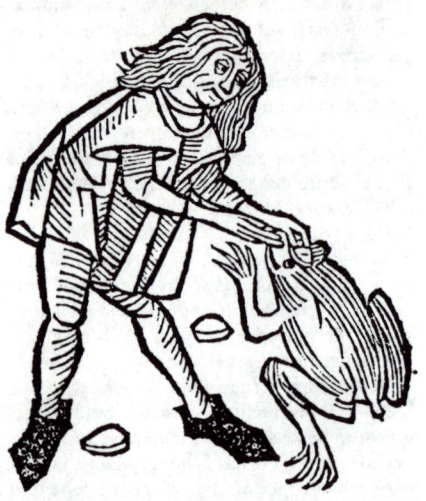

Gewinnung des Krötensteins. (1509. Hortus.) 4:5.

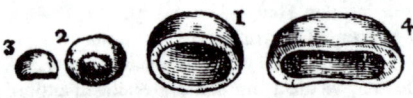

Bufonis lapis, Crottenstein. (1647. De Boot 4:5.

Der (eigentliche) Krötenstein wird als «unten hohl» (Volmar 468) oder als auf der einen Seite konvex, auf der anderen eben oder konkav beschrieben (1647. De Boot S. 301). Die Abbildungen lassen keinen Zweifel, daß es sich um die mit glänzendem Schmelz bedeckten Zähne eines Schmelzschuppenfisches der Vorzeit handelte.

«Vorzüglich führen bey ältern Schriftstellern den Nahmen der Kröten-Steine gewisse Versteinerungen, von welchen man jetzt zuverläßig weiß, daß sie eine knochenartige Substanz haben, und unter die Fisch-Zähne gehören müssen, welche, nach Linné, von

dem Meer-Wolfe, Lupus Anarrhichas, herrühren» (1791. Krünitz Bd. 54).

Kryolith Natrium-Aluminium-Fluorid, zuerst untersucht und benannt (1799) von Abildgaard. κρύος Frost, λίθος Stein, «Eisstein»,
weil er fast so leicht schmelze wie Eis, schon
am Kerzenlicht. Der Vergleich wurde gleich
anfangs als übertrieben beanstandet und der
Name lieber auf das eisähnliche Aussehen
bezogen (1802. Emmerling I 2 S. 513). Die
erste und auf längere Zeit einzige Fundstätte
war auf Grönland.

Kuhriem, Kuhreihn, Kuhriemen (Goethe,
Werke XX S. 118). Im Harz Name eines
Kalkgesteins mit geringem Eisengehalt. «Lapis Corim, Kuhriem/ ist eine gewisse Art
Eisen-Stein/ so ohnweit Hüttenrode gebrochen wird/ ist halb Eisen-Stein und halb
Marmor, wird zum Fluß der andern Eisen-
Steine gebraucht» (1727. Brückmann, Magnalia I S. 138). – Der Name könnte so zu deuten
sein, daß das erzarme, aber den Fluß för-
dernde Gestein als das Seil oder der Riemen
angesehen wird, mit dem man die Kuh, das
heißt das Metall aus dem reichen Erz heran-
holt (Grimm, Wörterb.). Möglicherweise ist
aber Kuhriem volksetymologische Umdeutung eines ganz andern Wortes.

Kuhtritt Versteinerte Kuhtritte heißen in
den Alpen im Gebiet des Dachsteingebirges
u.a. die im Gestein mehr oder minder deutlich
sichtbaren Reste der Dachsteinmuschel (Me-
galodus). Sie wurden dort als Spuren der
wilden Jagd oder als Fußspuren tierfüßiger
Wildfrauen angesehen (Abel, Tierreste S. 3).
Ähnliche Deutungen fossiler Muscheln weit
verbreitet.

Geißfüßle (in Franken) sind Abdrücke
fossiler Muscheln, die versteinerten Ziegen-
klauen vom Plattensee in Ungarn abgerollte
Wirbelteile fossiler Muscheln (Abel S. 4 und
67f.).

Teufelskrallen und Ähnliches → Kap. IX 5.

Kümmelstein → Pfennigstein.

Kunzit Abart des Spodumens, zart rosa bis
dunkelviolett gefärbter Edelstein. 1902 in Kalifornien entdeckt, vom Edelsteinfachmann
G.F. Kunz, Neuyork, beschrieben und dann
nach ihm benannt.

Kupfer gehört zu den am längsten bekannten und benutzten Metallen. Der gemeinsame
indogermanische Name ist erhalten in altindischem ayas, lateinischem aes, gotischem aiz,
englischem ore, althochdeutschem und mittelhochdeutschem êr, neuhochdeutsch nur
noch in dem Adjektiv ehern. Das Wort bekam
im Germanischen die Bedeutung Erz. – Lateinisches aes bedeutet nicht nur Kupfer, sondern auch Bronze. Eindeutig wurde das Kupfer bezeichnet durch aes rubrum (rotes Erz)
oder durch aes Cyprium (Plin. 34, 172), zypri-
sches Erz. Zypern war die älteste und blieb die
ergiebigste Fundstätte von Kupfererzen im
Altertum. Daher die Zuordnung des Kupfers
zur Aphrodite (lateinisch Venus), der zypri-
schen Göttin.

Seit dem 3. Jahrhundert haben lateinische
Schriftsteller auch cyprum oder cuprum, ohne
aes. Man folgte damit vermutlich älterem
Gebrauch der Volkssprache. In dieser Form
entlehnten es die germanischen Völker, bei
uns wird es zu Kupfer, althochdeutsch kuphar, cupfer, chupfer o.ä.

Als Beleg seien hier einige ganz verschiedenartige Ansichten über das Kupfer aus dem
16. Jahrhundert ausgewählt. Das *Bergbüchlein* vertritt noch die alte Auffassung, daß
Schwefel und Quecksilber Grundstoff der
Metalle sind: «Das kupfer ertz ist gewirckt
auß einflus veneris von guttem vnd reynem
quecksilber/ ydoch nicht gar entbunden von
vberriger vngeeygneter feuchtnys/ vnd von
vberhitzigem bornedem (brennendem) vnd
vnreynem schweffel von welcher hytz des
schweffels das gantze metal durch alle seyne
teil rodt geferbt wirt» (um 1500. S. 44/45). –
Paracelsus nimmt in allen Mineralien drei
ursprüngliche Substanzen an: Sulphur
(Schwefel), Sal (Salz), Mercurius (Quecksilber), Namen, die annähernd wiedergegeben
werden können durch die Bezeichnungen
Brennbares, Veraschendes, Flüchtiges. «Das
kupfer wird von braunem sulphure, rotem
sale und gelben mercurio. die drei farben, so
sie durcheinander gemischt werden, so folgt
hernach das kupfer» (um 1525. I 3 S. 57). – Die
aufsteigende Naturwissenschaft lehnte solche
Spekulationen als nicht in der Materie liegend
ab. *Agricolas* Bermannus zeigt das gediegene
Kupfer aus einer Grube in Joachimstal mit

offensichtlichem Wohlgefallen an dem schönen Naturgebilde. «BERMANNUS. Sieh jetzt das gediegene, nicht ausgeschmolzene Kupfer. NAEVIUS. Wo? BERM. Komm näher und sieh her zu mir. NAEVIUS: Es sieht wie Zweige aus, die durch Fleiß und Kunst ineinander verschlungen sind. Wenn nicht etwas vom Gestein daran haftete, würde ich gewiß nicht glauben, daß es so aus dem Gang gehauen ist. BERM. Du kannst sehen, daß auch die zartesten Blättchen etwas vom Gestein an sich haben» (1530. Bermannus S. 85). – In der Kosmographie *Sebastian Münsters* wird Nutzbarkeit und Preis des Kupfers (großenteils in Anlehnung an Agricola) behandelt: «Nach Sylber wird Kupffer für ander Metall in grosser achtung gehalten: dann man mag es breiter treiben dann Eysen oder Zinn vnd Bley/ man mag es auch giessen/ aber es verzehrt sich im Fewr/ man legt es allein oder mit Metallen dareyn/ darzu wird es auch verzehrt vom Rost ... So viel das Kupffer antrifft/ ist zu wissen daß es seiner Natur halb nicht geringer ist dann Quecksylber oder Zinn/ man braucht es mehr dann diese zwey Metall/ aber dieweil man sein viel findt/ wird es nachgültiger (billiger) gekaufft» (1598. Cosmographey III Kap. 281).

Kupferblau → Azurit.

Kupferglanz, der Zusammensetzung nach Schwefelkupfer, gewöhnlich mit etwas Eisen, oft mit Gehalt an Silber, hieß in der Bergmannssprache Kupferglas.

«Die Kupffer glaß ertz/ die seind blawlicht/ vnd zeucht sich doch jhre farb fast auff graw/ Diß seind die reichsten Kupffer Ertz/ so am meisten Kupffer vnd Silber halten/ Vnd schmeidige gut Kupfer geben» (1580. Ercker S. 91a).

Der Name wurde schon früher nicht recht passend gefunden. «Kupfer-Glaßertzt ... verdienet den Nahmen von Glaßertzte mit nichts, als daß es am Gehalt das unter denen Kupfererertzten ist, was das Glaßertzt unter denen Silbererertzten vorstellet» (1769. Lehmann S. 124). Der Übergang von Kupferglas zu Kupferglanz war somit naheliegend. Werner hatte noch Kupferglas, Hausmann Kupferglanz.

Synonym: Chalkosin (Beudant 1832), zu χαλκός Kupfer. – → auch Digenit.

Kupfergrün → Chrysokoll.

Kupferindig (Breithaupt 1818): Schwefelkupfer, CuS. – «Nicht blos die Farbe, sondern auch die übrige äussere Beschaffenheit des Fossils hat mit dem Indig viele Ähnlichkeit, und darnach wählte ich auch diese Benennung» (1818. Hoffm.-Breithaupt IV b S. 178).

Indig heute befremdende, früher gebräuchliche Form. Die Griechen nannten den tiefblauen, aus Pflanzen gewonnenen Farbstoff nach dem Herkunftsland ἰνδικόν (Diosk. V 92); lateinisch indicum; (Plin. 35, 46); daraus deutsch Indig. Unser Indigo ist im 17. Jahrhundert aus dem Spanischen neu entlehnt.

Synonym: Covellin (Beudant 1832), nach dem italienischen Mineralogen Covelli, der es in der Lava des Vesuvs fand.

Kupferkies, der Zusammensetzung nach Schwefelkupfer mit Schwefeleisen, hatte in der Bergmannssprache eine Zwischenstellung. Einerseits rechnete er auf Grund seiner Strengflüssigkeit, seines metallischen Aussehens und seiner Verwendung als Zuschlag bei Schmelzprozessen zum → Kies. Andrerseits lieferte er Kupfer, konnte also als einzige Kiesart zu den Erzen gerechnet werden, hieß auch in Freiberg Kupfererz (1754. Henkel S. 89). Auch durch seine geringere Härte war er von den andern Kiesen unterschieden.

«Zum andern gehören vnter die strengen hartflüssigen Kupffererertz proben/ die strengen Kupfferkieß/ vnnd was blendig/ mißbicklig/ glimmerig/ vnd spatig ist/ auch alle Kießertz für sich selbst ohne andere eingesprengte Berckarten/ sampt den schieffern/ darinnen Kupfferkieß streimicht oder eingesprengt stehet» (1580. Ercker S. 91b).

«Pyrites aureo colore: Geelkis/ ader kupferkis» (1546. Interpretatio). Kupferkies (Werner). – Synonym: Chalcopyrit (Beudant 1832). χαλκός Kupfer, πυρίτης «Kies».

Kupferkiesel → Chrysokoll.

Kupferlasur → Azurit.

Kupferlebererz → Rotkupfererz.

Kupfernickel enthält kein Kupfer, ist vielmehr Arsennickel, NiAs. Es wurde Kupfernickel genannt, weil es durch seine rötliche Farbe und große Schwere Kupfergehalt versprach, aber als böser Nickel (Nikolaus) täuschenderweise keines lieferte. Es ist wesentlich strengflüssiger als Kupfererze und ging beim Schmelzprozeß in die Schlacke.

Früheste Erwähnung 1694 in einem schwedisch geschriebenen Mineralogiebuch (S. 76) von Urban Hjärne.

1751 berichtete Cronstedt erstmalig über seine Entdeckung eines bisher unbekannten Metalls, das er bald darauf auch im Kupfernickel fand und danach Nickel nannte. Damit verschob sich die Bedeutung des Wortes. Kupfernickel wurde zurückgedrängt durch Synonyme, die unter Nickel nicht mehr den Übeltäter verstehen: Nickelin (Beudant 1832), Rotnickelkies (Glocker 1839). Werner hatte noch Kupfernickel beibehalten.

Kupfersammeterz Von Werner als besondere Gattung aufgestellt und benannt nach der täuschenden Ähnlichkeit mit schönem blauen Sammet. Von Vielen als bloße Varietät des Azurits angesehen, bis sich um die Jahrhundertmitte von Werner behauptete Selbständigkeit (wasserhaltiges Aluminium-Kupfersulfat) bestätigte.
Synonym: Cyanotrichit (Glocker 1831). κυάνεος stahlblau, dunkelfarbig, τρίχες Haare.

Kupfersmaragd → Dioptas.

Kupferuranglimmer → Torbernit.

Kyanit Bezeichnung Werners (1790) für kieselsaure Tonerde (und zwar die trikline Modifikation). κύανος oder κυάνεος blau, schwärzlich- oder dunkelblau. Blau ist die gewöhnliche, Dunkelblau die bevorzugte Farbe, wo es sich um Auswahl des Materials für die Verwendung als Schmuckstein handelt.
Kyanos als Name, lateinisch cyanus (Theophr. 39, 55 u.ö. Plin. 37, 119) war in der Antike Bezeichnung für blaue Farbstoffe, künstliche und natürliche wie den Azurit und Lasurstein, ferner Name eines Edelsteins, anscheinend unseres → Azurits und reinblauen Lasursteins. (Der mit Pyrit gesprenkelte Lasurstein dagegen hieß Saphir.) → auch Lasurstein 3. – Lateinisch cyanus hat auch die Bedeutung Kornblume, Centaurea

cyanus nach Linné, deutsch Zyane. – Unser Kyanit und der antike Kyanos sind also durchaus verschieden.

Kyanos ist wahrscheinlich kleinasiatisches Lehnwort. Hethitisch kuγanna(n).

Wohl kein wissenschaftlicher Name ist so lange Zeit hindurch derart verschieden geschrieben worden. In Werners letztem System steht Zianit. Aber schon in den von Werners Schülern abgedruckten Systemen und zeitgenössischen Mineralogien findet sich Kianit (Lenz 1791) und Cyanit. Die fachsprachliche Schreibung hat dann bis in die Gegenwart zwischen Cyanit und Kyanit geschwankt. Das Lehrbuch von Klockmann zum Beispiel hat 1912 Cyanit, 1948 Kyanit, 1967 wieder Cyanit. Ähnlich im Englischen. Das Oxford Dictionary läßt cyanite und kyanite zu. Vielleicht setzt sich Kyanit als die geschichtlich am besten begründete Form doch einmal durch. – Vergleiche auch Kap. XVIII 2.

Hauy gab den Namen Disthen (δίς und σθένος, von zwiefacher Kraft). «Er ist idioelektrisch, wenn er einen gewissen Grad von Reinheit hat. Einige Krystalle erhalten durch das Reiben Harzelektricität. Der Name Disthen bezieht sich auf diese doppelte elektrische Eigenschaft» (1806. Hauy-Karsten III S. 276). – Abweichend von der Absicht des Autors wird Disthen jetzt auf die Ritzhärte bezogen, die auf frischen Kristallflächen in verschiedener Richtung auffällig verschieden ist, in der Längsrichtung der Kristalle 4–5, quer dazu 6–7. → auch Sapparé.

Kymophan Cymophane war Hauys Bezeichnung (1798) für das Mineral, das Werner → Chrysoberyll genannt hat. Griech. κῦμα Woge, φανός licht, leuchtend, lumière flottante, wogendes Licht nach Erklärung Hauys. Diese Bezeichnung paßt aber nur gut auf eine Varietät des Chrysoberylls, die jetzt meist Chrysoberyll-Katzenauge genannt wird. Im Deutschen wird Cymophan nur in diesem engeren Sinn gebraucht. – Über die Schreibung Kymophan → Kap. XVIII 2.

L

Labrador Labradorstein (Werner 1780), Labrador (Ullmann 1814), Labradorit (Beudant 1832) ist benannt nach der kanadischen Halbinsel Labrador, an deren Küste der Stein im Jahre 1770 von einem Herrnhuter Missionar erstmals gefunden wurde. – «Seit einigen Jahren siehet man den schönsten Feldspath, den je die Natur hervorgebracht hat. Man hat ihm den Namen des Labradorsteins beygelegt.» Der erste Finder «sahe solche zuerst im Meere bey hellem Sonnenschein mit ihren lebhaften Farben glänzen» (1778. 1783. Brückmann, Beyträge I S. 167. II S. 174).

Labrador ist grauer, undurchsichtiger Kalk-Natron-Feldspat, zur Gruppe der Plagioklase gehörend. Bei richtiger Lage zum Auge und zum Licht zeigt er auf bestimmten Flächen einen wunderbaren farbigen Schiller. Dieser soll darauf beruhen, daß dünne Lamellen von Kali-Feldspat eingelagert sind.

Jean Pauls «Labradorblende» (Flegeljahre IV 61) → Hypersthen.

Ein neuerdings in Südostfinnland nahe der russischen Grenze gefundener besonders prächtiger Labrador wurde Spektrolith genannt, das heißt Stein ($\lambda\iota\theta os$), der die Farben des Spektrums zeigt. Bekannt geworden anläßlich einer internationalen Gemmologenzusammenkunft 1962 in Helsinki.

Lanthanit (Haidinger 1845): seltenes wasserhaltiges Karbonat, benannt nach dem Gehalt an Lanthan. Das Element Lanthan wurde von Mosander entdeckt und benannt nach der Tatsache, daß es von ihm lange vermutet wurde und es sich lange verbarg, ehe er es als Begleiter der Cererde im Cerit von Bastnäs nachweisen konnte (1839). $\lambda\alpha\nu\vartheta\acute{\alpha}\nu\epsilon\iota\nu$ verborgen sein, verborgen bleiben.

Lapilli Im 18. Jahrhundert von der europäischen Wissenschaft aus dem Italienischen übernommen. Lateinisches lapillus Steinchen ergab ital. lapillo, Mehrzahl lapilli, mit der Bedeutung Steinchen, Kristall, Lavagrus, vulkanische Asche, dazu süditalienische Mundartformen wie rapillu, rapelle, rapiddu mit ähnlicher Bedeutung. In der Wissenschaft wird Lapilli (ebenso selteneres Rapilli) in eingeengtem Sinn gebraucht als Bezeichnung

für nußgroße oder kleinere Vulkanauswürflinge. Größere heißen Bomben. –

«Vulkanische Asche ... oder auch zu etwas grösseren Brocken (Lapilli del Vesuvio) zermalmte Lava ...» (1785. Gmelin IV S. 208).

lapis ist das lateinische Wort für Stein im allgemeinen. Durch Hinzufügung von Adjektiven entstehen Scharen von besonderen Steinnamen wie lapis Lydius (→ Probierstein), lapis Tiburtinus (→ Travertin). Im Mittel- und Neulateinischen weitere Neubildungen, zum Beispiel in der Lithologie Lapis variolatus (→ Variolit), in der Alchemie Lapis occultus (Stein der Weisen), in der Pharmazie Lapis nephriticus (→ Jade).

«Lapis» ist ein unübertreffliches Beispiel für die Art, wie die Antike Etymologie betrieb. Isidor (XVI 3, 1) sagt: «Lapis autem dictus quod laedat pedem.» «Lapis aber heißt er, weil er den Fuß lädieren kann.» So wurde nach dem ungefähren Anklang gedeutet und es kamen manchmal Ergebnisse zustande, die an Wortspäße denken lassen. – Nach heutiger Etymologie ist Verwandtschaft von lapis und $\lambda\acute{\epsilon}\pi\alpha s$ (kahler Fels, Berg) möglich.

Lapis Lazuli → Lasurstein.

Lapis mutabilis → Weltauge.

lapsit exillis → Kap. IV 9.

Lasurstein 1. Der tiefblaue Stein wurde bereits in ältesten Zeiten als Schmuckstein verwendet. Bei Ausgrabungen in Mesopotamien fand man schöne Zierstücke schon aus dem vierten Jahrtausend. Die einzigen damals bekannten und noch heute unerschöpften Fundstätten lagen in Badakschan am Hindukusch in schwer zugänglichem Gebirge. Von da wurde der kostbare Stein bis nach Indien, Ägypten und Griechenland gehandelt. Als älteste Namen des Lasursteins sind aus der Frühzeit überliefert: akkadisch aqnû, ägyptisch chesbet.

Im babylonischen Gilgamesch-Epos (etwa um 1200 v. Chr.) schwört die höchste Göttin bei ihrem Lasurstein-Amulett. Ein Goldschmied macht ein Bildnis aus Lasurstein und Gold. Gilgamesch schreitet durch einen finstern Berg in den Edelsteingarten, wo auch ein Baum aus Lasurstein steht (Übers. von Schott, Reclam 1958).

2. Bei Griechen und Römern hieß der Lasurstein → Saphir. Etwa im 13. Jahrhundert gab aber der Lasurstein den Namen Saphir an den blauen Korund ab. Die jetzigen Namen werden zurückgeführt auf persisch läzwärd, arabisch läzaward, läzward.

Bei der Übertragung ins Lateinische las man arabisch w wie u. Aus läzward wurde lazulum, lapis lazuli, lapis lazuli o.ä. Das l am Wortanfang wurde oft fortgelassen, weil man es für den arabischen Artikel hielt. So entstanden Formen wie lapis azurii, azurium o.ä.

Diese Wortreihe berührte sich mit einer andern sehr ähnlichen. Schon im 9. Jahrhundert gab es ein mittellateinisches lazurium, aus mittelgriechisch λαζούριον, anfangs Bezeichnung für einen blauen Pflanzenfarbstoff. Daraus mittelhochdeutsch lâsûr, lâzûr, lâsûrblâ (lasurblau) usw. Weil auch der Lasurstein gute «Lasur» ergibt, mischten sich die beiden Wortreihen. Ob λαζούριον und läzward ursprünglich irgendwie zusammenhängen, ist noch ungeklärt.

Im Deutschen: Lasurstein (Megenberg 1350, Zedler 1737, Werner 1789); Asurstein (Zedler 1737); Lasulstein (18. Jh.). – Lapislazuli und Lasurstein sind heute gleichermaßen in Gebrauch.

3. In einigen mittelalterlichen Steinbüchern wird der mit Pyrit gesprenkelte Lasurstein eindeutig unter Namen wie zimech, zunich, zimieth beschrieben. Man führt sie auf cyanea (Isid. XVI 9, 7) zurück, dieses auf lateinisch → cyanus, einen vieldeutigen Begriff, der hier weniger erklärt als hinweist auf die derzeitigen Nomenklatur-Schwierigkeiten im Bereich der blauen Steine und Pigmente.

«Zunich haizt lazûrstain und haizt auch ze latein lapis lazurii. der ist himelvar, wan er ist plâ mit goltvarben sprekeln. von dem stain macht man guot lazûr ...» (1350. Megenberg S. 465f).

4. Die chemischen Verhältnisse sind denkbar verwickelt und wurden erst spät völlig geklärt. Der Lasurstein ist kein einfaches Mineral, sondern ein Gestein, ein inniges Gemenge aus Silikaten, Pyrit und Kalkspat. Der blaufärbende Gemengteil, ein kompliziert zusammengesetztes Silikat, wurde isoliert, gesondert untersucht und Lasurit genannt (Brögger und Bäckström 1890, 1891). Je

mehr Lasurit, desto intensiver das Blau. Zuviel Kalkspat setzt die Farbe herab, zuviel Pyrit macht sie grünlich.

5. Etymologisch gehören auch die beiden Mineralnamen → Azurit und → Lazulith hierher.

Laumontit Ein Zeolith. Benannt von Werner (1803) nach dem französischen Mineralogen Gillet de Laumont, der das Mineral im Jahre 1785 entdeckte. Werners Schreibung Lomonit will die französische Aussprache wiedergeben. Die jetzige Schreibung Laumontit zuerst bei Leonhard (1821).

Lava In der neapolitanischen Volkssprache Bezeichnung für Vesuvausflüsse. In die italienische Schriftsprache übernommen. Ursprüngliche Bedeutung (nach dem italienisch-englischen Wörterbuch von Florio, 1611): plötzlicher Regenbach. So wurde vielfach Verwandtschaft von italienisch lava und lavare waschen angenommen. Neuere Vermutungen: zu lat. labes Einsturz? zu ital. lavagna Schiefer? Urverwandtschaft mit λᾶας Stein und Lei Schiefer?

Im 18. Jahrhundert ins Deutsche entlehnt. Goethe war das Wort geläufig und die Sache aus nächster Anschauung vertraut. Er ritt zu der «Region der durch die Zeit noch ungebändigten Laven» am Ätna, und er sah am Vesuv «unter klarem Himmel aus dem wilden Dampfgewölke die Lava hervorquellen». «Mancherlei Arten Laven hab' ich auf ihrer Entstehungsweise ertappt» (1787. Werke XX S. 203, 193, 196).

– «Was ist Lava? – Sollte man glauben, daß man eine solche Frage noch zu beantworten hat? ... Alles ist Lava, was im Vulkan fliesst und durch seine Flüssigkeit neue Lagerstätten einnimmt. ... Das Unterscheidende der Lava liegt also durchaus nicht in der Substanz» (1809. L. v. Buch I S. 437, 438). – «Die Lava der Revolution fließt!» (1835. Büchner, Dantons Tod II 9).

Lavezstein → Talk.

Lazulith ist ein Phosphat (mit Al, Mg, Fe, OH) von himmelblauer Farbe und wird gelegentlich als Schmuckstein verwendet. Das Mineral wurde Ende des 18. Jh. erstmals als besondere Art beachtet, mit dem Lasurstein verglichen, als «unechter Lasurstein» bezeichnet (Stütz 1793) und von Klaproth (1792. 1795) Lazulith genannt, mit Anklang an Lasurstein bzw. Lapislazuli. – Blauspat (Werner) wird daneben auch heute noch als Synonym gebraucht.

Leber- in Zusammensetzungen: Leberblende (→ Schalenblende), Leberkies (→ Markasit), Kupferlebererz (→ Rotkupfererz).

Lehm Das Wort ist verwandt mit Leim. Althochdeutsch leimo, mittelhochdeutsch leime, im Neuhochdeutschen die ältere Form Leimen neben Lehm noch bis um 1800 gebräuchlich. Englisch loam. Urverwandt ist latein. limus Schlamm. – Lehm hat in westoberdeutschen Mundarten vielfach die Bezeichnung Ton verdrängt. Im allgemeinen heißt jetzt Lehm ein magerer, das heißt stark mit Sand gemengter, durch Eisengehalt gelb bis braun gefärbter Ton.

Lemnische Erde → Siegelerde.

Lepidokrokit → Goethit und Brauneisenerz.

Lepidolith Lithionglimmer wie Zinnwaldit, aber mit geringerem Eisengehalt, benannt von Klaproth nach seinem Vorkommen in schuppigen Aggregaten. λεπίδιον kleine Schuppe. Das Mineral erhielt durch Abbé Poda zunächst den Namen Lilalith («Lilastein»). Diese Bezeichnung wurde als «Spitzname» empfunden (1795. Estner II 1 S. 227). Lila wurde aus dem Indischen Über das Arabische und Französische entlehnt, war ursprünglich Name eines Strauches, der Syringe, wurde im 18. Jahrhundert zur Farbbezeichnung und angewendet zum Beispiel auf Schminkfarbe, soll auch besonders im Kreise der Schneider und Putzmacherinnen gebräuchlich gewesen sein. Lilalith erschien somit im Bereich ernster Wissenschaft nicht tragbar. Klaproth kritisierte, die Farbbezeichnung sei als Gattungsname ungeeignet, zudem das Wort ein Nomen hybridum, weil aus einem arabischen und griechischen Bestandteil zusammengesetzt.

«Da ich nun zweifelte, ob der Name Lilalith, womit man dieses Fossil bei seiner ersten Bekanntwerdung belegt hat, in der Kritik bestehen könne, so habe ich dagegen die Benennung Lepidolith, Lepidolithus, Schup-

penstein, – indem das Fossil im Bruche wie ein Haufwerk zarter Fischschuppen glänzt, – als Gattungsnamen in Vorschlag gebracht» (1795. Klaproth I S. 289).

Letten Althochdeutsch leddo, letto, mittelhochdeutsch lette, neuhochdeutsch Lett, Letten. Die verwandten Wörter in anderen indogermanischen Sprachen führen auf die Urbedeutung feucht, Sumpf. – Wurde in der allgemeinen Sprache gleichbedeutend mit Lehm und Ton gebraucht, in der Fachsprache aber unterschieden.

«Letten/ Ist eine zähe/ fette und schmierige Bergart/ so außsiehet wie Dohn» (1680. Junghans).

«Schiefriger Töpferton» (Werner). «Unvollkommen schiefrig» (Hausmann 1813). «Schieferletten, dünngeschichtete, tonreiche Gesteine» (Rinne 1940).

Leuzit Kali-Tonerde-Silikat, benannt von Werner (1791) nach der weißen Farbe. λευκός weiß.

Die schön ausgebildeten Kristalle in jungvulkanischen Gesteinen wurden lange für weiße Granate gehalten.

Leuzit war das erste Mineral, in welchem (durch Klaproth 1797) Kali entdeckt wurde, das man bisher nur als Produkt des Pflanzenreichs, als «Pflanzenalkali» in Form der Pottasche kannte, das nun aber als «ursprünglicher einfacher Mineralkörper» erwiesen war. Klaproth schlug daraufhin vor, die Bezeichnung Pottasche, die nur «einen schlechten etymologischen Grund» habe, fallen zu lassen und den «einfachen Mineralkörper» Kali zu nennen.

Libethenit (Breithaupt 1823): nach dem Fundort Libethen (Slowakei) benanntes basisches Kupferphosphat.

Liebespfeile → Haarstein.

Lievrit Das Mineral, ein Kalkeisensilikat, wurde (1807) von dem französischen Mineralogen Lelièvre Yenit genannt, angeblich nach Jena, dem Sitz der mineralogischen Gesellschaft, deren Mitglied er war. Das J wurde von ihm in Y geändert, damit die Franzosen es richtig aussprächen. Der Name erregte Verstimmung, weil er auf die Schlacht bei Jena

bezogen wurde. So entstanden noch die Na-
men Ilvait (Steffens), nach dem ersten Fund-
ort Elba (lat. Ilva), Lievrit (Werner 1812) und
Lepor (d'Aubuisson), zu lat. lepus, leporis
Hase, als Übersetzung von franz. le lièvre.
Gebräuchlich geblieben sind Lievrit und Il-
vait (1813. Hausmann S. 665. – 1864. Kobell,
S. 365).

Lignit → Kohle.

Lilalith → Lepidolith.

Lilienstein Seit dem 16. Jahrhundert belegt.
Nicht mehr gebräuchliche Bezeichnung für
fossile fünfeckige Glieder von Seelilien. Synonym: → Sternstein.

Limonit → Raseneisenstein. → Brauneisenstein.

Linneit → Kobaltnickelkies.

Linsenerz → Bohnerz.

Linsenstein → Pfennigstein.

lipparêâ (Parz. 791). Früheste Erwähnung
bei Theophrast. Dieser arbeitet mit aristotelischen Begriffen. Unter anderem werden die
Steine auch eingeteilt in nicht brennbare und
brennbare (schmelzbare, in der Hitze sich
verändernde). «Der Liparaios ($\lambda\iota\pi\alpha\rho\alpha\tilde{\iota}o\varsigma$)
wird durch Brennen löchrig und bimssteinar-
tig, so daß sich Farbe und Dichte ändert. Vor
dem Brennen ist er schwarz und glatt und
dicht. Er findet sich im Bimsstein wie in Zellen
einer Honigscheibe hier und da zerstreut und
nicht zusammenhängend …» (Theophr. 14).
Offensichtlich ist der hier beschriebene
schwarze, glatte, dichte Stein unser Obsidian,
der mit Bimsstein zusammen auf vulkanischen Inseln im Mittelmeer wie Melos und
Lipara (jetzt Lipari) gefunden wird. Archäo-
logische Funde beweisen vielseitige Benutzung im Altertum. Liparaios kann demnach
mit einiger Gewißheit als Stein von Lipara
gedeutet werden.

Plinius hat statt dessen den obsianus lapis
(→ Obsidian). Der von Plinius (37, 172)
liparea genannte Stein dagegen hängt mit dem
liparaios des Theophrast nur durch den Namen zusammen. Es wird kurz und wie beiläufig von ihm berichtet, daß sein Rauch die
wilden Tiere anziehe. Das wird im Mittelalter
weiter überliefert. Megenberg hat den Stein
ausgelassen. Im Hortus Sanitatis steht: «Lipa-
ria ist ein stein in lybia gar wunderlich zu dem
alle geschlecht der wilden thier als zu irem
beschirmer lauffen/ vnd das lernet sye die
natur selbs so sye die jager oder hund verfol-
gen/ auch so mag inen keiner leides thun noch
wider sye sein» (1509. Hortus IV 75).

Lithionglimmer → Lepidolith.

Litho-, -lith Häufig als Glied zusammenge-
setzter Mineralnamen. Entstanden aus griech.
$\lambda\iota\vartheta o\varsigma$ Stein. Latinisiert -lithus. Im Griechi-
schen selten: $\chi\rho\upsilon\sigma\delta\lambda\iota\vartheta o\varsigma$ (Chrysolith); im
Neulateinischen öfter: → Arachneolithus, →
Hysterolithus, → Lithomarga; in der neueren
Fachsprache unzählige Beispiele: Zeolith,
Natrolith, Kryolith usw.

Im Französischen und Englischen ohne h
und mit stummem e geschrieben. Das ist
Nachwirkung mittelalterlicher Schreibweise:
lat. crisolitus, franz.-engl. crisolite, dementsprechend Natrolite, Cryolite usw.

Etymologie des Wortes ungeklärt.

Lithomarga → Steinmark.

Löllingit (Haidinger 1845): Arseneisen, benannt nach dem Fundort Lölling bei Hüttenberg in Kärnten. Arsenikalkies (Weiß) ist
weniger gebräuchlich.

Lomonit → Laumontit.

Löß Das Wort wurde 1824 in die Fachliteratur eingeführt durch K.C. v. Leonhard (Charakteristik der Felsarten S. 722). Als Synonyme werden unter anderem dort angegeben:
Loesch und Schneckenhäusl-Boden. Schwei-
zerisches lösch heißt locker (vielleicht verwandt mit lose). Die Form Löß erschien dem
Verfasser vermutlich mehr schriftsprachlich
und weniger mundartlich.

Löß ist lockerer Boden aus feinsten Sand-
und Kalkteilchen mit spärlichem tonigem
Bindemittel. Oft in mächtigen Schichten. Erklärt als diluviale Windablagerungen. Die
Schneckenhäusel stammen von Landschnek-
ken, die vom Sand zugedeckt wurden.

Lößkindel, Lößpuppen oder Lößmänn-
chen heißen die oft wunderlich geformten im
Löß häufig zu findenden Kalkkonkretionen.
→ Tafel 11.

Luchssaphir bezeichnet entweder Saphire von blasser, fleckiger und sonstwie minder schöner Färbung, oder saphirähnliche, aber den Saphir an Schönheit nicht erreichende Steine, und zwar (seit 19. Jahrh.) den Cordierit. Blasser Saphir oder blasser Cordierit heißt auch Wassersaphir.

Wie man dabei auf den Luchs kam, ist nicht ersichtlich. Der Luchs ist sprichwörtlich wegen seines scharfen Auges, während zur Bezeichnung von Unechtem die Katze herangezogen wird. Die Beschreibung bei Agricola gibt keinen Aufschluß. (Gleichsetzung mit Ostracias des Plinius. Hart, ähnlich dem Achat, durchsichtiges Grün mit Schwarz gemischt. 1546. Interpretatio S. 482. Foss. S. 303). – Gmelin hat Luchssaphir als Bezeichnung für Obsidian und für weißliche, unreine, fleckige Saphire. Er verzeichnet auch das ohne weiteres verständliche Synonym Katzensaphir (1778. 1785. II S. 296/7. IV S. 214). Brückmann vermutet Entstehung aus Leucosaphir, weißer Saphir (1773. Edelsteine S. 99). – Adelung deutet: «Der Luchssapphir ... ein mit Flecken versehener Sapphir, weil die Luchshaut gleichfalls geflecket ist» (1777. Bd. III). Der Luchs ist freilich nur unterwärts gefleckt. – Auch Lug-Saphir, das heißt Lügensaphir, ist als ursprüngliche Bedeutung vermutet worden (1824. v. Leonhard II S. 569).

Luchsstein → Belemnit 2, Luchssaphir, Lynkurer.

Lügensteine → Kap. IX 7.

Lumachell Italienisches lumachella kleine Schnecke (zu lat. limax Schnecke) wurde im 18. Jahrhundert entlehnt als Bezeichnung für dichten, perlmutterglänzenden Muschelkalk. Muschelmarmor, insbesondere den von Bleiberg in Kärnten.

Lydit, Lydischer Stein → Probierstein.

Lynkurer ist in der Bibel einer der Steine im Amtsschild des Hohenpriesters (2. Mos. 28, 19; 39, 12. Hebr. leschem).

Zwei Namengruppen sind zu unterscheiden. Luthers Lyncurer geht zurück auf griech. λυγγούριον (Theophr. 28, Diosk. II 81), latein. lyncurium, langurium (Plin. 37, 34). Die andere Gruppe erscheint in der Septuaginta und Vulgata mit den Formen griech. λιγύριον

lat. ligurius. Dies war die im Mittelalter herrschende Form.

Ligurius wird als ligurischer Stein gedeutet und als das Ursprüngliche angesehen, lyncurius als volksetymologische Umdeutung erklärt: λύγξ Luchs, οὖρον Harn, λυγκὸς οὖρον Luchsharn. Der Name hätte dann die merkwürdige Vorstellung veranlaßt, die sich schon in der ältesten Quelle, bei Theophrast, findet: Der Luchs verscharrt seinen Harn. Kundige wissen ihn auszugraben. Er ist sehr hart wie Stein geworden und kann zu Siegelsteinen verarbeitet werden. Er ist durchsichtig und hat die Kraft der Anziehung wie Bernstein.

Dieser Überlieferung folgt die Antike und das Mittelalter. «Ligurius haizet luhsstain ... der luhsstein tropfet von des luhss wammen, sam Plinius spricht, und die tropfen werdent sô hert, daz ain stain dar auz wirt. und daz waiz daz tier wol von nâtûr und hazzet menschleichen nutz, dar umb verscherret ez seinen harm mit sant ... wenn man den stain in wazzer wescht, sô hilft er den, die niht zuo stuol mügent gên, und entsleuzt den leip und widerpringt die verlorn varb an dem antlütz, wan er ist den gelsühtigen guot und zeucht diu hälmel an sich, sam der aitstain tuot» (1350. Megenberg S. 450f. aitstain: Bernstein).

Was der antike Lynkurer für ein Stein war, darüber hatte man seit dem 16. Jahrhundert sehr verschiedene Meinungen. Einige verstanden darunter die → Belemniten, andere den Hyazinth. Bessere Gründe sprechen dafür, daß Lynkurer Bernstein oder eine bestimmte durchsichtige Art des Bernsteins war. Dann erklärt sich auch die Bezeichnung Ligurischer Stein. Aus Ligurien bezog man Bernstein, denn dort endete eine wichtige Handelsstraße aus dem Norden, auf welcher der Bernstein ins Mittelmeergebiet gelangte (Caley S. 109ff.).

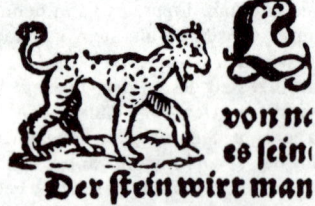

«Luchsstein» Zierstück und Initiale.
(1540. Megenberg.)

M

magnes   (Parz. 791) → Magnet.

Magnesia   → Magnet.

Magnesit ist kohlensaures Magnesium, $MgCO_3$. Der heute so einfach verständliche Name führt in verwickelte Namensverhältnisse zurück. Werner nannte (1803) das eben in Böhmen entdeckte Mineral Reine Talkerde, entsprechend dem damaligen Stadium der Chemie. Unser Magnesium war noch nicht gefunden, aber man war ihm auf der Spur in der weißen Magnesia ($MgCO_3$), die zunächst als Kunstprodukt bekannt wurde, dann aber auch als Bestandteil mehrerer Mineralien, des Talkes, des Bittersalzes, des Serpentins, des Asbestes nachgewiesen wurde (Marggraf 1767). Daß diese «Talkerde» auch als Mineral für sich vorkam, war eine Neuentdeckung. Der Name Reine Talkerde, dann auch Talkspat, besagte dasselbe wie die Bezeichnung Magnesit (Karsten 1808): Weiße Magnesia als Mineral. Dem entsprechen franz. magnésie carbonatée (Hauy) und engl. carbonate of magnesia (Phillips).

Der Name Magnesit wäre verwirrend gewesen, wenn nicht gleichzeitig das darin enthaltene Metall Magnesium genannt worden wäre. → hierüber Magnet.

Magnet   1. Griech. μαγνῆτις (Theophrast 41), μαγνήτης λίθος Diosk. V 130), μάγνησσα (Orpheus, Lithika 307 und 325). Auch ἡ Μαγνησίη λίθος; lateinisch magnes. Der Name wird von antiken Schriftstellern auf den Hirten Magnes zurückgeführt, der den Stein auf dem Berge Ida entdeckt habe, als seine Schuhnägel und die Spitze seines Stokkes am Erdboden hafteten (Plin. 36, 126ff.).

Die heutige Deutung ist: Magnesischer Stein. Magnesia ist der Name einer thessalischen Landschaft und mehrerer Städte in Griechenland und Kleinasien. Somit war die Bezeichnung magnesischer Stein mehrdeutig. Sie wurde im Altertum auf ganz verschiedene Mineralien angewendet. Plinius (36, 128) zählt fünf Arten auf, von denen drei größeres sachliches und sprachliches Interesse verdienen.

2. Vor allem sind nach Plinius der männliche und der weibliche magnes zu unterschei-

den. Beide sehen ähnlich aus, der weibliche hat aber nicht die Kraft, das Eisen anzuziehen. Der männliche ist unzweifelhaft unser Magneteisenerz (Fe_3O_4), auch im Mittelalter magnes oder magnet genannt (nach dem lat. Akkusativ magnetem). Seit Paracelsus durchweg Magnet. Magneteisenstein (Werner). Magnetit (Haidinger 1845).

Das Naturwunder des Magnetsteins wurde seit der Antike oft beschrieben, der Name fehlt in keinem der maßgeblichen Lapidarien, eine lebhafte Phantasie erfand die wunderbarsten Märchen hinzu, in der christlichen Literatur wurde er allegorisch gedeutet. Die Seefahrer begannen seit etwa 1200, ihn zur Herrichtung primitiver Kompasse zu nutzen, und nannten ihn Segelstein. – Verwechslungen → Agstein und Diamant 4.

«Der Physiologus sagt vom Magnetstein, daß er das Eisen an sich hängenbleiben lasse: er klebt das Eisen am Steine fest, und so bleibt es daran hängen. Wenn nun schon die Dinge der Schöpfung sich gegenseitig anziehen, um wieviel mehr der Schöpfer und Weltbaumeister, er, der den Himmel über der Erde festgeheftet hat, ausbreitend den Himmel wie einen

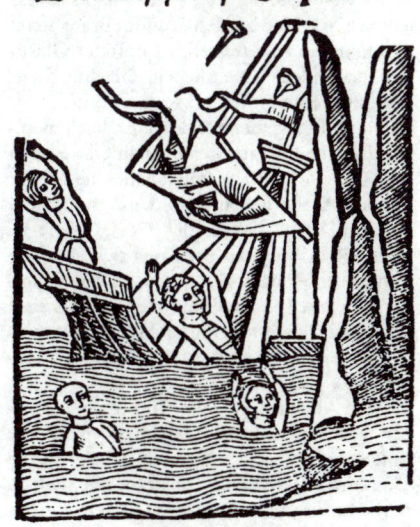

Magnetstein zieht Nägel
aus dem Schiff. (1509. Hortus.) 4:5.

Teppich» (3. Jahrh. Physiologus, übers. von Seel, S. 36).

«Der nadeltantz ist auch lustig zu sehen/ wenn man in ein new messingbeck vil nehnadel leget/ vnd fehrt vnten ans pecken boden mit einem Magneten rumb/ so werden die nadel alle lebendig/ lauffen/ springen vnd verdrehen sich. Das ist aber das wercklichste am magnet/ wenn eines zünglein ort damit bestrichen ist im Compast/ so sihets gestracks gegen mitternacht/ vnd weiset die mittags linien» (1562. Mathesius S. 202b. ort: Spitze, Rand).

3. Der weibliche magnes wird am widerspruchslosesten gedeutet, wenn man annimmt, daß es sich um Mangandioxid oder ähnliche Manganerze handelte. Diese galten bis ins 18. Jahrhundert als eisenhaltig und wurden zum Entfärben des Glases, zur Erzielung größerer Durchsichtigkeit, als «Glasseife» verwendet, aber auch zum Färben, je nach der zugesetzten Menge. Offensichtlich geht diese Verwendung des weiblichen magnes schon ins Altertum zurück. Plinius (36, 192) erwähnt das Zusetzen von «magnes lapis» zum Glasfluß, ohne zu vermerken, daß es sich um den weiblichen gehandelt haben muß.

Der weibliche magnes, mittellateinisch magnesia nigra, hieß bei den Töpfern Braunstein, weil man ihn zur Herstellung brauner Glasuren verwendete. «Nemlich in Glashütten ist Magnesia eine graue, schwarze, rusige, spitzige, (und also dem Spiesglas gleichende,) martialische Bergart, welche dem Glase, so in die Grüne oder Blaue fallen will, eine hellere Cristallenfarbe geben muß, wird Braunstein genannt, ist gleichsam des Glases Seife ... Eben dieses Minerals bedienen sich auch die Töpfer, unter dem Namen des Braunsteins, zur schwarzen Kachellasur oder Farbe, heiset bey denen Töpfern in Italien Manganese, weil es die Geschirre schwarz überglaset, (mangoniret) ...» (1754. Henkel S. 98/99).

Neue Ableitungen vom Wort Magnet ergaben sich durch einige wichtige chemische Entdeckungen des 18. und des frühen 19. Jahrhunderts. Der Glastechniker Pott in Berlin bewies mit Hilfe des Magneten, daß der Braunstein kein Eisen enthält (1740). 1774 wurde durch Zusammenarbeit der drei schwedischen Chemiker Bergman, Scheele und Gahn der «Braunsteinkönig» (→ König) hergestellt. Damit war erwiesen, daß der Braunstein ein bis dahin unbekanntes Metall enthält. Es wurde benannt nach dem Mineral, aus dem es zuerst gewonnen wurde, nach dem Braunstein, der (schwarzen) Magnesia, hieß also zunächst Braunsteinmetall, lateinisch Magnesium, in romanischen Ländern und in England noch mit einer Abwandlung, indem man von einer seit dem 16. Jahrhundert entwickelten Formengruppe: Manganesia, franz. manganèse, ital. manganese ausging. Der von dieser Form abgeleitete Metallname lautete nicht Magnesium, sondern lateinisch Manganesium. Noch jetzt heißt das neue Metall franz. manganèse, engl. manganese.

4. Endlich gibt es bei Plinius noch einen weiteren weiblichen, also unmagnetischen magnes von weißer Farbe, dem Bimsstein ähnlich. Man hat (unter Heranziehung von Theophrast 41) auf Alabaster oder Talk geraten. Die von hier ausgehende Linie ist schwieriger zu verfolgen. Es genüge die Angabe, daß es im 18. Jahrhundert eine Magnesia alba ($MgCO_3$) zum Unterschied von der Magnesia nigra, dem Braunstein, gab, daß diese als Heilmittel gebraucht wurde, daß man in diesem Pulver und in verschiedenen Mineralien wie dem Bittersalz von Epsom, dem Serpentin und Talk einem neuen Metall auf der Spur war, das aber erst 1808 durch Davy nachgewiesen und – zunächst noch unrein – dargestellt wurde. Davy wollte es Magnium nennen, da Magnesium schon vergeben war für das Metall der schwarzen Magnesia. Aber sein Vorschlag setzte sich nicht durch. In England blieb für das Metall der schwarzen Magnesia die Bezeichnung manganese, für das der weißen Magnesia galt magnesium. In Deutschland wurde das schon eingebürgerte Magnesium als Name für das Metall der schwarzen Magnesia umbenannt in Manganium, Mangan (Buttmann 1808); damit war Magnesium für das Metall der weißen Magnesia verfügbar. → auch Magnesit.

Magneteisenerz → Magnet.

Magnetit → Magnet.

Magnetkies ist der Zusammensetzung nach

Schwefeleisen, FeS. Es ist magnetisch, wenn auch oft nur schwach, und selten polar. Danach benannt von Werner: 1789 Magnetischer Kies, später Magnetkies. Synonym: Pyrrhotin (Breithaupt 1835). πυρρότης Feuerfarbe. → auch Troilit.

Malachit Griechisches μαλάχη oder μολόχη heißt Malve. Plinius (37, 114) beschreibt den nach der Farbe der Malve benannten Molochitis als undurchsichtig und von äußerst sattem Grün.

Mittelalterliche Namensformen: melocitis, melothites u. ä. Parz. 791: melochîtes. Seit der Zeit des Humanismus wieder Malachites, Malachit. So auch Werner.

Der antike und der moderne Begriff decken sich nur teilweise. Mancher Malachit wurde im Altertum Smaragd genannt, mancher auch Chrysokoll, und zwar die erdigen, krustigen Formen. In der neueren Mineralogie ist Malachit Bezeichnung für das Kupferkarbonat $Cu_2CO_3(OH)_2$. → auch Schreckstein.

Mandelstein Seit Mitte des 18. Jahrhunderts in der Fachliteratur gebräuchlich.

«Mandelstein … Ist ein eisenhaltiger Jaspis, welcher elliptische Drüsen von Kalkspat und Serpentin hat» (1770. Cronstedt-Brünnich S. 273).

Heute noch gültig die folgende Beschreibung: «Gewisse Gesteine haben eine Hauptmasse, welche rundliche Räume umschließt, plattgedrückte Höhlungen, die leer, auch theilweise oder ganz erfüllt sind mit, ihrer Natur nach von jener Hauptmasse sehr abweichenden, Mineralien; dieß ist die Mandelstein-Struktur» (1823. v. Leonhard I S. 15).

Die Hohlräume werden erklärt als Blasenräume in Ergußgesteinen, vor allem in basaltischen. Aus dem Melaphyrmandelstein von Oberstein kamen die Achat-Mandeln, welche die Grundlage der dortigen Steinindustrie waren. → Melaphyr.

Mangan → Magnet 3 und 4.

Manganblende (Blumenbach 1807): Mangansulfid, MnS. Anfangs auch Schwarzerz oder Braunsteinblende genannt. – Synonym: Alabandin (Beudant 1832) nach dem Fundort Alabandina in Kleinasien.

Manganit → Mangan-Oxide 7.

Mangankiesel → Rhodonit.

Manganomelan → Mangan-Oxide 3.

Mangan-Oxide wurden zum Teil schon im Altertum technisch genutzt. Man sah sie als eine Art Magnesia an, das heißt als eine Art → Magnetstein. Im Deutschen gingen sie bis ins 18. Jh. ununterschieden unter dem Namen Braunstein. Das «Braun» bezieht sich nicht auf die Farbe der Mineralien – die ist durchweg grau oder schwarz –, sondern auf die Verwendung als Braunfärbemittel bei Glasmachern, Glasmalern und Töpfern (→ Magnetstein 3).

Die Unterscheidung, Abgrenzung und angemessene Benennung der einzelnen Arten, Ende des 18. Jh. beginnend, machte bis in die Gegenwart große Schwierigkeiten wegen der vielfachen Übergänge, fremden Beimengungen und häufigen Pseudomorphosen. So kam es zu einer ungewöhnlich großen Zahl von Synonymen, die sich aber nur zum Teil decken und mannigfach überschneiden. Besonders gilt das von den deutschen Namen, die denn auch zumeist außer Gebrauch gekommen sind und von denen im folgenden nur eine Auswahl mitgeteilt wird. Die wichtigsten Namen sind:

1. Pyrolusit (Haidinger 1827): weitverbreitetes Mangandioxid (β-MnO_2), auftretend selten in tetragonalen Kristallen, zumeist in Pseudomorphosen, besonders nach Manganit, häufig in strahligen oder dichten oder erdig-lockeren Massen. Härte je nach Ausbildungsform zwischen 7 und 1.

Name von πῦρ Feuer, λούειν waschen. Auf die Verwendung als Glasseife bezüglich. Der Braunstein der Glasmacher ist wohl in der Hauptsache Pyrolusit gewesen.

Nicht mehr gebräuchlich: Grau-Braunstein (Werner 1789). – Graumanganerz. – Weichmanganerz. – Polianit (Breithaupt 1844). πολιός grau; früher für kristallinen Pyrolusit.

2. Psilomelan (Haidinger 1827): ebenfalls weitverbreitetes Mangandioxid, mit Wasser, Kalium, Barium und verschiedensten andern Beimengungen, auch Eisenoxiden. War deshalb nicht geeignet als Glasseife, wohl aber zu Glasuren. – Tropfstein- und Sinterbildungen, äußerlich amorph erscheinend. Härte 5–6. «Hartmanganerz».

Name von $\psi\iota\lambda\acute{o}s$ kahl, $\mu\acute{\epsilon}\lambda\alpha s$ schwarz, weil oft als schwarzer Glaskopf auftretend.

Nicht mehr gebräuchlich: Schwarz-Braunsteinerz (Werner 1789). – Schwarz-Eisenstein (Werner 1798).

3. Manganomelan (Klockmann 1922): neuerdings eingeführter Sammelbegriff für Mineralien, «die sich von α-MnO_2 ableiten» und nur röntgenographisch genau bestimmbar sind. Sie sind die Hauptkomponenten der bisher als Psilomelan beschriebenen Massen. «Psilomelan» ist danach eingeengt auf eine Ba-haltige Komponente. «Unglücklicherweise hat sich der früher namengebende ‹Psilomelan› als relativ seltene Komponente dieser Massen erwiesen» (1967. Klockmann-Strunz S. 516ff.). – Die Nomenklatur ist anscheinend noch im Fluß.

4. Wad oder Manganschaum (Karsten 1808): «Alle Manganomelane gehen unscharf über in weiche, lockere, ja schaumige Massen, die braun abfärben, extrem leicht sind und mikroskopisch aus feinsten eisblumenartigen Lockergerüsten aufgebaut sind, den ‹Wad›» (ebd. S. 519).

Wad, black wad, englischer Bergmannsausdruck für bestimmte Erze, von Kirwan (1784) in die Wissenschaft eingeführt, bedeutet auch Watte. Ob beide Wörter gleichen Ursprung haben, ist ungewiß.

5. Braunit (Haidinger 1826): Mangan-Silizium-Oxid ($3Mn_2O_3.MnSiO_3$).

Der Name ist nicht, wie man vermuten könnte, von «Braunstein» abgeleitet, sondern bezieht sich auf den Kammerrat Braun (1790–1872), der in Sachsen-Gotha, dann in Anhalt-Bernburg tätig war und geognostische und mineralogische Interessen hatte.

Nicht mehr gebräuchlich: Hartbraunstein (Hausmann 1847). – Hartmanganerz z. Teil.

6. Hausmannit (Haidinger 1827): Manganoxid (Mn_3O_4).

Nicht mehr gebräuchlich: Schwarz-Braunsteinerz z. Teil (Werner 1789). – Schwarzmanganerz z. Teil (Karsten 1808). – Glanzbraunstein (Hausmann 1847).

7. Manganit (Haidinger 1827): basisches Manganoxid (MnOOH), mit braunem Strich. Geht leicht in Pyrolusit über.

Nicht mehr gebräuchlich: Glanzmanganerz (Breithaupt 1823). – Braunmanganerz (Weiß 1843). – Tafel 12.

Manganschaum → Mangan-Oxide 4.

Manganspat (Werner) ist Mangankarbonat. – Synonym: Rhodochrosit (Hausmann 1813), zu griech. $\dot{\rho}o\delta\acute{o}\chi\rho oos$ rosenfarbig. Das Wort wurde von Breithaupt (I Seite 427) als übelklingend und obendrein schwer auszusprechen getadelt. Breithaupt hat zwei Varietäten: Carbonites rosans oder Rosenspat, Carbonites manganosus oder Himbeerspat (II S. 228f.). Rosenspat ist nicht gebräuchlich geworden, während Himbeerspat als Synonym von Manganspat eine begrenzte Gültigkeit erlangt hat. Im Schmucksteinhandel ist das Mineral ausschließlich unter dem Namen Rhodochrosit bekannt.

Marezitze → Belemnit 5.

Margarit → Perlglimmer.

margarita → Perle.

Marialith Zur Skapolithgruppe gehörig. Benannt von G. vom Rath (1866), wie man gemeint hat, wegen der zuweilen sehr reinen, wasserklaren Kristalle, aber wohl auch zu Ehren seiner Gattin Marie, der Tochter des Mineralogen Gustav Rose.

Marienglas → Fraueneis.

Markasit Aus arabisch marqašīṭā. Das arabische Wort vielleicht entstanden aus akkadisch marḫašu (Pyrit), was abgeleitet wird aus dem Namen der Stadt oder des Landes Marchaschi in Ost-Assyrien; dann über das Syrische ins Arabische und weiter ins Mittellateinische (Goltz S. 87).

Mittellat. marcasita übernahm die Tradition des antiken pyrites als Bezeichnung für das, was wir heute Sulfide der Hauptmetalle nennen. Darunter war vor allem unser Pyrit mitbegriffen.

«Marcasita oder Maricasite. Im Steinbuch wird gesagt, daß sie vier Arten hat, von Gold und Silber und Kupfer und Eisen. Und jede Art ist ähnlich der Substanz, von der sie ihre Farbe hat. Und jeder ist Schwefel beigemischt. Und mit dieser Marcasita wird Feuer entzündet, wenn sie mit gutem Eisen angeschlagen oder gerieben wird» (Algafiki. Lat. Übers. d. 13. Jh. Rose S. 413f.).

«Marchasita oder Marchasida, wie einige sagen, ist Stein seiner Substanz nach und hat viele Arten, indem er die Farbe jeglichen Metalls annimmt, und so heißt er dann Silbermarchasida und Goldmarchasida und so weiter. Das Metall aber, das ihn färbt, tropft nicht aus ihm, sondern verdampft ins Feuer. Und so bleibt unnütze Asche. Und dieser Stein ist bekannt bei den Alchimisten und wird vielerorts gefunden.» – «In der Alchimie auch ist dieser Stein Hauptspeise, mit der das Quecksilber gespeist wird zum weißen Elixir aus der silbernen Marchasita, zum roten Elixir aus der goldenen» (um 1250. Albertus II 2, 11 und V 1, 6).

Der Humanismus setzte den Namen Pyrit in seiner alten Bedeutung wieder ein. Dadurch mag mitbedingt sein, daß Markasit dann im Sprachgebrauch der Gelehrten, Alchemisten, Apotheker verwirrend vieldeutig wurde. «Nun wolle man nur die Lexica, z. E. das angesehene Wienerische Mulleri, Löwensteinii Lexicon Medico-Galenico-Chymico-Pharmaceuticum nachschlagen und zusehen, was man bey dessen achtzehn tausend reichen Wörterkram nur unter denen beyden Titeln Marcasita und Pyrites vor miserablen Trost zu erwünschter Nachricht finden werde» (1754. Henkel S. 91). Henkel fand Trost bei dem klaren Sprachgebrauch der Meißnischen Bergleute: Markasit ist Kies, das heißt Pyrit, «wenn er fein eckig, drusig, insonderheit würflig gebauet, und zumal einer Goldglänzenden Gestalt ist» (S. 89). Das ist also nicht unser Markasit, sondern schön auskristallisierter Pyrit, wie er gelegentlich und vorübergehend, zum Beispiel in Frankreich im 18. und 19. Jahrhundert, als Schmuckstein verarbeitet wurde.

Der heutige Sprachgebrauch von Markasit (und Pyrit) setzt eine mineralogische Entdeckung voraus, die Anfang des 19. Jahrhunderts gemacht wurde: daß das Eisensulfid FeS_2 in zwei verschiedenen Modifikationen auskristallisiert. Seit Haidinger werden diese als Pyrit (kubisch) und Markasit (rhombisch) unterschieden.

Die oben beschriebenen, «würflig gebauten» damals so genannten Markasite gehören

jetzt also zum Pyrit. Dagegen, was in der Bergmannssprache und bei den älteren Mineralogen nach der eigenartigen Form der Kristallgruppen Speerkies, Kammkies, Strahlkies (Werner) hieß, gehört zum Markasit. Ebenso die dichten nierenförmigen Massen des Leberkieses (Werner). Die alte Bezeichnung Wasserkies, von Henkel als weißer Kies gedeutet, von Hausmann wieder aufgenommen, ist auch heute noch neben Markasit gebräuchlich.

Marmor Griechisches μάρμαρος Felsblock, weißer Stein, Kalkstein, Marmor wird mit μαρμαίρειν glänzen in Verbindung gebracht.

Lateinisches marmor (Plin. 36, 55 und öfter) wird althochdeutsch zu bequemerer Aussprache in marmel, murmel verändert («Dissimilation» des r). Diese Form bleibt in Murmel und Marmelstein bis heute erhalten, während Marmor sich unter humanistischem Einfluß wieder der lateinischen Form angenähert hat.

Was man im Altertum unter Marmor verstand, wird deutlich durch die Definition des Isidor: «Marmor heißen besondere Steine, welche durch Fleckung und Färbung ansprechen» (Isid. XVI 5, 1). Demnach gehören unzählige Arten zum Marmor, auch zum Beispiel Porphyr (porphyrites), Basalt (basanites), Alabaster, Syenit. Ähnlich bei Albertus Magnus (I 2, 3).

Im heutigen Handel ist der Name eingeschränkt auf Kalksteine, soweit sie polierfähig und polierwürdig sind. In der Wissenschaft heißt nur der metamorphe Kalkstein Marmor.

Im Handel wurde eine umfangreiche Nomenklatur für die verschiedenen Varietäten entwickelt, wobei großenteils italienische Fachausdrücke im Deutschen wie in anderen Sprachen übernommen wurden. Gmelin (I, 367ff.) hat rund 250 Arten, die etwa so beschrieben und benannt werden: «Roth, weiß und gelb. Marmo occhio di pavone, Brocatello di Spagna.» – «Dunkelroth, weis und erbsengrün gefleckt, von Maxen in Sachsen.» – «Grünlicht und fahl durchzogen mit weißgrauen Adern, bey Plauen im Voigtlande.» – Jean Paul spielt mit solchen Namen und bildet die anzüglichen Kapitelüberschriften «Vogtländischer Marmor mit mäusefahlen Adern» und «Berliner Marmor mit glänzenden Flekken».

«Wenn die Edelsteine nicht nach dem geachtet werden, was sie kosten», sagte sie, «sondern nach dem, wie sie edel sind, so gehört der Marmor gewiß unter die Edelsteine.» – «Er gehört unter dieselben, er gehört gewißlich unter dieselben», erwiderte ich. «Wenn er auch als bloßer Stoff nicht so hoch im Preise steht wie die gesuchten Steine, die nur in kleinen Stücken vorkommen, so ist er doch so auserlesen und so wunderbar, daß er nicht bloß in der weißen, sondern auch in jeder andern Farbe begehrt wird, daß man die verschiedensten Dinge aus ihm macht, und daß das Höchste, was menschliche bildende Kunst darzustellen vermag, in der Reinheit des weißen Marmors ausgeführt wird.» (1858. Stifter, Nachsommer. Aus dem Kapitel «Der Bund».)

Onyx-Marmor → Alabaster.

mêdus (Parz. 791). «Medus ist ain stain, der kümt von den landen, dâ die läut wonent, die Medi haizent» (Megenberg S. 452). So deutete das Mittelalter. Plinius (37, 173) führt den Namen – er lautet bei ihm Media – nicht auf das Medervolk, sondern auf die sagenberühmte Medea (Media illa fabulosa) zurück, die ihn gefunden habe.

Meerschaum Die Verarbeitung des Meerschaums begann im 18. Jahrhundert. Deutschland war führend, von da wanderte die Sache und das Wort zu den Nachbarn. Das Mineral kam aus Anatolien von einer Fundstätte, die fast den gesamten Bedarf der Welt deckt. Es werden vor allem Pfeifenköpfe und Zigarrenspitzen daraus gemacht. «Das Wichtigste beim Meerschaum ist ja seine herrliche Kraft, dem Rauch sich farbig einzuschmiegen, seine Blässe zu verlieren und mit wärmstem Gold- bis Mahagoni- bis Nachtbraun die beharrlich behagliche Mühe seines Anrauchers zu lohnen und zu künden» (1929. Wolfskehl, Werke. Hamburg 1960. Bd. II S. 490).

Die Herkunft des Namens war umstritten, und man wollte ihn aus dem türkischen merdschan ableiten, aber das heißt Koralle. Im Deutschen ist Meerschaum seit dem 15. Jahrhundert belegt als Bezeichnung für eine Le-

derkoralle. Auch die Rückenknochen des Tintenfisches hießen Meerschaum. Jedenfalls ist die Übertragung des Namens auf das weiße, federleichte, auf dem Wasser sogar schwimmende Material leicht begreiflich, auch ohne daß dieses mit dem Meere zu tun hatte.

Meerschaum ist ein eindrucksvolles Beispiel für die Weitergabe eines deutschen Wortes an fremde Sprachen. Es ging in die meisten europäischen Sprachen entweder als Lehnwort oder als Lehnübersetzung über: engl. meerschaum, niederl. meerschuim, dän. merskum, tatarisch myrsen (durch Vermittlung deutschkundiger Juden). Schwedisch sjöskum, franz. écume de mer, span. espuma de mar, russisch morskaja penka usw. Selbst die Türken haben eine Lehnübersetzung aus dem Deutschen.

Ende des 18. Jahrhunderts erste Analysen (Klaproth und andere). Meerschaum ist ein wasserhaltiges Magnesiumsilikat.

In der Fachsprache der Mineralogie ist neben Meerschaum das Synonym Sepiolith (Glocker 1847) vorrangig geworden. Es bezieht sich auf die Ähnlichkeit des Minerals mit der Sepia, dem Rückenschulp des Tintenfisches, der früher ebenfalls Meerschaum genannt wurde. – Griech. σήπειν faulen machen, σήπιον, σηπία, lat. saepia ist die Flüssigkeit, welche der Tintenfisch ausspritzt, um sich vor Feinden zu verbergen, dann auch der Tintenfisch selbst, und besonders dessen fester, zumeist aus Kalk bestehender Rückenschulp.

Mehlkreide → Mondmilch.

Mehlzeolith → Mesotyp.

Mejonit (Hauy 1801): zur Skapolithgruppe gehörig. μείων geringer. «Endpyramide» nach Hauy kleiner, niedriger als beim Idokras.

Melanit (Werner 1799): Durch Titangehalt schwarz gefärbter Kalkeisengranat. μέλας schwarz.

Melanterit → Vitriol 5.

Melaphyr Name gebildet von Brongniart aus μέλας schwarz und (por-)phyre. Schwarzes, auch rotes oder braunes Ergußgestein basaltischer Zusammensetzung.

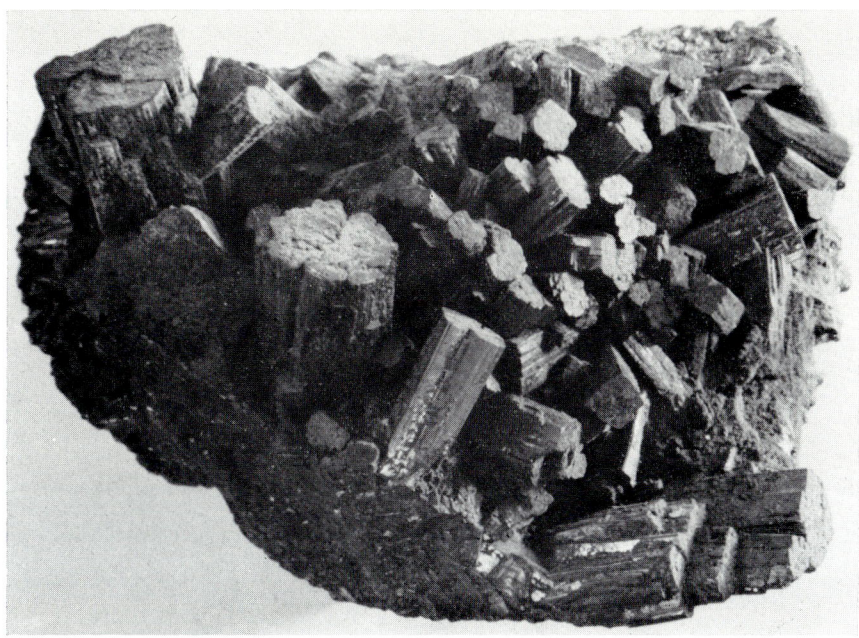

Manganit. – Ilfeld, Harz

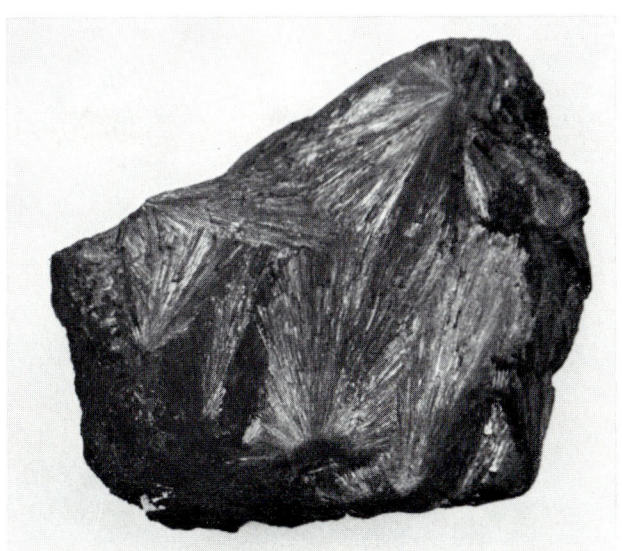

Pyrolusit. – Ilmenau

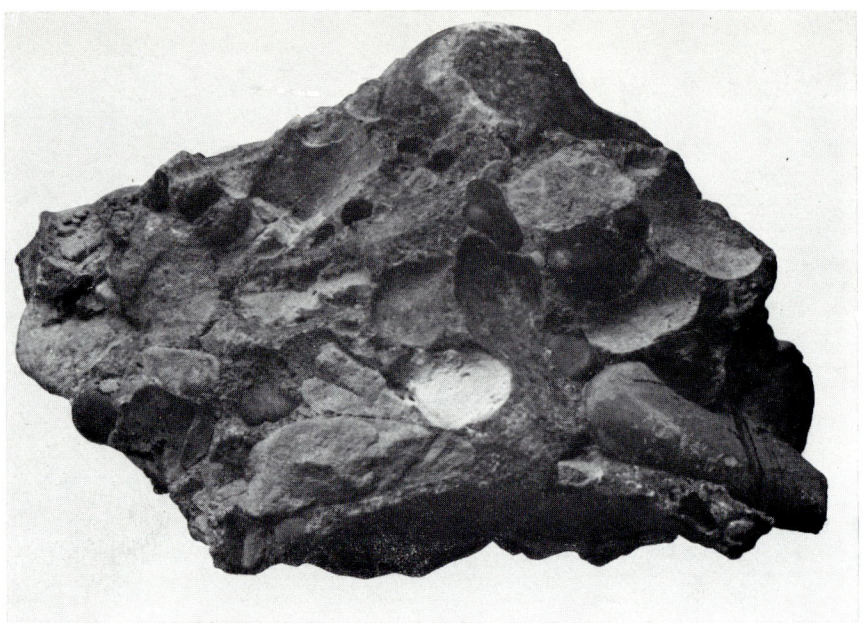

Nagelfluh

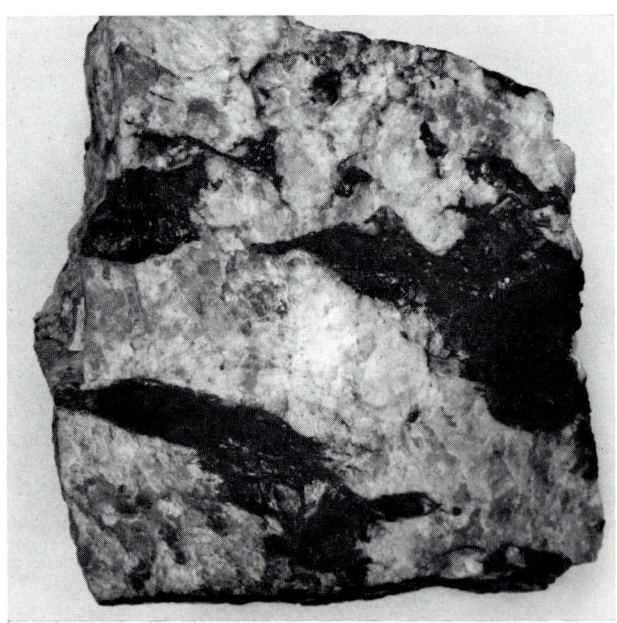

Granit-Pegmatit.
Weißer Feldspat,
grauer Quarz,
schwarzer Glimmer
(Biotit). – Ukraine
nahe Saporoschje

Melilith Von neulat. melilithus, aus griech. μέλι Honig, λίθος Stein. Mélilite (Fleuriau de Bellevue 1800). Honiggelbes bis braunes Silikat von komplizierter Zusammensetzung. Eine graue Abart vom Vesuv wurde → Humboldtilith genannt.

Melilith wurde verwirrenderweise vielfach auch als Synonym für → Honigstein (Mellit) verwendet, z.B. von Klaproth, Kirwan u.a.

melitinus, Melitites → Honigstein.

Mellit → Honigstein.

melochîtes (Parz. 791) → Malachit.

Menaccanit, Menakan u.ä. → Titan.

Menilit Von de Saussure (1795) benannt nach dem Fundort Ménilmontant, einem Stadtteil von Paris. Abart des gemeinen Opals, braunfarbige Konkretionen. Knollenstein (Werner).

Mennige 1. Das Wort geht zurück auf lat. minium. Jetzige Bedeutung: rotes Bleioxid, künstliches und natürliches. Das künstliche war schon dem Altertum bekannt, das natürliche wurde Ende des 18. Jahrhunderts entdeckt. Doch sollen viele angeblich natürliche Funde durch Feuersetzen und beim Rösten von Bleierzen entstanden sein.

Der Name war früher nicht eindeutig, indem zwischen Bleirot und → Zinnober nicht klar unterschieden wurde. Vielfach ist minium bzw. Mennige ganz allgemein hochroter Farbstoff. Verwendung besonders auch in der alten Buchmalerei; das mit minium gemalte Bildchen hieß Miniatur.

2. Der Ursprung des Wortes wird in Spanien vermutet. Der Dichter Properz hat eine Geliebte, deren Antlitz ist licht, wie wenn maeotischer Schnee mit iberischer Mennige streitet (II 3, 11). Diese iberische Mennige bringt man in Zusammenhang mit dem iberischen Fluß Mineus (jetzt Minho). Dieser heißt, so sagt Isidor (13, 21, 32), nach der Farbe des Pigments, das in ihm massenhaft gefunden wird.

Mergel Ein Gemenge von Kalk, Ton u.a., soll nach antiken Nachrichten schon bei den Kelten zur Düngung gebraucht worden sein. Gallisches marga ist überliefert (Plin. 17, 42),

gallisches margila ist zu erschließen. Daraus mittellat. margila, althochd. mergil.

Mergelerde, Mergelstein, Mergelschiefer.

Merkurblende → Zinnober.

Mesitinspat Mischkristall zwischen Magnesit und Siderit, davon Breithaupt (1827) μεσίτης Vermittler benannt. Das Synonym Breunerit (heutige Schreibweise meist Breunnerit, nach einem Grafen Breuner benannt, Kobell 1853, S. 11) wird auch für schwach eisenhaltigen Magnesit verwendet.

Mesolith → Mesotyp.

Mesotyp wurde (1801) von Hauy benannt nach der Kristallform, und zwar wurde diese verglichen mit der Kristallform zweier nahe verwandter Mineralien. μέσος mitten, τύπος Gestalt. Die Kristallgestalt sollte zwischen der des Analcims und des Stilbits in der Mitte stehen. In der Folge erwies sich, daß das Mineral diese Mittelstellung nicht hat (1853. Kobell S. 59). Doch blieb der Name bis ins 20. Jahrhundert. Er wurde Bezeichnung einer Zeolithgruppe, deren Glieder durch verhältnismäßig größern oder geringern Natriumbzw. Kalzium-Gehalt unterschieden sind: Natrolith (Klaproth 1803) ist vorwiegend «Natronmesotyp». Mesolith (Fuchs 1816, μέσος mitten) steht chemisch in der Mitte. Der «Kalkmesotyp» heißt nicht nach der Zusammensetzung, sondern nach dem Sichkrümmen vor dem Lötrohr: Skolezit (Fuchs 1813). Griech. σκωληκίζειν sich wie ein Wurm krümmen. – Werners Faserzeolith und Mehlzeolith gehören ganz oder teilweise hierher. – Die Bezeichnung Mesotyp ist jetzt ungebräuchlich geworden und durch die Bezeichnung Natrolithgruppe ersetzt.

Metall 1. Bemerkenswert ist das späte Auftreten des Begriffs. Im Ur-Indogermanischen ist kein Wort mit dieser Bedeutung nachweisbar, ebensowenig im Germanischen oder im ältesten Griechisch oder ältesten Deutsch. Die Namen der einzelnen Metalle sind weit früher in der Sprache da als der zusammenfassende Begriff, ein Anzeichen, wie weit die Urzeit von jeglichem Systematisieren in moderner Art entfernt ist.

2. Das spätalthochdeutsche gesmîde bezeich-

net Schmiedbares und Geschmiedetes, also Metalle und Metallgerät.

«Von dem gesmeid ... daz ist sibenlai: golt silber gunderfai kupfer zin plei und eisen. diu gesmeid hât got beschaffen zuo menschleichem nutz. den mezzink begreift man under dem kupfer und stahel under eisen» (1350. Megenberg S. 474).

Seit dem 13. Jahrh. beginnt das Fremdwort Metall das deutsche «Geschmeide» zu verdrängen und auf die heutige Bedeutung einzuengen.

3. Lateinisch metallum geht zurück auf griechisch μέταλλον: Grube, Bergwerk, später auch das in Gruben Gefundene, das Erz, das Metall. Im älteren Griechisch hießen die Metalle μεταλλεῖα (Platon), μεταλλευτά (Aristoteles). Schon Isidor bringt die Wortgruppe mit μεταλλᾶν forschen, ausfragen zusammen. Metall ist das, wonach man in der Erde sucht.

4. Paracelsus sagt nicht mehr Geschmeide, sondern Metall. Seine Übersicht der Metallarten ist der Zeit weit voraus: «Nun weiter von der geberung der metallen so wissent, das ir ein gute zal ist. dan das ist ein metal, das das feur gewaltigen mag und vom man in ein instrument mag gebracht werden. als nemlich ist golt, silber, eisen, kupfer, blei, zinn, dise seind am tag für metallen erkent. weiter seind nun auch etliche metallen, die nit in der geschrift, in der philosophei der alten oder in der gemein erkent seind, und doch metallen. als der zinken, der kobolt, die sich vom feur lassen hemmern und schmiden. ... dan man kent nur die fürnemesten, so zu brauchen am bequemsten und füglichsten seind, als golt, silber, eisen, kupfer, zinn, blei. die andern wil man mit einem verwundern lassen fürfaren und nicht trachten ir eigenschaft; dan der schmit acht ir nit, der zinngießer auch nit, der keßler nit, der goltschmit nicht, noch so ist es ein metall für seinen meister, der noch nicht geboren ist» (um 1525. Paracelsus, I 3 S. 49).

Metalle im Gegensatz zu Steinen → Kap. II 6. – Schwefel-Quecksilber-Theorie → Schwefel 3 und Quecksilber 4. Zuordnung zu Planeten → Kap. V 1 und XIV 3.

Meteorstein Der Name geht zurück auf griech. μετέωρος, μετήορος «in der Schwebe»,

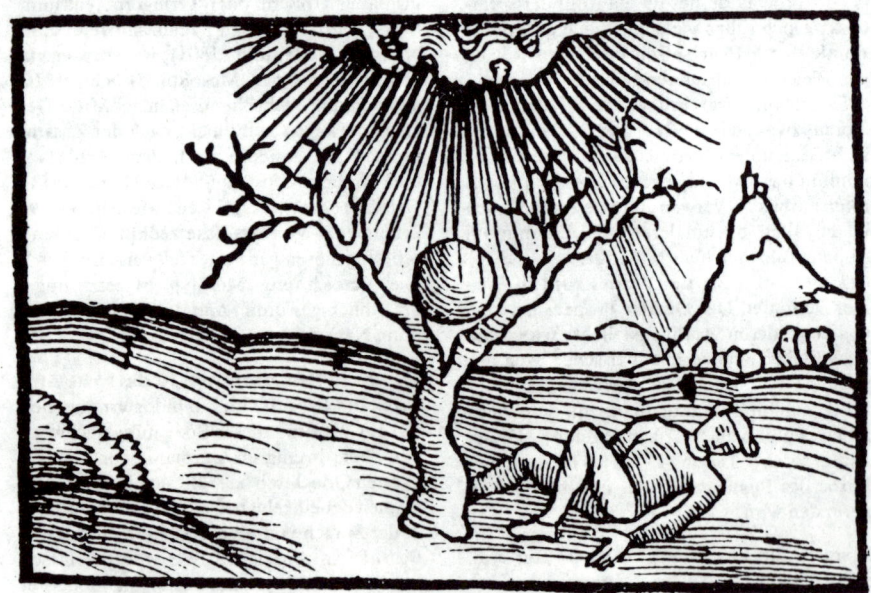

«Vom Himmel fallende Steine»
Donnerstein, einen Baum spaltend; Schlangenzunge, einen Menschen tötend. (1508. Reisch, Margarita philosophica.)

«emporgehoben» (zu μετά inmitten, ἀείρειν heben). Die Mehrzahl, τὰ μετέωρα, bedeutet überirdische Dinge, Himmels- und Lufterscheinungen. In diesem Sinne sind Meteore auch die Erscheinungen der glühenden, die Atmosphäre durchfliegenden Himmelskörper. Treffen sie auf den Boden, so gehören sie der Erde als Steine an und heißen nunmehr Meteorsteine, Meteoriten, auch Aerolithen (ἀήρ Luft, λίθος Stein), Luftsteine.

Treffen solche «Meteora» auf den Boden, so gehören sie der Erde als Steine an. Man nannte sie «vom Himmel gefallene Steine», bis der Wittenberger Privatgelehrte Chladni (1794) erstmalig «mit einer Wahrscheinlichkeit, die an Gewißheit grenzt», ihre Herkunft aus dem Kosmos behauptete. In der Folgezeit wurde eine Nomenklatur ausgebildet, welche drei Hauptgruppen von «Meteoriten» unterschied: Eisenmeteoriten, Steinmeteoriten, Glasmeteoriten (→ Tektit). Dabei erhielt denn auch Chladni seine Ehrung durch den Chladnit (Shepard 1846), eine nur in Steinmeteoriten vorkommende Varietät des Enstatits ohne dessen Gehalt an Fe.

Eisenmeteoriten sind weitaus am häufigsten. Die Verwendung von Meteoreisen geht in älteste Zeiten zurück. → Farbtafel 3.

Am bemerkenswertesten sind die Oktaedrite, das heißt diejenigen Eisenmeteoriten, welche auf polierten und dann geätzten Flächen die von Widmanstätten 1808 entdeckten und nach ihm benannten Figuren zeigen. Dabei werden drei Gefügeteile sichtbar, die sich durch ihren Nickelgehalt unterscheiden und die (von Reichenbach 1861) nach ihrem Anteil am Gefüge benannt wurden: Balkeneisen oder Kamazit (κάμαξ langes Stück Holz oder Stange), Bandeisen oder Taenit (ταινία Band), Fülleisen oder Plessit (πλῆθος Fülle, Menge). Das Balkeneisen, nickelarm, bildet oktaedrisch geordnete Lamellen und wird am stärksten durch Säure angegriffen. Das nickelreichere Bandeisen umsäumt die «Balken» und ist nahezu unangreifbar, das Fülleisen in den Zwischenräumen ist eine enge Verwachsung beider.

«Dieses Widmanstättensche Gefüge ist eine Urkunde der Geschichte unseres Planetensystems, die eindeutig zu entziffern bisher nicht gelang» (1969. Schröcke/Weiner, Mineralien Taf.4).

Miargyrit   Silber-Antimon-Sulfid. Silberantimonglanz. – Die erste Silbe von Miargyrit ist ein völlig unkenntlich gewordenes griechisches μείων weniger. ἄργυρος Silber. So benannt von H. Rose (1829), weil das Mineral weniger Silber enthält als die ähnliche Antimonsilberblende.

mica   → Glimmer.

Mikroklin   → Feldspat 4 u. 5.

Milarit   (Kenngott 1870): Seltenes Silikat, benannt nach dem Val Milar, das vom ersten Finder fälschlich als Fundort angegeben wurde. Der wirkliche Fundort lag in dem nahen Val Giuf bei Rueras in der Schweiz.

Milchquarz   → Rosenquarz.

Millerit   → Haarkies.

Mimetesit   → Grünbleierz.

Mimetit   → Grünbleierz.

Mineral   Seit dem 13. Jahrhundert im Mittellateinischen, seit dem 16. Jahrhundert im Deutschen belegt. «Nun wissen am ersten, das das element wasser ein muter ist aller mineralien» (um 1525. Paracelsus, I 3 S. 33).

Abgeleitet aus französisch mine Erzgrube, unterirdischer Gang. Dieses wird (ebenso wie engl. mine) auf keltischen Ursprung zurückgeführt. Das in keltischen Dialekten erhaltene Stammwort bedeutet Erz, rohes Metall. Mineral demnach das aus den Gruben geholte Erz, das Berggut. Dann erweitert zur heutigen Bedeutung.

Agricola sagte nicht Mineral, sondern Fossil. Es ist anzunehmen, daß er den mittellateinischen durch einen klassisch-lateinischen Ausdruck ersetzen wollte: lateinisch fossilis ausgegraben, zu fodio ich grabe. Fossil entspricht dem Aristotelischen ὀρυκτά Gegrabenes, wird aber von Agricola im Gegensatz zu Aristoteles in erweitertem Sinn gebraucht: «Hiernach ist ersichtlich, daß fossiler Körper (corpus fossile) die Gattung ist. Sie umfaßt Erde, Stein, Metall» (1546. Foss. S. 183).

Agricola fand einige Nachfolge. Vor allem Werner und seine Schule, gelegentlich auch noch Goethe gebrauchten das Wort Fossil im Sinne von Mineral. Die Einengung des Begriffes Fossil auf Versteinerungen war damals schon weitgehend anerkannt und wurde Anfang des 19. Jahrhunderts vollends durchgeführt.

Unter einem Mineral versteht man einen chemisch und physikalisch einheitlichen, natürlichen Bestandteil der festen Erdkruste, dessen Bausteine dreidimensional periodisch angeordnet sind. – «Von den nicht festen anorganischen Naturprodukten wird als einzige Ausnahme das Quecksilber zu den Mineralien gerechnet» (1941. Strunz S. 1), außerdem zählen mit Vorbehalt einige amorphe Gebilde zu den Mineralien.

minium → Mennige und Zinnober.

Mirabilit → Glaubersalz.

Mißpickel ist seit dem 16. Jahrhundert belegt in verschiedenen Formen: Miszpieckel, Mispütl, Mißpült usw. Man hat das Wort deuten wollen als Miß-Bühl oder Miß-Buckel, vielleicht Mist-Buckel, übler Auswuchs, übler Knollen. Unabhängig von der Richtigkeit dieser Deutungen ist jedenfalls das Wort in der jetzigen Form durch seine Anklänge an Widerwärtiges durchaus als Scheltwort kenntlich. Als solches wurde es immer empfunden. Vgl. Kap. XIII 8 (Jean Paul).

Mißpickel diente zur Herstellung von Rauschgelb und weißem Arsenik, war aber dem Schmelzer höchst unerwünscht. «Der Arsenic mit seinem Mißpickel darf in diesen Umständen, (in andern möchte es noch was anders mit ihm seyn,) an diese Stelle gar nicht riechen, sondern wird schon auf der Scheidebank, so viel möglich, und zwar vornemlich als ein Bleyfresser, Silberverderber und zur Verschlackung hinderlicher ja schädlicher Pursch gar ausgemerzt» (1754. Henkel S. 870).

Mißpickel ist FeAsS. Während seine arsenikalische Natur von je bekannt war, wurde der Schwefelgehalt lange übersehen, so daß die Unterscheidung vom Löllingit (Arseneisen) erschwert war.

In der Fachsprache ist Mißpickel durch zwei neuere Synonyme verdrängt worden. Henkel nannte das Mineral schon gelegentlich Arsenikkies (1725). Diese Form herrschte bis um 1850, dann setzte sich die jetzige Form Arsenkies durch. Daneben ist noch Arsenopyrit (Glocker 1847) gebräuchlich.

Modererz → Raseneisenstein.

Mokkastein Auch Mochastein oder ähnlich. Synonym für Baumstein, Baumachat. Früher soll viel Material dieser Art aus Mokka am Roten Meer und der Halbinsel Kathiavar in Vorderindien gekommen sein.

«Agath … halbdurchsichtiger mit schwärzlichbraunen Rändern, und baumähnlichen Figuren. Mochus. Pierre de Mocca. – Wird sehr hoch geschätzet, und machet oft in gewissen Sammlungen, wegen der Aehnlichkeit der darauf befindlichen Figuren mit Gewächsen und Thieren, den größten Werth derselben aus. Zu erwähnter Aehnlichkeit trägt auch bisweilen die Kunst sehr vieles bey» (1770. Cronstedt-Brünnich S. 73).

Moldawit Erstmals 1787 in Böhmen nahe der oberen Moldau gefunden und nach dieser benannt. Stets in losen Stücken unter Faustgröße. Vermutlich Glasmeteoriten. Farbe flaschengrün. Werner erwog Aufnahme in sein System unter dem Namen Bouteillenstein. Auch Wasserchrysolith genannt.

molochitis → Malachit.

Molybdän Der Name geht zurück auf griech. μόλυβδος Blei. Davon abgeleitet μολύβδαινα, Bezeichnung für verschiedene Bleigegenstände und Bleiprodukte, ebenso latein. molybdaena (Plin. 34, 173) für Bleierze und künstliche Bleiprodukte. Die genaue Abgrenzung des Begriffes ist umstritten. Das Wort wurde auch im Neulateinischen nicht einheitlich verwendet, oft gleichbedeutend mit galena (Bleiglanz), oft aber auch als Bezeichnung für → Wasserblei. – Im Wasserblei wurde dann ein neues Metall gefunden. Der schwedische Chemiker Hjelm stellte es 1790 erstmals rein dar, nachdem sein Landsmann Scheele es 1778 in Form des Oxids (MoO_3) gewonnen hatte. Es erhielt den an Blei erinnernden Namen Molybdänium, der aus sich selbst nicht einleuchtet, aber aus der Entdeckungsgeschichte völlig verständlich wird.

Molybdänbleispat → Gelbbleierz.

Molybdänglanz (Karsten 1808), MoS_2, ging früher mit unter dem Namen → Wasserblei. Auch nach der Entdeckung und Benennung des → Molybdäns blieb zunächst noch der

Name Wasserblei, zum Beispiel bei Hausmann 1813. Jetzt gebräuchliches Synonym: Molybdänit (bei Kirwan Bezeichnung des Metalls, von Brongniart 1807 auf das Sulfid übertragen).

Molybdänit → Molybdänglanz.

Monatssteine 1. Zugrunde liegt das von der Antike geschaffene und vom Mittelalter weiter ausgearbeitete ptolemäische Weltbild. Die Erde ist von einer Reihe übereinander gelagerter Sphären umgeben, deren jede aus den höher kreisenden Einflüsse empfängt. So dringen die Wirkungen von Gottes Allmacht stufenweise bis zu uns herab. – Die Edelsteine bilden sich durch den Einfluß der Fixsterne und können Wirkungen aus dem Makrokosmos in den menschlichen Mikrokosmos überleiten, und zwar entsprechen sich nach Agrippa von Nettesheim (1533. De occulta philosophia S. 132f.) die 12 Steine der Apokalypse und die 12 Zeichen des Tierkreises. Mit diesen hängen wiederum die 12 Monate zusammen. Hiernach kann man mit Hilfe der Astrologie den für einen bestimmten Menschen auf Grund seiner Geburtsstunde wirksamen Stein herausfinden. Dieser Stein müßte treffend Geburtsstein heißen. Im Englischen gibt es den Ausdruck birthstone. – Das Verfahren der Astrologie ist umständlich und wird gern umgangen, indem man statt des Geburtshoroskops den Geburtsmonat als maßgeblich ansieht.

2. Die Auswahl der Geburts- oder Monatssteine hat im Lauf der Zeiten gewechselt. Ein zugleich antiker und mittelalterlicher Beleg findet sich in Notkers Erklärung des Martianus Capella (I 39ff.). Zwölf Steine glänzen im Kronreif des Sonnengottes Sol oder Apollo, entsprechend den zwölf Monaten und den zwölf Tierkreiszeichen. Die Zuordnung wird von Notker im Anschluß an seine Quelle knapp und rational begründet. Der Smaragd zum Beispiel, weil aller Steine grünster, gehört zum Tierkreiszeichen Stier und zum Mai, denn dann ist Laub und Gras im Vollgrün. «... smaragdus, állero stéino grûonesto ... Tér íst kegében tauro únde maio, uuánda dánne íst lóub únde grás in álegrûoni.» – Cristallus (Bergkristall) ist nach dem Eis benannt, woraus man sagt daß er entsteht. «Cristallus íst

sagittario únde decembrio gegében. uuánda in démo mânôde îsên gestât.» «Denn in dem Monat hebt Frieren an.» Wenn Agrippa von Nettesheim die 12 Steine der Apokalypse angibt, stützt er sich auf das Ansehen einer alten Tradition. In Theodor Körners Gedichtreihe «Die Monatssteine» dagegen wird Auswahl und Reihenfolge durch persönliches Empfinden bestimmt. Zum Beispiel wird dem Oktober mit seiner kühlen und klaren Luft der klare Aquamarin zugeordnet. Die Vereinigung der Goldschmiede Großbritanniens hat (nach Webster S. 849) eine Liste vereinbart, in welcher – ebenso verständlich – für den Oktober der bunte Opal gewählt wurde. Diese Liste unterscheidet sich von der Körners auch dadurch, daß mindere Steine wie Heliotrop und Chalzedon ausgeschieden und kostbare wie Diamant und Perle aufgenommen sind. Die im deutschen Sprachbereich kursierenden Verzeichnisse stimmen nur teilweise mit dem englischen überein. Vielfach werden je zwei Steine für jeden Monat angeboten, ferner getrennte Listen für Tierkreis-Steine und Monats-Steine, Listen für Planeten-Steine und Wochentags-Steine. So ist die Vielfalt der sich überschneidenden Zuordnungen unübersehbar geworden.

3. Reihenfolge nach *Agrippa:* 1. Widder/ März/Sardonyx. 2. Sarder (unser Karneol). 3. Topas. 4. Chalzedon. 5. Jaspis. 6. Smaragd. 7. Beryll. 8. Amethyst. 9. Hyazinth. 10. Chrysopras. 11. Bergkristall. («Chrystallus» statt des richtigen «Chrysolithus»). 12. Saphir. – Nach *Körner:* 1. Januar/Hyazinth. 2. Amethyst. 3. Heliotrop. 4. Saphir. 5. Smaragd. 6. Chalzedon. 7. Karneol. 8. Onyx. 9. Chrysolith. 10. Aquamarin. 11. Topas. 12. Chrysopras. – *Englische Goldschmiede:* 1. Januar/Granat. 2. Amethyst. 3. Aquamarin. 4. Diamant. 5. Smaragd. 6. Perle. 7. Rubin. 8. Peridot. 9. Saphir. 10. Opal. 11. Topas. 12. Türkis.

Monazit Benannt von Breithaupt (1829): μονάζειν einzeln sein, auf die Seltenheit bezüglich. Monazit ist ein Phosphat, das verschiedene der sogenannten seltenen Erden enthält.

Mondmilch Auch Berggur, Bergzieger (das ist Berg-Molke), Bergmilch (Werner), Mehlkreide, Bergmehl usw.

Feinerdige, zerreibliche, manchmal etwas festere Massen von Kalkspat und Aragonit; ohne Zweifel ging auch Kieselgur oft unter dem Namen Mondmilch. Häufig in Form milchartiger Sickerwässer.

Auffällig ist die in älteren Büchern (18. und 19. Jahrhundert) vorkommende Schreibung Montmilch. Es liegt nahe, dabei an lateinisch mons, montis oder franz. mont zu denken. Diese Deutung geht aber fehl. Mondmilch wird in der Schweiz gefunden in Höhlen, welche Montloch, Mondmilchloch, Mâmilchloch heißen. Das sind mundartlich verschiedene Bezeichnungen oder Schreibungen für dieselbe Sache. Alle beziehen sich auf den Mond, dessen wachstum- und fruchtbarkeitspendende Wirkung man in der Mondmilch anwesend glaubte. Als Heilmittel für Euterkrankheiten bei Kühen ist Mondmilch in der Schweiz noch für das 20. Jahrhundert bezeugt, ihre Verwendung geht andererseits in älteste Zeiten zurück (Bächtold-Stäubli VI S. 538).

Der entsprechende Stein der Antike ist der Galaktites. → galactîdâ.

«Diese staubigte Kalkerde, scheinet ein aus zerfallenen Kalksteinen zusammengeflossener Schlamm zu seyn … Bisweilen findet man sie in Bergklüften, und alsdann erhält sie vorzüglichere Namen. Sie heisset alsdenn: Guhr, Mondmilch, Agaricus mineralis, u.s.f.» (1770. Cronstedt-Brünnich S. 13).

«In den letztern Mißwachsjahren vermischte man das Mehl mit Dingen, die theils gut, oder wenigstens unschuldig, theils aber schädlich waren. Unter den letzten befand sich auch eine unweit von hier vorgefundene so genannte Mehlerde, die von den Mineralogen Bergmehl, oder auch wohl Mondmilch, mineralisches Mehl, farina fossilis, Agaricus mineralis, Lac lunae, Morachtus, (wiewohl diese Nahmen nicht gänzlich einerley sind) genannt wird … Der gemeine Mann hielt es für eine besondere Wohlthat, dergleichen dem gewöhnlichen Mehle zusetzen zu können. Da ich davon hörete, ließ ich mir etwas gebackenes Brod zuschicken, fand es aber in der Hand so schwer, daß ich es für eine höchst schwer verdauliche Speise ansehen mußte … Ich habe die mir zugesandte Probe des davon gebackenen Brotes nicht kosten wollen» (1809. Krünitz Bd. 87 S. 397. Dort zitiert nach Germershausen, Hausmutter 3. Aufl. 1791).

Mondmineralien und Mondgesteine gelangten erstmals durch das amerikanische Unternehmen Apollo 11 im Jahre 1969 auf die Erde. Unter den mitgebrachten Proben fanden sich auch einige bisher unbekannte Mineralien, die aber keinen Anlaß gaben, von der für irdische Mineralien üblichen Benennungsweise abzuweichen. Dazu drei Beispiele, ein Name nach Personen, einer nach der Zusammensetzung, einer nach dem Fundort:

Armalcolit, ein Oxid, Magnesium, Eisen und Titan enthaltend. Name zusammengesetzt aus den Anfangssilben der Namen der drei Astronauten Armstrong, Aldrin und Collins, die 1969 als erste Menschen den Mond betraten und die Mineralproben mitbrachten.

Pyroxferroit, benannt nach der Zusammensetzung: ein eisenreicher Pyroxen.

Tranquillityit, ein im Gegensatz zu den vorigen sehr seltenes und kompliziert zusammengesetztes Silikat, mit Zirkonium, Titan und seltenen Erden. Vorkommen in winzigen Partikeln im basaltischen Gestein des Mare Tranquillitatis (Sea of Tranquillity).

Mondstein Der Name erscheint im Neuhochdeutschen bis gegen Ende des 18 Jahrhunderts nur selten, und zwar als Übersetzung des griech.-latein. Selenites.

Griech. σεληνίτης, zu σελήνη Mond, lat. selenites, selenitis. Mittellateinisch meist silenites. Nach den Beschreibungen wird im allgemeinen angenommen, daß es sich um Fraueneis (Marienglas) handelte. «Selenites leuchtet mit weißem, ins Honigfarbene spielenden Glanz. Er enthält das Bild des Mondes, und zeigt von Tag zu Tag dessen Zu- und Abnahme – wenn es wahr ist» (Plin. 37, 181).

«Der Stein Selenites, den einige Mondschaum (ἀφροσέληνος) nannten, weil er nachts bei zunehmendem Mond gefunden wird, entsteht in Arabien, ist weiß, durchsichtig, leicht. Abschabsel davon gibt man als Trank den Fallsüchtigen, und die Frauen tragen ihn zum Schutz als Amulett. Es scheint, daß er Bäumen beigegeben die Fruchtbildung fördert» (Diosk. V 141. Andre Lesart: «an Bäume gehängt»).

Die mittelalterliche· Weiterüberlieferung

wurde noch bereichert an Wunderbarem und verwirrt durch Verwechslung von selenites und celonites, wie sie sich zum Beispiel bei Megenberg findet (vgl. Plin. 37, 155 chelonia und Megenberg S. 463). Marbod (26) und andere schildern ihn als grün, ähnlich dem Jaspis, Megenberg als verschiedenfarbig.

Das Aufklärungszeitalter war folgerichtig der Meinung, daß solcher Stein nicht existiere. «Mond-Stein, Selenites ... Ein Stein, davon die Alten viel Wunder erzehlen, als, daß er mit dem Monde ab- und zunehme, oder daß bey Nacht der Wedel des Monds an dem Steine zu sehen sey, u.d.g. Nach der heutigen Meynung, weil ein solcher Stein sich nirgend finden will, werden sie denjenigen darunter verstanden haben, den wir Frauen-Eiß, oder U.L.F. Eiß nennen» (1739. Zedler Bd. 21).

Mit der fortschreitenden Mineralogie verlor der Selenites an Interesse, die Bezeichnung Mondstein wurde vakant und erhielt Ende des 18. Jahrhunderts die heute noch gültige Bedeutung. Demnach heißen Mondstein bestimmte Arten von weißem Feldspat, die geschliffen einen wogenden milchigen Lichtschein zeigen. Der Name ist damit zu einer höchst sachgemäßen Verwendung gekommen.

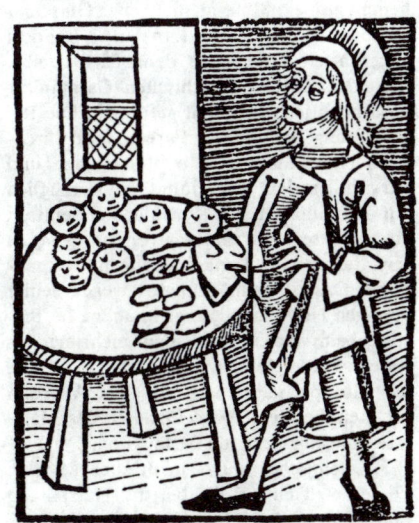

Silenites mit dem Bild des Mondes. (1509. Hortus.) 4:5.

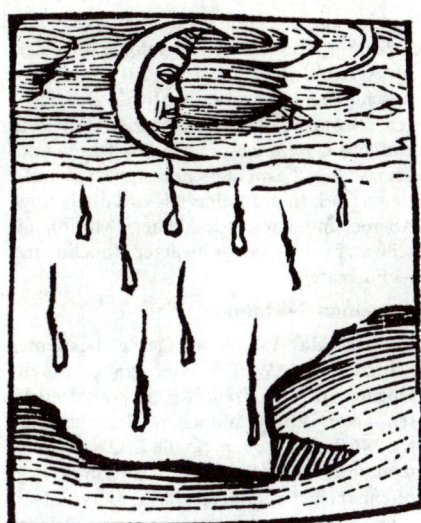

«Aphrosolinus», «des mones stein», aus Himmelstau im Mondschein gerinnend. (1509. Hortus.) 4:5.

Montmorillonit (Salvétat 1847): wasserhaltiges Tonerdesilikat (mit Na, Mg, Ca), benannt nach dem Fundort Montmorillon (Dép. Vienne). Weltweit verbreitet als Gemengteil von Böden und Tonen.

«Montmorillonit ist ein wesentlicher, oft die Kaolinmineralien an Menge übertreffender Bestandteil sehr vieler, besonders tropischer Böden und hauptsächlich für viele ihrer Eigenschaften (Wasserhaltigkeit, Basenadsorption und damit Fruchtbarkeit!) verantwortlich» (1978. Klockmann-Strunz S. 753).

Moosachat «ist ein durchscheinender Chalzedon, erfüllt von wirr ineinandergeschlungenen, feinen, grünen Fasern von Hornblende, die den Eindruck von eingeschlossenem Moos machen ... Bei zu dicht eingelagertem Moos spricht man von Moosjaspis» (1969. Schloßmacher S. 269). Moosagath (Werner 1791).

Morasterz → Raseneisenstein.

Morganit ist rosaroter Beryll, benannt (1911) von dem Neuyorker Edelsteinfachmann G.F. Kunz nach dem Finanzmann und Sammler John Pierpont Morgan.

Morion ist verderbte Lesart des lateinischen

mormorion, das einmal bei Plinius (37, 173) vorkommt und dessen Etymologie ungeklärt ist. Agricola (1546. Foss. S. 301), in engem Anschluß an Plinius, nennt Morion den einzigen schwarzen durchscheinenden Edelstein und gibt Unterarten je nach der Tönung des Schwarz an, die nicht mehr genau zu identifizieren sind. In der Folgezeit wird die heutige Abgrenzung immer deutlicher: Morion als schwarzer oder fast schwarzer Rauchquarz. → Farbtafel 4.

mormorion → Morion.

Mückenstein Ein weniger bekannter Schmuckstein. Weißer oder grauer durchscheinender Chalzedon mit zerstreuten schwarzen oder bräunlichen Fleckchen, die wie Mücken aussehen. So die Erklärungen in modernen Edelsteinbüchern. Zugrunde liegt offenbar ein derberer Vergleich: «Krystall mit Fliegenkoth nennt man denjenigen, welcher schwarze, braune oder rostige Puncte enthält» (1783. Brückmann, Beyträge II S. 98).

Mühlensteinchen → Räderstein.

Mühlstein gibt den Verwendungszweck an und ist also, weil je nach Gegend verschiedenstes Material als Mühlstein verarbeitet wird, kein allgemein gültiger Name für eine bestimmte Steinart geworden.

«So auch treibe ich meinen alten Spaß noch immer fort, in jeder Mühle nachzufragen, wo sie ihre Mühlsteine hernehmen, und dieses gibt mir eine schnellere Übersicht der Geologie des Landes, als man denken könnte» (1813. Goethe, Werke XX S. 521).

Daß «Mühlstein» hier und da auf dem Wege gewesen ist, Gesteinsname zu werden, zeigen die folgenden Belege.

«Rheinländischer Mühlenstein, wurmfrasiger Quarz ... Man gebraucht ihn vornämlich zu Mühlensteinen von mancherley Grösse, vornämlich gerne bey Getraidemühlen» (1777. 1785. Gmelin I S. 613. IV S. 211f.).

«Besonders bekannt ist die löcherige Mühlsteinlava, welche bei Niedermendig in der Eifel in unterirdischen Steinbrüchen gewonnen wird» (1940. Rinne S. 249).

Muriacit → Anhydrit.

Murra-Stein (Stefan George 1892), Murrha (Zedler 1739), Murrina (Hortus 1509). Ein im Deutschen selten gebrauchter, aber mineralogisch, kulturgeschichtlich und sprachlich sehr bemerkenswerter aus dem Lateinischen übernommener Name.

1. Das Wort findet sich im Lateinischen seit dem ersten Jahrhundert vor Christus in verschiedener Schreibung: murra, murrha, myrrha. Der Dichter Martial gebraucht es als Materialbezeichnung: «maculosae pocula murrae», «Trinkgefäße von bunter Murra» (10, 80), auch als Bezeichnung für diese Gefäße selbst: «nos bibimus vitro, tu murra», «wir haben getrunken aus Glas, du aus Murra» (4, 85). – Zu murra gehören die Adjektive murreus und murrinus: (vasa) murrina, murrinische Gefäße, «Murrinen». Nach Plinius (37, 18) hat erstmals Pompejus Murrinen (myrrhina) und zwar Opferschalen und Trinkgefäße aus dem Osten nach Rom gebracht und dem Kapitolinischen Jupiter geweiht. Seitdem waren solche Trinkgefäße begehrt. Sie galten als höchster Luxus und erreichten schwindelhafte Preise.

2. Das Material, aus dem sie hergestellt wurden, war nach jetziger Auffassung Flußspat. Jedenfalls ergibt sich bei dieser Annahme keinerlei Widerspruch zu den gesamten Angaben bei Plinius (33, 5; 36, 1 und 198; 37, 18–22 und 30). Das Material wird gegraben, ist also ein Mineral, nicht etwa Glas oder sonstiger künstlicher Stoff. In den als Fundort angeführten Gegenden, dem Partherreich, besonders dem südparthischen Carmanien, wird noch jetzt Flußspat gefunden. Die Beschreibung der bunten Farben und durchscheinenden Stellen, des matten Glanzes und der schillernden Spiegelung paßt vorzüglich auf den Flußspat. Ein Konsular soll derart in ein kostbares «Myrrhinum» vernarrt gewesen sein, daß er beim Trinken den Rand beknabberte. Das ist beim Flußspat wegen seiner geringen Härte möglich, nicht aber zum Beispiel beim Achat, den man mehrfach als Material vermutet hat. Einige wenige Gefäße aus Flußspat haben sich aus dem Altertum erhalten, bei der Zerbrechlichkeit des Materials eine ausreichende Bestätigung.

3. Lateinisches murra heißt auch Myrrhe. Diese spielt eine Rolle bei der Herstellung und beim Gebrauch murrinischer Gefäße. Der zerbrechliche Flußspat ist schwierig zu

bearbeiten und muß erst mit Harz durch-
tränkt werden. Myrrhenharz ist geeignet. Es
gibt dem Flußspat Myrrhengeruch und dem
Wein eine Andeutung von Myrrhenge-
schmack. Mit Myrrhe parfümierter Wein war
eine Zeitlang in Rom beliebt. Plinius erwähnt
den Duft der Gefäße, und das Beknabbern
des Randes hatte ohne Zweifel guten Grund.
Aus allem ist zu schließen, daß (vasa) murrina
bedeutet: mit Myrrhenharz getränkte Gefäße,
und daß es ein Mineral murra ursprünglich
nicht gegeben hat. Wenn Martial von Trink-
gefäßen aus bunter Murra spricht oder sagt,
du trinkst aus Murra, so sind das dichterische
Wendungen, in denen Myrrhe anstelle des
unbenannten Minerals getreten ist (Ziffer 2
und 3 nach Pauly-Wissowa, Artikel Vasa
Murrina).

4. Die Beschreibung und Fundortangabe
des Plinius (37, 21–22) wurde von Isidor (XVI
12, 6) gekürzt wiedergegeben, Isidor wiederum vom Hortus Sanitatis in freier Übersetzung. Es heißt da vom Stein Murrina: «Vnnd
sye achten/ das es sye ein füchte vnder der
erden die hert würt/ hat eyn fürenden glast
mit eim widerschyn der farben/ als man an
dem regenbogen sicht» (1509. Hortus IV 82).
Durch Agricola (1546. Foss. S. 296f.) gelangt
dann der Stein Murrhina ins gelehrte Schrifttum, und es beginnt die Reihe der jetzt über-
holten Vermutungen, welches Mineral darunter zu verstehen sei.

5. In der Lebensbeschreibung des Heliogabalus von Lampridius werden auch die «myr-
rina» des Kaisers erwähnt. Dadurch kam es zu
der Aufnahme des Wortes in Stefan Georges
Dichtung Algabal (1892. Werke II S. 95),
jedoch in gänzlich anderer Verwendung: «Da
lag die kugel auch von murra-stein/ Mit der in
früher jugend er gespielt.»

Muschelkalk Seit dem 18. Jahrhundert
Name einer «Felsart»: muschelreicher Kalkstein. Später auch Bezeichnung für eine Abteilung der Trias-Formation, in welcher Muschelkalk häufig ist.

«Die Plaine, worauf Palermo liegt ..., hat
große Lager Muschelkalk zum Grunde. Die
Stadt ist daraus gebaut; es sind große Stein-
brüche darinnen» (1787. Goethe. Werke XX
S. 220).

Auch sonst werden Kalke nach den Tierre-
sten genannt, aus denen sie hauptsächlich
aufgebaut sind: Korallenkalk, Nummulitenkalk, Fusulinenkalk, Trochitenkalk.

Muskovit bedeutet moskauischer Stein, russischer Stein. Im Deutschen des 18. und
19. Jahrhunderts war die entsprechende Bezeichnung Russisches Glas. Der Name ist
verhältnismäßig jung, die Verwendung an
Stelle von Glas aber geht schon ins Altertum
zurück. Das Mineral, eine Glimmerart (und
zwar Kaliglimmer), ist in äußerst dünne
durchsichtige Blätter von oft beträchtlicher
Größe spaltbar. Im Altertum ging es unter
dem Namen → Spiegelstein (lapis specularis),
im Deutschen hieß es → Spat oder → Glimmer oder Katzensilber, Katzengold, wozu
dann noch die Bezeichnung Russisches Glas
kam, als man im Ural besonders große Tafeln
fand.

«In Sibirien, wo die wichtigsten Gruben
von rußischem Glase sind, war dieser Körper
schon im Jahre 1680 bekannt ... Das rußische
Glas wird in Rußland selbst zu Fensterschei-
ben, in Leuchter, Häuser, Palläste und Kirchen, und vornämlich auf Schiffen gebraucht,
weil es wegen seiner ungemeinen Beugsam-
keit die Erschütterung, selbst von großen
Canonen, ohne Nachtheil erträgt» (1777.
Gmelin I S. 483f.).

Die Form Muskovit kam erst in der zweiten
Hälfte des 19. Jahrhunderts ins Deutsche, und
zwar aus dem Englischen. Muscovy glass
(Kirwan 1794). Muscovite (Dana 1850).

Mutterstein Schamstein (1737. Kundmann
Sp. 101). Buntzenstein, Mautzenstein (1719. P.

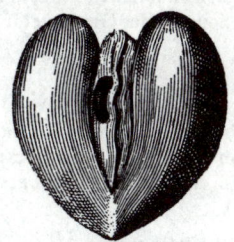

Mutterstein. (1704. Valentini I S. 63.)
Reichlich 1:2.

Wolfart, Historiae naturalis Hassiae inferioris
I S. 30). Neulateinisch Hysterolithus, auch
Hysteropetra, zu ὑστέρα Mutterleib, Gebär-
mutter. Fossile Armfüßer, Hauptfundstelle
Ehrenbreitstein bei Koblenz, in gewissen Er-
haltungszuständen einer Vulva ähnlich. Mit-
tel gegen Frauenleiden. Einige sollten auf der
Rückseite das männliche Glied repräsentie-
ren. In solchen wollte man den Diphyes des
Plinius (37, 157) erkennen (1704. Valentini I
S. 63).

N

Nadeleisenerz → Goethit und Brauneisenerz.

Nadelstein → Haarstein.

Nagelfluh 1. Fluh: gemeingermanisches
Wort, althochdeutsch fluoh, mittelhochd.
vluo Fels, Felswand, hat sich in schweizeri-
schen Mundarten erhalten.

2. Nagelfluh: seit dem 16. Jahrhundert belegt. In einer Rechnung von 1566 steht: «zwei
groß Nagelfluo-Stein oder Molassen» (nach
Rutsch S. 72). – Im 18. Jahrhundert bei
Schweizer Lithologen und Geognosten geläufig. – Synonyme, besonders in der Ostschweiz:
Nagelstein, Nagelfels.

3. Nagelfluh ist ein → Konglomerat, bei
dem die runden Geröllsteine wie Nägel aus
dem Fels hervorstehen. Doch gilt der Name
nicht für bröckelige, sondern nur für zähe, fest
zusammenhaltende Gesteine dieser Art. Anscheinend hat die Vorstellung des Genagelten,
durch Nägel fest Verbundenen mitgespielt.
Dem entspricht auch der bildliche Wortgebrauch bei Gotthelf: «Eine vierzigjährige Natur ist härter als Nagelfluh, und Nagelfluh
knübelt man nicht mit den Fingern auseinander» (Der Sonntag des Großvaters).

Nagyagit → Blättererz.

Naphtha → Bitumen.

Nassak Indischer Diamant, gehörte zum
Schiwatempel zu Nassak am oberen Goda-
wari. 1818 in europäischen Besitz gelangt, jetzt
in Neuyork.

Nasturan → Pechblende.

Natrium → Nitrum 8.

Natrolith → Mesotyp.

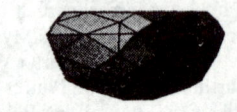
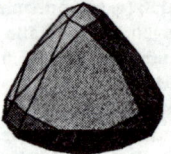
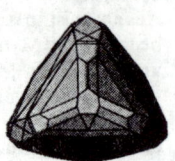

Nassak. (1896. Bauer Taf. XI.) 4:5.

Natron → Nitrum 7.

Natterzunge → Schlangenzunge.

Naumannit → Selen-Mineralien 3.

Naxischer Stein → Schmirgel.

Nephelin Ein Alkali-Tonerde-Silikat, dessen Kristalle in Säure zersetzt und infolgedes-
sen trübe werden. Darauf bezüglich der Name
(Hauy 1801): griech. νεφέλη Wolke. → auch
Eläolith.

Nephrit → Jade.

Nickel → Kupfernickel und Kap. XI 2.

Nickelblüte Nickelarsenat, entsteht als Ausblühung, das heißt als Verwitterungsprodukt
aus Nickelerzen, auf denen es dann dünne
Krusten und Überzüge bildet. «Bei der häufigen innigen Verwachsung von Kobalt- und
Nickelerzen kann es nicht verwundern, daß
die grüne Nickelblüte oft von der pfirsichblü-
tenroten Kobaltblüte begleitet wird. Wenn
das zutrifft, so ist eine sichere Unterschei-
dungsmöglichkeit gegenüber Kupfermineralien gegeben, bei denen die charakteristischen
Umwandlungsmineralien (Malachit und
Azurit) grüne und blaue Farben haben»
(1963. Parker S. 220).

Nickelblüte (Hausmann 1813. Übersetzung
von Flos Niccoli, Wallerius). – Synonym:
Annabergit (Haidinger 1852), nach einem
Hauptfundort. – Nickelocker (Werner) und
Nickelgrün (Breithaupt) sind nicht mehr ge-
bräuchlich.

Nickelglanz → Gersdorffit.

Nickelgrün → Nickelblüte.

Nickelin → Kupfernickel.

Nickelkies Früher Synonym von → Haarkies (Gelbnickelkies), jetzt Synonym von Polydymit (→ Kobaltnickelkies).

Nickelocker → Nickelblüte.

Nierenstein → Jade.

Niob, Niobium hieß zunächst Columbium. Der Engländer Ch. Hatchett fand das neue Element 1801 in einem angeblich aus Nordamerika stammenden und im Britischen Museum aufbewahrten Mineralien-Stück. Der Name Columbium bezieht sich auf die amerikanische Herkunft. Das nordamerikanische Mineral wurde Columbit (Jameson 1805) genannt. Es erwies sich als schwer unterscheidbar vom Tantalit. Mancher Columbit wurde in der Folgezeit als Tantalit bestimmt.

H. Rose entdeckte 1844 in einem Columbit von Bodenmais in Bayern ein Element, das er Niobium, Niob nannte nach der Tochter des Tantalus, wegen der engen Verwandtschaft mit dem Tantal. Das Mineral wurde Niobit (Haidinger 1845) genannt (Fe, Mn, Nb, O. Mit Übergängen zu → Tantalit).

Niobium und Columbium erwiesen sich als identisch, zunächst galten beide Namen, Columbium natürlicherweise vor allem im angelsächsischen Sprachgebiet. Die Internationale Union für Chemie hat sich 1949 für Niobium entschieden.

Columbit und Niobit blieben zunächst als Synonyme. Nach neuerlicher Abgrenzung ist Columbit Überbegriff der obigen Mischungsreihe, Niobit und Tantalit sind Namen der Endglieder.

Nitrokalit → Salpeter.

Nitronatrit → Salpeter.

Nitrum Ein vieldeutiger Begriff mit zahlreichen Ableitungen, dessen Geschichte weit zurückreicht und sehr verwickelt ist. Im Folgenden können nur die Hauptlinien angedeutet werden.

1. Ägyptisch ntr. Die betreffende Hieroglyphe bedeutete schon um 3500 v. Chr. zwei verschiedene Substanzen: einmal ein den Göttern wohlgefälliges weißes Räucherwerk und weiter das zur Mumifizierung benutzte, ebenfalls weiße reinmachende Natriumkarbonat. Hebräisch neter. – (Lippmann III S. 99).

2. Griech. $\nu\iota\tau\rho o\nu$ (Diosk. V 113), lat. nitrum. In der Antike Bezeichnung für verschiedene Substanzen, die heute zu den Salzen zählen, auch damals schon als salzähnlich angesehen wurden und meist im Anschluß an das Salz behandelt wurden. Zweifellos gehörten das Natriumkarbonat $Na_2CO_3.10\ H_2O$ und das Kaliumkarbonat K_2CO_3 zum antiken Nitrum. Plinius beschreibt (31, 106ff.) die Gewinnung von Nitrum aus ägyptischen und makedonischen Seen und erwähnt dabei, daß man seine Gewinnung aus verbranntem Eichenholz aufgegeben habe. Aus den genannten Seen kommt Natriumkarbonat, aus Eichenholzasche Kaliumkarbonat.

3. Im Mittelalter ähnliche Bedeutung, doch noch größere Vieldeutigkeit. Nitrum hießen außer den genannten verschiedene Salze und salzähnliche Substanzen, wobei es zu mancherlei Verwirrung in der gelehrten Literatur kam. Albertus Magnus zum Beispiel (V 1, 7) setzt nitrum mit arabisch baurac (Borax) gleich. Die von ihm als Nitrum beschriebenen Substanzen sind nicht alle eindeutig zu identifizieren. Daß der blätterige Gips, das Marienglas, jetzt dazu gehörte, ist klar erkennbar und auch durch sonstige Quellen seit dem 12. Jahrhundert belegt. Megenberg (S. 453) setzt Nitrum mit deutsch Spat gleich und versteht darunter Marienglas, wobei daran zu erinnern ist, daß Marienglas oft mit durchsichtigem, großblätterigem Glimmer verwechselt wurde.

4. Nitrum tauchte um 1300 in der Verbindung sal nitrum, salniter auf. Auch Nitrum commune oder einfach Nitrum genannt. Das ist unser → Salpeter (KNO_3). In den folgenden Jahrhunderten wird immer deutlicher bemerkt, daß dieses Nitrum unmöglich das «Nitrum der Alten» gewesen sein könne. Dieses letztere kenne man kaum mehr.

5. Agricola bringt als Neuerung dazu, daß er ausführlich über die von Plinius, Dioskurides und andern unterschiedenen Arten des Nitrums referiert. Damit erscheinen zahlreiche Begriffe, deren Deutung umstritten ist

und auch bei Agricola umstritten bleibt (vgl. besonders Foss. S. 212ff.).

6. Inzwischen ist Nitrum ausschließlich Synonym für Salpeter geworden. Die Unterscheidung von Kaliumkarbonat und Natriumkarbonat ist mit der Geschichte der neuen Namen Pottasche und Soda verknüpft. → Alkali.

7. Seit dem 16. Jahrhundert hatten sich arabische Formen eingebürgert: Natron, aus arab. natrūn, oder mit Artikel: Anatron, aus arab. al-natrūn. Eine spätere Entlehnung ist → Trona (1773). – Anatron, Natron waren Synonyme von Soda. Natron hat sich in dieser Bedeutung als Mineralname bis in die Gegenwart erhalten. Karsten (1800) befürwortete ihn ausdrücklich und verwarf Werners Bezeichnung «Natürliches Mineralalkali». Der Ausdruck Natronseen ist allgemein üblich. – Trona ist eine Abart der Soda.

8. Davy entdeckte 1807 durch Elektrolyse die in der Soda und Pottasche enthaltenen Metalle und nannte sie Sodium und Potassium. Das war eine einfache und übersichtliche Weiterführung der Nomenklatur. Die Namen sind im Englischen bis heute gebräuchlich geblieben. In Deutschland wurden aber die Bezeichnungen Natronium (Gilbert), umgeändert in Natrium (Berzelius), und Kalium (Gilbert) eingeführt.

9. Im 18. Jahrhundert wurde entdeckt, daß ein Bestandteil des Sal nitrum, des Salpeters, mit dem Stickstoff der Luft identisch ist. Dieser wurde daraufhin von dem französischen Chemiker Chaptal Nitrogène genannt (1790. Eléments de chimie 1, 128). – «Der Ausdruck Salpetersäure zeugendes Gas würde eigentlich der schicklichste für diese Luftart seyn…; inzwischen ist jener Ausdruck wegen seiner Länge etwas lästig und die Benennung Stickgas … ist wegen ihrer Kürze in den chymischen Sprachgebrauch vorzüglich aufgenommen worden» (1804. Bourguet V S. 267).

10. Auf die zahlreichen von Nitrum abgeleiteten chemischen Begriffe wie Nitrat, Nitril usw. sei hingewiesen.

Nosean Kompliziert zusammengesetztes Silikat, verwandt mit Sodalith und Hauyn. Benannt von Klaproth (1815. «Nosian») nach dem Mineralogen und Geologen C. W. Nose (1753–1835) unter ausdrücklicher Ablehnung des von Nose gewählten Namens Spinellan, weil keine Verwandtschaft mit dem Spinell bestehe.

Nose ist noch bekannt durch seine Stellungnahme im Streit der Vulkanisten und Neptunisten, der damals die Gemüter sehr bewegte. Goethe bespricht (1820) Noses Schrift «Historische Symbola, die Basalt-Genese betreffend». Er bezeichnet ihn als einen Vorgänger und Mitarbeiter, «welcher, wie es sich gar leicht bemerken läßt, des neusten Vulkanismus hereinbrechende Laven fürchtend, sich auf einen alten bewährten Ur-Felsboden flüchten möchte» (Werke XX S. 652).

Numeait → Garnierit.

O

obsianus (lapis) → Obsidian.

Obsidian Lateinisches obsianus lapis (Plin. 36, 196–197; Isid. XVI 16, 5) oder obsius lapis (Isid. XVI 4, 21) bezeichnete das vulkanische Gesteinsglas, das heute Obsidian genannt wird. «Der Obsius-Stein ist schwarz, durchscheinend und glasähnlich» (Isid.).

Der Name in seiner jetzigen Gestalt wird zurückgeführt auf eine irrtümliche Lesart, die sich in frühen Pliniusdrucken findet und im Neulateinischen durchgesetzt hat. Laut Plinius soll der Stein heißen nach einem gewissen Obsius (nicht Obsidius!), der ihn in Äthiopien zuerst gefunden habe. Die richtigere Wortform wäre also Obsian.

Die Griechen hatten anscheinend statt dessen λιπαραῖος. → lipparêâ. λίθος ὀψιανός erst spätgriechisch (Orpheus, Lithica 285).

Im Neuhochdeutschen hieß der Obsidian Schwarzer Agatstein, Schwarzer Aidstein, Schwarzer Agtstein, auch Glasachat, Isländischer Agat o.ä. Obsidian wurde erst durch Werner herrschend.

Über Obsidian am Pic von Teneriffa schreibt Leopold von Buch: «Die Obsidianströme, von einer Masse klingend und schneidend wie Glas, brechen aus einer Öffnung wenig hundert Fuss unter dem Gipfel und verbreiten sich von dort am Abhang herunter, wie Wasser thun würde, oder besser noch wie geschmolzenes Glas» (1820. L. v. Buch III S. 14). → auch Agstein.

ochra → Ocker.

Ocker Griech. ὤχρα (Theophr. 40), zu ὠχρός blaß, gelb. Latein. ochra. – Althochd. ogar, mittelhochd. oger, ocker oder ähnlich. – «Gelbe Ocher, Gilbe, Eisengilbe, Ocher, Kollerfarbe ...» (1785. Gmelin IV S. 276). – Die Form Ocher neben Ocker noch bis ins 19. Jahrhundert.

Das Wort bezeichnet seit dem Altertum unverändert einen gelben bis braunen erdigen Farbstoff, bestehend aus Eisenhydroxid, Ton, Sand usw. in verschiedener Mischung.

Neuerliche Ausdehnung des Begriffs auf andere erdige gelbe Mineralien: Uranocker (Werner), Wismutocker (Werner), Antimonocker u.a. Der Chromocker (Hausmann) ist grün.

Odontolith Griech. ὀδούς, ὀδόντος Zahn, λίθος Stein. Auch Beintürkis, Zahntürkis genannt. Knochen und Zähne vorweltlicher Säugetiere, durch Eisenphosphat blau oder durch Kupfersalze grün gefärbt.

Im 18. Jahrhundert wurden von den meisten Mineralogen alle Türkise überhaupt für Odontolithen gehalten. Cronstedt bringt in der Abteilung Versteinerungen auch: «Elfenbein, und andere Elephantenbeine. Türkis» (1770. Cronstedt-Brünnich S. 289). Hausmann faßt die Berichtigung folgendermaßen zusammen: «Die Meinungen über die Natur der sog. Türkise waren bisher sehr getheilt; die mehrsten stimmten indessen dahin, daß sie Odontolithen seyen. Nun ist es entschieden, daß dasjenige was für Türkis ausgegeben wird, zweierlei Art ist; daß manche sog. Türkise ... Fossile Zähne oder Knochen sind ..., daß dagegen aber der ächte orientalische Türkis ein Thonhydrat ist» (1813. S. 445).

Ofenstein → Talk.

Oktaedrit → Meteorstein.

Oligoklas (Breithaupt 1826): Kalk-Natronfeldspat, zur Gruppe der → Plagioklase gehörend. ὀλίγος wenig, κλάω breche, spalte. «Weniger gut spaltbar». «Die Spaltungsrichtungen sind schwieriger als bei allen anderen

Spezien dieses Genus zu erhalten und dichter Bruch ist deshalb oft zu sehen» (1847. Breithaupt III S. 518). In der späteren Fachliteratur wird dieses Merkmal nicht mehr erwähnt. Der Oligoklas hat wie alle Plagioklase in einer Richtung vollkommene, in der andern etwas weniger vollkommene Spaltbarkeit, die aber durch Verwitterung verloren gehen kann.

«Wenn man von der Wasserseite her Gothenburg erreicht, so fällt der erste Blick sogleich auf einen schneeweissen, mächtigen Fels, von dunklen Schaalen umgeben ... Der schneeweisse Oligoklas, der ihn bildet, leuchtet mit fussgrossen, ebenen Flächen entgegen, häufig von fleischrothem Feldspath umgeben» (1844. L. v. Buch IV S. 734).

Olivenerz (Werner 1789) Kupferarsenat, benannt nach der ölgrünen Farbe. – Olivenit (Jameson 1820).

Olivenit → Olivenerz.

Olivin Magnesium-Eisen-Silikat, benannt von Werner (1790) nach der meist oliven- oder flaschengrünen Farbe. Lateinisch oliva Olive. Klaproth stellte (1795) fest, daß Werners Olivin und der von Werner beschriebene Chrysolith zusammengehören, und fand die Hauptbestandteile. → Chrysolith ist edler Olivin. Synonym: → Peridot.

Olivinit → Fels 3.

Ombrias → Donnerstein 4.

onichinus u.ä. → Onyx.

Onyx 1. Zur Deutung «Fingernagel» → Kap. IV 2.

2. Die im Altertum und Mittelalter auftretenden Abwandlungen des Wortes lassen sich in zwei Reihen ordnen: a) ὄνυξ (Diosk. V 135), onyx (Plin. 37, 90), onix (Parz. 791). – b) ὀνύχιον (Verkleinerungsform. Theophr. 31), onychinus (Vulgata, Ex. 28, 20), onichinus mit den Varianten onichilus, enichius, onichus usw. (Volmar 249). Noch im 18. Jahrhundert erscheinen nebeneinander: «Onyx, Onych, Onykel». (1777. Gmelin I S. 553). – Die Frage, ob Onyx und Onychinus überhaupt derselbe Stein seien, wurde im Mittelalter öfter erörtert.

3. Nach der Überlieferung des Mittelalters ist der Onyx ein Unheilstein. «Um den Hals

gehängt oder am Finger erregt er Traurigkeit und Ängste und im Schlaf Wahnbilder. Und er fördert Streit und Zank, und den Knaben vermehrt er den Speichel. Und wenn der Sardius anwesend ist, dann schadet der Onyx nicht» (Anfg. 13. Jh. Arnold 59). – Wo man Onyx und Onychinus für verschieden hielt, schrieb man dem Onychinus andere und zwar wohltätige Kräfte zu. Vgl. Megenberg S. 453f. und 460.

4. Die Beschreibungen des Plinius (37, 90/91) stützen sich auf die verschiedensten Gewährsmänner. Der echte Onyx habe sehr viele verschiedenfarbige Adern vermischt mit milchweißen, alle ineinander übergehend und wohltuend anzusehen. Es hat den Anschein, als wenn Onyx im weiteren Sinn unsern → Achat bezeichnet hätte, also farbig gebänderten Quarz jeder Art. Besonders genannt wird auch eine schwarze arabische Art mit weißen Zonen. In mittelalterlichen Beschreibungen tritt dies Schwarz-Weiß immer mehr hervor, so daß sich der heutige Begriff vom Onyx herausbildet.

Onyx ist Achat mit wechselnd schwarzen und weißen Lagen. Auch rein schwarze Stücke – aus den dunkeln Schichten entnommen – werden Onyx genannt. Die weitere Bedeutung, Onyx gleich Achat, wirkte von der antiken Überlieferung her bis ins 18. Jahrhundert fort (→ z.B. Gmelin I S. 553ff.) und ist auch heute noch zu erkennen. Karneol-Onyx zum Beispiel ist Achat mit karneolfarbenen Bändern.

5. Obige Ausführungen beziehen sich auf den Edelstein Onyx. Plinius macht (37, 90) darauf aufmerksam, daß der Stein Onyx davon zu unterscheiden ist. → Alabaster 2.

6. Der meiste Onyx des Handels ist lagig-verschiedenfarbiger Kalkspat.

Onyxmarmor   → Alabaster 2.

Oolith   → Rogenstein.

Opal   1. Der Name ist indischen Ursprungs. Altindisch upala heißt Stein, Edelstein, bezeichnete aber gewiß nicht unsern Opal. Indien, sonst so reich an Edelsteinen, ist arm an Opalen. Bis Ende des 19. Jahrhunderts lagen die Hauptfundstätten in Ungarn in Gebieten, die jetzt zur Tschechoslowakei gehören.

Heute ist Australien weitaus an die erste Stelle gerückt.

2. Der antike Opal (griech. ὀπάλλιος, Orpheus, Lithika 282, lat. opalus) entspricht offenbar weitgehend dem unsrigen. Nach Plinius (37, 80–84) zeigt der Opal die prächtigsten Farben der andern Edelsteine, «alle zugleich in unglaublicher Mischung leuchtend». Die Behauptung, Indien sei seine einzige Heimat, ist offensichtlicher Irrtum.

3. Opal im Mittelalter → Kap. IV 5.

4. «Die meisten Edelstein-Verständige halten den Opal für den schönsten unter allen Edelsteinen, von wegen der unvergleichlichen artigen Vermischung der Farben, die er an sich hat. Er kan auch nicht leichte nachgemacht oder gar verfälschet werden» (1740. Zedler Bd. 25).

«Ist die Heimat des Rosenquarzes in den ältesten Grundfesten der Erde zu suchen, so gehört der Opal zu den jüngsten Gebilden der Mineralwelt. Die Farben dieses buntesten aller Edelsteine, der eigentlich alle Farben in sich enthält, beruhen nicht auf fein verteilten Metallen, sondern auf einem Gewebe von Wasser und Luft, das den Stein in hauchfeinen Strukturen durchzieht» (1956. W. Cloos S. 48).

5. Klaproth wies (1797) nach, daß Opal aus Kieselsäure und Wasser besteht. Ausdehnung des Begriffes Opal auf alle Arten wasserhaltiger Kieselsäure. Der Edelstein als edler Opal (Werner) von den andern Arten abgehoben. Weitere edle und unedle Abarten: Feueropal (von A. v. Humboldt aus Mexiko mitgebracht), → Wasseropal, → Glasopal, Milchopal, Jaspopal (wenig durchscheinend, jaspisartig stark gefärbt), Halbopal (durch andere Substanzen erheblich verunreinigt). Zum Opal gehören ferner → Elementstein, → Feuerstein, → Kascholong, → Menilit, → Sinter z.T., → Weltauge. → auch Waise.

Operment   → Auripigment.

ophites   → Serpentin.

optallîes   (Parz. 719) → Opal.

orichalcum   → Aurichalcit.

orîtes   (Parz. 791). «Der kugelförmige Oritis, von einigen auch Sideritis genannt, wird vom Feuer nicht angegriffen» (Plin. 37, 176). Side-

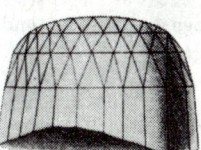 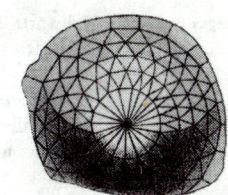 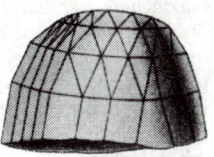

Orlow. (1896. Bauer, Edelsteinkunde Taf. X.) Etwas verkleinert.

P

ritis heißt Eisenstein, Oritis (ὀρείτης Orpheus, Lithika 362 und 457) könnte als Berg-Stein gedeutet werden (ὄρος Berg), wäre demnach sehr unbestimmt. Man hat auf schwarzen Glaskopf geraten. «Orîtes ist ein stein genant, / der ist swarz als ein brant/ unde sinewel als ein klôz/ und ist ouch niht ze grôz» (Volmar 557ff. sinewel: rund).

Orlow oder Amsterdamer. Indischer Diamant, knapp 200 Karat wiegend. Soll das Auge eines Götterbildes in einem indischen Tempel gebildet haben. Identität mit dem Großmogul wurde vermutet. Später in den Handel geraten, in Amsterdam gekauft für die Zarin Katharina II. von ihrem Geliebten Fürst Gregor Orlow. An der Spitze des russischen Reichszepters angebracht und jetzt im Staatsschatz der Sowjetunion.

Orthit (Berzelius 1818): Zur Epidot-Gruppe gehörig, Cer-Epidot. ὀρθός senkrecht, rechtwinklig, gerade, wegen der meist gestreckten Form der Kristalle. Synonym: → Allanit.

Orthoklas → Feldspat 4 u. 5.

Ortstein, Oort, Oehr, Uurt. «Uur, eine braune, harte und unfruchtbare erde» (1771). Versuch eines bremisch-niedersächs. Wörterbuchs. V, S. 154).

Ortstein ist durch Brauneisen und Humuskolloide verfestigter Sand. Bildet sich besonders im Unterboden der norddeutschen Heiden.

Ottertött → Belemnit 5.

Oxalit → Humboldtilith.

Ozokerit → Erdwachs.

Pagodit → Bildstein.

Padparadscha Im Edelsteinhandel im 20. Jahrhundert aufgekommener Name für den rotgelben, «gelbmorgenroten» Korund. Das Bestreben, dem kostbaren Stein, Nächstverwandten des Rubins, einen klangvollen Namen zu geben, ist offensichtlich. Die Deutungen in den Edelsteinbüchern sind verschieden. Nach einigen ist das Wort singhalesisch und mit Morgenröte zu übersetzen (Chudoba-Gübelin S. 110). Nach andern ist vom Sanskrit auszugehen: pati Herr, radscha König, also Schutzherr, Schutzstein der Könige (Koch S. 191). Für eine möglicherweise zugrunde liegende Namensform Padparasham wird (ebenda) noch die Erklärung verborgener Lichtstrahl oder verborgener Lotus angegeben; pad = padma = Lotus. Vielleicht ist das Wort einfach eine Entstellung des Sanskrit-Wortes für Rubin: padmarâga, rot wie Lotus, der Lotusfarbige. Jedenfalls ist hier ein Name mit einstweilen noch so ungeklärter Etymologie eingeführt, daß er dem Liebhaber und Besitzer des Steines vielerlei Gedanken an Fremdartig-Schönes erlaubt.

paleis (Parz. 791) → Balasrubin.

panchrus → panthers.

panthers, pantres (Parz. 791). Der mittelalterliche Name beruht auf einer Verwechslung. Er hieß griechisch πάγχρους, latein. panchrus der All-Farbige. «Der Panchrus besteht beinahe aus allen Farben» (Plin. 37, 178). «Panthera ist ain stain, der hât nâhen all varb an im … und spricht man, er hab sô vil tugent sô vil varb er hab» (1350. Megenberg S. 455). Es ist denkbar, daß zuerst panchrus fälschlich als panthrus gelesen wurde und daraus das verständlichere pantherus wurde. Über einen Stein Pantherus im Altertum steht eine unbestimmte Nachricht bei Plinius (37, 190): «Es gibt auch nach dem Fell des Löwen und des Panthers benannte Steine.» – Bei der Beschreibung des Panchrus wird man an Opal-Arten denken.

Paragonit Natronglimmer, von Schafhäutl untersucht und (1848) benannt. παράγειν verführen. Verführer, weil er zu Verwechslungen führt mit dem Serizit.

Pascha von Ägypten Schöner Brillant von 40 Karat, erworben von Ibrahim Pascha (1789–1848), Statthalter von Ägypten.

Paulit → Hypersthen.

pêanîtes (Parz. 791), lat. paeanitis, paeanites. «Mazedonien erzeugt einen Stein, den sie Paeanites nennen. Daß dieser mit einem gleichen schwanger wird, ihn gebiert und Gebärenden hilft, ist weit verbreitete Meinung. Er wird hauptsächlich beim Grabmal des Tiresias gefunden» (Solinus 9, 22, nach Plin. 37, 180). – Unter vielem Wunderbaren, was man von Steinen erzählte, dürfte das Gebären von Jungen wohl das Naturwidrigste sein. Plinius drückt sich zurückhaltend aus, Theophrast (5) äußert Zweifel, das Mittelalter nicht. «Peanites … hât an im weipleich art, wan er gevaeht zuo in gwisser zeit und gepirt im selber ainen geleichen stein» (1350. Megenberg Seite 457).

Der Name läßt sich vielleicht mit dem Weissage- und Heilgott Apollo in Verbindung bringen (Beziehung zum Seher Tiresias. Παιάν Beiname des Heilgotts Apollo. Die Übersetzung in der Loeb-Ausgabe des Plinius lautet Apollo stone).

Besonders mit einer Schwangeren verglichen wird der Adlerstein (Aetites), der in sich noch einen kleinen Stein enthält. Eigentümlicherweise wurde von ihm nicht gesagt, daß er gebiert.

Pechblende → Kap. XIV 3.
1. Einige der ältesten Erwähnungen: «Plumbago sterilis pici similis Bechblende» (1565. Kentmann S. 77b). – «Blech-Blende» (1700. Rößler). – «Brechblende», im Druckfehlerverzeichnis berichtigt: «Pech-Blende» (1743. Minerophilus S. 113 und 622). –

«Schwartz Bech-Ertz», «Schwartz Pechertz» (1730. Brückmann, Magnalia II S. 622 und 746).

2. Klaproths Entdeckung des Urans in der Pechblende erregte sogleich Aufsehen, obgleich noch niemand die künftige Bedeutung ahnen konnte. Im Schrifttum wurden von Anfang an die verschiedensten Synonyme gebraucht. – Uranit war Klaproths erster Name für das neue Metall (1789). Schon ein Jahr später änderte er in Uranium. «Den Namen des neuen Metalls, Uranit, habe ich rektifiziert und, den Regeln der Analogie gemäß, in Uranium verwandelt» (1790. Chem. Annalen Bd. I S. 292). Uranit wurde in der Folge Bezeichnung für verschiedene Uranmineralien.

Die Pechblende wurde zunächst von Klaproth sachunrichtig geschwefelter Uranit benannt, von Karsten (1791) und dann auch von Klaproth Uranerz. – Pecherz (Werner). – Uranpecherz (v. Leonhard). – Pechuran (Hausmann). – Nasturan (Kobell 1853. ναστός dicht, derb). – Uranin (Haidinger). – Uraninit (Dana 1868).

3. Pechblende ist eine Verbindung verschiedener Uranoxide (Formel im wesentlichen U_3O_8) und enthält stets kleine Mengen anderer Metalloxide (Blei, Eisen, Thorium, seltene Erden usw.). So ergeben sich zahlreiche besonders benannte, hier nicht aufgezählte Varietäten. Als umfassende Bezeichnung ist Pechblende oder Uranpecherz bis heute gebräuchlich geblieben.

4. Klaproth hatte nicht, wie er meinte, das Metall in Händen, sondern Urandioxid. Darstellung des reinen Metalls 1841 durch Péligot. – 1896 entdeckte Becquerel, daß Uranverbindungen und das Metall selbst radioaktiv sind. – 1898 wurde vom Ehepaar Curie in der Pechblende von Joachimstal und in Erzrückständen der dortigen Uranfarbenfabriken das Radium entdeckt. – 1938 entdeckten O. Hahn und F. Straßmann die Uranspaltung und erschlossen damit die Atomenergie.

Pecheisenstein → Stilpnosiderit.

Pecherz → Pechblende.

Pechstein (Schulze 1759): pechähnlich aussehendes, fettglänzendes, glasiges Gestein

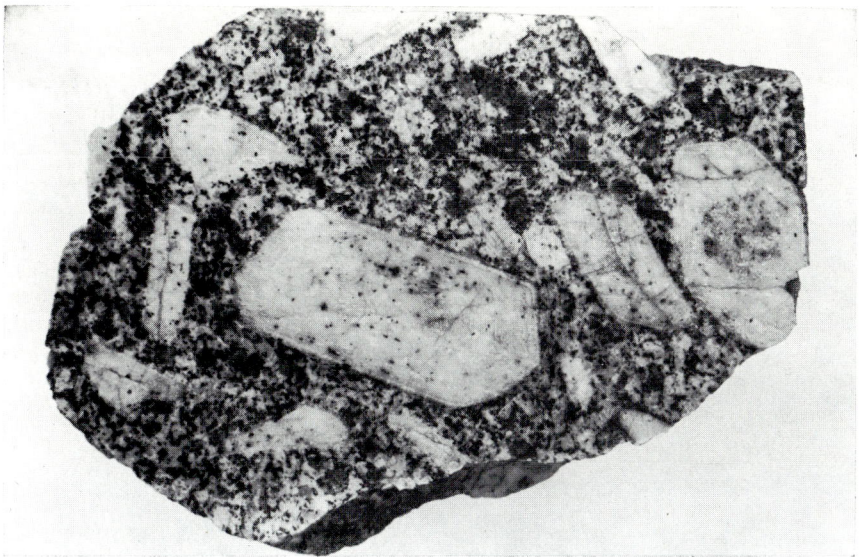

Porphyrartiger Granit (mit großen Feldspatkristallen in körniger Grundmasse). – Böhmer Wald

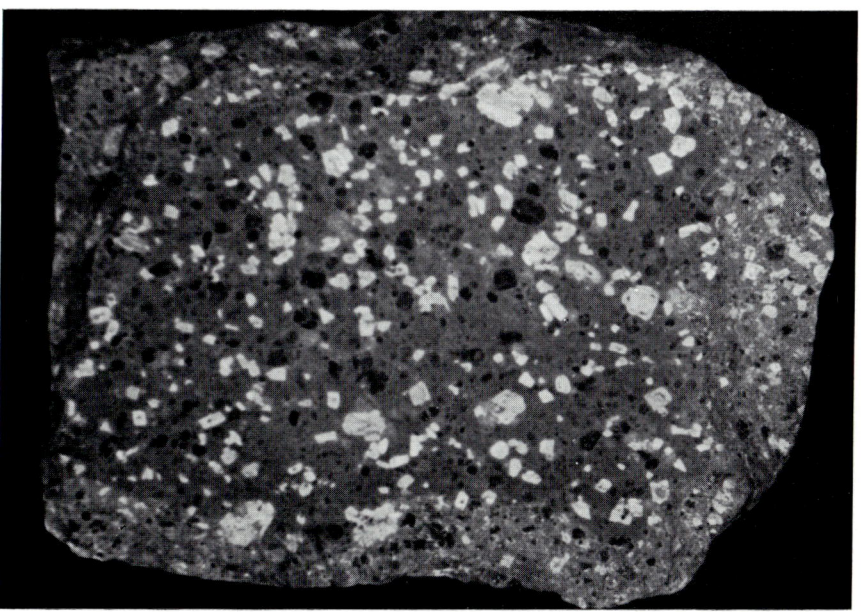

Porphyr mit hellen Feldspat- und dunklen Quarz-Einsprenglingen. – Lugano

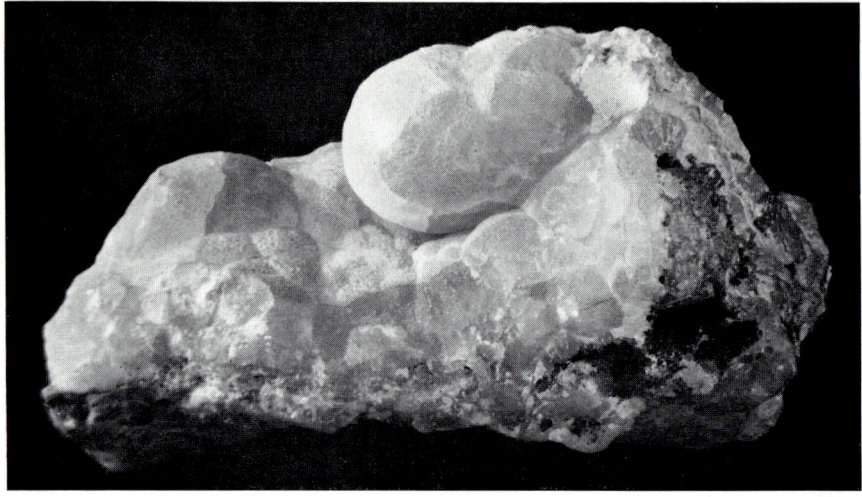

Smithsonit (Zinkspat). – Arkansas, USA

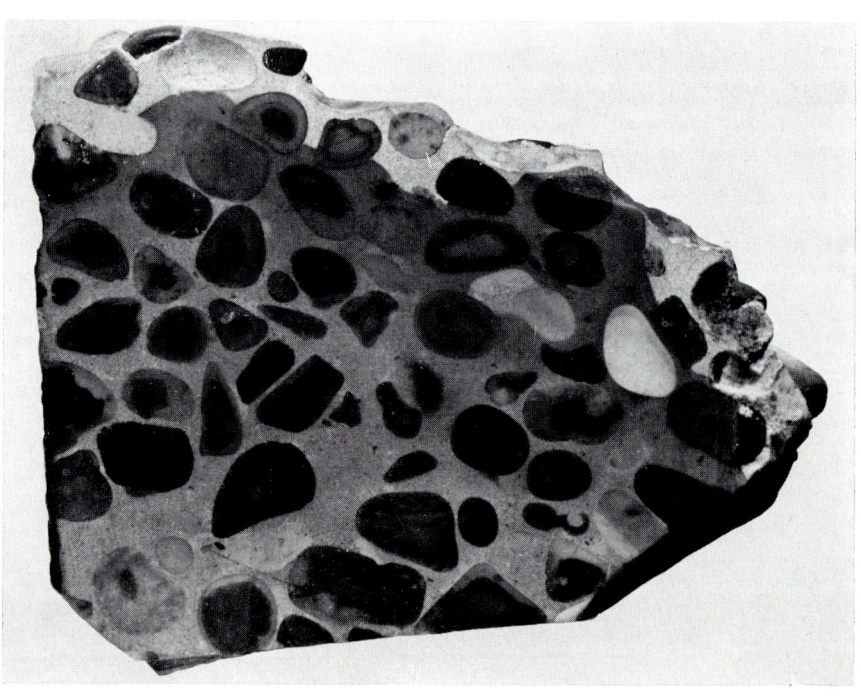

Puddingstein. – Hertfordshire, England

ähnlich dem Obsidian, von diesem durch größeren Gehalt an Wasser unterschieden.

Pechuran → Pechblende.

Pegmatit Zu griech. πῆγμα das Festgewordene, Zusammenbefestigte, Gerüst, Gestell. Der Wortbedeutung nach auf die verschiedensten Erscheinungen im Steinreich anwendbar. Bei Hauy Bezeichnung für den Schriftgranit (Orthoklas, durchwachsen von Quarz, der im Querbruch schriftartige Figuren zeigt). – Seit Delesse (1849) im heutigen Sinn gebraucht: als Name für äußerst großkörnige, meist drusenreiche magmatische Gesteine, Fundgebiet großer und schöner, oft riesiger Kristalle. – Granitpegmatit, Gabbropegmatit, Feldspatpegmatit usw.

«Die Pegmatite entstanden wahrscheinlich als Ausscheidungen aus dem wasserreichen Magmenreste, also aus einer Art ‹granitischem Saft›, der sich in Klüften und sonstigen Hohlräumen des Eruptivgesteins sammelte, auch ins Nebengestein eindrang» (1940. Rinne S. 201). → Tafel 13.

Pektolith «Von πηκτός, zusammengezimmert, aus mehreren Stücken gefügt und λίθος Stein, von der Structur, von mir bestimmt und analysirt (1828)» (1864. Kobell S. 506). – Pektolith ist ein Calcium-Natrium-Silikat.

Pennin (Fröbel 1840): Mineral der Chloritgruppe, benannt nach den Penninischen Alpen.

Pentlandit (Dufrénoy 1856): Nickel-Eisen-Sulfid, benannt nach dem Entdecker Mr. Pentland. – Eisennickelkies (Scheerer 1843).

Peperin, Peperino Aus dem Italienischen im 18. Jahrhundert entlehnt. Geht zurück auf lat. piperinus, zu lat. piper, ital. pepe Pfeffer. «Pfefferstein». «Piperinus ist weißlich mit schwarzen Punkten, hart und sehr dauerhaft» (Isidor XIX 10, 8). Insbesondere Bezeichnung für einen basaltischen Tuff, in dem verschiedene Kristalle (Leuzit, Augit, Glimmer u.a.) wie Pfefferkörner eingesprengt liegen und der außerdem reichlich Brocken von Kalkstein u.a. enthält, aus den Albanerbergen bei Rom. Von Goethe dort gesammelt (Werke XX S. 187).

«Es ist leicht, den Peperino vom Tuff zu

unterscheiden. In jenem ist Alles frisch, vollkommen und unzerstört, glänzend; in diesem matt, todt und zerstört» (1809. L. v. Buch I S. 380).

Peridot Synonym für → Chrysolith bzw. → Olivin. Schon im mittelalterlichen Französisch Bezeichnung für Chrysolith. Außer peridot noch die Formen peritot, peridol, peridon u.a. Ursprung ungeklärt. Man hat auf arabisches faridat (Perle, Edelstein) hingewiesen.

Periklas (Scacchi 1841, Periclasia): Magnesia, MgO. Kriställchen hexaedrisch vollkommen spaltbar, oktaedrisch weniger deutlich. περί ringsum, κλάσις Bruch.

Periklin → Albit.

Peristerit (Thomson 1843): Ein Natron-Feldspat, dem Labrador ähnlich, benannt nach dem Farbenschiller am Hals von Tauben. περιστερά Taube.

Perle Gehört als Erzeugnis der Perlmuschel dem Tierreich an, wird aber seit alters zu den Edelsteinen gerechnet und deshalb hier einbezogen. Auch die nicht unmittelbar mit «Perle» zusammenhängenden Namen verdienen Beachtung.

Griech. μαργαρίτης (Theophr. 36), μάργαρος, μάργαρον oder ähnlich. Die frühere Gleichsetzung des griechischen Wortes mit altindischem mañjarī, mañjaram (Blütenknöpfchen, Perle) wird neuerdings angefochten, doch scheint Entlehnung aus dem Osten erwiesen, und zwar zunächst aus dem Iranischen (mittelpers. marvārît Perle).

Latein. margarita, daneben noch unio und perna.

Unio bedeutet Einheit, Vereinigung, außerdem Zwiebel und endlich Perle. Daß es sich dabei um zwei verschiedene Wortstämme handelt, läßt die Weiterentwicklung im Französischen und Englischen vermuten: unio Zwiebel wird zu franz. oignon, engl. onion; unio Einheit dagegen zu franz. und engl. union. Zu welchem Begriff «Perle» ursprünglich gehört, ist schwer zu entscheiden. Plinius (9, 112) deutet unio im Sinne von Unikum, weil jede Perle einzig sei und nicht zwei gleiche vorkämen. Noch im heutigen Englisch kann dementsprechend union als Bezeichnung für einzigartige, das heißt besonders große und vollkommene Perlen gebraucht werden. Andrerseits hatte auch onion Zwiebel im Englischen des 17. und 18. Jahrhunderts die Nebenbedeutung Perle. Man wird dabei an den feinen schaligen Aufbau, wohl auch an die zwiebelähnliche Tropfenform mancher Perlen, vielleicht auch an den zarten Schimmer beider gedacht haben.

Latein. perna bedeutet zunächst und vor allem Schinken oder Hinterkeule, besonders des Schweines, dann eine Muschelart und endlich die Perle. Plinius findet eine Beziehung zwischen Schweineschenkel und Muschel: «Perna heißt eine um die Inseln des Pontus sehr häufige Muschelart. Sie stehen wie ein Schweineschenkel aufrecht in den Sand gebohrt» (32, 154).

Alle drei Bezeichnungen, margarita, unio, perna, blieben im Mittellateinischen gebräuchlich. So ist verständlich, daß sich ihre Spuren auch im Deutschen finden. Margarita gelangte im 9. Jahrhundert ins Althochdeutsche. Hier hieß es marigreoz oder ähnlich, mittelhochdeutsch mergrieze. Das bedeutet Meeres-Sandkorn. Das Fremdwort hatte damit durch Anlehnung an Bekanntes einen neuen und der Sache angemessenen Sinn erhalten. – Unio findet sich selten im Mittelhochdeutschen, zum Beispiel im Parzi-

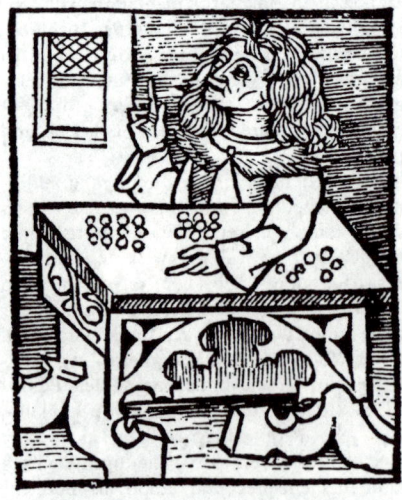

Sortieren von Perlen. (1509. Hortus.) 4:5.

val (791) als unjô, wurde dann vergessen ebenso wie mergrieze. Ein andres auch schon im 9. Jahrhundert entlehntes Wort trat an die Stelle: Perle, althochdeutsch perala, perla. Es stammt aus dem romanischen Sprachbereich und hat sich durch ganz Europa verbreitet: ital. perla, franz. perle, engl. pearl, niederl. parel usw. Als Deutungen wurden vorgeschlagen: lateinisch perula kleine Birne; lateinisch spherula kleine Kugel; lateinisch perna Muschel, Perle, unter Umständen gekreuzt mit spherula. Die ältere deutsche Form Berle, Berlein denkt man sich entstanden durch Anlehnung an Beere. Sie findet sich auch einmal in Luthers Bibel: «Die Weisheit ist höher zu wegen denn Berlen» (Hiob 28, 18).

Perlglimmer (Mohs 1820. «Rhomboedrischer Perl-Glimmer»). Kalkglimmer, benannt nach dem starken Perlmutterglanz. – Synonym: Margarit, zu μαργαρίτης Perle. «Trivial-Name von Tyroler Stuffenhändlern der Substanz beigelegt» (1826. v. Leonhard, Oryktognosie S. 766). Dieser «Trivial-Name» ist der bevorzugte wissenschaftliche geworden.

Perlstein (Werner), Perlit heißt ein vulkanisches Gestein ähnlich dem Obsidian mit kleinen Glasknoten und Glaskügelchen, die mit Perlen vergleichbar sind. «Der Perlstein ist eine Abscheidung aus dem Obsidian» (1809. L. v. Buch II S. 61).

perna → Perle.

Perowskit (G. Rose 1839): titansaurer Kalk, $CaTiO_3$. Benannt nach Herrn v. Perowski, einem Mineraliensammler und Förderer der Wissenschaft in Petersburg.

Petroleum → Bitumen.

Pfefferstein → Peperino.

Pfennigstein hießen die massenhaft im Tertiär vorkommenden Kalkschalen von Foraminiferen (Nummuliten), wenn sie eine bestimmte Größe hatten. Die kleineren hießen Linsensteine. Große und kleine Schalen kommen stets in demselben Gestein vor, beide sind verschiedene Generationen derselben Tierart. Die großen Schalen sind auf geschlechtlichem Wege entstanden, die kleinen auf ungeschlechtlichem durch Abschnürung.

Pfennigstein hat seine Entsprechung im neulateinischen Lapis numismalis, Lapis nummularius (lat. nummus Münze, Diminutiv nummulus); Linsenstein im neulateinischen Lapis lenticularis (lat. lens, lentis Linse, Adjektive lenticularis, lenticulatus).

Schon der griechische Geograph Strabon (um Christi Geburt) beobachtete «linsenartige Körnchen» (ψήγματα φακοειδῆ) in Abfallhaufen bei den Pyramiden, die man dort für versteinerte Reste der Linsen hielt, welche die Bauarbeiter übrig gelassen. Er bezweifelte aber diese Deutung, da es auch bei ihm zu Hause einen Berg mit ähnlichen Stückchen aus porösem Stein gebe (Strabon XVII 35).

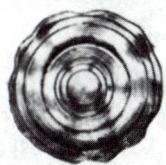

NVMMVS LAPIDEVS

Nummus Lapideus. (Steinmünze, Pfennigstein)
Eine den Nummuliten ähnliche Foraminifere.
(1719. Mercati, Metallotheca.)

«Pfennigsteine ... Einige zählen auch unter diese Gattung Steine den Linsenstein ..., so ein runder, linsenförmiger und gar artig gebildeter Stein, von verschiedener Art und Grösse ist. Bourguet will erweisen, daß diese Steine versteinerte Schalen von gewissen Meerschnecken, und zwar von den so genannten Ammonshörnern wären» (1741. Zedler Bd. 27).

Die christliche Legende nennt sowohl die Pfennig- und Linsensteine wie auch → Sonnensteine (Seeliengglieder) Bonifatiuspfennige. Als Bonifatius einmal bei seinem Bekehrungswerk heftigen Widerstand fand und man von ihm Geld und Gut verlangte, verfluchte er alles Geld im Lande. Da schrumpfte jeder Pfennig zu einem kleinen Stein zusammen (1838. Bechstein, Sagenschatz und Sagenkreise Thüringens IV S. 66). – Ähnliche Sagen nacherzählt bei Bächtold-Stäubli Bd. II S. 1707.

Weitere Synonyme: Bauernpfennige, Teufelsgeld (1836. K. C. von Leonhard, Populäre Vorl. über Geologie I S. 388). – Eckernpfennige. Wer nach Maria Eck wallfahrtet, muß sich durch einen Eckernpfennig ausweisen (1876. Sepp, Altbayrischer Sagenschatz S. 309). – Wenn der Stein «gespalten oder abgerieben ist», heißt er Kümmelstein (1785. Gmelin IV S. 64).

Fachausdruck der Gesteinskunde: Nummulitenkalk.

Pflinz → Eisenspat und Flint.

Pharmakolith Wasserhaltiges Kalziumarsenat. Von Karsten (1800) Pharmakolith genannt. φάρμακον Heilmittel, Gift. «Der Name Pharmakolith scheint mir dafür sehr passend zu seyn, weil es die einzige Steinart ist, in welcher sich Arsenik- oder Giftsäure in bedeutender Menge findet» (1800. Karsten S. 75).

Phenakit Seltenes Beryllium-Silikat, benannt von Nordenskiöld (1833). φέναξ Betrüger, weil dem Quarz sehr ähnlich.

Phillipsit (Levy 1825): Ein Zeolith, benannt nach dem englischen Mineralogen Phillips.

Phlogopit (Breithaupt 1841): φλογωπός von feurigem Aussehen. Ein oft rotbraun oder braunrot oder kupferig gefärbter Kali-Magnesia-Glimmer mit Fluorgehalt. Der Name kann aber nach Breithaupt (II S. 398) auch auf die Färbung der Lötrohrflamme bezogen werden.

Phonolith Vulkanisches Gestein, hauptsächlich Sanidin und Nephelin enthaltend. Anfangs in Deutschland Porphyrschiefer, dann Klingstein genannt, in Frankreich pierre sonore, in England clinkstone.

«Als eines besonderen Gebirgs-Gesteines, zuerst unter dem Namen Porphyrschiefer, in Beziehung auf das zugleich schieferige und porphyrartige Gefüge, dann unter der Benennung Klingstein, gedachte Werner des Phonoliths und wieß ihm seine Stelle in der Nähe des Basaltes an» (1824. v. Leonhard II S. 431).

Schon bald wurde Klingstein durch Phonolith beiseite gedrängt, wenn auch bis heute nicht völlig ausgeschieden. «Name abgeleitet von φωνή (phone) Laut, Ton und λίθος (lithos) Stein, in Beziehung auf die Eigenschaft, daß das Gestein in dünnen Platten, im Vergleich zu andern Felsarten, vorzüglich hell tönt unter dem Hammer, so, daß man, nach Humboldts Zeugniß, dasselbe in mehreren Gruben von Amerika statt der Glocken gebraucht» (Ebenda).

Phosgenit → Bleihornerz.

Phosphor kommt in der Natur nicht gediegen als Mineral vor, das Wort ist aber Bestandteil einiger Mineralnamen. – Griechisches φωσφόρος, lateinisches phosphorus heißt Licht-Träger, Licht-Bringer (φώς Licht, φέρειν tragen). Es wurde im Altertum gesagt von Göttern, vom Morgenstern, von Fackelträgern, von den Augen, von Augenheilmitteln. – Seit dem 17. Jahrhundert findet sich das Wort wieder in mehreren europäischen Sprachen in teilweise ähnlicher Verwendung wie im Altertum, in der Bedeutung Morgenstern zum Beispiel noch bei Goethe im Divan: «O, du mein Phosphor, meine Kerze,/ Du meine Sonne, du mein Licht!» (1819. «Nachklang».)

Eben zu der Zeit, wo man dem Karfunkel die Fähigkeit, aus sich selbst im Dunkeln zu leuchten, absprach, fand man in der Natur das Phänomen des Leuchtens ohne Flamme und ohne merkliche Hitzeausstrahlung weit verbreitet, und alle derartigen Erscheinungen wurden Phosphorus genannt. Zedlers Lexikon (1741. Bd. 27) zählt unter diesem Begriff auf: leuchtende Käfer und Würmer, faules leuchtendes Holz, leuchtende Fische, leuchtendes Fleisch, das «leuchtende Staubwesen» an Tierhaaren, wenn man dagegen streicht. Im Jahre 1669 entdeckte der Hamburger Kaufmann Brand bei seinem Bemühen, den Stein der Weisen aus dem menschlichen Urin herzustellen, einen neuartigen, höchst wunderbaren Phosphorus, der alsbald Alchemisten und Chemiker lebhaft beschäftigte und Leibniz zu einer philosophischen Betrachtung über das Phänomen anregte (Historia inventionis phosphori. 1710). An diesem «Phosphorus Urinae» ist dann der Name Phosphor ausschließlich bis heute haften geblieben. Der früheste von Phosphor abgeleitete Mineralname ist Phosphorit (Kirwan 1794).

Phosphorit (Kirwan 1794): «Der Name Phosphorit wurde dem Fossile wegen der Eigenschaft, daß es auf glühenden Kohlen stark phosphoreszirt, ertheilet» (1816. Hoffm.-Breithaupt III a S. 92).

Phosphorit bei Werner und andern eigene Gattung neben dem Apatit; heute zusammenfassende Bezeichnung für ursprünglich amorphe, jetzt feinkristalline Apatitvarietäten.

Pigott Indischer Brillant, von Lord Pigott um 1775 nach England gebracht, später im Besitz des Vizekönigs Ali Pascha von Ägypten, jetzt unauffindbar.

Pillerstein → Belemnit 5.

pirrîtes (Parz. 791) → Pyrit.

Pisolith → Rogenstein.

Pistazit → Epidot.

Pitt → Regent.

Pittizit → Eisensinter.

Plagioklas → Feldspat 4 u. 5.

Plasma Der Name kam im 18. Jahrhundert auf als Bezeichnung für einen grün gefärbten, als Schmuckstein verwendeten Quarz.

Im 19. Jahrhundert erklärte man den Namen als griech. πλάσμα Geformtes, Gebilde, Bild, weil man den Stein zunächst nur zu Gemmen verarbeitet in den Ruinen Roms gefunden hatte. Einleuchtender ist die Erklärung aus ital. prasma (Prasem), die schon von Lessing gefunden war, dann aber vergessen wurde.

«Man würde sich sehr irren, wenn man es für das griechische πλασμα halten wollte. Es ist weiter nichts, als das sanfter ausgesprochne Prasma; ... Denn kurz, Plasma und Prasma und Pras ist alles eins. Aber wie das? Alle drei sind nichts als der Prasius, oder die gemma prasina der Alten. In Prasina war der Punkt verwischt, in ward für m gelesen, und entstand das Prasma, oder Plasma, welches wir Deutsche itzt in Pras verkürzen, nachdem das alte Präsem aus dem Gebrauche gekommen» (1768. Lessing, Briefe antiquarischen Inhalts 25).

Dementsprechend hat die Grenzziehung zwischen Plasma und Prasem geschwankt. Bei Gmelin (1778. II S. 114) sind Praser, Prasma und Plasma Synonyme. Seit dem 19. Jahrhundert wird meist Plasma als Chalzedon, Prasem als Quarz beschrieben.

Platin wurde erstmals 1735 aus Columbien nach Europa gebracht und nach dem Fundort platina del Pinto, Silberplättchen vom Fluß Pinto, genannt. So hieß es zunächst auch bei den untersuchenden Mineralogen, dem Schweden Scheffer (1752) und andern. «Durch ihre Versuche ist man von der Gleichheit dieses Metalls mit dem Golde überzeuget worden, so, daß man dulden muß, daß ihm die Benennung des weissen Goldes beygelegt werde» (1770. Cronstedt-Brünnich S. 194).

Platin findet sich in der Natur nie rein, sondern stets mit Beimengung von Eisen, Iridium, Osmium und andern seltenen Metallen. Das führte zur Unterscheidung des natürlichen Minerals, der Platina, und des darin enthaltenen Metalls, des Platinum. (So noch 1847 mit Entschiedenheit Glocker, Synopsis S. 49). «Die Platina» als Mineralname wurde dann aber aufgegeben, weil es sich um ein bloßes Gemenge handelt. Es blieb die Bezeichnung «das Platin» für das gediegene, aber in der Natur stets unrein vorkommende Metall. Es hatte auf diese Weise das grammatische Geschlecht gewechselt und war von einem Femininum zum Neutrum geworden.

Platina, aurum album (Wallerius). Gediegen Platin (Werner). Polyxen (Hausmann), πολύς viel, ξένος Gast, wegen der vielen beigemengten Metalle.

Pleonast Schwarze oder schwärzliche Abart des → Spinells, von Delamétherie (1793) Ceylanit nach der Insel Ceylon genannt. Hauy lehnte Namen nach Fundorten grundsätzlich ab und führte (1801) Pleonast ein. πλεονασμός Überfluß. «Der Name Pleonast bedeutet Überfluß, weil die Ecken des Oktaeders an diesem Mineral vierflächige Zuspitzung zeigen, wie es an andern Spinellen nicht vorkomme. Es giebt aber auch Pleonaste, welche diesen Flächen-Ueberfluß keineswegs besitzen. Hauy wollte mit dem Namen Pleonast den Fundort-Namen Zeilanit verdrängen, weil er es für einen Widerspruch hielt zu sagen, daß auch Zeilanit am Vesuv vorkomme, es ist aber ebenso ein Widerspruch, von Pleonast zu reden, der nicht den Ueber-

fluß zeigen kann, nach welchem er doch getauft ist» (1853. Kobell S. 60).

Ceylanit blieb als Synonym. Das für Deutsche befremdliche a in der zweiten Silbe erklärt sich dadurch, daß der Namengeber Franzose war. Die Insel heißt französisch Ceylan, entsprechend den frühesten von den Portugiesen nach Europa gebrachten Namensformen. Bis jetzt gilt in der Mineralogie durchaus die Form Ceylanit. In neuesten Edelsteinbüchern liest man auch Ceylonit. – Werners Schreibung Zeilanit fand nur geringe Nachfolge.

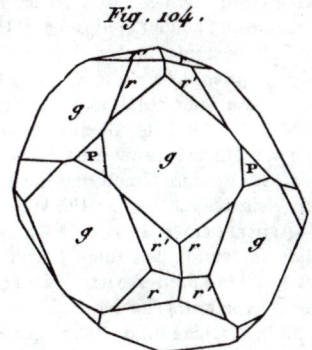

Fig. 104.

Pleonast-Kristall. (1806. Hauy-Karsten Taf. L.) 1:1.

Plessit → Meteorstein.

plumbum → Blei.

Plumosit → Jamesonit.

Pochwacke → Glimmerschiefer und Grauwacke.

Pockenstein → Variolit.

Polianit → Mangan-Oxide 1.

Polierschiefer → Tripel.

Polybasit (H. Rose 1829). Sulfid von komplizierter und wechselnder Zusammensetzung. Der Name bezieht sich auf die reichliche Menge der Base (Silbersulfid) im Verhältnis zu den Säuren (Arsen- und Antimonsulfiden). πολύς viel, βάσις Grundlage, «Base».

Polychrom → Grünbleierz.

Polydymit → Kobaltnickelkies.

Polyhalit (Stromeyer 1820): πολύς viel ἅλς Salz, «vielerlei Salz enthaltend». Polyhalit ist Kalzium-Kalium-Magnesium-Sulfat.

Polyxen → Platin.

Porphyr 1. Griech. πορφύρα ist Name der Purpurschnecke und Bezeichnung der daraus gewonnenen Farbe, πορφυροῦς purpurfarben, πορφυρίτης (spätgriech.) der Purpurähnliche. Das Stammwort wird als vorgriechisch-klein-asiatisches Fremdwort angesehen.

2. Plinius beschreibt (36, 57) unter den verschiedenen Marmorarten einen roten ägyptischen Porphyrites. Eine Abart habe weiße Punkte und heiße Leptopsephos. Diese Art darf als unserm Porphyr entsprechend angesehen werden. (λεπτός fein, zart, ψῆφος Steinchen). Also roter «Marmor» mit weißen «Steinchen»). – Ähnlich Albertus Magnus: «Der aber, welcher Porphyrischer Marmor (porphyricum marmor) heißt, hat die Farbe dunklen Fleisches mit weißen Fleckchen» (I 2, 3). – Agricola (1546. Foss. S. 311) hat im Anschluß an Plinius den roten Porphyrites und die weißpunktierte Abart. – Neben der dünnen Überlieferung im Norden fällt auf, welch andern Klang und Rang das Wort Porfido bei den Italienern gehabt haben muß. Bei Dante ist die oberste der Stufen, über die man in den Bezirk der Läuterung gelangt, aus Porphyr. Dieser ist hier Allegorie des sühnen-den Blutes: «Die dritte (Stufe), die sich oben türmt, schien mir Porphyr so flammend wie Blut, das aus der Ader spritzt» (um 1310. Fegef. 9, 100).

3. Im Deutschen seit dem 16. Jahrhundert belegt: Porphyrius, Porphyrstein, Porfir, Porphyr usw. Die Form Porphyrit tritt im Deutschen – trotz des geläufigen neulateinischen Porphyrites – völlig zurück und wird erst von der Petrographie des 19. Jahrhunderts in ganz bestimmter neuer Bedeutung wieder aufgenommen.

4. Heute wird das Wort in erweitertem Sinn gebraucht. Porphyr heißen magmatische Gesteine mit dichter oder körniger Grundmasse und eingesprengten größeren Kristallen. Die Grundmasse braucht nicht rot, die Einspreng-linge brauchen nicht weiß zu sein. Porphyrar-tig oder porphyrisch ist Bezeichnung für ein Gesteinsgefüge geworden. Diese Erweiterung

setzt schon im 18. Jahrhundert ein in dem Maß, wie man die betreffenden Gesteine als verwandte Bildungen erkennt.

«Der Porphyr und alle dahin gehörigen Steine unterscheiden sich vom Granit da-durch, daß sie nicht so wie dieser aus lauter einzelnen blos zusammen gebackenen Stück-gen bestehen, sondern ein Grundmasse ha-ben, worin die Quarz- oder Spat Brocken als wie in einem Teig gleichsam eingeknätet sind. Die schönsten Arten sind der dunkelrothe oder eigentlich so genannte Porphyr ... der vermutlich aus Arabien gebracht wurde, und wegen seiner unbändigen Härte so unsäglich mühsam zu bearbeiten ist: und der grüne (Serpentino verde antico) der auch in Deutschland z. B. bey Blankenburg in grossen Stücken gebrochen wird» (1780. Blumenbach, Handbuch der Naturgeschichte II S. 508).

5. Mit fortschreitender Kenntnis der Ge-steine und ihrer Entstehung kommt es im 19. Jahrhundert zu immer feinerer Unterteilung des Begriffs. Sprachlich hat das zur Zusam-mensetzung des Namens mit andern Namen im größten Ausmaß geführt. Ein Teil dieser zusammengesetzten Namen dient der Unter-scheidung nach charakteristischen Gemeng-teilen: Quarzporphyr, Orthoklasporphyr, Fel-sitporphyr. Diese alle enthalten unter anderm auch Orthoklas. Für porphyrische Gesteine, in denen statt des Orthoklases der Plagioklas überwiegt, hat man (nach G. Rose u. a.) die Bezeichnung Porphyrit gewählt: Quarzpor-phyrit, Quarzhornblendeporphyrit, Biotitpor-phyrit. – Eine weitere Reihe ist noch bemer-kenswerter. Porphyrische Gesteine entstehen aus Magmen, aber nach heutiger Theorie nicht in der Erdtiefe, sondern hauptsächlich in Gängen und an der Erdoberfläche, wo eine raschere Abkühlung erfolgt. Es entspricht also jedem Tiefengestein mit seiner körnigen Struktur ein Gang- und ein Ergußgestein mit Porphyrstruktur. Die Nomenklatur drückt diese Verhältnisse aus, indem Ganggesteins-namen mit den betreffenden Tiefengesteins-namen zusammengesetzt werden: Granitpor-phyr, Syenitporphyr, Dioritporphyrit, Gab-broporphyrit. – Das ist wohl einer der auffäl-ligsten Ansätze zu einem Systemfragment in der Nomenklatur (vgl. Kap. XV 4). → Tafel 14.

porphyrites → Porphyr.

Porzellanerde → Kaolin.

Potassium → Nitrum 8.

Pottasche → Alkali.

Prasem Griechisches πρασῖτις heißt lauch-
farbener Stein, zu πράσον Lauch. Theophrast
(37) nennt seine Farbe ἰώδης, wie Grünspan.
Lateinisch prasius. Er wird von Plinius (37,
113) zur Menge der gewöhnlichen Edelsteine
gerechnet. Der Chrysopras, ebenfalls lauch-
grün, aber ins Goldfarbene spielend, sei vor-
zuziehen. Eine Abart sei grün mit roten Flekken. Das ist offenbar Heliotrop. Demnach ist
der Prasius des Plinius Heliotrop ohne rote
Flecken und deckt sich mit unserm Prasem,
der als Quarz, grün durch eingelagerten
Strahlstein bestimmt wird.
   Mittelalterliche Formen: prasius, prassem,
prassin, prasem u. ä.
   Die mittelalterlichen Steinbücher wenden
ihm kein besonderes Interesse zu. Seine Kraft
(virtus) soll in heilsamer Wirkung auf das
Auge bestehen, wie sie den grünen Steinen
allgemein zugeschrieben wurde (Arnold 64,
Albertus II 2, 14). Er erscheint deshalb mit
dem Smaragd vergleichbar, wird auch als
Smaragd-Mutter angesehen. «... und pricht
man den smaragt auz dem stain» (Megenberg
S. 456).
   «Praser, Prasma oder Plasma in Italien.
Prasius, Gemma Prasina ... Er wird sehr wenig
geachtet, einmal weil er häufig und ziemlich
gut nachgemacht wird, ... und dann, weil er,
nachdem man ihn eine Zeit lang getragen hat,
trüb und fleckig wird» (1778. Gmelin II
S. 114f.).
   Vgl. Kap. XIII 2. – Heute ist der Prasem aus
dem Edelsteinhandel nahezu verschwunden.

Praseolith → Prasiolith.

Präsident Vargas Brasilianischer Diamant,
gefunden 1938 von einem armen Schürfer in
einem Fluß. Rohgewicht 726,6 Karat. Nach
den USA verkauft. Der Schliff ergab 29 Steine. –
Getulio Vargas, brasilianischer Politiker, 1930/
45 und 1950/54 Staatspräsident.

Prasilith → Prasiolith.

Prasin → Prasiolith.

Prasiolith Dieser und ähnliche Namen wurden verwirrenderweise für gänzlich verschiedene Substanzen verwendet. Praseolith (Erdmann 1840) ist eine Abart des Cordierits.
Glocker rügte (in lateinischer Sprache!), das
Wort sei weder griechisch noch lateinisch, es
müsse von πράσινος, πράσίτης, prasius als
Bezeichnung für Lauchfarbigkeit ausgegangen werden. Außerdem weist er auf die ver-
wirrende Menge ähnlicher Namen hin: Prasem, Prasin (Bezeichnung Breithaupts für
Phosphorochalcit), Prasilith (eine von Thomson benannte Zeolith-Varietät). Deswegen
könne die Mineralogie einen derartig falsch
gebildeten Namen nicht anerkennen (1847.
Glocker S. 215).
   Die Entwicklung ist dahin gegangen, daß
Prasin und Prasilith nicht aufgenommen wurden. Praseolith blieb trotz des sprachlichen
Einwandes bis Mitte des 20. Jahrhunderts.
Neuerdings wurde noch Prasiolith vom Edelsteinhandel als Bezeichnung für einen grünen
(bzw. grün gebrannten) Quarz in das Verzeichnis der zulässigen Namen aufgenommen
(1963. RAL 560 A 5 S. 11).

prasius → Prasem.

Prehnit Kalk-Tonerde-Silikat von meist
lichtgrüner Farbe. Benennung (1790) durch
Werner → Kap. XVI 1. Der Widerspruch von
französischer Seite fußte auch auf Prioritäts-
ansprüchen. «Die Entdeckung des Prehnits
vom Vorgebirge der guten Hoffnung gehört
dem Bürger Rochon, Mitglied des National-
Instituts, der ihn im Jahre 1774 von da her
mitbrachte ... Der Prehnit war anfangs in
Deutschland nur durch die Stücke dieses
Fossils bekannt, welche der Oberst Prehn vom
Kap mitgebracht hatte; dies geschah aber erst
nach der Reise des Bürgers Rochon» (1806.
Hauy-Karsten III S. 210).

Probierstein Gewisse Arten von hartem,
durch Einlagerung von Kohle tiefschwarzem
Kieselschiefer eignen sich zum Prüfen von
Gold und Goldlegierungen, in geringerem
Maß auch zum Prüfen von Silber und Silber-
legierungen. Man reibt das Metall auf dem
Stein. An der Farbe des eben sichtbaren
Strichs erkennen Geübte den Feingehalt.
«Staunenswert ist die Fähigkeit des goldprü-

fenden Steines» (Theophr. 45). – Plinius (33, 126) bewundert, mit welcher Genauigkeit Kenner das Verfahren handhaben.

Solche Steine hießen: griech. βάσανος (Pindar); latein. coticula (Plin. 33, 126) Wetzsteinchen, Diminutiv zu cos, verwandt mit lat. (sabin.) catus scharfsinnig; deutsch Probierstein, auch Probestein, Prüfstein, Streichstein, Goldstein, belegt zumeist seit dem 16. Jahrhundert.

Aus dem Altertum stammt die Bezeichnung Lydischer Stein (Theophr. 4; Plin. 33, 126). Von Werner übernommen. Auch neulateinisch war Lapis lydius gebräuchlich. Im 19. Jahrhundert großenteils durch Lydit verdrängt. Ob der Stein in Lydien zuerst gefunden oder angewendet oder von dort bezogen wurde, muß offen bleiben.

«Auf dem versuchenden aber das Gold auf dem Probirstein glänzt, und ein Gemüth das recht ist» (Pindar Pyth. X 67, übers. von Hölderlin).

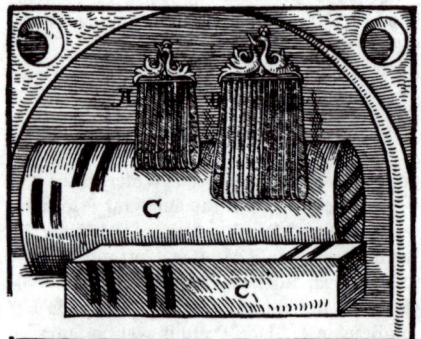

Probierstein (C) und Streichnadeln (A, B) von verschiedenem Feingehalt, deren Striche zum Vergleich dienen. (1588. Ercker S. 27 b u. 55 a.) Knapp 1:2.

Prochlorit → Chlorit.

Proustit → Rotgültig.

Przibramit → Goethit.

Psilomelan → Mangan-Oxide 2 u. 3.

Puddingstein Aus dem Englischen übernommen. Puddingstone war seit etwa 1750 gebräuchlich für Konglomerate, die in kieseliger Grundmasse haselnuß- bis faustgroße verschiedenfarbige kieselige Gerölle enthalten.

Das Wort Pudding ist dem Englischen und Niederdeutschen gemeinsam und bezeichnete ursprünglich in Wasser gekochte dicke Klöße aus verschiedensten zerkleinerten «Ingredienzien» in teigiger Grundmasse. Auch Blutwurst fällt unter den Begriff. Englisch puddingstone und deutsch → Wurststein besagten also dasselbe. Der heutige Begriff Pudding läßt das nicht mehr so deutlich erkennen.

Puddingstone bzw. Puddingstein hat dann Wurststein schnell verdrängt. «Puddingstone Anglorum» (Cronstedt-Brünnich 1770). – «Puddingstein (Wurststein)» (Hoffmann 1812). → Tafel 15.

pumex → Bimsstein.

Punammustein, Punamu-Nephrit usw. → Jade.

Punktachat Weißer oder grauer Chalzedon mit kleinen roten Flecken und Punkten von Eisenoxid. Auch Stephanstein, nach dem Heiligen und ersten Märtyrer, den die Juden steinigten.

Stephansstein, Stigmites, Lapis divi Stephani, wird derjenige Chalcedon oder Onyx genannt, welcher blutrothe oder Carneolpuncte und Flecken hat, und daher gleichsam, wie mit Blut besprützet, aussiehet. In den abergläubischen und finstern Zeiten, hielt man diese Flecken für das Blut des heiligen Märtyrers Stephanus» (1773. Brückmann, Edelsteine S. 195).

Puzzolan → Traß.

Pyrargyrit → Rotgültig.

Pyrit Der Name steht in einer weit zurückreichenden lückenlosen Tradition. Griech. πυρίτης (Diosk. V 125), lat. pyrites ist Feuerstein. Nach alter Vorstellung hieß das: er enthält in sich Feuer und kann dieses unter Umständen auch hergeben, zum Beispiel indem er beim Anschlagen Funken sprüht. Der Name hatte aber im Altertum einen weiteren Geltungsbereich als heute, er umfaßte nicht nur den ausgezeichnet funkengebenden, jetzt so genannten Pyrit, sondern noch andere Feuer in sich bergende Steine.

Plinius (36, 137–138) nennt zwei Arten Pyrit von metallischem Aussehen (similitudine

aeris), einen silberfarbenen und einen goldfarbenen, die in den Metallgruben von Zypern gefunden würden. Ihre Verwendung in
der Heilkunst wird beschrieben, dabei auch
ihre wärmende und trocknende Wirkung hervorgehoben. In dem Goldfarbenen ist unser
Pyrit zu erkennen, wohl auch Kupferkies mit
einbegriffen, der Silberfarbene ist wohl ein
anderes Sulfid.

Dieser Wortgebrauch ist der für die Folgezeit wichtigste. Deshalb seien die andern
Bedeutungen nur gestreift. Plinius und Isidor
(XVI 4, 5) kennen noch einen «gewöhnlichen» Pyrites, der auch lebendiger Stein
heiße, mit dem man im Nu Feuer machen
könne. Darin möchte man unsern Flint erkennen, wenn nicht die Erwähnung seines großen
Gewichts (bei Plinius) Zweifel aufkommen
ließe. Nach Plinius nennen einige auch den
Mühlstein Pyrites. Das ist erklärlich, weil man
dazu harte, also funkengebende Steine
wählte.

Ganz abseits von der Stelle, wo der Pyrit*es*
behandelt wird, hat Plinius noch einen Edelstein Pyrit*is*. «Der Pyritis ist zwar schwarz,
aber verbrennt beim Reiben die Finger» (37,
189). Dieser Stein ging in die mittelalterlichen
Lapidarien ein. Er hieß hier Pirites, Virites,
Piridonius oder ähnlich. «Virites oder auch
Pyrites. Ist ein Edelstein. Farbe strahlend wie
Feuer. Seine Kraft (virtus) ist, daß er sanft
angefaßt werden muß, weil er, wenn er über-
mäßig gedrückt wird, die Finger des Anfas-
senden verbrennt» (Anf. 13. Jh. Arnold 79).
Damit hat sich der Name von der Naturwirklichkeit entfernt, er bezeichnet jetzt die Idee
des wärmehaltigen Steines. Der Piridonius
des Mittelalters ist ein Gedankending. Wo
man den wirklichen Naturgegenstand bezeichnen wollte wie in der Alchemie, sagte
man → Markasit.

Am Anfang der modernen Mineralogie
steht Agricola (1494–1555). Als Humanist war
er um klassisches Latein bemüht. Er nannte
den Stein wieder Pyrites und brachte den
Namen erneut mit der Natur in Verbindung,
und zwar wieder wie bei Plinius als Bezeichnung für Sulfide der Hauptmetalle. Man
erkennt das Bestreben, die verschiedenen
Arten auseinanderzuhalten und zu benennen:
den silberfarbenen (Pyrites argenteo colore),

den goldfarbenen (Pyrites aureo colore), den
bleiglanzähnlichen (Pyrites colore galenae similis), den aschfarbenen (Pyrites cineraceus).
In dem Pyrites prorsus aurei coloris endlich,
«der ein farb hat wie fein gold», meint man
den heute so genannten Pyrit (FeS₂) zu erkennen (1546. Interpretatio S. 483. Foss. Seite
368).

Größere Klarheit brachte Henkels Pyritologia oder Kieß-Historie (1725). Das Buch
unternahm auch eine Abgrenzung des Begriffs Pyrit bzw. des gleichbedeutenden →
Kies und aller damit zusammenhängenden
Bezeichnungen aus Altertum und Neuzeit.
Pyrit bzw. Kies umfaßte hier auch noch mehrere heute deutlich unterschiedene Mineralien. Kupferkies und Mißpickel zum Beispiel
gehörten mit zum Pyrit.

Mit fortschreitender Mineralkenntnis und
besserer Unterscheidung wurde wie selbstverständlich der Begriff Pyrit eingeengt auf den
weitaus verbreitetsten bisherigen Vertreter
des Namens: auf das Eisensulfid FeS₂, und
zwar die kubisch kristallisierende Modifikation. → Farbtafel 7.

Die älteren Mineralogen allerdings nahmen
nicht die Bezeichnung Pyrit in ihr System,
sondern die deutschen Ausdrücke: Gemeiner
Schwefelkies (Werner); Schwefelkies, als
Abart des Eisenkieses (Hausmann 1813).
Doch konnte ein Name mit so bedeutender
und so alter Tradition wie Pyrit nicht ausgeschieden werden. Haidinger nahm ihn wieder
auf, und heute sind die drei Bezeichnungen
Pyrit, Schwefelkies, Eisenkies nebeneinander
gebräuchlich. → auch Markasit. → Tafel 16.

Pyrolusit → Mangan-Oxide 1.

Pyromorphit → Grünbleierz.

Pyrop war ursprünglich kein Steinname.
Griechisches πυρώπης oder πυρωπός heißt
feueräugig. Das wurde vom Blitz und von der
Sonne in gehobener Sprache gesagt. Lateinisches piropus oder pyropus bezeichnete eine
«feueräugige» Metallegierung, eine Art Gold-
Bronze (Plin. 34, 94). So noch um 1000 n. Chr.
Notker (I 43): das «metallum» Piropos zeigt
Aussehen wie Feuer («uisionem ignis»), in
dem Gold und die doppelte Menge Kupfer
zusammengegossen wird.

Im Neulateinischen (1546. Agricola, Foss. S. 298) Name für einen roten Edelstein, eine Art des Carbunculus. Werner griff es als Namen für den sogenannten böhmischen Granat auf und machte Pyrop zu einer selbständigen Gattung auf Grund der eigentümlichen Farbe, des Mangels an Kristallisation und der Durchsichtigkeit. Heute ist Pyrop nicht mehr eine Gattung im Sinn Werners, sondern eine Varietät des Granats, und zwar Magnesia-Ton-Granat.

Pyrophyllit Wasserhaltiges Tonerdesilikat, blättert sich vor dem Lötrohr fächerförmig auf. Nach dieser Eigenschaft von Hermann (1829) benannt: πῦρ Feuer, φύλλον Blatt. → auch Bildstein.

Pyrostibit → Antimonblende.

Pyrostilpnit → Feuerblende.

Pyroxen Benennung Hauys (1799) für ein Mineralgeschlecht, verschiedene Silikate umfassend, gleichbedeutend mit → Augit im weiteren Sinn. Der seltene Fall eines Namens, der sich auf die Mineralentstehung bezieht. πῦρ Feuer, ξενός Fremdling. «Ein Gast oder ein Fremdling im Gebiete des Feuers.» «Manche Naturforscher sehen die Pyroxene als unmittelbare Produkte des vulkanischen Feuers an. Es ist aber ausgemacht, daß sie sich nur zufällig in den Massen finden, welche sie umgeben, und mit denen sie im Augenblicke der Eruption zugleich ausgeworfen wurden. Der Name Pyroxen bedeutet, daß sie da nicht an ihrem eigentlichen Geburtsorte sind; er setzt daher voraus, daß man sie auch in nicht vulkanischen Gegenden antreffen kann, und drückt mithin bloß einen Umstand aus, der sich auf die Geschichte dieser Fossiliengattung bezieht» (1806. Hauy-Karsten III S. 93 und 105).

Nach heutiger Auffassung sind die Pyroxene mit wenigen Ausnahmen aus dem Schmelzfluß entstanden oder Kontaktmineralien. Der Name ist also nicht mehr als sachrichtig anzusehen.

Pyroxferroit → Mondmineralien.

Pyrrhosiderit → Goethit.

Pyrrhotin → Magnetkies.

Q

Quarz 1. Das Wort tauchte im 14. Jahrhundert im böhmischen Bergbau auf. Plural bis ins 18. Jh. nicht Quarze, sondern Querze (Quärze), daher früher auch oft im Singular Querz (Quärz). – Ältere Deutungsversuche: aus Quaterz, Quaderz, d.h. böses Erz, schlechtes Erz; (16. Jh. Mathesius); aus Gewarz, Gewärze (Sammelname zu Warze, 18. Jh.). – Das Wörterbuch von Grimm (1889) wertet diese Versuche als rein spielerisch und hält Entstehung aus quarx, querx (Zwerg, Berggeist) analog Scheltnamen wie Kobalt und Nickel für wahrscheinlicher. – Das Wörterbuch von Kluge-Mitzka, dessen rasch aufeinanderfolgende Auflagen jeweils die neuesten Forschungsergebnisse berücksichtigen, erklärte Quarz als Lehnwort aus dem Slawischen (kwardy, westslawische Nebenform zu tschechisch tvrdý, polnisch twardy Quarz, zu altslawisch tvrudu hart). In den letzten Auflagen ist diese Deutung aber wieder aufgegeben, vielmehr werden jetzt die slawischen Namensformen auf das deutsche Wort zurückgeführt. – Schon eingangs (Kap. I 6) wurde auf die Lautmalerei im Klang des Wortes hingewiesen, der an das Knirschen harter Steine erinnere. Daß aber damit der Ursprung des Wortes Quarz erfaßt sei, ist bloße und nicht sehr einleuchtende Vermutung. Einer der umfassendsten Begriffe unserer Steinkunde bleibt also nach wie vor etymologisch undurchsichtig.

2. Der Begriff Quarz umfaßte zunächst weder den Bergkristall noch die vielen farbigen Schmucksteine der Quarzgruppe noch den Hornstein und den Feuerstein. Er war im wesentlichen auf die derben Massen des «gemeinen Quarzes» beschränkt und drang nur allmählich aus dem Bereich der Bergmannssprache und der Bergbücher vor. In der gelehrten Literatur ist der Quarz meist unter Silex (Kiesel) einbegriffen. Erst in der zweiten Hälfte des 18. Jahrhunderts wird in der Mineralogie «Quarz» immer gewichtiger neben «Kiesel». Es wird erkannt, daß Bergkristall reiner kristallierter Quarz ist, und daß damit auch die farbigen Verwandten des Bergkristalls wie Amethyst und «Rauchtopas» zum Quarz gehören. In Werners letzten Systemen

(1803 u. 1817) hat die «Sippschaft des Quarzes» durch Aufnahme weiterer «Kieselarten» im wesentlichen dieselbe Abgrenzung wie der heutige Begriff Quarz.

Hierzu einige Belege, besonders aus älterer Zeit: Im «Märe vom Feldbauer» aus dem 14. Jahrhundert verheißt der betrügerische Bergmann dem Geldgeber baldigen Reichtum. Er habe nämlich «geslaht quarz mit kuppfervlinken» gefunden, schönen Quarz mit Kupferflittern, und das deute auf Nähe von «starken erzen». – «Item vnder den silber gengen seind etzliche die in hangends vnd ligends quertz haben» (um 1500. Bergbüchlein S. 31). – «Eine andere Steinart ist diese hier, die manchmal durchsichtig zu sein scheint. Die Unsern nennen sie Quarz. Der ist bald völlig weiß, bald gelblich, bald etwas bläulichgrau» (1530. Agricola, Bermannus S. 129). – «Quertz/ eine harte derbe Berg-Art/ wie Kiesel-Stein/ quasi, Quatertz/ i.e. böse Ertz» (1698. Berg-Buch Anhang S. 22). – «Qvertz/ ist eine taube Bergart» (1700. Rößler). – «Quarz. Quartzum. Katzenkiesel. Weisser Kiesel. Ist eine in Europa sehr gemeine Bergart. Man kennet sie leichter, als man sie beschreibet ... Wenn keine Hindernisse gewesen, so finden wir ihn allezeit mit einer oder zweyen Endspitzen in Sechsecken krystallisirt» (1770. Cronstedt-Brünnich S. 60).

3. Das Wort ist aus dem Deutschen in viele andere Sprachen gelangt: engl. quartz, ital. quarzo, dän. quarts, russ. kwarz usw.

4. Quarz, das heißt Kieselsäure, Siliziumdioxid, mit verschiedensten Beimengungen, ist nächst dem Feldspat das häufigste Mineral, verbreitet in zahlreichen Abarten, deren eine ganze Reihe als Schmucksteine dienen.

Siehe die auffällig schön kristallisierenden Arten unter Amethyst, Bergkristall, Morion, Rauchquarz, Zitrin; weitere kristalline Quarze unter Avanturin, Prasem, Rosenquarz, Saphirquarz; die faserigen Arten unter Katzenauge; die kryptokristallinen (feinstfaserigen oder feinstkörnigen) Arten unter Achat, Chalzedon, Jaspis; die abweichenden Modifikationen des Quarzes unter Coesit, Cristobalit, Tridymit; die amorphen wasserhaltigen Arten unter Opal. Dort jeweils weitere Hinweise. Siehe auch Flint, Feuerstein, Hornstein, Kiesel.

Quarzfels → Fels 3.

Quarzit → Fels 3.

Quecksilber 1. Das Quecksilber wurde lange Zeit weniger wegen seiner praktischen Verwendbarkeit beachtet – die war recht gering – als vielmehr wegen seiner wunderbaren Natur. Es regte das naturphilosophische Denken an und fügte sich bis in die Gegenwart schwer in die jeweiligen Denkkategorien. Die Geschichte seiner Namen ist entsprechend bunt.

Die Griechen hatten zwei Bezeichnungen: ἄργυρος χυτός (Theophr. 60), flüssiges Silber, und ὑδράργυρος (Diosk. V 95), Wassersilber. Beide Namen gingen ins Lateinische: argentum vivum, lebendiges Silber, und hydrargyrus (später auch hydrargyrum), das bis heute weiterlebt im chemischen Zeichen Hg. Plinius braucht argentum vivum nur für das natürliche gediegene Quecksilber, hydrargyrus für das künstliche, aus Zinnober gewonnene.

2. Die Metallnatur des Quecksilbers wurde lange nicht erkannt. Aristoteles stellt es zu den Ölen, welche weder durch Hitze noch durch Kälte verfestigt werden. Anders urteilt die arabische Fassung des Pseudo-Aristoteles (Ruska S. 180): «Das Quecksilber ist Silber, aber es ist ein Schaden darauf eingedrungen, der es verflüssigte; es ist wie ein halbseitig gelähmter Mann.» Die Einordnung als Metall erfolgte dann zwar im Laufe des Mittelalters, erregte aber selbst im 18. Jahrhundert noch Bedenken, weil das Quecksilber nicht hämmerbar ist.

3. Das deutsche Wort Quecksilber ist eine schon im Althochdeutschen entstandene Lehnübersetzung aus latein. argentum vivum. Queck bedeutet lebendig, es ist noch erhalten in neuhochdeutsch keck, auch in Quecke (lebenskräftiges Unkraut), Quickborn (Lebensbrunnen), erquicken. Das «queck» wurde offenbar auf die Beweglichkeit bezogen. «Rint und nezt nichts, lauft, hat kein füß und ist das schwerist metall» (um 1525. Paracelsus I 3 S. 60).

4. In der Alchemie galt Quecksilber zusammen mit dem Schwefel als Grundstoff der Metalle (vgl. hierzu Schwefel 3). Die beiden wurden aber nicht als gleichwertig angesehen, Quecksilber war der edlere Teil, wurde in die

Nähe des Lapis gerückt und wie dieser über alles gepriesen.

«Und es ist das immerwährende Wasser, und es ist das Wasser des Lebens und die Milch der Jungfrau, und es ist das reinigende und waschende Kraut, und es ist der Quell der Lebenden, weil, wenn einer aus ihm getrunken hat, er in Ewigkeit nicht sterben wird» (13. Jh. Alaune S. 90. Übers. v. Ruska). – «Man sieht also an ihm die Eigenschaften, welche die Vollkommenheit ausmachen. Es sei deshalb der große glorreiche Herrgott gelobt, der das Quecksilber geschaffen hat» (13. Jh. Geber/Darmstaedter S. 66).

5. Im Laufe des Mittelalters erhielt das Quecksilber nach vielfachem Schwanken seine feste Zuordnung zum Planeten Merkur und wurde nun auch selbst oft Mercurius genannt. An diesen Namen hefteten sich die abenteuerlichsten alchemistischen Spekulationen. Seine Vieldeutigkeit wurde undurchschaubar. Mercurius hieß das gewöhnliche Quecksilber, aber auch der hypothetische Urbestandteil der Metalle, das philosophische Quecksilber, und weiter das eine der drei Paracelsischen «Prinzipien». Mercurius hießen zahlreiche «Zubereitungen» aus der Alchemistenküche, schließlich auch solche, die gar kein Quecksilber enthielten. Mercurius bedeutete die Prima Materia, also die ungeschiedenen Gegensätze, aber auch deren Wiedervereinigung, sein Name konnte also geradezu für den Stein der Weisen stehen. In Rulands Lexikon (1612) wird gespottet: «Mercurius ist in allen Chymistischen Büchern vorn vnd hinden/ er hat alles gethan/ macht jedermann viel zu schaffen/ greifft manchem dieff in Seckel vnd in das Gehirn.»

6. Werner nahm als Mineralnamen in sein System nicht den vieldeutigen und durch Spekulationen belasteten Begriff Mercurius, sondern das verhältnismäßig eindeutig gebliebene und in der gelehrten Literatur stark beiseite gedrängte deutsche Wort Quecksilber. Vergeblich suchten dann Haidinger und andere Mineralogen Quecksilber durch Merkur zu ersetzen (Kap. XV 2). Im Englischen dagegen ist mercury in der Fachsprache vorrangig geworden gegenüber quicksilver.

R

Rabenstein → Belemnit 7.

Rädelerz → Bournonit.

Räderstein, Radstein, Rädelstein sind die gebräuchlichsten seit dem 16. Jahrhundert belegten Namen der fossilen runden Seelilienstielglieder, die sich massenhaft im Muschelkalk der Triasformation finden. Bei der großen Verbreitung und auffälligen Form ergaben sich zahlreiche teils volkstümliche, teils gelehrte Synonyme:

→ Sonnenstein. Vielleicht ist Radstein als Sonnenradstein zu deuten. – Mühlensteinchen, Zwergensteinchen (18. Jh.), Wichtelsteinchen (19. Jh.). – Bonifatiuspfennig (18. Jh.). Näheres → Pfennigsteine. – Hünentränen, in Westfalen (1718. Rosinus, De Lithozois ac Lithophytis). Hunnentränen (mittelhochd. hiune, Riese: dasselbe Wort wie Heune, Hunne).

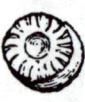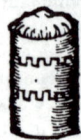

Trochites. Entrochus. Räderstein. (1647. De Boot S. 411.) 1:1.

Spangenstein. «Ein weisser Spangenstein/ oder ein Redelstein» (1565. Kentmann S. 28/ 29). – «Haben alle von Natur ein Bildnus wie eine Spange/ gleich man vor Alters auf denen Schuhen getragen hat … Der gantze Berg ist von solchen wunderseltenen Steinlein ausgefüllet» (Winckelmann, Hessische Chronic, zitiert nach Valentini II S. 17).

Neulateinisch Trochites (ein einzelnes Stielglied), Entrochus (mehrere Glieder im ursprünglichen Verband). Seit dem 16. Jahrhundert. Zu τροχός Rad. – In der Gesteinskunde: Trochitenkalk.

Rammelsbergit (Dana 1854): Nickel-Arsenid, rhombisch kristallisierend, benannt nach dem Chemiker und Mineralogen Rammelsberg. → auch Weißnickelkies. Das von Haidinger (1845) Rammelsbergit genannte Mineral heißt jetzt → Chloanthit.

Rapakiwi Finnische Bezeichnung für eine Granitart. Kiwi Stein, Rapakiwi verwitternder Stein.

«Zerfallener Felsstein. Siebfrättsten in Schweden. Rapakivi in Finnland. Saxum fatiscens Linn. ... Er zerfällt, und zwar zuerst an der Mittagseite in grobem Sande ...» (1777. Gmelin I S. 621. fatiscens: auseinandergehend, ermattend).

«Im präkambrischen Grundgebirge Finnlands bildet der zu den Hornblendebiotitgraniten rechnende Rappakiwigranit eine seltsame Erscheinung, da seine großen Orthoklase von einer grünlichen Oligoklasrinde umgeben sind und nicht umgekehrt. Diese Erscheinung wurde noch nicht restlos geklärt. – Rappakiwi heißt ‹fauler Stein›, da dieser Granit sehr leicht verwittert» (1958. Särchinger, Geologie u. Gesteinskunde S. 64).

Rapilli → Lapilli.

Rappenkegel, Rappenstein → Belemnit 7.

Raseneisenstein Abart des Brauneisens. Bildet sich in Sümpfen und Niederungen und wurde sehr verschieden benannt: Wiesenerz, Sumpferz, Morasterz, Seeerz, Modererz, Rasenstein. Raseneisenstein (Werner).

«Sprottau, Sprotavia, Städtgen/ hat eine solche Menge Eisenstein/ daß man ihn stracks unter den Rasen findet/ und ist notabel, daß an des weggenommenen Stelle in kurtzer Zeit wieder anderer wächst» (1727. Brückmann, Magnalia I S. 222).

Limonit (Hausmann 1813) war zunächst Synonym mit Raseneisenstein und wird von einigen als Sumpferz gedeutet (lat. limus Schlamm), von andern als Wiesenerz (griech. λειμών Wiese). Leimonit wäre dann richtiger gewesen.

Seit Beudant (1832) wird Limonit in erweitertem Sinn gebraucht als Synonym für Brauneisenerz. Damit hat man sich vom ursprünglichen Sinn des Wortes entfernt. Raseneisenstein ist als Varietätsname erhalten geblieben.

Rathit (Baumhauer 1896): Seltenes Bleiarsensulfid, zuerst im Binnatal (Wallis) gefunden, benannt nach dem Mineralogen G. vom Rath, der an der Erforschung der Seltenheiten aus dem Binnatal besonders beteiligt war.

Rauchquarz ist braun oder rauchig gefärbter kristallisierter Quarz. Im 18. Jahrhundert durchweg und jetzt noch häufig Rauchtopas genannt. Nachdem eine klare Abgrenzung der Mineralien erfolgt ist, wird diese Bezeichnung, weil irreführend, besser vermieden, obgleich sie handelszulässig ist.

Die Ursache der Färbung ist noch nicht eindeutig festgestellt. Einerseits glaubte man in Spuren von Titan oder andern Substanzen den Urheber gefunden zu haben, andrerseits beobachtete man überraschende Wirkung von Bestrahlungen, die auf ganz andere Ursachen wiesen. «Die Farbe wurde zuerst auf den Einfluß von Radiumstrahlung aus dem Gestein, dann auf die Höhenstrahlung zurückgeführt. Neuere Untersuchungen machen Gitterdefekte durch Aluminium und Lithium dafür verantwortlich. Mit Radiumstrahlung läßt sich künstlich jeder Bergkristall in einen Rauchquarz umwandeln. Mit Röntgenstrahlen läßt sich dasselbe, nur sehr viel weniger intensiv, erreichen. Aus dieser besonderen Art der Färbung erklärt sich auch (wie beim Zirkon) die Hitzeempfindlichkeit der Farbe. Schon bei wenigen hundert Grad kann man Rauchquarz entfärben» (1969. Schloßmacher S. 260).

Rauchtopas → Rauchquarz.

Rauhwacke, Rauchwacke Alte Bergmannsbezeichnungen, für poröse, löchrige, zellige, z. T. Breccien-artige Gesteine (Zellendolomite z. T.), die ein Glied der → Evaporite bilden. Die Entstehung ist nicht ganz geklärt, teilweise ist sie wohl auf die Wegführung von ursprünglich vorhandenem Anhydrit zurückzuführen.

Rauschgelb und Rauschrot sind Bezeichnungen für zwei nahe verwandte Mineralien, für das gelbe Arsensulfid (As_2S_3) und das rote Arsensulfid (As_4S_4). Beide wurden schon im Altertum als Farbstoffe und Heilmittel verwendet, beide werden meist zusammen gefunden und von den Schriftstellern seit dem Altertum meist zusammen behandelt. Die arabischen Alchemisten drückten diese Verwandtschaft oft bildlich aus durch Decknamen: die beiden Brüder, die beiden Könige, die beiden Skorpione, die beiden Vögel, der Rote und der Gelbe (Ruska-Wiedemann S. 34).

«Rauschgelb» und «Rauschrot» sind ein Muster von Namen, die zugleich anschaulich charakterisieren, unterscheiden und zusammenfassen. Sie sind aber nicht, wie man denken sollte, gleichzeitig erfunden, sondern ihre Entstehung liegt Jahrhunderte auseinander. Rauschgelb, seit dem 16. Jahrhundert in vielen voneinander abweichenden Formen wie Rieszgelb, Reiszgelb, Roszgelb, Reuschgeel belegt, ist Umbildung und volksetymologische Umdeutung aus dem gleichbedeutenden italienischen risigallo, risogello, risalgallo (könnte aus dem vieldeutigen chrysocolla abgeleitet sein, Lippmann I S. 678), bzw. aus mittellat. risigallum. Als dessen Ursprung wird zumeist das arabische → Realgar angenommen. Agricola dagegen hatte in seiner Interpretatio die Formen reuschgeel, rosgeel, und leitete die erste Silbe aus ital. rosso (rot) ab. Das deutsche «Rauschgelb» hat nämlich nicht mit gelb zu tun, sondern bezeichnete jahrhundertelang das rote Arsensulfid. Als dann Werner (1789) gar die beiden Arten als gelbes Rauschgelb und rotes Rauschgelb (!) unterschied, mußte das jedem, der um den Wortursprung nicht mehr wußte, widersinnig erscheinen. So kam man bald nach Werner zu dem Namenpaar Rauschgelb und Rauschrot. Rauschgelb erhielt damit nachträglich erst den rechten Sinn. Rauschgelb und Rauschrot sind dann im Laufe des 20. Jahrhunderts durch die älteren Namen → Auripigment und → Realgar verdrängt worden.

Rauschrot   → Rauschgelb.

Realgar   ist Bezeichnung für das rote Schwefelarsen (As₄S₄), zunächst neben Sandarach, dann an dessen Stelle. Erste Erwähnung um 1200.

Das Wort wird meist aus arabischem rahǧ al-zâr Staub der Höhle abgeleitet, nach andern und wohl richtiger aus rahǧ al-fâr Pulver für Ratten (Lippmann III S. 115). Andere Formen → Rauschgelb.

Früher gebräuchliche Synonyme: → Sandarach; arsenicum rubrum (mittel- und neulateinisch. → Kap. V 2); «Reuschgeel/ ader rosgeel» (1546. Interpretatio); → Rauschgelb (Zedler 1741); rotes Rauschgelb (Werner 1789); Rauschrot, rote Arsenblende (19. Jh.). – Die beiden letztgenannten haben sich bis ins 20. Jh. neben Realgar gehalten.

Regenbogenquarz   → îrîs.

Regent   Auch Pitt genannt. Einer der letzten großen, in Indien gefundenen Diamanten, geschliffen 140,5 Karat wiegend. Der englische Gouverneur Pitt in Madras erwarb ihn und verkaufte ihn nach langem Feilschen. Die Verhandlungen mit August dem Starken zerschlugen sich. Der Herzog von Orléans, damals Regent, erwarb ihn 1717 für zwei Millionen Livres und die beim Schliff abfallenden Stücke. Jetzt im Louvre. (Vgl. Kap. VIII 5.)

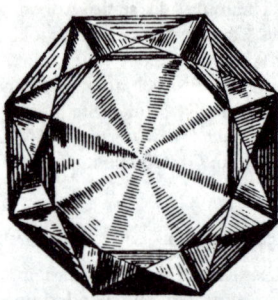

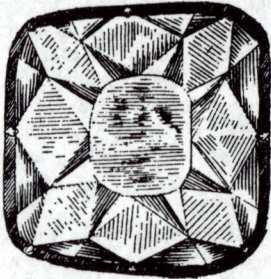

Oben: Diamant von 215 Karat, seit 1734 im Besitz des Königs von Portugal. – Unten: Regent. – (1737. Kundmann Tab. XII.) 1:1.

Regulus   → König.

Reißblei   → Wasserblei.

Reitz   → Jubilee.

Rhipidolith   → Chlorit.

Rhodochrosit   → Manganspat.

Rhodonit   Mangansilikat, von lebhaft roter Farbe und danach benannt von Jasche (1817). ῥόδον Rose. Auch Mangankiesel oder Kieselmangan.

Rhyolith So bezeichnete (1861) v. Richthofen ungarische Gesteine, die ihm ihre Natur als Ergußgestein, als geflossene Massen besonders deutlich zeigten. ῥέω (Stamm ῥυ) fließe und λίϑος Stein. Der Begriff würde dem Wortsinn nach auf alle Ergußgesteine passen, gilt jetzt aber nur für «Quarzporphyre» jüngerer Erdzeitalter, entspricht also in der Zusammensetzung dem Granit.

Rindenstein → Sprudelstein.

Rogenstein Name seit dem 16. Jahrhundert belegt. Nach heutiger Definition ein Gestein, das aus Kalkkügelchen besteht, die sich um einen Kristallisationskern bildeten und durch ein meist kalkig-toniges Bindemittel verkittet sind. Demnach vom → Erbsenstein unterschieden, und zwar nicht nur durch die Größe der Kügelchen. Die beiden Bezeichnungen Rogenstein und Erbsenstein sind übriggeblieben aus einer großen Reihe früher gebrauchter ähnlicher Namen.

«Rogenstein, Erbsenstein, Linsenstein, Mohnsamenstein, … Oolithus – Pisolithus, … Ammites … Immer besteht er aus rogenförmigen kugelrunden durch und durch schaaligen und blätterichten Körpern, welche dicht und fest in einander gedrängt, und bald größer bald kleiner sind. Viele der alten Naturforscher hielten ihn würklich für versteinten Fischrogen, oder für versteinte Erbsen, Linsen, Erven, Mohn-Lein-Hirsen- oder Kichernsaamen, wie nachdem die Körner in ihrer Gestalt und Größe mit diesen oder mit jenen mehr Aehnlichkeit zeigten … Das schaalige Gewebe dieser Rogensteine ist ganz wider den angegebenen Ursprung, und zeigt zu offenbar, daß sie, wie andere Tropfsteine, aus Wasser entstehen, welches mit Kalktheilchen geschwängert ist» (1777. Gmelin I S. 402f.).

Zu den obigen neulateinischen Bezeichnungen: Oolithus (griech. ᾠόν Ei), Oolith ist jetzt allgemeiner Begriff für Gesteine, die in einem Bindemittel strahlig-schalig gebaute Kügelchen enthalten. Kalkoolith, Eisenoolith usw. – Pisolith (pisum Erbse) tritt in der neuesten Nomenklatur gelegentlich wieder als Synonym für Erbsenstein auf. – Ammites, Hammitis stammt aus Plinius (37, 167). «Der Hammitis ist Fischrogen ähnlich» (Griech. ἄμμος, ἄμμος Sand).

Röschgewächs → Sprödglaserz.

Rosenit → Zinckenit.

Rosenquarz Beliebter Schmuckstein. Wurde schon im Mittelalter aus dem Böhmerwald geholt und zum Beispiel zum Ausschmückung der Wenzelskapelle in Prag verwendet. Unter welchem Namen er ging, ist nicht bekannt.

Vorläufer des heutigen Namens: «rosenrother Quarz»; in Werners System von 1789 als besondere Art vom gemeinen Quarz unterschieden, aber auch den Milchquarz mit umfassend, später sogar von Werner umgetauft in Milchquarz.

«Rosenquarz» (Blumenbach 1799) bezieht sich, dem Wortsinn und heutigen Gebrauch entsprechend, nur auf den rosenroten durchscheinenden Quarz.

Die Rosafärbung soll durch Spuren von Mangan, nach andern durch Spuren von Titan bzw. durch feinste Rutilnädelchen verursacht sein. Auch die ebenfalls festgestellten Spuren von Eisen könnten Einfluß haben. Noch verwickelter wird das Problem ähnlich wie beim Rauchquarz durch die Veränderlichkeit der Farbe bei Bestrahlungen und Erhitzung. (Vgl. Cavenago S. 664.)

Rotbleierz Die ersten Stücke des seltenen Minerals kamen aus dem Ural, und die Analyse bereitete jahrzehntelang Schwierigkeiten. Klaproth kam wegen Materialmangel nicht zum Ziel. Vauquelin entdeckte (1797) darin ein neues Metall, das er → Chrom nannte. Das untersuchte Mineral, chromsaures Blei, hat teil an der außerordentlichen Starkfarbigkeit der Chromverbindungen. Die Namen beziehen sich auf die auffällige Farbe: Rotbleierz (Werner). – Synonym: Krokoit (Breithaupt 1841), κρόκος Safran. – Nicht mehr gebräuchlich: Kallochrom (Hausmann 1813), κάλλος Schönheit, χρῶμα Farbe.

Roteisenerz ging früher mit unter dem Begriff → Eisenstein. Wo man verschiedene Eisensteine unterschied, unter Bergleuten, Händlern, Mineralogen, da hieß der rote Eisenstein Blutstein oder Glaskopf.

«… derjenige rothe Eisenstein, welchen die Bergleute Glaskopf, die Materialisten Blutstein nennen …» (1754. Henkel S. 227).

«Glaßkopf. Dieser ist ein reicher gemeiniglich rother, bisweilen auch schwartzer selten aber gelber Eisenstein, welcher bald aus übereinander liegenden Schaalen bestehet; Oefters aber ist seine Textur strahlig, ... da er denn eigentlich Bluthstein im Commercio genennet wird» (1769. Lehmann S. 127).

Demnach liegt hier noch keine klare Scheidung von Rot- und Brauneisen vor. Erst Werners Roteisenstein (1789) ist eine Bezeichnung im Sinne der heutigen Nomenklatur. Spätere Mineralogen haben Roteisenstein, Roteisenerz, Roteisen oder auch → Hämatit.

Nach heutiger Bestimmung ist Roteisenerz (oder → Hämatit) im engeren Sinn das Eisenoxid Fe_2O_3; und zwar die mikrokristalline Abart, vorkommend in verschiedenen Ausbildungsformen, strahlig oder schalig mit nieriger Oberfläche als → Glaskopf; in dichten Aggregaten; feinschuppig als → Eisenglimmer und → Eisenrahm; in Form von rundlichen Körnern (oolithisch). – Roteisenerz (oder → Hämatit) im weiteren Sinn umfaßt auch die deutlicher kristallinen, als → Eisenglanz bezeichneten Arten von metallischem Aussehen. → Tafel 16.

Rötel, Rötelstein, Rotstein. Älteste Formen in althochdeutschen Glossen zu Jeremias: hrotilesteine, rot(h)steine (Glossen I S. 625 u. 630). – Bergrötel bezeichnete ausschließlich den natürlichen Rötel im Gegensatz zum künstlichen, aus Ocker gebrannten.

Rötel kam schon in der Antike zu weitester Verbreitung als Malerfarbe, wurde aber auch als Heilmittel verwendet. Die Namen sind: griech. μίλτος, lat. rubrica (zu ruber rot). Das früheste literarische Zeugnis für das griechische Wort sind die rotwangigen Schiffe des Odysseus (νῆες μιλτοπάρῃοι, Il. 2, 637). Auch in der Neuzeit ist die Verwendung mannigfach, am bekanntesten die Verarbeitung zu Rotstiften für Künstler und Handwerker. «Rötel/ Röttelstein/ wie die Zimmerleut vnd Steinmetzen brauchen» (1612. Ruland).

Rötel ist nach heutiger Definition Roteisen, durch Ton und anderes verunreinigt, mit erdigem Bruch. Da früher die schwierige Unterteilung der Erdarten nicht auf mineralogischen Kenntnissen, sondern auf handwerklicher Erfahrung fußte, bleibt offen, in welchem Maß die früher Rötel, Miltos, Rubrica genannten Substanzen dem modernen Begriff entsprechen.

Rotgültig ist seit dem 16. Jahrhundert oft belegt in verschiedenen Formen: Rot gold ertz, rod gulden ertz, Roth-gültig erz u.ä. Deutung des Namens Kap. X 3.

Der Name umfaßt zwei verschiedene, aber ähnlich aussehende und erst von der späteren Mineralogie genau unterschiedene gesuchte Silbererze, nicht die allerreichsten, aber immerhin solche, die über die Hälfte des Gewichts an Silber enthalten können. «Rotgülden ertz ist blutrodt/ Drumb sagen die Bergkleute: Das blutet.» – «Ein durchsichtig rot gülden ertz/ das herein brint wie ein Rubin/ vnd stet in seinem drüßlen/ welches die hitz außgederret wie einen ring kasten/ das ist nicht so gar reich am silber/ ... wirt es glasig/ wie man solch rot gülden erzt findet/ so wird der halt aber besser» (1562. Mathesius S. 40b und 50a).

«Negst diesen dreyen Ertzen/ ist ein Silber Ertz/ das ist Braunroth/ fast dem Zinober gleich/ doch nicht so Liecht/ das heist man roth Güldig Ertz/ das gibt auch vber den halben theil gut Silber» (1580. Ercker S. 3b).

«... das grospralende Rothgüldenerz ...» (1754. Henkel S. 83).

Seit Werner (1789) werden dunkles und lichtes Rotgültig unterschieden. Werners Schreibung «Rothgiltigerz» wirkte nur eine Zeitlang nach. Beide Rotgültigerze sind Sulfide, «Silberblenden». Das häufigere dunkle ist Antimonsilberblende, das seltenere lichte ist Arsensilberblende.

Synonym für dunkles Rotgültig: Pyrargyrit (Glocker 1831). πῦρ Feuer, ἄργυρος Silber. Gibt im Feuer des Lötrohrs leicht ein Silberkorn. Synonym für lichtes Rotgültig: Proustit (Beudant 1832), nach dem französischen Chemiker J. L. Proust, der Wesentliches zur Klärung der chemischen Verhältnisse beim Rotgültig geleistet hatte.

Rotkupfererz (Werner 1789): Kupferoxid, Cu_2O. – Ältere Namen: Kupfer-Lebererz, Rotkupferglas. «Kupferglas. Kupfer-Lebererz ... Siehet bisweilen aus, wie rothes Siegellack, bisweilen aber etwas leberbraun» (1770. Cronstedt-Brünnich S. 210).

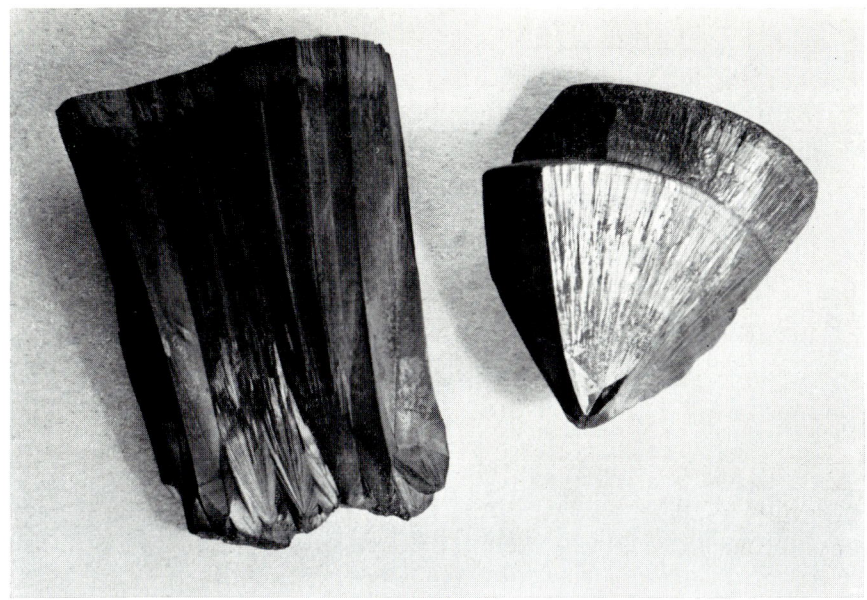

Roteisenerz. (Spaltstücke von rotem Glaskopf)

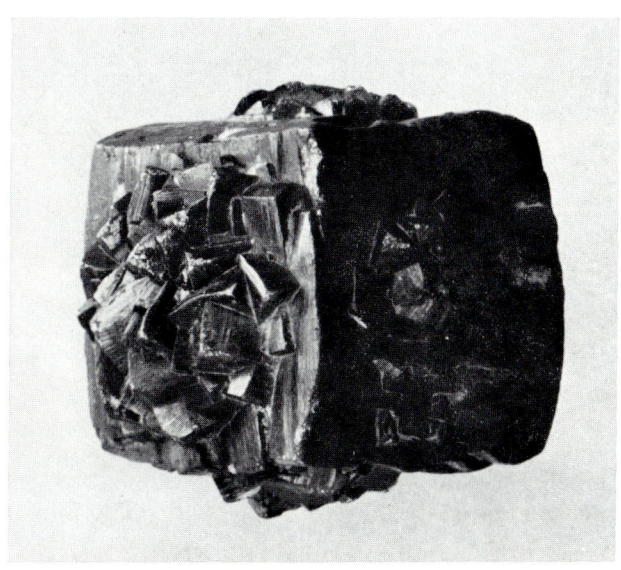

Pyrit

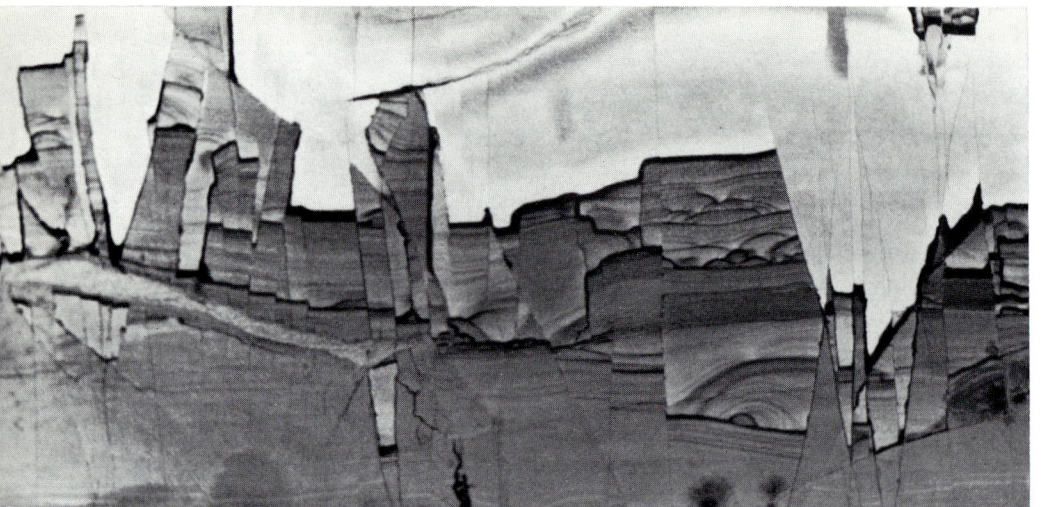

Florentinischer Ruinenmarmor

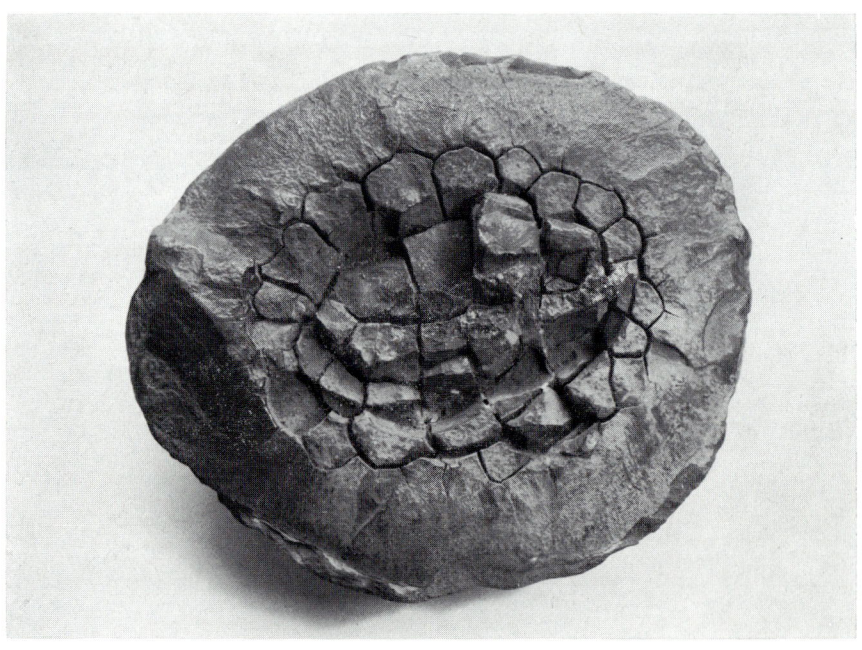

Inneres einer Toneisenstein-Septarie. – Lebach bei Saarbrücken

Synonym: Cuprit (Haidinger 1845), von lat. cuprum Kupfer.

Rotnickelkies → Kupfernickel.

Rotspießglanzerz → Antimonblende.

Rotzinkerz Zinkoxid, von Bruce (1810) als solches erkannt und als Red Oxide of Zinc eingeführt. Im Deutschen anfangs Rotes Zinkoxyd, dann aber meist Rotzinkerz (Breithaupt, Oken u. a.) genannt. – Synonym: Zinkit (Haidinger 1845).

Rubellit → Turmalin.

Rubicell → Spinell.

Rubin Abgeleitet von latein. rubeus rot. Zuerst in der Provence im 12. Jahrhundert in den Formen robi, robina, dann altfranzösisch rubin, um 1200 ins Mittelhochdeutsche als rubîn.

Rubin ist ein neuer Name für Karfunkel oder eine Art des → Karfunkels. Es gibt Beschreibungen, die denen des Karfunkels wörtlich gleichen: «Der rehte edel rubîn,/ der gît des nahtes schîn,/ daz man siht in der vinster wol,/ als ein glüejender kol» (um 1250. Volmar 643ff. gît: gibt).

In der Dichtung erscheint rubîn neben karfunkel als erwünschte Vermehrung klingender Namen: «crisolte, rubîne,/ paleise unt sardîne,/ ...» (Parz. 791). – Der gefallene Held Gachmuret erhält eine durchscheinende Grabplatte: «ein tiwer rubîn ist der stein/ ob sîme grabe, dâ durch er schein» (Parz. 107). Von einem kostbaren Gürtel heißt es: «diu rinke was ein rubîn» (Parz. 307 rinke: Schnalle).

In den Lapidarien, die sich um Abgrenzung der Arten des Carbunculus und um Einfügung des neuen Namens bemühten, gab es Verwirrung und Widersprüche. Bei Albertus Magnus zum Beispiel (II 2, 3) ist der Rubin der eigentliche Karfunkel, der im Dunkeln leuchtet, bei Megenberg aber (S. 437) eine geringe Art. «der ander haizt rubein, der ist auch feurvar, aber niht sô gar lieht sam der carbunkel, und der schäuht den vinster niht in der naht.»

Über den Rubin in der arabisch beeinflußten mittelalterlichen Überlieferung → Hyazinth.

Da seit dem Humanismus die Existenz eines im Dunkeln leuchtenden Steines bezweifelt wurde, verlor der Name Carbunculus in der Wissenschaft an Bedeutung, und die Namen der einzelnen Arten wurden gewichtiger. «Über den echten Rubin. Dieser echte Rubin, wenn er groß ist und mehr als 20 Karat Gewicht hat, verdient den gefeierten Namen Carbunculus, und darf als der angesehen werden, der bei den Alten so geschätzt war und dem die Fähigkeit im Dunkeln zu leuchten fälschlich zugeschrieben wurde» (1609. de Boot II 12).

Um 1800 erfolgte die Analyse des Rubins. Kristallographen (Hauy u. a.) erkannten die Verwandtschaft von Rubin und Saphir, Chemiker (vor allem Klaproth) zeigten, daß beide wesentlich kristallisierte Tonerde (Al_2O_3) sind. Die verschiedenartige Färbung des Rubins und Saphirs bei so gleichartiger Zusammensetzung blieb damals noch rätselhaft. Heute ist festgestellt, daß die Farbe des Rubins durch Eisengehalt in Verbindung mit einer winzigen, nur spektrographisch feststellbaren Menge Chrom bedingt ist. Die Färbung des Saphirs beruht auf einem Gehalt an Eisen und einer geringen Menge Titan.

Rubinglimmer → Goethit und Brauneisenerz.

Ruinenmarmor, Ruinenstein, Florentinischer Ruinenmarmor, Landschaftsmarmor. Feingeschichteter Kalk, die Schichten gegeneinander verrückt und durch Eisenoxid unregelmäßig getränkt, so daß im Querschnitt die Zeichnung entsteht, nach der der Stein benannt ist. Von Goethe eigenartig durch Erschütterung im Augenblick der Erstarrung erklärt (Werke XX S. 386). → Tafel 17.

Russisches Glas → Muskovit.

Rutil Der rote Schörl, den Klaproth untersuchte, ist eine der beiden tetragonalen Modifikationen des Titandioxids und wurde von Werner (1801) Rutil genannt, nach der rötlichen Farbe. Lat. rutilus rötlich. Eine Abart ist der → Sagenit.

S

Sächsische Wundererde Eine → Bol-Art. Eisensteinmark (Breithaupt 1823). Bekanntgemacht und benannt 1732: «Saxoniae Electoralis Miraculosa Terra, oder Des Weltberühmten Chur-Sachsen-Landes bewundernswürdige Erde, Wie dieselbe Durch des Höchsten Gottes sonderbahre Gnade und verliehenen Bergwercks-Verstand, auch unermüdeten Fleiß entdecket worden Von Christian Richtern ...». Nach Richter war die Wundererde der Anfang zur Generation der Edelsteine und Marmorarten.

«Von diesem Steinmark scheint die sächsische Erde oder terra miraculosa Saxoniae eine bloße Spielart zu seyn. Sie ist gemeiniglich veilchenblau, zuweilen gelbröthlicht, und sehr oft bunt; im Feuer wird sie so hart, daß sie am Stahle Feuer gibt; sie nimmt eine schöne Politur an, und läßt sich gut drehen und bearbeiten» (1777. Gmelin I S. 443).

saddâ (Parz. 791), lat. sagda (Plin. 37, 181). Eine einleuchtende Namenserklärung liegt nicht vor. Er wird als grüner Stein beschrieben, der sich fest an Schiffen ansetzt.

Safflorit → Speiskobalt.

sagda → saddâ.

Sagenit Abart des → Rutils, von de Saussure d. Ä. nach Funden am St. Gotthard beschrieben. «Diese kleinen Kristalle kreuzen sich gewöhnlich unter den gleichen Winkeln, sodaß sie Netze bilden, deren Maschen Parallelogramme sind. Diese sonderbare Eigenart schien mir geeignet, den Namen des Steines festzulegen. Ich habe ihn Sagenit genannt, nach dem griechischen und lateinischen Wort sagena, das Netz bedeutet» (1796. Voyages dans les Alpes IV S. 76). → Farbtafel 5.

sal → Salz.

Salamanderhaar → Asbest.

Salmiak 1. Das Wort ist verkürzt aus sal ammoniacum, dieses wiederum hervorgegangen aus griech. ἀμμωνιακόν (Diosk. V 109), lat. ammoniacum oder hammoniacum (Plin. 31, 78f.). Nach Plinius wird es in Wüstengenden zwischen Ägypten und Arabien, in der Wüste beim Ammonstempel und in der Cyre-

naika unter dem Sand gefunden. Somit ergeben sich zwei Namensdeutungen. Die eine führt Plinius ausdrücklich an: es heiße nach dem griechischen Wort für Sand (ἄμμος). Die andere Deutung liegt nahe: ein Bezug auf den Gott Ammon oder den Fundort beim Tempel des Ammon. Unser Salmiak (Chlorammonium, NH$_4$Cl) kann nun an den beschriebenen Fundorten nicht vorkommen. Das antike sal ammoniacum muß ein anderes Salz gewesen sein.

2. Unser Salmiak wurde vermutlich zuerst in Persien bekannt auf Grund der dortigen seltenen natürlichen Vorkommen. Die Araber nannten ihn Nūschādir und setzten ihn mit dem sal ammoniacum der Antike gleich. Alrazi (um 900) beschrieb ihn und rechnete ihn in seinem Buch «Geheimnis der Geheimnisse» zur Klasse der Geister, das heißt der sublimierbaren Substanzen. Salmiak blieb seitdem ein wichtiges Zubehör der Alchemistenküche.

3. Im Mittelalter stellte man den Salmiak in Ägypten, nachweislich seit etwa 1100, als Kunstprodukt aus Kamelharn her und lieferte ihn bis in die Neuzeit hinein nach Europa. «Die gantze Sache kommt darauf an, daß eine grosse Menge Mist von allerley Thieren in Egypten gesammlet wird; Egyptens Boden steckt voller Kochsaltz, und also sind auch die darauf wachsenden Kräuter reichlich damit versehen, was Wunder wenn also auch der Mist derer Thiere davon voll ist». (1769. Lehmann S. 45).

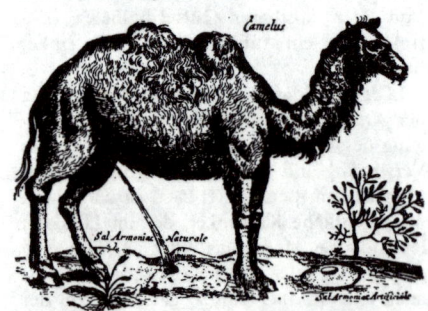

«Salarmoniac» (1704. Valentini I S. 426). 1:2.

4. Daß es natürlichen Salmiak gibt, war lange vergessen. Im Jahre 1758 berichtete der St. Petersburger Apotheker Model in einer

kleinen Schrift über «ein natürliches oder gewachsenes Salmiak». Das war für die abendländische Wissenschaft eine Neuentdeckung. Erste Fundstätten waren die Vulkane Ätna und Vesuv.

Am Vesuv beobachtete auch Leopold von Buch die Bildung des Salmiaks auf einem erkaltenden Lavastrom: «Der Strom hatte sich in wenig Stunden mit einer dicken, weissen Salmiakrinde bedeckt. Sobald auf der Oberfläche das Feuer erlöscht, schlägt sich darauf in ungeheurer Menge der Salmiak nieder. (1809. L. v. Buch I S. 465).

Salniter → Salpeter.

Salpeter wurde bekannt um 1300, und zwar, wie es scheint, zunächst in Italien. Zwei Namenreihen: 1. sal nitrum («Nitrum-Salz», «Nitrum»), daraus italienisch salnitro, mittelhochd. salniter, in dieser Form oder ähnlich noch bis ins 18. Jahrhundert in Gebrauch. – 2. sal petrosum, sal petrae oder petra, mittelhochdeutsch salpeter, «Felsensalz», weil es sich als Ausschwitzung an Felsen, Mauern und Lehmwänden bildet, besonders in der Nähe faulender animalischer Substanzen.

«Merke, daß Salpeter (sal petrosum) ein Erdmineral ist, und es wird gefunden in Skrofeln an Steinen» (um 1300. Marcus Graecus, Liber ignium. Goltz S. 167). – «Aber im felsen da coagulirt er sich und scheußt heraus zapfen weis» (Paracelsus I 13 S. 118).

«Heut braucht man Salitter am meysten zum Püchsenpuluer/ Welches Bertoldus Schwartz ein glerter Münch vnd guter Alchimist erfandt/ da man zalt 1480» (1562. Mathesius S. 169b).

Unter Salpeter wurden und werden im allgemeinen die künstlichen Produkte verstanden. Sämtliche Arten sind Nitrate (salpetersaure Salze). Es werden unterschieden salpetersaures Kali oder Kalisalpeter (v. Leonhard 1826), auch Nitrokalit genannt, Salpeter schlechthin, KNO_3; ferner Natronsalpeter oder Chilesalpeter, auch Nitronatrit genannt, $NaNO_3$; ferner Kalksalpeter u. a. Als Mineralien sind die verschiedenen Arten verhältnismäßig selten. Die ergiebigste Fundstätte des Chilesalpeters liegt in regenlosen, sehr begrenzten Gebieten im nördlichen Chile. Sie ist seit Anfang des 19. Jahrhunderts bekannt.

Salz 1. Das Wort, althochdeutsch salz, in den nordischen Sprachen und im Gotischen salt, niederländisch zout, ist urverwandt mit lateinisch sal, altslawisch soli, altpreußisch sal, griechisch ἅλς, armenisch al usw. Damit ist erwiesen, daß es zum ältesten Namenbestande unserer Sprache gehört. – Salz bei Homer → Kap. III 5.

2. Salz ohne weiteren Zusatz bezeichnet unser Kochsalz (Chlornatrium, NaCl). Es wird seit alters teils aus dem Berg, teils aus dem Meer und andern Gewässern gewonnen.

«Salz ist aber mehrfach zu unterteilen, denn es gibt Meersalz (sal marinum) oder solches, das aus Salzwasser gezogen ist, und es gibt Salgemma, das wie durchsichtiger Kristall ist und in Ungarn massenhaft gefunden wird ...» (Albertus V 1, 2).

Namenreihe für Kochsalz aus dem Jahre 1778: 1. Meersalz, Boysalz, Seesalz, Salz. Sal marinum, Sal culinare, Sal commune. 2. Brunnensalz, Quellsalz, Lüneburger Salz. 3. Steinsalz, Bergsalz, Sal gemmae (Gmelin II S. 163–209).

Natürliches Kochsalz (Werner). Jetzt gebräuchlichste Bezeichnungen in der Mineralogie: Steinsalz, Halit (zu griech. ἅλς. Halites, Glocker 1847).

3. «So hoch hat got den menschen getriben und gezwungen das er nit on salz leben kan oder mag, sonder muß das selbe haben in der speis und allem was er isset. darzu ist er gezwungen, das also sein muß ... dieweil nun der mensch in species geteilt ist, so ist er der putrefaction underworfen, also das er zur feulung gên muß, doch in der gestalt, das got in bewaret hat mit dem eingeleibten balsam, ... das ist nemlich das salz, das ist der balsam, der den menschen vor aller feulung bewaret» (um 1525. Paracelsus I 2 S. 98). – Übertragener Gebrauch des Wortes siehe Kap. III 3.

4. Der Begriff Salz wurde in der Alchemie und der folgenden Naturwissenschaft außerordentlich erweitert. Er umfaßte hier nicht nur das Kochsalz und seine Arten, sondern eine wachsende Zahl als verwandt erkannter Substanzen. In Werners System von 1798 zum Beispiel gehören noch Vitriol, Alaun, Bittersalz, Glaubersalz, Salpeter, Salmiak und anderes zur Klasse der Salze.

Anfang des 19. Jahrhunderts stieß die Mineralchemie auf die damals auffällige Tatsache, daß es auch sauerstofflose Salze (Haloid-Salze) gibt. Man konnte damals versucht sein, dieser Gruppe in der Wissenschaft den Namen Salz abzusprechen. Man wäre damit in Gegensatz zu einem vieltausendjährigen Wortgebrauch gekommen.

«Die neue Chemie entdeckte, dass Salz gar kein Salz ist. Sollen wir nun, um konsequent zu seyn, keine Salzbergwerke mehr haben, sondern Chlorür- oder Chlor-Natrium-Bergwerke. Wir bewahren in der Mineralogie dem Salze seinen alten selbständigen, spezifischen Namen» (1845. Haidinger S. 467).

Gegenwärtig wird das Kochsalz wieder als Prototyp der Salze im chemischen Sinn angesehen.

Salzkupfererz → Atakamit.

Samarskit (H. Rose 1847): benannt nach dem russischen Bergbeamten von Samarski. Enthält Niobium, Yttrium, Erbium, Tantal usw.

Samtblende → Goethit.

Sancy Diamant, geschliffen 55 Karat wiegend. Herzog Karl der Kühne von Burgund soll ihn in der Schlacht bei Nancy (1477), wo er Leben und Sieg verlor, getragen haben. Ende des 16. Jahrhunderts erworben von einem hugenottischen Edelmann, Nikolaus von Harlay, Herrn zu Sancy. In der Folgezeit durch mannigfachen Besitzwechsel von Land zu Land gewandert.

Sand Gemeingermanisches Wort. Althochdeutsch und mittelhochdeutsch sant. Mittelhochdeutsch auch sampt. Mundartlich (Tirol, Bayern) samp. Urverwandt mit gleichbedeutendem griech. ἄμαθος, aus älterem zu erschließendem σάμαθος. – Im Alt- und Mittelhochdeutschen Synonym: griez.

Sand besteht aus Gesteinstrümmern. Die meisten Sande sind ganz überwiegend Quarzsande, da der Quarz besonders widerstandsfähig gegen chemische Zerstörung ist. Durch Beimengungen sind gekennzeichnet Bleisand, Glaukonit- oder Grünsand, Spatsand, Kalksand, Goldsand und andere.

Abgrenzung des Begriffs in der Gesteinskunde nach der Größe der Korndurchmesser.

Geröll, Kies, Grus haben größeren, Staub hat kleineren Durchmesser.

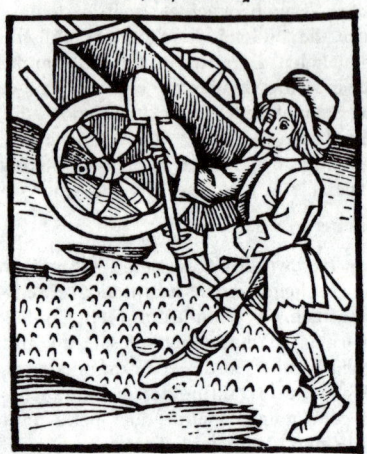

Stück einer Spalte aus dem Hortus Sanitatis von 1509. Im Text Einteilung in Grubensand, Wassersand, Meersand. – Reichlich 2:3.

Sandarach, Sandarak. Entstanden aus griech. σανδαράχη, σανδαράκη (Theophrast 40); lat. sandaraca (Plinius 34, 177). Etymologie ungeklärt. Herkunft des Wortes aus dem Osten wird angenommen. Es bezeichnete im allgemeinen das rote Schwefelarsen (As_4S_4).

Synonyme von Sandarach → Realgar.

Sandrose oder Wüstenrose: Gips mit Einschlüssen von Sand, linsenförmige Kristallgebilde in mehr oder minder rosettenförmiger Anordnung, aus der Sahara und andern Wüsten. «Diese Sandrosen bilden (in der Sahara) eine feste Gesteinsschicht unter dem Sand, die das Abrutschen der Böschung verhindert. Zwar werden Sandrosen zentnerweise auf den Märkten angeboten, schöner ist es jedoch, sie selbst im Sand zu «pflücken». Das schwierigste ist dabei meistens die Qual der Wahl, wenn eine schöner als die andere ist. In der Sorge um das Fluggepäck bleiben dann meistens noch etliche Kilo im Hotel liegen» (H. Schmidt in: Kosmos 11/1973 S. 458).

Sandstein Seit 16. Jahrhundert belegt, seit Agricola (1546. Foss. S. 318ff.) in der wissenschaftlichen Literatur behandelt.

Cronstedt führt unter den «zusammengeleimten Felssteinen» an: «Sandstein … Man rechnet hierher aus so feinen Theilen zusammengebundne Felssteine, daß man selbige mit bloßen Augen nicht unterscheiden kann. Die mehresten bestehen dennoch aus Quarz und Glimmer, weil diese die geschicktesten sind, gekörnt zu werden, ohne sich in einen Schlamm zu verwandeln» (1770. Cronstedt-Brünnich S. 278f.).

«Sandsteine bestehen aus Quarzkörnern und einem Bindemittel … Das Bindemittel kann kieselig …, tonig, kalkig, dolomitisch, mergelig, hämatitisch, limonitisch, glaukonitisch sein, auch Übergänge von einer zur anderen Art aufweisen. Danach unterscheidet man vor allem Kieselsandsteine, Kalksandsteine, Mergelsandsteine, Glaukonitsandsteine» (1940. Rinne S. 318f.).

Heute ist «Sand» nur mehr eine Korngrößenbezeichnung. Vgl. z.B. Grauwacke.

Sanidin (Nose 1808): Abart des Orthoklases, benannt nach den tafelförmigen Kristallen (σανίς, σανίδος Brett, Brettchen, Tafel).- Dies Merkmal hat aber der Sanidin mit andern Feldspaten gemeinsam. Unterscheidendes Merkmal ist der starke Glasglanz an frischen Spalt- und Bruchflächen. Daher auch Eisspat genannt. «In den Trachyten … bildet er geradezu den Hauptgemengtheil und ist es, der diesen Felsarten die Eigenthümlichkeit verleiht, daß sie so häufig wie eine rauhe Raspel (daher «Trachyt», rauh) oder eine mit Glaspulver bedeckte Fläche sich anfühlen lassen und in ihren Bruchflächen wie Glassplitterchen glänzende Krystallkörnchen zeigen» (1875. Senft, Mineralogie S. 606).

Saphir 1. Griechisches σάπφειρος (Diosk. V 139) wird als Fremdwort aus dem Osten angesehen. Sanskr. śanipriyam (von śani, das ist dem Planeten Saturn, geliebt). Nach andern liegt babylonisches sipru ritzend zugrunde (Lippmann III S. 40). Hebräisch sappir. Lateinisch sappirus (Plin. 37, 120 u.ö.), sapphirus (Vulgata Ex. 24, 10 u.ö.). – Mittellateinisch meist saphirus.

Mittelhochd. saffîr, saphir, saffîre u.ä. Seit dem Humanismus wird die Form wieder dem Griechischen angenähert und vielfach Saphir geschrieben, so noch Bauer in der maßgeblichen Edelsteinkunde von 1896. Goethe schreibt Saphir.

2. Der antike Saphir war nicht unser Saphir, sondern unser Lasurstein. Charakteristisch für diesen sind Undurchsichtigkeit bei tiefem Blau und Einschlüsse von goldigschimmerndem Pyrit. Theophrast (23) nennt den Saphir «gleichsam goldgesprenkelt», und Plinius (37, 119f.) sagt, Saphire seien blau, selten wie mit Purpur, und hätten glänzende goldene Punkte. Die besten, aus Medien, seien nie durchsichtig. – Hervorragend tiefblaue Stücke kommen seit alters aus Badakschan, nicht aus Medien. Vom Herkunftsland hatte Plinius demnach eine ungefähre Vorstellung.

3. Die mittelalterlichen Beschreibungen des Saphirs lassen sich auch zum Teil noch auf den Lasurstein beziehen. «Der ist aber der beste, den die medische Erde erzeugt, von dem jedoch versichert wird, daß er nie den Blick hindurchläßt» (um 1075. Marbod 5). – «Saphirus ist gar ain edel stein und ist der zwelfer ainer, die Johannes sach … aber der ist der pest, der von India kümt, und der ist kainer durchläuhtich» (1350. Megenberg S. 457).

Eindeutig erkennbar ist unser Saphir in dem arabischen Zweig der Überlieferung, der in fast allen mittelalterlichen Lapidarien aufweisbar ist. Hier hat er seinen alten griechischen Namen Hyazinth, umgeformt zu arabisch Jakut, mittellateinisch iacintus, deutsch Jachant o.ä. Zum Unterschied von gelben und roten Hyazinthen nennt man ihn iacintus venetus, bläulicher Jacint, später, im 13. Jahrhundert, iacintus saphirinus, saphirfarbener Jacint, endlich auch saphirus. «Über den Jacint … Wiederum ist eine andere Art dieses

Steines, von himmelblauer Farbe, und wird Saphir genannt. Und dieser Stein erträgt das Feuer nicht, da er darin Schaden leidet» (15. Jh. Pseudo-Aristoteles Mp. Rose S. 386. Verlorenes Original: 9. Jh.).

Die Entwicklung geht dahin, daß die Namen Saphir und saphirfarbener Hyazinth in eins zusammenfallen. Megenberg hat (1350) schon keinen saphirfarbenen Hyazinth mehr, nur noch den Saphir. Der Name gewinnt damit die heutige Bedeutung, und der Lasurstein muß den Namen Saphir abtreten.

→ auch Hyazinth.

4. Der Saphir ist einer der bedeutungsschweren Steinnamen. Er galt von je und gilt noch heute zur Bezeichnung der schönsten Bläue, vor allem des Himmels. «Vergleichen wir doch, wenn wir uns poetisch recht hoch versteigen wollen, den klarsten Himmel dem Saphir, die ernste untergehende Sonne dem Rubin, die frischesten Wiesen dem Smaragd» (Goethe, Werke XXII S. 431 f.).

«Vnd ich sahe/ vnd sihe/ am Himel vber dem heubt der Cherubim/ war es gestalt wie ein Saphir/ vnd vber den selbigen war es gleich anzusehen wie ein Thron» (Hesek. 10, 1. Luthers Übers.).

Die Bilder des Alten Testaments waren der Ausgangspunkt einer langen Reihe christlicher Allegorien mannigfachster Art. Heinrich von Mügeln besingt die zwölfsternige Krone der Maria, wo jeder Stein eine Tugend bedeutet: «Der safir ist gefar/ recht sam der luter himel klar/ … da got in dines herzen bach/ den safir diner küscheit sach,/ da nam sins zornes ouge rast» (um 1350. Der Dom 24. gefar: gefärbt. küscheit: Keuschheit). – Dante nennt Maria «den schönen Saphir»: «… il bel zaffiro,/ Del quale il ciel più chiaro s'inzaffira» (Himmel 23, 101f.). «… des himmels saphirblaue feier» (George X/XI S. 189).

«Der Saphir ist von Gott großer Ehren teilhaftig geworden. Diesen Stein pflegen Könige um den Hals zu tragen, denn er ist der kräftigste Schutz» (Damigeron 14). – «und ist den himelkreften allzeit annaigich» (1350. Megenberg S. 457. annaigich: sich zuneigend). So ist seine Wirkung auf den Menschen wohltätig, doch verlangt er vom Träger Keuschheit. «Der stain behelt den leip und diu glider ganz in irr narung von nâtûr, diu ze latein vegetatio haizt, und senftigt die inwendigen prünst und verstellt den swaiz …» (1350. Megenberg S. 457). – «In eim rôtguldîn vingerlîn/ sol man in kiuschlichen tragen:/ sô wil ich iu für wâr sagen,/ sô ist man wol lange gesunt» (um 1250. Volmar 138–141. vingerlîn: Ring. iu: euch).

5. Außer dieser magischen Wirkung wurden dem Saphir noch andersartige zusammenziehende (adstringierende) Heilkräfte zugeschrieben, die man auch heute noch mit Einschränkungen als medizinisch möglich gelten läßt. Doch meint man, daß hier eine Verwechslung des Lasursteins mit dem Azurit, einem blauen Kupfermineral, vorliegt (vgl. Schade II 1412ff.). Aus diesem Bereich nur ein Beispiel aus Albertus Magnus (II 2, 17), das durch die eingefügten eigenen Beobachtungen höchst bemerkenswert ist. «Ich sah einen (Saphir) ins Auge eingeführt werden und die Augen von Flecken reinigen. Aber vorher will er in kaltes Wasser gelegt werden und nachher ebenso. Was sie aber sagen, daß er Kraft und Farbe verliert, wenn er einmal ein Geschwür vertrieben hat, ist falsch, denn ich sah einen, der nacheinander mit einem Zwischenraum von ungefähr vier Jahren zwei Geschwüre verjagt hat.»

Die hier aufgeführten Wirkungen sind schon in der Spätantike bei Damigeron im wesentlichen zusammengestellt. Sie gehören entweder dem Lasurstein ursprünglich an oder sind vom Azurit auf diesen übertragen. Der saphirfarbene Hyazinth bringt zu diesen Kräften nichts Wesentliches hinzu, seine Fähigkeit, gegen Gift zu schützen, verbleibt beim Namen Hyazinth und geht nicht auf den Saphir über. Der Saphir verdankt die Fülle seiner Bedeutung einem Stein, dessen Namen er erst verhältnismäßig spät angenommen hat.

6. Solange man die Bestandteile des Saphirs (wie des Rubins) nicht kannte, waren die Mineralogen wegen seiner Einordnung in Verlegenheit. Man tat ihn zusammen mit dem Diamanten und andern Edelsteinen in eine Gruppe Glasartige Steine oder in eine Gruppe Kieselarten. Klaproth zeigte, daß Saphir (wie Rubin) wesentlich Tonerde (Al_2O_3) ist. Das erregte Staunen. «Wer hätte damals wohl geglaubt, daß der Saphir beinahe bloß aus Thonerde besteht, und wenigstens nicht eine

Spur von Kieselerde enthält, da er doch Härte, Glanz und Krystallform im vorzüglichen Grade besitzt? Diese Steinart allein wirft alle voreilig abstrahirte allgemeine Merkmale ganzer Ordnungen über den Haufen, und lehrt uns künftig behutsamer verfahren» (1800. Karsten S. 72).

Mineralogisch wurde der Saphir nunmehr als → Korund-Varietät eingeordnet. Damit war eine Bedeutungsverschiebung verbunden. Es zeigte sich nämlich, daß zum edlen Korund nicht nur der blaue Saphir und der rote Rubin gehören, sondern daß es auch farblose, gelbe, gelbrote, rosafarbene, grüne und violette Korunde von Edelsteinqualität gibt. Alle diese gehen im Edelsteinhandel meist nicht unter dem Namen Korund, sondern unter dem Namen Saphir, mit Ausnahme des gelbroten, der → Padparadscha genannt wurde. Mit Begriffen wie gelber Saphir, rosa Saphir, grüner Saphir hat sich die Edelstein-Nomenklatur gelöst von einer Jahrtausende alten Tradition, in welcher Saphir und tiefe Bläue eins waren.

Saphirquarz (Leonhard 1821): Durch eingelagerten Krokydolith tiefblau gefärbter Quarz. Findet sich bei Golling im Salzburgischen. Gelegentlich zu Schmuckgegenständen verarbeitet.

Saponit → Seifenstein.

Sapparé Kyanit von einem Fundort in Schottland wurde von einem schottischen Händler als Saphir angesprochen. Diese Fehlbenennung gelangte durch eine Kette von Mißverständnissen in Formen wie Sapparé, Sappar, Sapparit als «etymologische Mißgeburt» und überflüssiges Synonym über das Französische auch ins Deutsche. (1810. Klaproth V S. 6).

sapphirus, sappirus → Saphir.

Sarder Der Name, griechisch σάρδιον, lateinisch sardius, mittelhochdeutsch sarde, sardis, sardîn, saradin, sardinicus oder ähnlich, wird nach der Deutung des Altertums zurückgeführt auf die Stadt Sardes in Kleinasien, wo der Stein zuerst gefunden sein soll. Vielleicht wird da der Fundort mit dem Durchgangsort für den Handel aus dem Orient verwechselt.

Einleuchtender ist die Zurückführung auf das persische serd gelbrot, das dann durch mißverstehende Umdeutung mit Sardes in Zusammenhang gebracht wurde. Sarder heißt demnach der Gelbrote. Das bestätigt, was auch die antiken Beschreibungen beweisen: daß der Sarder des Altertums den roten oder rötlichen → Chalzedon mit umfaßt. Auch der Sarder der Apokalypse ist also rot oder rötlich zu denken. Seit etwa 1200 n. Chr. wird dann der Name → Karneol gebräuchlich, der Name Sarder wird eingeschränkt auf braunen Chalzedon, ja ist in Deutschland mehr noch als in andern Ländern fast außer Gebrauch gekommen. – Im Handel geht ein künstlich braungefärbter Chalzedon unter dem Namen Sarduin.

sardîne (Parz. 791) → Sarder.

sardonîs (Parz. 791) → Sardonyx.

Sardonyx Der Name ist heute aus der lebendigen Sprache nahezu verschwunden. In der Antike war der Stein hochgeschätzt und allbekannt. Solinus (33, 18ff.) sagt gelegentlich der Beschreibung Arabiens: «Von einer Bucht jener Küste erhielt der König Polykrates den Sardonyx-Stein, der in unserm Erdkreis zuerst die Fackel der Üppigkeit entfachte. Und ich meine nicht viel über ihn sagen zu müssen, so sehr ist der Sardonyx ins allgemeine Bewußtsein gekommen. Seine Oberfläche wird für gut befunden, wenn sie unvermischt rot, wird beanstandet, wenn sie schmutzig ist. Die Mitte wird eingeschlossen von weißlicher Umgrenzung. Diese soll ihre Farbe nicht ins Benachbarte streuen noch selbst daraus annehmen. Der Rest endet in Schwarz. Wenn dies durchscheinend ist, wird es als Fehler gerechnet. Wenn es den Blick nicht einläßt, dient das der Schönheit.»

Der Name Sardonyx besagt nach Auffassung der Antike, daß er die rote Farbe des (antiken) Sarders mit der schwarzweißen Bänderung des Onyx vereinigt (Isidor XVI 8, 4). Auch die mittelalterlichen Steinbücher schrieben ihm diese drei Farben zu. «Er ist ain tail rôt und die roet hât er von dem sarden, und ist ain tail weiz und swarz, die zwuo varb hât er von dem onicen. man spricht, daz der stain kain ander tugent hab denn daz der onix niht geschaden müg, wâ der sardonix gegenwertich sei» (1350. Megenberg S. 460). Noch Lessing kämpfte auf Grund genauer Quellenkenntnis für die Auffassung, daß der Sardonyx schwarz-weiß-rot sei (Briefe antiquarischen Inhalts 48). Sein Bestreben, den Namen in Verbindung mit der antiken Tradition zu erhalten, war vergeblich. Heute heißt Sardonyx – sofern man den Namen überhaupt noch gebraucht – ein Achat, der das Braun oder Braunrot des (heutigen) Sarders mit dem Weiß des Onyx verbindet.

Sartorit → Skleroklas.

Sassolin (Karsten 1800): Borsäure. Entdeckt als Quellabsatz bei Sasso in Toskana.

Saualpit → Zoisit.

Saugschiefer → Tripel.

sauritis (Plin. 37, 181): zu σαύρη Eidechse. «Eidechsenstein». → Kap. IX 6.

Saussurit Benannt (1806) von de Saussure dem Jüngeren zu Ehren seines Vaters, der das Mineral (ein Zersetzungsprodukt bestimmter Feldspäte) zuerst am Genfer See fand und beschrieb. Der Vater hatte es (1780) Jade genannt. – Schweizerische Jade (Höpfner 1787).

Saustein → Stinkstein.

Schah Indischer Diamant (88,7 Karat) von merkwürdiger Form: ein unregelmäßiges Prisma mit teils geschliffenen Flächen, teils unbearbeiteten Spaltungsflächen. Vor allem bemerkenswert durch drei Inschriften. Die eine nennt einen südindischen Fürsten, unter Hinzufügung der Jahreszahl 1591 (umgerechnet auf christliche Zeitrechnung), die zweite den Großmogul Schah Jehan (1641), die dritte den Schah von Persien (1824). Ähnlich wie beim Großmogul wurde der Titel der Besitzer zum Namen des Steines (vgl. Cavenago S. 307). – 1829 durch den persischen Prinzen Chosroës dem Zaren Nikolaus als Geschenk überbracht und jetzt im Besitz der Sowjetunion.

Schalenblende (Karsten 1800): teilweise Zinkblende, teilweise Wurtzit, mit schaliger Struktur und nieriger Oberfläche. Auch Strahlenblende oder Leberblende genannt.

Schalstein → Tafelspat.

Schamstein → Mutterstein.

Schaumkalk, Schaumerde, Schaumschiefer, Schaumspat, Aphrit (Karsten), zu ἀφρός Schaum: um 1800 aufgekommene Bezeichnungen für schaumige Ausbildungsformen des Kalkes bzw. Aragonits.

«Schaumspat ist eine Pseudomorphose von Aragonit nach Gips» (1940. Rinne S. 121).

Scheel, Scheelspat, Scheelerz, Scheelit: → Tungstein.

Schiefer Althochdeutsch skivaro: zerrissene Felsen und Hölzer. Mittelhochdeutsch schiver, schever, schivere: Stein- oder Holzsplitter. Erst im Neuhochdeutschen die heutige Bedeutung: in ebenen Platten brechendes Gestein. – Kristalline Schiefer (→ Glimmerschiefer, → Gneis). Tonschiefer, Kieselschiefer, Wetzschiefer, Knotenschiefer usw.

«Dachschiefer ... er bricht leicht in dünne, glänzende und glatte scheibenförmige Stücke ... wie tiefer er bricht, desto leichter schiefert er; ... oft erhält man erst in vier Faden Tiefe leichtspaltigen Schiefer» (1777. Gmelin I S. 330 und 332).

Schilfglaserz → Freieslebenit.

Schillerspat (Heyer 1786): zur Augitgruppe gehörig. Auf den Hauptspaltungsflächen metallischer Schiller. Schillerstein (Werner). Fundort: die Baste bei Harzburg. Danach Bastit (Haidinger 1845). Schillerfels ist Serpentin mit Bastit.

Schlangenei Als früheste Erwähnung des Schlangeneis wurde seit dem 16. Jahrhundert eine Stelle bei Plinius angesehen. «Außerdem gibt es eine Art von Eiern, die in Gallien sehr berühmt ist, von den Griechen aber nicht erwähnt wird. Schlangen in großer Zahl verflochten ballen sie aus dem Speichel ihrer Mäuler und dem Schleim ihrer Körper in kunstvoller Umschlingung zusammen. Sie heißen Schlangenei (ovum anguinum» (Plin. 29, 52).

Die Stelle hat zahlreiche Varianten, und die Lesart ist umstritten. Ovum anguinum ist die ältere, gewöhnliche Lesart, heute wird die Lesart ovum urinum (Windei) vorgezogen.

Seit dem 16. Jahrhundert wurde das Ovum

anguinum, das Schlangenei, der Schlangenei-
stein oder Schlangenstein öfter beschrieben.
Die Abbildungen zeigen einen fossilen regu-
lären Seeigel, bei dem die fünf Reihen der
Saugfüßchen gewunden sind (Cidaris- oder
Hemicidaris-Arten). Die auffälligen Sockel
der Stacheln erinnerten an Augen: «Dieser
Stein wächst in Böhmen: und die Einwohner
bilden sich ein, er sey aus einem gantzen
Hauffen Schlangen formiret, deren jede ein
Auge daran gelassen. Sie halten dafür, daß er
wieder den Gifft gut dienen soll, desgleichen
wieder die Pestilentze und Zauberey, wenn
man ihn bey sich führet» (1737. Zedler Bd. 16
Sp. 739. Dessen Quelle: de Boot).

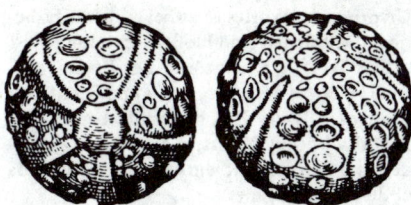

Ovum Anguinum. (1647. De Boot S. 347. Nach Gesner.) 1:1.

Schlangenstein ist entweder Übersetzung
von → Serpentin oder gleich → Schlangenei
(fossiler Seeigel) oder Bezeichnung für spiralig gewundene Ammoniten, besonders solche
mit engen Windungen. → auch Drachenstein 2.

Schlangenzunge, Natterzunge, Natterzüng-
lein, Vogelzunge, Krähenzunge, griechisch-
lateinisch glossopetra «Zungen-Stein». Bezeichnungen für fossile Haifischzähne, die
aussehen wie eine spitz zulaufende Zunge und
auffallen durch glänzenden Schmelz. Häufig
in der Tertiärformation.

«Glossopetra, einer menschlichen Zunge
ähnlich, soll nicht auf der Erde entstehen,
sondern bei abnehmendem Mond vom Himmel fallen. Sie ist notwendig für Mondweissa-
gung.» Diese Plinius-Stelle (37, 164) hat man
zusammengestellt mit der altgermanischen
Vorstellung vom Wolf, der den Mond zu
verschlingen sucht. Zungensteine seien aufgefaßt als die ausgefallenen Zähne des Mond-
wolfes (1939. Abel, Tierreste S. 204ff.).

Besonders geschätzt als Heilmittel und Ge-

gengift waren die Glossopetren von Malta, die
dort als St. Pauls-Steine gehandelt wurden.
Der Apostel Paulus habe die Schlangen Mal-
tas verflucht, weil ihn eine angegriffen habe.
Die Glossopetren seien die versteinerten Zungen der verfluchten Schlangen (1737. Kundmann Sp. 88). Vgl. Kap. IX 6.

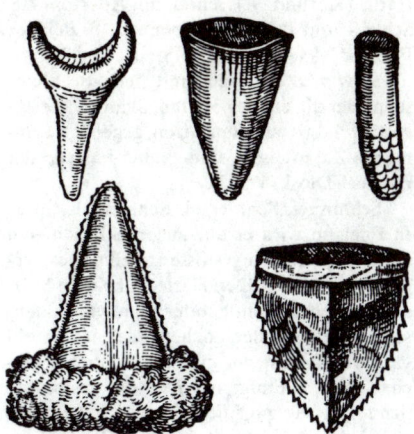

Glossopetra. Natter Zunglein. (1647. De Boot, nach Gesner.)
Etwas verkleinert.

Schlick Aus dem Niederdeutschen ins
Hochdeutsche übernommenes Wort. Mittelniederdeutsch slik, slick, auch slîk. Niederländisch slijk, slik. Bedeutung: Schlamm, besonders der fette aus Fluß und Meer sich abset-
zende marschbildende Schlamm. Auch Kot,
Dreck. Verwandt mit schleichen, althochdeutsch slîkan, also glatte schlüpfrige Masse.

Im Reinke de vos (1498. Vers 5665) sagt
Isegrim: «… Vnde moste in deme slyke depe
waden/ Vnde in deme kolden water baden
…»

«Schlick und Klei heißen die alluvialen
Tone der Überschwemmungsgebiete großer
Flüsse (Flußton) sowie die schlammigen See-
und Meeresabsätze. Der Fluß-, See- und
Meeresschlick bildet einen fruchtbaren Boden (Marschländer der Nordseeküste, Oder-
bruch, Weichseldelta usw.). Er ist zum Teil
sehr reich an organischen Bestandteilen»
(1940. Rinne S. 306).

Schmelzstein → Tektit.

Schmerstein → Talk 3.

Schmirgel, Smirgel, Smergel ist frühneu-
hochdeutsche Entlehnung aus ital. smeriglio,
dieses aus mittellat. smyris, griechisch σμύρις,
das als urverwandt mit Schmer und schmieren
angesehen wird.

Schmirgel ist ein Gemenge von Korund mit
andern Mineralien und wurde wegen seiner
Härte (Korund 9!) schon im Altertum als
Schleif- und Poliermittel benutzt. Ergiebiger
Fundort Naxos. Naxischer Stein (Plin. 36, 54).

«Smyris ist ein Stein, mit dem die Steinschneider die Steine polieren, dient zu Mitteln
gegen Fäulnis und zum Ätzen, gegen schwam-
miges Zahnfleisch und zum Putzen der
Zähne» (Diosk. V 147).

«Schmirgel, Schmergel, Schmergelstein ...
In England wird er auf ausdrücklich hierzu
bereiteten Mühlen gestossen, weil dieses, wegen seiner allzugroßen Härte, in keinem Mör-
ser geschehen könnte, oder man würde den-
selbigen eher voller Löcher, oder auch wohl
gar zerstossen, bevor man ihn zu Pulver machen solte ... Einige meynen, der gestossene
Schmirgel sey gut, die Zähne zu putzen: es
stehet aber zu besorgen, er möchte sie zerfres-
sen» (1743. Zedler Bd. 35).

Schnee 1. Das Wort gehört wie → Eis zum
ältesten Bestand unserer Sprache. Althochdeutsch und Altsächsisch snêo, snê, mittelhochdeutsch snê. Urverwandte in zahlreichen
indogermanischen Sprachen Europas und
Asiens.

2. Die Einreihung des Schnees als Mineral
erfolgte spät, doch früher als beim Eis, wenn
man das Interesse an der Kristallform mitbe-
rücksichtigt. Johannes Kepler ist der erste, der
darüber schreibt. Er ist entzückt vom Anblick
der zartgefiederten sechsstrahligen Gebilde,
Schneesternchen (stellulae nivales) nennt er
sie, der Ausdruck Kristalle ist in dieser Bedeutung noch nicht üblich. Er fragt, weshalb sie
stets sechsstrahlig, niemals fünf- oder siebenstrahlig ausfallen, und sucht das zweifellos
vorhandene Gesetz durch philosophisches
Denken über den Sinn der mathematischen
Figuren im göttlichen Kosmos zu ergründen.
Den Grund der Sechszähligkeit vermag er
aber nicht anzugeben. (1611. Strena seu de
niue sexangula.)

Die Kristallkunde hat Keplers Fragen jetzt

beantwortet. Die Antwort ergibt sich aus der
Raumgitternatur der Kristalle. «Theoretisch
möglich und an zahllosen Beispielen zu beobachten ist 2-, 3-, 4- und 6zählige Drehsymme-
trie ... Versucht man, etwa aus fünfzähligen =
pentagonalen Elementarzellen ein Raumgitter aufzubauen, so gelingt dies ebensowenig,
wie wenn man durch lückenloses Aneinan-
derfügen pentagonaler Ziegelsteine eine
Mauer errichten wollte; auch heptagonale,
octagonale Symmetrie usw. ist an Kristallen
unmöglich» (1978. Klockmann-Strunz S. 9).

Schörl ist seit dem 16. Jahrhundert reichlich
belegt in verschiedenen Formen: Schierle,
Schürl, Schirlich, Schorlet und ähnlich. Der
Ursprung des Wortes ist unbekannt, die bisherigen Deutungen sind bloße Vermutungen.

Das Wort bezeichnete in der Bergmannssprache etwas dem Bergmann und Schmelzer
Lästiges, falsches Erz, das Schlacken macht.
Schörl wird mit Zinnstein zusammen gefunden und muß von diesem getrennt werden, da
er dem Zinn schadet:

«Schirl/ eine unartige Berg-Art/ so bey
Zwittern bricht/ und den Ziehnstein gleich
siehet» (1698. Berg-Buch, Anhang S. 24).

«Schorlet, ist eine schwartzbräunliche
schwere Unart, den Zinngräuplein und Graupen nicht ungleich ... es verderbet das Zinn,
und macht dasselbige spröde, findet sich auch
meistens in Zinnseifen» (1743. Zedler Bd. 35).

«Der Schörl ... Henkel leitet den Nahmen
daher, weil diese Bergart im Wasser mit auf-
schirlet oder aufquillet (im Wendischen ist
zorliu, quellen, und Zorlo, die Quelle;) und
aus den Zinnseifen, als aus einer Quelle mit
heraus rinnet; allein dieses passet auch auf die
Zinnzwitter. Es scheinet daher wohl eine
unnütze, schädliche Bergart überhaupt zu
bedeuten, und mit dem alten Schor, Nieders.
Scharn, Unreinigkeit, Auswurf, Abraum, eines
Geschlechtes zu seyn» (1780. Adelung IV).

Ähnlich Nachteiliges wurde vom Wolfram
gesagt. Anscheinend haben sich die beiden
Begriffe weitgehend gedeckt. «Vielleicht sind
Wolfram, Schirrl, Braunstein, Eisenglantz, in
ihren innersten nicht sehr von einander unterschieden» (1769. Lehmann S. 130).

In den Jahrzehnten vor 1800, einer Zeit
lebhaften Entdeckens, Benennens und Um-

benennens, erhielt Schörl eine völlig abweichende Bedeutung. Es wurde Bezeichnung für
verschiedenste Mineralien, annähernd im bisherigen Sinne für solche, die keine Erze waren, und es entstand daraus vielerlei Unklarheit. Es genügt zu erwähnen, daß so verschiedene Dinge wie unser Basalt und unser Rutil
Schörl genannt wurden, und es lohnt heute
nicht mehr zu entwirren, was man damals
unter Schörlglimmer, Schörlspat, Schörlgra-
naten, unter rotem und blauem Schörl, unter
Stangenschörl und Strahlschörl verstand, zumal dieser Zustand durch Werners Nomenklatur beendet wurde.

Durch Werner auf den Turmalin eingeengt,
ist der Name jetzt auf schwarzen Turmalin
beschränkt.

Schoßstein → Belemnit 3.

Schrattenstein → Drudenstein.

Schreckstein Schreckenstein. Stein, der gegen Schreck und seine Folgen schützt. Zwei
ganz verschiedenen Steinen wurde diese Kraft
zugeschrieben: dem Belemniten (→ Belemnit
5) und dem Malachit.

«Den Molochites, von fetterem Grün als
Smaragd, erfand der Araber als wirksam
gegen die den Kindern drohenden Gefahren
durch die ihm eingeborene Kraft» (Solinus
33, 20).

«Der Schreckstein ... bey dem großen Haufen, ein Nahme des Malachiten, weil er wider
den jähen Schrecken gut seyn soll» (1780.
Adelung IV).

Schreibblei → Wasserblei.

Schrettelfüße → Belemnit 6.

Schrifterz Seltenes   Gold-Silber-Tellurid.
Die Kristalle reihen sich zu schriftähnlichen
Gruppen. Danach die Namen Aurum graphi-
cum (v. Born 1790), Schrifterz (Esmark 1798,
Werner 1800).

Synonyme: weniger gebräuchlich: Schrift-
tellur (Hausmann 1813); vorrangig: Sylvanit,
ursprünglich eine Bezeichnung für Tellur
(Kirwan 1796), nach dem ersten Fundgebiet
Transsylvanien (Karpaten), dann, als sich der
Name Tellur befestigt hatte, von Necker
(1835) auf das Schrifterz übertragen. – Im
Französischen: Sylvane (Beudant 1832).

Schwarzbleierz → Weißbleierz.

Schwarzbraunsteinerz → Mangan-Oxide 2
u. 6.

Schwarzeisenstein → Mangan-Oxide 2.

Schwarzerz hatte verschiedenerlei Bedeutung. → Sprödglaserz, Manganblende, Weißgültigerz.

Schwarzgültigerz, Schwarzgülden → Sprödglaserz und Weißgültigerz.

Schwarzmanganerz → Manganoxide 6.

Schwarzspießglanzerz → Bournonit.

Schwefel 1. Das Wort muß im Germanischen sehr alt sein. Die frühestüberlieferten
Formen haben nämlich in der Wortmitte teils
b, teils f: althochdeutsch swebal und sweval;
mittelhochdeutsch swebel und swevel; gotisch
swibls, aber angelsächsisch swefel. Diese dem
Germanisten als «grammatischer Wechsel»
bekannte Erscheinung konnte nur in der
frühesten Periode des Germanischen entstehen. Demnach muß das Wort schon mehrere
Jahrhunderte vor Christus im Germanischen
gewesen sein. – Urverwandtschaft mit lat.
sulpur, sulphur und mit schwelen wird angenommen.

2. Schwefel als Heiler von Übeln bei Homer siehe Kap. III 5. – Plinius (35, 174) rühmt
die wunderbare Natur des Schwefels, «durch
den das Meiste bezwungen wird». Die Ärzte
gebrauchen nur den «lebendigen» Schwefel
(sulpur vivum), der in durchscheinenden
Stücken gegraben und nicht erst wie die
andern Arten durch Kochen mit Öl zubereitet
wird.

3. Eine Ausweitung erfuhr der Begriff
Schwefel infolge der mittelalterlich-alchemis-
tischen Theorie, daß Schwefel und Quecksilber Grundstoff aller Metalle seien. Anlaß war
vielleicht die Erfahrung, daß die meisten
Metalle als Schwefelverbindungen (Sulfide)
vorkommen und also im Feuer Schwefel
abgeben, und daß einige Metalle wie zum
Beispiel Blei beim Schmelzen dem Quecksilber ähnlich aussehen. Im Sinne der alchemistischen Theorie kann man «Schwefel» geradezu mit dem Begriff «Brennbares», «Quecksilber» mit dem Begriff «Schmelzbares»
gleichsetzen. Dieser Schwefel und dieses

Quecksilber der alchemistischen «Philosophen», der Sulphur philosophorum und der Mercurius philosophorum, sind also von dem gewöhnlichen Schwefel und dem gewöhnlichen Quecksilber in einer schwer zu umschreibenden Weise verschieden. Man sagte schon damals, es handle sich um uneigentlichen Wortgebrauch.

«Wenn wir also jetzt im besonderen von den Metallen sprechen, erwähnen wir zunächst das, was gleichsam die Universalien der Metalle sind wie Vater und Mutter. So sagen in bildlicher Redeweise (metaphorice loquentes) die alchemistischen Schriftsteller. Der Schwefel nämlich ist gleichsam der Vater und das Quecksilber die Mutter. Angemessener sagt man, daß der Schwefel in der Metallmischung gleichsam die Substanz des männlichen Samens ist und das Quecksilber gleichsam das Menstruum, das gerinnt zur Substanz der Embryonen» (nach 1250. Albertus IV 1, 1).

Seit dem 16. Jh. rücken Chemie und Mineralogie immer entschiedener vom «philosophischen» Schwefel ab und befassen sich nur noch mit dem «gewöhnlichen», das heißt mit dem wirklich vorhandenen Schwefel.

Schwefelarsen → Rauschgelb.

Schwefelkies → Pyrit.

Schwerspat, Bariumsulfat, $BaSO_4$, fiel in der Bergmannssprache unter den allgemeinen Begriff → Spat. Vielfach als «schwerer Spat» herausgehoben. Meist als eine schwere Art Gips angesehen. → Farbtafel 5.

Cronstedt bringt unter «Gipsspat»: «Schwerer Spat. Marmor metallicum. (schwed. Tungspat.) Wegen seiner großen Schwere, die der Schwere des Eisens und Zinnes sehr nahe kömmt, glaubt man, daß er einiges Metall halte. Bisher aber hat niemand, so viel mir bewußt ist, etwas anders, als eine geringe Spur von Eisen herausbringen können, welches aus einem jeden andern Gipse herausgebracht werden kann» (1770. Cronstedt-Brünnich S. 26).

Die Chemiker konnten dem schweren Spat mit Analysen lange nicht beikommen, bis (1774) die Schweden Scheele und Gahn darin gleichzeitig, aber jeder für sich eine neue Erde entdeckten; Scheele fand sie zufällig bei Un-

tersuchung von Braunstein, dem der Spat beigemengt war, Gahn untersuchte den reinen Spat. Bergmann taufte sie terra ponderosa, Schwererde. In Frankreich nannte man sie baryte, zu griech. βαρύs schwer. Das war also zunächst der Name der Erde, nicht des Minerals Schwerspat. Sehr bald wurde vermutet, daß diese Erde nicht einfach sei, sondern ein Metalloxid. Doch mißlang zunächst die weitere Zerlegung. Davy zum Beispiel versuchte es vergeblich mit Hilfe der Elektrolyse.

Für die Nomenklatur ergab sich zunächst, daß der schwere Spat zum nunmehr genauer bestimmten Schwerspat (Werner) wurde. Daneben bürgerte sich schon um 1800 Baryt ein, und zwar sowohl als Synonym für Schwerspat wie auch als Bezeichnung der darin enthaltenen Erde. Jetzt ist Baryt ausschließlich Synonym von Schwerspat.

An einem Schwerspat, der in der Gegend von Bologna vorkommt, wurde die Phosphoreszenz entdeckt (Bologneser Spat, Bologneserstein): «Vincent Cascariolo, ein Schuhster zu Bologna, entdekte im Jahre 1630 die Eigenschaft des Bologneser Spaths, daß er im Dunkeln, nachdem er vorher beleuchtet oder geglüht war, noch eine Zeitlang Licht entwikkele. Diese Entdekkung war zufällig; denn V. Cascariolo, durch die Schwere des Steins verführt, glaubte darin Gold finden zu können» (1816, C.A.S. Hofmann III). – Doch war die Erscheinung schon früher von Galilei beobachtet worden.

Nach der Baryterde ist das darin enthaltene Metall Barium genannt worden. Es wurde erst 1901 rein dargestellt.

Schwerstein → Tungstein.

See-Erz → Raseneisenstein.

Segelstein → Siegstein 1 und Magnet 2.

Seifenstein Seifenartig anzufühlen und früher von Walkern benutzt. Wasserhaltiges Magnesiumaluminiumsilikat, dem Talk ähnlich, von schwankender Zusammensetzung.

Seifenstein (Klaproth 1797). – Das Synonym Saponit (Svanberg 1840) entsprechend Seifenstein gebildet, aus lateinischem sapo (Plin. 28, 191), Akkusativ saponem.

Selenites → Mondstein.

Selen-Mineralien 1. Die Entdeckung und erste Erforschung des Elements Selenium gilt als Meisterwerk des schwedischen Chemikers Berzelius. Ausgangspunkt war die Rot- oder Braunfärbung von Schwefelschlamm, der sich in der Bleizisterne der Schwefelsäurefabrik in Gripsholm absetzte. Bei der Analyse des Schlammes trat ein widerlicher Geruch nach Rettich oder faulem Kohl auf, den Klaproth schon bei der Analyse von Tellurerzen beobachtet hatte. Berzelius konnte kein Tellur nachweisen und schrieb den Grund einem bisher unbekannten «Mineralkörper» zu, den er dem Tellur ähnlich fand. Er wollte diese Analogie mit dem Namen andeuten. Da Klaproth das Tellur nach Tellus, der Erde oder Erdgöttin benannt hatte, nannte Berzelius das neue Element Selenium nach Selene, dem Mond oder der Mondgöttin (1817).

2. In rascher Folge wurden anschließend mehrere Selenerze entdeckt, was bei deren Seltenheit erstaunlich ist. Die Selen-Silber-Kupfer-Verbindung von Skrikerum in Südschweden nannte Berzelius (1818) Eukairit, von εὔκαιρος zur rechten Zeit, weil der Fund für seine derzeitige Forschung denkbar gelegen kam. Das zweite Mineral von demselben Fundort, von Berzelius (1818) Selenkupfer genannt, wurde Muster einer ganzen Reihe gleichartiger Benennungen. Reich an Selenerzen erwies sich der Harz. Aus den Gruben zu Tilkerode, Lerbach, Zorge, Clausthal kamen: Selenblei (Zincken und H. Rose 1825), Selensilber (G. Rose 1828), Selenquecksilber (Marx 1828), dazu mehrere Erze, die sich später als Gemenge erwiesen. Großes Verdienst um die Entdeckung dieser vorher verkannten Mineralien hatte der Bergrat Zincken. Er bestimmte zunächst die «allgemeinen Qualitäten» und fand bei allen den widerlichen Geruch. – (1825. Pogg. Ann. Bd. 3 S. 280).

3. Diese Namen – Eukairit ausgenommen – kennzeichnen die Erze nach ihrer Zusammensetzung eindeutig, wie sie denn ja auch auf Anregung eines Chemikers zurückgehen. Doch läßt sich einwenden, daß sie sprachlich nicht als Mineralnamen kenntlich sind, sondern auch künstliche Verbindungen bezeichnen könnten. Außerdem sind sie nach Haidingers (allerdings nicht allgemein anerkannten)

Grundsätzen als zusammengesetzte Wörter zu beanstanden. So werden um die Jahrhundertmitte Namen auf -it neben die bisherigen gesetzt. Alle späteren Namen sind Fundort- oder Personennamen, sprachlich von auffällig hybridem Charakter. Selenblei: Clausthalit (Beudant 1832, vom Autor Clausthalie geschrieben). – Selensilber: Naumannit (Haidinger 1845), nach dem Mineralogen und Kristallographen C.F. Naumann. – Selenquecksilber: Tiemannit (Naumann 1855), nach dem Entdecker Tiemann. – Selenkupfer: Berzelianit (Dana 1850, in Abänderung von Beudants Berzeline).

Die früheren chemischen Bezeichnungen erwiesen sich aber als so praktisch, daß sie in der Fachliteratur bis heute durchweg mit angegeben werden.

Senarmontit Antimonoxid (und zwar dessen kubische Modifikation), benannt von Dana (1851) nach dem Entdecker, dem französischen Mineralogen H. de Sénarmont.

Sepiolith → Meerschaum.

Septarien heißen (seit Ende des 18. Jahrhunderts) linsenförmige oder rundliche Knollen verschiedener Mineralien (mergelige, kalkige, eisenschüssige usw.), wenn sie durch Austrocknung und Schrumpfung innen zerklüftet oder gekammert sind. Die Risse sind oft durch andere Mineralien wieder ausgefüllt. Lat. septum Gehege, Stall, Mehrzahl Schranken. Neulat. Septarium: Gebilde mit Septen. → Tafel 17.

Serizit Talkartige Abart des Muskovits, benannt von K. List (1850) nach dem seidenartigen Glanz. σηρικός seiden.

Serpentin 1. Aus dem späten Mittellateinischen: (gemma) serpentina, (lapis) serpentinus, zu lat. serpens Schlange, wohl nach der Farbe, und zwar nach geflecktem, an Schlangenhaut erinnernden Stücken. Man wird dabei auch an Wirkung gegen Schlangengift gedacht haben. Lateinisches Serpentinus entspricht griechischem Ophites (λίθος ὀφίτης, Diosk. V 143, ὄφις Schlange). Plinius (36, 55–56) sagt, dieser heiße nach der schlangenähnlichen Fleckung und solle gut sein gegen Schlangenbiß. «Der ophites hat ein glichnüß mit den düpfflin der schlangen» (1509. Hortus

IV 95). Wahrscheinlich ist Serpentin als Übersetzung von Ophites entstanden.

2. Serpentin ist ein Magnesiumsilikat,
außerordentlich verschieden gefärbt, meist
aber grün. Varietäten: 1. Faserserpentin oder
Chrysotil (v. Kobell 1843), von χρυσός Gold
und τίλος Faser. Beim «edlen» und «gemeinen» Serpentin ist die Faserung nur mit dem
Mikroskop erkennbar, beim Serpentinasbest
(Chrysotil i. e. S.) schon mit dem bloßen Auge.
– 2. Blätterserpentin oder Antigorit (M. E.
Schweizer 1840), nach dem Antigoriotal in
Piemont.

3. «Zöblitz, eine kleine Bergstadt nahe an
den Böhmischen Gräntzen/ hat eine schöne
Art Marmor von vielerley Farben/ die man
gemeiniglich Serpentin-Stein/ weil sie den
Vorgeben nach keine Schlangen leiden/ auch
dem Giffte wiederstehen soll/ nennet/ aus
welcher allerhand Gefäße/ als Thée- und
Caffé-Zeug/ Mörser/ Saltz- und Dinten-Fäs-
ser/ Schreck- und Wärm-Steine etc. gearbei-
tet und durch gantz Teutschland verführet
werden» (1727. Brückmann, Magnalia I
S. 169). → Tafel 18.

Siderit → Eisenspat.

Siegelerde 1. Der deutsche Name ist seit
dem 16. Jahrhundert belegt. Neulateinisch
Terra sigillata (Hortus 1509). Der Begriff
deckt sich weitgehend mit dem Begriff → Bol
(Bolus, Bolarerde). «Terrae sigillatae et boli
terrei» («Siegelerden und erdige Bolusarten».
1597. Libavius, Alchemia S. 408). – Es sind
Bezeichnungen für Erden verschiedener Art,
meist Tonerdesilikate in Vermischung mit
sonstigen Mineralien, die in Kuchen geformt
und mit Siegelabdruck versehen zu medizinischen oder technischen Zwecken in den Handel gebracht wurden. «Vor Zeiten machte
man viel Wunder davon in der Medicin, und
der meiste Theil derer weissen und rothgesie-
gelten Erden, womit man den Todten-Paß so
vieler Krancken untersiegelte, waren Bolar-
Erden; Heutiges Tages, ist ihr guter Nahme
gantz weg» (1769. Lehmann S. 27/28). – Der
gute Ruf ist neuerdings weitgehend wieder-
hergestellt durch die unter dem Namen Heilerde gehenden Ton- und Lehmarten, bei
denen an Stelle des Siegels die «Originalpak-
kung» getreten ist.

2. Die berühmteste Siegelerde war seit dem
Altertum die Lemnische Erde (Λημνία γῆ,
Diosk. V 97, rubrica Lemnia, Plin. 35, 33).
Dioskurides rühmt vor allem die Wirkung
gegen Gift und berichtet, daß die Einwohner
von Lemnos sie mit Ziegenblut mischen, in
Form bringen, mit dem Bild der Ziege siegeln
und Ziegensiegel (σφραγῖδα αἰγός) nennen.
Die Ziege ist eines von den der Artemis heiligen Tieren. Die Mischung mit Ziegenblut,
falls sie überhaupt stattgefunden hat, hörte
schon im Altertum auf, und an Stelle des
Ziegenstempels traten später türkische Buchstaben und Zeichen.

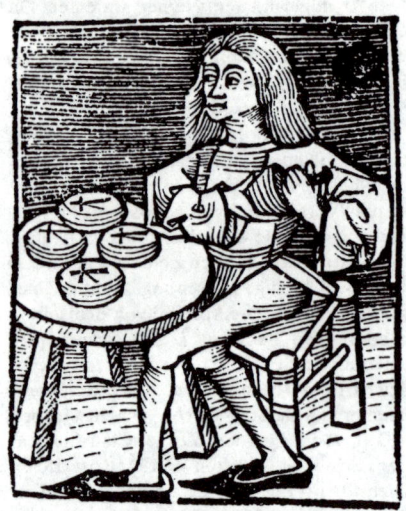

Terra sigillata. (1509. Hortus.) 4:5.

Siegstein 1. Das Wort ist seit dem 13. Jahrhundert belegt und der deutschen Sprache
unabhängig von der antiken Tradition eigen.
Es wird in wenig bekannten mittelhochdeutschen Dichtungen mehrfach erwähnt, auch
erzählt, daß man (künstliche) Siegsteine goß.
In den Varianten der Handschriften wechselt
der sigestein, Siegstein, mit dem sigelstein, das
heißt dem Stein der Siegelringe, und mit dem
segelstein der Seefahrer, das heißt dem Magneten. Die drei wurden vielfach vermischt
(Belege bei Grimm, Artikel Siegstein und
Siegelstein).

Der Stricker spottet (um 1250) über den
Glauben an Siegsteine: Nattern und Kröten

sollen sie tragen, also müßten diese Tiere doch gegen das Erschlagen geschützt sein. Aber man sieht sie neben dem Stein tot liegen. «Dâ von ist der gloube mîn,/ daz iz niht sigesteine sîn», «ich nim ez ûf die triwe mîn,/ daz nie deheiner slahte man/ deheinen sigestein gwan» (Stricker XI 127 und 154).

2. In den mittelalterlichen Lapidarien gab es zunächst keine wörtliche Entsprechung, wohl aber mehrere Steine, denen siegbringende Kraft zugeschrieben wurde: Achat, Chalzedon, Alabaster, Allectorius, Amandinus. Insbesondere aber sah man den aus Damigeron übernommenen Gagatromes als Siegbringer an. Bei Volmar (515) heißt er deshalb Victres: «Der ist der beste sigestein.»

3. Die seit dem 16. Jahrhundert vorliegenden Beschreibungen und Abbildungen lassen erkennen, um welche Steine es sich handelte. Siegstein hießen bestimmte fossile Tierreste mit sternförmiger Zeichnung, und zwar vor allem solche Korallen, deren Stöcke dicht mit sternförmigen Kelchen übersät sind, und weiter – auf Grund seltenerer Belege – bestimmte Seeigel, welche «einen großen Stern auf dem Rücken präsentieren.» Die Begriffe Siegstein und → Sternstein überschneiden sich also.

Sternkoralle als Siegstein: «Der weiße oder aschfarbene Astroites ist ganz voller Sterne, welche schwarze Strahlen werfen, und daher hat er seinen Namen bekommen. Diesen nennen die Unsren nach dem Sieg (hanc nostri a victoria appellant), weil sie glauben, wer ihn trägt, setzt seine Sache durch und besiegt seine Feinde. Meist wölbt er sich wie ein Auge, selten ist er länglich. In Essig gelegt bewegt er sich und dreht sich etwas im Kreise» (1546. Agricola, Foss. S. 304).

Seeigel als Siegstein: Sigstein (der) hat vil runde sternle/ gleich wie wertzle der brüsten/ Item fünff streymen oder zinkken wie man die sternen maalet» (1561. Maaler, Die Teutsch spraach).

Silber gotisch silubr, althochd. sil(a)bar, mittelhochd. silber, silver. Das Wort ist den germanischen Sprachen gemeinsam und hat Entsprechungen bei baltischen und slawischen Völkern. Es muß aus einer nicht-indogermanischen Sprache entlehnt sein. Das indogermanische Wort ist erhalten in altindisch rajatám, lat. argentum und griech. ἄργυρος, zu ἀργής weiß, licht, glänzend.

Früheste Erwähnungen des griechischen ἄργυρος bei Homer, meist in Zusammenhang mit anderem kostbaren Material (z.B. Odyssee IV 71). – Die frühesten Erwähnungen des germanisch-baltischen Wortes rund tausend Jahre später in der gotischen Bibelübersetzung des Wulfila. «Jah duhwe ni atlagides thata silubr mein du skattjam?» «Und weshalb legtest du mein Silber nicht an bei den Wechslern?» (Lukas 19, 23).

Silber findet sich in der Erde auch gediegen. In Agricolas Bermannus (1530. S. 78) werden die Bütten voll reinen Silbers aus dem Joachimstaler Bergwerk bestaunt. Kentmann besaß in seiner Sammlung die verschiedensten Ausbildungsformen von gediegenem Silber und Silbererz. Einige Beispiele der in den lateinischen Text seines Kataloges eingefügten deutschen Benennungen und Beschreibungen lauten: «Ein stüflein gedigen silber in weissem spadt.» – «Ein wimmer von härichtem silber.» – «Steht am stein wie ein dürres beumlein.» – «Ein rein angeflogen silber/ in einem harten berckgrün» (1565. Kentmann S. 59ff. wimmer: Knäuel).

Silberantimon   → Antimonsilber.

Silberglanz, Silberglas   → Glaserz.

Silberhornerz   → Hornsilber.

silenîtes   (Parz. 791) → Mondstein.

Silex   → Jaspis u. Kiesel.

Sillimanit   (Bowen 1824): kieselsaure Tonerde (und zwar eine der beiden rhombischen Modifikationen), benannt nach dem nordamerikanischen Mineralogen und Chemiker Silliman. Charakteristische strahlige, faserige Ausbildung. Faserkiesel (Lindacker 1792) ist Sillimanit, mit Quarz durchwachsen.

Sinhalit   Edelstein. Erste Fundstätte Ceylon. Bis zum Jahre 1952 für Olivin gehalten, dann als besonderes Mineral (Borat, mit Mg, Al, Fe) erkannt. Name abgeleitet von Sinhala, dem Sanskritwort für Ceylon. Die westeuropäischen Namensformen Seilan, Ceylan, Ceylon u.ä. werden als Entstellungen des Sanskritwortes angesehen.

Sinter Gemeingermanisches Wort. Althochd. sintar, mittelhochd. sinter, sinder, so auch neuhochd., daneben noch Sindel, Sintel, Zinder. Seit Mitte des 18. Jahrhunderts setzt sich Sinter durch. – Ähnliche Formen in den andern germanischen Sprachen.

Bedeutung: Metallschlacke, Metallabfall, Hammerschlag. Vor allem mineralischer Niederschlag aus Quellen und Sickerwässern, Tropfstein, Kieselsinter (gemeiner Opal), Eisensinter, Kalksinter. → Farbtafel 2.

«Durch Sinter wird sonst nach gehörigem Begrif alle diejenige Erde in der Grube gemeynet, welche vermittelst derer Wasser aus denen Klüften hervordringet, oder hervor gieret, (daher der Name Gur entstehet,) durch Verschleichung derer Wasser sich anhäufet, dicke und schmierig wird, sich theils gar zu Stein verhärtet, Zapfen und Zacken formiret, theils erdig und butterig bleibet, nach Verschiedenheit der Zeit, des Orts, der Erde selbst und anderer manchmal unbegreiflichen Umstände» (1754. Henkel S. 315).

Skapolith Natron-Kalk-Tonerde-Silikat, benannt von d'Andrada (1800). σκᾶπος Stab, Schaft, wegen der mehr oder weniger säulenförmigen, oft langgestreckten Kristalle. Die Benennung erfolgte vor den entscheidenden Analysen, die sich noch über Jahrzehnte hinzogen. Synonym: → Wernerit.

Skleroklas (vom Rath 1864): Bleiarsensulfid («Bleiarsenglanz»), benannt nach der außerordentlichen Sprödigkeit. Zerspringt schon durch die Wärme der Hand. σκληρός hart, spröde, κλάσις Bruch. Synonym: Sartorit (Dana), nach dem Mineralogen Sartorius von Waltershausen. Dieser hatte (1855) ein anderes, ebenfalls sehr sprödes und ähnlich zusammengesetztes Mineral Skleroklas getauft, für das sich dann aber Dufrenoysit (Damour 1845), nach dem französischen Mineralogen Dufrénoy, durchgesetzt hat.

Sklodowskit (Schoep 1924). Uranhaltiges Silikat, benannt zu Ehren von Marie Curie, geborener Sklodowska.

Skolezit → Mesotyp. → Farbtafel 7.

Skorodit (Breithaupt 1818): Eisenarsenat. Entwickelt vor dem Lötrohr Knoblauchge-

ruch. σκόροδον Knoblauch. Außerdem auf die meist lauchgrüne Farbe bezüglich.

Skutterudit → Speiskobalt.

Smaltin, Smaltit → Speiskobalt.

Smaragd 1. Griech. σμάραγδος (m. oder w.), auch μάραγδος, wird mit sanskr. marakata, pers. zumurrud zusammengebracht, wobei sowohl Entlehnung ins Griechische aus dem Osten wie auch ins Indische aus dem Westen für möglich gehalten wurde. Die ursprüngliche Bedeutung des Wortes ist unbekannt.

Lat., mittellat., neulat. smaragdus. Volkslat. smaraldus, daraus frz. émeraude, engl. emerald.

Althochdeutsch smaragdus, mittelhochdeutsch zahlreiche Formen: smaragdus, -des, smaragde, smârât (Parz. 791), smareit u.a.

Im Neuhochdeutschen überwog nach Ausscheidung einiger Abweichungen Smaragd, daneben wurde noch bis ins 19. Jahrhundert häufig Schmaragd geschrieben.

2. Das Wort ist im Griechischen verhältnismäßig alt, es kommt schon zweimal bei Herodot (also um 450 v. Chr.) vor. Doch ist nicht sicher, ob schon damals unser Smaragd gemeint war. Auch andere lebhaft grüne Steine wurden im Altertum so genannt. Die von Herodot (II, 44) zu Tyrus im Tempel des Herakles gesehene nachts leuchtende Smaragdsäule kann vielleicht aus grünem Flußspat oder Malachit gewesen sein. Der berühmte Ringstein des Polykrates soll nach Herodot (III, 41) ein goldgefaßter Smaragd gewesen sein, nach Plinius (37, 4) ein Sardonyx. Gern möchte man Herodot als der weit älteren Quelle den Vorzug geben und an unseren Smaragd denken, doch besteht keine Gewißheit. Unter den archäologischen Funden sind keine Smaragde von zweifelloser griechischer Herkunft. Den riesigen ägyptischen Smaragden von vierzig Ellen Länge im Obelisken des Zeus möchte selbst Theophrast (23–27) den Namen absprechen, weil der Smaragd selten und nicht groß ist. Unter den zwölf Smaragdarten, die Plinius (37, 65ff.) aufzählt, sind einige als grüne Kupfermineralien, Malachit oder Chrysokoll erkennbar.

Unter den vorzüglicheren Arten des Plinius aber ist zweifellos auch unser Smaragd be-

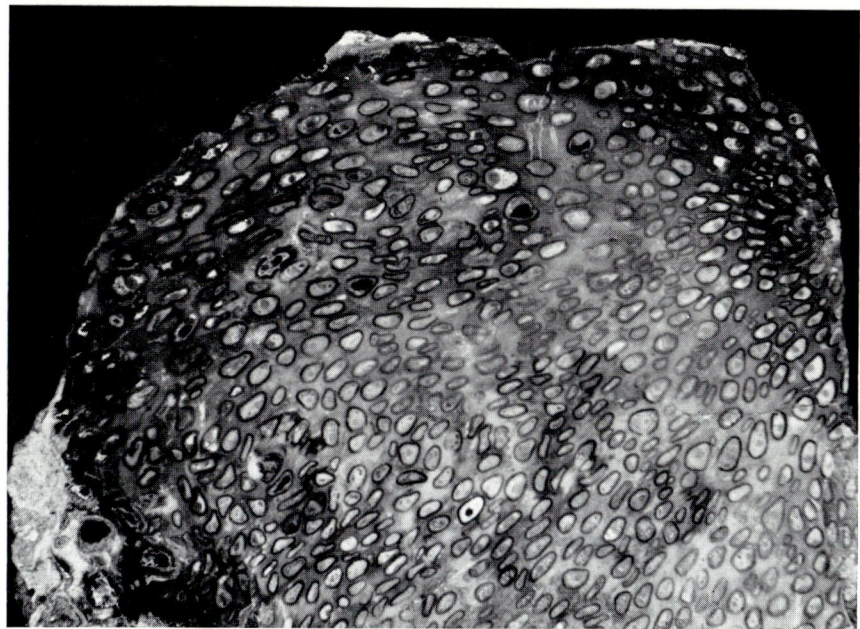

Starstein. – Chemnitz

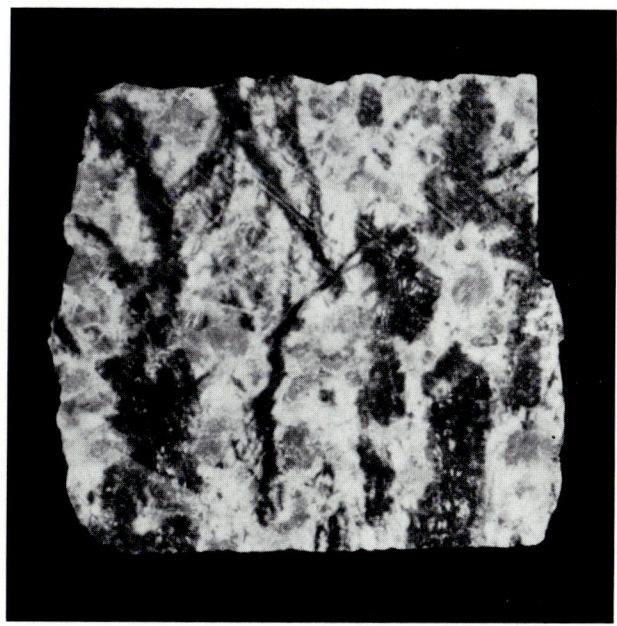

Serpentin – Indien

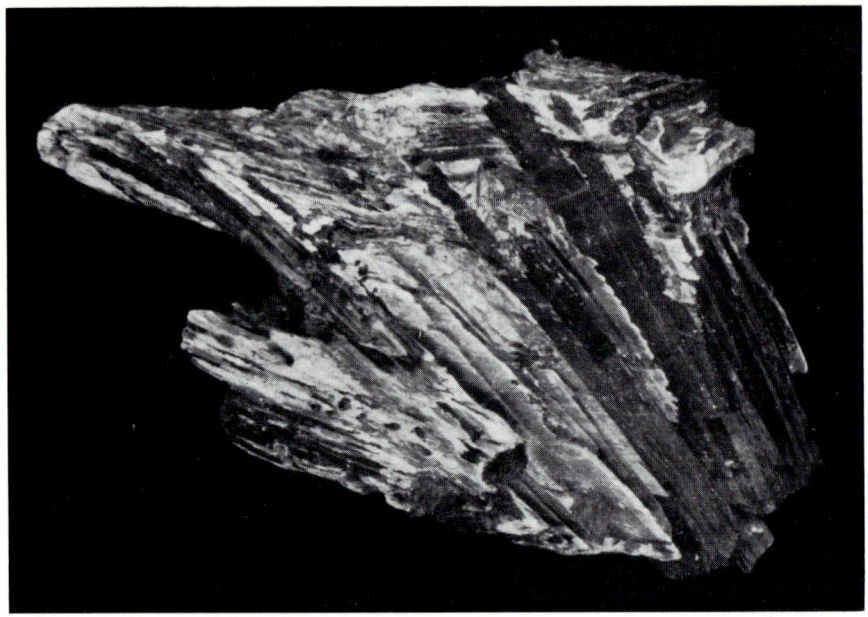

Strahlstein. – Tirol

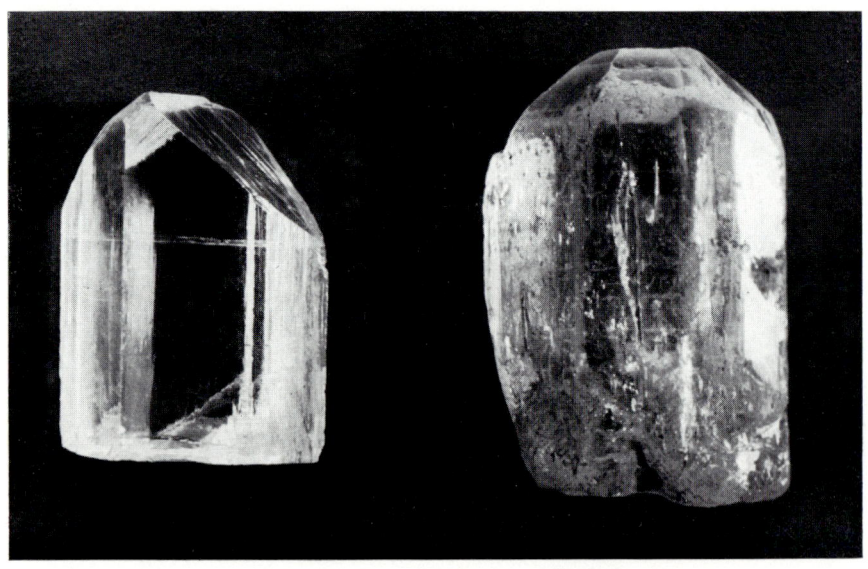

Topas-Kristalle, der linke aus Südwestafrika, der rechte aus Brasilien

schrieben als einer der kostbarsten Steine nächst Diamant und Perle. «Der dritte Rang kommt den Smaragden zu aus mehreren Gründen. Es gibt überhaupt keine angenehmere Farbe. Das Grün von Kräutern und Laub sehen wir begierig, Smaragde noch lieber, weil es überhaupt kein ihnen vergleichbares Grün gibt. Außerdem sind es die einzigen Edelsteine, die beim Betrachten das Auge füllen, ohne es zu sättigen. Ja von anderweitiger Anstrengung erholt sich die Sehkraft durch Anblick eines Smaragds, und für Steinschneider gibt es keine erwünschtere Augen-Erfrischung: so sanft berührt das ruhige Grün deren Mattigkeit» (Plin. 37, 62f.).

3. Die späte Antike (Damigeron) stellt die im Smaragd wirksamen Kräfte ausführlicher zusammen und überliefert dies dem Mittelalter. Immer wird dabei das unerhörte Grün und dessen Wirkung auf das Auge vor allem beachtet. Auch sonst heilt und hilft der Stein vielfältig, ist aber empfindlich, und zwar gegen Unkeuschheit.

«Smaragdus ... der ist grüen ob allen grüenen dingen ... wenn man den stain raincleichen tregt und êrleichen, sô vertreibt er daz vallent lait. er sterkt daz gesiht und klaert diu augen, und wenn man in wescht und in salbt mit paumöl, sô erhoeht sich sein grüene. er mêrt reichtum und gibt gnâd in allem geschäft und macht den menschen genaem in seinen worten und hilft den, die verporgeneu dinch vorschent, und abnaigt daz ungewiter und gesetzt den unkäuschen gelust. wenn man pei dem stain unkäuscht, sô pricht er. der smaragd bedäut käusch, wan diu behelt des menschen leip grüen, daz ist ganz und rain.» (1350. Megenberg S. 459. vallent lait: Fallsucht. abnaigen: abwenden).

→ auch Kap. XIII 3 (Goethe).

4. Ende des 18. Jahrhunderts bemühte man sich um die Analyse des Smaragds. Der Vorgang ist sehr bemerkenswert. Französische Kristallographen, zuerst Romé de l'Isle, dann nach gründlichen Untersuchungen Hauy, vermuteten auf Grund der Kristallformen, daß Smaragd und Beryll dasselbe Mineral seien. Hauy war gespannt, ob die Analysen die Vermutung bestätigen würden. Nun hatte Vauquelin 1798 im Beryll eine neue Erde, die Beryllerde, entdeckt und fand diese kurz nach

Hauys Vermutung auch im Smaragd, wo er sie wenige Jahre vorher noch übersehen hatte.

Vauquelin gelang noch ein weiterer Fund: «Vauquelin fand bei der Untersuchung des Schmaragdes, daß der färbende Bestandtheil dieses Edelsteins eben das Chromium sey, welches er kurz vorher im Roth-Bleierze im Zustande einer Säure entdeckt hatte, dagegen es im Schmaragd nur im oxydirten Zustande vorhanden war. Man kann es daher für einen glücklichen Umstand für diesen Gelehrten ansehen, daß die erste Analyse, welche dieser Gelehrte nach der des rothen Bleispathes anstellte, ihm das Vergnügen der Entdeckung verdoppelte, indem sie ihm den Gegenstand seiner Entdeckung aufs neue wieder in einer andern Gestalt darbot» (1804. Hauy-Karsten II S. 605).

In der wissenschaftlichen Nomenklatur wurden die beiden auf alter Tradition beruhenden Namen beibehalten, doch entstand die Frage, ob Smaragd der übergeordnete Begriff und Beryll eine Abart des Smaragdes werden sollte (wie bei Hauy und Karsten) oder umgekehrt (wie es bald allgemein üblich wurde). Für den Juwelenhandel und Edelsteinliebhaber sind Smaragd und Beryll zwei durchaus verschiedene Wesen geblieben. Schon Hauy sagte: «Es läßt sich erwarten, daß Personen, die bei den Edelsteinen bloß auf die Ergötzung des Auges sehen, nicht so leicht zugeben werden, daß man den Schmaragd und den Beril als ein und dasselbe Ding betrachtet» (ebenda S. 606).

Smaragdit (Saussure d. Ä. 1796): Abart des → Strahlsteins, benannt nach der lebhaft grünen (smaragdähnlichen) Farbe. Dadurch auch an den nahe verwandten Nephrit (Jade) erinnernd. «Ist der Jade auffallend, wenn man ihn näher untersucht, so ist es der Smaragdit schon bei dem ersten Anblick» (1810. L. v. Buch II S. 93).

smârât (Parz. 791) → Smaragd.

Smectis → Walkererden.

Smithsonit → Galmei.

smyris → Schmirgel.

Soda → Alkali 2–4.

Sodalith Kompliziert zusammengesetztes

Silikat mit erheblichem Natriumgehalt. Darauf bezieht sich der von dem englischen Chemiker Thomson (1810) gegebene Name. Natrium ist das in der Soda entdeckte Metall und heißt englisch sodium.

Sodium → Nitrum 8.

Sonnenstein Der Name wurde verschiedenen Steinen gegeben, einigen auf Grund der Form, andern auf Grund des goldartigen oder sonstwie an die Sonne erinnernden Schimmers.

1. Plinius erwähnt (37, 181) einen Sonnenstein (solis gemma), der durch die Art, wie er Strahlen sendet, der Sonnenscheibe gleicht.

2. Sonnenstein war im 18. Jahrhundert eines der vielen Synonyme für fossile runde Seeliliestielglieder, bei denen vom Mittelpunkt Strahlen ausgehen, so daß man darin das Abbild der Sonne sehen kann. Man möchte den Namen auf altgermanisch-heidnische Vorstellungen zurückführen und hat auf die weite Verbreitung ganz den Sonnensteinen ähnlicher Zeichen in der Volkskunst an Häusern, auf Münzen und Knöpfen, auf Gebäck hingewiesen. Daß eine reiche Fundstelle wie der Hülfensberg bei Geismar eine alte germanische Kultstätte war, erscheint in diesem Zusammenhang bedeutsam. (Abel, Tierreste S. 12ff.)

Die übrigen Synonyme → Räderstein.

3. In Süddeutschland nannte man die Ammonshörner Sonnenstein oder Sonne.

4. Seit dem 17. Jahrhundert wurden verschiedene Schmucksteine mit auffallenden Lichterscheinungen Sonnenstein genannt. Die Beschreibungen lassen teils an Katzenaugen oder Korunde mit Asterismus denken, teils an Opale, Mondsteine und ähnliches. Die Begriffe Sonnenstein, Sternstein, Girasol überschneiden sich dabei: Da es sich um heute nicht mehr gültigen Wortgebrauch handelt, folge hier nur ein Beleg.

«Der Sonnenstein ... 1. Eine Art unedler Steine, auf welchen das Bild einer strahlenden Sonne befindlich ist, dergleichen zu Massel in Schlesien gefunden werden. 2. Eine Art Opal, welcher durchsichtig ist, und wenn er am Sonnenlichte umgewandt wird, das Bild der fortrückenden Sonne zeiget» (1780. Adelung IV).

5. Heute wird der Name gebraucht für Feldspatvarietäten, die durch einen metallischen Schiller ausgezeichnet sind. Dieser entsteht durch eingelagerte dünne Blättchen von Eisenglanz, die in Richtung der Hauptspaltungsfläche liegen.

Das Mineral wurde 1780 auf einer Insel im Weißen Meer erstmalig gefunden. Benennung in den älteren Mineralogien: Avanturin-Feldspat (Hauy-Karsten 1804), Avanturin-spat (Hausmann 1813). «Sonnenstein» kam im Edelsteinhandel auf und wurde von den Mineralogen zunächst nur beiläufig gebraucht, zum Beispiel von Breithaupt (1847).

Spangenstein → Räderstein.

Spargelstein → Apatit.

Spat Seit dem 12. Jahrhundert belegt und schon früh in andere europäische Sprachen übernommen. Das Wort wird – nicht ohne Bedenken – mit spalten und Span in Verbindung gebracht. Jedenfalls war es Bezeichnung für blättrig brechendes Gestein, vor allem für den in dünne durchsichtige Scheiben spaltbaren Gips (Marienglas, lat. → nitrum).

«Von dem spat. Nitrum haizt spat. der stain ist weizlot und durchsihtich nâhent sam ain glas, und dar umb macht man in für die venster an den häusern in etleichen landen, sam in Dürgen» (Megenberg S. 453. weizlot: weißlich. Dürgen: Thüringen).

In der Bergmannssprache wurde Spat aufgezählt als eine der vielen Bergarten, welche das leere Gebirge, das taube Gestein ausmachen und kein besonderes Interesse erregen, es sei, daß sie dem Bergmann Erz anzeigen.

«Berg-Art/ allerley farbich Gestein und Art/ so etwan Anzeigung zu Ertz giebet/ und bey/ oder mit den Ertz bricht/ e.g. Blende/ Spath/ Schiefer/ Hornstein/ Eisenschuß/ Bleyschweiff/ Glimmer und dergleichen» (1700. Rößler).

Spat blieb auch in diesem Bereich spaltbares Gestein, aber nicht nur blätteriges, auch solches, das in «bestimmte Figuren» mit glatten Flächen zerlegbar ist. Es gibt vielerlei derartiges Gestein, und so wurde der Ausdruck Spat ohne Zusatz mehr und mehr als unzureichend und verwirrend empfunden.

«Keine teutsche Benennung ist von Kennern und Unwissenden so willkührlich gebraucht, und selbst von großen Mineralogen Körpern von so verschiedener Natur, die oft nichts als ihr blätterichtes Gewebe, oft nur einige Aehnlichkeit in ihrer Gestalt mit einander gemein haben, beygelegt worden, als der Name Spat» (1777. Gmelin I S. 422).

Seit etwa 1750 erkannte und bewältigte die Wissenschaft die Aufgabe, zu unterscheiden und zu bestimmen. Versuche, nach den Kristallformen einzuteilen (zum Beispiel Wallerius), waren unzureichend. Erst die chemischen Analysen, allerdings in Verbindung mit der Kristallographie, schufen Klarheit. Schon Ende des 18. Jahrhunderts gab es nicht mehr Spat schlechthin, sondern → Feldspat, → Flußspat, Kalkspat usw.

Spateisenstein → Eisenspat.

Speckstein → Talk.

specularis lapis → Gips 4 und Spiegelstein.

Specularit → Eisenglanz.

Speerkies → Markasit.

Speiskobalt Ein Ausdruck der Bergmannssprache, von Werner übernommen. «Speise» hat in den Sondersprachen der Bergleute, Probierer, Erzgießer usw. sehr verschiedene Bedeutungen. Immer handelt es sich um metallische Gemische. Am bekanntesten ist die Glockenspeise der Erzgießer. Der Bergmann nennt nach Adelung (1780. Bd. IV) jede metallische Vermischung, deren Bestandteile ihm unbekannt sind. Speise. Auch der Mörtel der Maurer wurde hier und da Speise genannt.

Der Speiskobalt enthält Kobalt, Nickel, Eisen, Arsen. Häufige Anwesenheit von etwas Schwefel wird in älteren Mineralogien vermerkt. Durch seinen Namen wird also der Speiskobalt im Sinne der Bergmannssprache zutreffend als giftiges Metallgemisch gekennzeichnet. Man benutzte ihn (in Sachsen seit dem 16. Jahrhundert) zur Gewinnung der Smalte, welche zur Blaufärbung von Glas und Emaille diente. Dazu wurde der Speiskobalt zunächst geröstet, zur Heraustreibung des Schwefels und Arsens. Die so gewonnene Masse hieß Safflor (ital. zaffira, unbek. Herkunft). Der Safflor wurde mit entsprechenden

Zutaten geschmolzen, wobei er die unerwünschten Metalle (Eisen, Nickel usw.) als bronzeartige Speise niederfallen ließ.

Französisch: Smaltine (Beudant 1832); Smaltin dann auch im Deutschen als Synonym von Speiskobalt aufgenommen. – Skutterudit (Haidinger 1845), nach dem Fundort Skutterud in Norwegen benannte Varietät, jetzt Synonym von Speiskobalt. – Safflorit (Breithaupt 1835) ist durch kaum nennenswerten Nickelgehalt und rhombische Kristallform vom kubischen Speiskobalt unterschieden.

Spektrolith → Labrador.

Sperrylith (Wells 1889): natürliche Platinverbindung, $PtAs_2$. Benannt nach dem Entdecker F. L. Sperry.

Spessartin (Beudant 1832): Mangantongranat. «Fundort: der Spessart bei Aschaffenburg, woselbst das Mineral vom Fürsten Dimitri von Gallitzin entdeckt wurde» (1813. Hausmann S. 603).

Sphalerit → Blende.

Sphen → Titanit.

Spiegelstein Heute nicht mehr gebräuchliche, aber in Mineralogien und Wörterbüchern des 18. Jahrhunderts noch angeführte Bezeichnung für Steine mit spiegelnden Flächen. Meist wurde darunter das Fraueneis (blätteriger Gips) verstanden und oft hingewiesen auf den Lapis specularis (Spiegelstein) des Plinius (36, 160ff.), mit dem er identisch sei.

Wahrscheinlich umfaßte der Spiegelstein des Plinius aber auch den oft vorzüglich spiegelnden Muskovit. Auch im 18. Jahrhundert wurden Glimmer (Muskovit) und Fraueneis noch vielfach verwechselt.

Spießglanz, Spießglas → Grauspießglanz und Antimon.

Spießglanzbleierz → Bournonit.

Spinell 1. Der Name tauchte im 16. Jahrhundert in verschiedenen europäischen Sprachen auf. Spynel (England 1528), Spinella (Agricola 1546), Spinellus (De Boot 1609). Das Wort bezeichnete rote Edelsteine jeglicher Schattierung, vom Hochroten bis zum

Weißlichen und Gelblichen, Hyazinthfarbenen. «Einige nämlich sind so vollkommen, daß sie Rubinen vergleichbar sind» (1647. De Boot S. 151). «Spinelle, ist ein Frantzösisch Wort, heißt bey den Italiänern ein Rubin, der nicht recht roth, sondern als Zwiefelschelffen aussiehet» (1744. Zedler Bd. 39).

2. Über den Ursprung des Wortes gibt es nur Vermutungen. Herangezogen wurde vor allem eine zu lateinischem Spina, spinus, spinula gehörige Wortgruppe: ital. spina Dorn, Zapfen, mundartlich spinelo, spinel; spino Dornstrauch, Weißdorn; spinello Stichling; mittellateinisch spinellum, spinellus Schlehe. Daß Vergleich der spitzigen Kristalle mit Dornen vorliege, ist wohl die am meisten einleuchtende Vermutung. Die «dornigen» Spinelle sind besonders von den durchweg rundlichen Körnern des Pyrops deutlich verschieden.

3. Der Name veränderte seinen Geltungsbereich wesentlich, als er sich in den Jahrzehnten um 1800 vom Edelsteinnamen zum Mineralnamen wandelte. Das Mineral Spinell (wesentlich $MgAl_2O_4$) wurde kristallographisch vom Rubin geschieden, Klaproth begann die chemische Analyse, doch wurde die Zusammensetzung aus «Talkerde» und «Tonerde» erst viel später (von Abich 1831) richtig erkannt. Es zeigte sich weiter, daß das Mineral keine charakteristische Farbe hat, da es auch blaue, grüne, schwarze Spinelle gibt.

4. Varietäten: → Balasrubin, Fortsetzung des mittelalterlichen Balas. Dieser wurde früher häufig als Abart des Rubins angesehen. Balasrubin jetzt in der Literatur noch geführte, im Handel kaum mehr gekannte Bezeichnung für blaßrote Spinelle. – Rubinspinell. «Seine wahre Farbe fällt in das Scharlachroth» (1773. Brückmann, Edelsteine S. 95). – Rubicell, Rubacell, seit dem 17. Jahrhundert belegt, aus franz. rubicelle, rubacelle, Verkleinerungsformen von franz. rubis (Rubin), rubace. Gelbrot oder rotgelb, hyazinthähnlich. – Almandinspinell, 19. Jahrhundert, mit Stich ins Blaue oder Violette. – Ceylanit (Delamétherie 1793) oder → Pleonast (Hauy), schwarz oder schwärzlich. – Chlorospinell (G. Rose 1840), grün. χλωρός grün. – Saphirspinell (Bauer 1896), blau.

Spinnenstein Der Spinnenstein oder «Kankker-Stein», neulateinisch Arachneolithus, wurde Anfang des 18. Jahrhunderts lebhaft besprochen. «Von den grossen Creutz-Spinnen wird gesagt, daß, wenn man selbige in ein Schächtelgen oder Glaß thäte, und sieben Jahr darinne verschlossen hielte, sie sich endlich selbst verzehreten und in einen gesprenckelten Stein verwandelten, welcher vermögend wäre, dem Gifft zu widerstehen, so daß, wenn er in einem Ring eingefaßt, an Fingern getragen würde, er so gleich die Farbe veränderte, und sich mit einer Wolcke überzöge, so bald er in der Nähe Gifft vermerkkete» (1732. Zedler Bd. 2 Sp. 1097).

Allen derartigen Rezepten zur Gewinnung des Spinnensteins entzog Brückmann den Boden, indem er die Entstehung eines solchen Steins aus Spinnen schon wegen seiner Größe als unmöglich erwies (1722. De Fabulosissimae originis lapide, Arachneolitho dicto, Epistola). – Sein Sohn beschreibt die unter diesem Namen gehenden Steine: «Arachneolithi, Spinnensteine, werden diejenigen Sternkorallen genannt, deren Sterne nicht so gedrungene, oder mehr auseinander stehende Strahlen, und daher eine Aehnlichkeit mit einer Spinne haben, welche ihre Beine ausgestreckt hat. Sie sind ehemals von abergläubischen Leuten in die Betten und Zimmer gehangen worden, weil sie glaubten, daß die Spinnen und anderes Ungeziefer, durch solche, vertrieben würden» (1773. Brückmann, Edelsteinkunde S. 350).

Spodumen Benannt von d'Andrada (1800). Griech. σποδόω brenne zu Asche, σποδούμενος etwas, das zu Asche gebrannt wird. Betonung auf der zweiten Silbe entspräche dem Griechischen, doch hat sich die französische Betonung Spodumén durchgesetzt.

Lithium-Tonerde-Silikat. Varietäten → Hiddenit und → Kunzit. Worauf sich der Name bezieht, ist aus der Beschreibung von d'Andradas Analysen, auch aus den späteren Untersuchungen nicht klar ersichtlich. Daß die von d'Andrada untersuchten Stücke (von Utö in Schweden) wie zu Asche verbrannt ausgesehen haben könnten, wird bestritten (Francke S. 122).

Sprödglaserz, Ag_5SbS_4, Röschgewächs bei

deutschen Bergleuten in Ungarn genannt. Die beiden Namen sind nicht an sich einleuchtend, sondern nur im Vergleich mit dem geschmeidigeren Weichgewächs, dem Silberglanz. Mittelhochdeutsch und heute noch mundartlich rösch: frisch, hart, spröde.

Sprödglaserz (Werner 1789). Sprödglanzerz (Hausmann 1813). Beide umfaßten damit auch den → Polybasit).

Auch Schwarzgültigerz, Schwarzgülden, seltener Schwarzerz genannt, nach Analogie und zum Unterschied von Rotgülden, wegen der bleigrauen bis eisenschwarzen Farbe.

Jetzt gebräuchliches Synonym: Stephanit (Haidinger 1845), nach Erzherzog Stephan von Österreich, der sich für Mineralogie lebhaft interessierte.

Sprudelstein Ausscheidungen von Aragonit oder Kalk aus Sprudeln, in Form von Krusten oder Kügelchen. Auch Rindenstein genannt.

Goethe schreibt über den Karlsbader Sammler und Steinschneider Joseph Müller: «Als er hierauf 1760 sich in Karlsbad niederließ, mußte es sich ereignen, daß, bei dem Grundgraben so vieler Häuser, gar manche Sorten Sprudelsteine zum Vorschein kamen, die er wegen ihrer Schönheit, sobald sie poliert waren, auch für eine Art von Edelsteinen ansprechen durfte, indem sie, bei vollkommener Glätte und Glanz, den Anschein von Chalzedon, Achat, Jaspis und antikem Jaspis nachahmten und, bei viel geringerer Härte, sich der Bearbeitung bequemer darboten» (Werke XX S. 613).

Stahl → Eisen

Stahlerz, Stahlstein → Eisenspat.

Gelegentlich wird Zinnober von Idrija «Stahlerz» genannt.

Stannin → Zinnkies.

stannum → Zinn 4 und Zinnkies.

Starstein Unter den zahllosen mit besonderen Namen benannten Achat-Varietäten wird im 18. Jahrhundert auch der Starstein, Starenstein, Starenachat aufgezählt. «Mit versteinten Korallen und wie Staarenfedern gesprengt» (1777. Gmelin I S. 576). Der Name hat sich bis in die Paläobotanik der Gegenwart erhalten. Es handelt sich um verkieselte

Stämme von Farnen (Psaronien), meist aus dem Rotliegenden (1964. Gothan-Weyland, Lehrbuch der Paläobotanik S. 213). Polierte Querschnitte des Luftwurzelmantels können besonders an Starengefieder erinnern. → Tafel 18.

Staurolith → Kreuzstein 2.

Steatit → Talk.

Stechehörndli → Belemnit 6.

Stein Gemeingermanisches Wort. Früheste Belege in Wulfilas gotischer Bibelübersetzung (4. Jh.). «Stains thammei uswaurpun thai timrjans, sah warth du haubida waihstins.» «Der Stein, den die Zimmerleute verwarfen, der wurde zum Haupt der Ecke» (Mark. 12, 10).

Altnordisch steinn, angelsächsisch stän, englisch stone.

Das germanische Wort ist urverwandt mit altslaw. stěna Mauer; sanskr. styā gerinnen, sich verhärten, dichter und stärker werden; griech. στία, στίον Steinchen, Kiesel; lat. stiria Eiszapfen; griech. στέαρ hartes Fett, Talg. Die Grundbedeutung kann demnach mit den Begriffen Festes, Festgewordenes, Erstarrtes umschrieben werden.

Steinbutter → Bergbutter.

Stein der Weisen → Kap. IV 9 und Kap. VI.

Steinmark Abart des Kaolins.

«BERMANNUS: Es gibt außerdem in den Erzadern noch etwas anderes Weißes, das an Mark erinnert, das die Unsern wohl deshalb Steinmark (medullam saxi) genannt haben. Ihr könnt es hier sehen. NAEVIUS: Es ist dem Knochenmark eines Lebewesens ähnlich. Nicht unpassend wurden die Steine vom Delphischen Orakel Knochen der Mutter genannt, weil sich in ihnen Mark wie in Knochen findet. BERMANNUS: Es ist beinahe flüssig und nicht so zäh und fett wie Ton, doch wird es manchmal ausgetrocknet und hart gefunden» (1530. Agricola, Bermannus S. 121).

Werners Steinmark großenteils hierher gehörig. Neulateinisch Medulla saxi oder Lithomarga (Stein-Mergel).

Steinöl → Bitumen.

Steinsalz → Salz.

Stephanit → Sprödglaserz.

Stephanstein → Punktachat.

Stern als Name von Diamanten → Kap. VIII 6.

Stern des Südens oder Südstern. Diamant, Rohgewicht 261,88 Karat, gefunden im Jahre 1853 von einer Negersklavin in Minas Geraes in Brasilien. In Amsterdam geschliffen und vom Gaekwar von Baroda erworben. – Über den Namen vgl. Kap. VIII 6.

Sternrubin, Sternsaphir → Sternstein 3.

Sternstein 1. Seit dem 16. Jahrhundert als Name von Steinen belegt, die später als fossile Tierreste erkannt wurden. Gesner (1565. S. 35b) bildet zwei ovale Steine ab, die als Korallenstöcke kenntlich sind. Der erste ist mit sternförmigen Kelchen übersät, der zweite hat wellenartige Windungen. Die Beischrift lautet: «Der erste von diesen kann deutsch Sternstein genannt werden, nach den

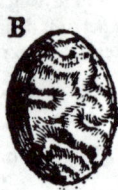 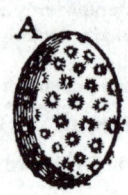

A. «Sternenstein». «Sigstein». «Astroitis». – B. «Wassersteinlein». (1647. De Boot S. 298, nach Gesner.) 1:1.

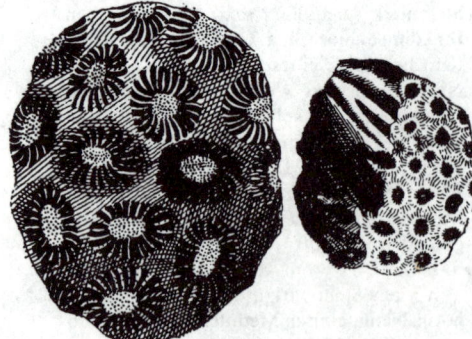

«Stern-Stein». «Astroites». (1737. Kundmann Tafel X.) 1:1.

Sternen, der zweite ein Wasserstein, nach der Ähnlichkeit mit Wellen.» Neben Wasserstein wurde auch Wellenstein gebräuchlich. – Die Formulierung «kann deutsch Sternstein genannt werden» zeigt, daß der Name noch nicht eingebürgert ist, sondern erst in Umlauf gesetzt wird, und zwar bei Gesner als Übersetzung von Astroites.

Zweitens hießen Sternstein die fünfeckigen Seeliliensatielglieder, die auf ihren Trennungsflächen einen fünfstrahligen Stern zeigen. Diese wurden von den Sternkorallen als echte Sternsteine (Asteriae verae) unterschieden (1647. De Boot. S. 300).

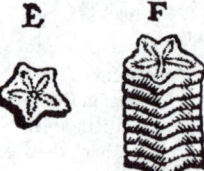

Sternstein. «Asteria vera». (1647. De Boot S. 300, nach Gesner.) 1:1.

Sternsteine der ersten Art wurden auch als → Siegsteine bezeichnet.

2. Der Name Sternstein zeigt sich in enger Verbindung mit den im 16. Jahrhundert aus Plinius wieder aufgenommenen Bezeichnungen, die von griech. ἄστρον, ἀστήρ Stern abgeleitet sind. Plinius unterscheidet (37, 131–133) asteria, astrion, astriotes, astrobolos, nach andrer Lesart astolos. Eine genaue Bestimmung dieser Arten ist wohl unmöglich, aber sie alle haben mit den obigen deutschen Sternsteinen nichts zu tun. Es sind höchstwahrscheinlich keine Versteinerungen. Alle sind glänzendweiß und durch auffällige Lichterscheinungen ausgezeichnet. Asteria hat einen pupillenähnlichen wandernden Lichtschein, Astrion mitten in seinem Innern einen Stern hell wie Vollmondschein. Nach andern heißt er so, weil er im Licht der Sterne deren Glanz zu rauben und widerzustrahlen scheint. Astriotes wird nicht genauer beschrieben. Astolos ähnelt einem Fischauge und strahlt Licht wie die Sonne.

Die gesamte Reihe ist nicht in die Lapidarien des Mittelalters übergegangen. Sie erscheint erst wieder zu Beginn der Neuzeit. Der

Hortus Sanitatis von 1509 bringt die Namen Astrion, Asterites, Astiria, Asteria. Das betreffende Kapitel enthält auch eine besonders reizende Beschreibung eines Steines mit sternartiger Lichtfigur: «Der nechst vnder den gleschenden vnd glissenden steinen ist Asteria/ von natur die oberkeit habend/ darumb das er ein beschlossen liecht wie ein augapffel in im hat vnd gibt das von im mit neigung als ob es in wendig ginge/ ye von einer statt an die anderen den von im gebende» (1509. IV 11).

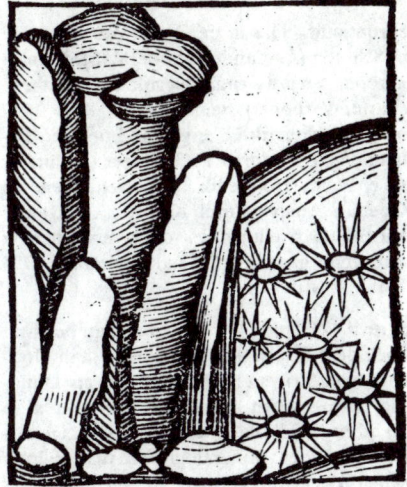

«Asteritis» und ähnlich benannte Steine.
(1509. Hortus.)

Agricola hält alle jene bei Plinius aufgezählten Arten für den gleichen Stein und braucht dafür den Namen Asterios. Die Interpretatio gibt als Übersetzung Wese (→ Waise) an. Unübersichtlich wurde nun die Nomenklatur dadurch, daß man auch für die deutschen Sternsteine Plinianische Ausdrücke gebrauchte, Astroites für den Stern- oder Siegstein, Asteria (Asteria vera) für den «echten Sternstein» (1546. Foss. S. 287 und 304. – 1565. Gesner S. 35f. – 1647. De Boot S. 298 und 300).

3. Im Laufe des 18. Jahrhunderts schieden die deutschen Sternsteine aus der mineralogischen Nomenklatur aus und gingen in die paläontologische über. Die Beschreibungen des Plinius wurden jetzt ausschließlich auf Steine mit eigentümlichem Lichtschein wie Mondstein und Katzenauge bezogen. Asterien heißen seitdem die sternförmigen Lichtfiguren, wie sie sich zum Beispiel am Sternsaphir und Sternrubin finden, auch diese Steine selbst. Der moderne Fachausdruck Asterismus bezieht sich auf die von Plinius beschriebenen Phänomene.

Stibi, stibium   → Antimon.

Stibiconit   → Antimonocker.

Stibnit   → Grauspießglanz.

Stilbit   Name von Delamétherie (1797) erfunden. στίλβειν glänzen, στίλβη Glanz. Hauy vereinigte unter diesem Namen zwei Zeolithe, den Blätterzeolith Werners und den Strahlzeolith Werners, weil er sie auf Grund kristallographischer Merkmale zusammenlegen zu müssen glaubte. Breithaupt führte (1817) für den Strahlzeolith die Bezeichnung → Desmin ein, der Blätterzeolith hieß bei ihm weiter Stilbit. Verwirrung entstand dadurch, daß Brooke (1822) den Blätterzeolith → Heulandit benannte, den Strahlzeolith Stilbit, und daß ihm die französischen und englischen Mineralogen folgten. Der Name Stilbit wurde seitdem, wenn er in unseren Mineralogien gebraucht wurde, mit entsprechenden Erklärungen («Stilbit franz. Mineralogen», «Stilbit deutscher Mineralogen») versehen, oder es wurden die oben genannten eindeutigen Namen hinzugesetzt. – Heute ist Stilbit gleichberechtigtes Synonym zu → Desmin.

Stilpnosiderit   Abart des Brauneisens. In Werners System und Mineraliensammlung keine besondere Art, sondern unter Brauner Glaskopf (fasriger Brauneisenstein) mitbefaßt. Damals aber schon von andern als Pecheisenstein, schlackiger Brauneisenstein, später Eisenpecherz abgetrennt. Um Verwechslung unter den verschiedenen um 1800 mit diesem Namen belegten Mineralien zu vermeiden, erschien Umbenennung erwünscht: Stilpnosiderit (Ullmann 1814), von στιλπνός glänzend, σίδηρος Eisen, mit Bezug auf den charakteristischen Pechglanz auf den Bruchflächen.

Stinkfluß   «Bei Wölsendorf, südlich von Nabburg in Bayern, kommt gangförmig im Granit ein schwarzblauer Fluorit vor, welcher bei dem Schlagen und Zerreiben einen auffallenden Geruch nach unterchloriger Säure entwickelt, gerade wie Chlorkalk. Schafhäutl, welcher ihn zuerst unter dem Namen Stinkfluß beschrieb, glaubte wirklich einen Gehalt an Chlorkalk nachgewiesen zu haben ...» Es erwies sich aber, daß der Geruch durch freies Fluor, das sich infolge radioaktiver Zusetzung (Mitvorkommen von Pechblende!) bildet, entsteht.

Stinkstein, Stinkkalk, Stinkgips, Stinkquarz, Stinkschiefer usw. heißen Mineralien, die durch Bitumen («brennbares Wesen») verunreinigt sind und deshalb beim Reiben oder Anschlagen stinken. – Der Stinkkalk hieß auch Saustein.

«Mein geehrtester Freund, Herr D. Franciscus Ernestus Brückmann, in Wolffenbüttel, hat in seinem schönen Cabinette ein Stück von einem schwärtzlichten Steine, mit einem gläntzenden Flämmgen, so hart als Marmor, welcher, wenn er nur ein wenig mit einem Nagel gekratzt wird, einen garstigen schwefelichten Geruch, welcher wie Katzen-Urin stincket, von sich giebet. ... Der Schwein-Stein, Saxum Suillum, hat seinen Nahmen daher, weil er einen stinkkenden Geruch, dergleichen die Schweine haben, giebt. Es ist ein schwartzer, zerbrechlicher, gestreiffter Stein, und wird sonderlich in Norwegen auf der Insul Horitzholm gefunden, welche gantze Felsen von dieser Art Steine hat. Wenn man über dieselbigen reitet, daß sie von denen Huff-Eisen der Pferde aufgetreten werden, entstehet ein solcher Gestanck, daß die Vorübergehenden die Nasen davor zuhalten müssen» (1751. Lesser S. 367–369).

Es gab noch einen Sau- oder Igelstein aus der Gallenblase eines hinterindischen Stachelschweines, der von Portugiesen nach Europa gebracht und als Gegengift, als Bezoarstein teuer bezahlt wurde. «Die Indianer sollen ein solches Vertrauen zu diesem Stein haben, daß, wenn sie ihn nur anrühren können, sie gesund zu werden vermeinen» (1783. Krünitz Bd. 4 S. 383). – Der Saustein Jean Pauls (Flegeljahre 62) ist offensichtlich der Stinkstein.

St. Pauls-Stein → Schlangenzunge.

Strahlenblende → Schalenblende.

Strahlkies → Markasit.

Strahlstein (Werner 1791) oder Aktinolith (Kirwan 1794). ἀκτίς, Genitiv ἀκτῖνος Strahl. Durchweg in strahligen, stengeligen oder nadelförmigen Aggregaten vorkommendes Silikat, nahe verwandt mit Hornblende. Früher gewöhnlich Strahlschörl genannt. Französisch Actinote (Hauy 1801). ἀκτινωτός mit Strahlen versehen. → Tafel 19.

Strahlzeolith → Desmin.

Streichstein → Probierstein.

Strontianit Das in der Nähe von Strontian in Schottland gefundene Mineral (Strontiumkarbonat) wurde zunächst mit dem Witherit (Bariumkarbonat) verwechselt. Seit 1787 mehr beachtet durch englische Forscher. Benennung 1791 durch F.G. Sulzer (Naturforscher und Hofmedikus, Beziehungen zu Goethe). Analyse durch Klaproth (1793) und andere. Darstellung des darin enthaltenen, Strontium genannten Metalls erstmalig 1796 durch Lowitz.

Struvit (Ulex 1845): ein Phosphat, benannt nach dem Staatsrat Heinrich Christian Gottfried von Struve (1772–1851), der als Diplomat in russischen Diensten tätig war, u.a. in Hamburg und Oldenburg. Durch einige seiner Beiträge zur mineralogischen und geologischen Forschung erregte er auch Goethes Aufmerksamkeit.

sucinum → Bernstein 3.

sulphur → Schwefel 1.

Sumpferz → Raseneisenstein.

sunnenwendel → Heliotrop.

Syenit Plinius (36, 63–64) gebraucht den Namen syenites für Steine, die bei Syene (Assuan) gebrochen wurden und aus denen die Pharaonen riesige Obelisken dem Sonnengott zu Ehren errichten ließen. Werner führte (1788) den Namen in die Wissenschaft ein für ein hauptsächlich Orthoklas und Hornblende enthaltendes Gestein. Das erschien berechtigt, weil man an ägyptischen Obelisken in Rom Hornblendegehalt beobachtet hatte. Wenig später stellte sich heraus, daß die Obelisken von Syene nicht aus Hornblendegestein, sondern aus Granit waren. Doch blieb der einmal festgelegte Name (Zirkel I S. 578).

Sylvan, Sylvanit → Schrifterz.

Sylvin Benannt von Beudant (1832). Er übertrug damit den Namen eines Arzneimittels, welches «Digestivsalz des Sylvius» genannt wurde, in veränderter Form auf das entsprechende Mineral, das Chlorkalium, KCl.

Franz de le Boë oder Sylvius (1614–1672), aus hugenottischer Familie, Mediziner und Professor in Leyden.

T

Taenit → Meteorstein.

Tafelspat (Stütz 1793): CaSiO₃. Selten in tafeligen Kristallen, meist in faserigen, strahligen, auch schaligen Massen. Schalstein (Werner 1803). – Jetzt Wollastonit (Hauy 1822) genannt nach dem englischen Physiker und Chemiker Wollaston (1766–1828).

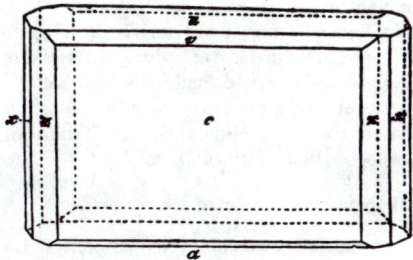

Tafelspat (1881, Naumann-Zirkel S. 601)

Taj-e-mah → Kap. VIII 6.

Talk 1. Magnesiumsilikat, meist blättrig oder feinschuppig, glimmerartig, sehr weich, Härte 1. Erlangt aber durch Hitze Härte 6. Vielseitig verwendetes und entsprechend mannigfaltig benanntes Mineral.

2. Das Wort ist vermutlich persischen Ursprungs und über das Arabische (ṭalq, ṭalaq), das Spanische (talque) und Französische (talc) im 16. Jh. ins Deutsche gelangt. Mehrfach bei Paracelsus ohne nähere Beschreibung.

Die arabischen Beschreibungen des Talks passen ebensogut auf Glimmerarten und blättrigen Gips (Marienglas, Lapis Specularis). Alrazi zum Beispiel sagt über die Talk-Arten: «Sie blättern sich auf, wenn sie zerstoßen werden, und besitzen Glanz» (um 900. al-Rāzî/ Ruska S. 87). Im abendländischen Schrifttum werden Talk, Glimmer und Marienglas noch im 17. Jahrhundert oft verwechselt.

Neulateinisch Talcum. «Talcum gebrauchen auch die Frauen, in flüssiger Lösung, um das Gesicht ausnehmend weiß zu färben» (1647. de Boot S. 395). – Neuhochdeutsch Talkum: Gleit- oder Schlupfpulver aus Talk.

3. Speckstein ist fettig anzufühlender dichter Talk. Seit dem 16. Jahrhundert belegt. Auch Schmerstein genannt. Dem entspricht lateinisches steatites (zu griech. στέαρ, στέατος Fett), von Plinius (37, 186) beiläufig erwähnt und im Neulateinischen und in der wissenschaftlichen Nomenklatur als Steatit wieder aufgenommen. Man war eifrig bemüht, aus dem merkwürdig weichen und fettig anzufühlenden Stein Nützliches herauszubringen, besonders auch ein vermeintlich darin enthaltenes «Talköl». «Allein bis dato hat noch keiner weder was fettes, noch gebratenes noch gesaltzenes erlanget» (1744. Zedler Bd. 41).

4. Topfstein, in der Schweiz auch Lavezstein oder Giltstein genannt, ist dichter Talk (Talkschiefer) mit Beimengungen vor allem von Chlorit. Wird ausgehöhlt und zu Töpfen verarbeitet.

Im Altertum: Stein von Siphnos und Como (Theophr. 42, Plin. 36, 159). «Mehrere Steine lassen jegliche Bearbeitung zu. Auf Siphnos wird ein solcher gebrochen, etwa drei Stadien vom Meer entfernt, rund und schollig, der kann wegen seiner Weichheit gedrechselt und geschnitten werden. Gebrannt aber und dann in Öl getaucht wird er ganz schwarz und hart. Sie machen aus ihm Gefäße für die Tafel» (Theophr. 42).

«Aus Topfstein gebaute Öfen werden sehr hart und dauern Jahrhunderte. Nach Chr. Bernoulli sieht man zu Liddes im Wallis einen solchen Ofen, der die Jahrzahl 1000 trägt» (1839. Oken S. 179). Daher auch: Ofenstein.

Lavezstein: lavezo, in norditalienischen

Mundarten Bezeichnung für steinernes Gefäß, Kessel, aus lat. lapidium. «Unter denen
rauhen Felsen selbst zeiget und schencket uns
der grosse Gott solche, welche wir gleich dem
Holz drehen oder drechseln, und weilen sie
das Feur auf ungemeine Weise aushalten, zu
Koch- und andern Geschirren anwenden
können. Diß sind eben die Lavetzsteine»
(1746. Scheuchzer hg. von J.G. Sulzer I
S. 380).

Giltstein bedeutet Gefäßstein, zu lat.
gallēta, althochd. gellita, mittelhochd. gelte
Gefäß für Flüssigkeiten.

Tansanit ist blauer → Zoisit in Edelsteinqualität. Er wurde 1967 entdeckt und benannt
nach dem bisher einzigen Fundgebiet im
Nordosten von Tansania, im Umba-Tal nahe
der Grenze zu Kenia. Dort finden sich auch
Kristalle von weniger ansprechender Farbe,
die aber bei vorsichtiger Erhitzung schön blau
werden. Durch die weltbekannte Neuyorker
Edelsteinhandlung Tiffany kam der Stein,
diamantenumsäumt und in Platin gefaßt, erstmals in höchst kostbaren Schmuckstücken auf
den Markt.

Tantal → Kap. XIV 4.

Tantalit (Ekeberg 1802) ist das Mineral, in
welchem das Tantal entdeckt wurde (Fe, Mn,
Ta, O. Mit Übergängen zu Niobit.) → auch
Niob.

Taubenstein 1. Im 18. Jahrhundert ein im
Magen der Holztauben sich findender Stein,
«welchen sie, wie man sagt, ihrer Gesundheit
halben einschlingen» (1744. Zedler Bd. 42).

2. Neuere Bezeichnung für Versteinerungen, und zwar Schalen von Armfüßern. Von
Muschelschalen dadurch unterschieden, daß
beide Schalen ungleich geformt sind. Hält
man den Stein entsprechend, entsteht das Bild
einer fliegenden Taube in Vorderansicht.

Überlieferte volkstümliche Namen: Täubli
(Schwaben. 1874). – Heiligegeiststeine
(Schweiz. 1708). Heiligen-Geist-Schnecken
(Kärnten 1925). – Gluckeren-Stein, Gluck-
hennen-Stein (Schweiz 1708). – (Nach Abel,
Tierreste S. 54ff.).

Täubli → Taubenstein.

tecolithos → Judenstein.

Teer → Bitumen.

Tektit (Suess 1900): «Schmelzstein», zu
τήκειν schmelzen machen, τηκτός geschmolzen, schmelzbar. – Tektite sind Stücke aus
natürlichem Glas, vermutlich kosmischen Ursprungs. Eine Abart ist der → Moldavit.
Neuerdings wird für die böhmischen Tektite
ein Zusammenhang mit dem Ries-Meteor-
Einschlag vermutet. → Farbtafel 5.

Tellur Ende des 18. Jahrhunderts wurde
man auf die siebenbürgischen «Weißgold-
erze» und «Graugolderze» aufmerksam. Müller von Reichenstein, der Chef des siebenbürgischen Bergwesens, glaubte darin ein neues
Metall gefunden zu haben. Es wurde zunächst
unter den Verlegenheitsbezeichnungen Aurum paradoxum, Metallum problematicum
geführt, dann Sylvanit (Kirwan), Gediegen
Sylvan (Werner) genannt, nach dem Fundort
Transsylvanien (Karpaten). Klaproth erweiterte die Kenntnis der genannten Erze und
gab dem neuen Metall einen andern Namen,
der sich rasch durchsetzte.

«Zur Ausfüllung dieser bisherigen Lücke in
der chemischen Mineralogie lege ich hier
meine, mit diesen kostbaren Erzen angestell-
ten Versuche und Erfahrungen dar; deren
Hauptresultat in der Auffindung und Bestätigung eines neuen eigenthümlichen Metalls
bestehet, welchem ich den, von der alten
Mutter Erde entlehnten Namen Tellurium
beilege» (1802. Klaproth III S. 2).

Tennantit → Fahlerze.

Tenorit, CuO, benannt von Semmola (1841)
nach dem Präsidenten der neapolitanischen
Akademie der Wissenschaften, dem Botani-
ker M. Tenore (1780–1861).

terra → Erde 3.

Terra Adamica, Adamserde. 1. Einmal die
Erde, aus der Gott den Adam gemacht haben
soll, nach wörtlicher Auslegung der alttestamentlichen Schöpfungsgeschichte (1. Mose 2,
7). Vermutungen darüber finden sich schon in
der nachbiblischen jüdischen Literatur. Josephus (geb. 37 n. Chr.) deutet zu Anfang seiner
Jüdischen Archäologie (wohl irrtümlich)
Adam als der Rote, weil er aus roter, d.h.

reiner, ursprünglicher, feucht angerührter Erde gemacht sei.

«Terra Damascena, oder Adamea, Damascener Erde, ist eine röthliche Erde, wird in Assyrien und Damasco gefunden; von dieser Erde soll Adam gemacht worden seyn; sie wird wider alles zustoßende Unglück angerathen» (1744. Zedler Bd. 42).

2. Dann auch die Erde, in welche der menschliche Leib nach dem Tode zerfällt. «So sind z. B. die 173000 Millionen Menschen, die von Adam bis jetzt gestorben seyn mögen, gleichsam verschwunden, zu einer Erde vermodert, die man deshalb, so wie sie rein in den Gräbern gefunden wird, terra Adamica nennt» (1780. Blumenbach, Handbuch der Naturgeschichte II S. 478).

Terra di Siena → Bol.

Terra miraculosa Saxoniae → Sächsische Wundererde.

Terra sigillata → Siegelerde.

Tetraedrit → Fahlerz.

Teufelsfinger → Belemnit 6 und Kap. IX 5.

Teufelsgeld → Pfennigstein.

Teufelskralle → Kap. IX 5.

Teufelszehe → Belemnit 6 und Kap. IX 5.

Thomsonit Ein Zeolith, benannt (1820) von Brooke nach dem englischen Mineralogen und Chemiker Th. Thomson (1773–1852). Dann nannte Brewster (1821) eine vermeintlich neue Abart Comptonit, nach Lord Compton, der sie vom Vesuv mitbrachte. «Rammelsberg hat durch die Analyse dargethan, daß beide Mineralien dieselben sind, nun führen sie in den Handbüchern bald den einen, bald den andern Namen» (1853. Kobell S. 30). Thomsonit jetzt vorrangig.

Am nordwestlichen Strande des Oberen Sees finden sich lose, aus Mandelstein ausgewitterte, radialfaserige Kugeln von Thomsonit mit abwechselnd gefärbten achatähnlichen Lagen. In Amerika zuweilen als Schmuckstein getragen.

Thorit und **Xenotim** Berzelius glaubte (1815) in einem Mineral eine neue Erde gefunden zu haben, die er nach dem nordischen Gott Thor Thorerde nannte. In Wirklichkeit hatte er aber phosphorsaures Yttrium (YP₄, Ytterspat) in Händen gehabt. Er berichtigte seinen Irrtum. Das Mineral hatte ihm also nicht die Ehre einer Neuentdeckung verschafft und wurde deshalb von Beudant Xenotim genannt. ξένος fremd, unbekannt, τιμή Ehre.

Dana meint, man müßte den Namen ablehnen, da er einen Spott über den großen schwedischen Chemiker enthalte, wenn nicht Beudant selbst eine annehmbare Deutung nahegelegt hätte, indem er den Namen aus κενός leer und τιμή Ehre ableite, so als ob er Kenotim laute, und das lasse sich beziehen und sei auch gleich anfangs bezogen worden auf die seltenen und kümmerlichen Kristalle (1868. Dana S. 529).

Im Jahre 1828 erhielt dann Berzelius von M. Thr. Esmark ein norwegisches Mineral, in welchem er wirklich eine neue der «vormaligen Thorerde» nicht unähnliche neue Erde fand, so daß er den derzeit erfundenen Namen nun doch noch anbringen konnte. Das neue Metall heißt seitdem Thorium, das Mineral, in dem es gefunden wurde, Thorit (ThSiO₄).

Thulit (Brooke 1823): rosenrote Abart des Zoisits, erste Funde in Norwegen (Telemarken). – Thule ist der Name des nördlichsten von dem griechischen Seefahrer Pytheas von Massilia um 330 v. Chr. erreichten Landes. Von seiner Lage hatte das Altertum keine genaue Vorstellung, so daß von den Späteren verschiedene äußerst nordische Länder, auch Norwegen, als das antike Thule gedeutet werden konnten.

Angemerkt sei, daß das Element Thulium nicht mit der Varietät Thulit, wohl aber mit dem Ländernamen Thule zusammenhängt. 1879 entdeckte der schwedische Chemiker Cleve zwei neue Elemente. Das eine nannte er Thulium nach seinem nordischen Vaterlande, das andere Holmium nach der Hauptstadt Stockholm.

Thumerstein → Axinit.

Tiemannit → Selen-Mineralien 3.

Tigerauge → Katzenauge.

Tinkal → Borax.

Titan wurde durch zwei unabhängig voneinander arbeitende Entdecker unter zwei
verschiedenen Namen in die Wissenschaft
eingeführt: der englische Geistliche William
Gregor, auch sehr tätig als Mineraloge, er-
schloß bei der Analyse eines Minerals aus dem
Tal Menaccan in Cornwall ein neues Metall,
das Menachine genannt wurde (1791). – Wenig später untersuchte Klaproth «roten
Schörl» aus Ungarn und erkannte diesen als
Oxid eines neuen Metalls, das er Titanium
nannte (1795). → Kap. XIV.

Menachine und Titanium wurden dann
bald (1797) als identisch erwiesen. Der Name
Titanium, Titan setzte sich durch.

Das von Gregor untersuchte Mineral, Fe-
TiO₃, wurde Menaccanit (Menachanit, Mena-
kanit, Menakan) genannt. Jetzt übliche Bezeichnungen Titaneisen (Klaproth 1797) oder
Ilmenit (Kupffer 1827), nach dem Ilmenge-
birge im südlichen Ural.

Titaneisen → Titan und Eisenrose.

Titanit (Klaproth 1795): Kalzium-Titan-Si-
likat. Sphen (Hauy 1801), nach der Keilform
der Kristalle, σφήν Keil, ist eine durchsichtige
Varietät, die namentlich in den Alpen vorkommt.

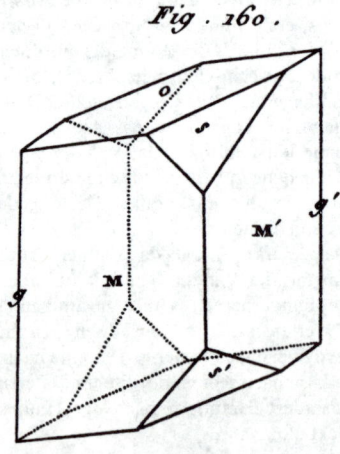

Fig. 160.

Sphen-Kristall. (1806. Hauy-Karsten Taf. LVI.)
Reichlich 1:1.

tofus → Tuff.

Ton, Tonerde 1. Gotisch thaho, althochdeutsch daha, mittelhochdeutsch tahe, dahe,
neuhochdeutsch bis ins 16. Jahrhundert
T(h)an. Das n kommt aus den obliquen Formen: des tahen wird zusammengezogen zu
tan. Durch Luthers Bibel Übergang zu Thon
und zum Maskulinium. – Gemeingermanisches Wort, urverwandt mit litauisch tánkus
dicht, pers. tang eng usw. – Ursprüngliche
Bedeutung also: Erde, die beim Trocknen
dichter wird.

Kentmann hat noch die alte Form. In seiner
Sammlung waren unter andern: «Weisser
Than mit silber glimmerlein.» – «Than darauß
man die schmeltztigel macht/ darinn man den
messing macht.» – «Schön gelber Than.» –
«Eisen Than/ damit man die eisern öfen fein:
eisenfarb anstreicht» (1565. Kentmann
S. 4bf.).

«Thon (Argilla,) ist eine reine fette Erde,
welche mit einer proportionirlichen Menge
Wassers angefeuchtet, zähe wird, sich alsdenn
in allerley Gestallten auf der Scheibe drehen,
und im Feuer hart brennen läst» (1769. Lehmann S. 24).

2. Tonerde ist nicht dasselbe wie Ton.
«Ton» gehört der allgemeinen Sprache an,
Tonerde ist ein Fachausdruck der Chemiker
und Mineralogen und bezeichnet einen wesentlichen Bestandteil aller Ton-Arten. Marggraf fand (1754) diesen Bestandteil im Alaun
und in verschiedenen von ihm untersuchten
Tonen. Er läßt sich mit Schwefelsäure heraus-
ziehen, wobei Kieselsäure als anderer Haupt-
bestandteil übrig bleibt. Marggraf nannte ihn
terra aluminis, Alaunerde, weil er dabei vom
Alaun ausgegangen war. Tonerde wurde allmählich in Deutschland die gebräuchlichere
Bezeichnung.

«Die deutschen Mineralogen unterscheiden Thon von Thonerde. Jene Substanz ist
allerdings eine Verbindung mehrerer Bestandtheile; diese deutet hingegen dieselbe
einfache Erde an, welche die Chemiker gewöhnlich Alaunerde nennen» (1804. Hauy-
Karsten II Seite 127. Anm. d. Übers.).

3. In der weiteren Geschichte des Begriffs
war bedeutsam die Entdeckung Klaproths,
daß der → Korund reine kristallinische Tonerde ist. – Weitere Zerlegung und Bestimmung der Tonerde als Aluminiumoxid
(Al₂O₃) durch Davy, Wöhler u.a. (→ Alumi-

nium). Auch jetzt noch wird die Verbindung Al₂O₃ als Tonerde bezeichnet.

4. Tone sind Gemenge. Sie enthalten erstens ein oder mehrere «Tonmineralien» wie zum Beispiel → Montmorillonit oder → Kaolinit, das heißt wasserhaltige Tonerde-Silikate von verschiedener Zusammensetzung und zum Teil mit komplizierten Formeln. Die Abgrenzung und Bestimmung der zahlreichen Arten ist wegen der häufigen Übergänge und Verunreinigungen selbst mit röntgenographischen Verfahren schwierig. – Außer Tonmineralien enthalten Tone noch die mannigfaltigsten Beimengungen, wodurch weitere Unterscheidungen bedingt sind. Zum Ton gehören → Lehm und → Letten, → Schlick und → Klei, → Bol und → Kaolin; Salzton, Alaunton, Töpferton usw. Ton und die verfestigten Formen Tonstein, Tonschiefer sind verbreitete Sedimentgesteine.

Topas 1. Der Name lautet griechisch τόπαζος oder τοπάζιον, im Lateinischen topazus, topazos, auch topazius oder topazion. Die letztgenannten Formen sind die im Mittellateinischen herrschenden.

Die mittelhochdeutschen Formen sind teils den lateinischen bzw. mittellateinischen nahe wie topâzius, topâziôn, topâzî, teils den französischen wie topâzje oder topâze. In den letztgenannten ist das z wie weiches s zu sprechen. Daraus neuhochdeutsch Topas.

Luther hat meist Topaser, Topasier, nur einmal die lateinische Form: «Die Weisheit ist höher zu wegen denn Berlen. Topasius aus Morenland wird jr nicht gleich geschetzt» (Hiob 28, 19).

2. Ein Versuch, den Namen zu erklären, findet sich bei Plinius (37, 107–109). Unter Berufung auf Gewährsmänner gibt er abweichende Berichte über Fundorte wieder. Nach dem einen Bericht finde man ihn auf der arabischen Insel Cytis. Trogodytische Seeräuber seien dort einst gelandet und hätten, von Hunger und Sturm ermüdet, nach Kräutern und Wurzeln gegraben und dabei den Topas aufgestöbert. Nach anderer Quelle liege im Roten Meer 300 Stadien vom Festland die Insel Topazus. Sie sei neblig und schwer zu finden, daher ihr Name: topazin heiße in der Sprache der Trogodyten «suchen». – Das

klingt nach Fabel, könnte aber als Hinweis genommen werden, daß Topas im Griechischen Fremdwort war. Man hat an Verwandtschaft mit dem Altindischen tapas Glut gedacht.

3. Ob das Wort einen Bedeutungswandel durchgemacht hat, ist umstritten. Unser Topas ist fluorhaltiges Aluminiumsilikat. Die als Edelsteine hochgeschätzten Stücke haben als Hauptfarbe ein mehr oder minder intensives Gelb. Auch in der Dichtersprache wird Topasfarbe so sehr mit Gelb gleichgesetzt, daß darüber die immerhin nicht ganz seltenen grünen, blauen, rötlichen und farblosen Topase ganz vergessen werden. Bei der Frage, ob sich der antike Topas mit unserem deckt, wurde deshalb auch zunächst immer von der gelben Farbe ausgegangen. Weil die antiken Zeugnisse über die Topasfarbe sich sehr widersprechen, wird die Frage des Bedeutungswandels wohl immer umstritten bleiben.

Agatharchides (2. Jh. v. Chr.) gibt eine Insel im «arabischen Meerbusen» als Fundort an und nennt sie Schlangeninsel (Ὀφιώδης). Er schildert den Stein Topazion als durchscheinend, dem Glas ähnlich, von lieblicher Goldfarbe (ἡδεῖαν ἔγχρυσον θεωρίαν ἀποδιδούς). Das könnte unser Topas sein. Die mittelalterlichen Lapidarien setzen die Tradition des gelben Topases fort. In dem für die Folgezeit maßgeblichen Lehrgedicht des Marbod (um 1075) ist der Topas gelb in verschiedenen Tönungen.

Der Topas des Plinius und des Isidor (XVI 7, 9) aber ist grün. Grüne Topase, in Europa eine Seltenheit, kommen zurzeit hauptsächlich aus Ceylon. Es ist ausgeschlossen, daß Plinius von diesen spricht. Er muß einen andern Stein beschrieben haben, und meint, wie stets, den grünen Chrysolith. Die Schilderung des Fundorts nämlich, die Plinius gibt, paßt auf die heute St. John genannte Insel im Roten Meer, die ein Hauptfundort – nicht des Topases – sondern des heute so genannten Chrysoliths im Altertum war und nach Jahrhunderten der Vergessenheit wieder aktuell geworden ist.

In diesem Zwiespalt gewinnt die Bemerkung des Plinius über die Härte des Steines besonderes Gewicht. Es heißt, der Topas «merkt» als einziger der edlen Steine die Feile (sola nobilium limam sentit) und braucht deshalb nicht mit Schmirgel geschliffen zu werden. Unser Topas ist wesentlich härter als Stahl. Chrysolith hat etwa den Härtegrad 6½, etwas weniger als Quarz, was bedeutet, daß er von den allerbesten Feilen gerade eben angegriffen werden kann. Das meint aber Plinius offenbar nicht. Um durch die Feile geschliffen zu werden, mußte der Stein wesentlich weicher sein. So hat man auf grünen Flußspat geschlossen. Dann wäre auch die Angabe verständlich, daß er in sehr großen Stücken gefunden wird (est autem amplissima gemmarum). So sind die Angaben des Plinius im ganzen mehr verwirrend als klärend (Belege → Schade II, 1432).

Nach diesem Befund läßt sich vermuten, daß in der Antike der Gebrauch des Namens Topas nicht einheitlich war. Das ist auch nicht verwunderlich, wenn man die Weite des griechisch-lateinischen Kulturbereiches bedenkt, ferner die damalige Schwierigkeit der Unterscheidung von Steinen und die Hindernisse, die sich einer ausgleichenden Verständigung über Namengebung entgegenstellten.

4. Irreführende Anwendung des Namens auf gelbe Quarze → Kap. XVIII 3. → Tafel 19.

Töpferblei → Wasserblei.

Topfstein → Talk.

Torbernit Ein Uranglimmer (Kupferuranglimmer), schon vor der Entdeckung des Urans beobachtet und meist als «Grüner Glimmer» bezeichnet. Von dem schwedischen Chemiker Torbern Bergman (1780) nur teilweise richtig als Chlorkupfer mit Tonerde bestimmt und daraufhin von Werner erst Chalkolith, dann Torberit oder Torbernit genannt. Torbernit durch Karsten (1792) in die Fachliteratur eingeführt.

Torf Gemeingermanisches Wort: engl. turf, schwedisch torf, niederl. turf, niederdeutsch torf usw. Schon im 12. Jahrhundert in romanische Sprachen übernommen: franz. tourbe, ital. torba, span. turba. Das alemannisch-schwäbische durbe ist aus dem Französischen rückenlehnt.

Das Wort ist ins Hochdeutsche aus dem Niederdeutschen übernommen und etwa seit dem 17. Jahrhundert allgemeiner bekannt. Ältere Formen: Dorfft, Turf u. ähnl.

Ursprüngliche Bedeutung: Erdscholle, Erdklumpen, Rasenstück, auch Ackerstück. Etwa seit dem 17. Jahrhundert in der Bedeutung «Brennerde».

«Torf ... 1. Dichter und in der Luft erhärtender Torf ... Pechtorf. Ist zum Gebrauch auf den Feuerheerden der beste, und kömmt den Steinkohlen sehr nahe ... 2. Blätteriger Torf ... Papiertorf. Ist in der ersten Stuffe der Verfaulung» (1770. Cronstedt-Brünnich Seite 291).

«Torf ... Er ist gleichsam die Mittelstufe zwischen den brennbaren Körpern des Pflanzen- und des Mineralreichs» (1785. Gmelin IV S. 436).

Torf besteht aus Pflanzenresten und ist das erste Glied der Inkohlungsreihe Torf–Braunkohle–Steinkohle–Anthrazit.

Trachyt bedeutet Rauhstein. τραχύς rauh, τραχύτης Rauhigkeit. Vulkanisches Gestein mit rauhen Bruchflächen und Bruchkanten. Benannt von Hauy 1822 (Traité IV S. 579). Doch schon vorher bekannt geworden (Al. v. Humboldt, Kosmos IV S. 617).

Trachyt ist das dem Syenit entsprechende Ergußgestein und fällt vor allem durch große Sanidine auf.

Tranquillityit → Mondmineralien.

Trapp Im 18. Jahrhundert aus dem Schwedischen entlehnt. Zunächst in der Fachliteratur uneinheitlich als Bezeichnung für verschiedene dunkle magmatische Gesteine gebraucht, doch bildete sich eine dem eigentlichen Wortsinn entsprechende Verwendung heraus. Schwedisch trapp gehört zu trappa Treppe. Dementsprechend heißen Trapp treppenförmig sich überlagernde vulkanische Gesteinsschichten, wie sie zum Beispiel auf Island besonders großartig zu sehen sind. Dieser Wortgebrauch auch schon bei Goethe, der aber die «Trappformation» nicht aus dem Feuer, sondern aus dem Wasser zu erklären suchte (Werke XX S. 371, 540).

Traß Früher auch Tarras, «Tarassteine» (Goethe, Werke XX S. 21). Das Wort geht zurück auf ital. terrazzo (Estrich aus Zement), das seinerseits aus terra abgeleitet ist, und kam über französische und niederländische Vermittlung im 17. Jahrhundert zu uns als Bezeichnung für Bimssteintuff.

«In Italien gebraucht man ihn häuffig als Baustein; … vornämlich aber bedient man sich sowohl in diesem Lande und in den vereinigten Niederlanden, als auch in Teutschland desselbigen, zu Cäment oder Mörtel, der davon eine unzerstörbare Härte annimmt» (1778. Gmelin III S. 298f.).

Trasse sind vulkanische Tuffe bestimmter Zusammensetzung. Ihnen entspricht der Puzzolan (ital. pozzolana) nach dem antiken Puteoli (Pozzuoli) Lapis puteolanus benannt.

Travertin, (Lapis) Tiburtinus (Plin. 36, 167), italienisch tevertino, travertino. Im 18. Jahrhundert ins Deutsche übernommen. Ein schon in der Antike als Baustein verwendeter, widerstandsfähiger, aus Thermalwässern entstandener Sinterkalkstein.

«Des alten Roms Tempel, des neueren Roms Paläste und Kirchen hätten von ihrer Majestät und Pracht unendlich verloren, hätte sich nicht dem großen Geiste, der sie aufführte, ein Baugestein dargeboten, wie der Travertino ist» (1809. L. v. Buch I S. 351).

Travertin wird auch heute in riesigen Steinbrüchen gewonnen, vor allem bei Tivoli.

Tremolit (Werner 1791): Abart des Strahlsteins. Vgl. Kap. XVI 5. – «Hauy nannte ihn Grammatit, von γράμμη Strich, Linie, weil er an zerbrochenen Prismen auf der Rhombenfläche eine Linie bemerkte, die nach der langen Diagonale gezogen erschien» (1864. Kobell S. 471).

Tridymit Hexagonale (bzw. scheinbar hexagonale) Modifikation des Siliziumdioxids, benannt vom Entdecker G. vom Rath (1868) nach den charakteristischen Drillingskristallen. τρίδυμος dreifach, dreidoppelt.

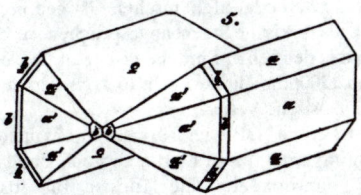

Tridymit, Durchkreuzungsdrilling. (1881. Naumann-Zirkel S. 349. 1:1.

Tripel Seit dem 16. Jahrhundert häufig belegt. Aus franz. le tripoli Putzschmiere. Benannt nach Tripolis, Tripolitanien. «Das südliche Europa und die benachbarte Gegend von Africa sollen diese Erde herliefern» (1770. Cronstedt-Brünnich S. 106).

Tripel sind blätterige Massen aus Kieselpanzern von Diatomeen. Saugen gut Wasser auf: «Saugschiefer». Verwendet als Putz- und Poliermittel: «Polierschiefer».

Trochites → Räderstein.

Troegerit → Walpurgin.

Troilit Mineral ganz ähnlich dem → Magnetkies. Aber nur der in Meteoren vorkommende Magnetkies erwies sich als «unzweifelhaftes Einfachschwefeleisen» der genauen Formel FeS, während beim irdischen Magnetkies stets ein geringer und schwankender Unterschuß an Eisen beobachtet wurde, der jetzt durch «Gitter-Leerstellen» erklärt wird.

Haidinger, in seinen späteren Jahren lebhaft mit der Erforschung der Meteoriten beschäftigt, gab (1863) dem meteorischen Magnetkies einen besonderen Namen: Troilit, nach dem Jesuiten Domenico Troili (1722–1792), Physiker in Modena, der über einen im Jahre 1766 gefallenen Stein geschrieben hatte.

Troilit wurde auch in den vom Mond mitgebrachten Gesteinen gefunden.

Trona Natriumkarbonat mit weniger Kristallwasser als Soda. Name eingeführt von dem schwedischen Konsul Bagge in Tripolis (1773), abgeleitet von arab. trôn, dieses die verkürzte Form von natrûn. Fundort bei Fezzan in Tripolis.

Trudenstein, Trutenstein usw. → Drudenstein.

Trümmerachat ist eine im Jahre 1750 entdeckte Abart des Achats. Zumeist erfüllt der Achat rundliche Blasenräume im Gestein, selten tritt er gangförmig, Spalten ausfüllend auf. So vor allem bei Schlottwitz in Sachsen. Stellenweise ist diese Gangausfüllung durch Gebirgsdruck zertrümmert, die Trümmer wurden durch Quarz wieder verkittet. So entstand der Trümmerachat (1896. Bauer S. 580).

Auch Goethe braucht den Ausdruck Trümmerachat, obgleich er seiner Sehart entsprechend die Entstehung des Minerals durch mechanische Zertrümmerung nicht annehmen mochte (Werke XX S. 389 und 392). → Tafel 20.

Tuff ist ein Beispiel für die Verlegenheiten, die ein fremdes Wort der Sprache bereiten kann. Lateinisches tufus, tofus wurde im 11. Jahrhundert übernommen. Man setzte erklärendes «stein» dazu, schwankte aber in der Schreibung. In althochd. Glossen steht topstein, dubstein, dufstein oder ähnlich. Dieses Schwanken blieb auch im Neuhochdeutschen, nur daß jetzt das Bestreben zu erkennen ist, dem Wort durch Anlehnen an Bekanntes einen Sinn zu geben. Tofstein (1605), Duffstein (1616) klang an dôf an, hieß also tauber Stein und konnte zur Not als passend empfunden werden. Auch Duftstein gab einen Sinn. Die alte Bedeutung von Duft ist Nebel, feiner Niederschlag. Duftstein konnte also auf die Lockerheit des Gesteins bezogen werden. Wurde das u lang gesprochen, so machte es die spätmittelhochdeutsche Diphthongierung mit. Wie aus hûs Haus, so wurde aus tûfstein Taufstein, und da ital. tuffo Eintauchen bedeutet, kam man von da leicht zu niederdeutschem Duckstein. Tofstein endlich wurde zu Topfstein. So war man im 18. Jahrhundert zu einer ganzen Reihe völlig unzutreffender Benennungen gelangt. Der Wirrwarr wurde dadurch gelöst, daß das Wort am Ende des 17. Jahrhunderts neu entlehnt wurde: süditalienisches tufo wurde als Tuff übernommen, ohne den Zusatz «-stein». Damit verschwanden allmählich die früheren Wortformen, nur Duckstein hat sich lokal für bestimmte Varietäten erhalten (→ Grimm, Wörterb.).
Nach heutiger Definition ist Tuff ein lockeres, poröses Gestein, teils Absatz aus Wasser (Kalktuff), teils verfestigtes vulkanisches Material. Zahlreiche Arten je nach dem Material: Trachyttuff, Aschentuff, Staubtuff usw. – Gluttuff (Weyl 1954) bezieht sich auf die Entstehung durch vulkanische Glutwolken. → Tafel 20.

Tungstein ist schwedisch und heißt Schwerstein (spez. Gewicht etwa 6). Der Name bürgerte sich durch die Übersetzung von Cronstedts Mineralogie (1760, 2. Aufl. 1770) in Deutschland ein. Bis dahin ging das Mineral im Deutschen unter dem Namen weiße Zinngraupen. Diese kommen meist mit Zinnstein zusammen vor, enthalten aber kein Zinn und waren beim Schmelzprozeß ähnlich lästig wie das Wolfram.
Den Chemikern bereitete der Tungstein große Schwierigkeiten: «Eisenkalk mit andern unbekannten Erdarten vereiniget … Tungsteen, (Schwerer Stein,) uneigentlich sogenannte weise Zinngraupen. Ist dem Granatstein und den Zinngraupen ähnlich, fast so schwer als reines Zinn, aber ganz schwerflüßig, und ungemein schwer zu reduciren» (1770. Cronstedt-Brünnich S. 221).
1781 gelang Scheele die Zerlegung des Tungsteins. Er wies darin eine neue Säure (WO_3) nach. Zwei Jahre später fanden die Brüder de Elhuyar in derselben Säure das Metall → Wolfram. Tungstein ist wolframsaurer Kalk ($CaWO_4$).
Werner nannte das neue Metall dem schwedischen Chemiker zu Ehren Scheel (Scheelium). Für das Mineral behielt er den Namen Schwerstein bei. Im Gegensatz zu Werner hat sich aber für das Metall nicht Scheel durchgesetzt, sondern Wolfram, während Schwerstein bzw. Tungstein durch Ableitungen von Scheel zurückgedrängt wurde: Scheelerz (Klaproth), Scheelspat (Breithaupt), Scheelit (v. Leonhard 1821). Scheelit und Tungstein sind die jetzt geläufigen Synonyme.

Türkis bedeutet türkischer Stein. Durch die Kreuzzüge kam Europa in Vorderasien mit türkischen Stämmen in Berührung. Vielleicht stammten die damals zu uns gelangten Türkise aus den Gruben auf der Sinai-Halbinsel, die schon von den alten Ägyptern ausgebeutet wurden. Aber auch Steine aus den berühmten persischen oder afghanischen Gruben mochten als türkische Steine angesprochen werden. In der deutschen Sprache erscheint das Wort um 1200, die älteste Form turkoys deutet auf französische Vermittlung.
Über die Natur des Türkises war man lange im unklaren. Meist hielt man noch Ende des 18. Jahrhunderts alle Türkise für fossile Zähne oder Knochen, die von färbenden Substanzen durchdrungen sind. Man unter-

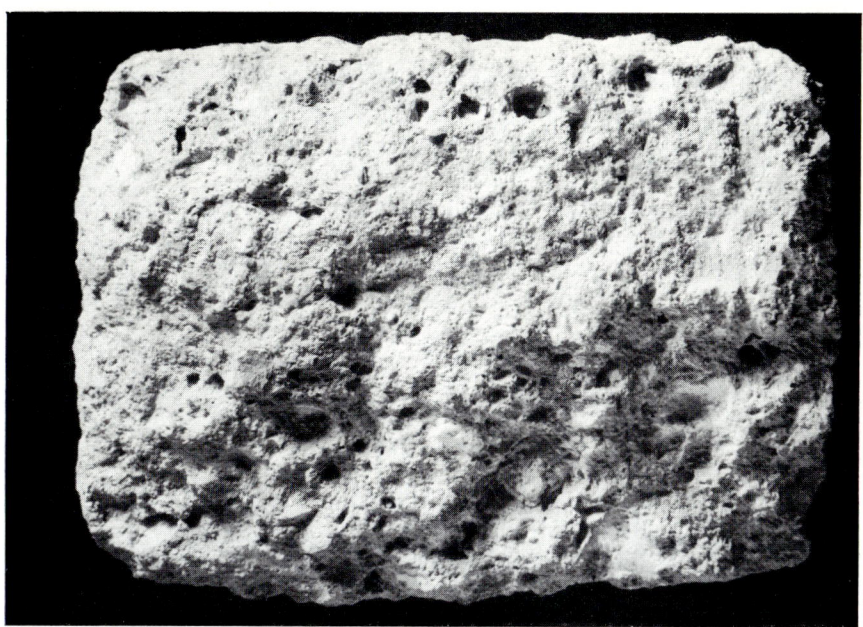

Bimssteintuff. –
Schönberg,
Westerwald

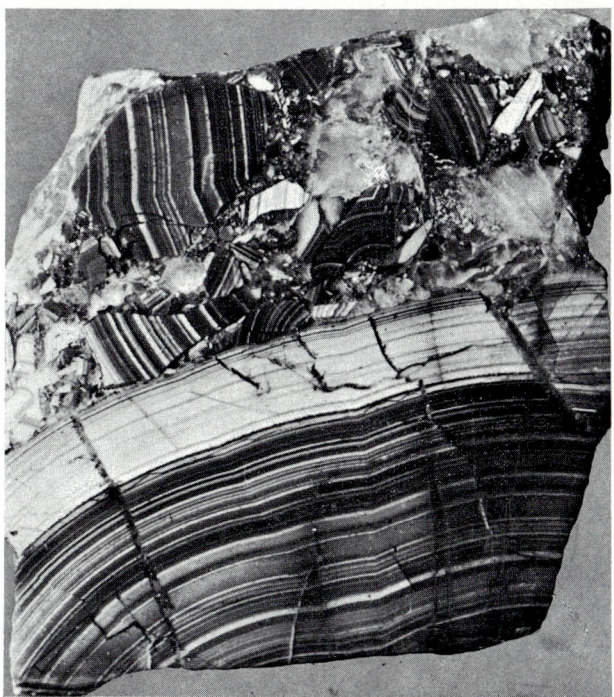

Trümmerachat. –
Schlottwitz

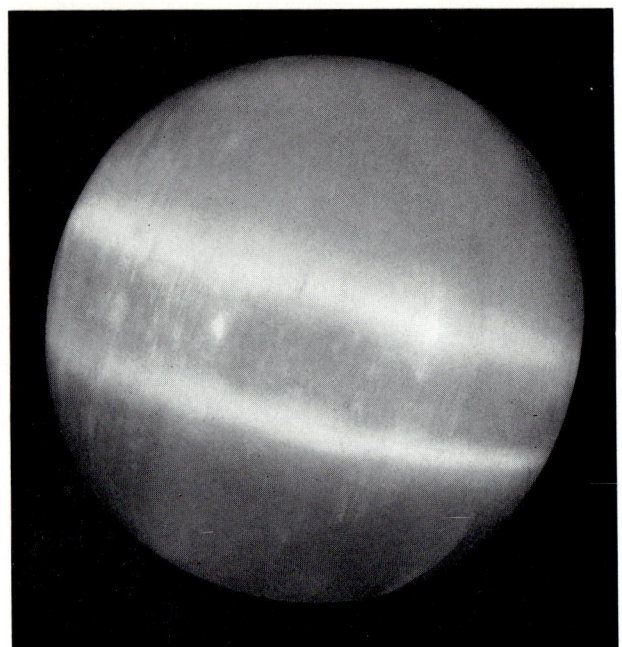

Ulexit («Fernseh-
stein»), geschliffen.
Fünffache
Vergrößerung

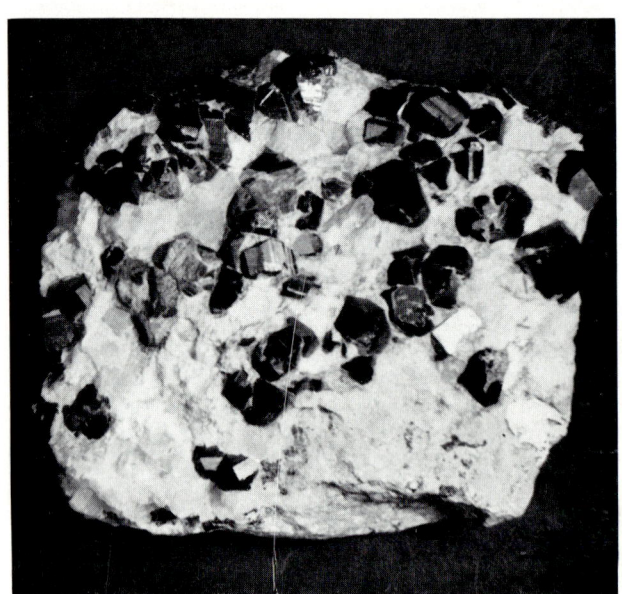

Zinnstein in Granit-
Pegmatit. – Zinn-
wald, Erzgebirge

schied also nicht zwischen Zahntürkis (→ Odontolith) und eigentlichem Türkis.

Der eigentliche Türkis ist wasserhaltiges Aluminiumphosphat, grün oder grünblau gefärbt durch geringen Kupfergehalt. Das Synonym Kallait (Fischer von Waldheim 1806, «Calaite») ist abgeleitet von griech. *κάλαϊς,, κάλλαϊς,,* lat. callaina (Plin. 37, 110), zu griech. *καλλάινος* blau und grün schillernd. Die Gleichsetzung von Callaina und Türkis ist nach der Beschreibung des Plinius begründet.

turkoyse   (Parz. 791) → Türkis.

Turmalin   Der Name ist abgeleitet vom singhalesischen turamali, einer Bezeichnung für rote Edelsteine. Holländische Ostindienfahrer sollen Stein und Namen erstmalig im Jahre 1703 nach Europa gebracht haben. In Europa bezieht sich der Name von Anfang an nicht auf eine bestimmte Farbe, sondern auf eine Mineralart. → Farbtafel 6.

Seine Farbe wird allerdings in den älteren Beschreibungen nicht als rot angegeben, sondern meist als dunkelbraun, auch als schwarz, gelbbraun, gelb, grünlich. Fast immer wird die Dunkelheit betont. «Der Turmalin ist dunkel, und was da erzählt wird, ist sehr dunkel» (Stifter, Turmalin). Heute weiß man, daß der Turmalin in allen Farben auftreten kann, sogar mehrfarbig in verschiedensten Tönungen. Er ist der farbenreichste Edelstein.

Als Besonderheit des Turmalins fiel sofort auf, daß er durch Reiben und Erwärmung elektrisch wird. Man konnte mit ihm Torfasche anziehen. So bekam er noch den Namen Aschentrecker, Aschenzieher. «Ein Ceylanischer Edelgestein, der aus selbigen Landen vor ungefehr etliche dreyßig Jahren erstlich roh heraus gekommen, und von den Ostindien-Fahrern an Hoch-Deutsche Juden verkauffet worden, welche dieselbigen Steine sodenn zu schleiffen und an Mann zu bringen gesucht. Weil aber die Jubeliers an deren Härte, ohnerachtet sie die Farbe eines Crysolits haben, gezweifelt; ist selbiger von ihnen aufs Feuer zur Probe geleget worden, da sie denn nicht allein befunden, daß er solche ausgehalten, sondern auch wider ihr Vermuthen die Torfasche an sich gezogen, welches ihnen, als etwas sonderliches, lieber gewesen, denn die Güte des Steins selbst; und durch

diese Begebenheit ist man von ohngefehr auf dessen Benennung gefallen» (1745. Zedler Bd. 45 Sp. 850). – Der Name Aschentrecker fällt so sehr aus der gesamten Sprachwelt der Edelsteinnamen heraus, daß er sich nicht halten konnte, während Turmalin sich vollkommen einfügt.

Turmalin ist ein borhaltiges Silikat von sehr komplizierter Zusammensetzung. Es enthält unter Umständen bis zu zwanzig Elemente. Deshalb wurde seine Zusammensetzung erst spät erkannt. Noch 1847 wird in der Mineralogie von Breithaupt bemerkt, die Natur des Turmalins sei so gut als unbekannt (III Seite 695).

Mit der komplizierten Zusammensetzung, und zwar mit dem verschiedenen Gehalt an Metallen, wird die Vielfalt der Farben in Verbindung gebracht. Einige Arten haben besondere Namen erhalten: → Schörl, bei Werner Bezeichnung für Turmalin überhaupt, ist jetzt eingeengt auf schwarzen Turmalin. – Rubellit, von lat. rubellus rötlich. (Kirwan 1796: Rubellite, red shorl of Siberia). – Indigolith (d'Andrada 1800) nach der Indigofarbe. – Achroit (Hermann 1845), farblos (*ἄχροος*) oder fast farblos. – Dravit (Tschermak 1883), braun, nach dem slowenischen Drava für den Fluß Drau benannt.

U

Ulexit (Dana 1850). Benannt nach dem Hamburger Handelschemiker Ulex, der das Mineral unter der Bezeichnung Boronatrocalcit 1849 behandelte. Seidiger Glanz. Auf mugelig geschliffenen Stücken starker wandernder Lichtschein. Der Name Televisionstone, Fernsehstein, bezieht sich auf eine Erscheinung, die an beiderseits quer zu den Fasern polierten Platten zu beobachten ist. Wenn Gedrucktes oder Farbiges untergelegt wird, erscheint es, obgleich doch der Stein nicht durchsichtig ist, an der Oberfläche. → Tafel 21.

Ullmannit   (Fröbel 1843): Antimon-Nickel-Sulfid, benannt nach dem Entdecker, dem Mineralogen Professor J. Chr. Ullmann in Marburg. Von Ullmann (1814) Nickelspieß-

glaserz genannt. Zur weiteren Synonymik vgl.
Gersdorffit.

Umber, Umbra   → Bol.

unjô (Parz. 791) → Perle.

Uran   → Pechblende und Kap. XIV 3.

Uranglimmer Ende des 18. Jahrhunderts alsbald nach Entdeckung des Urans gebräuchlich gewordene Bezeichnung für kompliziert
zusammengesetzte uranhaltige Mineralien,
zumeist Phosphate oder Arsenate. (Die zahlreichen Namen mit den Synonymen → Kirchheimer, Das Uran S. 58–66.)

Uranin, Uraninit   → Pechblende.

Uranit   → Autunit und Pechblende.

Uranocircit (Weisbach 1877): ein Uranglimmer mit Barium-Gehalt. Bariumuranit
(Groth 1878). Erster Fundort bei Falkenstein
in Sachsen. Griech. κίρκος lat. circos Falke
oder anderer, nicht genau bestimmbarer
Raubvogel.

Uranocker (Werner): Gruppe uranhaltiger
Mineralien von verschiedenster Zusammen-
setzung. (Die zahlreichen Namen mit den
Synonymen → Kirchheimer, Das Uran
S. 68ff.)

Uranosphaerit (Weisbach 1873): Uranmineral, das im Unterschied von seinen nächsten
Verwandten keine Schuppen, sondern halb-
kugelige Formen zeigt. σφαῖρα Kugel.

Uranospinit (Weisbach 1873): ein Uranglimmer, Farbe häufig zeisiggrün. Der Zeisig
heißt in der Ornithologie Acanthis spinus.

Uranpecherz   → Pechblende.

Urgesteine oder Urgebirgsarten wurden seit
Ende des 18. Jahrhunderts diejenigen Gesteine genannt, welche das Ur- oder Grundgebirge zusammensetzen. Die Namen kamen
auf im Zuge der sich entfaltenden Geologie.
Der preußische Bergrat Lehmann war einer
ihrer Begründer. Auf Grund seiner Kenntnis
des Harzes und der umliegenden Gebirge
unterschied er klar die jüngeren geschichteten
«Flötzgebürge» von den älteren, die er «ur-
anfängliche Berge», die «uranfänglichen und
von Entstehung der Welt hergewesenen

Berge» nannte (1756. Flötz-Gebürge S. 99 und
109).

Daß es möglich ist, mit der Forschung bis in
die Urzeit der Erde vorzudringen, ist heute
jedem Schüler geläufig, konnte aber damals
noch frisches und erregendes Entdeckererleb-
nis sein wie in Goethes Aufsatz über den
Granit (1784): Der forschende Geist, vom
Granit des Brockengipfels als der «Grund-
feste» der Erde umherblickend, stellt sich den
Harz als meerumfloßne Insel in den alten
Wassern vor und sieht die späteren und ferne-
ren Berge aus den Trümmern des «Urgebirges» sich bilden. Die erhabene Schau endet
mit einem Blick auf die sich ergebende Einzelforschung, an der Goethe weiterhin beteiligt
bleibt. Er verwendet Begriffe wie Urgebirge
und Urmeer, Urgestein und Urgebirgsart,
Urgebirgsblöcke und Urgebirgsmassen.

Es galt nun festzustellen, welche Gesteine
das Urgebirge zusammensetzen. Zumeist
wurden seit Werner (1787. 1792) Granit und
Syenit sowie die kristallinen Schiefer, also
Gneis und Glimmerschiefer insgesamt zu den
Urgebirgsarten oder Urgesteinen gerechnet.
Was weiter dazu gehörte, wurde lebhaft erör-
tert. Zur Unterscheidung ältester von jünge-
ren Bildungen entstanden unter andern die
Namen Urgranit, Urgneis, Urglimmerschie-
fer, Urgrünstein, Urkalkstein, Urquarzfels,
Urtonschiefer, Urgips, Urfels-Trümmerge-
stein (1823/24. v. Leonhard, Felsarten
S. LXXVII u. 772).

Sämtliche mit Ur- zusammengesetzten Namen wurden aber noch vor der Jahrhundertwende aus der Wissenschaft ausgeschieden.
Der Grund kann am Beispiel des Urkalksteins
erklärt werden. Der Begriff Urkalkstein (Werner), wie er etwa ein halbes Jahrhundert galt,
deckt sich im wesentlichen mit dem Begriff
körniger Kalk oder Marmor der heutigen
Gesteinskunde. Den Marmor fand man anfangs vor allem im Gneis des vermeintlichen
Urgebirges, wodurch sich eben die Bezeichnung Urkalkstein ergab. Nach jetziger Auffassung entsteht Marmor aus Kalksedimenten
und zwar überall da, wo die Bedingungen der
Umkristallisation gegeben sind. Das kann in
den verschiedensten, auch jüngeren erdge-
schichtlichen Zeitabschnitten der Fall sein.
Urkalkstein wird also nicht mehr als sachge-

mäße Bezeichnung für eine Gesteinsart angesehen. Ebenso gibt es ganz junge Granite, Gneise usw.

Uwarowit Kalk-Chrom-Granat, von smaragdgrüner Farbe, benannt von Heß (1832) nach dem russischen Staatsmann Uwarow (1785–1855), Präsident der Petersburger Akademie und Minister für Volksaufklärung.

V

Valentinit → Antimonblüte.

Vanadinit, Vanadium Del Rio, Professor der Mineralogie in Mexiko, vermeinte (um 1800) in einem Bleierz von Zimapan eine neue metallische Substanz gefunden zu haben, wurde aber durch Kollegen wieder irre gemacht.

Alexander von Humboldt brachte Proben des Erzes nach Europa und übergab sie dem jungen Wöhler, der aber an einer Vergiftung durch Flußsäure erkrankt war und die Untersuchung zunächst nicht durchführen konnte. So wurde der Schwede Sefström derjenige, der die Existenz des neuen Metalls außer Zweifel setzte. Er fand (1830) im Eisen und in der Eisenschlacke einer schwedischen Hütte ein neues Metall und nannte es (mit dem Bemerken, daß Namen an sich gleichgültig seien) Vanadium, nach Vanadis, einem Beinamen der nordischen Göttin Freya.

Anschließend bestätigte Wöhler die Entdeckung del Rios. Er erkannte das Vanadium im Bleierz von Zimapan. Dessen Namen nunmehr: Vanadinbleierz (G. Rose 1833) oder Vanadinit (Kobell 1838). Formel: $Pb_5Cl(VO_4)_3$.

Vargas → Darcy Vargas und Präsident Vargas.

Variolit Lapis Variolatus (Aldrovandus 1648). – «Pocken-Stein oder Lapis Variolatus» (Valentini 1704). – Variolit (Kirwan 1796).

Gesteine, in deren Grundmasse rundliche, an Blattern erinnernde Gebilde eingewachsen sind. Durch diese Signatur als Heilmittel gegen Blattern gekennzeichnet. Darauf bezüglich der Name: mittellateinisch variola Pocken oder Blattern (zu lat. varius bunt) und

Endsilbe -it. – Von Deutschen oft mit th geschrieben, weil man irrtümlich von lat. varius und griech. λίθος Stein ableitet.

«Lapis variolae, Lapis variolatus, Teutsch Pocken-Stein, Frantzösisch Pierre de petite verole ... ist zu erst durch die Jesuiten aus Indien nach Europa gebracht worden ... Es wird ihm auch eine grosse Krafft gegen die Pocken derer kleinen Kinder zugeschrieben, wenn er äußerlich an den Hals gehänget wird, daß er die Hertz-Grube berühret» (1737. Zedler Bd. 16, nach Aldrovandus).

«Variolithe sind Diabase mit etwa erbsengroßen Feldspatsphärolithen, die bei der Verwitterung warzenartig hervortreten» (1972. Bruhns-Ramdohr S. 91).

Variszit (Breithaupt 1837): wasserhaltiges Aluminiumphosphat, oft mit etwas Chrom und Eisen. Grün bis grünblau gefärbte Stücke als Schmuckstein verwendbar.

Varistae (oder Naristi, nach Tacitus, Germania 42) hieß eine germanische Völkerschaft etwa in der Gegend des Fichtelgebirges. Danach neulateinisch Variscia für Vogtland. Meßbach bei Plauen im Vogtland erster Fundort des Minerals. Jetzt Hauptfundorte in Nordamerika.

Vgl. Kap. XVI 1.

Venushaare → Haarstein.

Vermiculit (Thomson): Glimmerähnliche Silikate, die vor dem Lötrohr zu langen, wurmartig gewundenen Zylindern anschwellen, bevor sie schmelzen. Lateinisch vermiculus Würmchen.

Vesuvian Kalk-Tonerde-Silikat, benannt von Werner (1795) wegen seines Vorkommens in Auswürflingen des Vesuvs. – Kritik Hauys und Umbenennung in Idokras (ἰδέα Gestalt, κρᾶσις Mischung) → Kap. XIV 6. – «Idokrase, d.h. eine gemischte Gestalt.» «Der Name Idokras bezeichnet, daß die Krystallformen dieses Fossils in gewisser Rücksicht mit denen anderer Fossilien übereinstimmen.» Der Name würde also für unzählige Mineralien passend sein (1804. Hauy-Karsten II S. 658 und 666). – Vesuvian und Idokras sind noch gebräuchlich.

1790 fand man in Nordsibirien an der Mündung des Achtarachta-Flusses in den Wilui ein Mineral, das von Klaproth als Vesuvian bestimmt wurde, aber in einigen Eigenschaften abweicht und vielfach als Varietät unter dem Namen Wiluit (v. Leonhard 1821) unterschieden wird. – → auch Egeran.

Fig · 74 ·

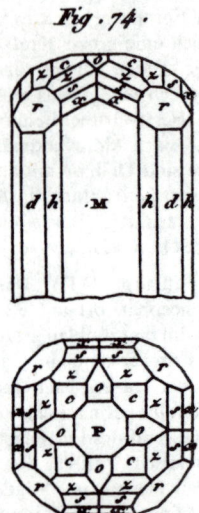

Idokras-Kristall. (1804. Hauy-Karsten Taf. XLVII.)
1 : 1.

Vitriol 1. Schwefelsäuresalze der Schwermetalle. Einige der wichtigsten: Kupfervitriol, Eisenvitriol, Zinkvitriol. «Alle diese Vitriole haben nämlich eine metallische Erde, bald von Eisen, bald von Zink, bald Kupfer, oft zwey zugleich, zuweilen alle drey in sich; diese ist mit Wasser vereinigt, und vollkommen in einer Säure aufgelößt» (1778. Gmelin II S. 300).

2. Das Wort ist mittellateinisch: vitreolum, erstmalig im 8. Jh., aus lat. vitreus gläsern, Diminutiv vitreolus fein gläsern, wegen der Ähnlichkeit mit farbigem Glas. «Solch kupferwasser fleust oder treuffet von einem kupfferichten kieß/ ... vnd weil etlichs grün vnd durchsichtig ist/ nennen es etliche Vitriol/ alß ein durchsichtig glaß» (1562. Mathesius S. 146b).

3. Vitreolum wurde aber noch bei Albertus Magnus (nach 1250, V 1, 3) nur beiläufig als wenig gebrauchte Bezeichnung für die grüne Art erwähnt. Der allgemeine Name war bei Albert noch lat. atramentum, zu ater schwarz, obgleich es schwarzen Vitriol nicht gibt. Kupfervitriol ist blau, Eisenvitriol grün, Zinkvitriol weiß oder weißlich. Atramentum bezieht sich auf die Verwendung des grünen Vitriols: es diente zum Schwarzfärben des Leders. Atramentum sutorium, Schusterschwärze (Plin. 34, 114 und 123). Atramentum hielt sich bis ins 19. Jahrhundert, aber nur in der Zusammensetzung Atramentstein (vitriolgetränkter Stein). Sonst setzte sich Vitriol durch, soweit nicht deutsche Namen an die Stelle traten.

4. Seit dem 15. Jahrhundert ist der merkwürdige Name Galitzenstein, Galizelstein, Kalitzenstein, auch castilogalce oder ähnlich belegt. Er bezieht sich vermutlich auf die Herkunft aus dem spanischen Galicien (Spanien ist auch Herkunftsland des viride hispanum, des Spanischen Grüns, des Grünspans).

Göckelgut ist die verhochdeutschte Form des niederdeutschen Jökelgut, seit dem 16. Jahrhundert belegt. So hießen zunächst die traubenförmig oder zapfenförmig herabhängenden Vitriolgebilde im Rammelsberg zu Goslar. Mittelniederdeutsch jokel(e), niederdeutsch jökel Eiszapfen.

«Es wächst in dem Rammelsbergk weisser gediegener Victril/ so langk wie die Eißzapfen/ das heissen sie weiß Jökel gut ...

Gleicher Gestalt wächst auch bläulicher Victril gar schön/ das lange nennen sie Jöckel Gut/ das ist durchsichtig/ das wird auch wol von andern und den Außländern/ genennet grüner Gelitzenstein/ der wird verführet/ und in die Apoteken verkaufft» (1690. Löhneyss S. 79b).

5. Die wissenschaftliche Nomenklatur griff vielfach auf die Antike bzw. auf Agricola zurück. Kupfervitriol: Chalkanthit (Kobell 1853), von griech. χαλκανϑές, χάλκανϑον, wörtlich: Kupferblüte, lat. chalcanthum. – Eisenvitriol: Melanterit (Beudant 1832), μελαντηρία (Diosk. V 101), zu μέλας schwarz, entspricht lat. atramentum. – Zinkvitriol: Goslarit (Haidinger 1850).

Vivianit Eisenphosphat, von Werner Blaueisenerde, später (1817) Vivianit genannt nach dem Entdecker, dem englischen Mineralogen J.G. Vivian. Eisenblau (Hausmann).

«Daß die Blau-Eisenerde aus phosphorsaurem Eisen bestehe, und daher die ältere Benennung: natürliches Berlinerblau, ihr nicht angemessen sei, solches habe ich bereits im Jahre 1784 angezeigt» (1807. Klaproth IV S. 120).

Vogelzunge   → Schlangenzunge.

W

Wacke   → Grauwacke.

Wad   → Mangan-Oxide 4.

Waise   Der Waise im Mittelalter → Kap. IV 8. Der Waise lebte vorwiegend in niederdeutschen und mitteldeutschen Wortformen weiter, als Wese, Wäse, Wäsenstein o.ä. Es war kein Eigenname mehr, sondern Bezeichnung für verschiedene Edelsteinarten. «Die Deutschen benennen mit diesem Wort mehrere Edelsteine» (1546. Interpretatio S. 478). Nach Lessings Ansicht gab man den Namen «Keinen andern als solchen, die, so wie sie gewendet werden, in verschiedene Farben spielen, und folglich insgesamt unter das Geschlecht der Opale gehören» (1769. Briefe antiquar. Inhalts 49). – Gmelin bringt unter Opal an erster Stelle «Den gemeinen Opal, Wiese, Weise. Orphanus» (1777. I S. 542). – Im 19. Jahrhundert verschwand der Wese aus der lebendigen Erinnerung.

Walkererden   Poröse → Bol-Arten, zum Aufsaugen von Fett und Schmutz beim Walken von Geweben geeignet.
    Ältere Formen: walkelet (Walker-Letten), wascherde (Interpretatio 1546). – Seifenerde (Zedler 1743). – Walkton (Hausmann 1813).
    Eine im Deutschen nicht mehr fortlebende Reihe (nur gelegentlich noch: Fullererde) geht auf das lateinische fullo Walker zurück: creta fullonia Walkerkreide (Plin. 17, 46). – Terra fullonum, ful erd (Interpretatio 1546). – Englisch: fuller's earth.
    Außerdem wurde das gleichbedeutende griechische Smektis (σμηκτίς) wieder aufgenommen (1546. Agricola, Foss. S. 198). Smektit (Breithaupt) ist ein nicht mehr gebräuchliches Synonym zu → Montmorillonit.

Walpurgin   (Weisbach 1871), im Englischen

walpurgite, ein Uranglimmer, benannt nach dem ersten Fundort, dem Walpurger Flachen der Grube Weißer Hirsch in Schneeberg-Neustädtel, einer sehr bedeutsamen Uranfundstelle, die schon von Werner als Fundort der Pechblende erwähnt wurde. Ein neuer Anbruch im Jahre 1871 lieferte mehrere bis dahin unbekannte Uranmineralien, außer dem Walpurgin noch Troegerit, Zeunerit, → Uranosphaerit, → Uranospinit, die sämtlich von Weisbach untersucht und benannt wurden. – Troegerit nach O.R. Troeger, dem Bergverwalter der Grube Weißer Hirsch, Zeunerit nach G.A. Zeuner, dem Direktor der Bergakademie Freiberg. (Nach Kirchheimer S. 110 und S. 40.)

Wasserblei   Belegt seit dem 16. Jahrhundert, umfaßte ununterschieden den heute so genannten Graphit und den sehr ähnlichen heute so genannten Molybdänglanz. Die neulateinischen Bezeichnungen waren molybdaena, plumbago, plumbum nigrum und ähnlich. Deutsch auch Reißblei, Schreibblei, Töpferblei.
    Offensichtlich benannte man das Wasserblei nach seiner Ähnlichkeit mit gewissen Ausbildungen des Bleiglanzes, vermutete wohl auch Bleigehalt, aber es war kein Metall herauszubringen. Auch das geringe Gewicht (Graphit 2,2, Molybdänglanz 4,7, Bleiglanz 7,5) deutete darauf, daß es kein richtiges Blei oder Bleierz war. Nach mittelalterlicher Lehre, wie sie zum Beispiel Albertus Magnus (I 1, 2) darlegt, bestehen Steine wesentlich aus den beiden Elementen Erde und Wasser. Je mehr das Wasser dominiert, desto leichter sind sie. Vielleicht ist der Name Wasserblei auf solche Vorstellungen zurückzuführen.
    Es erscheint heute erstaunlich, welche Mühe es gekostet hat, ein nur aus einem Element (C) bestehendes Mineral wie den Graphit von einem gänzlich anders zusammengesetzten wie dem Molybdänglanz (MoS_2) zu unterscheiden. Noch 1778, also unmittelbar vor der chemischen Aufklärung, heißt es in einem angesehenen Mineralienbuch: «Aber so viel folgt aus allen Versuchen, daß Eisen, brennbares Wesen, Bittersalzerde und etwas Kieselerde wesentliche Bestandtheile des Wasserbleys, und daß also das

Wasserbley eine Art des Glimmers, und nicht ein metallischer Körper ist» (1778. Gmelin III S. 70).

Die Unterscheidung der beiden Mineralien erfolgte dadurch, daß Scheele 1778 den Molybdänglanz zerlegte. Der Name Wasserblei verschwand damit nicht sofort aus der Mineralogie, er blieb noch eine Zeitlang, und zwar für den Molybdänglanz (z. B. Hausmann, 1813. Seite 197). Er haftete also an einem Mineral, das weder Wasser noch Blei enthält, und wurde deshalb, wo man ihn nicht geschichtlich begreifen wollte, entschieden abgelehnt. «Wasserblei für Molybdänglanz ist sachfalsch» (Breithaupt I S. 424). Aus den heutigen Mineralienbüchern ist der Name verschwunden. → auch Graphit.

Wasserkies   → Markasit.

Wasseropal Mehrdeutiger Begriff. Ursprünglich Bezeichnung eines besonders wasserreichen Opals von einer Fundstätte bei Passau (Hausmann 1847), dann auch für Glasopal, Weltauge, Mondstein gebraucht. Neuerdings definiert als «Opal mit Farbenspiel im fast farblosen Stein» (1974. Chudoba-Gübelin S. 155).

Wassersaphir   → Luchssaphir.

Wasserstein   → Enhydros und Sternstein 1.

Wavellit Wasserhaltiges Tonerde-Phosphat, benannt (1805) von Babington nach dem Entdecker Dr. Wavell, Arzt in Horwood, Devonshire (gest. 1829).

Weichgewächs   → Glaserz.

Weichmanganerz   → Mangan-Oxide 1.

Weißbleierz oder Cerussit: Ergiebiges Bleierz, Bleikarbonat; oft, doch nicht immer farblos oder weiß. In der Bergmannssprache war Weiß mehr erklärender und unterscheidender Zusatz als Teil des Namens. «Darnach findet man weiß Pley ertz/ gleich einem Sandtstein» (1580. Ercker S. 113a).

Weißbleierz (Werner). Schwarzbleierz (Werner) ist gefärbt durch Beimengung dunkler Mineralien. – Bleiweiß, Bleischwärze (Hausmann). Hierbei ist nachteilig, daß Bleiweiß auch die im Handel befindliche Malerfarbe ist, die mit dem Mineral nicht genau identisch ist. Bleispat.

Cerussit (Haidinger 1845) geht zurück auf lateinisches cerussa (Plin. 34, 175 u. ö.). Das ist ein Bleiprodukt, ob Bleikarbonat oder Bleiacetat oder beides ist strittig (ausführlich darüber Caley S. 187 bis 191).

Weißgold   → Hellgold 5.

Weißgültigerz, Weißgiltig, Weißgülden: nicht mehr gebräuchliche, offensichtlich in Analogie zu Rotgülden gebildete Namen für graue Silbererze, die jetzt zu den → Fahlerzen gerechnet werden. Besonders dunkle Arten hießen Schwarzerz, Schwarzgültigerz. Vgl. auch → Sprödglaserz.

Weißnickelkies Bei Breithaupt (1845) das rhombisch kristallisierende, jetzt → Rammelsbergit genannte Mineral, bei andern aber das kubische, jetzt nach Breithaupt → Chloanthit genannte Mineral. Weißnickelkies war also nicht eindeutig und ist neuerdings ausgeschieden.

Wellenstein   → Sternstein 1.

Weltauge 1. So heißt ein Opal, der die Fähigkeit hat, rasch Wasser aufzunehmen und dabei durchsichtig zu werden. Oft kommt dann ein besonders schönes Farbenspiel zum Vorschein.

Der Name war dem 18. und noch dem 19. Jahrhundert geläufig. Erste Erwähnungen im 17. Jahrhundert. – Neulateinisch Oculus mundi (Auge der Welt). Lapis mutabilis (veränderlicher Stein). – Hydrophan (seit Mitte 18. Jh. ὕδωρ Wasser, φανός leuchtend). – Später auch Chamäleonstein. – Lauter leicht verständliche, aber gleichgültige oder nichtssagende Bezeichnungen, verglichen mit dem Namen Weltauge. Nur wenige Steinnamen erreichen die Gewalt und Eigenart dieses Bildes. Doch fand man immer, daß der Name nicht leicht zu erklären sei. Es ist darauf hinzuweisen, daß seit dem Mittelalter die Sonne Weltauge genannt wird. «Wenn man den nassen, und folglich durchsichtig gewordenen Lapis mutabilis gegen die Sonne hält, und schräg darauf siehet, wird man jederzeit einen feurigen rothgelben Punkt in demselben gewahrnehmen, welcher sich bald auf der einen, bald auf der andern Stelle blicken lässet, nachdem man den Stein, nach verschiedenen

Richtungen, bewegt. Dieser Punkt ist nicht das erste Bild der Sonne, als welches man besonders siehet, sondern ich halte es für einen Widerschein des Sonnenbildes, welches sich auf der Unterfläche des Steins nochmals bricht, und dadurch diese Feuerfarbe annimmt. Nachdem man den Stein unter verschiedenen Winkeln, nach der Sonne, oder auch im Dunkeln nach einem brennenden Licht drehet, so kommt dieser feurige Punkt, dem Bilde der Sonne oder des Lichts, bald mehr, bald weniger näher. Sollte wohl diese Erscheinung, die auch vorzüglich den Opalarten eigen ist, dem Lapidi mutabili die Benennung des Weltauges, oder des Oculus mundi, zuwege gebracht haben?» (1777. Brückmann, Weltauge S. 15/16).

2. Schöne Steine dieser Art sind selten und waren damals vermutlich ebenso schwer zu beschaffen wie heute. So wird man im Edelsteinhandel darauf gekommen sein, die Nachfrage anderweitig zu befriedigen. «Man muß mit diesem Stein eine Unterart vom Onyx nicht verwechseln, die bey den Juwelieren den gleichen Namen führt; sie hat ungefähr sechs bis sieben Kreise oder Ringe von verschiedener Farbe, welche die sieben Planeten, und in der Mitte die Sonne vorstellen sollen» (1777. Gmelin I S. 552). Ein derartiger Onyx (nach heutiger Nomenklatur Achat) kann auffällige bunte Schönheit zeigen, hat aber nicht das Zauberhafte des echten Weltauges und deshalb geringeren Anspruch auf den großen Namen.

3. Weltauge bei Novalis → Kap. XIII 1, bei Jean Paul → Kap. XIII 8.

Wernerit (d'Andrada 1800): Der Name, mit dem die Wissenschaft einen ihrer bedeutendsten Namengeber ehren wollte, hat nur geringe Bedeutung erlangt. Er ist bald Name einer Abart des Skapoliths gewesen, bald als selbständiges Mineral aufgeführt worden, jetzt Synonym von Skapolith.

«Herr d'Andrada beschrieb dies Fossil zuerst, und nannte es zu Ehren des berühmten Freybergischen Lehrers Wernerit; und gewiß verdient auch kein Name mit größerem Rechte unter den Namen der mineralogischen Gattungen zu stehen, als der eines Gelehrten, welcher so viel zur Vervollkommnung der Sprache für die Beschreibung der Fossiliengattungen beitrug» (Hauy-Karsten III, S. 156). «Herr Bergrath Werner selbst lehnt indeß die Benennung dieses Fossils nach seinem Namen von sich ab, und giebt ihm dagegen den Namen Arktizit» (Anm. des Mitarbeiters Weiß, ebenda S. 152).

Wetzstein ist nicht nur Bezeichnung eines Geräts, sondern auch Name verschiedener zum Wetzen geeigneter Gesteinsarten. Gutes Material wurde oft weithin gehandelt. «Der beste kömmt aus der Levante, und ist kostbar genug» (Cronstedt-Brünnich. 1770. S. 270). Verwendet wurden, soweit ersichtlich, Sandsteine, Tonschiefer («Wetzschiefer»), auch sogar Kalksteinarten. «Wetzschiefer ... zeichnen sich durch dichtes Gefüge, Gleichmäßigkeit und hohe Härte aus, deren Ursache ein Gehalt des Gesteins teils an Granat, teils an Quarz ist» (1940. Rinne S. 323). → auch Probierstein.

Wichtelsteinchen → Räderstein.

Wiesenerz → Raseneisenstein.

Willemit Zinksilikat, benannt von Levy (1829) nach Willem I., König der Niederlande (1815–1840).

Wiluit → Vesuvian.

Wirbelstein → Kap. IX 1 und 4.

Wismut Auch Wysmud-ertz, Wismat, Wesemode (niederdeutsch) und ähnlich. Neulateinisch Bismutum. Die Deutung des Wortes ist umstritten. Keine der bisherigen Erklärungen hat völlig überzeugen können.

1. Mathesius deutet unter Anspielung auf die bunten Farben der Wismut-Ausblühungen in den Zechen: «Es haltens etliche darfür/ weyl Wismut seine blut/ vnnd mancherley farben hat/ wenn es in zechen außschlecht/ vnd sihet weyß/ braun/ rot/ gesprencklich durcheinander/ es habens die alten Bergkleut Wismut genennet/ das es blüet wie ein schöne wisen/ darauff allerley farben blumen stehen/ denn erstlich hat man nur die Wismat plüet kennet/ darnach hat man es auch lernen schmeltzen» (1562. S. 141b).

2. Bei Schneeberg lag die älteste bekannte Wismut-Zeche, erwähnt 1472: St. Georgen in der Wiesen. Wis – mut das Metall, worauf

Bergleute «in der Wiesen» «muten». Muten bergrechtlicher Fachausdruck, der sich auf die einzuholende Erlaubnis bezieht.

3. «Der Name Wismat bedeutet wohl weiße (glänzende) Masse, der Name Wismut weißes Gegrabenes, weißes Fördergut (von muten, mud, muoten = bergbauen, daher graben, fördern). Wissmat steht in Parallele zu Glissmat, das noch in neuzeitlichen Dialekten Gleißendes, Glänzendes bezeichnet, z. B. silberglänzende Glasperlen und dergleichen» (1953. Lippmann, Beiträge zur Geschichte d. Nat.-Wiss. und der Technik II S. 88).

Wismutblende (Breithaupt 1827), Kieselwismut, später Eulytin (Breithaupt) genannt. εΰλυτος leicht aufzulösen, leicht zu schmelzen. «Schmilzt in der Platinzange zur braunen Perle, ungemein leicht auf der Kohle, welche gelblichbraun und grün beschlägt» (1841. Breithaupt II S. 303).

Wismutglanz (Werner 1789): Bi_2S_3. Synonym: Bismuthine (Beudant 1832), zu neulat. bismutum, so daß kein Grund vorliegt, Beudants Schreibung mit th zu übernehmen. Im Deutschen deshalb durchweg Bismutin geschrieben. Die Form Bismuthinit (Dana 1868) neuerdings auch im Deutschen. – Sehr mißliche Ähnlichkeit der Namen → Bismit, → Bismutit, Bismutin bzw. Bismutinit.

Wismutocker (Werner): Wismuthydroxid. Selbständigkeit gegen → Bismit zweifelhaft.

Wismutspat → Bismutit.

Witherit Bariumkarbonat, analysiert und beschrieben (1783) durch W. Withering, Arzt in Birmingham. Nach diesem benannt von Werner (1790).

Wolfart, Wolfert → Wolfram.

Wolfram Seit dem 16. Jahrhundert belegt. Nebenformen: Wolfrumb, Wolffrom, Wolfert, Wolfart, Wolfsschaum u.a. – Ram bedeutet Ruß, Wolfram also Wolfsruß, weil es Zinn frißt, einen Teil des Zinns mit in die Schlacke reißt. «Man hat bisher noch keinen besondern Gebrauch von dem Wolfram gemacht ... Im Gegentheil hat seine Beymischung schon öfters das Ausschmelzen der Metalle aus ihren Erzen, vornämlich des Zinns aus dem Zinnsteine, sehr schwer gemacht, weil er seiner Schwere wegen weder durch Pochen noch Waschen von diesem geschieden werden kann, und bey dem Zinnschmelzen das Zinn theils musig macht, theils mit in den sogenannten Hartling führt» (1778. Gmelin III S. 85). – Vgl. hierzu → Eisenrahm.

Der Name galt zunächst für das Wolframerz $(FeMn)WO_4$, das jetzt Wolframit heißt. Das Element Wolfram war bis zum 18. Jahrhundert unbekannt.

Die Entdeckung des Elements ging so vor sich, daß zunächst Scheele im → Tungstein eine neue Säure (WO_3) fand (1781). Zwei Jahre später entdeckten die Brüder de Elhuyar dieselbe Säure im Wolfram(it). Sie stellten auch erstmalig das darin enthaltene Metall rein dar und übertrugen den Namen des bisher so genannten Minerals Wolfram auf das neue Metall. Das bisher so genannte Wolfram behielt zunächst noch seinen Namen, wurde dann aber als Wolframit (Breithaupt 1832) vom Element unterschieden.

Wolframit → Wolfram.

Wollastonit → Tafelspat.

Wulfenit → Gelbbleierz.

Wundererde → Sächsische Wundererde.

Würfelzeolith → Chabasit.

Wurststein Im 18. Jahrhundert gebräuchlicher Name für verschiedene Breccien oder Konglomerate, oft gleichbedeutend mit → Puddingstein. «Und endlich müssen auch allhier gedacht werden die Wurst-Steine. Diese nennet man also, weilen sie aus vielerley weissen, rothen und braunen Steinen zusammengesetzet sind, und dahero, wenn sie voneinander geschnitten oder poliret werden, einer voneinander geschnittenen geräucherten Blut-Wurst, die mit Speck und andern Ingredientien angefüllet, einigermaassen gleichet» (1751. Lesser S. 482).

Wurtzit (Friedel 1861): benannt nach dem französischen Chemiker Prof. Wurtz (1817–1884). Chemisch das gleiche wie Zinkblende, aber von dieser unterschieden durch die Kristallform. Zinkblende kubisch, Wurtzit hexagonal.

Bemerkenswert ist die ungewöhnlich große Zahl der am Wurtzit beobachteten Polytypen; → Kap. XVIII 5.

Wüstenrose → Sandrose.

X

Xenotim → Thorit.

Y

Yenit → Lievrit.

Ytterbium → Yttererde.

Yttererde Eine der sogenannten seltenen Erden, benannt von Ekeberg (1797) nach dem Fundort Ytterby bei Stockholm, entdeckt von dem finnischen Forscher Gadolin im → Gadolinit und anfangs für einfach gehalten. Weitere Untersuchungen (1843 durch den Schweden Mosander) ergaben zunächst, daß es sich um drei verschiedene Erden mit drei bisher unbekannten Elementen handelte. Deren Namen, Yttrium, Terbium, Erbium, wurden aus dem Fundortnamen beziehungsweise durch Zerstückelung des Wortes Ytterby gewonnen. Erst nach jahrzehntelanger weiterer Forschungsarbeit unter Zuhilfenahme der Spektralanalyse und nach mancherlei Streit, wobei Erbium und Terbium gegeneinander vertauscht wurden, einigte man sich auf die heutige Namensform und Bedeutung. 1878 war dann von Marignac im Gadolinit noch das Ytterbium gefunden worden. Der Name sollte auf die Anwesenheit im Mineral von Ytterby hinweisen und auf die Tatsache, daß man es bis dahin nicht vom Erbium zu trennen verstand.

Ytterspat → Thorit.

Yttrium → Yttererde.

Yü Chinesische Bezeichnung für grüne Steine, besonders Nephrit und Jadeit. → Jade.

Z

Zahntürkis → Odontolith.

Zechstein 1. Das Wort ist jetzt Name einer geologischen Formation, war aber früher Ge-

steinsname und wird deshalb hier einbezogen. Die Worterklärungen bringen den Namen teils mit zähe, teils mit Zeche in Zusammenhang. Hierbei ist zu berücksichtigen, daß zähe früher auch zach, tzech oder ähnlich geschrieben wurde, und daß es auch schmierig, schleimig bedeutete.

2. Im ältesten gedruckten Bergbüchlein (um 1500), das auf Kenntnis des Bergbaus im Meißener Land beruht, wird der «tzechstein» mehrfach erwähnt. Gänge, die im Hangenden und Liegenden u. a. «ein wyssen tzechstein» führen, versprechen dem Bergmann Erfolg, wenn er Silber sucht (S. 35). Ähnlich beim Gold: subtiler und veredelter «tzechstein» im Hangenden und Liegenden ist ein günstiges Zeichen (S. 41/42). Endlich das «ganghafftig kupfererertz» wird besser erfunden, wenn der Gang von einem edleren und artigeren «tzechstein» eingefaßt wird (S. 45). Im gleichen Zusammenhang erscheint auch der Ausdruck «feiste vnd tzeche witterung» (S. 35), das heißt fettes und schmieriges (toniges) verwitterndes Gestein. Die Wortdeutung Zechen-Stein findet in den ältesten Belegen keinen Anhalt, die Deutung Zäh-Stein im Sinne von schmieriger Stein ist naheliegend.

3. Wie auch andere Namen der Bergmannssprache hatte Zechstein örtlich verschiedene Bedeutungen. Die späteren Bergbücher und Minerophilus belehren darüber, Adelung in seinem Wörterbuch (1786) faßt zusammen und bringt das Wort vermutungsweise mit «Zeche» in Zusammenhang: «Der Zechstein, … ein Nahme, welchen die Bergleute an verschiedenen Orten mehrern Steinarten geben, vermuthlich, so wie selbige auf einer Zeche häufig brechen; so wohl dem gemeinen Kalksteine, welcher in den Hohensteinischen Flötzgebirgen diesen Nahmen führet; als auch an andern Orten dem weissen Spathe; als endlich auch der so genannten Ablösung in den Zwitter-Gebirgen.»

4. Die Wissenschaft übernahm das Bergmannswort im 18. Jahrhundert als Bezeichnung für gemeine dichte Kalke, und zwar bituminöse, tonige, also im Sinne der älteren Sprache zähe Arten, so daß man einen Zusammenhang mit dem «tzechstein» und der «feisten vnd tzechen witterung» des Bergbüchleins annehmen möchte. Das Wort ist

noch wesentlich Gesteinsname, aber der Übergang zum geologischen Formationsnamen ist von Anfang an bemerkbar. Etymologisch wird Zechstein in der geognostischen Literatur bis um die Mitte des 19. Jahrhunderts durchweg als Zäh-Stein gedeutet.

5. Das Grimmsche Wörterbuch bringt die Erklärung Zäh-Stein an erster Stelle, zieht aber Zechen-Stein als entferntere Möglichkeit in Betracht. Es wird darauf hingewiesen, daß im Mansfeldischen der Zechstein über dem Kupferschiefer lagert, alle Schächte also durch ihn gehen müssen und die Benennung sehr wohl von diesen Zechen herrühren könne. Diese in der Folge allgemein anerkannte Deutung setzt schon den modernen Begriff der Zechstein-Formation voraus. Bei der Etymologie des Wortes muß man aber vom bergmännischen Begriff ausgehen. Im besonderen kommt es auf den Wortgebrauch im Mansfeldischen und in den Nachbargebieten an. Aus dem 18. Jahrhundert liegen örtlich verschiedene bergmännische Verzeichnisse von Schichtenfolgen in Kupferbergwerken dieses Gebietes vor. Der Bergrat Lehmann, einer der Begründer der wissenschaftlichen Geologie, teilt drei Listen mit. Im ersten Verzeichnis kommt die vom Bergmann Zechstein genannte Schicht an fünfter Stelle, dann folgen nach unten zu Oberfäule, Überschuß, zarte Fäule, Dach, Mittelberge, Kammschaale, Mittelschiefer, endlich an dreizehnter Stelle Kupferschiefer (1756. Lehmann, Versuch einer Geschichte von Flötz-Gebürgen. S. 162ff.). Die beiden andern Verzeichnisse weichen vielfach ab, doch in keinem ist der Zechstein die Schicht, auf dem die Zechengebäude stehen, in keinem liegt er unmittelbar auf dem Kupferschiefer. In einem andernorts mitgeteilten Verzeichnis von «Stein-Lagern» liegt gar der Zechstein mehrere Schichten unter dem Kupferschiefer (1751. Lesser S. 188f.). Der Zechstein ist auch im Mansfelder Gebiet weder durch seine Lage noch durch seine Mächtigkeit im besonderen der Zechenstein. Die Deutung Zäh-Stein bleibt immer noch die naheliegendste. Da die ursprüngliche Bedeutung jetzt nicht mehr erkennbar ist, hat man eine vom Standpunkt der heutigen Geologie verständliche Bedeutung hineingelegt.

Zeilanit → Pleonast.

Zellendolomit → Rauhwacke.

Zeolith Cronstedt machte 1756 auf ein neues Mineral aufmerksam. «Schmelzt für sich sehr leicht, mit einem Aufschäumen, wie der Borax, zu einem weissen schaumigten Glase, welches schwerlich zur Dichtigkeit und Durchsichtigkeit zu bringen ist» (1770. Cronstedt-Brünnich S. 124). Wegen des Aufschäumens vor dem Lötrohr wurde es Zeolith genannt, von griech. ζέω siede.

Damit war eine umfangreiche Mineralfamilie entdeckt, sämtlich wasserhaltige und tonerdehaltige Silikate und durch geologisches Vorkommen zusammengehörig. Die einzelnen Glieder wurden in der Folgezeit bestimmt, die jetzt gültigen Namen gehen großenteils auf Hauy zurück, zum Beispiel → Analcim, → Apophyllit, → Harmotom u.a. Die auf Werner zurückgehende Namenreihe Würfelzeolith, Faser-, Strahl- und Blätterzeolith wurde nicht ausgebaut. Neuerdings wieder aufgenommen als Bezeichnung für «Tektosilicate mit Zeolithwasser.» (1978. Klockmann-Str. S. 789.)

Zeunerit → Walpurgin.

Ziegenklaue → Kuhtritt.

zimech, zimieth → Lasurstein 3.

Zinckenit Blei-Antimon-Sulfid, benannt von G. Rose (1826) nach dem Entdecker, dem Direktor des anhaltischen Berg- und Hüttenwesens K.J. Zincken (1790–1862). Zincken hatte das Mineral Rosenit genannt, nach G. Rose, mit Einschiebung eines «euphonischen» N.

Zink Ende des 15. Jahrhunderts taucht als Metallname der Zink oder der Zinken auf. Die späte Erkennung und Benennung dieses Metalls ist auffällig, weil man seit dem Altertum Messing, also eine Zinklegierung, herzustellen verstand. Aber dabei arbeitete man nur mit Zinkerzen (Kadmia, Galmei) und bekam das reine Metall nicht in die Hände. Dessen Gewinnung ist schwierig und umständlich. Der Schmelzprozeß muß unter Luftabschluß erfolgen, weil sonst das eben frei werdende Metall in Oxidform als weißer Rauch davongeht. Dieser Zusammenhang wurde in

Europa erst im 18. Jahrhundert bekannt. Nunmehr konnte Zink auch in größerer Menge hergestellt werden, wie das in China schon seit langem der Fall war.

Das Wort Zink, Zinken, obgleich verhältnismäßig jung, ist doch schwieriger zu erklären als mancher uralte Name. Man hat an mittelhochdeutsches zinke «weißer Fleck im Auge» gedacht, meint jetzt aber aus Zinken, Zacke ableiten zu sollen, weil das Metall sich in den Öfen in Zackenform absetze.

«Also ist noch ein metall, als der zinken, der selbig ist unbekant in der gemein. und ist dermaßen ein metall einer sonderlichen art und eines andern samens ... derselbig metall ist an im selbs flüssig (schmelzbar), ... aber kein malleation hat er (ist nicht hämmerbar), sonder alein ein fusion.» (Paracelsus I 3 S. 58).

Zinkblende → Blende.

Zinkblüte Basisches Zinkkarbonat, $Zn_5(OH)_6(CO_3)_2$. Benannt von Karsten (1808) nach seinem Vorkommen als Ausblühung und Anflug, als nierenförmige Kruste. Farbe schneeweiß und blaßgelb. – Das Synonym Hydrozinkit (Kenngott 1853) enthält einen Hinweis auf Wasser (ὕδωρ) als Bestandteil.

Zinkit → Rotzinkerz.

Zinkspat → Galmei.

Zinkspinell hat dieselbe Zusammensetzung wie der Spinell, nur daß er statt Magnesium Zink enthält: $ZnAl_2O_4$. Der anscheinend so naheliegende Name Zinkspinell wurde aber nicht sogleich gegeben. Ekeberg, der ihn zuerst untersuchte, nannte ihn (1806) Automolit, von αὐτόμολος Überläufer, «weil er durch seinen Zinkgehalt sich den metallischen Mineralien nähert und seine übrigens so nahe Verwandtschaft mit den erdigen Fossilien gleichsam verläugnet» (1853. Kobell S. 93).

«Herr Baron von Moll hat zur Bezeichnung desselben den passenderen Nahmen Gahnit in Vorschlag gebracht, zum Andenken an den Entdecker, den würdigen Herrn Assessor Gahn in Fahlun» (1813. Hausmann S. 366).

Spinelle zincifère (Hauy). Zinkischer Spinell (Breithaupt). Zinkspinell, anfangs mehr beschreibend gebraucht, dann Synonym neben Gahnit. Automolit nicht mehr gebräuchlich.

Zinn 1. Althochdeutsch, mittelhochdeutsch zin, im 16. und 17. Jahrhundert auch zien. Gemeingermanisches Wort. Über den Ursprung nur sehr unsichere Vermutungen.

«Das tzynertz ader der tzwitter wirt gewirckt auß influs des planeten iupiter von reynem quecsilber vnd von wenigem schweffel vnd in der vormischung diser beiden werden vndermengt vnartige grobe schweffelyge bradem dye sich mit eynander incorperiren vnd voreinigen tzu eynem metal tzyn genand von welchen vnartigen bradem eyn ytzliches tzyn starck richend knyrschigk vnd bruchigk ist also das es auch alle metal darvnder es gemengt wirt vnartig vnd bruchigk macht» (um 1500. Bergbüchlein S. 43. bradem: Brodem. ytzlich: jeglich).

2. Die griechisch-lateinischen Namen des Zinns – sämtlich mit den germanischen nicht verwandt – gewannen seit dem Mittelalter auch bei uns eine begrenzte Gültigkeit. – Griech. κασσίτερος ist wahrscheinlich aus dem Zweistromland entlehnt. Erstes Auftreten des Wortes in Homers Ilias, wo von zinnverzierten Waffen erzählt wird. – Lateinisch cassiterum. – Moderne Ableitung: der Mineralname Kassiterit.

3. Die ursprüngliche lateinische Bezeichnung war plumbum album oder plumbum candidum (weißes Blei). Unser Blei hieß einfach plumbum oder, wenn es auf Unterscheidung ankam, plumbum nigrum, schwarzes Blei.

«Jetzt die Natur des Bleis. Es gibt zwei Arten, weißes und schwarzes Blei. Das weiße ist das kostbarste. Die Griechen nennen es cassiterum und erzählen fabelweise, wie es von den Inseln des Atlantischen Meeres geholt und auf geflochtenen lederbezogenen Schiffen hergefahren wird» (Plin. 34, 156).

4. Spätlateinisch wurde plumbum album (candidum) durch stannum (stagnum) ersetzt, vermutlich ein keltisches Lehnwort. In der heutigen Chemie ist Sn (Stannum) Zeichen für Zinn.

«Stannum haizt zin ... wenn man kupferrei-neu vaz verzint, dâ wirt ezzen und trinken dester pezzer inn und vertreibt die vergift des rosts an dem kupfer» (1350. Megenberg S. 480).

Zinngraupen → Zinnstein. Weiße Zinngraupen → Tungstein.

Zinnkies Benannt von Werner (1789) nach einem wichtigen Bestandteil. Enthält außerdem Kupfer, Eisen, Schwefel.

Synonym: Stannin (Beudant 1832). Lat. stannum ursprünglich Bezeichnung für eine Bleilegierung, spät- und mittellateinisch für Zinn.

Zinnober Wortursprung ungeklärt, wohl orientalisches Fremdwort. Griech. κιν-νάβαρι, lateinisch cinnabaris, provenzalisch cinobre, deutsch zinober (kurz nach 1200).

Eine andere Namenreihe muß hier mit einbezogen werden: griech. μίνιον, lat. minium, deutsch → Mennige. – Beide Reihen bezeichnen lebhaftrote Farbstoffe, aber verschiedener Art. Dabei konnten Verwechslungen nicht ausbleiben.

Griechisches Kinnabari (Theophr. 58) ist im allgemeinen ebenso wie unser Zinnober Schwefelquecksilber, HgS. Dioskurides allerdings will mit Kinnabari das rote afrikanische Baumharz bezeichnen wissen, das auf Grund alter Fabel-Nachrichten noch heute Drachenblut heißt. Das Schwefelquecksilber beschreibt er als Minion (Varianten: Ammion). Entsprechend Minium und Cinnabaris bei Plinius (33, 111ff.).

«Einige meinen irrtümlicherweise, Kinnabari sei dasselbe wie das sogenannte Minion. Das Minion nämlich wird in Spanien gewonnen aus einem besonderen Stein, gemischt mit Silbersand, der sonst nicht bekannt ist. Im Brennofen bekommt es die blühendste und brennendste Farbe. In den Erzgruben gibt es eine würgende Ausdünstung von sich. Deshalb überziehen die Arbeiter dort ihre Angesichter mit Blasen, so daß sie zwar sehen, aber die Luft nicht einziehen. Die Maler brauchen es zu kostbaren Wand-Ausschmückungen» (Diosk. V 94).

«Und das Quecksilber maset sich mit dem Schwefel als unter einem Purpur ganz besonders ausnehmenden Ansehens an, dessen sich ein anders Metall nicht unterfangen darf» (1754. Henkel S. 389).

Werner behielt den alten Namen Zinnober bei. – Merkurblende (Breithaupt); Mercurius, Merkur alter Name des Quecksilbers gemäß der Zuordnung der Metalle zu den Planeten. Cinnabarit (Naumann 1859), aus lat. und neulat. Cinnabaris. Die Form Kinnabarit (dem Griechischen entsprechend) wurde vorgeschlagen (Francke 1890). Schwarzer, metallisch aussehender derber Zinnober von Idrija (Slowenien) wurde auch Stahlerz genannt. – Zinnober ist der weitaus gebräuchlichste Name geblieben, auch in der Fachsprache. Daneben Cinnabarit. Merkurblende ist ausgeschieden.

Zinnstein Seit dem 16. Jahrhundert vielfach belegt. Daneben Zinnerz. Der Zusammensetzung nach Zinnoxid.

Merkwürdig ist der Name Zwitter. Zahlreiche Belege seit dem 16. Jahrhundert, in denen teils Zinnerz und Zwitter gleichgesetzt werden, teils Zwitter als unreines mit andern Bestandteilen gemischtes Zinnerz gedeutet wird (Belege bei Grimm). Ursprung aus südslawischen Sprachen wurde vermutet (kositer, kossiter, aus griech. κασσίτερος).

Ebenso merkwürdig ist der Ausdruck Zinngraupen. Graupe ist sehr wahrscheinlich slawischer Herkunft, die frühesten Belege (15. Jh.) stammen aus Schlesien. Der Gebrauch des Wortes ist auf bestimmte Sachgebiete eingeschränkt, in der Bergmannssprache bezeichnet es kleine Erzkörner, und zwar fast ausschließlich von Zinnstein oder «Katzenzinn» (Tungstein). Zinngraupen heißen aber nicht nur die sehr häufigen losen Körner auf den Seifen, sondern auch Kristalle und Körner im Gestein.

«Der zwitter oder der Zienstein/ dauon das Zien gemacht wirt/ ist ein sehr schwer ertz/ vnd doch das metal daß dauon schmeltzt/ wirdt vnter den andern Mettalen das leichteste/ vnd ist der zwitter gar zuerkennen/ dann er ist braunfarb/ welche farb sich ein wenig auff ein kleine gilb zeucht/ doch die reichen Zingraupen seind schwartz/ auch schön von gewächs/ vnd so glat als weren sie polliert/ vnd sehr reich am Zin» (1580. Ercker S. 120b).

«Graupen behält immer etwas Erfreuliches durch seine Lage ... Der Bergbau, den sie auf schmalen, aber sehr reichen Zinngängen im Gneis treiben, geht sachte, die Zinngraupen, von denen das Örtchen den Namen hat, sind die schönsten in der Welt» (Goethe 1813. Werke XX S. 258).

Zinnstein ist auch in der Fachsprache vorrangig geblieben. Daneben Cassiterit (Beudant 1832), später Kassiterit geschrieben, zu κασσίτεϱος Zinn. – Tafel 21.

Zinnwaldit Nach Zinnwald im Erzgebirge benannt von Haidinger (1845). Lithioneisenglimmer.

Zirkon Benennung des Zirkons und Entdeckung der Zirkonerde → Kap. XIV 2. – Nachzutragen ist hier, daß der Edelsteinname Jargon, altfranzösisch jargonce, jacunce letzthin über orientalische Zwischenstufen auf das griechische hyakinthos zurückgeführt wird. Jargon, → Hyazinth, Zirkon hängen also nicht nur sachlich, sondern auch etymologisch zusammen.

Zur Vorgeschichte von Zirkon noch folgende Belege aus Brückmann: Morgenländische Hyazinthe können beinahe weiß gebrannt werden «und werden alsdenn von einigen Juwelirern, ich weiß nicht aus welcher Ursache, Cerkonier genannt.» «Vorgedachte Cerkonier gerathen oft so schön, daß sie … den schlechten strohgelblichen Diamanten, an Glanz und Feuer sehr nahe kommen» (1773. Edelsteine S. 112). – «Nach dem Stieglitzischen Verzeichniß werden kleine Krystalle vor unbestimmter Gestalt und stumpfen Ecken, von keiner sonderlichen feinen Durchsichtigkeit und Reinigkeit, die äusserlich einen schönen Glanz haben, und dadurch eine ziemliche Härte verrathen sollen, und die man deshalb unter die Diamanten zu mischen pflege, Zyrcon genannt.» Diese seien gebrannte Hyazinthe, er habe sie früher Cerkonier genannt (1778. Beyträge I S. 120). – «Meines Erachtens kann das Wort Circon, Cercon oder Circonier leicht von Iargons unter den gemeinen Juwelirern und Juden durch eine verdorbene Aussprache entstanden seyn» (1783. Beyträge II S. 64).

Klaproth fand die neue Erde sowohl in mattfarbigen bis trübbrauchgrauen als auch in hyazinthfarbigen Exemplaren. Er wies deshalb auf die Möglichkeit hin, alle zirkonerdehaltigen Steine mit dem althergebrachten Namen Hyazinth zu bezeichnen und die Zirkonerde Hyazintherde zu nennen (I 231f.).

Dieser Weg wurde nicht eingeschlagen. → Hyazinth wurde nur Varietätsname, und zwar für gelbrote Zirkone. Die vielerlei andern Steine, die auf Grund ihrer Farbe damals Hyazinth hießen (Korunde, Topase, Granate u. a.), mußten diesen Namen aufgeben. Andrerseits wurden die bisher Jargon genannten Steine jetzt als Zirkon erkannt und benannt. Die alte Zuordnung nach Farben wurde also eingeschränkt, und die Ordnung nach Mineralarten drang vor.

Vom Element Zirkonium war zur Zeit von Klaproths Entdeckung noch nicht die Rede. Weitere Zerlegung der Zirkonerde 1824 durch Berzelius. Reindarstellung des Elements noch später. Die Formel des Zirkons: $ZrSiO_4$.

Zitrin ist mittellateinisch und heißt zitronenfarbig. Das Wort konnte also angewendet werden auf alle entsprechend gelben Steine überhaupt und war zunächst Name des gelben → Hyazinths (Marbod 17, Arnold 44). «Der ander slahte iechant, der haizet cytrinvs» («Die zweite Art Hyazinth, die heißt Zitrin») (12. Jahrh. Prüler Steinbuch).

Später wurde der Name übertragen auf den gelben kristallinischen Quarz (SiO_2 mit Spuren von Eisen). «Crystallus luteo citri colore fulgens: Citrin.» («Bergkristall in zitronengelber Farbe leuchtend: Zitrin») (1546. Interpretatio).

Die heute im Edelsteinhandel käuflichen Zitrine sind großenteils durch Erhitzung umgefärbte Amethyste oder Rauchquarze. Bei diesem Verfahren erhält man vielfach bräunliche und rötliche Farbtöne, wie sie die natürlichen Zitrine nicht zeigen. – Über mißbräuchliche Benennungen des Zitrins (Topas, Goldtopas usw.) → Kap. XVIII 3.

Zoisit (Werner 1806): Kalktonerdesilikat, benannt nach Siegmund Freiherrn Zois von Edelstein (1747–1819). «Diese Species wurde durch einen Mineralienhändler, welchen Herr v. Zois auf seine Kosten in Krain, Steyermark und Kärnthen reisen ließ, auf der Saualpe in Kärnthen zuerst gefunden und Saualpit genannt, Werner gab dann den Namen Zoisit» (1864. Kobell S. 439). – Der Freiherr war Chef einer Eisengroßhandlung in Laibach, rührig auf volkswirtschaftlichem Gebiet, großzügiger Mäzen, vielseitiger Naturgelehrter, besonders Mineraliensammler.

Schönfarbige Varietäten: → Tansanit, →
Thulit.

Zölestin Strontiumsulfat, benannt von Werner (1798) nach der blauen Farbe der zuerst
aufgefundenen und von Klaproth (1797) ana-
lysierten Stücke. Lat. coelestis himmlisch,
himmelblau. Schreibung in Werners Letztem
System Cölestin. Jetzige fachsprachliche
Schreibung Coelestin. Die Schreibung mit Z
nach Duden. – Vgl. Kap. XVIII 2.

zunich → Lasurstein 3.

Zwergensteinchen → Räderstein.

Zwitter → Zinnstein.

Zyanit → Kyanit.

Vierter Teil

Anhang

Literatur

Vorbemerkungen

Die Masse des Gedruckten ist zurzeit in jedem Wissensgebiet derart angeschwollen, daß vollständige Literaturverzeichnisse – sofern sie überhaupt noch möglich sind – eher belasten als fördern. Die folgende Auswahl beschränkt sich darauf, für jedes der behandelten Gebiete einige charakteristische Werke anzuführen.

Griechische Lapidarien

THEOPHRAST, um 372–287 v. Chr. Seine Schrift «Über Steine» (περὶ λίθων) das weitaus älteste erhaltene europäische Lapidarium. Wissenschaftlich im Sinne des Aristoteles, dessen Schüler Theophrast war.

CALEY u. RICHARDS, Theophrastus on Stones. Columbus, Ohio, 1956. – Urtext, englische Übersetzung und Kommentar.

EICHHOLZ, Theophrastus de lapidibus. Oxford 1965. Urtext, engl. Übers. und Kommentar.

Deutsche Übersetzung von K. MIELEITNER in: Fortschritte der Mineralogie, Kristallographie und Petrographie VII (1922) S. 431ff.

DIOSKURIDES, 1. Jahrhundert n. Chr. Schrieb eine Arzneimittellehre (περὶ ὕλης ἰατρικῆς) und behandelt darin (in Buch V) auch rund hundert mineralische Substanzen unter Berücksichtigung der magischen Wirkungen.

Dioscuridis De Materia Medica Libri Quinque. Ed. M. WELLMANN. 3 Bde. Berlin 1958. Unveränderter Abdruck der ersten 1907–1914 erschienenen Auflage.

Des Pedanios Dioskurides Arzneimittellehre. Übersetzt und mit Erklärungen versehen von J. BERENDES. Stuttgart 1902.

Sehr lästige unterschiedliche Kapitelzählung in den verschiedenen Ausgaben. Ich zitiere nach Wellmann.

ORPHEUS, LITHIKA. 4. Jahrhundert n. Chr. Dem mythischen Orpheus zugeschriebenes «theurgisches» Lehrgedicht über die Möglichkeiten, durch zauberkräftige Steine den Willen der Götter zu beeinflussen.

de MÉLY, Les Lapidaires de l'antiquité et du moyen âge. Tome II 1. Les Lapidaires Grecs. Paris 1898. – Der Band enthält außerdem: Kyraniden, Damigeron, soweit griechisch erhalten, Epiphanius u. a.

Orphei Lithika rec. E. ABEL. Berlin 1881. (Enthält außerdem den lateinischen Damigeron.)

Deutsche Übersetzung von SEIDENADEL. Beigabe zum Programm des Progymnasiums zu Bruchsal für das Schuljahr 1875–1876.

Lateinische Lapidarien

PLINIUS der Ältere. 23–79 n. Chr. Seine «Naturgeschichte» ist als Weltbeschreibung angelegt und enthält in Buch 33–37 die reichhaltigste aus dem Altertum überlieferte Behandlung des Mineralreichs. Wirkung im Mittelalter mehr mittelbar (über Solinus, Isidor u.a.), seit dem Humanismus wieder unmittelbar.

Pliny, Natural History. With an English Translation. 10 vol. (The Loeb Classical Library.) – Bd. IX (1961): Buch 33–35, Bd. X (1962): Buch 36–37.

Deutsch von Strack (Bremen 1853, Nachdruck Darmstadt 1968, 3 Bde.); von Wittstein (Leipzig 1881/2, 6 Bde.); lateinisch-deutsche Ausgabe in 37 Bänden seit 1973 im Erscheinen (Heimeran, München).

SOLINUS lebte vermutlich um die Mitte des 3. Jahrhunderts. Seine «Sammlung von Merkwürdigkeiten» enthält auch Bemerkungen über merkwürdige Steine, meist nach Plinius, jeweils eingefügt in die Beschreibung der betreffenden Länder.

Collectanea rerum memorabilium ed. Mommsen. Berlin 1864. 3. Aufl. 1958.

DAMIGERON. Der lateinische Text des 5. Jahrhunderts beruht auf griechischen Vorlagen des 2. Jahrhunderts. Das Buch vertritt die Betrachtungsweise, die Plinius als die der Magier anprangert. Im Mittelalter als Werk eines Araberkönigs Evax (1. Jh.) angesehen.

Ausgabe zusammen mit Orpheus' Lithika: Orphei Lithica accedit Damigeron de Lapidibus. Rec. E. Abel. Berlin 1881.

ISIDOR, Erzbischof von Sevilla, gest. 636 n. Chr., gibt in seiner Enzyklopädie im XVI. Buch eine knappe Erklärung der Steinnamen, großenteils im Anschluß an Plinius.

Isidori Etymologiarum sive Originum Libri XX. (W.M. Lindsay) Oxford 1957. 2 Bände.

Zur christlichen Allegorik

PHYSIOLOGUS. Entstanden im 3. Jahrhundert. Mehrere Fassungen und sehr bald Übersetzungen in andere Sprachen. Der Physiologus, das heißt der Naturkundige, betrachtet Tiere, Pflanzen, auch einige Steine in christlich-allegorischer Deutung. Große Wirkung auf das Mittelalter.

Der Physiologus. Übertragen und erläutert von Otto SEEL. Artemis-Verlag. 1967. Darin auch Verzeichnis der Urtext-Ausgaben.

EPIPHANIUS, Bischof von Salamis auf Zypern, schrieb um 394 n. Chr. eine allegorische Auslegung der zwölf Steine im Amtsschild des Hohenpriesters: περὶ τῶν δώδεκα λίθων. Frühes Beispiel einer durch das ganze Mittelalter und bis zur Gegenwart reichenden Deutungsweise. Text mangelhaft erhalten. → Ziolkowski, Karfunkel S. 301 Anm.

BEDA, genannt Venerabilis, der Ehrwürdige, gestorben 735 in seinem Kloster zu Jarrow.

Explanatio Apocalypsis: Migne, Patrologia Latina Bd. 93.

Die Beda zugeschriebene Hymne über die zwölf apokalyptischen Steine (Ciues superne patrie) in: R.M. Garret, Precious Stones in Old English Literature. Diss. München 1909. – Erschienen auch als Münchener Beiträge z. rom. und engl. Phil. H. 47.

Auslegung der zwölf Steine und Hymne auch in Migne Bd. 171 als Werke Marbods abgedruckt.

Weiteres → unter: Deutsche Dichtung des Mittelalters. – Hingewiesen sei auf Dantes Göttliche Komödie, besonders Fegef. IX.

Sammlungen des althochdeutschen Wortschatzes

STEINMEYER, Elias, und SIEVERS, Eduard, Die althochdeutschen Glossen. Berlin 1879–1922. 5 Bände. – Grundlegende Quellensammlung. Die auf das Mineralreich bezüglichen Namen darin sehr zerstreut. Kein Register. Im Wörterbuch als «Glossen» zitiert.

SUMMARIUM HEINRICI, hrg. von Reiner Hildebrandt. Bd. 1: Buch I–X erste Fassung. Berlin-New York 1974. – Lateinisch geschriebene Enzyklopädie, stellenweise mit eingefügten deutschen Glossen.

Auswertung des Glossenmaterials durch das Althochdeutsche Wörterbuch von Frings u.a. (Berlin 1952ff.) und das Althochdeutsche Glossenwörterbuch von Stark u.a. (Heidelberg 1972ff.). Beide im Erscheinen begriffen.

Mittellateinische Lapidarien

CONSTANTINUS AFRICANUS, gebürtig aus Karthago, tätig in Italien, Beziehungen zur medizinischen Schule von Salerno, Vermittler arabischen Wissens, gestorben 1087.

Auszüge aus seinem Liber de gradibus simplicium medicamentorum bei ROSE. → Pseudo-Aristoteles.

Opera conquisita. Basel 1536.

MARBOD, Bischof zu Rennes, gest. 1113, verfaßte zwischen 1067 und 1081 ein Lehrgedicht über Edelsteine (Liber de gemmis), dessen Einfluß durch das ganze Mittelalter und darüber hinaus erkennbar ist.

Abdruck in: Migne, Patrologia Latina Bd. 171.

HILDEGARD VON BINGEN (1098 oder 1099 bis 1179), die Mystikerin, schrieb auch Bücher über die Natur. Was sie über Steine sagt, weicht sachlich wie sprachlich erheblich von den meisten mittelalterlichen Lapidarien ab.

Subtilitatum diversarum naturarum creaturarum libri novem. Darin Buch IV: Steine. Buch IX: Metalle. – Abdruck in: Migne, Patrologia Latina Band 197.

Hildegard von Bingen, Naturkunde. Das Buch von dem inneren Wesen der verschiedenen Naturen in der Schöpfung. Nach den Quellen übersetzt und erläutert von P. Riethe. Salzburg 1974.

ARNOLDUS SAXO verfaßte Anfang des 13. Jahrhunderts eine Enzyklopädie und ein Buch «De virtutibus lapidum». Dieses großenteils eine Zusammenfassung aus Marbod, einiges aus anderen Quellen. Ausgabe: V. Rose, Aristoteles de lapidibus und Arnoldus Saxo. Ztschr. f. deutsches Altertum N.F.VI. 1875.

ALBERTUS MAGNUS, 1193–1280, Dominikaner, mit seinem Schüler Thomas von Aquino zusammen Schöpfer des scholastischen Systems. Das Mineralreich behandelt er in der Schrift Liber mineralium (oder De mineralibus libri V). Ausgaben:
Beati Alberti Magni Operum Tomus Secundus. Lyon 1651. Darin S. 210–272.
Opera Omnia, hrsg. von Borgnet, Paris 1890. Bd. V.

PSEUDO-ARISTOTELES. Das sogenannte Steinbuch des Aristoteles, entstanden im 9. Jahrhundert, ist ein einflußreiches Werk der arabischen Mineralogie. Nur erhalten in stark voneinander abweichenden späteren Bearbeitungen:

1. Pariser Handschrift des 14. Jh. Arabisch. – Text und Übers. in: Ruska, Julius, Das Steinbuch des Aristoteles. Heidelberg 1912.

2. Münchener Handschrift des 15. Jh. Hebräisch. – Proben bei Ruska.

3. Lütticher Handschrift des 14. Jh. Lateinisch. Alchemistische Bearbeitung. – Text bei Ruska und in: V. Rose, Aristoteles de lapidibus und Arnoldus Saxo.

4. Handschrift des 15. Jh. in Montpellier. Lateinisch. – Text bei Rose.

Die vier Bearbeitungen werden wie bei Ruska als P, M, L, Mp zitiert.

Deutsche Steinbücher des Mittelalters

NOTKER DER DEUTSCHE, Marcianus Capella, De Nuptiis Philologiae et Mercurii. – Altdeutsche Textbibliothek Bd. 37. Niemeyer, Halle 1966.

An sich kein Steinbuch, enthält aber althochdeutsche Erklärungen zahlreicher Steinnamen. Vgl. Kap. III 8.

PRÜLER STEINBUCH. Handschrift des 12. Jahrhunderts in München. Behandelt die 12 apokalyptischen Steine. Abdruck in:

Denkmäler deutscher Prosa des 11. und 12. Jahrhunderts. Hrsg. von Fr. Wilhelm. München 1960.

DER STRICKER. Das Gedicht, in welchem er den Glauben an die Kräfte der Edelsteine verhöhnt, als Nr. XI abgedruckt in:

Kleinere Gedichte von dem Stricker. Hrsg. von K. A. Hahn. Quedlinburg und Leipzig 1839.

VOLMARS gereimtes Steinbuch (um 1250) wird als Antwort auf die Angriffe des Strickers aufgefaßt.

Das Steinbuch. Ein altdeutsches Gedicht von Volmar. Hrsg. von H. Lambel. Heilbronn 1877. – Die Ausgabe enthält auch das St. Florianer Steinbuch (15. Jahrhundert) und anderes.

KONRAD VON MEGENBERG, Das Buch der Natur. Hrsg. von Fr. Pfeiffer. Stuttgart 1861. – Erstes größeres an Laien gerichtetes deutsches Naturkundebuch. Verfaßt 1349/1350, oft abgeschrieben und zwischen 1475 und 1540 mehrfach gedruckt. Im wesentlichen Barbeitung eines reichlich hundert Jahre älteren lateinischen Werkes (Thomas Cantimpratensis, De rerum natura). – Buch VI: Edelsteine. Buch VII: Metalle. – Eine der wichtigsten Quellen für die Geschichte der deutschen Steinnamen im Mittelalter.

HORTUS SANITATIS – Gart der gesuntheit – Herbarius – Kräuterbuch. Umfangreiche Schriftengruppe zur Heilmittellehre. Teils lateinisch, teils deutsch. Im ganzen eine Fortsetzung der mittelalterlichen Tradition. Beispiele:

Herbarius. Maguntie impressus. 1484. Lateinisch.

Herbarius. «Disser Herbarius ist tzu mentz gedruckt.» 1485. Deutsch (sogenannter Kleiner Hortus). – Faksimile-Ausgabe: München 1924. Mit Bibliographie.

Ortus sanitatis. Mainz 1491. Lateinisch (sog. Großer Hortus).

In disem Buch ist der Herbary: oder krüterbuch: genant der gart der gesuntheit. Straßburg 1507. Deutsch (sog. Kleiner Hortus).

In disem Buch ist der Gart der gesuntheit (zu latin Ortus sanitatis) in vier theyl getheylet … Straßburg 1509. (Die vier Teile: Tiere, Vögel, Fische, Edle Steine. Zweite Hälfte des sog. Großen Hortus).

Deutsche Dichtung des Mittelalters

BESCHREIBUNG DES HIMMLISCHEN JERUSALEMS. In: Kleinere deutsche Gedichte des XI. und XII. Jahrhunderts. Hrsg. von A. Waag. Halle 1890.

Auch in: Deutsche Gedichte des XI. und XII. Jahrhunderts. Hrsg. von Diemer. Wien 1849 («Von dem himmlischen Jerusalem»).

ALEXANDERSAGE. K. Kinzel, Lamprechts Alexander. Halle 1884. – Enthält drei Fassungen und die lateinischen Quellen. Hinzuweisen ist besonders auf die Geschichte vom Paradiesstein in der Straßburger Bearbeitung (V. 6615ff.).

ROLANDSLIED DES PFAFFEN KONRAD. Um 1170. Ausgabe: Das Alexanderlied des Pfaffen Lamprecht. Das Rolandslied des Pfaffen Konrad. Hrsg. von Friedrich Maurer. Leipzig 1940. Unveränd. Nachdruck Darmstadt 1964.

Edelsteinnamen bes. 1550ff. Karfunkel: 1588. 5535. 7177.

WOLFRAM VON ESCHENBACH, PARZIVAL. Etwa zwischen 1200 und 1220. Ausgaben: Lachmann (Wolframs Werke in einem Band). De Gruyter, Berlin 1965. – Leitzmann. Altdeutsche Textbibliothek 12–14. Niemeyer, Tübingen 1961–1965. – Erhebliche Unterschiede in der Schreibung der Edelsteinnamen (Parz. 791). Ich zitiere nach Lachmann.

ALBRECHTS VON SCHARFENBERG JÜNGERER TITUREL. Um 1270. Hrsg. von Werner Wolf. Akademie-Verlag Berlin. I: 1955. II 1: 1964.

Edelsteinnamen besonders in Str. 329–439 (Graltempel) und 561–573 (Kräfte edler Steine).

HEINRICH VON MÜGELN. 14. Jahrhundert. Die kleineren Dichtungen Heinrichs von Mügeln. Erste Abt. in 3 Teilbänden. Hrsg. von K. Stackmann. Akademie-Verlag Berlin 1959.

Edelstein-Allegorik: Nr. 54–55, 131–143 (aus «Der Dom»), 288, 260.

DAS MÄRE VOM FELDBAUER. 14. Jahrhundert. Früheste Spuren der deutschen Bergmannssprache; veltbûwaere: Bergmann.

Hrsg. von Fr. Pfeiffer in: Germania. Vierteljahrsschrift für deutsche Alterthumskunde I. Stuttgart 1856.

Alchemie

GRIECHISCHE ALCHEMIE:
BERTHELOT, Collection des anciens Alchimistes Grecs. Paris 1888, 3 Bände. – I. Introduction. II. Texte grec. III. Traduction.

TABULA SMARAGDINA (Smaragdene Tafel). Aus arabischer Überlieferung. Jahrhundertelang hochgeschätzte Zusammenfassung alchemistischer Weisheit in wenigen Sätzen.

RUSKA, Julius, Tabula Smaragdina. Heidelberg 1926. – Lateinischer und deutscher Text, lateinischer Kommentar des Hortulanus und andere Dokumente.

TURBA PHILOSOPHORUM (Versammlung der Naturkundigen). Ebenfalls arabischer Herkunft. Berühmtes und bis zum Ausgang der Alchemie vielzitiertes Werk. Reichliche Verwendung von Decknamen.

RUSKA, Julius, Turba Philosophorum. In: Quellen und Studien zur Geschichte der Naturwissenschaften und der Medizin. Berlin 1931. – Lateinischer Text. Übersetzung von Ruska, weitere Dokumente.

DAS BUCH DER ALAUNE UND SALZE, ein Grundwerk der spätlateinischen Alchemie, hrsg., übersetzt und erläutert von Julius Ruska. Berlin 1935. – Arabische Bruchstücke: 11./12. Jh. Lateinische Übersetzung: 13. Jh.

DSCHÂBIR IBN HAJJAN, latinisiert Geber. Verfasser alchemistischer Schriften. Soll um 800 gelebt haben. Später Hunderte von Schriften ihm unterschoben. Deren (unbekannte) Verfasser hat man sich gewöhnt, Geber zu nennen zum Unterschied von Dschâbir.

Die Alchemie des Geber. Übersetzt und erklärt von E. Darmstaedter. Berlin 1922. – Enthält Übersetzungen aus Geber-Schriften des 13.(?) Jahrhunderts.

ALRAZI (al-Râzî, Rhazes, Rases), 865–925. Arabischer Chemiker und Arzt. Gebürtiger Perser. Starke Nachwirkung auf die folgende arabische und lateinische Alchemie. Keine Anwendung von Decknamen.

Al-Râzî's Buch Geheimnis der Geheimnisse. Übers. von Ruska. Berlin 1937.

BASILIUS VALENTINUS, von Alchemisten als Nordlicht an Deutschlands Himmel gepriesen, angeblich Erfurter Benediktiner, ist eine erfundene Gestalt. Zahlreiche ihm unterschobene Werke seit 1602 deutsch herausgegeben (vielleicht guten Glaubens) von Joh. THÖLDE. Weitere Ausgaben und gesammelte Werke (deutsch und lateinisch) folgten. Genannt sei:

Triumph Wagen ANTIMONII, FRATRIS BASILII VALENTINI, Benedicter Ordens/ Allen/ so den grund suchen der vhralten Medicin/ Auch zu der Hermetischen Philosophy beliebnis tragen/ Zu gut publiciret/ vnd an Tag geben/ Durch Johann Thölden/ Hessum. – Leipzig 1604.

RULAND(US), Martin, 1532–1602. Arzt und Philologe.

Lexicon Alchemiae. Nürnberg 1571. Frankfurt 1612. Neudruck Hildesheim 1964. – Text teils lateinisch, teils deutsch.

MAIER (Majerus), Michael, 1568–1622. Privatsekretär Rudolfs II. Später Leibarzt des Landgrafen Moritz von Hessen. Rosenkreuzer.

Atalanta fugiens. 1617. Titelausg. 1618. Facsimiledruck Kassel 1964. – Darstellung der alchemistischen Symbolwelt in Ton, Bild und Wort.

Neulateinisches Schrifttum

GEORGIUS AGRICOLA (Georg Bauer), 1494–1555, Arzt in Joachimstal, dann Stadtarzt und Bürgermeister in Chemnitz. Begründer der Wissenschaft vom Bergbau und der neueren Mineralogie. Hinterließ eine große Zahl lateinisch geschriebener Werke. Für die Namenkunde vor allem ergiebig: Bermannus, De natura fossilium, Interpretatio.

Bermannus, sive de re metallica (Bermannus, oder über den Bergbau). Basel 1530. Etwas abweichende Fassung: Bermannus, siue De re metallica Dialogus. Basel 1546. In einem Sammelband.

De natura fossilium (Über Mineralien). Erster Druck im genannten Sammelband.

Interpretatio Germanica vocum rei metallicae (Deutsche Übersetzung von Bergmannsausdrücken). Im gleichen Sammelband.

Hauptwerk: De re metallica libri XII (Zwölf Bücher vom Bergbau). Basel 1556. – Deutsche Ausgabe 1557.

Ältere Übersetzungen: Bermannus: J.G. Stör (1778). – A. Schmid (1806). – De natura fossilium: E. Lehmann (1809/10).

Neuere Übersetzung: Georgius Agricola, Ausgewählte Werke. Gedenkausgabe des Staatlichen Museums für Mineralogie und Geologie zu Dresden. Hrsg. von H. Prescher. Berlin 1955ff. – Bermannus in Bd. II, Interpretatio in Bd. III, De natura fossilium in Bd. IV.

Für Namenforschung sind die Übersetzungen nur mit danebengelegtem Urtext brauchbar.

KENTMANN, Johann, 1518–1575. Arzt in Torgau.

Jo. Kentmani Dresdensis Medici Nomenclaturae Rerum fossilium, quae in Misnia praecipue, et in alijs quoque regionibus inueniuntur. – Lateinisches Verzeichnis von Kentmanns Steinsammlung, mit hinzugefügten deutschen Namen. Herausgegeben zusammen mit dem folgenden:

GESNER, Conrad, 1516–1565. Arzt in Zürich.

Conradi Gesneri De rerum fossilium, lapidum et gemmarum maxime, figuris et similitudinibus Liber. – Herausgegeben zusammen mit dem vorigen in einem Sammelbändchen, betitelt: De omni rerum fossilium genere, gemmis, lapidibus, metallis, et huiusmodi, libri aliquot, plerique nunc primum editi. Opera Conradi Gesneri. Zürich 1565.

BOETHIUS DE BOOT (oder de Boodt. Leibarzt Kaiser Rudolfs II.).

Gemmarum et lapidum historia. Hanau 1609. Dritte, verbesserte Auflage von A. Tollius, Leiden 1647.

LINNAEUS (KARL VON LINNÉ), 1707–1778 (vgl. Kap. XI 1).

Systema naturae, sive regna tria naturae systematice proposita. Leiden 1735. 7 Bände. – Viele ständig verbesserte Auflagen.

Berg- und Probierbücher. Bergmännische Lexika

BERGBÜCHLEIN. Ohne Verfassernamen. Um 1500 erstmalig erschienen («Ein nutzlich bergbuchleyn»), in der Folgezeit mit mehr oder minder verändertem Titel und Text häufig wiedergedruckt. Von Agricola gekannt und benutzt. Als Verfasser ist der Freiberger Stadtarzt und Humanist Ulrich Rülein von Calw zu erschließen. Älteste gedruckte Quelle für die deutsche Bergmannssprache.

Faksimile des frühesten Druckes und Übertragung in modernes Deutsch in: Freiberger Forschungshefte D 7. Berlin 1955. Mit Bibliographie.

ERCKER, Lazarus, Beschreibung Allerfürnemisten Mineralischen Ertzt vnnd Berckwercksarten ... Prag 1574. – Ich zitiere nach der 2. Ausgabe Frankfurt 1580.

JUNGHANS, Gottfried, Außgeklaubte Gräublein Ertz Das ist Zusammen getragene Bergleufftige Wörter und Redens-Arten. Freiberg 1680.

LÖHNEYSZ, Georg Engelhard, Fürstlich Braunschweigischer Berghauptmann.

Bericht/ Vom Bergkwerck/ Wie man dieselben Bawen/ vnd in guten Wolstandt bringen soll/ sampt allen darzu gehörigen Arbeiten/ Ordnung vnd rechtlichen Proceß. Zellerfeld 1617. – Erstausgabe sehr selten. Spätere etwas veränderte Ausgabe mit Titel aus Leipzig 1690.

BERG-BUCH. Corpus Juris et Systema rerum Metallicarum, Oder: Neu-verfaßtes Berg-Buch ... Frankfurt a. M. 1698. – Darin unter anderm:

I. Encelius, Tractat von Metallischen Dingen (Übersetzung einer 1551 erschienenen lateinischen Schrift).

II. Ein alter Tractat von Erkäntnuß der Klüfft und Gänge.

V. Schönberg, Berg-Information, mit Wörterbuch als Anhang.

RÖSZLER, Balthasar, Speculum Metallurgiae Politissimum oder Hell-polierter Berg-Bau-Spiegel. Dresden 1700.

MINEROPHILUS FREIBERGENSIS (Joh. Caspar Zeisig), Neues und wohleingerichtetes Mineral-
und Bergwercks-Lexikon. Andere und vielvermehrtere Ausgabe. Chemnitz 1743 (1. Aufl.
1730).

Deutsche «Naturkündiger» bis etwa 1750

THEOPHRASTUS PARACELSUS oder Theophrast von Hohenheim, auch Theophrast Bombast von
Hohenheim oder ähnlich (1493–1541) veröffentlichte zu Lebzeiten nur wenig, weil seine
Gegner immer wieder Druckverbote gegen ihn erwirkten.

Erste umfangreichere Ausgabe der Werke (10 Bände) von Huser, Basel 1589–1591.

Sämtliche Werke, hrsg. von K. Sudhoff und W. Matthiessen. 1922–1933. – Texte in verein-
fachter Rechtschreibung.

Ich zitiere nach Sudhoff.

Sämtliche Zitate aus den 14 Bänden der I. Abteilung: Medizinische, naturw. u. philos. Schriften. – Das Mineralreich wird im Zusammenhang behandelt besonders im Buch De Mineralibus (I 3 S. 29–62) und in der Philosophia de generationibus et fructibus quatuor elementorum
(I 13 S. 5–123). Beide Schriften in deutscher Sprache.

MATHESIUS, Johann, 1504–1565 (vgl. Kap. X 1).

Sarepta oder Bergpostill. Nürnberg 1562.

VALENTINI, Michael Bernhard, 1657–1729. Hessischer Hofarzt und Professor in Gießen.

Museum Museorum Oder Vollständige Schau-Bühne Aller Materialien und Specereyen ...
Frankfurt. I: 1704. II–III: 1714.

HENKEL, Johann Friedrich, 1679–1744 (vgl. Kap. X 1).

Pyritologia oder Kieshistorie. Neue, verbesserte Ausgabe. Leipzig 1754. (Die erste Ausgabe
von 1725 weicht stärker von unserer Rechtschreibung ab.)

BRÜCKMANN, Franz Ernst, 1679–1753. Arzt, erst in Helmstedt, dann in Braunschweig und Wolfenbüttel.

Magnalia Dei In Locis Subterraneis Oder Unterirdische Schatz-Cammer Aller Königreiche
und Länder ... Band I Braunschweig 1727. Band II Wolfenbüttel 1730.

Lateinische Schriften: Über den Oolithen 1721, den Arachneolithen 1722, die Glossopetren
1734 usw.

KUNDMANN, Joh. Christian, 1684–1751. Breslauer Arzt und Naturgelehrter.

Rariora Naturae et Artis item in Re Medica, oder Seltenheiten der Natur und Kunst des
Kundmannischen Naturalien-Cabinets, wie auch in der Artzeney-Wissenschafft. Breslau und
Leipzig 1737.

LESSER, Friedrich Christian, 1692–1754. Pastor in Nordhausen.

Lithotheologie, Das ist: Natürliche Historie und geistliche Betrachtung derer Steine, Also
abgefaßt, daß daraus Die Allmacht, Weißheit, Güte und Gerechtigkeit des grossen Schöpffers
gezeuget wird. Neu-verbesserte Auflage. Hamburg 1751 (1. Aufl. 1735).

Frühe Mineralogie von etwa 1750 bis zu Werner

WALLERIUS, Joh. Gottschalk, 1709–1785. Professor in Uppsala.

Mineralogie oder Mineralreich, von ihm eingeteilt und beschrieben. Ins Deutsche übersetzt
von J.D. Denso. Berlin 1750.

WALCH, Johann Ernst Immanuel, 1725–1778. Philosoph und Naturforscher in Jena.

Das Steinreich, systematisch entworfen. Halle 1762–1764. 2 Teile.

Die Naturgeschichte der Versteinerungen zur Erläuterung der Knorrischen Sammlung von Merkwürdigkeiten der Natur. Nürnberg 1768–1773. 4 Bände. – Enthält viel Material zur Namengeschichte.

CRONSTEDT, Axel Fredric, Freiherr, 1722–1765. Bergrat in Stockholm.

Cronstedts Versuch einer Mineralogie. Vermehrt durch Brünnich. Copenhagen und Leipzig 1770. – Schwedische Originalausgabe anonym Stockholm 1758. – Andre Übersetzungen: Wiedemann 1760. Werner 1780.

LEHMANN, Johann Gottlob, gestorben 1767. Preußischer Bergrat. Lehrte Mineralogie und Bergfach in Berlin. Dann Professor der Chemie und Direktor des kaiserlichen Museums in St. Petersburg.

Versuch einer Geschichte von Flötz-Gebürgen. Berlin 1756. – Epochemachend auf dem Gebiete der Geologie.

Histoire du Chrysoprase de Kosemitz. In: Histoire de l'Académie Royale des Sciences. Berlin 1757.

Entwurf einer Mineralogie zum Dienst der Studierenden. 3. Aufl. Frankfurt und Leipzig 1769 (1. Aufl. 1759).

BRÜCKMANN, Urban Friederich Benedict, 1728–1812. Sohn des oben genannten Franz Ernst Br. Herzoglich braunschweigischer Leibarzt.

Abhandlung von Edelsteinen. Zweyte verbesserte und vermehrte Auflage. Braunschweig 1773 (1. Aufl. 1757).

U.F.B. Brückmanns gesammlete und eigene Beyträge zu seiner Abhandlung von Edelsteinen. Braunschweig. I: 1778. II: 1783.

Abhandlung von dem Welt-Auge, oder Lapide mutabili, Braunschweig 1777.

GMELIN, Johann Friederich, 1748–1804. Professor in Göttingen.

Des Ritters Carl von Linné … Natursystem des Mineralreichs. Nürnberg 1777–1785. 4 Bände. – Freie Bearbeitung der zwölften lateinischen Ausgabe. Reichhaltige Angaben zur Synonymik.

Werner und seine Schüler

WERNER, Abraham Gottlob (1749–1817). Von den äußerlichen Kennzeichen der Foßilien. Leipzig 1774.

Kurze Klassifikation und Beschreibung der verschiedenen Gebirgsarten. 1787.

Aeussere Beschreibung des Prehnits, nebst einigen Bemerkungen über die ihm beygelegte Benennung, sowie auch überhaupt über die Bildung einiger Benennungen natürlicher Körper von Personen-Namen. In: Bergmännisches Journal 3. Jahrgang. 1. Band 1790.

Aeussere Beschreibungen des Olivins, Krisoliths, Berils und Krisoberils. Ebenda 2. Band 1790.

Neue Theorie von der Entstehung der Gänge. Freiberg 1791.

Ausführliches und sistematisches Verzeichnis des Mineralien-Kabinets des weiland kurfürstlich sächsischen Berghauptmanns Herrn Karl Eugen Papst von Ohain. Freiberg und Annaberg. Band I: 1791. Band II: 1792. – Anordnung (Inhaltsverzeichnisse) nach Werners damaligem System.

Abraham Gottlob Werner's letztes Mineral-System. Aus dem Nachlaß. Freiberg und Wien 1817 (Herausgeber: Freiesleben. Anmerkungen: Breithaupt).

EMMERLING, Ludwig August, 1765–1842, Dozent in Gießen, Bergmeister in Thalitter.
Lehrbuch der Mineralogie. 1793–1797. 3 Bände. – Legt Werners Lehre und Nomenklatur zugrunde. – 2. Auflage 1799ff.

ESTNER, Franz Joseph Anton, 1739–1803. Abbé in Wien.
Versuch einer Mineralogie für Anfänger und Liebhaber. Wien 1794ff.

HOFFMANN, Christian August Siegfried, 1760–1813. Edelstein-Inspektor in Freiberg.
Handbuch der Mineralogie. Band I–II Freiberg 1811–1813. Fortgesetzt von Breithaupt (Band III–IV 1816–1818). – Hoffmann hatte schon 1789 Werners Mineralsystem im Bergmännischen Journal veröffentlicht. In seiner Mineralogie ist er bestrebt, Werners Lehre und Nomenklatur ohne jede Abweichung wiederzugeben.

KARSTEN, Dietrich Ludwig Gustav, 1768–1810. Oberbergrat in Berlin.
Mineralogische Tabellen mit Rücksicht auf die neuesten Entdeckungen ausgearbeitet ... Berlin 1800. Verbesserte Auflage 1808. Frühere Auflagen: 1791, 1792 («Tabellarische Ueber- sicht der mineralogisch einfachen Fossilien»).

LUDWIG, Christian Friedrich, 1757–1823. Professor in Leipzig.
Handbuch der Mineralogie. Leipzig 1803–1804. 2 Bände. – In Band II Werners Mineralsystem vom Jahre 1803.

REUSS, Franz Ambros, 1761–1830. Badearzt in Bilin.
Neues mineralogisches Wörterbuch ... nach des Herrn Berg-Commißions-Rath Werners neuester Nomenclatur. Hof 1798. – S. 15ff.: Werners Mineralsystem von 1798.
Lehrbuch der Mineralogie nach des Herrn O.B.R. Karsten mineralogischen Tabellen. 1801– 1806. 4 Teile in 8 Bänden. Im letzten Band Werners System vom Jahre 1805.

Goethes Schriften zur Mineralogie und Geologie

GOETHE. DIE SCHRIFTEN ZUR NATURWISSENSCHAFT. Vollständige mit Erläuterungen versehene Ausgabe. (Deutsche Akademie der Naturforscher/Leopoldina zu Halle.) 1947ff. – Der ge- samte Stoff in zeitlicher Reihenfolge.

GOETHE. GESAMTAUSGABE DER WERKE UND SCHRIFTEN. Stuttgart, Cotta Nachf. –
Darin Band XX: Schriften zur Geologie und Mineralogie. 1960. – Anordnung nach Sachge- bieten.
Mehr oder minder große Auswahl in fast allen neueren Goethe-Ausgaben. Ich zitiere nach Cotta.

Reisebeschreibungen

TAVERNIER, Jean Baptiste, 1605–1689. Französischer Kaufmann, Juwelier, Orientreisender.
Beschreibung Der Sechs Reisen/ Welche Johan Baptista Tavernier, Ritter und Freyherr von Aubonne, In Türckey/ Persien und Indien/ ... verrichtet ... in der Hoch-Teutschen Sprach ans Liecht gestellt/ Durch Johann Herman Widerhold. Genff 1681. – Französische Originalaus- gabe 1676–1679. Andere deutsche Übersetzung von Menudier, Nürnberg 1681.

PALLAS, Peter Simon, 1741–1811. Gebürtiger Berliner. Von Katharina II. zu Forschungsreisen nach Rußland berufen.

Reise durch verschiedene Provinzen des Russischen Reichs. 3. Bände. St. Petersburg 1771, 1773, 1776.

FORSTER, Johann Georg Adam, 1754–1794. Professor der Naturgeschichte in Kassel, dann Wilna. Bibliothekar in Mainz. 1793 Abgeordneter der Mainzer Republikaner in Paris.

Johann Reinhold Forster's Reise um die Welt während den Jahren 1772 bis 1775. Beschr. und hrsg. von dessen Sohn und Reisegefährten George Forster. 2 Bände. Berlin 1778, 1780. – Johann Reinhold Forster, 1729–1798, war zuletzt Professor der Naturgeschichte in Halle.

HUMBOLDT, Alexander von, 1769–1859. Naturforscher.

Reise in die Aequinoctial-Gegenden des neuen Continents. In deutscher Bearbeitung von Hermann Hauff. Nach der Anordnung und unter Mitwirkung des Verfassers. 4 Bände. Stuttgart 1859/1860. – Französische Originalausgabe in 30 Bänden Paris 1805–1829.

Ausbau der wissenschaftlichen Nomenklatur bis etwa 1850

KLAPROTH, Martin Heinrich, 1743–1817 (vgl. Kap. XIV 1–3).

Beiträge zur chemischen Kenntnis der Mineralkörper. 1795–1815. 6 Bände.

BOURGUET, David Ludwig, geb. 1770. Professor der Chemie in Berlin.

Chemisches Handwörterbuch. Berlin 1802–1805. 6 Bände.

HAUY, René Just, 1743–1822. Konservator am Cabinet des mines. Professor am Naturkundemuseum und an der Universität in Paris.

Lehrbuch der Mineralogie. Deutsch von Karsten und Weiß. Paris und Leipzig 1804–1810. 4 Bände und Tafelband.

Traité de Minéralogie. Seconde Edition. Paris 1822. 4 Bände und Tafelband.

HAUSMANN, Joh. Friedr. Ludw., 1782–1859. Professor in Göttingen.

Handbuch der Mineralogie. Göttingen 1813. 2. Aufl. 1828–1847.

BUCH, Christ. Leopold von, 1774–1853. Geologe. Erste Veröffentlichung 1792.

Leopold von Buch's Gesammelte Schriften. Hrsg. von J. Ewald und andern. 4 Bände. Berlin 1867–1885.

LEONHARD, Karl Caesar von, 1779–1862. Verwaltungsbeamter, dann Professor der Mineralogie und Geognosie (München, Heidelberg).

Charakteristik der Felsarten. Heidelberg 1823–1824. 3 Bände.

Handbuch der Oryktognosie. Heidelberg 1821. 2. Aufl. 1826.

MOHS, Friederich, 1773–1839. Professor in Wien.

Grund-Riß der Mineralogie. Dresden 1822–1824. 2 Bände.

OKEN, Lorenz, 1779–1851. Naturforscher und Naturphilosoph, zuletzt in Zürich.

Allgemeine Naturgeschichte für alle Stände von Professor Oken. Erster Band. Mineralogie und Geognosie, bearbeitet von Walchner. Stuttgart 1839.

BREITHAUPT, Joh. Friedr. August, 1791–1873. Professor in Freiberg.

Vollständiges Handbuch der Mineralogie. Dresden und Leipzig 1836–1847. Drei Bände.

HAIDINGER, Wilhelm, 1795–1871. Bergrat in Wien.
Handbuch der bestimmenden Mineralogie. Wien 1845.

ANNALEN DER PHYSIK UND CHEMIE. Hrsg. von J.C. Poggendorff. Seit 1824. – (In Fortsetzung von Gilberts Annalen der Physik, 1799–1824.)

Aus der Naturwissenschaft seit etwa 1850

NAUMANN, Carl Friedrich, 1797–1873. Professor in Leipzig.
Elemente der Mineralogie. Leipzig 1846. Viele Auflagen, die späteren bearbeitet von F. Zirkel. 15. Aufl. 1907.
Lehrbuch der Geognosie. Leipzig 1850/1854. 2 Bde.

ZIRKEL, Ferdinand, 1838–1912. Professor in Lemberg, Kiel, Leipzig.
Lehrbuch der Petrographie. Bonn 1866. 2 Bände.

DANA, James Dwight, 1813–1895. Professor der Geologie und Naturgeschichte am Yale College zu New Haven, Connecticut.
A System of Mineralogy. 5. Aufl. London/New York 1868. – (Frühere Aufl.: 1837, 1844, 1850, 1854.) – Appendix I (G.J. Brush) 1876. II, III (Edw. S. Dana) 1876, 1882.
Siebte erweiterte Auflage erscheint seit 1944 in mehreren Bänden.

KLOCKMANN, FRIEDRICH FERD. HERM., 1858–1937. PROFESSOR IN AACHEN.
Lehrbuch der Mineralogie. Stuttgart 1892. – 16. Aufl. 1978, bearbeitet von Ramdohr und Strunz.

HINTZE, Carl A.F., 1851–1917. Professor der Mineralogie in Breslau.
Handbuch der Mineralogie. Leipzig/Berlin 1897–1938. Fortgesetzt von K.F. Chudoba. Berlin 1960–1968. 2 Bde. (in 7 Teilbänden) und 4 Ergänzungsbände (1938, 1960, 1968, 1974ff.).
Genaueres über Mineralnamen (Autoren, Bedeutung, Synonymik) bei Dana und Hintze-Chudoba.

RINNE, Friedrich Wilh. Berth., 1863–1933. Professor in Leipzig, dann Freiburg. Gesteinskunde. 1. Aufl. 1901. – 12. Aufl. Leipzig 1940.

STRUNZ, Hugo, Mineralogische Tabellen. Leipzig 1941. Mehrere weitere Auflagen.

PARKER, Robert L., Mineralienkunde. 5. Aufl. Bearbeitet von H.U. Bambauer. Thun 1975.

LIEBER, Werner, Der Mineraliensammler. Thun 1971.

BRUHNS-RAMDOHR, Petrographie (Gesteinskunde). Sammlung Göschen Band 173. Berlin 1972.

Edelsteinkunde im 19. und 20. Jahrhundert

KLUGE, Karl Emil, 1830–1864. Professor an der Gewerbeschule in Chemnitz.
Handbuch der Edelsteinkunde. Leipzig 1860.

BAUER, Max, 1844–1917. Professor in Königsberg, dann in Marburg.
Edelsteinkunde. Leipzig 1896. 2. Aufl. 1909.

BAUER-SCHLOSSMACHER, Edelsteinkunde. Leipzig 1932.

CHUDOBA-GÜBELIN, Schmuck- und edelsteinkundliches Taschenbuch. Bonn 1953. 3. Aufl. unter dem Titel: Edelsteinkundliches Handbuch. Bonn 1974.

CLOOS, Walther, Kleine Edelsteinkunde im Hinblick auf die Geschichte der Erde. Freiburg 1956. – Von den herrschenden Auffassungen abweichende Darstellung aus anthroposophischer Sicht.

SCHLOSSMACHER, Karl, Edelsteine und Perlen. 5. Aufl. Stuttgart 1969.

WEBSTER, Robert, Gems. Their Sources, Descriptions and Identification. 3. Aufl. London, Boston 1976.

CAVENAGO-BIGNAMI, Speranza, Gemmologia. 2. Aufl. Mailand 1965.

Geschichte der Wissenschaft und Technik

KOBELL, Franz von, 1803–1882. Mineraloge. Professor in München. Mundartdichter.
Geschichte der Mineralogie von 1650–1860. München 1864.

GANZENMÜLLER, Wilhelm, 1882–1955. Zuletzt Oberstudiendirektor in Tübingen.
Die Alchemie im Mittelalter. Paderborn 1938. – Anschauliche Einführung in das Gebiet.

LIPPMANN, Edmund O. von, 1857–1940. Zuckerraffinerie-Direktor. Professor in Halle (Geschichte der Chemie).
Entstehung und Ausbreitung der Alchemie. Band I (weitaus der wichtigste) Berlin 1919. Band II 1931. Band III Weinheim 1954. – Berücksichtigt die Namenkunde ausgiebig.

POGGENDORF, Johann Christian, 1796–1877. Physiker. Professor in Berlin.
Biographisch-literarisches Handwörterbuch zur Geschichte der exacten Wissenschaften. 2 Bände. Leipzig 1863. – Mit Fortsetzungen bis in unsere Zeit, unter etwas veränderten Titeln. – Enthält knappe Lebensdaten und Titel von Veröffentlichungen.

Abschnitte über Geschichtliches (besonders Geschichte der Elemente und ihrer Namen) auch in den größeren Lehr- und Handbüchern der anorganischen Chemie, zum Beispiel dem vielbändigen Gmelinschen Handbuch oder dem Lehrbuch von Remy.

Nomenklatur

GLOCKER, Ernestus Fridericus, 1793–1858. Professor in Breslau.
Generum et specierum mineralium secundum ordines naturales digestorum Synopsis. Halle 1847. – Mineralsystem, doppelte lateinische Nomenklatur, ausführliche Synonymik.

KOBELL, Franz von, Die Mineral-Namen und die Mineralogische Nomenklatur. München 1853. – Kritische Betrachtung und lexikalisches Material.

FRANCKE, H. Hugo A., Über die mineralogische Nomenclatur. Berlin 1890. – Eine Art griechisch-lateinischer Sprachlehre für Nomenklatoren.

MURAWSKI, Hans, Geologisches Wörterbuch. Stuttgart 1972.

RUSKA und WIEDEMANN, Alchemistische Decknamen. In: Sitzungsberichte der Phys.-med. Sozietät Erlangen Band 56. 1924. – Behandelt arabische Decknamen.

SCHNEIDER, Wolfgang, Lexikon alchemistisch-pharmazeutischer Symbole. Weinheim/Bergstr. 1962. – Enthält u.a. auch lateinische und deutsche Decknamen.

RAL 560 A 5 (Reichsausschuß für Lieferbedingungen und Gütesicherung beim Deutschen Normenausschuß).
Begriffe und Bezeichnungen für Edelsteine, Schmucksteine … 5. Ausgabe 1963 (1. Ausgabe 1935).

GOLTZ, Dietlinde, Studien zur Geschichte der Mineralnamen in Pharmazie, Chemie und Medizin von den Anfängen bis Paracelsus (Sudhoffs Archiv, Beiheft 14. Wiesbaden 1972).

Wörterbücher

ADELUNG, Johann Christoph, Versuch eines vollständigen grammatisch-kritischen Wörterbuches Der Hochdeutschen Mundart. Leipzig 1774–1786. 5 Bände.

GRIMM, Jacob und Wilhelm, Deutsches Wörterbuch. 1854–1961. 32 Bände.

KLUGE-MITZKA, Etymologisches Wörterbuch der deutschen Sprache. 19. Aufl. Berlin 1963.

SCHADE, Oskar, Altdeutsches Wörterbuch. 2. Aufl. Halle 1872–1882. 2 Bände. – Besonders zu beachten die «Berichtigungen und Nachträge» S. 1316ff. mit reichhaltigen Quellen-Auszügen aus griechischen, lateinischen und deutschen Steinbüchern.

THE OXFORD ENGLISH DICTIONARY. 12 Bände und Suppl. Oxford 1961. – Wichtigste Ergänzung der deutschen Wörterbücher, besonders auch für die antiken und die wissenschaftlichen Namen.

Auf weitere Aufzählung der zahlreichen benutzten Wörterbücher muß hier verzichtet werden.

Verschiedene Nachschlagewerke

ZEDLER, Großes vollständiges Universal-Lexicon Aller Wissenschafften und Künste. 1732–1750. 64 Bände.

KRÜNITZ, Oekonomische Encyklopädie, oder allgemeines System der Staats- Stadt- Haus- und Landwirthschaft. 1772–1858. 242 Bände.

ERSCH-GRUBER, Allgemeine Encyclopädie der Wissenschaften und Künste. Leipzig 1818ff. Vielbändiges unvollendet gebliebenes Werk in 3 Sektionen mit ausführlichen Artikeln zur Steinkunde.

PAULY-WISSOWA, Real-Encyclopädie der Classischen Altertumswissenschaft. 1894ff., mit neueren Supplementen und Nachträgen.

HANDWÖRTERBUCH DES DEUTSCHEN ABERGLAUBENS, hrsg. von Hanns Bächtold-Stäubli. 1927–1942. 10 Bände.

Zu einzelnen Fragen

ABEL, Othenio, Vorzeitliche Tierreste im deutschen Mythus, Brauchtum und Volksglauben. Jena 1939.

KIRCHHEIMER, Franz, Das Uran und seine Geschichte. Stuttgart 1963. – Enthält auch reiches Material zur Namengeschichte.

KOCH, Walter, Sprachliche Erklärung der Edelsteinnamen. In: Zeitschr. für angewandte Mineralogie. Band 2. Berlin 1940.

RUTSCH, R. F., Herkunft und Bedeutung des Begriffs «Nagelfluh». – In: Mitteilungen der Naturforschenden Gesellschaft in Bern. Neue F. 25. Bd. 1968.

SCHRAMM, P. E., Herrschaftszeichen und Staatssymbolik. 3 Bände. Stuttgart 1954, 1955, 1956. – Band II Nr. 25 und Band III Nr. 34 behandeln die Reichskrone und den Waisen.

ZIOLKOWSKY, Theodore, Der Karfunkelstein. Euphorion Band 55, 3. Heidelberg 1961.

Personen-Register

Das Register enthält auch die Titel der anonymen Schriften. Knappe Entstehungs- und Lebensdaten sind, soweit sie nicht schon in Teil I/III stehen, hier ergänzend hinzugefügt. Die Lebensdaten der Naturwissenschaftler zumeist nach Poggendorfs Biographisch-literarischem Handwörterbuch. – Bloße Namensautorschaften und bloße Hinweise auf Wortvorkommen bei einem Verfasser sind nur in Auswahl registriert.

Abel, Eugen 353, 354

Abel, Othenio 82, 86, 182, 183, 206, 214, 259, 313, 322, 330, 366

Abich, Wilhelm Hermann, 1806–1886. Geologe, Professor in Dorpat, später in Wien 170, 324

Abildgaard, Peter Christian, 1740–1801. Stifter und Vorsteher der Veterinärschule in Kopenhagen 259

Abrogans 34, 237

Achenbach, Henrich Adolph, 1765–1819. Pfarrer, Lehrer an der Siegener Bergschule 140, 229

Adelung 95, 104, 166, 228, 235, 254, 266, 314, 315, 322, 323, 345, 366

Agatharchides, griechischer Geschichtsschreiber und Geograph des 2. Jh. v. Chr. 333

Agricola, Georgius (einschließlich Interpretatio) 21, 66, 67, 69, 71f., 74, 85, 87, 92, 94, 95, 97, 110, 113, 119, 155, 177, 181, 182, 189, 198, 205, 225, 227, 228, 259, 260, 275, 280, 281, 283, 294, 297, 299, 302, 319, 321, 325, 341, 349, 358

Agrippa von Nettesheim, 1486–1535. Magokabbalistischer Naturphilosoph 277

Akbar, Großmogul, 1556–1605 166

Alaune (Das Buch der A. und Salze) 190, 300, 357

Albert(us Magnus) 44, 49, 54, 69, 73, 166, 168, 195, 198, 202, 212, 225, 230, 248, 252, 271, 283, 294, 305, 307, 310, 316, 340, 341, 355

Albrecht von Scharfenberg bzw. Jüngerer Titurel 47, 48, 50, 51, 357

Aldrovandus (Aldrovandi), Ulysses, 1522–1605. Professor an der Universität Bologna. Aus dem Nachlaß: Musaeum Metallicum 1648: 339

Alexander der Große, 336–323 200

Alexander II., Kaiser von Rußland, 1855–1881 167

Alexanderlied, Alexandersage 249, 357

Algafiki, arabischer Schriftsteller des 12. Jh. 271

Ali Pascha 292

Allan, Thomas, 1777–1833 168, 225

Alrazi 306, 329, 358

Andrada e Silva, 1763–1838. Professor der Mineralogie in Coimbra, der Physik und Oberberghauptmann in Lissabon, dann brasilianischer Staatsminister 170, 174, 320, 324, 337, 343

Anthologia Graeca. Griechische Epigrammsammlung, im 10. Jh. in Konstantinopel zusammengestellt 169

Apokalypse (Offenbarung Johannis) 41f., 49f., 195, 241, 244, 311

Aristoteles, 384–322 v. Chr. 24, 32, 212, 353

Armstrong, amerikanischer Astronaut 278

Arnold(us Saxo) 194, 198, 221, 286, 297, 355

Aubuisson de Voisins, 1769–1841 265

August der Starke, sächs. Kurfürst, König von Polen, 1697–1733 206

Aurangzeb, Großmogul 1658–1707 77

Baader, Franz von 107

Babington, William, 1756–1833. Arzt, Heilkundelehrer, Chemiker, Mineraloge in London 342

Bächtold-Stäubli, Hanns 207, 278, 291, 366

Bäckström 263

Bagge 335

Bambauer, H.U., Professor der Mineralogie in Münster 364

Bartholinus, Erasmus, 1625–1698. Professor der Mathematik und Medizin in Kopenhagen 184, 205

Bartsch, Karl 49

Basilius Valentinus 173, 232, 358

Bauer, Georg → Agricola

Bauer, Max 192, 214, 282, 287, 324, 335, 364

Baumhauer, Heinrich A., 1848–1926. Oberlehrer in Lüdinghausen, zuletzt Professor in Freiburg, Schweiz 301

Beaumont → Elie de Beaumont

Becher, Johann Philipp, 1752–1831. Oberbergrat und Oberbergmeister in Bonn 229

Bechstein, Ludwig, 1801–1860. Märchen- und Sagen-Sammler 291

Beckby, Hermann 169

Beckmann, Johann, 1739–1811. Professor in Göttingen 218

Becquerel, 1852–1908 288

Beda 42, 354

Berendes, Julius, 1837–1914. Pharmazeut 353

Berg-Buch 177, 178, 185, 186, 197, 236, 253, 299, 314, 359

Bergbüchlein 68, 69, 93, 101, 224, 230, 259, 299, 345, 347, 359

Bergmann, Torbern Olof, 1735–1784. Professor der Chemie und Pharmazie in Uppsala 268, 316, 334

Beringer, J.B.A. 90f.

Bernoulli, Cristoph, 1782–1863. Baseler Technologe 329

Berthelot 357

Berthier, Pierre, 1782–1861. General-Inspektor im Corps des mines 220

Berzelius, Johann Jacob von, 1779–1848. Chemiker. Professor in Stockholm 120, 129, 130, 133, 139, 140, 165, 167, 179, 194, 230, 252, 284, 287, 317, 331, 349

Beudant, François Sulpice, 1787–1852. Mineraloge und Geologe, erst in Marseille, dann an der Pariser Universität 146, 161, 173, 191, 222, 233, 301, 304, 329, 331

Biot, Jean Baptiste, 1774–1862 188

Blake, W. Ph., geb. 1826. Amerikanischer Mineraloge und Geologe 196

Blumenbach, 1752–1840. Professor der Medizin in Göttingen 178, 243, 269, 294, 303, 331

Boisserée, 1783–1854. Kunstsammler 217

Bonifatius 86, 291

Boot (Boodt), Anselmus Boethius de 82, 165, 185, 204, 205, 223, 248, 258, 300, 305, 313, 326, 329, 359

Borgnet, Auguste 355

Born, Ignaz Edler von, 1742–1791. Mineraloge und Metallurg. Vorstand des Hofmineralienkabinetts in Wien 193, 315

Bosc d'Antic, Paul, 1726–1784. Königl. Leibarzt. Glashüttenbesitzer 195

Böttger, Rudolph, 1806–1881. Physik- und Chemielehrer in Frankfurt a. M. 179

Bourguet, Dav. Ludw. 167, 169, 171, 202, 213, 284, 363

Bourguet, Louis, 1678–1742. Professor in Neufchatel 291

Bournon, Jacques Louis, Graf von, 1751–1825. Gutsbesitzer. Direktor des Königlichen Mineralienkabinetts in Paris 192

Bowen, George T., gest. 1828. Professor zu Nashville in Tennessee 319

Brand, Hennig 292

Brandt, Georg, 1694–1768. Wardein an der Münze zu Stockholm, dann Professor der Chemie in Uppsala 54, 104, 191, 253

Braun, Wilhelm 270

Breithaupt 53, 132, 136, 141, 191, 193, 200, 215, 217, 233, 260, 269, 270, 285, 291, 337, 342, 344, 362, 363

Bremisch-niedersächsisches Wörterbuch 287

Brewster, Sir David, 1781–1868. Zuletzt Professor in Edinburg 331

Brögger, Waldemar Christofer, geb. 1851. Norwegischer Mineraloge 263.

Brongniart, Alexandre, 1770–1847. Ingénieur en chef des mines. Professor am Naturkundemuseum in Paris 200, 227, 254, 272, 277

Brooke, Henry James, 1771–1857. Wollhändler, Mineraloge in London 179, 193, 222, 238, 327, 331

Bruce, Archibald, 1777–1818 193

Brückmann, Franz Ernst 192, 194, 207, 209, 234, 256, 259, 288, 301, 318, 324, 328, 360

Brückmann, Urban Friedrich Benedict 73, 74, 76, 163, 215, 243, 250, 262, 266, 280, 296, 324, 343, 349, 361

Bruhns, Willy 181, 339, 364

Brünnich, Morton Thrane, 1737–1827. Professor in Kopenhagen, dann Oberberghauptmann in Norwegen 361

Brush, George J., 1831–1912. Nordamerikanischer Mineraloge und Metallurg. Professor in New Haven, Conn. 173, 364

Buber, Martin, 1878–1965 38f.

Buch, Christ. Leopold von 142f., 170, 179, 188, 203, 211, 221, 228, 240, 263, 284, 285, 289, 290, 307, 321, 335, 363

Büchner, Georg, 1813–1837 263
Buttmann, Philipp Karl, 1764–1829. Bibliothekar in Berlin 268

Caley, Earle R. 197, 201, 266, 353
Campe, Joach. Heinr., 1746–1818, 58
Cancrin, Georg, Graf von, 1774–1845 194
Carnall, Rudolf von 194
Cascariolo, V. 316
Cavenago-Bignami, Speranza 230, 303, 365
Cellini, Benvenuto, 1500–1572. Italienischer Goldschmied und Bildhauer 235
Cesalpino (Caesalpinus), Andrea, 1519–1603. Aufseher des Botanischen Gartens in Pisa, später päpstlicher Leibarzt 87
Chaptal, Jean Antoine Claude, Graf v. Chanteloup, 1756–1832. Chemieprofessor und Fabrikbesitzer in Montpellier, unter Napoleon Minister des Innern 284
Chladni, E.F.F., 1756–1827 275
Chosroës, Prinz 312
Chudoba, Karl F. 287, 342, 364, 365
Clarke, Edward Daniel, 1769–1822. Professor der Mineralogie in Cambridge 222
Claudel, Paul, 1868–1955 42
Cleve, Per Theodor, 1840–1905. Professor der Chemie in Uppsala 331
Cloos, Walther 74, 286, 365
Coes, L., jr. 199
Compton, Lord, 1790–1851. Kurator am Britischen Museum 331
Constantinus Africanus 171, 248, 355
Cordier, Pierre Louis Antoine, 1777–1861. Präsident des Conseil général des mines 167, 199.
Covelli, Niccola, 1790–1829. Professor in Neapel 240, 260
Cramer, L.W., Oberbergrat in Wiesbaden 229
Cronstedt 73, 74, 91, 104, 130, 163, 173, 175, 177, 192, 193, 210, 220, 226, 231, 233, 246, 250, 252, 253, 257, 261, 269, 276, 278, 285, 293, 299, 304, 309, 316, 334, 336, 346, 361
Cullinan, Thomas 79
Curie, Marie, geborene Sklodowska, 1867–1934. Professor der Physik in Paris, mit ihrem Gatten zusammen Entdeckerin des Radiums 288, 320
Curie, Pierre, 1859–1906. Chemiker, dann Professor d. Physik in Paris 288

Damigeron 67, 201, 310, 319, 321, 354

Damour, Augustin Alexis, 1808–1902(!). Beamter im Ministerium des Auswärtigen, seit 1854 nur Forscher, Paris 200, 243, 320
Dana, Edward S., geb. 1849. Sohn des folgenden. Professor der Naturwissenschaften, New Haven, USA 149, 364
Dana, James Dwight 146, 170, 188, 192, 196, 222, 244, 331, 364
Dante 294, 310, 354
Davy, Sir Humphry, 1778–1829, Chemiker. Präsident der Royal Society in London 168, 191, 196, 246, 268, 284, 316
Daubrée, G.A., 1814–1896 149
De Beer 79
Delamétherie, Jean Claude, 1743–1817. Professor der Naturgeschichte, Paris 170, 246, 293, 324, 327
Delesse, Achille, 1817–1881. Inspecteur général du Corps des mines, Paris 289
Denso, Johann Daniel, 1708–1795. Professor, Rektor der Stadtschule in Wismar 360
Des Cloizeaux, 1817–1897. Professor am Naturkundemuseum in Paris 188, 200
Devarenne 169
Diels, Hermann, Philologe, geb. 1848 176
Dioscurides 67, 172, 176, 245, 278, 314, 318, 348, 353
Dolomieu, Déodat de, 1750–1801. Geologe und Mineraloge. Viele Reisen. Zuletzt Professor am Naturkundemuseum in Paris 203
Dresden 206
Droste-Hülshoff, Annette von, 1797–1848 218
Dschâbir 358
Duden 235, 350
Dufrénoy, Pierre Armand, 1792–1857. Ingénieur en chef des mines. Professor der Mineralogie, Paris 182, 289, 320
Dyas Chymica Tripartita 61, 65

Eichholz, D.E. 353
Ekanayake 211
Ekeberg, Anders Gustaf, 1767–1813. Chemiker in Uppsala 129, 221, 330, 345, 347
Elhuyar, Don Fausto de, 1755–1832. Generaldirektor der mexikanischen Bergwerke. Sein Bruder Don Juan José, gest. in Mexiko 107, 336, 344
Emmerling, Ludwig August 113, 139, 232, 239, 257, 259, 362
Empedokles aus Agrigent, griechischer Philosoph, gest. 430 v. Chr. 32, 208, 212

Emrich, Wilhelm 118, 122
Encelius (Christoph Entzel) 359
Encyclopaedia Brittanica (Tafel: Cullinan)
Entrecolles, François Xavier d', 1664–1741.
  Jesuitenpater. Missionierte in China 246
Epiphanius 247, 354
Ercker, Lazarus 184, 210, 226, 260, 304, 342,
  348, 359
Erdmann, Axel, 1814–1869. Schwedischer
  Geologe 295
Ersch, Joh. Sam. 192, 366
Eschenbach → Wolfram von Eschenbach
Eschwege, Wilhelm Ludwig von, 1777–1855.
  Leitende Stellungen im brasilianischen,
  dann portugiesischen Bergwesen 242, 243
Esmark, Hans Morten Thrane, geb. 1801,
  Sohn des folgenden. Pfarrer zu Ramnäs,
  Norwegen, Mineraloge 165, 331
Esmark, Jens, 1763–1839. Professor der Berg-
  wissenschaften in Christiania (Oslo) 200, 315
Estner, Franz Joseph Anton 174, 194, 227, 255,
  264, 362
Eugenie, Kaiserin 202
Ewald, J. 363

Feldbauer, das Märe vom 299, 357
Ficinus, Marsilius, 1433–1499 205
Fiedler, Karl Gustav, 1791–1853. Führte
  berg- und hüttenmännische Reisen in
  Europa und Asien durch 197
Fischer von Waldheim, Gotthelf, 1771–1853.
  Universitätsprofessor und Direktor des na-
  turhistorischen Kabinetts in Moskau 337
Fischer, Walther 107
Fleuriau de Bellevue, 1761 (etwa)–1852. Pri-
  vatmann in La Rochelle 273
Florio, John, um 1600. Montaigne-Überset-
  zer, Lehrer des Italienischen 263
Forster, Johann Georg Adam 243, 363
Forster, Johann Reinhold 243, 363
Fracastoro, Girolamo, 1483–1553. Dichter
  und Arzt in Verona 87
Francke, H. Hugo A. 146, 150, 186, 191, 236,
  324, 348, 365
Franklin, Benjamin 220
Franz Stephan von Lothringen 219
Freiesleben, Johann Karl, 1774–1846. Berg-
  hauptmann. Chef des Berg- und Hüttenwe-
  sens im Königreich Sachsen 221, 246, 362
Friedel, Charles, 1832–1898. Professor der
  Mineralogie an der Sorbonne 164, 344

Frings, Theodor 355
Fröbel, Julius, 1805–1893. Neffe des Päd-
  agogen. Literat und Naturgeschichtler,
  deutscher Konsul 173, 193, 289, 337
Fuchs, Johann Nepomuk, 1774–1856. Professor der Mineralogie in München. Samm-
  lungskonservator. Prädikat «von» mit Ver-
  setzung in den Ruhestand 174, 221, 273

Gadolin, Johann, 1760–1852. Chemieprofes-
  sor in Åbo 140, 221, 345
Gaekwar von Baroda 166, 202, 326
Gahn, Johann Gottlieb, 1745–1818. Assessor
  im schwedischen Berg-Kollegium 167, 226,
  268, 316, 347
Gallitzin, Fürst, 1735–1803. Russischer Di-
  plomat. Präsident der Mineralogischen Ge-
  sellschaft in Jena 323
Ganzenmüller, Wilhelm 365
Garnier, Jules 141, 222
Garboe, A. 87
Garret, R.M. 354
Gart der gesuntheit → Hortus Sanitatis
Gay-Lussac, Louis Joseph, 1778–1850. Pro-
  fessor der Physik und Chemie in Paris 192
Geber 300, 358
Geinitz, Hanns Bruno, 1814–1900 107
George, Stefan 17, 153, 198, 249, 281, 310
Germershausen 278
Gersdorff 224
Gesner, Conrad 71, 85, 181, 204, 239, 326, 327,
  359
Giesecke 168, 225
Gilbert, Ludwig Wilhelm, 1769–1824. Profes-
  sor, erst in Halle, dann in Leipzig. Heraus-
  geber der Annalen der Physik 284, 364
Gilgamesch 262
Gillet de Laumont, 1747–1834. Mineraloge.
  General-Inspektor im Corps des mines 263
Glauber, Johann Rudolph, 1604–1668 227
Glocker 163, 164, 191, 210, 234, 293, 295, 304,
  365
Glossen, Althochdeutsche 34, 165, 237, 252,
  304, 336, 355
Gmelin, Johann Friederich 173, 182, 188, 196,
  205, 208, 211, 215, 218, 219, 220, 223, 231,
  240, 247, 266, 271, 280, 281, 291, 292, 295,
  301, 303, 306, 307, 312, 323, 325, 334, 335,
  340, 341, 342, 343, 344, 361
Gmelin, Leopold, 1788–1853. Professor der
  Medizin und Chemie in Heidelberg. Be-

gründer des Handbuchs der anorganischen Chemie 365

Goethe 9, 15, 57, 59, 63, 64, 72, 80, 97, 108, 115f., 117, 120, 128, 140, 145, 157, 158, 165, 170, 185, 190, 199, 208, 212, 217, 218, 223, 227, 229, 230, 232, 233, 235, 243, 248, 249, 252, 254, 257, 263, 280, 281, 284, 292, 305, 310, 325, 334, 335, 338, 349, 362

Goltz, Dietlinde 176, 192, 222, 270, 366

Gorceix, Henri 230

Gothan, Walther 325

Gottfried von Straßburg 43f.

Gotthelf, Jeremias, 1797–1854 282

Gregor d. Große, 590–604 Papst 34

Gregor, William, 1762–1817 332

Grew, Nehemiah, 1628–1711. Arzt in Coventry, dann in London 189

Grimm, Jacob, 1785–1863, und Wilhelm, 1786–1859 17, 21, 259, 298, 318, 336, 346, 348, 366

Groth, Paul Heinrich, 1843–1927. Professor der Mineralogie in Straßburg, dann in München 338

Gruber, Joh. Gottfr. 366

Gübelin, Eduard J. 365

Hahn, Karl August 356

Hahn, Otto, Atomforscher 288

Haidinger, Wilhelm 18, 28, 134f., 173, 223, 233, 244, 246, 269, 270, 271, 308, 335, 364

Harley, Nik. von 308

Hatchett, Charles, 1765 (etwa)–1847. Esquire, Mitglied der Royal Society 283

Hauck, Albert 38

Hauff, Hermann 363

Hausmann 136, 170, 171, 174, 178, 185, 188, 208, 233, 270, 285, 323, 347, 363

Hauy 75, 130f., 146f., 169, 170, 174, 176, 180, 186, 203, 211, 215, 226, 236, 238, 242, 247, 257, 261, 272, 273, 289, 293, 295, 321, 327, 332, 334, 335, 339, 343, 346, 363; Bilder: 127, 170, 180, 212, 236, 257, 293, 332, 340

Hedenberg, L. 236

Heinrich von Mügeln 357

Heinrici Summarium 35, 36, 355

Heliogabalus, Römischer Kaiser 218–222, 281

Henkel (Henckel) 13, 93f., 175, 218, 240, 250, 251, 254, 260, 268, 271, 276, 297, 303, 304, 320, 348, 360

Herbarius → Hortus Sanitatis

Herder, Johann Gottfried von, 1744–1803 103, 121

Hermann, Hans Rudolph, 1805–1879. Vorsteher der Mineralwasseranstalt in Moskau 298, 337

Hermes Trismegistos 59

Herodot(os), etwa 484–424 v. Chr., griechischer Geschichtsschreiber 225, 320

Herrmann, Fabrikant 245

Herschel, Friedrich Wilhelm, 1738–1822. Gebürtiger Hannoveraner. Als Astronom in England tätig 126

Herzog Ernst. Mittelalterliche Erzählung, früheste Fassung um 1170 49

Hesekiel 38, 310

Hesiod(os). Griechischer Dichter des 8./7. Jh. v. Chr. 201

Hess, Germain Henri, 1802–1850. Professor der Chemie, St. Petersburg 339

Heuland, Henry, gest. 1856 238, 312

Heyer Apotheker in Braunschweig 312

Hidden, William Earl 238

Hildebrandslied 34

Hildebrandt, Kurz 122

Hildebrandt, Reiner 33f., 355

Hildegard von Bingen 19, 44, 73, 190, 230, 233, 246, 249, 355

Himmlisches Jerusalem 42, 357

Hintze 364

Hiob 290, 333

Hisinger, Wilhelm, 1766–1852. Schwedischer Grubenbesitzer. Geognost, Chemiker, Mineraloge 194

Hjärne, Urban, 1641–1724. Königl. Leibarzt, Präsident des Bergkollegiums, Laboratoriumsdirektor in Stockholm 261

Hjelm, Petter Jacob, 1746–1813. Münzwardein in Stockholm 276

Hochstetter, Ferdinand von, 1829–1884. Geologe. Intendant des Hofmuseums in Wien 207

Hoffmann, Christian August Siegfried 362

Hoffmann, Ernst Theodor Amadeus, 1776–1822 249

Hofmannsthal, Hugo von, 1874–1929 124, 194, 244

Hohes Lied Salomos 40

Hölderlin, Friedrich, 1770–1843 128

Homer, 8./7. Jh. v. Chr. 30, 186, 319, 347

Hope, Thomas Henry 239

Höpfner 312

Hortulanus, Kommentar zur Tabula Smaragdina 60

Hortus Sanitatis 167, 172, 188, 189, 195, 238, 246, 265, 281, 317, 327, 356; Bilder: 178, 189, 205, 236, 238, 258, 267, 279, 290, 308, 318, 327

Hübner, Johann 99

Humboldt, Alexander von, Naturforscher 107, 169, 183, 234, 286, 292, 334, 339, 363

Humboldt, Wilhelm von, Bruder des Vorigen, 1767–1835. Sprachforscher, Staatsmann 19, 158

Huser, Johannes 360

Hussak, Eugen, geb. 1856 in Steiermark, Mineraloge, Privatdozent. Später in der geographischen und geologischen Landesaufnahme in Südbrasilien tätig 230

Ibrahim Pascha 288

Interpretatio → Agricola

Isidor 21, 35, 38, 67, 163, 166, 176, 194, 198, 205, 211, 238, 241, 244, 246, 247, 262, 263, 271, 273, 281, 284, 289, 297, 311, 333, 354

Jameson, Robert, 1774–1854. Professor in Edinburg 173, 192, 243, 283, 285

Jasche, Christoph Friedrich, geb. 1781, Berg- und Hüttenwerksdirektor in Ilsenburg 302

Jean Paul, 1763–1825 17, 122f., 145, 207, 220, 224, 242, 271, 328

Jesaias 41

Jesus 41

Johann, Erzherzog 244

Jonker, Jacobus 245

Jordan, Dr. 245

Josephus, Flavius 330

Jünger, Ernst 146

Junghans, Gottfried 207, 359

Justi, Johann Heinrich Gottlob von, gest. 1771. Preußischer Berghauptmann 222

Karl der Große, 768–814 34

Karl der Kühne, Herzog von Burgund, 1467–1477 78, 219, 308

Karolinger, fränkisches Herrschergeschlecht 34

Karsten, Dietrich Ludwig Gustav 142, 168, 174, 180, 189, 243, 257, 276, 284, 291, 311, 347, 362, 363

Katharina II., Kaiserin von Rußland, 1762–1796 202, 287

Kautzsch, Emil 40

Keferstein, Christian, 1784–1866. Privatgelehrter 227

Kenngott, Gustav Adolph, 1818–1897. Zuletzt Professor der Mineralogie in Zürich 211, 237, 347

Kentmann, Johann 70, 71, 96, 225, 256, 288, 300, 319, 332, 359

Kepler, Johannes, 1571–1630. Astronom 157, 314

Kieser, D.G. von 252

Kimberley, Earl of 253

Kirchheimer 179, 338, 341, 367

Kirwan, Richard, 1733–1812. Gebürtiger Ire, Advokat, dann Privatmann, Naturwissenschaftler 215, 217, 270, 292, 328, 337, 339

Klaproth 125f., 143, 168, 174, 186, 188, 194, 199, 223, 234, 242, 255, 264, 284, 285, 286, 288, 305, 310, 311, 324, 330, 332, 341, 349, 363

Klauser, Theodor 38

Klockmann, Friedr. Ferd. Herm. 130, 134, 150, 165, 222, 229, 261, 270, 279, 314, 346, 364

Klotz, Christian Adolf, von Lessing bekämpfter Literat, Verfasser einer Schrift über geschnittene Steine (1768) 163

Kluge, Friedrich 222, 223, 298, 366

Kluge, Karl Emil 79, 219, 234, 364

Kobell, Franz von 167, 169, 174, 177, 178, 188, 193, 196, 200, 203, 210, 212, 236, 241, 273, 289, 293, 331, 335, 339, 347, 349, 365

Koch, Walter 236, 287, 367

Konrad, Pfaffe → Rolandslied

Körner, Theodor, 1791–1813 277

Kornerup, A.N. 255

Krause, Wolfgang 33

Krünitz 78, 101, 209, 210, 218, 220, 227, 239, 240, 255, 259, 278, 328, 366

Kühn, Otto Bernhard, 1800–1863. Prof. der Chemie in Leipzig 186

Kundmann, Joh. Christian 78, 82, 87, 217, 287, 302, 313, 326, 360

Kunz, George Frederick, 1856–1932 259, 279

Kupffer, Adolph Theodor, 1799–1865. Professor in Kasan, dann in St. Petersburg 332

Lachmann, Karl 357

Lamprecht → Alexanderlied

Lampridius, Spätrömischer Geschichtsschreiber 281

Lasius 171

Laspeyres, E.A. Hugo, 1836–1913. Professor der Mineralogie und Geologie, zuletzt in Bonn 254

Laue, Max von, 1879–1960. Zuletzt Direktor des Max-Planck-Instituts in Berlin 157

Lavoisier, Antoine Laurent, 1743–1794. Chemiker in Paris 202

Ledermüller, 1719–1769. Justizrat. Assistent beim Naturalienkabinett in Bayreuth 105

Lehmann, Ernst Joh. Traugott, 1777–1847. Zuletzt Professor in Freiberg 358.

Lehmann, Johann Gottlob 183, 199, 213, 214, 256, 260, 304, 306, 314, 318, 332, 338, 346, 361

Leibniz, Gottfr. Wilh., 1646–1716 88, 292

Leitzmann, Albert 357

Lelièvre, Claude Hugues, 1752–1835. Vizepräsident des Conseil général des mines 264

Lenz, Johann Georg, 1748–1832. Mineraloge, Professor in Jena 229, 261

Leonhard, Carl Caesar von 173, 203, 211, 218, 229, 231, 232, 233, 234, 265, 266, 269, 290, 291, 363

Lesser, Friedrich Christian 81, 90, 233, 328, 344, 346, 360

Lessing, Gotthold Ephraim, 1729–1781 115, 163, 223, 292, 312, 341

Levy, Armand, 1794–1841. Lehrte Mineralogie, erst in Lüttich, dann in Paris 193, 241, 291, 343

Lewis, Henry Carvill, 1853–1888. Nordamerikanischer Geologe 253

Libavius (Libau), Andreas, gest. 1616. Zuletzt Gymnasialdirektor in Coburg 318

Lieber, Werner 364

Lindacker 319

Lindenborn 226

Lindsay, W.M. 354

Linnaeus → Linné

Linné 23, 103f., 233, 253, 261, 359

Lippmann 166, 171, 186, 222, 283, 302, 309, 344, 365

List, Karl Georg Ernst, geb. 1824. Lehrer an der Gewerbeschule zu Hagen 317

Liversidge, A., Australischer Mineraloge 222

Löhneyß, Georg Engelhard 98, 191, 340, 359

Lorenzen, Johannes Th., 1855–1884. Assistent für Mineralogie am Museum in Kopenhagen 255

Löwe, Alexander, geb. 1808. Münzprobierer, dann Direktor der k.u.k. Porzellanfabrik in Wien 224

Lowitz, Johann Tobias, 1757–1804. Direktor der Hofapotheke in Petersburg 328

Lucas von Cranach 236

Ludwig, Christian Friedrich 362

Lukas, Evangelist 319

Luther, Martin, 1483–1546 38, 69, 88, 201, 266, 290, 310, 332, 333

Maaler, Josua 319

Mahommed-Schah, Herrscher des Großmogulreichs 1719–1748 79

Maier (Majerus), Michael 172, 358

Makkabäer, Das zweite Buch der 217

Marbod(us) 37, 164, 279, 309, 333, 349, 355

Marco Polo → Polo

Marcus Graecus, Verfasser eines Feuerwerksbuches (um 1250), lateinische Übersetzung (liber ignium) um 1300 307

Marggraf, Andreas Sigismund, 1709–1782. Chemiker in Berlin 267, 332

Marignac, Jean Charles, 1817–1894. Professor der Chemie in Genf 345

Markus, Evangelist 209, 325

Martial(is), römischer Dichter, etwa 40–104 280

Martianus Capella 277, 356

Mathesius 28, 93, 99, 190, 191, 196, 215, 219, 220, 222, 227, 230, 234, 240, 268, 304, 307, 340, 343, 360

Matthäus, Evangelist 41

Matthiessen, Wilhelm 360

Maurer, Friedrich 357

Megenberg, Konrad von 19, 45, 46, 52, 53, 76, 81, 163, 165, 169, 173, 177, 181, 184, 190, 198, 200, 201, 202, 204, 205, 206, 209, 211, 230, 235, 237, 238, 242, 247, 255, 258, 263, 266, 272, 274, 279, 283, 286, 287, 288, 295, 305, 309, 310, 312, 321, 322, 347, 356

Mély, Fernand de 353

Menudier 362

Mercati 291

Metzler, Carl → Giesecke

Mieleitner, Karl 353

Migne 34, 354, 355

Miller, William Hallowes, 1801–1880. Professor in Cambridge 18, 179, 222

Minerophilus Freibergensis 164, 169, 181, 182, 190, 195, 209, 212, 254, 360

Mitzka, Walther 366

Model, Joh. Georg, 1711–1775 306
Mohs 53, 107, 133f., 226, 247, 290, 363
Moll, Karl Ehrembert, Freiherr von, 1760–1838. Privatmann, Naturforscher 347
Mommsen, Th. 354
Monnet, Antoine Grimoald, 1734–1817. Französischer Mineraloge 171, 226
Monticelli, Teodoro, 1759–1846. Benediktiner, Professor der Chemie in Neapel 240
Morgan, John Pierpont 279
Mosander, Carl Gustav, 1797–1858. Professor der Chemie und Mineralogie in Stockholm 262, 345
Mose, Das erste Buch 330
Mose, Das zweite Buch 40, 49, 266
Mozart 225
Müller, Joseph 325
Müller von Reichenstein, Franz Joseph, Freiherr, 1740–1825 330
Münster, Sebastian, 1489–1552 260
Murawski, Hans 365

Nadir-Schah, Herrscher über Persien 1736–1747 79
Napione, C.A.G., gest. 1814 in Rio de Janeiro. Bergwerksinspektor und Metallurg in Turin. Zuletzt in portugiesischen Diensten 188, 220
Napoleon III., Kaiser der Franzosen 1852–1870 202
Naumann, Carl Friedrich 120, 137, 208, 216, 221, 317, 329, 335, 364
Necker de Saussure, Louis Albert, 1786–1861. Professor in Genf 186, 315
Neergard, Tönnes Christian Bruun, 1776–1824. Dänischer Gutsbesitzer 236
Nettesheim → Agrippa von Nettesheim
Nibelungenlied. Anfg. 13. Jh. 244
Nikolaus I., Kaiser von Rußland 1825–1855 312
Niobe 129, 283
Nordenskiöld, Nils Gustaf, 1792–1866, Direktor des finnischen Bergwesens. Vater des bekannten Polarforschers 167, 200, 291
Nose, Carl Wilhelm 284, 309
Notker der Deutsche 35, 236, 277, 297, 356
Novalis (Friedrich Leopold Freiherr von Hardenberg), 1772–1801 107, 114, 115

Odysseus 31, 304
Offenbarung Johannis → Apokalypse

d'Ohsson, Constantin, Freiherr, 1779–1851. Schwedischer Legationssekretär bzw. Gesandter in verschiedenen Hauptstädten 197
Oken, Lorenz 218, 223, 224, 257, 329, 363
Orléans, Philipp, Herzog von, gest. 1723 302
Orlow, Gregor 287
Orpheus, angebl. Verfasser der Lithika 181, 195, 244, 284, 286, 353
Otfrid, 9. Jh. Erster deutscher Reimdichter 210, 230, 252
Otto I., Kaiser 936–973 49
Otto IV., Kaiser 1198–1215 45
Ottonen, deutsches Herrschergeschlecht 919–1024 34
Ovid(ius), römischer Dichter, 43 v. Chr. bis etwa 18 n. Chr. 255
Oxford English Dictionary 169, 195, 200, 247, 254, 255, 261, 366

Pabst von Ohain, sächsischer Berghauptmann 109
Pallas, Peter Simon 250, 363
Panzer, Friedrich,1794–1854. Volkskundler 207
Pape, W. 186
Paracelsus 53, 54, 62, 69, 71f., 172, 175, 209, 222, 223, 253, 255, 259, 267, 274, 275, 299, 307, 347, 360
Parker, Robert L. 210, 364
Parz(ival) → Wolfram von Eschenbach
Patroklos 31
Paulus, Apostel 313
Pauly-Wissowa 281, 366
Péligot, Eugène Melchior, 1811–1890. Professor der Chemie in Paris 288
Pentland 289
Perowski 290
Pfaff, Christian Heinrich, 1773–1852. Professor der Medizin, Physik und Chemie in Kiel 224
Pfeiffer, Franz 356, 357
Philipp v. Schwaben, König 1198–1208 45, 48
Phillips, William, 1773–1828. Buchhändler, Geologe, Mineraloge in London 214, 267, 291
Physiologus 267, 354
Pigott, Lord 292
Pindar(os), griechischer Lyriker, 518–438 v. Chr. 173, 230, 296
Pini, Ermenegildo, 1739–1825. Barnabiter. Professor der Mathematik, dann der Naturgeschichte in Mailand 165

Pitt 302

Platon 179, 212, 274

Plinius 14, 38, 67, 163, 164, 166, 168, 169, 170, 171, 173, 176, 179, 181, 182, 184, 185, 189, 190, 194, 195, 196, 197, 198, 200, 201, 205, 211, 223, 230, 231, 234, 235, 236, 237, 244, 247, 256, 265, 267, 268, 269, 272, 278, 280, 281, 283, 284, 286, 287, 294, 295, 296, 297, 299, 306, 309, 312, 313, 315, 317, 318, 320, 321, 322, 323, 326, 327, 328, 329, 333, 347, 348, 353

Poda von Neuhaus, Nicolaus, 1723–1798. Gelehrter Jesuit. Mathematiker und Naturwissenschaftler, zuletzt in Wien 171, 264

Poggendorf 193, 197, 245, 317, 364, 365

Polo, Marco, Venetianer, machte 1269–1295 eine Reise durch Innerasien nach China 180

Polykrates, Tyrann von Samos um 530 v. Chr. 311, 320

Potemkin 202

Pott, Johann Heinrich, 1692–1777. Chemiker, Direktor der königlichen Hofapotheken in Berlin 268

Prehn 139, 295

Prescher, Hans 358

Propertius, römischer Elegendichter, um Christi Geburt 273

Proust, Joseph Louis, 1755–1826 304

Prüler Steinbuch 198, 241, 349, 356

Pseudo-Aristoteles 21, 60, 187, 202, 241, 248, 299, 310, 355

Pyrrhus, König von Epirus 295–272 90, 163

Pytheas von Massilia 331

RAL 77, 153, 250, 295, 366

Ramdohr, Paul 264

Rammelsberg, Karl Friedrich, 1813–1899 Professor in Berlin 244, 253, 300, 331

vom Rath, Gerhard, 1830–1888. Professor in Bonn 200, 245, 270, 301, 320, 335

Raumer, Karl von, 1783–1865. Geologe, Mineraloge, Pädagoge. Professor, zuletzt in Erlangen 13, 27, 107, 125

Régnier, Henri de, 1864–1936 153, 198

Reichardt, Eduard, 1827–1891. Professor in Jena 252

Reichenbach, Karl Freiherr von, 1788–1869. Begründete Industriewerke in Baden und Österreich. Naturforscher, vor allem Chemiker. Meteoritensammlung. Auch bekannt durch seine Lehre vom «Od» 275

Reinke de vos, Versepos in niederdeutscher Sprache 249, 313

Reiskius (Reiske), Johann, 1641–1701. Rektor, zuletzt in Wolfenbüttel 206

Reisch 274

Reitz, Frans Willem 245

Remy, Heinrich 365

Reuß, Franz Ambros 243, 362

Rhodes, Cecil 78

Richards, John F.C. 353

Richter, Christian, seit 1709 Edelsteininspektor in Schneeberg 306

Richthofen, Ferdinand Paul Wilhelm, Freiherr von, 1833–1905. Forschungsreisender. Professor, zuletzt in Berlin 303

Riethe, Peter 355

Rigveda 30

Rinne 264, 280, 289, 309, 312, 313, 343, 364

del Rio, Andres Manuel, geb. etwa 1769, gest. vor 1849. Professor an der Bergschule in Mexiko. 1829 nach den USA ausgewandert 244, 339

de Rivero, Mariano 240

Rochon, Alexis Marie de, 1741–1817. Französischer Astronom und Physiker. Reisen (Afrika, Indien) 295

Rolandslied 47, 218, 357

Roloff 245

Romé de l'Isle, Jean Baptiste Louis 1736–1790. Französischer Kristallograph 321

Rose, Gustav, 1798–1873. Professor der Mineralogie in Berlin 141, 171, 194, 196, 290, 294, 317, 324, 339, 346

Rose, Heinrich, 1795–1864. Bruder des Vorigen. Professor der Chemie in Berlin 194, 275, 283, 293, 308, 317

Rose, Valentin 241, 248, 355

Rosenbusch, K. Harry F., 1836–1914. Petrograph u. Geologe. Prof. in Heidelberg 215

Rosenzweig, Franz 40

Rosinus, Mich. Reinh. 300

Rößler, Balthasar 224, 232, 288, 299, 322, 359

Rudolf II., Kaiser 1576–1612 258

Ruland, Martin 190, 300, 304, 358

Rülein → Ulrich Rülein

Rumphius (Rumph), Georg Eberhard, 1627–1706. Gelehrter Kaufmann aus Hanau. Lebte längere Zeit auf der Molukkeninsel Amboina 250

Ruska, Julius 60, 301, 329, 357, 365

Rutsch, R.F. 282, 367

Salvétat, Louis Alphonse, geb. 1820. Chemiker der Porzellanfabrik Sèvres 279

Samarski 308

Särchinger, Hellmuth 301

Sartorius von Waltershausen, Wolfgang, Freiherr. 1809–1876. Mineraloge und Geologe. Professor in Göttingen 320

Saussure, Horace Bénédict de, 1740–1799. Naturforscher in Genf. Geologische Reisen 178, 203, 273, 306, 312, 321

Saussure, Nicolas Théodore de, 1767–1845. Sohn des Vorigen. Naturforscher, hauptsächlich Pflanzenphysiologe 203

Scacchi, Arcangelo, 1810–1893. Professor der Mineralogie in Neapel 289

Schade, Oskar 202, 244, 310, 334, 366

Schafhäutl, K. Emil, 1803–1890. Professor der Geognosie, der Bergbau- und Hüttenkunde in München. Auch Musiktheoretiker 221, 288

Schah Jehan (Schahjahan), Großmogul, 1628–1658 166, 312

Scharfenberg → Albrecht von Sch.

Scheele, Karl Wilhelm, 1742–1786. Apothekenbesitzer in Köping unweit vom Mälarsee 139, 140, 220, 226, 232, 268, 276, 316, 336, 342, 344

Scheerer, K.J.A. Theodor, 1813–1875. Professor der Chemie in Freiberg 214, 289

Scheffer, Henrik Theophilus, 1710–1759. Erz- und Münzprobierer in Stockholm 293

Scheuchzer, Johann Jacob, 1672–1733. Stadtarzt, vielseitiger Naturforscher in Zürich 87, 206, 330

Schikaneder 225

Schloßmacher, Karl 237, 279, 301, 364, 365

Schmid, Friedr. August, 1781–1856. Sächsischer Bergbeamter 358

Schmidt, Hubert 309

Schneider, Wolfgang 254, 366

Schoep, Alfred, geb. 1881. Belgischer Mineraloge 320

Schönberg, Abraham von 359

Schott, Albert 262

Schramm, Percy Ernst 367

Schröcke, Helmut 275

Schulze, Christian Friedrich, 1730–1775. Vielseitiger Gelehrter und Forscher in Dresden 288

Schumacher, Christian Friedrich, 1757–1830. Chirurg. Chemiker. Mineraloge. Zuletzt Professor der Anatomie in Kopenhagen 171

Schwartz, Bertoldus 307

Schweizer, Matthias Eduard, 1818–1860. Professor der Chemie in Zürich 318

Seel, Otto 268, 354

Sefström, Nils Gabriel, 1787–1845. Chemiker und Mineraloge, zuletzt in Stockholm 339

Seidenadel, Karl 353

Semmola, Eugenio, 1836–1911. Vizedirektor am Vesuv-Observatorium 330

Sénarmont, Henri Hureau de, 1808–1862. Ingénieur en chef des mines. Professor in Paris 317

Senft, Ferdinand, 1810–1893. Professor in Eisenach 309

Sepp, Johann Nepomuk, 1816–1909. Politiker, Historiker, Volkskundler 291

Shepard, Charles Upham, geb. 1804. Nordamerikanischer Chemiker und Mineraloge 200, 275

Sievers, Eduard 355

Silliman, Benjamin, 1779–1864 319

Smith, John Lawrence, 1818–1883. Nordamerikanischer Chemiker und Mineraloge 238

Smithson, James Lewis Macle, 1765–1829. Chemiker und Mineraloge. Sein großes Vermögen weitervererbt an die Vereinigten Staaten, die davon nach dem Wunsch des Stifters die Smithsonian Institution in Washington gründeten 222

Söderbaum, H.G. 141

Solinus 221, 239, 245, 288, 311, 354

Sophokles, griechischer Tragiker 496 (etwa) – 406 237

Sosmann, Robert Browning, geb. 1881. Nordamerikanischer Chemiker und Geophysiker 199

Sowerby, James, 1757–1822. Maler in London (Porträts, Landschaften, Naturgegenstände) 225

Sperry, F.L. 323

Stache, K.H.H. Guido, geb. 1833. Geologe in Wien 200

Stackmann, Karl 357

Stark, T. 355

Steffens, Henrik, 1773–1845. Naturforscher und Naturphilosoph. Professor, zuletzt in Berlin 265

Steiner, Rudolf, 1861–1925 73

Steinmann, Johann Joseph, 1779–1833. Professor der Chemie in Prag 245

Steinmeyer, Elias 34, 35, 355

Steno → Stensen

Stensen, Niels, latinisiert Nicolaus Stenonis, meist Steno genannt, 1638–1686. Gebürtiger Däne. Vielseitiger Naturforscher. Leibarzt Großherzog Ferdinands II. von Florenz 87, 89, 184

Stephan, Erzherzog 325

Stephanos (Alchemist) 53

St. Florianer Steinbuch 46, 356

Stifter, Adalbert, 1805–1868 13, 124, 228, 272, 337

Stoltzenberg, Daniel Stoltzius von 63

Stör, J. G. 358

Storm, Theodor, 1817–1888 253

Strabon, griechischer Geograph, um Christi Geburt 165, 291

Strack, C. F. L. 354

Strackerjan, Ludwig 82

Straßmann, Fritz, Atomforscher 288

Stricker 45, 318, 356

Stromeyer, Friedrich, 1776–1835. Professor der Chemie in Göttingen 245, 294

Strunz, Hugo 130, 134, 148, 157, 364

Struve, H. Chr. G. von 328

Stütz, Andreas (Anton), 1747–1806. Naturgeschichtslehrer, dann Direktor des k.u.k. Naturalienkabinetts in Wien 264, 329

Sudhoff, Karl 360

Suess, Franz Eduard, 1867–1941. Professor d. Geologie in Wien 330

Sulzer, Friedrich Gabriel, 1749–1830 328

Sulzer, Johann Georg, 1720–1779 330

Summarium → Heinrici Summarium

Svanberg, Lars Fredrik, 1805–1878. Zuletzt Professor der Chemie in Uppsala 316

Sylvius (Dubois, de la Boë) 329

Tabula Smaragdina 357

Tacitus, römischer Geschichtsschreiber, um 100 n. Chr. 185, 339

Tantalus 129, 283

Tavernier, Jean Baptiste 75, 77, 219, 239, 362

Tennant, Smithson, 1761–1815. Professor der Chemie in Cambridge 214

Tenore 330

Thaulow, Moritz Christian Julius, 1812–1850. Professor der Chemie in Christiania (Oslo) 192

Thénard, Louis Jacques, 1777–1857. Professor der Chemie in Paris 192

Theophrast(os) 22, 67, 82, 225, 247, 255, 265, 288, 295, 296, 309, 320, 353

Thölde, Johann 358

Thomas Cantimpratensis 356

Thomas v. Aquino, 1225(?)–1274 355

Thomson, Thomas, 1773–1852. Chemiker, Mineraloge. Professor in Glasgow 168, 194, 289, 295, 322, 331, 339

Thyrsus, sagenhafter Riese 203

Tiemann 317

Tiffany 330

Tiresias 288

Titanen 128f

Titurel, Jüngerer → Albrecht von Scharfenberg

Tobias, Das Buch 41

Tollius, Adrianus 359

Trakl, Georg, 1887–1914 28

Tristan → Gottfried von Straßburg

Troeger, O. R. 341

Troili, Domenico 335

Tschermak, Gustav, geb. 1836. Professor der Mineralogie und Petrographie in Wien 194, 216, 337

Turba Philosophorum 357

Tyrwhitt, Thomas, 1730–1786 195

Ulex, Georg Ludwig, 1811–1883. Apotheker. Lehrer an der pharmazeutischen Lehranstalt in Hamburg. Handelschemiker 328, 337

Ullmann, Johann Christoph, 1771–1821. Professor der Philosophie und Finanzwissenschaft, dann der Staatswissenschaft sowie der Berg- und Hüttenkunde in Marburg 229, 233, 267, 327

Ulrich Rülein von Calw 359

Uwarow, Sergey, Graf 339

Valentini, Michael Bernhard 83, 177, 183, 187, 206, 245, 250, 281, 300, 306, 360

Valentinus → Basilius Valentinus

Vargas, Getulio 200, 295

Vauquelin, Louis Nicolas, 1763–1829. Erst Pharmazeut. Zuletzt Professor der Chemie in Paris 174, 186, 197, 244, 303, 321

Viktoria, Königin v. England, 1837–1901 245

Vivian, J. G. 340

Volger, Otto, 1822–1897. Professor der Geologie und Mineralogie, zuletzt in Frankfurt am Senckenberg-Institut. Gründer des Deutschen Hochstifts in Frankfurt 237

Volmar 45, 195, 201, 223, 237, 258, 287, 305, 310, 319, 356

Voltaire, 1694–1778 88, 119
Vossius 222

Waag, Albert 42, 357
Walch, Johann Ernst Immanuel 88, 220, 361
Walchner, Friedrich August, geb. 1799, Mine-
    raloge, Geologe, in Freiburg, dann in
    Karlsruhe 363
Wallerius, Joh. Gottschalk 215, 293, 323, 360
Walther von der Vogelweide. Um 1200 48, 201
Wavell, William 342
Webster, Robert 80, 277, 365
Weiner, Karl Ludwig 275
Weinschenk, Ernst, 1865–1921. Professor der
    Petrographie in München 253
Weisbach, Albin, 1833–1901. Mineraloge,
    Professor in Freiberg 240, 338, 341
Weiß, Christian Samuel, 1780–1856. Physiker
    und Mineraloge. Professor in Leipzig, dann
    in Berlin 265, 270, 343, 363
Wellmann, Max 353
Wells, Horace L., 1855–1924. Nordamerikani-
    scher Chemiker und Metallurg 323
Werner, Abraham Gottlob 74, 100, 107f. 109,
    126, 131, 136, 139, 140, 156f., 161, 167, 171,
    174, 193, 196, 198, 199, 207, 213, 222, 228,
    229, 233, 238, 239, 242, 261, 271, 275, 276,
    285, 300, 302, 303, 304, 323, 328, 336, 339,
    343, 346, 349, 361
Weyl, Richard, geb. 1912. Geologe 336
Weyland, Hermann 325
Widerhold, Johann Herman 362
Widmannstätten, Alois Beck, Edler von, 1753
    (etwa)–1849. Direktor des Kaiserlichen Fa-
    brikproducten-Cabinets in Wien 275
Wiedemann (Cronstedt-Übersetzer) 361
Wiedemann, Eilhard 301, 365
Wieland, Christoph Martin, 1733–1813 231
Wilhelm, Friedrich 356

Willem I. 142, 343
Winckelmann, Johann Just, 1620–1699. Hes-
    sen-darmstädtischer und oldenburgischer
    Historiograph 300
Withering, William 1741–1799 139, 344
Wittstein, G.C. 354
Wöhler, Friedrich, 1800–1882. Professor der
    Chemie in Göttingen 168, 186, 332, 339
Wolf, Werner 357
Wolfart, Peter, 1675–1726. Arzt. Professor in
    Hanau 282
Wolfram v. Eschenbach 50, 224, 249, 290, 305,
    357
Wolfskehl, Karl, 1869–1948 149, 272
Wollaston, William Hyde 329
Woltersdorff, J.L. 231
Woodward, John, 1665–1728. Professor der
    Medizin in London 87
Wulfen (Wulffen, Wülfen), Franz Xaver,
    Freiherr von, 1728–1805 223
Wulfila, westgotischer Bischof, 311 (etwa)–
    382 30, 33, 209, 216, 319, 325
Wurtz, Karl Adolf 344

Zedler 73, 97, 168, 177, 184, 190, 205, 215, 220,
    227, 239, 248, 256, 279, 280, 286, 291, 292,
    313, 314, 324, 329, 330, 331, 337, 339, 366
Zeisig, Johann Caspar → Minerophilus
Zeno(n), um 300 v. Chr. Griechischer Philo-
    soph der Stoischen Schule 208
Zeuner, Gustav Anton, 1828–1907 341
Zincgreff 29
Zincken, C.F. 245
Zincken, Karl Johann (oder Johann Karl
    Ludwig) 141, 317, 346
Ziolkowski, Theodore 205, 354, 367
Zirkel, Ferdinand 203, 207, 329, 364
Zois von Edelstein, Siegmund Freiherr 349

Tafelverzeichnis

Farbtafeln

Farbtafel 1:	Amethyst	64/65
Farbtafel 2:	Antimonit, Chalzedon, Kieselsinter (→ Sinter) ..	64/65
Farbtafel 3:	Eisenmeteorit (→ Meteorstein), Flußspat, Kobaltblüte	80/81
Farbtafel 4:	Morion (dunkler Rauchquarz)	112/113
Farbtafel 5:	Aurichalcit (Messingblüte), Sagenit, Schwerspat, Tektit	112/113
Farbtafel 6:	Turmalin	128/129
Farbtafel 7:	Skolezit, Pyrit auf Kalkspat	128/129

Schwarzweiß-Tafeln

Tafel 1:	Kohinoor, Cullinan	80/81
Tafel 2:	Amazonenstein, Augenachat	176/177
Tafel 3:	Bergflachs, Bergholz, Bergleder, Serpentin, Desmin .	176/177
Tafel 4:	Eisenblüte, Eisenspat	192/193
Tafel 5:	Enhydros, Feuersteinknollen	192/193
Tafel 6:	Gipskristall	232/233
Tafel 7:	Fraueneis, Eisenglimmer	232/233
Tafel 8:	Nadeleisenerz, Samtblende	232/233
Tafel 9:	Grauspießglanz, Hornstein	232/233
Tafel 10:	Kalkspat-Kristall, Kimberlit mit Diamant	256/257
Tafel 11:	Chiastolith, Lößkindel	256/257
Tafel 12:	Manganit, Pyrolusit	272/273
Tafel 13:	Nagelfluh, Granit-Pegmatit	272/273
Tafel 14:	Porphyrartiger Granit, Porphyr	288/289
Tafel 15:	Smithsonit, Puddingstein	288/289
Tafel 16:	Roteisenerz, Pyrit	304/305
Tafel 17:	Florentinischer Ruinenmarmor, Toneisenstein	304/305
Tafel 18:	Starstein, Serpentin	320/321
Tafel 19:	Strahlstein, Topas-Kristalle	320/321
Tafel 20:	Bimssteintuff, Trümmerachat	336/337
Tafel 21:	Ulexit, Zinnstein	336/337

Weitere Bücher zum Thema «Mineralogie» aus der erdwissenschaftlichen Reihe des Ott Verlags Thun

Die Mineralien der Alpen

(Bd. I und II)

Carlo Maria Gramaccioli

Eine Übersicht über die aus dem Alpenraum bekannten Mineralien. Mit einer Einführung in Mineralogie und Kristallographie
504 Seiten, 368 Farbfotos, 30 farbige Landkarten und 127 mehrfarbige Zeichnungen, geb. in Schuber.
(Die Bände sind nicht einzeln erhältlich)

Mineralienkunde

Robert Parker und Hans U. Bambauer

Leicht verständliche Einführung in die allgemeine und spezielle Mineralienkunde. Mit Tabellen zum Bestimmen der wichtigsten Mineralarten.
382 Seiten, 8 Farb- und 16 SW-Tafeln, über 120 Zeichnungen im Text.

Und das meint die Fachpresse zur 5. Auflage:
H. U. Bambauer, der Verantwortliche für diese 5. Auflage sowie der Verlag haben keine Mühe gescheut, ein trotz reichlich neuem Stoffangebot leicht faßliches, seriöses und optisch ansprechendes Buch zu schaffen, das durch eine vorzügliche, die Theorie veranschaulichende Bildauswahl ergänzt wird.
Naturwissenschaftliche Rundschau, Stuttgart

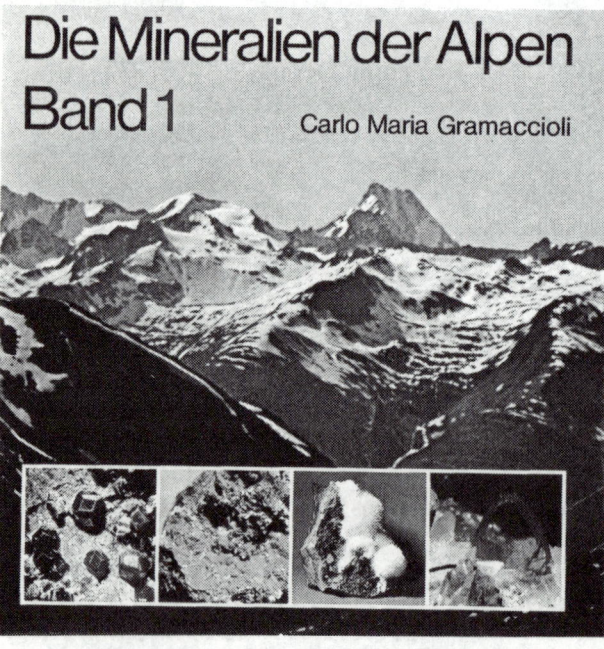

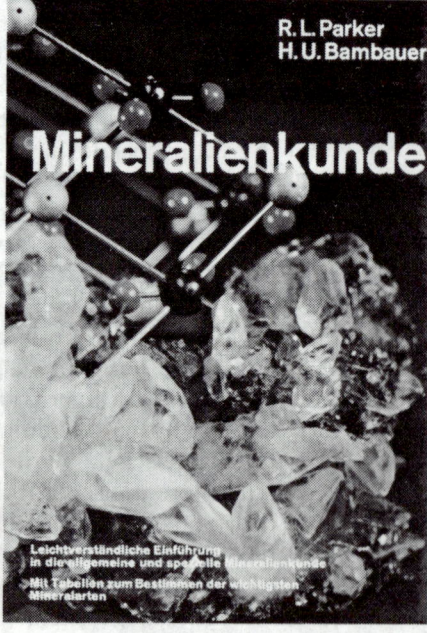